Sigmund Freud

PSYCHOANALYSE

Ausgewählte Schriften
zur Neurosenlehre,
zur Persönlichkeitspsychologie,
zur Kulturtheorie

1990

Verlag Philipp Reclam jun. Leipzig

Herausgegeben von Achim Thom

ISBN 3-379-00535-5

Text nach: Sigmund Freud, Studienausgabe, Bd. I–X und Ergänzungsband. Sechste, korrigierte Auflage. Hrsg. von Alexander Mitscherlich, Angela Richards, James Strachey. Frankfurt (Main), S. Fischer Verlag 1975

Reclams Universal-Bibliothek Band 1065
3. Auflage
Reihengestaltung: Lothar Reher
Lizenz Nr. 363. 340/20/90 · LSV 2006 · Vbg. 27,6
Printed in the German Democratic Republic
Grafischer Großbetrieb Völkerfreundschaft Dresden
Gesetzt aus Garamond-Antiqua
Bestellnummer: 661 1915
00300

Editorische Vorbemerkung

Die in diesem Band vorgestellten Arbeiten Sigmund Freuds sollen auch dem bisher nicht mit der Psychoanalyse und ihrer komplizierten Geschichte vertrauten Leser einen Einblick in deren grundlegende Annahmen ermöglichen. Deshalb wurden die Werke Freuds so ausgewählt, daß vor allem seine grundlegenden Positionen zur Neurosenentstehung und -therapie, zur Persönlichkeitspsychologie und zu einigen kulturellen Phänomenen deutlich werden, während auf Arbeiten zu neurologischen und unmittelbar klinischen Themen verzichtet wurde, ebenso auf die schon wegen ihres Umfangs nicht im Rahmen einer Auswahl publizierbaren Monographien zu den alltagspsychologischen Problemen des Träumens und der sogenannten Fehlleistungen. Auf dieses Schrifttum ist in den einführenden Kommentaren zu den hier publizierten Arbeiten bzw. in Anmerkungen dann verwiesen worden, wenn Querverbindungen und ergänzende Sachinformationen zu beachten sind.
Die in diesem Band verwendeten Freudschen Texte entstammen bis auf die an den Anfang gestellte „Selbstdarstellung" der seit 1969 im S. Fischer Verlag in Frankfurt (Main) erschienenen „Studienausgabe", die von Alexander Mitscherlich, Angela Richards und James Strachey herausgegeben worden ist und 10 Bände sowie einen nachträglich publizierten Ergänzungsband mit Texten zur Therapiemethodik umfaßt. Deren Texte wiederum beruhen auf der jeweils letzten zu Freuds Lebzeiten erschienenen Ausgabe der jeweiligen Arbeit und damit auf der Fassung, die in die bereits 18 Bände umfassende Sammlung „Sigmund Freud, Gesammelte Werke. London, Imago Publishing 1940–1952 [eine deutsche Nachauflage ist ab 1960 auch im S. Fischer Verlag, Frankfurt (Main) erschienen] aufgenommen worden ist.
In den einführenden Kommentaren sowie in den Anmerkungen wird auf die jeweilige Erstpublikation und auf die Entstehungsbedingungen der betreffenden Arbeit verwiesen. Die diesbezüglichen editorischen Angaben folgen den

Anmerkungen bzw. Kommentaren der erwähnten „Studienausgabe“ und damit den als verbindlich geltenden Informationen der von J. Strachey herausgegebenen „Standard Edition of the Complete Psychiological Work of Sigmund Freud“, die bei Hogarth-Press, London, von 1953 bis 1974 im Gesamtumfang von 24 Bänden erarbeitet wurde. Die Anmerkungen des Herausgebers dieser Textauswahl beschränken sich allerdings auf Informationen zu Personen und Sachverhalten, die für die Entwicklung der Freudschen Ideen eine besonders herausragende Bedeutung haben und auf Hinweise zu aktuellen Wertungen der von Freud bearbeiteten Probleme. Derartige Anmerkungen sind durch fortlaufende hochgestellte Ziffern im Text gekennzeichnet und am Schluß des Bandes nachzulesen. Von Freud selbst stammende Anmerkungen sind durch das Zeichen* im Text gekennzeichnet und werden jeweils als Fußnoten gedruckt. Bibliographische Verweise sind in die Anmerkungen nur zu den von Freud erwähnten eigenen Werken aufgenommen worden – alle sonstigen Informationen zu von Freud berührten oder zitierten Werken anderer Autoren wären den hervorragenden Anmerkungstexten der erwähnten „Studienausgabe“ zu entnehmen. Wo Herausgeberzusätze aus anderen Ausgaben übernommen wurden, stehen sie im Text in eckigen Klammern.
Diesem Textband wird ferner ein Personenregister und ein erklärendes Verzeichnis der besonders häufig auftauchenden medizinischen Termini beigegeben.
Weitergehende Aufschlüsse zur Editionsgeschichte der Freudschen Werke finden sich in: Richard, A.: Erläuterungen zur Edition. In: Mitscherlich, A. u. a. (Hrsg.): Sigmund Freud, Studienausgabe, Bd. I. Frankfurt (Main), S. Fischer Verlag 1969, S. 27–32, sowie in Heinz, R.: Freuds Schriften. Einführung in das Werk Sigmund Freuds. In: Eicke, D. (Hrsg.): Die Psychologie des 20. Jahrhunderts, Bd. II. Zürich, Kindler-Verlag 1976, S. 23–34.
Trotz der ausgezeichneten editorischen Vorleistungen in den genannten Freud-Ausgaben hat die Vorbereitung dieser kleinen Werkausgabe erhebliche technische Aufwendungen erfordert – genaue Abschriften, neu zu ermittelnde Daten und Quellen, die Neubearbeitung des Personenregisters u. a. m. Für die hierbei geleistete Arbeit soll auch je-

nen Mitarbeitern des Herausgebers gedankt werden, die ihm dabei fleißig und zuverlässig geholfen haben – Dr. Christina Fritsche, Christina Feistel und Eugenie Staudt.

Leipzig, August 1983 *Achim Thom*

Selbstdarstellung

(1925)

Die nachstehende Arbeit verfaßte Freud 1924 auf Ersuchen des Felix-Meiner-Verlages in Leipzig für den IV. Band der von L. R. Grote herausgegebenen Buch-Reihe „Die Medizin der Gegenwart in Selbstdarstellungen"; sie erschien 1925, wurde 1927 in einer englischen Fassung nachgedruckt und 1935 mit einer Nachschrift versehen auch in den USA publiziert. Für den mit der Geschichte der Psychoanalyse bislang nicht vertrauten Leser bietet die Arbeit einen guten Überblick über den Entwicklungsgang der Freudschen Lehre und eine erste Einführung in die wichtigsten ihrer Annahmen und Folgerungen. Die hier nicht mit abgedruckte „Nachschrift" von 1935 enthält vor allem Angaben zu den von Freud nach 1925 publizierten Arbeiten, in denen er vorwiegend kulturelle und historische Fragestellungen behandelt hat.
Der hier abgedruckte Text wurde der Originalfassung der Arbeit von 1925 entnommen [Sigmund Freud, „Selbstdarstellung". In: Grote, L. R. (Hrsg.): Die Medizin der Gegenwart in Selbstdarstellungen, Bd. IV. Leipzig, Verlag von F. Meiner 1925, S. 1–52]. Die ergänzende „Nachschrift" von 1935 findet sich in: Sigmund Freud, Gesammelte Werke. Frankfurt (Main), S. Fischer Verlag 1960–1968, Bd. XVI, S. 314f.

I

Mehrere der Mitarbeiter an dieser Sammlung „Selbstdarstellungen" leiten ihren Beitrag mit einigen nachdenklichen Bemerkungen über die Besonderheit und Schwere der übernommenen Aufgabe ein. Ich meine, ich darf sagen, daß meine Aufgabe noch um ein Stück mehr erschwert ist, denn ich habe Bearbeitungen, wie die hier erforderte, schon wiederholt veröffentlicht, und aus der Natur des Gegenstandes ergab sich, daß in ihnen von meiner persönlichen Rolle mehr die Rede war, als sonst üblich ist oder notwendig erscheint.
Die erste Darstellung der Entwicklung und des Inhalts der Psychoanalyse gab ich 1909 in fünf Vorlesungen an der Clark University in Worcester, Mass., wohin ich zur 20jährigen Gründungsfeier der Institution berufen worden war.[1] Vor kurzem erst gab ich der Versuchung nach, einem amerikanischen Sammelwerk einen Beitrag ähnlichen Inhalts zu leisten, weil diese Publikation „Über die Anfänge des 20. Jahrhunderts" die Bedeutung der Psychoanalyse durch das Zugeständnis eines besonderen Kapitels anerkannt hatte.[2] Zwischen beiden liegt eine Schrift „Zur Geschichte der psychoanalytischen Bewegung" 1914, welche eigentlich alles Wesentliche bringt, das ich an gegenwärtiger Stelle mitzuteilen hätte.[3] Da ich mir nicht widersprechen darf und mich nicht ohne Abänderung wiederholen möchte, muß ich versuchen, nun ein neues Mengungsverhältnis zwischen subjektiver und objektiver Darstellung, zwischen biographischem und historischem Interesse zu finden.
Ich bin am 6. Mai 1856 zu Freiberg in Mähren geboren, einem kleinen Städtchen der heutigen Tschechoslowakei. Meine Eltern waren Juden, auch ich bin Jude geblieben. Von meiner väterlichen Familie glaube ich zu wissen, daß sie lange Zeit am Rhein (in Köln) gelebt hat, aus Anlaß einer Judenverfolgung im 14. oder 15. Jahrhundert nach dem Osten floh und im Laufe des 19. Jahrhunderts die Rückwanderung von Litauen über Galizien nach dem deutschen Österreich antrat. Als Kind von vier Jahren kam ich nach Wien, wo ich alle Schulen durchmachte. Auf dem Gymnasium war ich durch sieben Jahre Primus, hatte eine bevorzugte Stellung, wurde kaum je geprüft. Obwohl wir in sehr

beengten Verhältnissen lebten, verlangte mein Vater, daß ich in der Berufswahl nur meinen Neigungen folgen sollte. Eine besondere Vorliebe für die Stellung und Tätigkeit des Arztes habe ich in jenen Jugendjahren nicht verspürt, übrigens auch später nicht. Eher bewegte mich eine Art von Wißbegierde, die sich aber mehr auf menschliche Verhältnisse als auf natürliche Objekte bezog und auch den Wert der Beobachtung als eines Hauptmittels zu ihrer Befriedigung nicht erkannt hatte. Indes, die damals aktuelle Lehre Darwins zog mich mächtig an, weil sie eine außerordentliche Förderung des Weltverständnisses versprach und ich weiß, daß der Vortrag von Goethes schönem Aufsatz „Die Natur" in einer populären Vorlesung kurz vor der Reifeprüfung die Entscheidung gab, daß ich Medizin inskribierte.
Die Universität, die ich 1873 bezog, brachte mir zunächst einige fühlbare Enttäuschungen.[4] Vor allem traf mich die Zumutung, daß ich mich als minderwertig und nicht volkszugehörig fühlen sollte, weil ich Jude war. Das erstere lehnte ich mit aller Entschiedenheit ab. Ich habe nie begriffen, warum ich mich meiner Abkunft, oder wie man zu sagen begann: Rasse, schämen sollte. Auf die mir verweigerte Volksgemeinschaft verzichtete ich ohne viel Bedauern. Ich meinte, daß sich für einen eifrigen Mitarbeiter ein Plätzchen innerhalb des Rahmens des Menschentums auch ohne solche Einreihung finden müsse. Aber eine später wichtige Folge dieser ersten Eindrücke von der Universität war, daß ich so frühzeitig mit dem Lose vertraut wurde, in der Opposition zu stehen und von der „kompakten Majorität" in Bann getan zu werden. Eine gewisse Unabhängigkeit des Urteils wurde so vorbereitet.
Außerdem mußte ich in den ersten Universitätsjahren die Erfahrung machen, daß Eigenheit und Enge meiner Begabung mir in mehreren wissenschaftlichen Fächern, auf die ich mich in jugendlichem Übermut gestürzt hatte, jeden Erfolg versagten. Ich lernte so die Wahrheit der Mahnung Mephistos erkennen:

> Vergebens, daß ihr ringsum wissenschaftlich schweift,
> Ein jeder lernt nur, was er lernen kann.

Im physiologischen Laboratorium von Ernst Brücke[5] fand ich endlich Ruhe und volle Befriedigung, auch die Personen, die ich respektieren und zu Vorbildern nehmen konnte. Brücke stellte mir eine Aufgabe aus der Histologie des Nervensystems, die ich zu seiner Zufriedenheit lösen und selbständig weiterführen konnte. Ich arbeitete in diesem Institut von 1876 bis 1882 mit kurzen Unterbrechungen und galt allgemein als designiert für die nächste sich dort ergebende Assistentenstelle.[6] Die eigentlich medizinischen Fächer zogen mich – mit Ausnahme der Psychiatrie – nicht an. Ich betrieb das medizinische Studium recht nachlässig, wurde auch erst 1881, mit ziemlicher Verspätung also, zum Doktor der gesamten Heilkunde promoviert.
Die Wendung kam 1882, als mein über alles verehrter Lehrer den großmütigen Leichtsinn meines Vaters korrigierte, indem er mich mit Rücksicht auf meine schlechte materielle Lage dringend ermahnte, die theoretische Laufbahn aufzugeben. Ich folgte seinem Rate, verließ das physiologische Laboratorium und trat als Aspirant in das Allgemeine Krankenhaus ein. Dort wurde ich nach einiger Zeit zum Sekundararzt (Interne) befördert und diente an verschiedenen Abteilungen, auch länger als ein halbes Jahr bei Meynert, dessen Werk und Persönlichkeit mich schon als Studenten gefesselt hatten.[7]
In gewissem Sinne blieb ich doch der zuerst eingeschlagenen Arbeitsrichtung treu. Brücke hatte mich an das Rückenmark eines der niedrigsten Fische (Ammocoetes-Petromyzon) als Untersuchungsobjekt gewiesen, ich ging nun zum menschlichen Zentralnervensystem über, auf dessen verwickelte Faserung die Flechsigschen Funde der ungleichzeitigen Markscheidenbildung damals gerade ein helles Licht warfen.[8] Auch daß ich mir zunächst einzig und allein die Medulla oblongata zum Objekt wählte, war eine Fortwirkung meiner Anfänge. Recht im Gegensatz zur diffusen Natur meiner Studien in den ersten Universitätsjahren entwickelte ich nun eine Neigung zur ausschließenden Konzentration der Arbeit auf einen Stoff oder ein Problem. Diese Neigung ist mir verblieben und hat mir später den Vorwurf der Einseitigkeit eingetragen.
Ich war nun ein ebenso eifriger Arbeiter im gehirnanatomischen Institut wie früher im physiologischen. Kleine Arbei-

ten über Faserverlauf und Kernursprünge in der Oblongata sind in diesen Spitalsjahren entstanden und immerhin von Edinger vermerkt worden. Eines Tages machte mir Meynert, der mir das Laboratorium eröffnet hatte, auch als ich nicht bei ihm diente, den Vorschlag, ich sollte mich endgültig der Gehirnanatomie zuwenden, er verspreche, mir seine Vorlesung abzutreten, denn er fühle sich zu alt, um die neueren Methoden zu handhaben. Ich lehnte, erschreckt durch die Größe der Aufgabe, ab, auch mochte ich damals schon erraten haben, daß der geniale Mann mir keineswegs wohlwollend gesinnt sei.[9]

Die Gehirnanatomie war in praktischer Hinsicht gewiß kein Fortschritt gegen die Physiologie. Den materiellen Anforderungen trug ich Rechnung, indem ich das Studium der Nervenkrankheiten begann. Dieses Spezialfach wurde damals in Wien wenig gepflegt, das Material war auf verschiedenen internen Abteilungen verstreut, es gab keine gute Gelegenheit, sich auszubilden, man mußte sein eigener Lehrer sein. Auch Nothnagel, den man kurz vorher auf Grund seines Buches über die Gehirnlokalisation berufen hatte, zeichnete die Neuropathologie nicht von anderen Teilgebieten der internen Medizin aus. In der Ferne leuchtete der große Name Charcots, und so machte ich mir den Plan, hier die Dozentur für Nervenkrankheiten zu erwerben und dann zur weiteren Ausbildung nach Paris zu gehen.[10]

In den nun folgenden Jahren sekundarärztlicher Dienste veröffentlichte ich mehrere kasuistische Beobachtungen über organische Krankheiten des Nervensystems. Ich wurde allmählich mit dem Gebiet vertraut, ich verstand es, einen Herd in der Oblongata so genau zu lokalisieren, daß der pathologische Anatom nichts hinzuzusetzen hatte, ich war der erste in Wien, der einen Fall mit der Diagnose Polyneuritis acuta zur Sektion schickte. Der Ruf meiner durch die Autopsie bestätigten Diagnosen trug mir den Zulauf amerikanischer Ärzte ein, denen ich in einer Art Pidgin-English Kurse an den Kranken meiner Abteilung las. Von den Neurosen verstand ich nichts. Als ich einmal meinen Hörern einen Neurotiker mit fixiertem Kopfschmerz als Fall von chronischer zirkumskripter Meningitis vorstellte, fielen sie alle in berechtigter kritischer Auflehnung von mir ab, und meine vorzeitige Lehrtätigkeit hatte ein Ende. Zu meiner Entschuldigung sei bemerkt, es war die Zeit, da auch größere Autoritäten in Wien die Neurasthenie als Hirntumor zu diagnostizieren pflegten.

Im Frühjahr 1885 erhielt ich die Dozentur für Neuropathologie auf Grund meiner histologischen und klinischen Arbeiten. Bald darauf wurde mir infolge des warmen Fürspruchs Brückes ein größeres Reisestipendium zugeteilt. Im Herbst dieses Jahres reiste ich nach Paris.

Ich trat als Eleve in die Salpêtrière ein, fand aber anfangs als einer der vielen Mitläufer aus der Fremde wenig Beachtung. Eines Tages hörte ich Charcot sein Bedauern darüber äußern, daß der deutsche Übersetzer seiner Vorlesungen seit dem Krieg nichts von sich habe hören lassen. Es wäre ihm lieb, wenn jemand die deutsche Übersetzung seiner „Neuen Vorlesungen" übernehmen würde. Ich bot mich schriftlich dazu an, ich weiß noch, daß der Brief die Wendung enthielt, ich sei bloß mit der Aphasie motrice, aber nicht mit der Aphasie sensorielle du français behaftet. Charcot akzeptierte mich, zog mich in seinen Privatverkehr, und von da an hatte ich meinen vollen Anteil an allem, was in der Klinik vorging.

Während ich dies schreibe, erhalte ich zahlreiche Aufsätze und Zeitungsartikel aus Frankreich, die von dem heftigen Sträuben gegen die Aufnahme der Psychoanalyse zeugen und oft die unzutreffendsten Behauptungen über mein Verhältnis zur französischen Schule aufstellen. So lese ich z. B., daß ich meinen Aufenthalt in Paris dazu benützt, mich mit den Lehren von P. Janet vertraut zu machen, und dann mit meinem Raube die Flucht ergriffen habe. Ich will darum ausdrücklich erwähnen, daß der Name Janets während meines Verweilens an der Salpêtrière überhaupt nicht genannt wurde.

Von allem, was ich bei Charcot sah, machten mir den größten Eindruck seine letzten Untersuchungen über die Hysterie, die zum Teil noch unter meinen Augen ausgeführt wurden. Also der Nachweis der Echtheit und Gesetzmäßigkeit der hysterischen Phänomene („Introite et hic dii sunt")[11], des häufigen Vorkommens der Hysterie bei Männern, die Erzeugung hysterischer Lähmungen und Kontrakturen durch hypnotische Suggestion, das Ergebnis, daß diese Kunstprodukte dieselben Charaktere bis ins einzelnste zeigten wie die spontanen, oft durch Trauma hervorgerufenen Zufälle. Manche von Charcots Demonstrationen hatten bei mir wie bei anderen Gästen zunächst Befremden und Neigung zum Widerspruch erzeugt, den wir durch Berufung auf eine der herrschenden Theorien zu stützen versuchten. Er erledigte solche Bedenken immer freundlich und geduldig, aber auch sehr bestimmt, in einer dieser Diskussionen fiel das Wort: Ça n'empêche pas d'exister,[12] das sich mir unvergeßlich eingeprägt hat.

Bekanntlich ist heute nicht mehr alles aufrecht geblieben, was uns Charcot damals lehrte. Einiges ist unsicher geworden, anderes hat die Probe der Zeit offenbar nicht bestanden. Aber es ist genug davon übriggeblieben, was als dauernder Besitz der Wissenschaft gewertet wird. Ehe ich Paris verließ, verabredete ich mit dem Meister den Plan einer Arbeit zur Vergleichung der hysterischen mit den organischen Lähmungen. Ich wollte den Satz durchführen, daß bei der Hysterie Lähmungen und Anästhesien einzelner Körperteile sich so abgrenzen, wie es der gemeinen (nicht anatomischen) Vorstellung des Menschen entspricht. Er war damit einverstanden, aber es war leicht zu sehen, daß er im Grunde keine besondere Vorliebe für ein tieferes Eingehen in die Psychologie der Neurose hatte. Er war noch von der pathologischen Anatomie her gekommen.

Ehe ich nach Wien zurückkehrte, hielt ich mich einige Wochen in Berlin auf, um mir einige Kenntnisse über die allgemeinen Erkrankungen des Kindesalters zu holen. Kassowitz in Wien, der ein öffentliches Kinderkrankeninstitut leitete, hatte versprochen, mir dort eine Abteilung für Nervenkrankheiten der Kinder einzurichten. Ich fand in Berlin bei Ad. Baginsky freundliche Aufnahme und Förderung. Aus dem Kassowitzschen Institut habe ich im Laufe der nächsten Jahre mehrere größere Arbeiten über die einseitigen und doppelseitigen Gehirnlähmungen der Kinder veröffentlicht. Demzufolge übertrug mir auch später 1897 Nothnagel die Bearbeitung des entsprechenden Stoffes in seinem großen „Handbuch der allgemeinen und speziellen Therapie".[13]

Im Herbst 1886 ließ ich mich in Wien als Arzt nieder und heiratete das Mädchen, das seit länger als vier Jahren in einer fernen Stadt auf mich gewartet hatte.[14] Ich kann hier rückgreifend erzählen, daß es die Schuld meiner Braut war, wenn ich nicht schon in jenen jungen Jahren berühmt geworden bin. Ein abseitiges, aber tiefgehendes Interesse hatte mich 1884 veranlaßt, mir das damals wenig bekannte Alkaloid Kokain von Merck kommen zu lassen und dessen physiologische Wirkungen zu studieren. Mitten in dieser Arbeit eröffnete sich mir die Aussicht einer Reise, um meine Verlobte wiederzusehen, von der ich zwei Jahre getrennt gewesen war. Ich schloß die Untersuchungen über das Kokain rasch ab und nahm in meine Publikation die Vorhersage auf, daß sich bald weitere Verwendungen des Mittels ergeben würden. Meinem Freunde, dem Augenarzt L. Königstein, legte ich aber nahe, zu prüfen, inwieweit sich die anästhesierenden Eigenschaften des Kokains im kranken Auge verwerten ließen. Als ich vom Urlaub zurückkam, fand ich, daß nicht er, sondern ein anderer Freund, Carl Koller (jetzt in Newyork), dem ich auch vom Kokain erzählt, die entscheidenden Versuche am Tierauge angestellt und sie auf dem Ophthalmologenkongreß zu Heidelberg demonstriert hatte. Koller gilt darum mit Recht als der Entdecker der Lokalanästhesie durch Kokain, die für die kleine Chirurgie so wichtig geworden ist, ich aber habe mein damaliges Versäumnis meiner Braut nicht nachzutragen.

Ich wende mich nun wieder zu meiner Niederlassung als Nervenarzt in Wien 1886. Es lag mir die Verpflichtung ob, in der „Gesellschaft der Ärzte" Bericht über das zu erstatten, was ich bei Charcot gesehen und gelernt hatte. Allein ich fand eine üble Aufnahme. Maßgebende Personen wie der Vorsitzende, der Internist Bamberger, erklärten das, was ich erzählte, für unglaubwürdig. Meynert forderte mich auf, Fälle, wie die von mir geschilderten, doch in Wien aufzusuchen und der Gesellschaft vorzustellen. Dies versuchte ich auch, aber die Primarärzte, auf deren Abteilung ich solche Fälle fand, verweigerten es mir, sie zu beobachten oder zu bearbeiten. Einer von ihnen, ein alter Chirurg, brach direkt in den Ausruf aus: „Aber Herr Kollege, wie können Sie solchen Unsinn reden! Hysteron (sic!) heißt doch der Uterus. Wie kann denn ein Mann hysterisch sein?" Ich wendete vergebens ein, daß ich nur die Verfügung über den Krankheitsfall brauchte und nicht die Genehmigung meiner Diagnose. Endlich trieb ich außerhalb des Spitals einen Fall von klassischer hysterischer Hemianästhesie bei einem Manne auf, den ich in der „Gesellschaft der Ärzte" demonstrierte. Diesmal klatschte man mir Beifall, nahm aber weiter kein Interesse an mir. Der Eindruck, daß die großen Autoritäten meine Neuigkeiten abgelehnt hätten, blieb unerschüttert, ich fand mich mit der männlichen Hysterie und der suggestiven Erzeugung hysterischer Lähmungen in die Opposition gedrängt. Als mir bald darauf das hirnanatomische Laboratorium versperrt wurde und ich durch Semester kein Lokal hatte, in dem ich meine Vorlesungen abhalten konnte, zog ich mich aus dem akademischen und Vereinsleben zurück. Ich habe die „Gesellschaft der Ärzte" seit einem Menschenalter nicht mehr besucht.

Wenn man von der Behandlung Nervenkranker leben wollte, mußte man offenbar ihnen etwas leisten können. Mein therapeutisches Arsenal umfaßte nur zwei Waffen, die Elektrotherapie und die Hypnose, denn die Versendung in die Wasserheilanstalt nach einmaliger Konsultation war kein zureichender Erwerbsquell. In der Elektrotherapie vertraute ich mich dem Handbuch von W. Erb an, welches detaillierte Vorschriften für die Behandlung aller Symptome der Nervenleiden zur Verfügung stellte.[15] Leider mußte ich bald erfahren, daß die Befolgung dieser Vorschriften niemals half, daß, was ich für den Niederschlag exakter Beobachtungen gehalten hatte, eine phantastische Konstruktion war. Die Einsicht, daß das Werk des ersten Namens der deutschen Neuropathologie nicht mehr Beziehung zur Realität habe als etwa ein „ägyptisches" Traumbuch, wie es in unseren Volksbuchhandlungen verkauft wird, war schmerzlich, aber sie verhalf dazu, wieder ein Stück des naiven Autoritätsglaubens abzutragen, von dem ich noch nicht frei war. So schob ich denn den elektrischen Apparat beiseite, noch ehe Möbius das erlösende Wort gesprochen hatte, die Erfolge der elektrischen Behandlung bei Nervenkranken seien – wo sie sich überhaupt ergeben – eine Wirkung der ärztlichen Suggestion.

Mit der Hypnose stand es besser. Noch als Student hatte ich einer öffentlichen Vorstellung des „Magnetiseurs" Hansen beigewohnt und bemerkt, daß eine der Versuchspersonen totenbleich wurde, als sie in kataleptische Starre geriet und

während der ganzen Dauer des Zustandes so verharrte. Damit war meine Überzeugung von der Echtheit der hypnotischen Phänomene fest begründet. Bald nachher fand diese Auffassung in Heidenhain ihren wissenschaftlichen Vertreter, was aber die Professoren der Psychiatrie nicht abhielt, noch auf lange hinaus die Hypnose für etwas Schwindelhaftes und überdies Gefährliches zu erklären und auf die Hypnotiseure geringschätzig herabzuschauen. In Paris hatte ich gesehen, daß man sich der Hypnose unbedenklich als Methode bediente, um bei den Kranken Symptome zu schaffen und wieder aufzuheben. Dann drang die Kunde zu uns, daß in Nancy eine Schule entstanden war, welche die Suggestion mit oder ohne Hypnose im großen Ausmaße und mit besonderem Erfolg zu therapeutischen Zwecken verwendete.[16] Es machte sich so ganz natürlich, daß in den ersten Jahren meiner ärztlichen Tätigkeit, von den mehr zufälligen und nicht systematischen psychotherapeutischen Methoden abgesehen, die hypnotische Suggestion mein hauptsächliches Arbeitsmittel wurde.
Damit war zwar der Verzicht auf die Behandlung der organischen Nervenkrankheiten gegeben, aber das verschlug wenig. Denn einerseits gab die Therapie dieser Zustände überhaupt keine erfreuliche Aussicht und anderseits verschwand in der Stadtpraxis des Privatarztes die geringe Anzahl der an ihnen Leidenden gegen die Menge von Nervösen, die sich überdies dadurch vervielfältigten, daß sie unerlöst von einem Arzt zum anderen liefen. Sonst aber war die Arbeit mit der Hypnose wirklich verführerisch. Man hatte zum erstenmal das Gefühl seiner Ohnmacht überwunden, der Ruf des Wundertäters war sehr schmeichelhaft. Welches die Mängel des Verfahrens waren, sollte ich später entdecken. Vorläufig konnte ich mich nur über zwei Punkte beklagen, erstens, daß es nicht gelang, alle Kranken zu hypnotisieren, zweitens, daß man es nicht in der Hand hatte, den einzelnen in so tiefe Hypnose zu versetzen, als man gewünscht hätte. In der Absicht, meine hypnotische Technik zu vervollkommnen, reiste ich im Sommer 1889 nach Nancy, wo ich mehrere Wochen zubrachte. Ich sah den rührenden alten Lièbault bei seiner Arbeit an den armen Frauen und Kindern der Arbeiterbevölkerung, wurde Zeuge der erstaunlichen Experimente Bernheims an seinen

Spitalpatienten und holte mir die stärksten Eindrücke von der Möglichkeit mächtiger seelischer Vorgänge, die doch dem Bewußtsein des Menschen verhüllt bleiben. Zum Zwecke der Belehrung hatte ich eine meiner Patientinnen bewogen, nach Nancy nachzukommen. Es war eine vornehme, genial begabte Hysterika, die mir überlassen worden war, weil man nichts mit ihr anzufangen wußte. Ich hatte ihr durch hypnotische Beeinflussung eine menschenwürdige Existenz ermöglicht und konnte sie immer wieder aus dem Elend ihres Zustandes herausheben. Daß sie jedesmal nach einiger Zeit rückfällig wurde, schob ich in meiner damaligen Unkenntnis darauf, daß ihre Hypnose niemals den Grad von Somnambulismus mit Amnesie erreicht hatte. Bernheim versuchte es nun mit ihr wiederholte Male, brachte es aber auch nicht weiter. Er gestand mir freimütig, daß er die großen therapeutischen Erfolge durch die Suggestion nur in seiner Spitalpraxis, nicht auch an seinen Privatpatienten erziele. Ich hatte viele anregende Unterhaltungen mit ihm und übernahm es, seine Werke über die Suggestion und ihre Heilwirkungen ins Deutsche zu übersetzen.
Im Zeitraum von 1886 bis 1891 habe ich wenig wissenschaftlich gearbeitet und kaum etwas publiziert. Ich war davon in Anspruch genommen, mich in den neuen Beruf zu finden und meine materielle Existenz sowie die meiner rasch anwachsenden Familie zu sichern. 1891 erschien die erste der Arbeiten über die Gehirnlähmung der Kinder, in Gemeinschaft mit meinem Freunde und Assistenten Dr. Oskar Rie abgefaßt.[17] In demselben Jahre veranlaßte mich ein Auftrag der Mitarbeiterschaft an einem Handwörterbuch der Medizin, die Lehre von der Aphasie zu erörtern, die damals von dem rein lokalisatorischen Gesichtspunkt Wernicke-Lichtheims beherrscht war. Ein kleines kritisch-spekulatives Buch „Zur Auffassung der Aphasie" war die Frucht dieser Bemühungen.[18] Ich habe nun aber zu verfolgen, wie es kam, daß die wissenschaftliche Forschung wieder zum Hauptinteresse meines Lebens wurde.

II

Meine frühere Darstellung ergänzend, muß ich angeben, daß ich von Anfang an außer der hypnotischen Suggestion eine an-

dere Verwendung der Hypnose übte, ich bediente mich ihrer zur Ausforschung des Kranken über die Entstehungsgeschichte seines Symptoms, die er im Wachzustand oft gar nicht oder nur sehr unvollkommen mitteilen konnte. Dies Verfahren schien nicht nur wirksamer als das bloße suggestive Gebot oder Verbot, es befriedigte auch die Wißbegierde des Arztes, der doch ein Recht hatte, etwas von der Herkunft des Phänomens zu erfahren, das er durch die monotone suggestive Prozedur aufzuheben strebte.
Zu diesem anderen Verfahren war ich aber auf folgende Weise gekommen. Noch im Brückeschen Laboratorium wurde ich mit Dr. Josef Breuer bekannt, einem der angesehensten Familienärzte Wiens, der aber auch eine wissenschaftliche Vergangenheit hatte, da mehrere Arbeiten von bleibendem Werte über die Physiologie der Atmung und über das Gleichgewichtsorgan von ihm herrührten. Er war ein Mann von überragender Intelligenz, 14 Jahre älter als ich, unsere Beziehungen wurden bald intimer, er wurde mein Freund und Helfer in schwierigen Lebenslagen. Wir hatten uns daran gewöhnt, alle wissenschaftlichen Interessen miteinander zu teilen. Natürlich war ich der gewinnende Teil in diesem Verhältnis. Die Entwicklung der Psychoanalyse hat mich dann seine Freundschaft gekostet. Es wurde mir nicht leicht, diesen Preis dafür zu zahlen, aber es war unausweichlich.[19]
Breuer hatte mir, schon ehe ich nach Paris ging, Mitteilungen über einen Fall von Hysterie gemacht, den er in den Jahren 1880 bis 1882 auf eine besondere Art behandelte, wobei er tiefe Einblicke in die Verursachung und Bedeutung der hysterischen Symptome gewinnen konnte. Das war also zu einer Zeit geschehen, als die Arbeiten Janets noch der Zukunft angehörten. Er las mir wiederholt Stücke der Krankengeschichte vor, von denen ich den Eindruck empfing, hier sei mehr für das Verständnis der Neurose geleistet worden als je zuvor. Ich beschloß bei mir, Charcot von diesen Funden Kunde zu geben, wenn ich nach Paris käme, und tat dies dann auch. Aber der Meister zeigte für meine ersten Andeutungen kein Interesse, so daß ich nicht mehr auf die Sache zurückkam und sie auch bei mir fallenließ.
Nach Wien zurückgekehrt, wandte ich mich wieder der Breuerschen Beobachtung zu und ließ mir mehr von ihr er-

zählen. Die Patientin war ein junges Mädchen von ungewöhnlicher Bildung und Begabung gewesen, die während der Pflege ihres zärtlich geliebten Vaters erkrankt war. Als Breuer sie übernahm, bot sie ein buntes Bild von Lähmungen mit Kontrakturen, Hemmungen und Zuständen von psychischer Verworrenheit. Eine zufällige Beobachtung ließ den Arzt erkennen, daß sie von einer solchen Bewußtseinstrübung befreit werden konnte, wenn man sie veranlaßte, in Worten der affektiven Phantasie Ausdruck zu geben, von der sie eben beherrscht wurde. Breuer gewann aus dieser Erfahrung eine Methode der Behandlung. Er versetzte sie in tiefe Hypnose und ließ sie jedesmal von dem erzählen, was ihr Gemüt bedrückte. Nachdem die Anfälle von depressiver Verworrenheit auf diese Weise überwunden waren, verwendete er dasselbe Verfahren zur Aufhebung ihrer Hemmungen und körperlichen Störungen. Im wachen Zustand wußte das Mädchen sowenig wie andere Kranke zu sagen, wie ihre Symptome entstanden waren, und fand kein Band zwischen ihnen und irgendwelchen Eindrücken ihres Lebens. In der Hypnose entdeckte sie sofort den gesuchten Zusammenhang. Es ergab sich, daß alle ihre Symptome auf eindrucksvolle Erlebnisse während der Pflege des kranken Vaters zurückgingen, also sinnvoll waren, und Resten oder Reminiszenzen dieser affektiven Situationen entsprachen. Gewöhnlich war es so zugegangen, daß sie am Krankenbett des Vaters einen Gedanken oder Impuls hatte unterdrücken müssen, an dessen Stelle, in seiner Vertretung, war dann später das Symptom erschienen, in der Regel war aber dieses Symptom nicht der Niederschlag einer einzigen „traumatischen" Szene, sondern das Ergebnis der Summation von zahlreichen ähnlichen Situationen. Wenn nun die Kranke in der Hypnose eine solche Situation halluzinatorisch wieder erinnerte und den damals unterdrückten seelischen Akt nachträglich unter freier Affektentfaltung zu Ende führte, war das Symptom weggewischt und trat nicht wieder auf. Durch dies Verfahren gelang es Breuer in langer und mühevoller Arbeit, seine Kranke von allen ihren Symptomen zu befreien.
Die Kranke war genesen und seither gesund geblieben, ja bedeutsamer Leistungen fähig geworden. Aber über dem Ausgang der hypnotischen Behandlung lastete ein Dunkel,

das Breuer mir niemals aufhellte, auch konnte ich nicht verstehen, warum er seine, wie mir schien, unschätzbare Erkenntnis so lange geheimgehalten hatte, anstatt die Wissenschaft durch sie zu bereichern. Die nächste Frage aber war, ob man verallgemeinern dürfe, was er an einem einzigen Krankheitsfalle gefunden. Die von ihm aufgedeckten Verhältnisse erschienen mir so fundamentaler Natur, daß ich nicht glauben konnte, sie würden bei irgendeinem Falle von Hysterie vermißt werden können, wenn sie einmal bei einem einzigen nachgewiesen waren. Doch konnte nur die Erfahrung darüber entscheiden. Ich begann also die Breuerschen Untersuchungen an meinen Kranken zu wiederholen und tat, besonders nachdem mir der Besuch bei Bernheim 1889 die Begrenzung in der Leistungsfähigkeit der hypnotischen Suggestion gezeigt hatte, überhaupt nichts anderes mehr. Als ich mehrere Jahre hindurch immer nur Bestätigungen gefunden hatte, bei jedem Falle von Hysterie, der solcher Behandlung zugänglich war, auch bereits über ein stattliches Material von Beobachtungen verfügte, die der seinigen analog waren, schlug ich ihm eine gemeinsame Publikation vor, gegen die er sich anfangs heftig sträubte. Er gab endlich nach, zumal da unterdes Janets Arbeiten einen Teil seiner Ergebnisse, die Zurückführung hysterischer Symptome auf Lebenseindrücke und deren Aufhebung durch hypnotische Reproduktion in statu nascendi, vorweggenommen hatten. Wir ließen 1893 eine vorläufige Mitteilung erscheinen: „Über den psychischen Mechanismus hysterischer Phänomene". 1895 folgte unser Buch „Studien über Hysterie".[20]

Wenn die bisherige Darstellung beim Leser die Erwartung erweckt hat, die „Studien der Hysterie" würden in allem Wesentlichen ihres materiellen Inhalts Breuers geistiges Eigentum sein, so ist das genau dasjenige, was ich immer vertreten habe und auch diesmal aussagen wollte. An der Theorie, welche das Buch versucht, habe ich in heute nicht mehr bestimmbarem Ausmaße mitgearbeitet. Diese ist bescheiden, geht nicht weit über den unmittelbaren Ausdruck der Beobachtungen hinaus. Sie will nicht die Natur der Hysterie ergründen, sondern bloß die Entstehung ihrer Symptome beleuchten. Dabei betont sie die Bedeutung des Affektlebens, die Wichtigkeit der Unterscheidung zwischen

unbewußten und bewußten (besser: bewußtseinsfähigen) seelischen Akten, führt einen dynamischen Faktor ein, indem sie das Symptom durch die Aufstauung eines Affekts entstehen läßt, und einen ökonomischen, indem sie dasselbe Symptom als das Ergebnis der Umsetzung einer sonst anderswie verwendeten Energiemenge betrachtet (sog. Konversion). Breuer nannte unser Verfahren das kathartische: als therapeutische Absicht wurde angegeben, den zur Erhaltung des Symptoms verwendeten Affektbetrag, der auf falsche Bahnen geraten und dort gleichsam eingeklemmt war, auf die normalen Wege zu leiten, wo er zur Abfuhr gelangen konnte (abreagieren). Der praktische Erfolg der kathartischen Prozedur war ausgezeichnet. Die Mängel, die sich später herausstellten, waren die einer jeden hypnotischen Behandlung. Noch jetzt gibt es eine Anzahl von Psychotherapeuten, die bei der Katharsis im Sinne Breuers stehengeblieben sind und sie zu loben wissen. In der Behandlung der Kriegsneurotiker des deutschen Heeres während des Weltkriegs hat sie sich als abkürzendes Heilverfahren unter den Händen von E. Simmel von neuem bewährt.[21]
Von der Sexualität ist in der Theorie der Katharsis nicht viel die Rede. In den Krankengeschichten, die ich zu den „Studien“ beigesteuert, spielen Momente aus dem Sexualleben eine gewisse Rolle, werden aber kaum anders gewertet als sonstige affektive Erregungen. Von seiner berühmt gewordenen ersten Patientin erzählt Breuer, das Sexuale sei bei ihr erstaunlich unentwickelt gewesen. Aus den „Studien über Hysterie“ hätte man nicht leicht erraten können, welche Bedeutung die Sexualität für die Ätiologie der Neurosen hat.

Das nun folgende Stück der Entwicklung, den Übergang von der Katharsis zur eigentlichen Psychoanalyse, habe ich bereits mehrmals so eingehend beschrieben, daß es mir schwerfallen wird, hier etwas Neues vorzubringen. Das Ereignis, welches diese Zeit einleitete, war der Rücktritt Breuers von unserer Arbeitsgemeinschaft, so daß ich sein Erbe allein zu verwalten hatte. Es hatte schon frühzeitig Meinungsverschiedenheiten zwischen uns gegeben, die aber keine Entzweiung begründeten. In der Frage, wann ein seelischer Ablauf pathogen, d. h. von der normalen Erledigung ausgeschlossen werde, bevorzugte Breuer eine sozusagen physiologische Theorie, er meinte, solche Vorgänge entzögen sich dem normalen Schicksal, die in außergewöhnlichen – hypnoiden – Seelenzuständen entstanden seien. Damit war eine neue Frage, die nach der Herkunft solcher Hypnoide, aufgeworfen. Ich hingegen vermutete eher ein Kräftespiel, die Wirkung von Absichten und Tendenzen, wie sie im normalen Leben zu beobachten sind. So stand „Hypnoidhysterie“ gegen „Abwehrneurose“. Aber dieser und ähnliche Gegensätze hätten ihn wohl der Sache nicht abwendig gemacht, wenn nicht andere Momente hinzugetreten wären. Das eine derselben war gewiß, daß er als Internist und Familienarzt stark in Anspruch genommen war und nicht wie ich seine ganze Kraft der kathartischen Arbeit widmen konnte. Ferner wurde er durch die Aufnahme beeinflußt, welche unser Buch in Wien wie im Reiche draußen gefunden hatte. Sein Selbstvertrauen und seine Widerstandsfähigkeit standen nicht auf der Höhe seiner sonstigen geistigen Organisation. Als z. B. die Studien von Strümpell eine harte Abweisung erfuhren, konnte ich über die verständnislose Kritik lachen, er aber kränkte sich und wurde entmutigt. Am meisten trug aber zu seinem Entschluß bei, daß meine eigenen weiteren Arbeiten eine Richtung einschlugen, mit der er sich vergeblich zu befreunden versuchte.

Die Theorie, die wir in den „Studien“ aufzubauen versucht hatten, war ja noch sehr unvollständig gewesen, insbesondere das Problem der Ätiologie, die Frage, auf welchem Boden der pathogene Vorgang entstehe, hatten wir kaum berührt. Nun zeigte mir eine rasch sich steigernde Erfahrung, daß nicht beliebige Affekterregungen hinter den Erscheinungen der Neurose wirksam waren, sondern regelmäßig solche sexueller Natur, entweder aktuelle sexuelle Konflikte oder Nachwirkungen früher sexueller Erlebnisse. Ich war auf dieses Resultat nicht vorbereitet, meine Erwartung hatte keinen Anteil daran, ich war vollkommen arglos an die Untersuchung der Neurotiker herangetreten. Als ich 1914 die „Geschichte der psychoanalytischen Bewegung“ schrieb, tauchte in mir die Erinnerung an einige Aussprüche von Breuer, Charcot und Chrobak auf, aus denen ich eine solche Erkenntnis hätte frühzeitig gewinnen können. Allein ich verstand damals nicht, was diese Autoritäten meinten, sie hatten mir mehr gesagt, als sie selbst wußten und zu vertreten bereit waren. Was ich von ihnen gehört hatte, schlummerte unwirksam in mir, bis es bei Gelegenheit der kathartischen Untersuchungen als anscheinend originelle Erkenntnis hervorbrach. Auch wußte ich damals noch nicht, daß ich mit der Zurückführung der Hysterie auf Sexualität bis auf die ältesten Zeiten der Medizin zurückgegriffen und an Plato angeknüpft hatte. Ich erfuhr es erst später aus einem Aufsatz von Havelock Ellis.

Unter dem Einfluß meines überraschenden Fundes machte ich nun einen folgenschweren Schritt. Ich ging über die Hysterie hinaus und begann, das Sexualleben der sogenannten Neurastheniker zu erforschen, die sich zahlreich in meiner Sprechstunde einzufinden pflegten. Dieses Experiment kostete mich zwar meine Beliebtheit als Arzt, aber es trug mir Überzeugungen ein, die sich heute, fast 30 Jahre später, noch nicht abgeschwächt haben. Man hatte viel Verlogenheit und Geheimtuerei zu überwinden, aber wenn es gelungen war, fand man, daß bei all diesen Kranken schwere Mißbräuche der Sexualfunktion bestanden. Bei der großen Häufigkeit solcher Mißbräuche einerseits, der Neurasthenie anderseits, hatte ein häufiges Zusammentreffen beider natürlich nicht viel Beweiskraft, aber es blieb auch nicht bei dieser einen groben Tatsache. Schärfere Beobachtungen legten mir nahe, aus dem bunten Gewirre von Krankheitsbildern, die man mit dem Namen Neurasthenie deckte, zwei grundverschiedene Typen herauszugreifen, die in beliebiger Vermengung vorkommen konnten, aber doch in reiner Ausprägung zu beobachten waren. Bei dem einen Typus war der Angstfall das zentrale Phänomen mit seinen Äquivalenten, rudimentären Formen und chronischen Ersatzsymptomen: ich hieß ihn darum auch Angstneurose. Auf den anderen Typus beschränkte ich die Bezeichnung Neurasthenie.[22] Nun war es leicht festzustellen, daß jedem dieser Typen eine andere Abnormität des Sexuallebens als ätiologisches Moment entsprach (Coitus interruptus, frustrane Erregung, sexuelle Enthaltung hier, exzessive Masturbation, gehäufte Pollution dort). Für einige besonders instruktive Fälle, in denen eine überraschende Wendung des Krankheitsbildes von dem einen Typus zum anderen stattgefunden hatte, gelang es auch, nachzuweisen, daß ein entsprechender Wechsel des sexuellen Regimes zugrunde lag. Konnte man den Mißbrauch abstellen und durch normale Sexualtätigkeit ersetzen, so lohnte sich dies durch eine auffällige Besserung des Zustandes.

So wurde ich dazu geführt, die Neurosen ganz allgemein als Störung der Sexualfunktion zu erkennen, und zwar die sogenannten Aktualneurosen als direkten toxischen Ausdruck, die Psychoneurosen als psychischen Ausdruck dieser Störungen. Mein ärztliches Gewissen fühlte sich durch diese Aufstellung befriedigt. Ich hoffte, eine Lücke in der Medizin ausgefüllt zu haben, die bei einer biologisch so wichtigen Funktion keine anderen Schädigungen als durch Infektion oder grobe anatomische Läsion in Betracht ziehen wollte. Außerdem kam der ärztlichen Auffassung zugute, daß die Sexualität ja keine bloß psychische Sache war. Sie hatte auch ihre somatische Seite, man durfte ihr einen besonderen Chemismus zuschreiben und die Sexualerregung von der Anwesenheit bestimmter, wenn auch noch unbekannter Stoffe ableiten. Es mußte auch seinen guten Grund haben, daß die echten, spontanen Neurosen mit keiner anderen Krankheitsgruppe so viel Ähnlichkeit zeigen wie mit den Intoxikations- und Abstinenzerscheinungen, hervorgerufen durch die Einführung und die Entbehrung gewisser toxisch wirkender Stoffe oder mit dem M. Basedowii, dessen Abhängigkeit vom Produkt der Schilddrüse bekannt ist.

Ich habe später keine Gelegenheit mehr gehabt, auf die Untersuchungen über die Aktualneurosen zurückzukommen. Auch von anderen ist dieses Stück meiner Arbeit nicht fortgesetzt worden. Blicke ich heute auf meine damaligen Erlebnisse zurück, so kann ich sie als erste rohe Schematisierung erkennen an einem wahrscheinlich weit komplizierteren Sachverhalt. Aber sie scheinen mir im ganzen heute noch richtig zu sein. Gern hätte ich später noch Fälle von reiner juveniler Neurasthenie dem psychoanalytischen Examen unterzogen, es hat sich leider nicht gefügt. Um mißverständlichen Auffassungen zu begegnen, will ich betonen, daß es mir ferneliegt, die Existenz des psychischen Konflikts und der neurotischen Komplexe bei der Neurasthenie zu leugnen. Die Behauptung geht nur dahin, daß die Symptome dieser Kranken nicht psychisch determiniert und analytisch auflösbar sind, sondern als direkte toxische Folgen des gestörten Sexualchemismus aufgefaßt werden müssen.

Als ich in den nächsten Jahren nach den „Studien" diese Ansichten über die ätiologische Rolle der Sexualität bei den Neurosen gewonnen hatte, hielt ich über sie einige Vorträge in ärztlichen Vereinen, fand aber nur Unglauben und Widerspruch.[23] Breuer versuchte noch einige Male, das große Gewicht seines persönlichen Ansehens zu meinen Gunsten in die Waagschale zu werfen, aber er erreichte nichts, und es war leicht zu sehen, daß die Anerkennung der sexuellen Ätiologie auch gegen seine Neigungen ging. Er hätte mich durch den Hinweis auf seine eigene erste Patientin schlagen oder irremachen können, bei der sexuelle Momente angeblich keine Rolle gespielt hatten. Er tat es aber nie, ich verstand es lange nicht, bis ich gelernt hatte, mir diesen Fall richtig zu deuten und nach einigen früheren Bemerkungen von ihm den Ausgang seiner Behandlung zu rekonstruieren. Nachdem die kathartische Arbeit erledigt schien, hatte sich bei dem Mädchen plötzlich ein Zustand von „Übertragungsliebe" eingestellt, den er nicht mehr mit ihrem Kranksein in Beziehung brachte, so daß er sich bestürzt von ihr zurückzog. Es war ihm offenbar peinlich, an dieses anscheinende Mißgeschick erinnert zu werden. Im Benehmen gegen mich schwankte er eine Weile zwischen Anerkennung und herber Kritik, dann traten Zufälligkeiten hinzu, wie sie in gespannten Situationen niemals ausbleiben, und wir trennten uns voneinander.

Nun hatte meine Beschäftigung mit den Formen allgemeiner Nervosität die weitere Folge, daß ich die Technik der Katharsis abänderte. Ich gab die Hypnose auf und suchte sie durch eine andere Methode zu ersetzen, weil ich die Einschränkung der Behandlung auf hysteriforme Zustände überwinden wollte. Auch hatten sich mir mit zunehmender Erfahrung zwei schwere Bedenken gegen die Anwendung der Hypnose selbst im Dienste der Katharsis ergeben. Das erste war, daß selbst die schönsten Resultate plötzlich wie weggewischt waren, wenn sich das persönliche Verhältnis zum Patienten getrübt hatte. Sie stellten sich zwar wieder her, wenn man den Weg zur Versöhnung fand, aber man wurde belehrt, daß die persönliche affektive Beziehung doch mächtiger war als alle kathartische Arbeit, und gerade dieses Moment entzog sich der Beherrschung. Sodann machte ich eines Tages die Erfahrung, die mir in grellem Licht zeigte, was ich längst vermutet hatte. Als ich einmal eine meiner gefügigsten Patientinnen, bei der die Hypnose die merkwürdigsten Kunststücke ermöglicht hatte, durch die Zurückführung ihres Schmerzanfalls auf seine Veranlassung von ihrem Leiden befreite, schlug sie beim Erwachen ihre Arme um meinen Hals. Der unvermutete Eintritt einer dienenden Person enthob uns einer peinlichen Auseinandersetzung, aber wir verzichteten von da an in stillschweigender Übereinkunft auf die Fortsetzung der hypnotischen Behandlung. Ich war nüchtern genug, diesen Zufall nicht auf die Rechnung meiner persönlichen Unwiderstehlichkeit zu setzen und meinte, jetzt die Natur des mystischen Elements, welches hinter der Hypnose wirkte, erfaßt zu haben. Um es auszuschalten oder wenigstens zu isolieren, mußte ich die Hypnose aufgeben.

Die Hypnose hatte aber der kathartischen Behandlung außerordentliche Dienste geleistet, indem sie das Bewußtseinsfeld der Patienten erweiterte und ihnen ein Wissen zur Verfügung stellte, über das sie im Wachen nicht verfügten. Es schien nicht leicht, sie darin zu ersetzen. In dieser Verlegenheit kam mir die Erinnerung an ein Experiment zu Hilfe, das ich oft bei Bernheim mit angesehen hatte. Wenn die Versuchsperson aus dem Somnambulismus erwachte, schien sie jede Erinnerung an die Vorfälle während dieses Zustandes verloren zu haben. Aber Bernheim behauptete, sie wisse es doch, und wenn er sie aufforderte, sich zu erinnern, wenn er beteuerte, sie wisse alles, sie solle es doch nur sagen, und ihr dabei noch die Hand auf die Stirne legte, so kamen die vergessenen Erinnerungen wirklich wieder, zuerst nur zögernd, und dann im Strome und in voller Klarheit. Ich beschloß, es ebenso zu machen. Meine Patientinnen mußten ja auch all das „wissen", was ihnen sonst erst die Hypnose zugänglich machte, und meine Versicherung und Antreiben, etwa unterstützt durch Hand auflegen, sollte die Macht haben, die vergessenen Tatsachen und Zusammenhänge ins Bewußtsein zu drängen. Das schien freilich mühseliger zu sein als die Versetzung in die Hypnose, aber es war vielleicht sehr lehrreich. Ich gab also die Hypnose auf und behielt von ihr nur die Lagerung des Patienten auf einem Ruhebett bei, hinter dem ich saß, so daß ich ihn sah, aber nicht selbst gesehen wurde.[24]

III

Meine Erwartung erfüllte sich, ich wurde von der Hypnose frei, aber mit dem Wechsel der Technik änderte auch die kathartische Arbeit ihr Gesicht. Die Hypnose hatte ein Kräftespiel verdeckt, welches sich nun enthüllte, dessen Erfassung der Theorie eine sichere Begründung gab.

Woher kam es nur, daß die Kranken soviel Tatsachen des äußeren und inneren Erlebens vergessen hatten, und diese doch erinnern konnten, wenn man die beschriebene Technik auf sie anwendete? Auf diese Frage erteilte die Beobachtung erschöpfende Antwort. All das Vergessene war irgendwie peinlich gewesen, entweder schreckhaft oder schmerzlich oder beschämend für die Ansprüche der Persönlichkeit. Es drängte sich von selbst der Gedanke auf: gerade darum sei es vergessen worden, d. h. nicht bewußt geblieben. Um es doch wieder bewußt zu machen, mußte man etwas in dem Kranken überwinden, was sich sträubte, mußte man einige Anstrengungen aufwenden, um ihn zu drängen und zu nötigen. Die vom Arzt erforderte Anstrengung war verschieden groß für verschiedene Fälle, sie wuchs im geraden Verhältnis zur Schwere des zu Erinnernden. Der Kraftaufwand des Arztes war offenbar das Maß für einen Widerstand des Kranken. Man brauchte jetzt nur in Worten zu übersetzen, was man selbst verspürt hatte, und man war im Besitz der Theorie der Verdrängung.

Der pathogene Vorgang ließ sich jetzt leicht rekonstruieren. Um beim einfachen Beispiel zu bleiben, es war im Seelenleben eine einzelne Strebung aufgetreten, der aber mächtige andere widerstrebten. Der nun entstehende seelische Konflikt sollte nach unseren Erwartungen so verlaufen, daß die beiden dynamischen Größen – heißen wir sie für unsere Zwecke: Trieb und Widerstand – eine Weile unter stärkster Anteilnahme des Bewußtseins miteinander ringen, bis der Trieb abgewiesen, seiner Strebung die Energiebesetzung entzogen war. Das wäre die normale Erledigung. Bei der Neurose hatte aber – aus noch unbekannten Grün-

den – der Konflikt einen anderen Ausgang gefunden. Das Ich hatte sich sozusagen beim ersten Zusammenstoß von der anstößigen Triebregung zurückgezogen, ihr den Zugang zum Bewußtsein und zur direkten motorischen Abfuhr versperrt, dabei hatte sie aber ihre volle Energiebesetzung behalten. Diesen Vorgang nannte ich Verdrängung, er war eine Neuheit, nichts ihm Ähnliches war je im Seelenleben erkannt worden.[25] Er war offenbar ein primärer Abwehrmechanismus, einem Fluchtversuch vergleichbar, erst ein Vorläufer der späteren normalen Urteilserledigung. An den ersten Akt der Verdrängung knüpften weitere Folgen an. Erstens mußte sich das Ich gegen den immer breiteren Andrang der verdrängten Regung durch einen permanenten Aufwand, eine Gegenbesetzung, schützen und verarmte dabei, anderseits konnte sich das Verdrängte, das nun unbewußt war, Abfuhr und Ersatzbefriedigung auf Umwegen schaffen und solcherart die Absicht der Verdrängung zum Scheitern bringen. Bei der Konversionshysterie führte dieser Umweg in die Körperinnervation, die verdrängte Regung brach an irgendeiner Stelle durch und schuf sich die Symptome, die also Kompromißergebnisse waren, zwar Ersatzbefriedigung, aber doch entstellt und von ihrem Ziele abgelenkt durch den Widerstand des Ichs.
Die Lehre von der Verdrängung wurde zum Grundpfeiler des Verständnisses der Neurose. Die therapeutische Aufgabe mußte nun anders gefaßt werden, ihr Ziel war nicht mehr das „Abreagieren" des auf falsche Bahnen geratenen Affekts, sondern die Aufdeckung der Verdrängungen und deren Ablösung durch Urteilsleistungen, die in Annahme oder Verwerfung des damals Abgewiesenen ausgehen konnten. Ich trug der neuen Sachlage Rechnung, indem ich das Verfahren zur Untersuchung und Heilung nicht mehr Katharsis, sondern Psychoanalyse benannte.

Man kann von der Verdrängung wie von einem Zentrum ausgehen und alle Stücke der psychoanalytischen Lehre mit ihr in Verbindung bringen. Vorher will ich aber noch eine Bemerkung polemischen Inhalts machen. Nach der Meinung Janets war die Hysterika eine arme Person, die infolge einer konstitutionellen Schwäche ihre seelischen Akte nicht zusammenhalten konnte. Darum verfiel sie der seelischen

Spaltung und der Einengung des Bewußtseins. Nach den Ergebnissen der psychoanalytischen Untersuchungen waren diese Phänomene aber Erfolg dynamischer Faktoren, des seelischen Konflikts und der vollzogenen Verdrängung. Ich meine, dieser Unterschied ist weittragend genug und sollte dem immer wiederholten Gerede ein Ende machen, was an der Psychoanalyse wertvoll sei, schränke sich auf eine Entlehnung Janetscher Gedanken ein. Meine Darstellung muß dem Leser gezeigt haben, daß die Psychoanalyse von den Janetschen Funden in historischer Hinsicht völlig unabhängig ist, wie sie auch inhaltlich von ihnen abweicht und weit über sie hinausgreift. Niemals wäre auch von den Arbeiten Janets die Folgerung ausgegangen, welche die Psychoanalyse so wichtig für die Geisteswissenschaften gemacht und ihr das allgemeinste Interesse zugewendet haben. Janet selbst habe ich immer respektvoll behandelt, weil seine Entdeckungen ein ganzes Stück weit mit denen Breuers zusammentrafen, die früher gemacht und später veröffentlicht worden waren. Aber als die Psychoanalyse Gegenstand der Diskussion auch in Frankreich wurde, hat Janet sich schlecht benommen, geringe Sachkenntnis gezeigt und unschöne Argumente gebraucht. Endlich hat er sich in meinen Augen bloßgestellt und sein Werk selbst entwertet, indem er verkündete, wenn er von „unbewußten" seelischen Akten gesprochen, so habe er nichts damit gemeint, es sei bloß „une façon de parler" gewesen.[26]

Die Psychoanalyse wurde aber durch das Studium der pathogenen Verdrängungen und anderer noch zu erwähnender Phänomene gezwungen, den Begriff des „Unbewußten" ernst zu nehmen.[27] Für sie war alles Psychische zunächst unbewußt, die Bewußtseinsqualität konnte dann dazukommen oder auch wegbleiben. Dabei stieß man freilich mit dem Widerspruch der Philosophen zusammen, für die „bewußt" und „psychisch" identisch war und die beteuerten, sie können sich so ein Unding wie das „unbewußte Seelische" nicht vorstellen. Es half aber nichts, man mußte sich achselzuckend über diese Idiosynkrasie der Philosophen hinaussetzen. Die Erfahrungen am pathologischen Material, das die Philosophen nicht kannten, über die Häufigkeit und Mächtigkeit solcher Regungen, von denen man nichts wußte und die man wie irgendeine Tatsache der Außenwelt erschließen mußte, ließen keine Wahl. Man konnte geltend machen, daß man nur am eigenen Seelenleben tat, was man schon immer für das andere getan hatte. Man schrieb auch noch der anderen Person psychische Akte zu, obwohl man kein unmittelbares Bewußtsein von diesen hatte und sie aus Äußerungen und Handlungen erraten mußte. Was aber beim anderen recht ist, das muß auch für die eigene Person billig sein. Will man dieses Argument weiter treiben und daraus ableiten, daß die eigenen verborgenen Akte eben einem zweiten Bewußtsein angehören, so steht man vor der Konzeption eines Bewußtseins, von dem man nichts weiß, eines unbewußten Bewußtseins, was doch kaum ein Vorteil gegen die Annahme eines unbewußten Psychischen ist. Sagt man aber mit anderen Philosophen, man würdige die pathologischen Vorkommnisse, nur sollten die diesen zugrunde liegenden Akte nicht psychisch, sondern psychoid geheißen werden, so läuft die Differenz auf einen unfruchtbaren Wortstreit hinaus, in dem man sich doch am zweckmäßigsten für die Beibehaltung des Ausdrucks „unbewußt psychisch" entscheidet. Die Frage, was dies Unbewußte an sich sei, ist dann nicht klüger und aussichtsreicher als die andere, frühere, was das Bewußte sei.

Schwieriger wäre es, in kurzem darzustellen, wie die Psychoanalyse dazu gekommen ist, das von ihr anerkannte Unbewußte noch zu gliedern, es in ein Vorbewußtes und in ein eigentlich Unbewußtes zu zerlegen. Es mag die Bemerkung genügen, daß es legitim erschien, die Theorien, welche direkter Ausdruck der Erfahrung sind, durch Hypothesen zu ergänzen, welche zur Bewältigung des Stoffes zweckdienlich sind und sich auf Verhältnisse beziehen, die nicht Gegenstand unmittelbarer Beobachtung werden können. Man pflegt auch in älteren Wissenschaften nicht anders zu verfahren. Die Gliederung des Unbewußten hängt mit dem Versuch zusammen, sich den seelischen Apparat aus einer Anzahl von Instanzen oder Systemen aufgebaut zu denken, von deren Beziehung zueinander man in räumlicher Ausdrucksweise spricht, wobei aber ein Anschluß an die reale Hirnanatomie nicht gesucht wird. (Der sog. topische Gesichtspunkt.) Solche und ähnliche Vorstellungen gehören zu einem spekulativen Überbau der Psychoanalyse, von dem jedes Stück ohne Schaden und Bedauern geopfert oder ausgetauscht werden kann, sobald seine Unzulänglichkeit erwiesen ist. Es bleibt genug zu berichten übrig, was der Beobachtung nähersteht.

Ich habe schon erwähnt, daß die Forschung nach den Veranlassungen und Begründungen der Neurose mit immer steigender Häufigkeit auf Konflikte zwischen den sexuellen Regungen der Person und den Widerständen gegen die Sexualität führte. Bei der Suche nach den pathogenen Situationen, in denen die Verdrängungen der Sexualität eingetreten waren und aus denen die Symptome als Ersatzbildungen des Verdrängten stammen, wurde man in immer frühere Lebenszeiten des Kranken zurückgeleitet und langte endlich in dessen ersten Kindheitsjahren an. Es ergab sich, was Dichter und Menschenkenner immer behaupten, daß die Eindrücke dieser frühen Lebensperiode, obwohl sie meist der Amnesie verfallen, unvertilgbare Spuren in der Entwicklung des Individuums zurücklassen, insbesondere daß sie die Disposition für spätere neurotische Erkrankungen festlegen. Da es sich aber in diesen Kindererlebnissen immer um sexuelle Erregungen und um die Reaktion gegen dieselben handelte, stand man vor der Tatsache der infantilen Sexualität, die wiederum eine Neuheit und einen Widerspruch gegen eines der stärksten Vorurteile der Menschen bedeutete. Die Kindheit sollte ja „unschuldig" sein, frei von geschlechtlichen Gelüsten, und der Kampf mit dem Dämon „Sinnlichkeit" erst mit dem Sturm und Drang der Pubertät einsetzen. Was man von sexueller Betätigung gelegentlich an Kindern hatte wahrnehmen müssen, faßte man als Zeichen von Degeneration, vorzeitiger Verderbtheit oder als kuriose Laune der Natur auf. Wenige der Ermittlungen der Psychoanalyse haben eine so allgemeine Ablehnung gefunden, einen solchen Ausbruch von Entrüstung hervorgerufen, wie die Behauptung, daß die Sexualfunktion vom Anfang des Lebens an beginne und schon in der Kindheit sich in wichtigen Erscheinungen äußere.[28] Und doch ist kein anderer analytischer Fund so leicht und so vollständig zu erweisen.

Ehe ich weiter in die Würdigung der infantilen Sexualität eingehe, muß ich eines Irrtums gedenken, dem ich eine Weile verfallen war und der bald für meine ganze Arbeit verhängnisvoll geworden wäre. Unter dem Drängen meines damaligen technischen Verfahrens reproduzierten die meisten meiner Patienten Szenen aus ihrer Kindheit, deren Inhalt die sexuelle Verführung durch einen Erwachsenen war. Bei den weiblichen Personen war die Rolle des Verführers fast immer dem Vater zugeteilt. Ich schenkte diesen Mitteilungen Glauben und nahm also an, daß ich in diesen Erlebnissen sexueller Verführung in der Kindheit die Quellen der späteren Neurose aufgefunden hatte. Einige Fälle, in denen sich solche Beziehungen zum Vater, Oheim oder älteren Bruder bis in die Jahre sicherer Erinnerung fortgesetzt hatten, bestärkten mich in meinem Zutrauen. Wenn jemand über meine Leichtgläubigkeit mißtrauisch den Kopf schütteln wollte, so kann ich ihm nicht ganz unrecht geben, will aber vorbringen, daß es die Zeit war, wo ich meiner Kritik absichtlich Zwang antat, um unparteiisch und aufnahmefähig für die vielen Neuheiten zu bleiben, die mir täglich entgegentraten. Als ich dann doch erkennen mußte, diese Verführungsszenen seien niemals vorgefallen, seien nur Phantasien, die meine Patienten erdichtet, die ich ihnen vielleicht selbst aufgedrängt hatte, war ich eine Zeitlang ratlos. Mein Vertrauen in meine Technik wie in ihre Ergebnisse erlitt einen harten Stoß; ich hatte doch diese Szenen auf einem technischen Wege, den ich für korrekt hielt, gewonnen, und ihr Inhalt stand in unverkennbarer Beziehung zu den Symptomen, von denen meine Untersuchungen ausgegangen waren. Als ich mich gefaßt hatte, zog ich aus meiner Erfahrung die richtigen Schlüsse, daß die neurotischen Symptome nicht direkt an wirkliche Erlebnisse anknüpften, sondern an Wunschphantasien, und daß für die Neurose die psychische Realität mehr bedeute als die materielle. Ich glaube auch heute nicht, daß ich meinen Patienten jene Verführungsphantasien aufgedrängt, „suggeriert" habe. Ich war da zum erstenmal mit dem Ödipuskomplex zusammengetroffen, der späterhin eine so überragende Bedeutung gewinnen sollte, den ich aber in solch phantastischer Verkleidung noch nicht erkannte. Auch blieb der Verführung im Kindesalter ihr Anteil in der Ätiologie, wenngleich in bescheidenerem Ausmaß, gewahrt. Die Verführer waren aber meist ältere Kinder gewesen.

Mein Irrtum war also der nämliche gewesen, wie wenn jemand die Sagengeschichte der römischen Königszeit nach der Erzählung des Livius für historische Wahrheit nehmen würde, anstatt für das, was sie ist, eine Reaktionsbildung gegen die Erinnerung armseliger, wahrscheinlich nicht immer rühmlichen Zeiten und Verhältnisse. Nach der Aufhellung des Irrtums war der Weg zum Studium des infantilen Sexuallebens frei. Man kam da in die Lage, die Psychoanalyse auf ein anderes Wissensgebiet anzuwenden, aus ihren Daten ein bisher unbekanntes Stück des biologischen Geschehens zu erraten.

Die Sexualfunktion war von Anfang an vorhanden, lehnte sich zunächst an die anderen lebenswichtigen Funktionen an und machte sich dann von ihnen unabhängig, sie hatte eine lange und komplizierte Entwicklung durchzumachen, bis aus ihr das wurde, was als das normale Sexualleben des Erwachsenen bekannt ist. Sie äußerte sich zuerst als Tätigkeit einer ganzen Reihe von Triebkomponenten, welche von erogenen Körperzonen abhängig waren, zum Teil in Gegensatzpaaren auftraten (Sadismus – Masochismus, Schautrieb – Exhibitionslust), unabhängig voneinander auf Lustgewinn ausgingen und ihr Objekt zumeist am eigenen Körper fanden. Sie war also zuerst nicht zentriert und vorwiegend autoerotisch. Später traten Zusammenfassungen in ihr auf, eine erste Organisationsstufe stand unter der Vorherrschaft der oralen Komponenten, dann folgte eine sadistisch-anale Phase, und erst die spät erreichte dritte Phase brachte den Primat der Genitalien, womit die Sexualfunktion in den Dienst der Fortpflanzung trat. Während dieser Entwicklung wurden manche Triebanteile als für diesen Zweck unbrauchbar beiseite gelassen oder anderen Verwendungen zugeführt, andere von ihren Zielen abgelenkt und in die genitale Organisation übergeleitet. Ich nannte die Energie der Sexualtriebe – und nur diese – Libido. Ich mußte nun annehmen, daß die Libido die beschriebene Entwicklung nicht immer tadellos durchmache. Infolge der Überstärke einzelner Komponenten oder frühzeitiger Befriedigungserlebnisse kommt es zu Fixierungen der Libido an gewissen Stellen des Entwicklungsweges. Zu diesen Stellen strebt dann die Libido im Falle einer späteren Verdrängung zurück (Regression), und von ihnen aus wird auch der Durchbruch zum Symptom erfolgen. Eine spätere Einsicht

fügte hinzu, daß die Lokalisation der Fixierungsstelle auch entscheidend ist für die Neurosewahl, für die Form, in der die spätere Erkrankung auftritt.
Neben der Organisation der Libido geht der Prozeß der Objektfindung einher, dem eine große Rolle im Seelenleben vorbehalten ist. Das erste Liebesobjekt nach dem Stadium des Autoerotismus wird für beide Geschlechter die Mutter, deren nährendes Organ wahrscheinlich anfänglich vom eigenen Körper nicht unterschieden wurde. Später, aber noch in den ersten Kinderjahren, stellt sich die Relation des Ödipuskomplexes her, in welcher der Knabe seine sexuellen Wünsche auf die Person der Mutter konzentriert und feindselige Regungen gegen den Vater als Rivalen entwickelt. In analoger Weise stellt sich das kleine Mädchen ein, alle Variationen und Abfolgen des Ödipuskomplexes werden bedeutungsvoll, die angeborene bisexuelle Konstitution macht sich geltend und vermehrt die Anzahl der gleichzeitig vorhandenen Strebungen. Es dauert eine ganze Weile, bis das Kind über die Unterschiede der Geschlechter Klarheit gewinnt, in dieser Zeit der Sexualforschung schafft es sich typische Sexualtheorien, die, abhängig von der Unvollkommenheit der eigenen körperlichen Organisation, Richtiges und Falsches vermengen und die Probleme des Geschlechtslebens (das Rätsel der Sphinx: woher die Kinder kommen) nicht lösen können. Die erste Objektwahl des Kindes ist also eine inzestuöse. Die ganze hier beschriebene Entwicklung wird rasch durchlaufen. Der merkwürdigste Charakter des menschlichen Sexuallebens ist sein zweizeitiger Ansatz mit dazwischenliegenden Pausen. Im vierten und fünften Lebensjahr erreicht es einen ersten Höhepunkt, dann aber vergeht diese Frühblüte der Sexualität, die bisher lebhaften Strebungen verfallen der Verdrängung, und es tritt die bis zur Pubertät dauernde Latenzzeit ein, während welcher die Reaktionsbildung der Moral, der Scham, des Ekels aufgerichtet werden. Die Zweizeitigkeit der Sexualentwicklung scheint von allen Lebewesen allein dem Menschen zuzukommen, sie ist vielleicht die biologische Bedingung seiner Disposition zur Neurose. Mit der Pubertät werden die Strebungen und Objektbesetzungen der Frühzeit wieder belebt, auch die Gefühlsbindungen des Ödipuskomplexes. Im Sexualleben der Pubertät ringen mit-

einander die Anregungen der Frühzeit und die Hemmungen der Latenzperiode. Noch auf der Höhe der infantilen Sexualentwicklung hatte sich eine Art von genitaler Organisation hergestellt, in der aber nur das männliche Genitale eine Rolle spielte, das weibliche unentdeckt geblieben war (der sog. phallische Primat). Der Gegensatz der Geschlechter hieß damals noch nicht männlich oder weiblich, sondern: im Besitze eines Penis oder kastriert. Der hier anschließende Kastrationskomplex wird überaus bedeutsam für die Bildung von Charakter und Neurose.

In dieser verkürzten Darstellung meiner Befunde über das menschliche Sexualleben habe ich dem Verständnis zuliebe vielfach zusammengetragen, was zu verschiedenen Zeiten entstand und als Ergänzung oder Berichtigung in die aufeinanderfolgenden Auflagen meiner „Drei Abhandlungen zur Sexualtheorie“ Aufnahme fand. Ich hoffe, es läßt sich aus ihr leicht entnehmen, worin die oft betonte und beanstandete Erweiterung des Begriffes Sexualität besteht. Diese Erweiterung ist eine zweifache. Erstens wird die Sexualität aus ihren allzu engen Beziehungen zu den Genitalien gelöst und als eine umfassendere, nach Lust strebende Körperfunktion hingestellt, welche erst sekundär in den Dienst der Fortpflanzung tritt, zweitens werden zu den sexuellen Regungen alle die bloß zärtlich und freundschaftlichen gerechnet, für welche unser Sprachgebrauch das vieldeutige Wort „Liebe“ verwendet. Allein ich meine, diese Erweiterungen sind nicht Neuerungen, sondern Wiederherstellungen, sie bedeuten die Aufhebung von unzweckmäßigen Einengungen des Begriffes, zu denen wir uns haben bewegen lassen. Die Loslösung der Sexualität von den Genitalien hat den Vorteil, daß sie uns gestattet, die Sexualbetätigung der Kinder und der Perversen unter dieselben Gesichtspunkte zu bringen wie die der normalen Erwachsenen, während die erstere bisher völlig vernachlässigt, die andere zwar mit moralischer Entrüstung, aber ohne Verständnis aufgenommen wurde. Der psychoanalytischen Auffassung erklären sich auch die absonderlichsten und abstoßenderen Perversionen als Äußerung von sexuellen Partialtrieben, die sich dem Genitalprimat entzogen haben und wie in den Urzeiten der Libidoentwicklung selbständig dem Lusterwerb nachgehen. Die wichtigste dieser Perversionen, die Homosexualität, verdient kaum diesen Namen. Sie führt sich auf die konstitutionelle Bisexualität und auf die Nachwirkung des phallischen Primats zurück, durch Psychoanalyse kann man bei jedermann ein Stück homosexueller Objektwahl nachweisen. Wenn man die Kinder „polymorph pervers" genannt hat, so war das nur eine Beschreibung in allgemein gebräuchlichen Ausdrücken, eine moralische Wertung sollte damit nicht ausgesprochen werden. Solche Werturteile liegen der Psychoanalyse überhaupt fern.

Die andere der angeblichen Erweiterung rechtfertigt sich durch den Hinweis auf die psychoanalytische Untersuchung, welche zeigt, daß all diese zärtlichen Gefühlsregungen ursprünglich vollsexuelle Strebungen waren, die dann „zielgehemmt" oder „sublimiert" worden sind. Auf dieser Beeinflußbarkeit und Ablenkbarkeit der Sexualität beruht auch ihre Verwendbarkeit für mannigfache kulturelle Leistungen, zu denen sie die bedeutsamsten Beiträge stellen.

Die überraschenden Ermittlungen über die Sexualität des Kindes wurde zunächst durch die Analyse Erwachsener gewonnen, konnten aber später, etwa von 1908 an, durch direkte Beobachtungen an Kindern bis in alle Einzelheiten und in beliebigem Ausmaße bestätigt werden.[29] Es ist wirklich so leicht, sich von den regulären sexuellen Betätigungen der Kinder zu überzeugen, daß man sich verwundert fragen muß, wie es die Menschen zustande gebracht haben, diese Tatsache zu übersehen und die Wunschlegende von der asexuellen Kindheit so lange aufrechtzuerhalten. Dies muß mit der Amnesie der meisten Erwachsenen für ihre eigene Kindheit zusammenhängen.

IV

Die Lehren vom Widerstand und von der Verdrängung, vom Unbewußten, von der ätiologischen Bedeutung des Sexuallebens und der Wichtigkeit der Kindheitserlebnisse sind die Hauptbestandteile des psychoanalytischen Lehrgebäudes. Ich bedauere, daß ich hier nur die einzelnen Stücke beschreiben konnte und nicht auch, wie sie sich zusammensetzen und ineinandergreifen. Es ist jetzt an der Zeit, sich zu den Veränderungen zu wenden, die sich allmählich an der Technik des analytischen Verfahrens vollzogen.

Die zuerst geübte Überwindung des Widerstandes durch Drängen und Versichern war unentbehrlich gewesen, um dem Arzt die ersten Orientierungen in dem, was er zu erwarten hatte, zu verschaffen. Auf die Dauer war sie aber für beide Teile zu anstrengend und schien nicht frei von gewissen naheliegenden Bedenken. Sie wurde also von einer anderen Methode abgelöst, welche in gewissem Sinne ihr Gegensatz war. Anstatt den Patienten anzutreiben, etwas zu einem bestimmten Thema zu sagen, forderte man ihn jetzt auf, sich der „freien Assoziation" zu überlassen, d. h. zu sagen, was immer ihm in den Sinn kam, wenn er sich jeder bewußten Zielvorstellung enthielt. Nur mußte er sich dazu verpflichten, auch wirklich alles mitzuteilen, was ihm seine Selbstwahrnehmung ergab, und den kritischen Einwendungen nicht nachgeben, die einzelne Einfälle mit den Motivierungen beseitigen wollten, sie seien nicht wichtig genug, gehörten nicht dazu oder seien überhaupt ganz unsinnig. Die Forderung nach Aufrichtigkeit in der Mitteilung brauchte man nicht ausdrücklich zu wiederholen, sie war ja die Voraussetzung der analytischen Kur.

Daß dies Verfahren der freien Assoziation unter Einhaltung von ihm erwartete, nämlich das verdrängte und durch Widerstände ferngehaltene Material dem Bewußtsein zuzuführen, mag befremdend erscheinen. Allein man muß bedenken, daß die freie Assoziation nicht wirklich frei ist. Der Patient bleibt unter dem Einfluß der analytischen Situation, auch wenn er seine Denktätigkeit nicht mehr auf ein bestimmtes Thema richtet. Man hat das Recht, anzunehmen, daß ihm nichts anderes einfallen wird, als was zu dieser Situation in Beziehung steht. Sein Widerstand gegen die Reproduktion des Verdrängten wird sich jetzt auf zweierlei Weise äußern. Erstens durch jene kritischen Einwendungen, auf welche die psychoanalytische Grundregel gemünzt ist. Überwindet er aber in Befolgung der Regel diese Abhaltungen, so findet der Widerstand einen anderen Ausdruck. Er wird es durchsetzen, daß dem Analysierten niemals das Verdrängte selbst einfällt, sondern nur etwas, was diesem nach Art einer Anspielung nahekommt, und je größer der Widerstand ist, desto weiter wird sich der mitzuteilende Ersatzinhalt von dem Eigentlichen, das man sucht, entfernen. Der Analytiker, der in Sammlung, aber ohne Anstrengung

zuhört und der durch seine Erfahrungen im allgemeinen auf das Kommende vorbereitet ist, kann nun das Material, das der Patient zutage fördert, nach zwei Möglichkeiten verwerten. Entweder gelingt es ihm, bei geringem Widerstand, aus den Andeutungen das Verdrängte selbst zu erraten, oder er kann, bei stärkerem Widerstand, an den Einfällen, die sich vom Thema zu entfernen scheinen, die Beschaffenheit dieses Widerstandes erkennen, den er dann dem Patienten mitteilt. Die Aufdeckung des Widerstandes ist aber der erste Schritt zu seiner Überwindung. So ergibt sich im Rahmen der analytischen Arbeit eine Deutungskunst, deren erfolgreiche Handhabung zwar Takt und Übung erfordert, die aber unschwer zu erlernen ist. Die Methode der freien Assoziation hat große Vorzüge von der früheren, nicht nur den der Ersparung an Mühe. Sie setzt den Analysierten dem geringsten Maß von Zwang aus, verliert nie den Kontakt mit der realen Gegenwart, gewährt weitgehende Garantien dafür, daß man kein Moment in der Struktur der Neurose übersieht und nichts aus eigener Erwartung in sie einträgt. Man überläßt es bei ihr wesentlich dem Patienten, den Gang der Analyse und die Anordnung des Stoffes zu bestimmen, daher wird die systematische Bearbeitung der einzelnen Symptome und Komplexe unmöglich. Recht im Gegensatz zum Hergang beim hypnotischen oder antreibenden Verfahren erfährt man das Zusammengehörige zu verschiedenen Zeiten und an verschiedenen Stellen der Behandlung. Für einen Zuhörer – den es in Wirklichkeit nicht geben darf – würde die analytische Kur daher ganz undurchsichtig sein.
Ein anderer Vorteil der Methode ist, daß sie eigentlich nie zu versagen braucht. Es muß theoretisch immer möglich sein, einen Einfall zu haben, wenn man seine Ansprüche an die Art desselben fallenläßt. Doch tritt solches Versagen ganz regelmäßig in einem Falle auf, aber gerade durch seine Vereinzelung wird auch dieser Fall deutbar.
Ich nähere mich nun der Beschreibung eines Moments, welches einen wesentlichen Zug zum Bilde der Analyse hinzufügt und technisch wie theoretisch die größte Bedeutung beanspruchen darf. In jeder analytischen Behandlung stellt sich ohne Dazutun des Arztes eine intensive Gefühlsbeziehung des Patienten zur Person des Analytikers her, die in

den realen Verhältnissen keine Erklärung finden kann. Sie ist positiver und negativer Natur, variiert von leidenschaftlicher, vollsinnlicher Verliebtheit bis zum extremen Ausdruck von Auflehnung, Erbitterung und Haß. Diese abkürzend sogenannte „Übertragung" setzt sich beim Patienten bald an die Stelle des Wunsches nach Genesung und wird, solange sie zärtlich und gemäßigt ist, zum Träger des ärztlichen Einflusses und zur eigentlichen Triebfeder der gemeinsamen und analytischen Arbeit. Später, wenn sie leidenschaftlich geworden ist oder ins Feindselige umgeschlagen hat, wird sie das Hauptwerkzeug des Widerstandes. Dann geschieht es auch, daß sie die Einfallstätigkeit des Patienten lahmlegt und den Erfolg der Behandlung gefährdet. Es wäre aber unsinnig, ihr auszuweichen; eine Analyse ohne Übertragung ist eine Unmöglichkeit. Man darf nicht glauben, daß die Analyse die Übertragung schafft und daß diese nur bei ihr vorkommt. Die Übertragung wird von der Analyse nur aufgedeckt und isoliert. Sie ist ein allgemein menschliches Phänomen, entscheidet über den Erfolg bei jeder ärztlichen Beeinflussung, ja sie beherrscht überhaupt die Beziehungen einer Person zu ihrer menschlichen Umwelt. Unschwer erkennt man in ihr denselben dynamischen Faktor, den die Hypnotiker Suggerierbarkeit genannt haben, der der Träger des hypnotischen Rapports ist, über dessen Unberechenbarkeit auch die kathartische Methode zu klagen hatte. Wo diese Neigung zur Gefühlsübertragung fehlt oder durchaus negativ geworden ist, wie bei der Dementia praecox und der Paranoia, da entfällt auch die Möglichkeit einer psychischen Beeinflussung des Kranken.[30]

Es ist ganz richtig, daß auch die Psychoanalyse mit dem Mittel der Suggestion arbeitet wie andere psychotherapeutische Methoden. Der Unterschied ist aber, daß ihr – der Suggestion oder der Übertragung – hier nicht die Entscheidung über den therapeutischen Erfolg überlassen wird. Sie wird vielmehr dazu verwendet, den Kranken zur Leistung einer psychischen Arbeit zu bewegen – zur Überwindung seiner Übertragungswiderstände –, die eine dauernde Veränderung seiner seelischen Ökonomie bedeutet. Die Übertragung wird vom Analytiker dem Kranken bewußt gemacht, sie wird aufgelöst, indem man ihn davon überzeugt, daß er in seinem Übertragungsverhalten Gefühlsrelationen wiedererlebt, die von seinen frühesten Objektbesetzungen, aus der verdrängten Periode seiner Kindheit, herstammen. Durch solche Wendung wird die Übertragung aus der stärksten Waffe des Widerstandes zum besten Instrument der analytischen Kur. Immerhin bleibt ihre Handhabung das schwierigste wie das wichtigste Stück der analytischen Technik.

Mit Hilfe des Verfahrens der freien Assoziation und der an sie anschließende Deutungskunst gelang der Psychoanalyse eine Leistung, die anscheinend nicht praktisch bedeutsam war, aber in Wirklichkeit zu einer völlig neuen Stellung und Geltung im wissenschaftlichen Betrieb führen mußte. Es wurde möglich, nachzuweisen, daß Träume sinnvoll sind, und den Sinn derselben zu erraten.[31] Träume waren noch im klassischen Altertum als Verkündigung der Zukunft hochgeschätzt worden; die moderne Wissenschaft wollte vom Traum nichts wissen, überließ ihn dem Aberglauben, erklärte ihn für einen bloß „körperlichen" Akt, für eine Art Zuckung des sonst schlafenden Seelenlebens. Daß jemand, der ernste wissenschaftliche Arbeit geleistet hatte, als „Traumdeuter" auftreten könnte, schien doch ausgeschlossen. Wenn man sich aber um eine solche Verdammung des Traumes nicht kümmerte, ihn behandelte wie ein unverstandenes neurotisches Symptom, eine Wahn- oder Zwangsidee, von seinem scheinbaren Inhalt absah und seine einzelnen Bilder zu Objekten der freien Assoziation machte, so kam man zu einem anderen Ergebnis. Man gewann durch die zahlreichen Einfälle des Träumers Kenntnis von einem Gedankenbilde, das nicht mehr absurd oder verworren genannt werden konnte, das einer vollwertigen psychischen Leistung entsprach und von dem der manifeste Traum nur eine entstellte, verkürzte und mißverstandene Übersetzung war, zumeist eine Übersetzung in visuelle Bilder. Diese latenten Traumgedanken enthielten den Sinn des Traumes, der manifeste Trauminhalt war nur eine Täuschung, eine Fassade, an welche zwar die Assoziation anknüpfen konnte, aber nicht die Deutung.

Man stand nun vor der Beantwortung einer ganzen Reihe von Fragen, die wichtigsten darunter, ob es denn ein Motiv für die Traumbildung gebe, unter welchen Bedingungen sie sich vollziehen könne, auf welchen Wegen die Überführung der immer sinnreichen Traumgedanken in den oft sinnlosen Traum vor sich geht u. a. In meiner 1900 veröffentlichten „Traumdeutung“ habe ich versucht, alle diese Probleme zu erledigen. Nur der kürzeste Auszug aus dieser Untersuchung kann hier Raum finden: Wenn man die latenten Traumgedanken, die man aus der Analyse des Traumes erfahren hat, untersucht, findet man einen unter ihnen, der sich von den anderen, verständigen und dem Träumer wohlbekannten, scharf abhebt. Diese anderen sind Reste des Wachlebens (Tagesreste); in dem vereinzelten aber erkennt man eine oft sehr anstößige Wunschregung, die dem Wachleben des Träumers fremd ist, die er dementsprechend auch verwundert oder entrüstet verleugnet. Diese Regung ist der eigentliche Traumbildner, sie hat die Energie für die Produktion des Traumes aufgebracht und sich der Tagesreste als Material bedient; der so entstandene Traum stellt eine Befriedigungssituation für sie vor, ist ihre Wunscherfüllung. Dieser Vorgang wäre nicht möglich geworden, wenn nicht etwas in der Natur des Schlafzustandes ihn begünstigt hätte. Die psychische Voraussetzung des Schlafes ist die Einstellung des Ichs auf den Schlafwunsch und die Abziehung der Besetzung von allen Interessen des Lebens; da gleichzeitig die Zugänge zur Motilität gesperrt werden, kann das Ich auch den Aufwand herabsetzen, mit dem es sonst die Verdrängungen aufrechthält. Diesen nächtlichen Nachlaß der Verdrängung macht sich die unbewußte Regung zunutze, um mit dem Traum zum Bewußtsein vorzudringen. Der Verdrängungswiderstand des Ichs ist aber auch im Schlafe nicht aufgehoben, sondern bloß herabgesetzt worden. Ein Rest von ihm ist als Traumzensur verblieben und verbietet nun der unbewußten Wunschregung, sich in den Formen zu äußern, die ihr eigentlich angemessen wären. Infolge der Strenge der Traumzensur müssen sich die letzten Traumgedanken Abänderungen und Abschwächungen gefallen lassen, die den verpönten Sinn des Traumes unkenntlich machen. Dies ist die Erklärung der Traumentstellung, welcher der manifeste Traum seine auffälligsten Charaktere verdankt. Daher die Berechtigung des Satzes: der Traum sei die (verkappte) Erfüllung eines (verdrängten) Wunsches. Wir erkennen schon jetzt, daß der Traum gebaut ist wie ein neurotisches Symptom, er ist eine

Kompromißbildung zwischen dem Anspruch einer verdrängten Triebregung und dem Widerstand einer zensurierenden Macht im Ich. Infolge der gleichen Genese ist er auch ebenso unverständlich wie das Symptom und in gleicher Weise der Deutung bedürftig.
Die allgemeine Funktion des Träumens ist leicht aufzufinden. Es dient dazu, um äußere oder innere Reize, welche zum Erwachen auffordern würden, durch eine Art von Beschwichtigung abzuwehren und so den Schlaf gegen Störung zu versichern. Der äußere Reiz wird abgewehrt, indem er umgedeutet und in irgendeine harmlose Situation verwoben wird; den inneren Reiz des Triebanspruchs läßt der Schläfer gewähren und gestattet ihm die Befriedigung durch die Traumbildung, solange sich die latenten Traumgedanken der Bändigung durch die Zensur nicht entziehen. Droht aber diese Gefahr und wird der Traum allzu deutlich, so bricht der Schläfer den Traum ab und wacht erschreckt auf (Angsttraum). Dasselbe Versagen der Traumfunktion tritt ein, wenn der äußere Reiz so stark wird, daß er sich nicht mehr abweisen läßt (Wecktraum). Den Prozeß, welcher unter Mitwirkung der Traumzensur die latenten Gedanken in den manifesten Trauminhalt überführt, habe ich die Traumarbeit genannt. Er besteht in einer eigenartigen Behandlung des vorbewußten Gedankenmaterials, bei welcher dessen Bestandteile verdichtet, seine psychischen Akzente verschoben, das Ganze dann in visuelle Bilder umgesetzt, dramatisiert, und durch eine mißverständliche sekundäre Bearbeitung ergänzt wird. Die Traumarbeit ist ein ausgezeichnetes Muster der Vorgänge in den tieferen, unbewußten Schichten des Seelenlebens, welche sich von den uns bekannten normalen Denkvorgängen erheblich unterscheiden. Sie bringt auch eine Anzahl archaischer Züge zum Vorschein, z. B. die Verwendung einer hier vorwiegend sexuellen Symbolik, die man dann auf anderen Gebieten geistiger Tätigkeit wiedergefunden hat.
Indem sich die unbewußte Triebregung des Traumes mit einem Tagesrest, einem unerledigten Interesse des Wachlebens, in Verbindung setzt, verschafft sie dem von ihr gebildeten Traume einen zweifachen Wert für die analytische Arbeit. Der gedeutete Traum erweist sich ja einerseits als die Erfüllung eines verdrängten Wunsches, anderseits

kann er die vorbewußte Denktätigkeit des Tages fortgesetzt und sich mit beliebigem Inhalt erfüllt haben, einem Vorsatz, einer Warnung, Überlegung und wiederum einer Wunscherfüllung Ausdruck geben. Die Analyse verwertet ihn nach beiden Richtungen, sowohl für die Kenntnis der bewußten wie der unbewußten Vorgänge beim Analysierten. Auch zieht sie aus dem Umstande Vorteil, daß dem Traume der vergessene Stoff des Kindheitslebens zugänglich ist, so daß die infantile Amnesie zumeist im Anschluß an die Deutung von Träumen überwunden wird. Der Traum leistet hier ein Stück von dem, was früher der Hypnose auferlegt war. Dagegen habe ich nie die mir oft zugeschriebene Behauptung aufgestellt, die Traumdeutung ergebe, daß alle Träume sexuellen Inhalt haben oder auf sexuelle Triebkräfte zurückgehen. Es ist leicht zu sehen, daß Hunger, Durst und Exkretionsdrang ebensogut Befriedigungsträume erzeugen wie irgendeine verdrängte sexuelle oder egoistische Regung. Bei kleinen Kindern stellt sich eine bequeme Probe auf die Richtigkeit unserer Traumtheorie zur Verfügung. Hier, wo die verschiedenen psychischen Systeme noch nicht scharf gesondert, die Verdrängungen noch nicht tiefer ausgebildet sind, erfährt man häufig von Träumen, die nicht anders sind als unverhüllte Erfüllungen irgendwelcher vom Tag erübrigten Wunschregungen. Unter dem Einfluß imperativer Bedürfnisse können auch Erwachsene solche Träume vom infantilen Typus produzieren.
In ähnlicher Weise wie der Traumdeutung bedient sich die Analyse des Studiums der so häufigen kleinen Fehlleistungen und Symptomhandlungen der Menschen, denen ich eine 1904 zuerst als Buch veröffentlichte Untersuchung „Zur Psychopathologie des Alltagslebens" gewidmet habe.[32] Den Inhalt dieses vielgelesenen Werkes bildet der Nachweis, daß diese Phänomene nichts Zufälliges sind, daß sie über physiologische Erklärungen hinausgehen, sinnvoll und deutbar sind und zum Schluß auf zurückgehaltene oder verdrängte Regungen und Intentionen berechtigen. Der überragende Wert der Traumdeutung wie dieser Studie liegt aber nicht in der Unterstützung, die sie der analytischen Arbeit leihen, sondern in einer anderen Eigenschaft derselben. Bisher hatte die Psychoanalyse sich nur mit der Auflö-

sung pathologischer Phänomene beschäftigt und zu deren Erklärung oft Annahmen machen müssen, deren Tragweite außer Verhältnis zur Wichtigkeit des behandelten Stoffes stand. Der Traum aber, den sie dann in Angriff nahm, war kein krankhaftes Symptom, er war ein Phänomen des normalen Seelenlebens, konnte sich bei jedem gesunden Menschen ereignen. Wenn der Traum so gebaut ist wie ein Symptom, wenn seine Erklärung die nämlichen Annahmen erfordert, die der Verdrängung von Triebregungen, der Ersatz- und Kompromißbildung, der verschiedenen psychischen Systeme zur Unterbringung des Bewußten und Unbewußten, dann ist die Psychoanalyse nicht mehr eine Hilfswissenschaft der Psychopathologie, dann ist sie vielmehr der Ansatz zu einer neuen und gründlicheren Seelenkunde, die auch für das Verständnis des Normalen unentbehrlich wird. Man darf ihre Voraussetzungen und Ergebnisse auf andere Gebiete des seelischen und geistigen Geschehens übertragen; der Weg ins Weite, zum Weltinteresse, ist ihr eröffnet.

V

Ich unterbreche die Darstellung vom inneren Wachstum der Psychoanalyse und wende mich ihren äußeren Schicksalen zu. Was ich von ihrem Erwerb bisher mitgeteilt habe, war in großen Zügen der Erfolg meiner Arbeit, ich habe aber in den Zusammenhang auch spätere Ergebnisse eingetragen und die Beiträge meiner Schüler und Anhänger nicht von den eigenen gesondert.

Durch mehr als ein Jahrzehnt nach der Trennung von Breuer hatte ich keine Anhänger. Ich stand völlig isoliert. In Wien wurde ich gemieden, das Ausland nahm von mir keine Kenntnis. Die „Traumdeutung", 1900, wurde in den Fachzeitschriften kaum referiert. Im Aufsatz „Zur Geschichte der psychoanalytischen Bewegung" habe ich als Beispiel für die Einstellung der psychiatrischen Kreise in Wien ein Gespräch mit einem Assistenten mitgeteilt, der ein Buch gegen meine Lehren geschrieben, aber die „Traumdeutung" nicht gelesen hatte. Man hatte ihm auf der Klinik gesagt, es lohne nicht der Mühe. Der Betreffende, seither Extraordinarius geworden, hat sich gestattet, den Inhalt jener Unterredung zu verleugnen und überhaupt die Treue meiner Erinnerung anzuzweifeln. Ich halte jedes Wort meines damaligen Berichts aufrecht.

Als ich verstanden hatte, mit welchen Notwendigkeiten ich zusammengestoßen war, ließ meine Empfindlichkeit sehr nach. Allmählich fand auch die Isolierung ein Ende. Zuerst sammelte sich in Wien ein kleiner Kreis von Schülern um mich; nach 1906 erfuhr man, daß sich die Psychiater in Zürich, E. Bleuler, sein Assistent C. G. Jung und andere, lebhaft für die Psychoanalyse interessierten.[33] Persönliche Beziehungen knüpften sich an, zu Ostern 1908 trafen sich die Freunde der jungen Wissenschaft in Salzburg, verabredeten die regelmäßige Wiederholung solcher Privatkongresse und die Herausgabe einer Zeitschrift, die unter dem Titel „Jahrbuch für psychopathologische und psychoanalytische Forschungen" von Jung redigiert wurde.[34] Herausgeber waren Bleuler und ich; sie wurde dann mit Beginn des Weltkrieges eingestellt. Gleichzeitig mit dem Anschluß der Schweizer war auch überall in Deutschland das Interesse für die Psychoanalyse erwacht, sie wurde der Gegenstand zahlreicher literarischer Äußerungen und lebhafter Diskussionen auf wissenschaftlichen Kongressen. Die Aufnahme war nirgends eine freundliche oder wohlwollend zuwertende. Nach kürzester Bekanntschaft mit der Psychoanalyse war die deutsche Wissenschaft in ihrer Verwerfung einig.

Ich kann natürlich auch heute nicht wissen, welches das endgültige Urteil der Nachwelt über den Wert der Psychoanalyse für Psychiatrie, Psychologie und die Geisteswissenschaften überhaupt sein wird. Aber ich meine, wenn die Phase, die wir durchlebt haben, einmal ihren Geschichtsschreiber findet, wird dieser zugestehen müssen, daß das Verhalten ihrer damaligen Vertreter nicht rühmlich für die deutsche Wissenschaft war. Ich beziehe mich dabei nicht auf die Tatsachen der Ablehnung oder auf die Entschiedenheit, mit der sie geschah; beides war leicht zu verstehen, entsprach nur der Erwartung und konnte wenigstens keinen Schatten auf den Charakter der Gegner werfen. Aber für das Ausmaß von Hochmut und gewissenloser Verschmähung der Logik, für die Roheit und Geschmacklosigkeit der Angriffe gibt es keine Entschuldigung. Man kann mir vorhalten, es sei kindisch, noch nach fünfzehn Jahren solcher Empfindlichkeit freien Lauf zu geben; ich würde es auch nicht tun, wenn ich nicht noch etwas anderes hinzuzufügen hätte. Jahre später, als während des Weltkrieges ein Chor von Feinden gegen die deutsche Nation den Vorwurf der Barbarei erhob, in dem all das Erwähnte zusammentrifft, schmerzte es doch tief, daß man aus eigener Erfahrung dem nicht widersprechen konnte.

Einer der Gegner rühmte sich laut, daß er seinen Patienten den Mund verbiete, wenn sie von sexuellen Dingen zu sprechen beginnen, und leitete aus dieser Technik offenbar ein Recht ab, über die ätiologische Rolle der Sexualität bei den Neurosen zu urteilen. Abgesehen von den affektiven Widerständen, die sich nach der psychoanalytischen Theorie so leicht erklärten, daß sie uns nicht irremachen konnten, schien mir das Haupthindernis der Verständigung in dem Umstand zu liegen, daß die Gegner in der Psychoanalyse ein Produkt meiner spekulativen Phantasie sahen und nicht an die lange, geduldige, voraussetzungslose Arbeit glauben wollten, die zu ihrem Aufbau aufgewendet worden war. Da nach ihrer Meinung die Analyse nichts mit Beobachtung und Erfahrung zu tun hatte, hielten sie sich auch für berechtigt, sie ohne eigene Erfahrung zu verwerfen. Andere, die sich solcher Überzeugung nicht so sicher fühlten, wiederholten das klassische Widerstandsmanöver, nicht ins Mikroskop zu gucken, um das nicht zu sehen, was sie bestritten hatten. Es ist überhaupt merkwürdig, wie inkorrekt sich die meisten Menschen benehmen, wenn sie in einer neuen Sache auf ihr eigenes Urteil gestellt sind. Durch viele Jahre und auch heute noch bekam ich von „wohlwollenden" Kritikern zu hören, so und so weit habe die Psychoanalyse recht, aber an dem Punkte beginne ihr Übermaß, ihre unberechtigte Verallgemeinerung. Dabei weiß ich, daß nichts schwieriger ist, als über eine solche Abgrenzung zu entscheiden, und daß die Kritiker selbst bis vor wenigen Tagen oder Wochen in voller Unkenntnis der Sache gewesen waren.

Das offizielle Anathema gegen die Psychoanalyse hatte zur Folge, daß sich die Analytiker enger zusammenschlossen. Auf dem zweiten Kongreß zu Nürnberg 1910 organisierten sie sich auf Vorschlag von S. Ferenczi zu einer „Internatio-

nalen Psychoanalytischen Vereinigung", die in Ortsgruppen zerfiel und unter der Leitung eines Präsidenten stand. Diese Vereinigung hat den Weltkrieg überstanden, sie besteht heute noch und umfaßt die Ortsgruppen Wien, Berlin, Budapest, Zürich, London, Holland, New York, Pan-Amerika, Moskau und Calkutta. Zum ersten Präsidenten ließ ich C. G. Jung wählen, ein recht unglücklicher Schritt, wie sich später herausstellte. Die Psychoanalyse erwarb damals ein zweites Journal, das „Zentralblatt für Psychoanalyse", redigiert von Adler und Stekel, und bald darauf ein drittes, die „Imago", von den Nichtärzten H. Sachs und O. Rank für die Anwendungen der Analyse auf die Geisteswissenschaft bestimmt. Bald darauf veröffentlichte Bleuler seine Schrift zur Verteidigung der Psychoanalyse („Die Psychoanalyse Freuds", 1910). So erfreulich es war, daß in dem Streit einmal auch Gerechtigkeit und ehrliche Logik zu Worte kamen, so konnte mich die Arbeit Bleulers doch nicht völlig befriedigen. Sie strebte zu sehr nach dem Anschein der Unparteilichkeit; es war kein Zufall, daß man gerade ihrem Autor die Einführung des wertvollen Begriffes der Ambivalenz in unsere Wissenschaft zu danken hatte. In späteren Aufsätzen hat Bleuler sich so ablehnend gegen das analytische Lehrgebäude verhalten, so wesentliche Stücke desselben bezweifelt oder verworfen, daß ich mich verwundert fragen konnte, was für seine Anerkennung davon erübrige. Und doch hat er auch später nicht nur die herzhaftesten Äußerungen zugunsten der „Tiefenpsychologie" getan, sondern auch seine großangelegte Darstellung der Schizophrenien auf sie begründet. Bleuler verblieb übrigens nicht lange in der „Internationalen Psychoanalytischen Vereinigung", er verließ sie infolge von Mißhelligkeiten mit Jung, und das „Burghölzli" ging der Analyse verloren.[35]
Der offizielle Widerspruch konnte die Ausbreitung der Psychoanalyse weder in Deutschland noch in den anderen Ländern aufhalten. Ich habe an anderer Stelle („Zur Geschichte der psychoanalytischen Bewegung") die Etappen ihres Fortschrittes verfolgt und dort auch die Männer genannt, die sich als ihre Vertreter hervortaten. Im Jahre 1909 waren Jung und ich von G. Stanley Hall nach Amerika berufen worden, um dort an der Clark University, Worcester Mass., deren Präsident er war, zur 20jährigen Gründungsfeier des

Instituts eine Woche lang Vorlesungen (in deutscher Sprache) zu halten. Hall war ein mit Recht angesehener Psycholog und Pädagog, der die Psychoanalyse schon seit Jahren in seinen Unterricht einbezogen hatte; es war etwas vom „Königsmacher" in ihm, dem es gefiel, Autoritäten ein- und wieder abzusetzen. Wir trafen dort auch James J. Putnam, den Neurologen von Harvard, der sich trotz seines Alters für die Psychoanalyse begeisterte und mit dem ganzen Gewicht seiner allgemein respektierten Persönlichkeit für ihren kulturellen Wert und die Reinheit ihrer Absichten eintrat. An dem ausgezeichneten Manne, der in Reaktion auf eine zwangsneurotische Anlage vorwiegend ethisch orientiert war, störte uns nur die Zumutung, die Psychoanalyse an ein bestimmtes philosophisches System anzuschließen und in den Dienst moralischer Bestrebungen zu stellen. Auch eine Zusammenkunft mit dem Philosophen William James hinterließ mir einen bleibenden Eindruck. Ich kann nicht die kleine Szene vergessen, wie er auf einem Spaziergang plötzlich stehenblieb, mir seine Handtasche übergab und mich bat vorauszugehen, er werde nachkommen, sobald er den herannahenden Anfall von Angina pectoris abgemacht habe. Er starb ein Jahr später am Herzen; ich habe mir seither immer eine ähnliche Furchtlosigkeit angesichts des nahen Lebensendes gewünscht.

Damals war ich erst 53 Jahre alt, fühlte mich jugendlich und gesund, der kurze Aufenthalt in der neuen Welt tat meinem Selbstgefühl überhaupt wohl; in Europa fühlte ich mich wie geächtet, hier sah ich mich von den Besten wie ein Gleichwertiger aufgenommen. Es war wie die Verwirklichung eines unglaubwürdigen Tagtraumes, als ich in Worcester den Katheder bestieg, um meine „Fünf Vorlesungen über Psychoanalyse" abzuhalten. Die Psychoanalyse war also kein Wahngebilde mehr, sie war zu einem wertvollen Stück der Realität geworden. Sie hat auch den Boden in Amerika seit unserem Besuch nicht mehr verloren, sie ist unter den Laien ungemein populär und wird von vielen offiziellen Psychiatern als wichtiger Bestandteil des medizinischen Unterrichts anerkannt. Leider hat sie dort auch viel Verwässerung erfahren. Mancher Mißbrauch, der nichts mit ihr zu tun hat, deckt sich mit ihrem Namen, es fehlt an Gelegenheit zu gründlicher Ausbildung in Technik und Theorie.

Auch stößt sie in Amerika mit dem Behaviourism zusammen, der sich in seiner Naivität rühmt, das psychologische Problem überhaupt ausgeschaltet zu haben.
In Europa vollzogen sich in den letzten Jahren zwei Abfallsbewegungen von der Psychoanalyse, eingeleitet von Personen, die bisher eine ansehnliche Rolle in der jungen Wissenschaft gespielt hatten, die von Alfred Adler und von C. G. Jung. Beide sahen recht gefährlich aus und gewannen rasch eine große Anhängerschaft. Ihre Stärke dankten sie aber nicht dem eigenen Gehalt, sondern der Verlockung, von den anstößig empfundenen Resultaten der Psychoanalyse freizukommen, auch wenn man ihr tatsächliches Material nicht mehr verleugnete. Jung versuchte eine Umdeutung der analytischen Tatsachen ins Abstrakte, Unpersönliche und Unhistorische, wodurch er sich die Würdigung der infantilen Sexualität und des Ödipuskomplexes wowie die Notwendigkeit der Kindheitsanalyse zu ersparen hoffte. Adler schien sich noch weiter von der Psychoanalyse zu entfernen, er verwarf die Bedeutung der Sexualität überhaupt, führte Charakter- wie Neurosenbildung ausschließlich auf das Machtstreben der Menschen und ihr Bedürfnis nach Kompensation ihrer konstitutionellen Minderwertigkeit zurück und schlug alle psychologischen Neuerwerbungen der Psychoanalyse in den Wind. Doch hat das von ihm Verworfene sich unter geändertem Namen die Aufnahme in sein geschlossenes System erzwungen; sein „männlicher Protest" ist nichts anderes als die zu Unrecht sexualisierte Verdrängung. Die Kritik begegnete beiden Häretikern mit großer Milde; ich konnte nur erreichen, daß Adler wie Jung darauf verzichteten, ihre Lehren „Psychoanalyse" zu heißen. Man kann heute, nach einem Jahrzehnt, feststellen, daß beide Versuche an der Psychoanalyse schadlos vorübergegangen sind.
Wenn eine Gemeinschaft auf Übereinstimmung in einigen kardinalen Punkten begründet ist, wird es selbstverständlich, daß diejenigen aus ihr ausscheiden, welche diesen gemeinsamen Boden aufgegeben haben. Doch hat man häufig den Abfall früherer Schüler als Zeichen meiner Intoleranz mir zur Schuld angerechnet oder den Ausdruck eines besonderen auf mir lastenden Verhängnisses daran gesehen. Es genüge dagegen, darauf hinzuweisen, daß denen, die

mich verlassen haben, wie Jung, Adler, Stekel und wenig andere, eine große Anzahl gegenübersteht, die, wie Abraham, Eitingon, Ferenczi, Rank, Jones, Brill, Sachs, Pfarrer Pfister, von Emden, Reik u. a., seit etwa fünfzehn Jahren mir in treuer Mitarbeiterschaft, meist auch ungetrübter Freundschaft anhängen. Ich habe nur die ältesten meiner Schüler hier genannt, die sich bereits einen rühmlichen Namen in der Literatur der Psychoanalyse geschaffen haben, die Übergehung anderer soll keine Zurücksetzung bedeuten, und gerade unter den jungen und spät hinzukommenden befinden sich Talente, auf die man große Hoffnungen setzen darf. Aber ich darf wohl für mich geltend machen, daß ein intoleranter und vom Unfehlbarkeitsdünkel beherrschter Mann niemals eine so große Schar geistig bedeutender Personen an sich hätte fesseln können, zumal wenn er über nicht mehr praktische Verlockungen verfügte als ich.

Der Weltkrieg, der so viel andere Organisationen zerstört hat, konnte unserer „Internationalen" nichts anhaben. Die erste Zusammenkunft nach dem Kriege fand 1920 im Haag statt, auf neutralem Boden. Es war rührend, wie holländische Gastfreundschaft sich der verhungerten und verarmten Mitteleuropäer annahm, es geschah auch meines Wissens damals zum ersten Male in einer zerstörten Welt, daß Engländer und Deutsche sich wegen wissenschaftlicher Interessen freundschaftlich an denselben Tisch setzten. Der Krieg hatte sogar in Deutschland wie in den westlichen Ländern das Interesse an der Psychoanalyse gesteigert. Die Beobachtung der Kriegsneurotiker hatte den Ärzten endlich die Augen über die Bedeutung der Psychoanalyse für neurotische Störungen geöffnet, einige unserer psychologischen Konzeptionen, der „Krankheitsgewinn", die „Flucht in die Krankheit", wurden rasch populär. Zum letzten Kongreß vor dem Zusammenbruch, Budapest 1918, hatten die verbündeten Regierungen der Mittelmächte offizielle Vertreter geschickt, welche die Einrichtung psychoanalytischer Stationen zur Behandlung der Kriegsneurotiker zusagten. Es kam nicht mehr dazu. Auch weitausgreifende Pläne eines unserer besten Mitglieder, des Dr. Anton von Freund, welche in Budapest eine Zentrale für analytische Lehre und Therapie schaffen wollten, scheiterten an den bald darauf erfolgenden politischen Umwälzungen und dem frühen Tod des unersetzlichen Mannes. Einen Teil seiner Anregungen verwirklichte später Max Eitingon, indem er 1920 in Berlin eine psychoanalytische Poliklinik schuf. Während der Dauer der bolschewistischen Herrschaft in Ungarn konnte Ferenczi noch eine erfolgreiche Lehrtätigkeit als offizieller Vertreter der Psychoanalyse an der Universität entfalten. Nach dem Kriege gefiel es unseren Gegnern zu verkünden, daß die Erfahrung ein schlagendes Argument gegen die Richtigkeit der analytischen Behauptungen ergeben habe. Die Kriegsneurosen hätten den Beweis für die Überflüssigkeit sexueller Momente in der Ätiologie neurotischer Affektionen geliefert. Allein das war ein leichtfertiger und voreiliger Triumph. Denn einerseits hatte niemand die gründliche Analyse eines Falles von Kriegsneurosen durchführen können, man wußte also einfach nichts Sicheres über deren Motivierung und durfte doch aus solcher Unwissenheit keinen Schluß ziehen. Anderseits aber hatte die Psychoanalyse längst den Begriff des Narzißmus und der narzißtischen Neurose gewonnen, der die Anheftung der Libido an das eigene Ich, an Stelle eines Objekts, zum Inhalt hatte. Das heißt also, man machte sonst der Psychoanalyse zum Vorwurf, daß sie den Begriff der Sexualität ungebührlich erweitert habe; wenn man es aber in der Polemik bequem fand, vergaß man an dieses ihr Vergehen und hielt ihr wiederum die Sexualität im engsten Sinne vor.

Die Geschichte der Psychoanalyse zerfällt für mich in zwei Abschnitte, von der kathartischen Vorgeschichte abgesehen. Im ersten stand ich allein und hatte alle Arbeit selbst zu tun, so war es von 1895/96 an bis 1906 oder 1907. Im zweiten Abschnitt, von da an bis zum heutigen Tage, haben die Beiträge meiner Schüler und Mitarbeiter immer mehr an Bedeutung gewonnen, so daß ich jetzt, durch schwere Erkrankung an das nahe Ende gemahnt, mit innerer Ruhe an das Aufhören meiner eigenen Leistung denken kann. Gerade dadurch schließt es sich aber aus, daß ich in dieser „Selbstdarstellung" die Fortschritte der Psychoanalyse im zweiten Zeitabschnitt mit solcher Ausführlichkeit behandle wie deren allmählichen Aufbau im ersten, der allein von meiner Tätigkeit ausgefüllt ist. Ich fühle mich nur berechtigt, hier jene Neuerwerbungen zu erwähnen, an denen ich noch einen hervorragenden Anteil hatte, also vor allem die auf dem Gebiet des Narzißmus, der Trieblehre und der Anwendung auf die Psychosen.

Ich habe nachzutragen, daß mit zunehmender Erfahrung der Ödipuskomplex sich immer deutlicher als der Kern der Neurose herausstellte. Er war sowohl der Höhepunkt des infantilen Sexuallebens wie auch der Knotenpunkt, von dem alle späteren Entwicklungen ausgingen. Damit schwand aber die Erwartung, durch die Analyse ein für die Neurose spezifisches Moment aufzudecken. Man muß sich sagen, wie es Jung in seiner analytischen Frühzeit treffend auszudrücken verstand, daß die Neurose keinen besonderen ihr ausschließlich eigenen Inhalt habe, und daß die Neurotiker an den nämlichen Dingen scheitern, welche von den Normalen glücklich bewältigt werden. Diese Einsicht bedeutete durchaus keine Enttäuschung. Sie stand im besten Einklang mit jener anderen, daß die durch die Psychoanalyse gefundene Tiefenpsychologie eben die Psychologie des normalen Seelenlebens war. Es war uns ebenso ergangen wie den Chemikern; die großen qualitativen Verschiedenheiten der Produktion führten sich auf quantitative Abänderungen in den Kombinationsverhältnissen der nämlichen Elemente zurück.

Im Ödipuskomplex zeigte sich die Libido an die Vorstellung der elterlichen Personen gebunden. Aber es hatte vorher eine Zeit ohne alle solche Objekte gegeben. Daraus ergab sich die für eine Libidotheorie grundlegende Konzeption eines Zustandes, in dem die Libido das eigene Ich erfüllt, diese selbst zu Objekt genommen hat. Diesen Zustand konnte man „Narzißmus“ oder Selbstliebe nennen.[36] Die nächsten Überlegungen sagten, daß er eigentlich nie völlig aufgehoben wird; für die ganze Lebenszeit bleibt das Ich das große Libidoreservoir, aus welchem Objektbesetzungen ausgeschickt werden, in welches die Libido von den Objekten wieder zurückströmen kann. Narzißtische Libido setzt sich also fortwährend in Objektlibido um und umgekehrt. Ein ausgezeichnetes Beispiel davon, welches Ausmaß diese Umsetzung erreichen kann, zeigt uns die bis zur Selbstaufopferung reichende sexuelle oder sublimierte Verliebtheit. Während man bisher im Verdrängungsprozeß nur dem Verdrängten Aufmerksamkeit geschenkt hatte, ermöglichte diese Vorstellung, auch das Verdrängende richtig zu würdigen. Man hatte gesagt, die Verdrängung werde von den im Ich wirksamen Selbsterhaltungstrieben („Ichtrieben") ins Werk gesetzt und an den libidinösen Trieben vollzogen. Nun da man die Selbsterhaltungstriebe auch als libidinöser Natur, als narzißtische Libido, erkannte, erschien der Verdrängungsvorgang als ein Prozeß innerhalb der Libido selbst; narzißtische Libido stand gegen Objektlibido, das Interesse der Selbsterhaltung wehrte sich gegen den Anspruch der Objektliebe, also auch gegen den der engeren Sexualität.

Kein Bedürfnis wird in der Psychologie dringender empfunden als nach einer tragfähigen Trieblehre, auf welcher man weiterbauen kann. Allein nichts dergleichen ist vorhanden, die Psychoanalyse muß sich in tastenden Versuchen um eine Trieblehre bemühen. Sie stellte zuerst den Gegensatz von Ichtrieben (Selbsterhaltung, Hunger) und von libidinösen Trieben (Liebe) auf, ersetzte ihn dann durch den neuen von narzißtischer und Objektlibido. Damit war offenbar das letzte Wort nicht gesprochen; biologische Erwägungen schienen zu verbieten, daß man sich mit der Annahme einer einzigen Art von Trieben begnüge.[37]

In den Arbeiten meiner letzten Jahre („Jenseits des Lustprinzips", „Massenpsychologie und Ich-Analyse", „Das Ich und das Es")[38] habe ich der lange niedergehaltenen Neigung zur Spekulation freien Lauf gelassen und dort auch eine neue Lösung des Triebproblems ins Auge gefaßt. Ich habe Selbst- und Arterhaltung unter dem Begriff des Eros zusammengefaßt und ihm den geräuschlosen arbeitenden Todes- oder Destruktionstrieb gegenübergestellt. Der Trieb wird ganz allgemein erfaßt als eine Art Elastizität des Lebenden, als ein Drang nach Wiederherstellung einer Situation, die einmal bestanden hatte und durch eine äußere Störung aufgehoben worden war. Diese im Wesen konservative Natur der Triebe wird durch die Erscheinungen des Wiederholungszwanges erläutert. Das Zusammen- und Gegeneinanderwirken von Eros und Todestrieb ergibt für uns das Bild des Lebens.

Es steht dahin, ob sich diese Konstruktion als brauchbar erproben wird. Sie ist zwar von dem Bestreben geleitet worden, einige der wichtigsten theoretischen Vorstellungen der

Psychoanalyse zu fixieren, aber sie geht weit über die Psychoanalyse hinaus. Ich habe wiederholt die geringschätzige Äußerung gehört, man könne nichts von einer Wissenschaft halten, deren oberste Begriffe so unscharf wären wie die der Libido und des Triebes in der Psychoanalyse. Aber diesem Vorwurf liegt eine völlige Verkennung des Sachverhaltes zugrunde. Klare Grundbegriffe und scharf umrissene Definitionen sind nur in den Geisteswissenschaften möglich, soweit diese ein Tatsachengebiet in den Rahmen einer intellektuellen Systembildung fassen wollen. In den Naturwissenschaften, zu denen die Psychologie gehört, ist solche Klarheit der Oberbegriffe überflüssig, ja unmöglich. Zoologie und Botanik haben nicht mit korrekten und zureichenden Definitionen von Tier und Pflanze begonnen, die Biologie weiß noch heute den Begriff des Lebens nicht mit sicherem Inhalt zu erfüllen. Ja, selbst die Physik hätte ihre ganze Entwicklung versäumt, wenn sie hätte abwarten müssen, bis ihre Begriffe von Stoff, Kraft, Gravitation und andere die wünschenswerte Klarheit und Präzision erreichten. Die Grundvorstellungen oder obersten Begriffe der naturwissenschaftlichen Disziplinen werden immer zunächst unbestimmt gelassen, vorläufig nur durch den Hinweis auf das Erscheinungsgebiet erläutert, dem sie entstammen, und können erst durch die fortschreitende Analyse des Beobachtungsmaterials klar, inhaltsreich und widerspruchsfrei werden.

Ich habe schon in früheren Phasen meiner Produktion den Versuch gemacht, von der psychoanalytischen Beobachtung aus allgemeinere Gesichtspunkte zu erreichen. 1911 betonte ich in einem kleinen Aufsatz „Formulierungen über die zwei Prinzipien des psychischen Geschehens“ in gewiß nicht origineller Weise die Vorherrschaft des Lust-Unlustprinzips für das Seelenleben und dessen Ablösung durch das sog. „Realitätsprinzip“. Später wagte ich den Versuch einer „Metapsychologie“[39]. Ich nannte so eine Weise der Betrachtung, in der jeder seelische Vorgang nach den drei Koordinaten der Dynamik, Topik und Ökonomie gewürdigt wird, und sah in ihr das äußerste Ziel, das der Psychologie erreichbar ist. Der Versuch blieb ein Torso, ich brach nach wenigen Abhandlungen (Triebe und Triebschicksale – Verdrängung – Das Unbewußte – Trauer und Melancholie usw.)[40] ab und tat gewiß wohl daran, denn die Zeit für solche theoretischen Festlegungen war noch nicht gekommen. In meinen letzten spekulativen Arbeiten habe ich es unternommen, unseren seelischen Apparat auf Grund analytischer Verwertung der pathologischen Tatsachen zu gliedern und habe ihn in ein Ich, ein Es und ein Über-Ich zerlegt. („Das Ich und das Es", 1923.) Das Über-Ich ist der Erbe des Ödipuskomplexes und der Vertreter der ethischen Anforderungen des Menschen.

Es soll nicht der Eindruck erweckt werden, als hätte ich in dieser letzten Periode meiner Arbeit der geduldigen Beobachtung den Rücken gewendet und mich durchaus der Spekulation überlassen. Ich bin vielmehr immer in inniger Berührung mit dem analytischen Material geblieben und habe die Bearbeitung spezieller, klinischer oder technischer Themata nie eingestellt. Auch wo ich mich von der Beobachtung entfernte, habe ich die Annäherung an die eigentliche Philosophie sorgfältig vermieden.[41] Konstitutionelle Unfähigkeit hat mir solche Enthaltung sehr erleichtert. Ich war immer für die Ideen G. Th. Fechners zugänglich und habe mich auch in wichtigen Punkten an diesen Denker angelehnt.[42] Die weitgehenden Übereinstimmungen der Psychoanalyse mit der Philosophie Schopenhauers – er hat nicht nur den Primat der Affektivität und die überragende Bedeutung der Sexualität vertreten, sondern selbst den Mechanismus der Verdrängung erkannt – lassen sich nicht auf meine Bekanntschaft mit seiner Lehre zurückführen. Ich habe Schopenhauer sehr spät im Leben gelesen. Nietzsche, den anderen Philosophen, dessen Ahnungen und Einsichten sich oft in der erstaunlichsten Weise mit den mühsamen Ergebnissen der Psychoanalyse decken, habe ich gerade darum lange gemieden; an der Priorität lag mir ja weniger als an der Erhaltung meiner Unbefangenheit.
Die Neurosen waren das erste, lange Zeit auch das einzige Objekt der Analyse gewesen. Keinem Analytiker blieb es zweifelhaft, daß die medizinische Praxis unrecht hat, welche diese Affektionen von den Psychosen fernhält und an die organischen Nervenleiden anschließt. Die Neurosenlehre gehört zur Psychiatrie, ist unentbehrlich zur Einführung in dieselbe. Nun scheint das analytische Studium der

Psychosen durch die therapeutische Aussichtslosigkeit einer solchen Bemühung ausgeschlossen. Den psychisch Kranken fehlt im allgemeinen die Fähigkeit zur positiven Übertragung, so daß das Hauptmittel der analytischen Technik unanwendbar ist. Aber es ergeben sich doch mancherlei Zugänge. Die Übertragung ist oft nicht so völlig abwesend, daß man nicht ein Stück weit mit ihr kommen könnte, bei zyklischen Verstimmungen, leichter paranoischer Veränderung, partieller Schizophrenie hat man unzweifelhafte Erfolge mit der Analyse erzielt. Es war auch wenigstens für die Wissenschaft ein Vorteil, daß in vielen Fällen die Diagnose längere Zeit zwischen der Annahme einer Psychoneurose und der einer Dementia praecox schwanken kann; der angestellte therapeutische Versuch konnte so wichtige Aufschlüsse bringen, ehe er abgebrochen werden mußte. Am meisten kommt aber in Betracht, daß in den Psychosen so vieles für jedermann sichtbar an die Oberfläche gebracht wird, was man bei den Neurosen in mühsamer Arbeit aus der Tiefe heraufholt. Für viele analytische Behauptungen ergibt darum die psychiatrische Klinik die besten Demonstrationsobjekte. Es konnte also nicht ausbleiben, daß die Analyse bald den Weg zu den Objekten der psychiatrischen Beobachtung fand. Sehr frühzeitig (1896) habe ich an einem Fall von paranoider Demenz die gleichen ätiologischen Momente und das Vorhandensein der nämlichen affektiven Komplexe wie bei den Neurosen feststellen können. Jung hat rätselhafte Stereotypien bei Dementen durch Rückbeziehung auf die Lebensgeschichte der Kranken aufgeklärt; Bleuler bei verschiedenen Psychosen Mechanismen aufgezeigt, wie die durch Analyse bei den Neurotikern eruierten. Seither haben die Bemühungen der Analytiker um das Verständnis der Psychosen nicht mehr aufgehört. Besonders seitdem man mit dem Begriff des Narzißmus arbeitete, gelang es an dieser, bald an jener Stelle, einen Blick über die Mauer zu tun. Am weitesten hat es wohl Abraham in der Aufklärung der Melancholien gebracht. Auf diesem Gebiet setzt sich zwar gegenwärtig nicht alles Wissen in therapeutische Macht um; aber auch der bloß theoretische Gewinn ist nicht gering anzuschlagen und mag gern auf seine praktische Verwendung warten. Auf die Dauer können auch die Psychiater der Beweiskraft ihres Krankenmaterials nicht widerstehen. Es vollzieht sich jetzt in der deutschen Psychiatrie eine Art von pénétration pacifique[43] mit analytischen Gesichtspunkten. Unter unausgesetzten Beteuerungen, daß sie keine Psychoanalytiker sein wollen, nicht der „orthodoxen" Schule angehören, deren Übertreibungen nicht mitmachen, insbesondere aber an das übermächtige sexuelle Moment nicht glauben, machen doch die meisten der jüngeren Forscher dies oder jenes Stück der analytischen Lehre zu ihrem eigen und wenden es in ihrer Weise auf das Material an. Alle Anzeichen deuten auf das Bevorstehen weiterer Entwicklungen nach dieser Richtung.[44]

VI

Ich verfolge jetzt aus der Ferne, unter welchen Reaktionssymptomen sich der Einzug der Psychoanalyse in das lange refraktäre Frankreich vollzieht. Es wirkt wie eine Reproduktion von früher Erlebtem, hat aber doch auch seine besonderen Züge. Einwendungen von unglaublicher Einfalt werden laut, wie der, das französische Feingefühl nehme Anstoß an der Pedanterie und Plumpheit der psychoanalytischen Namengebungen (man muß dabei doch an Lessings unsterblichen Chevalier Riccaut de la Marliniere denken!). Eine andere Äußerung klingt ernsthafter; sie ist selbst vor einem Professor der Psychologie an der Sorbonne nicht unwürdig erschienen: das Génie latin vertrage überhaupt nicht die Denkungsart der Psychoanalyse. Dabei werden die anglosächsischen Alliierten, die als ihre Anhänger gelten, ausdrücklich preisgegeben. Wer das hört, muß natürlich glauben, das Génie teutonique habe die Psychoanalyse gleich nach ihrer Geburt als sein liebstes Kind ans Herz gedrückt.

In Frankreich ist das Interesse an der Psychoanalyse von den Männern der schönen Literatur ausgegangen. Um das zu verstehen, muß man sich erinnern, daß die Psychoanalyse mit der Traumdeutung die Grenzen einer rein ärztlichen Angelegenheit überschritten hat. Zwischen ihrem Auftreten in Deutschland und nun in Frankreich liegen ihre mannigfachen Anwendungen auf Gebiete der Literatur und Kunstwissenschaft, auf Religionsgeschichte und Prähistorie, auf Mythologie, Volkskunde, Pädagogik usw. Alle diese Dinge haben mit der Medizin wenig zu tun, sind mit ihr eben nur durch die Vermittlung der Psychoanalyse verknüpft. Ich habe darum kein Anrecht, sie an dieser Stelle eingehend zu behandeln. Ich kann sie aber nicht ganz vernachlässigen, denn einerseits sind sie unerläßlich, um die richtige Vorstellung vom Wert und Wesen der Psychoanalyse zu geben, anderseits habe ich mich ja der Aufgabe unterzogen, mein eigenes Lebenswerk darzustellen. Von den meisten dieser Anwendungen gehen die Anfänge auf meine Arbeit zurück. Hier und da habe ich wohl auch einen Schritt vom Wege getan, um ein solches außerärztliches Interesse zu befriedigen. Andere, nicht nur Ärzte, sondern auch Fachmänner, sind dann meiner Wegspur nachgefolgt und weit in die betreffenden Gebiete eingedrungen. Da ich mich aber meinem Programm gemäß auf den Bericht über meine eigenen Beiträge zur Anwendung der Psychoanalyse beschränken werde, kann ich dem Leser nur ein ganz unzureichendes Bild von deren Ausdehnung und Bedeutung ermöglichen.

Eine Reihe von Anregungen ging für mich vom Ödipuskomplex aus, dessen Ubiquität ich allmählich erkannte. War schon immer die Wahl, ja die Schöpfung des grauenhaften Stoffes rätselhaft gewesen, die erschütternde Wirkung seiner poetischen Darstellung und das Wesen der Schicksalstragödie überhaupt, so erklärte sich dies alles durch die Einsicht, daß hier eine Gesetzmäßigkeit des seelischen Geschehens in ihrer vollen affektiven Bedeutung erfaßt worden war. Verhängnis und Orakel waren nur die Materialisationen der inneren Notwendigkeit; daß der Held ohne sein Wissen und gegen seine Absicht sündigte, verstand sich als der richtige Ausdruck der unbewußten Natur seiner verbrecherischen Strebung. Vom Verständnis dieser Schicksalstragödie war dann nur ein Schritt bis zur Aufstellung der Charaktertragödie des Hamlet, die man seit dreihundert Jahren bewunderte, ohne ihren Sinn angeben und die Motive des Dichters erraten zu können. Es war doch merkwürdig, daß dieser vom Dichter erschaffene Neurotiker am Ödipuskomplex scheitert wie seine zahlreichen Gefährten in der realen Welt, denn Hamlet ist vor die Aufgabe gestellt, an einem anderen die beiden Taten zu rächen, die den Inhalt des Ödipusstrebens bilden, wobei ihm sein eigenes dunkles

Schuldgefühl lähmend in den Arm fallen darf. Der Hamlet ist von Shakespeare sehr bald nach dem Tode seines Vaters geschrieben worden. Meine Andeutungen zur Analyse dieses Trauerspiels haben später durch Ernest Jones eine gründliche Ausarbeitung erfahren. Dasselbe Beispiel nahm dann Otto Rank zum Ausgangspunkt seiner Untersuchungen über die Stoffwahl der dramatischen Dichter. In seinem großen Buche über das „Inzest-Motiv" konnte er zeigen, wie häufig die Dichter gerade die Motive der Ödipussituation zur Darstellung wählen und die Wandlungen, Abänderungen und Milderungen des Stoffes durch die Weltliteratur verfolgen.

Es lag nahe, von da aus die Analyse des dichterischen und künstlerischen Schaffens überhaupt in Angriff zu nehmen. Man erkannte, daß das Reich der Phantasie eine „Schonung" war, die beim schmerzlich empfundenen Übergang vom Lust- zum Realitätsprinzip eingerichtet wurde, um einen Ersatz für Triebbefriedigung zu gestatten, auf die man im wirklichen Leben hatte verzichten müssen. Der Künstler hatte sich wie der Neurotiker von der unbefriedigenden Wirklichkeit in diese Phantasiewelt zurückgezogen, aber anders als der Neurotiker verstand er den Rückweg aus ihr zu finden und in der Wirklichkeit wieder festen Fuß zu fassen. Seine Schöpfungen, die Kunstwerke, waren Phantasiebefriedigungen unbewußter Wünsche, ganz wie die Träume, mit denen sie auch den Charakter des Kompromisses gemein hatten, denn auch sie mußten den offenen Konflikt mit den Mächten der Verdrängung vermeiden. Aber zum Unterschied von den asozialen, narzißtischen Traumproduktionen waren sie auf die Anteilnahme anderer Menschen berechnet, konnten bei diesen die nämlichen unbewußten Wunschregungen beleben und befriedigen. Überdies bedienten sie sich der Wahrnehmungslust der Formschönheit als „Verlockungsprämie". Was die Psychoanalyse leisten konnte, war, aus der Aufeinanderbeziehung der Lebenseindrücke, zufälligen Schicksale, und der Werke des Künstlers seine Konstitution und die in ihr wirksamen Triebregungen, also das allgemeine Menschliche an ihm, zu konstruieren. In solcher Absicht habe ich z. B. Leonardo da Vinci zum Gegenstand einer Studie genommen, die auf einer einzigen, von ihm mitgeteilten Kindheitserinnerung ruht und im wesentlichen auf die Erklärung seines Bildes „Die heilige Anna selbdritt" hinzielt.[45] Meine Freunde und Schüler haben dann zahlreiche ähnliche Analysen an Künstlern und ihren Werken unternommen. Es ist nicht eingetroffen, daß der Genuß am Kunstwerk durch das so gewonnene analytische Verständnis geschädigt wird. Dem Laien, der aber hier vielleicht von der Analyse zu viel erwartet, muß eingestanden werden, daß sie auf zwei Probleme kein Licht wirft, die ihn wahrscheinlich am meisten interessieren. Die Analyse kann nichts zur Aufklärung der künstlerischen Begabung sagen, und auch die Aufdeckung der Mittel, mit denen der Künstler arbeitet, der künstlerischen Technik, fällt ihr nicht zu.

An einer kleinen, an sich nicht besonders wertvollen Novelle, der „Gradiva" von W. Jensen, konnt ich nachweisen, daß erdichtete Träume dieselben Deutungen zulassen wie reale, daß also in der Produktion des Dichters die uns aus der Traumarbeit bekannten Mechanismen des Unbewußten wirksam sind.[46]

Mein Buch über den „Witz und seine Beziehung zum Unbewußten" ist direkt ein Seitensprung von der „Traumdeutung" her.[47] Der einzige Freund, der damals an meinen Arbeiten Anteil nahm, hatte mir bemerkt, daß meine Traumdeutungen häufig einen „witzigen" Eindruck machten.[48] Um diesen Eindruck aufzuklären, nahm ich die Untersuchung der Witze vor und fand, das Wesen des Witzes liege in seinen technischen Mitteln, diese seien aber dieselben wie die Arbeitsweisen der „Traumarbeit", also Verdichtung, Verschiebung, Darstellung durch das Gegenteil, durch ein kleinstes usw. Daran schloß sich die ökonomische Untersuchung, wie der hohe Lustgewinn beim Hörer des Witzes zustande komme. Die Antwort war: durch momentane Aufhebung von Verdrängungsaufwand nach der Verlockung durch eine dargebotene Lustprämie (Vorlust).

Höher schätze ich selbst meine Beiträge zur Religionspsychologie ein, die 1907 mit der Feststellung einer überraschenden Ähnlichkeit zwischen Zwangshandlungen und Religionsübungen (Ritus) begann.[49] Ohne noch die tieferen Zusammenhänge zu kennen, bezeichnete ich die Zwangsneurose als eine verzerrte Privatreligion, die Religion sozusagen als eine universelle Zwangsneurose. Später,

1912, wurde der nachdrückliche Hinweis von Jung auf die weitgehenden Analogien zwischen den geistigen Produktionen der Neurotiker und der Primitiven mir zum Anlaß, meine Aufmerksamkeit diesem Thema zuzuwenden. In den vier Aufsätzen, welche zu einem Buch mit dem Titel „Totem und Tabu" zusammengefaßt wurden,[50] führte ich aus, daß bei den Primitiven die Inzestscheu noch stärker ausgeprägt ist als bei den Kultivierten und ganz besondere Abwehrmaßregeln hervorrufen, untersuchte die Beziehungen der Tabuverbote, in welcher Form die ersten Moraleinschränkungen auftreten, zur Gefühlsambivalenz und deckte im primitiven Weltsystem des Animismus das Prinzip der Überschätzung der seelischen Realität, der „Allmacht der Gedanken" auf, welches auch der Magie zugrunde liegt. Überall wurde die Vergleichung mit der Zwangsneurose durchgeführt und gezeigt, wieviel von den Voraussetzungen des primitiven Geisteslebens bei dieser merkwürdigen Affektion noch in Kraft ist. Vor allem zog mich der Totemismus an, dies erste Organisationssystem primitiver Stämme, in dem die Anfänge sozialer Ordnung mit einer rudimentären Religion und der unerbittlichen Herrschaft einiger weniger Tabuverbote vereinigt sind. Das „verehrte" Wesen ist hier ursprünglich immer ein Tier, von dem der Clan auch abzustammen behauptet. Aus verschiedenen Anzeichen wird erschlossen, daß alle, auch die höchststehenden Völker, einst dieses Stadium des Totemismus durchgemacht haben.

Meine literarische Hauptquelle für die Arbeiten auf diesem Gebiete waren die bekannten Werke von J. G. Frazer („Totemism and Exogamy", „The Golden Bough") eine Fundgrube wertvoller Tatsachen und Gesichtspunkte. Aber zur Aufklärung der Probleme des Totemismus leistete Frazer wenig; er hatte seine Absicht über diesen Gegenstand mehrmals grundstürzend verändert, und die anderen Ethnologen und Prähistoriker schienen ebenso unsicher als uneinig in diesen Dingen. Mein Ausgangspunkt war die auffällige Übereinstimmung der beiden Tabusatzungen des Totemismus, den Totem nicht zu töten und kein Weib des gleichen Totemclans geschlechtlich zu gebrauchen, mit den beiden Inhalten des Ödipuskomplexes, den Vater zu beseitigen und die Mutter zum Weibe zu nehmen. Es ergab sich so die Versuchung, das Totemtier dem Vater gleichzustellen, wie es die Primitiven ohnedies ausdrücklich taten, indem sie es als den Ahnherrn des Clans verehrten. Von psychoanalytischer Seite kamen mir dann zwei Tatsachen zu Hilfe, eine glückliche Beobachtung Ferenczis am Kinde, welche gestattete, von einer infantilen Wiederkehr des Totemismus zu sprechen, und die Analyse der frühen Tierphobien der Kinder, welche so oft zeigte, daß dies Tier ein Vaterersatz war, auf welchen die im Ödipuskomplex begründete Furcht vor dem Vater verschoben wurde. Es fehlte nun nicht mehr viel, um die Vatertötung als Kern des Totemismus und als Ausgangspunkt der Religionsbildung zu erkennen.

Dies fehlende Stück kam durch die Kenntnisnahme von W. Robertson Smith's Werk „The Religion of the Semites" hinzu – der geniale Mann, Physiker und Bibelforscher, hatte als ein wesentliches Stück der Totemreligion die sog. Totemmahlzeit hingestellt. Einmal im Jahre wurde das sonst heiliggehaltene Totemtier feierlich unter Beteiligung aller Stammesgenossen getötet, verzehrt und dann betrauert. An diese Trauer schloß sich ein großes Fest an. Nahm ich die Darwinsche Vermutung hinzu, daß die Menschen ursprünglich in Horden lebten, deren jede unter der Herrschaft eines einzigen, starken, gewalttätigen und eifersüchtigen Männchens stand, so gestaltete sich mir aus all diesen Komponenten die Hypothese, oder ich möchte lieber sagen: die Vision, des folgenden Hergangs: Der Vater der Urhorde hatte als unumschränkter Despot alle Frauen für sich in Anspruch genommen, die als Rivalen gefährlichen Söhne getötet oder verjagt. Eines Tages aber taten sich diese Söhne zusammen, überwältigten, töteten und verzehrten ihn gemeinsam, der ihr Feind, aber auch ihr Ideal gewesen war. Nach der Tat waren sie außerstande, sein Erbe anzutreten, da einer dem anderen im Wege stand. Unter dem Einfluß des Mißerfolges und der Reue lernten sie, sich miteinander zu vertragen, banden sich zu einem Brüderclan durch die Satzungen des Totemismus, welche die Wiederholung einer solchen Tat ausschließen sollten, und verzichteten insgesamt auf den Besitz der Frauen, um welche sie den Vater getötet hatten. Sie waren nun auf fremde Frauen angewiesen; dies der Ursprung der mit dem Tote-

mismus eng verknüpften Exogamie. Die Totemmahlzeit war die Gedächtnisfeier der ungeheuerlichen Tat, von der das Schuldbewußtsein der Menschheit (die Erbsünde) herrührte, mit der soziale Organisation, Religion und sittliche Beschränkung gleichzeitig ihren Anfang nahmen.
Ob nun eine solche Möglichkeit als historisch anzunehmen ist oder nicht, die Religionsbildung war hiermit auf den Boden des Vaterkomplexes gestellt und über der Ambivalenz aufgebaut, welche diesen beherrschte. Nachdem der Vaterersatz durch das Totemtier verlassen war, wurde der gefürchtete und gehaßte, verehrte und beneidete Urvater selbst das Vorbild Gottes. Der Sohnestrotz und seine Vatersehnsucht rangen miteinander in immer neuen Kompromißbildungen, durch welche einerseits die Tat des Vatermordes gesühnt, anderseits deren Gewinn behauptet werden sollte. Ein besonders helles Licht wirft diese Auffassung der Religion auf die psychologische Fundierung des Christentums, in dem ja die Zeremonie der Totemmahlzeit noch wenig entstellt als Kommunion fortlebt. Ich will ausdrücklich bemerken, daß diese letztere Agnoszierung nicht von mir herrührt, sondern sich bereits bei Robertson Smith und Frazer findet.
Th. Reik und der Ethnologe G. Róheim haben in zahlreichen beachtenswerten Arbeiten an die Gedankengänge von „Totem und Tabu" angeknüpft, sie fortgeführt, vertieft oder berichtigt. Ich selbst bin später noch einige Male auf sie zurückgekommen, bei Untersuchungen über das „unbewußte Schuldgefühl", dem auch unter den Motiven des neurotischen Leidens eine so große Bedeutung zukommt, und bei Bemühungen, die soziale Psychologie enger an die Psychologie des Individuums zu binden („Das Ich und das Es" – „Massenpsychologie und Ich-Analyse"). Auch zur Erklärung der Hypnotisierbarkeit habe ich die archaische Erbschaft aus der Urhordenzeit der Menschen herangezogen.
Gering ist mein direkter Anteil an anderen Anwendungen der Psychoanalyse, die doch des allgemeinsten Interesses würdig sind. Von den Phantasien des einzelnen Neurotikers führt ein breiter Weg zu den Phantasieschöpfungen der Massen und Völker, wie sie in den Mythen, Sagen und Märchen zutage liegen. Die Mythologie ist das Arbeitsge-

biet von Otto Rank geworden, die Deutung der Mythen, ihre Zurückführung auf die bekannten unbewußten Kindheitskomplexe, der Ersatz astraler Erklärungen durch menschliche Motivierung war in vielen Fällen der Erfolg seiner analytischen Bemühung. Auch das Thema Symbolik hat zahlreiche Bearbeiter in meinen Kreisen gefunden. Die Symbolik hat der Psychoanalyse viel Feindschaft eingetragen; manche allzu nüchterne Forscher haben ihr die Anerkennung der Symbolik, wie sie sich aus der Deutung der Träume ergab, niemals verzeihen können. Aber die Analyse ist an der Entdeckung der Symbolik unschuldig, sie war auf anderen Gebieten längst bekannt und spielt dort (Folklore, Sage, Mythus) selbst eine größere Rolle als in der „Sprache des Traumes".

Zur Anwendung der Analyse auf die Pädagogik habe ich persönlich nichts beigetragen; aber es war natürlich, daß die analytischen Ermittlungen über das Sexualleben und die seelische Entwicklung der Kinder die Aufmerksamkeit der Erzieher auf sich zogen und sie ihre Aufgaben in einem neuen Lichte sehen ließen.[51] Als unermüdlicher Vorkämpfer dieser Richtung in der Pädagogik hat sich der protestantische Pfarrer O. Pfister in Zürich hervorgetan, der die Pflege der Analyse auch mit dem Festhalten an einer allerdings sublimierten Religiosität vereinbar fand; neben ihm die Frau Dr. Hug-Hellmuth und Dr. S. Bernfeld in Wien sowie viele andere. Aus der Verwendung der Analyse zur vorbeugenden Erziehung des gesunden und zur Korrektur des noch nicht neurotischen, aber in seiner Entwicklung entgleisten Kindes hat sich eine praktisch wichtige Folge ergeben. Es ist nicht mehr möglich, die Ausübung der Psychoanalyse den Ärzten vorzubehalten und die Laien von ihr auszuschließen. In der Tat ist der Arzt, der nicht eine besondere Ausbildung erfahren hat, trotz seines Diploms ein Laie in der Analyse, und der Nichtarzt kann bei entsprechender Vorbereitung und gelegentlicher Anlehnung an einen Arzt auch die Aufgabe der analytischen Behandlung von Neurosen erfüllen.[52]

Durch eine jener Entwicklungen, gegen deren Erfolg man sich vergebens sträuben würde, ist das Wort Psychoanalyse selbst mehrdeutig geworden. Ursprünglich die Bezeichnung eines bestimmten therapeutischen Verfahrens, ist es auch der Name einer Wissenschaft geworden, der vom Unbewußt-Seelischen. Diese Wissenschaft kann nur selten für sich allein ein Problem voll erledigen; aber sie scheint berufen, zu den verschiedensten Wissensgebieten wichtige Beiträge zu liefern. Das Anwendungsgebiet der Psychoanalyse reicht ebensoweit wie das der Psychologie, zu der sie eine Ergänzung von mächtiger Tragweite hinzufügt.

So kann ich denn, rückschauend auf das Stückwerk meiner Lebensarbeit, sagen, daß ich vielerlei Anfänge gemacht und manche Anregungen ausgeteilt habe, woraus dann in der Zukunft etwas werden soll. Ich kann selbst nicht wissen, ob es viel sein wird oder wenig.

Arbeiten zur Neurosenlehre
und Psychotherapie

Über den psychischen Mechanismus der hysterischen Phänomene

(1893)

Diese Arbeit enthält einen der ersten Berichte Freuds über sein zusammen mit Josef Breuer erarbeitetes neues Verständnis des neurotischen Geschehens und die darauf beruhende therapeutische Methodik des Wiedererinnerns traumatischer Erlebnisse in der Hypnose und des Abreagierens von verdrängten Affekten (Katharsis). Die Veröffentlichung erfolgte in der Form eines vom Vortragenden revidierten Stenogramms eines Vortrags Freuds vor dem „Wiener med. Club“ vom 11. Januar 1893 im Band 34 (1893) der Wien. med. Presse (Heft 4, S. 121–126, und Heft 5, S. 163–167). Im weiteren Entwicklungsgang der Psychoanalyse Freuds wurden die für Neurosen angenommenen Traumen in wachsendem Maße auf abgewehrte sexuelle Strebungen reduziert, die relevanten psychischen Prozesse mit den Kategorien der „Verdrängung“ und der Libido-Ökonomie interpretiert und die Therapietechnik durch den Verzicht auf die Hypnose und die Einführung der freien Assoziation modifiziert. Trotz dieser weitgehenden Änderungen des theoretischen Systems und der Behandlungsmethode bilden die hier vorgestellten Überlegungen den eigentlichen Ausgangspunkt der psychoanalytischen Neurosenlehre, da sie die Frage nach den psychischen Ursachen und nach den eigenständigen psychischen Prozessen im neurotischen Erleben radikal stellen.

Die vorstehende Fassung wurde entnommen:
Sigmund Freud, Studienausgabe. Frankfurt (Main), S. Fischer Verlag 1969–1975, Bd. VI, S. 13–24.

Meine Herren! Ich trete heute vor Sie hin mit der Absicht, Ihnen das Referat über eine Arbeit zu erstatten, deren erster Teil unter dem Namen Josef Breuers und dem meinigen bereits im Zentralblatt für Neurologie publiziert wurde.[53] Wie Sie aus dem Titel der Arbeit ersehen, handelt sie von der Pathogenese der hysterischen Symptome und läßt erraten, daß die nächsten Gründe für die Entstehung hysterischer Symptome auf dem Gebiete des psychischen Lebens zu suchen sind.
Ehe ich aber weiter auf den Inhalt dieser gemeinsamen Arbeit eingehe, muß ich Ihnen sagen, an welche Stelle sie gehört, und muß Ihnen den Autor und Fund nennen, an den wir, wenigstens der Sache nach, angeknüpft haben, wenngleich die Entwicklung unseres Beitrages eine durchaus selbständige war.

Sie wissen, meine Herren, alle unsere neuen Fortschritte im Verständnis und in der Erkenntnis der Hysterie knüpfen an die Arbeiten von Charcot[54] an. Charcot hat in der ersten Hälfte der achtziger Jahre angefangen, seine Aufmerksamkeit der „großen Neurose", wie die Franzosen sagen, der Hysterie zu schenken. In einer Reihe von Forschungen hat er es dahin gebracht, Regelmäßigkeit und Gesetz dort nachzuweisen, wo unzulängliche oder verdrossene klinische Beobachtung anderer nur Simulation oder rätselhafte Willkür gesehen. Man kann sagen, direkt oder indirekt geht auf seine Anregung alles zurück, was wir in der letzten Zeit Neues von der Hysterie erfahren haben. Unter den vielfachen Arbeiten Charcots steht aber meiner Schätzung nach keine höher als jene, in welcher er uns die traumatischen Lähmungen, welche bei Hysterie auftreten, verstehen lehrte, und da es gerade diese Arbeit ist, als deren Fortsetzung die unsere erscheint, bitte ich Sie zu gestatten, daß ich dieses Thema nochmals ausführlicher vor Ihnen behandle. Nehmen Sie den Fall an, ein Individuum, welches vorher nicht krank gewesen, vielleicht nicht einmal hereditär belastet sei, werde von einem Trauma betroffen. Dieses Trauma muß gewisse Bedingungen erfüllen; es muß schwer sein, d. h. von der Art, daß die Vorstellung einer Lebensgefahr, der Bedrohung der Existenz damit verbunden ist; es darf aber nicht schwer sein in dem Sinne, daß die psychische Tätigkeit dabei aufhört; sonst entfällt der Effekt, den wir davon erwarten; es darf also z. B. nicht mit einer Gehirnerschütterung, mit einer wirklichen schweren Verletzung einhergehen. Ferner muß dieses Trauma eine besondere Beziehung zu einem Körperteil haben. Nehmen Sie an, ein schweres Scheit Holz trifft einen Arbeiter auf die Schulter. Dieser Stoß wirft ihn nieder, doch überzeugt er sich bald, daß nichts geschehen sei, und er geht mit einer leichten Quetschung nach Hause. Nach einigen Wochen oder nach Monaten erwacht er eines Morgens und bemerkt, daß der Arm, den das Trauma getroffen hat, schlaff, gelähmt herabhängt, nachdem er ihn in der Zwischenzeit, gewissermaßen in der Inkubationszeit, vollkommen gut gebraucht hat. Wenn es ein typischer Fall war, so kann es vorkommen, daß sich eigentümliche Anfälle einstellen, daß das Individuum nach einer Aura[55] plötzlich zusammenfällt, tobt, deliriert, und wenn es in diesem Delirium spricht, ist daraus zu entnehmen, daß sich in ihm die Szene des Unfalles, etwa mit verschiedenen Phantasmen ausgeschmückt, wiederholt. Was ist hier vorgegangen, wie ist dieses Phänomen zu erklären? Charcot erklärt diesen Vorgang, indem er ihn reproduziert, indem er die Lähmung künstlich an einem Kranken erzeugt. Er bedarf dazu eines Kranken, der sich schon in einem hysterischen Zustand befindet, des Zustandes der Hypnose und des Mittels der Suggestion. Einen solchen Kranken versetzt er in tiefe Hypnose, gibt ihm einen leichten Schlag auf den Arm, dieser Arm fällt herab, ist gelähmt und zeigt genau dieselben Symptome wie bei spontaner traumatischer Lähmung. Dieser Schlag kann ersetzt werden durch direkte verbale Suggestion: „Du, dein Arm ist gelähmt“; auch da zeigt die Lähmung den nämlichen Charakter.

Versuchen wir, diese beiden Fälle miteinander zu analogisieren. Hier das Trauma, dort die traumatische Suggestion; der Endeffekt, die Lähmung, ist in beiden Fällen ganz der nämliche. Wenn das Trauma des einen Falles im anderen Falle ersetzt werden kann durch die verbale Suggestion, so liegt es nahe anzunehmen, daß auch bei der spontanen traumatischen Lähmung eine solche Vorstellung an der Entstehung der Lähmung schuld war, und in der Tat berichtet eine Anzahl von Kranken, daß sie im Moment des Traumas wirklich die Empfindung hatten, daß ihr Arm zerschmettert sei. Dann wäre das Trauma wirklich durchaus gleichzusetzen der verbalen Suggestion. Dann fehlt aber noch ein Drittes, um die Analogie zu vervollständigen. Damit die Vorstellung „der Arm ist gelähmt“ bei dem Kranken wirklich eine Lähmung hervorrufen konnte, war notwendig, daß sich der Kranke im Zustand der Hypnose befinde. Der Arbeiter befand sich aber nicht in Hypnose, wir können jedoch annehmen, daß er sich während des Traumas in einem besonderen Geisteszustand befand, und Charcot ist geneigt, diesen Affekt gleichzustellen dem künstlich hervorgerufenen Zustand der Hypnose.[56] Damit ist die traumatische spontane Lähmung vollständig erklärt und in Analogie gebracht mit der durch Suggestion erzeugten Lähmung, und das Entstehen des Symptoms ist durch die Umstände des Traumas eindeutig determiniert. Dasselbe Experiment hat Charcot aber zur Erklärung der Kontrakturen und Schmerzen, welche bei traumatischer Hysterie auftreten, wiederholt, und ich möchte sagen, daß Charcot selbst kaum in irgendeinem anderen Punkt so tief in das Verständnis der Hysterie eingedrungen ist wie gerade in dieser Frage. Aber hier endet seine Analyse, wir erfahren nicht, wie andere Symptome entstehen, und vor allem nicht, wie die hysterischen Symptome bei der gemeinen, nicht traumatischen Hysterie zustande kommen.

Meine Herren! Ungefähr gleichzeitig, als Charcot die hysterotraumatischen Lähmungen auf diese Weise durchleuchtete, hat Dr. Breuer 1880 bis 1882 einer jungen Dame seinen ärztlichen Beistand geschenkt, welche sich – durch nicht traumatische Ätiologie – bei der Pflege ihres kranken Vaters eine schwere und komplizierte Hysterie mit Lähmungen, Kontrakturen, Sprach- und Sehstörungen und allen möglichen psychischen Besonderheiten zugezogen hatte.[57] Dieser Fall wird seine Bedeutung für die Geschichte der Hysterie behalten, denn er war der erste Fall, wo es dem Arzte gelang, alle Symptome des hysterischen Zustandes zu durchleuchten, von jedem Symptom die Herkunft zu erfahren und gleichzeitig den Weg zu finden, dieses Symptom wieder zum Verschwinden zu bringen; es war sozusagen der erste durchsichtig gemachte Fall von Hysterie. Dr.

Breuer bewahrte die Schlußfolgerungen, welche dieser Fall ziehen ließ, bei sich, bis er die Gewißheit erlangt hatte, daß er nicht vereinzelt dastehe. Nachdem ich im Jahre 1886 von einem Studienaufenthalt bei Charcot zurückgekehrt war, begann ich, in stetem Einvernehmen mit Breuer, eine größere Reihe von hysterischen Kranken genau zu beobachten und nach dieser Richtung hin zu untersuchen, und fand, daß das Verhalten jener ersten Patientin in der Tat ein typisches war und daß die Schlüsse, zu welchen dieser Fall berechtigte, auf eine größere Reihe, wenn nicht auf die Gesamtzahl der Hysterischen übertragen werden dürfen.

Unser Material bestand aus Fällen von gemeiner, also nicht traumatischer Hysterie; wir gingen so vor, daß wir uns bei jedem einzelnen Symptom nach den Umständen erkundigten, unter denen dieses Symptom zuerst aufgetreten war, und uns auf dieser Art auch über die Veranlassung Klarheit zu verschaffen suchten, welche möglicherweise für dieses Symptom maßgebend sein konnte. Nun meinen Sie ja nicht, daß das einfache Arbeit ist. Wenn Sie Patienten in dieser Beziehung ausfragen, so bekommen sie meist zunächst gar keine Antwort; in einer kleinen Reihe von Fällen haben die Kranken ihre Gründe, das, was sie wissen, nicht zu sagen, in einer größeren Anzahl haben die Patienten tatsächlich keine Ahnung von dem Zusammenhange der Symptome. Der Weg, auf welchem etwas zu erfahren ist, ist schwierig und folgendermaßen: Man muß die Kranken in Hypnose versetzen und sie dann nach der Herkunft eines gewissen Symptomes ausfragen, wann dasselbe zum ersten Male aufgetreten und an was sie sich dabei erinnern. In diesem Zustande kehrt die Erinnerung, über welche sie im wachen Zustande nicht verfügen, zurück. Auf diese Art haben wir erfahren, daß, um es grob zu sagen, hinter den meisten, wenn nicht hinter allen Phänomenen der Hysterie ein mit Affekt betontes Erlebnis steckt und daß ferner dieses Erlebnis von solcher Art ist, daß es das Symptom, welches sich darauf bezieht, unmittelbar verstehen läßt, daß also dieses Symptom wieder eindeutig determiniert ist. Jetzt kann ich bereits den ersten Satz formulieren, zu welchem wir gelangt sind, wenn Sie mir gestatten, dieses mit Affekt betonte Erlebnis gleichzustellen jenem großen traumatischen Erlebnis, welches der traumatischen Hysterie zugrunde liegt: *Es besteht eine volle Analogie zwischen der traumatischen Lähmung und der gemeinen, nicht traumatischen Hysterie.* Der Unterschied ist nur der, daß dort ein großes Trauma eingewirkt hat, während hier selten ein einziges großes Ereignis zu konstatieren ist, sondern eine Reihe von affektvollen Eindrücken; eine ganze Leidensgeschichte. Es hat aber nichts Gezwungenes, diese Leidensgeschichte, welche sich bei Hysterischen als veranlassendes Moment ergibt, mit jenem Unfall bei der traumatischen Hysterie gleichzustellen, denn es zweifelt heute niemand mehr, daß auch bei dem großen mechanischen Trauma der traumatischen Hysterie es nicht das mechanische Moment ist, welches zur Wirkung kommt, sondern der Schreckaffekt, das psychische Trauma. Es ergibt sich also daraus als erstes, daß das Schema der traumatischen Hysterie, wie es Charcot für die hysterischen Lähmungen gegeben hat, ganz allgemein für alle hysterischen Phänomene oder wenigstens für die größte Zahl derselben gilt; überall handelt es sich um die Wirkung psychischer Traumen, welche die Natur der so entstehenden Symptome eindeutig bestimmen.

Gestatten Sie mir nun, Ihnen hierfür einige Beispiele vorzuführen. Zunächst ein Beispiel für das Auftreten von Kontrakturen. Die bereits erwähnte Patientin Breuers wies während der ganzen Zeit ihrer Krankheit eine Kontraktur des rechten Armes auf. In der Hypnose stellte sich heraus, daß sie zur Zeit, als sie noch nicht erkrankt war, einmal folgendes Trauma erlitten hatte: Sie saß halbschlummernd am Bette des kranken Vaters und hatte den rechten Arm über die Sessellehne hängen, wobei ihr derselbe einschlief. In diesem Momente hatte sie eine schreckhafte Halluzination, welche sie mit ihrem Arm abwehren wollte, was aber nicht gelang. Darüber erschrak sie heftig, und damit war die Sache vorläufig auch abgetan. Erst mit dem Ausbruch der Hysterie kam es zur Kontraktur dieses Armes. Bei einer anderen Kranken beobachtete ich ein eigenartiges Schnalzen mit der Zunge mitten in der Rede, ähnlich dem Balzen des Auerhahns. Ich kannte dieses Symptom an ihr bereits monatelang und hielt es für einen Tic. Erst als ich zufällig einmal in der Hypnose mich nach dem Ursprung desselben erkundigte, stellte sich heraus, daß das Geräusch bei zwei

Gelegenheiten zum ersten Male aufgetreten war, wo sie beide Male den festen Vorsatz hatte, sich absolut ruhig zu verhalten, einmal als sie ihr schwerkrankes Kind pflegte – Krankenpflege kommt oft in der Ätiologie der Hysterie vor – und sich vornahm, dasselbe, das eben eingeschlafen war, durch kein Geräusch zu wecken. Aber die Furcht vor der Tat schlug in die Aktion um (hysterischer Gegenwille!) und, die Lippen aufeinanderpressend, machte sie jenes schnalzende Geräusch mit der Zunge. Dasselbe Symptom entstand viele Jahre später ein zweites Mal, als sie sich gleichfalls vorgenommen hatte, sich absolut ruhig zu verhalten, und verblieb von da an. Oft reicht eine einzige Veranlassung nicht hin, um ein Symptom zu fixieren, wenn aber dieses selbe Symptom mehrere Male mit einem gewissen Affekt auftritt, dann fixiert es sich und bleibt.

Eines der häufigsten Symptome der Hysterie ist Anorexie und Erbrechen. Ich kenne eine ganze Reihe von Fällen, welche das Zustandekommen dieses Symptomes in einfacher Weise erklären. So persistierte bei einer Kranken das Erbrechen, nachdem sie einen sie kränkenden Brief unmittelbar vor dem Essen gelesen und nach demselben alles wieder erbrochen hatte. In anderen Fällen läßt sich der Ekel vor dem Essen mit aller Bestimmtheit darauf beziehen, daß Personen durch die Institution des gemeinsamen Tisches genötigt sind, mit Personen zusammen zu essen, die sie verabscheuen. Der Ekel überträgt sich dann von der Person auf das Essen. Besonders interessant in dieser Beziehung war jene erwähnte Frau mit dem Tic; diese Frau aß ungemein wenig und nur gezwungen; in der Hypnose erfuhr ich, daß eine Reihe von psychischen Traumen schließlich dieses Symptom, den Ekel vor dem Essen, hervorgebracht hatte. Schon als Kind wurde sie von der sehr strengen Mutter angehalten, das Fleisch, welches sie zu Mittag nicht gegessen hatte, zwei Stunden nach Tisch kalt und mit dem erstarrten Fett zu essen; sie tat dies mit großem Ekel und behielt die Erinnerung daran, so daß sie, auch als sie später nicht mehr zu dieser Strafe gezwungen war, stets mit Ekel zu Tisch ging. 10 Jahre später teilte sie den Tisch mit einem Verwandten, welcher tuberkulös war und während des Essens stets über den Tisch hinüber in die Spuckschale spuckte; einige Zeit später war sie gezwungen, mit einem

Verwandten zu essen, von welchem sie wußte, daß er an einer ansteckenden Krankheit leide. Die Patientin Breuers benahm sich eine Zeitlang wie eine Hydrophobische; in der Hypnose stellte sich als Grund hierfür heraus, daß sie einmal unvermutet einen Hund aus einem ihrer Wassergläser hatte trinken gesehen.
Auch das Symptom der Schlaflosigkeit und Schlafstörung findet meist die präziseste Erklärung. Eine Frau konnte z. B. durch Jahre erst um 6 Uhr früh einschlafen. Sie hatte lange Zeit Tür an Tür mit ihrem kranken Mann geschlafen, welcher morgens um 6 Uhr aufstand. Von dieser Zeit an fand sie Ruhe zu schlafen, und so benahm sie sich auch dann viele Jahre später während einer hysterischen Erkrankung. Ein anderer Fall betraf einen Mann. Ein Hysteriker schläft seit 12 Jahren sehr schlecht; aber seine Schlaflosigkeit ist von ganz eigener Art. Während er im Sommer ausgezeichnet schläft, schläft er im Winter recht schlecht, und ganz besonders schlecht im November. Womit dies zusammenhängt, davon hat er keine Ahnung. Das Examen ergibt, daß er vor 12 Jahren im November bei seinem an Diphtheritis erkrankten Kind viele Nächte hindurch gewacht hatte.
Ein Beispiel von Sprachstörung liefert die wiederholt erwähnte Patientin Breuers. Diese sprach während einer langen Periode ihrer Krankheit nur englisch; weder sprach noch verstand sie das Deutsche. Dieses Symptom ließ sich auf ein Ereignis noch vor Ausbruch ihrer Krankheit zurückführen. In einem Zustande großer Angst versuchte sie zu beten, fand aber keine Worte. Endlich fielen ihr ein paar Worte eines englischen Kindergebetes ein. Als sie später erkrankte, stand ihr nur das Englische zur Verfügung.
Nicht in allen Fällen ist die Determination des Symptoms durch das psychische Trauma so durchsichtig. Es besteht oft nur eine sozusagen symbolische Beziehung zwischen der Veranlassung und dem hysterischem Symptom. Das bezieht sich besonders auf Schmerzen. So litt eine Kranke an bohrenden Schmerzen zwischen den Augenbrauen.
Der Grund dafür lag darin, daß sie einmal als Kind von ihrer Großmutter prüfend, „durchbohrend" angeschaut worden war. Dieselbe Patientin litt eine Zeitlang an ganz unmotivierten, heftigen Schmerzen in der rechten Ferse.

Diese Schmerzen hatten, wie sich herausstellte, Beziehung zu einer Vorstellung, welche die Patientin hatte, als sie zuerst in die Welt eingeführt wurde; es überkam sie damals die Angst, daß sie das „richtige" oder „rechte Auftreten" nicht finden könnte. Solche Symbolisierungen werden von vielen Kranken für eine ganze Reihe von sogenannten Neuralgien und Schmerzen in Anspruch genommen. Es besteht gleichsam eine Absicht, den psychischen Zustand durch einen körperlichen auszudrücken, und der Sprachgebrauch bietet hierfür die Brücke. Gerade für die typischen hysterischen Symptome, wie Hemianästhesie, Gesichtsfeldeinengung, epileptiforme Konvulsionen etc., ist es aber nicht möglich, einen derartigen psychischen Mechanismus nachzuweisen. Für die hysterogenen Zonen hingegen ist es uns oftmals gelungen.

Mit diesen Beispielen, welche ich aus einer Reihe von Beobachtungen herausgegriffen habe, wäre der Beweis geliefert, daß man die Phänomene der gemeinen Hysterie ruhig nach demselben Schema auffassen darf wie die der traumatischen Hysterie, daß somit jede Hysterie als traumatische Hysterie aufgefaßt werden kann im Sinne des psychischen Traumas und daß jedes Phänomen nach der Art des Traumas determiniert ist.

Die weitere Frage, welche zu beantworten wäre, ist nun, welches ist die Art des ursächlichen Zusammenhanges zwischen jenem Anlaß, den wir in der Hypnose erfahren haben, und dem Phänomen, welches später als hysterisches Dauersymptom bleibt? Ein solcher Zusammenhang könnte ein mannigfacher sein. Er könnte etwa von der Art sein, wie wir ihn als Typus der Auslösung anführen. Wenn beispielsweise jemand, der zu Tuberkulose disponiert ist, einen Schlag aufs Knie bekommt, in dessen Gefolge sich eine tuberkulöse Gelenkentzündung entwickelt, so ist das eine einfache Auslösung. Aber so verhält es sich bei der Hysterie nicht. Es gibt noch eine andere Art der Verursachung, und das ist die direkte. Wollen wir uns dieselbe durch das Bild des Fremdkörpers veranschaulichen. Ein solcher wirkt als reizende Krankheitsursache fort und fort, bis er entfernt ist. *Cessante causa cessat effectus.*[58]

Die Beobachtung Breuers lehrt, daß zwischen dem psychischen Trauma und dem hysterischen Phänomen ein Zusammenhang der letzten Art besteht. Breuer hat nämlich bei seiner ersten Patientin folgende Erfahrung gemacht: Der Versuch, die Veranlassung eines Symptomes zu erfahren, ist gleichzeitig ein therapeutisches Manöver. Der Moment, in welchem der Arzt erfährt, bei welcher Gelegenheit ein Symptom zum ersten Male aufgetreten ist und wodurch es bedingt war, ist auch derjenige, in dem dieses Symptom verschwindet. Wenn ein Kranker beispielsweise das Symptom der Schmerzen bietet, und wir forschen in der Hypnose nach, woher er diese Schmerzen habe, so kommt eine Reihe von Erinnerungen über ihn. Wenn es gelingt, den Kranken zu einer recht lebhaften Erinnerung zu bringen, so sieht er die Dinge mit ursprünglicher Wirklichkeit vor sich, man merkt, daß der Kranke unter der vollen Herrschaft eines Affektes steht, und wenn man ihn dann nötigt, diesem Affekte Worte zu leihen, so sieht man, daß unter Erzeugung eines heftigen Affektes diese Erscheinung der Schmerzen noch einmal mit großem Ausdruck auftritt und daß von da an dieses Symptom als Dauersymptom verschwunden ist. So gestaltete sich der Vorgang in all den angeführten Beispielen. Es hat sich dabei die interessante Tatsache ergeben, daß die Erinnerung an dieses Ereignis außerordentlich viel lebhafter war als an andere und daß der damit verbundene Affekt so groß war, als er etwa bei dem wirklichen Erlebnis gewesen war. Man muß annehmen, daß jenes psychische Trauma in der Tat in dem betreffenden Individuum noch fortwirkt und das hysterische Phänomen unterhält und daß es zu Ende ist, sowie sich der Patient darüber ausgesprochen hat.

Ich habe soeben bemerkt, daß, wenn man nach unserem Verfahren durch Ausforschung in der Hypnose auf das psychische Trauma gekommen ist, man dabei findet, daß die Erinnerung, um die es sich handelt, ganz ungewöhnlich stark ist und ihren vollen Affekt bewahrt hat. Es entsteht nun die Frage, woher kommt es, daß ein Ereignis, das vor so langer Zeit, etwa vor 10 oder 20 Jahren, vorgefallen ist, fortwährend seine Gewalt über das Individuum äußert, warum diese Erinnerungen nicht der Abnützung, der Usur,[59] dem Vergessen verfallen.

Zur Beantwortung dieser Frage möchte ich einige Erwägungen über die Bedingungen der Abnützung des Inhalts unseres Vorstellungslebens vorausschicken. Man kann hier von einem Satze ausgehen, welcher folgendermaßen lautet: Wenn ein Mensch einen psychischen Eindruck erfährt, so wird etwas in seinem Nervensystem gesteigert, was wir momentan die Erregungssumme nennen wollen. Nun besteht in jedem Individuum, um seine Gesundheit zu erhalten, das Bestreben, diese Erregungssumme wieder zu verkleinern.[60] Die Steigerung der Erregungssumme geschieht auf sensiblen Bahnen, die Verkleinerung auf motorischen Bahnen. Man kann also sagen, wenn jemandem etwas zustößt, so reagiert er darauf motorisch. Man kann nun ruhig behaupten, daß es von dieser Reaktion abhängt, wieviel von dem anfänglichen psychischen Eindruck zurückbleibt. Erörtern wir das an einem besonderen Beispiele. Ein Mensch erfahre eine Beleidigung, einen Schlag oder dergleichen, so ist das psychische Trauma mit einer Steigerung der Erregungssumme des Nervensystems verbunden. Es entsteht dann instinktiv die Neigung, diese gesteigerte Erregung sofort zu vermindern, er schlägt zurück, und nun ist ihm leichter, er hat vielleicht adäquat reagiert, d. h., er hat so viel abgeführt, als ihm zugeführt wurde. Nun gibt es verschiedene Arten dieser Reaktion. Für ganz leichte Erregungssteigerungen genügen vielleicht Veränderungen des eigenen Körpers, Weinen, Schimpfen, Toben und dergleichen. Je intensiver das psychische Trauma, desto größer ist die adäquate Reaktion. Die adäquateste Reaktion ist aber immer die Tat. Aber, wie ein englischer Autor geistreich bemerkte, derjenige, welcher dem Feinde statt des Pfeiles ein Schimpfwort entgegenschleuderte, war der Begründer der Zivilisation, so ist das Wort der Ersatz für die Tat und unter Umständen der einzige Ersatz (Beichte). Es gibt also neben der adäquaten Reaktion eine minder adäquate. Wenn nun die Reaktion auf ein psychisches Trauma gänzlich unterblieben ist, dann behält die Erinnerung daran den Affekt, den sie ursprünglich hatte. Wenn also jemand, der beleidigt worden ist, die Beleidigung nicht vergelten kann, weder durch einen Gegenschlag noch durch ein Schimpfwort, dann ist die Möglichkeit gegeben, daß die Erinnerung an diesen Vorgang bei ihm wieder denselben Affekt hervorruft, wie er zu Anfang vorhanden war. Eine Beleidigung, die vergolten ist, wenn auch nur durch Worte, wird anders erinnert als eine, die hingenommen werden mußte, und der Sprachgebrauch bezeichnet auch charakteristischerweise eben das schweigend erduldete Leiden als „Kränkung". Wenn also die Reaktion auf das psychische Trauma aus irgendeinem Grunde unterbleiben mußte, behält dasselbe seinen ursprünglichen Affekt, und wo sich der Mensch des Reizzuwachses nicht durch „Abreagieren" entledigen kann, ist die Möglichkeit gegeben, daß das betreffende Ereignis für ihn zu einem psychischen Trauma wird. Der gesunde psychische Mechanismus hat allerdings andere Mittel, den Affekt eines psychischen Traumas zu erledigen, auch wenn die motorische Reaktion und die Reaktion durch Worte versagt ist, nämlich die assoziative Verarbeitung, die Erledigung durch kontrastierende Vorstellungen. Wenn der Beleidigte nicht zurückschlägt, auch nicht schimpft, so kann er doch den Affekt der Beleidigung dadurch vermindern, daß er in sich kontrastierende Vorstellungen von der eigenen Würde, von der Würdelosigkeit des Beleidigers usw. wachruft. Ob nun der Gesunde in der einen oder in der anderen Weise eine Beleidigung erledigt, gelangt er immer zu dem Ende, daß der Affekt, welcher ursprünglich stark in der Erinnerung haftete, endlich an Intensität verliert und daß die schließlich affektlose Erinnerung mit der Zeit dem Vergessen, der Usur anheimfällt.

Nun haben wir gefunden, daß sich bei Hysterischen lauter Eindrücke finden, welche nicht affektlos geworden sind und deren Erinnerung eine lebhafte geblieben ist. Wir kommen also darauf, daß diese pathogen gewordenen Erinnerungen bei Hysterischen eine besondere Ausnahmestellung zur Usur einnehmen, und die Beobachtung zeigt, daß es sich bei allen Anlässen, welche zu Ursachen hysterischer Phänomene geworden sind, um psychische Traumen handelt, die nicht vollständig abreagiert, nicht vollständig erledigt worden sind. Wir können also sagen, der *Hysterische leidet an unvollständig abreagierten psychischen Traumen.*

Man findet zwei Gruppen von Bedingungen, unter welchen Erinnerungen pathogen werden. In der einen Gruppe findet man als Inhalt der Erinnerungen, auf welche hysterische Phänomene zurückgehen, solche Vorstellungen, bei denen das Trauma ein allzu großes war, so daß es dem Nervensystem an Macht gebrach, um sich dessen auf irgendeine Art zu entledigen, ferner Vorstellungen, bei welchen soziale Gründe eine Reaktion unmöglich machen (so häufig im Eheleben), endlich ist es möglich, daß der Betreffende die Reaktion einfach verweigert, auf ein psychisches Trauma überhaupt nicht reagieren will. Da findet sich häufig als Inhalt der hysterischen Delirien gerade jener Vorstellungskreis, welchen die Kranken im normalen Zustand mit aller Gewalt von sich gewiesen, gehemmt und unterdrückt haben (z. B. Gotteslästerung und Erotismen in den hysterischen Delirien der Nonnen)[61]. In einer anderen Reihe von Fällen liegt der Grund, warum die motorische Reaktion ausfiel, nicht an dem Inhalt des psychischen Traumas, sondern an anderen Umständen. Man findet sehr häufig als Inhalt und Ursache hysterischer Phänomene Erlebnisse, welche an und für sich ganz geringfügig sind, aber dadurch eine hohe Bedeutung gewonnen haben, daß sie in ganz besonders wichtige Momente krankhaft gesteigerter Disposition gefallen sind. Es hat sich etwa der Affekt des Schreckens in einem anderen schweren Affekt ereignet und ist dadurch zu solcher Bedeutung gekommen. Derartige Zustände sind kurzdauernd und sozusagen außer Verkehr mit dem sonstigen geistigen Leben des Individuums. In einem solchen Zustand der Autohypnose kann das Individuum eine Vorstellung, welche in ihm auftrat, nicht derartig assoziativ erledigen wie im wachen Zustande. Die längere Beschäftigung mit diesen Phänomenen machte es uns wahrscheinlich, daß es sich bei jeder Hysterie um ein Rudiment der sogenannten *double conscience,* des doppelten Bewußtseins handele und daß die Neigung zu dieser Dissoziation und damit zum Auftreten abnormer Bewußtseinszustände, die wir als „hypnoide“ bezeichnen wollen, das Grundphänomen der Hysterie sei.

Sehen wir uns nun um, in welcher Weise unsere Therapie wirkt. Dieselbe kommt einem der heißesten Wünsche der Menschheit entgegen, nämlich dem Wunsche, etwas zweimal tun zu dürfen. Es hat jemand ein psychisches Trauma erfahren, ohne darauf genügend zu reagieren; man läßt ihn dasselbe ein zweites Mal erleben, aber in der Hypnose, und nötigt ihn jetzt, die Reaktion zu vervollständigen. Er entledigt sich nun des Affekts der Vorstellung, der früher sozusagen eingeklemmt war, und damit ist die Wirkung dieser

Vorstellung aufgehoben. Also wir heilen nicht die Hysterie, aber einzelne Symptome derselben dadurch, daß wir die unerledigte Reaktion vollziehen lassen.
Meinen Sie nun nicht, daß damit für die Therapie der Hysterie sehr viel gewonnen wäre. So wie die Neurosen hat auch die Hysterie ihre tieferen Gründe, und diese sind es, welche der Therapie eine gewisse, oft sehr fühlbare Schranke setzen.

Meine Ansichten über die Rolle der Sexualität in der Ätiologie der Neurosen

(1906)

Diese bereits 1905 niedergeschriebene Arbeit verfaßte Freud für das im Jahre 1906 in 4. Auflage erschienene Buch von L. Löwenfeld „Sexualleben und Nervenleiden" (Wiesbaden, Bergmann Verlag). Die besondere Bedeutung dieser Studie besteht darin, daß Freud hier die anfänglich vertretene These von der entscheidenden ätiologischen Bedeutung realer sexueller Traumen in der Kindheit aufgab und dafür die mit sexuellen Strebungen verbundenen Phantasien bzw. deren Verdrängung zum maßgeblichen Faktor in der Neurosenentstehung erklärte. Die heutige Neurosenlehre außerhalb der Psychoanalyse hat von den hier von Freud vorgeschlagenen klassifikatorischen Unterscheidungen ebenso Abstand genommen wie von dieser Rückführung aller neurotischen Symptome auf die Fehlverarbeitung sexueller Strebungen.

Die hier verwendete Textfassung ist entnommen:
Sigmund Freud, Studienausgabe. Frankfurt (Main), S. Fischer Verlag 1969–1975, Bd. V, S. 149–157.

Ich bin der Meinung, daß man meine Theorie über die ätiologische Bedeutung des sexuellen Momentes für die Neurosen am besten würdigt, wenn man ihrer Entwicklung nachgeht. Ich habe nämlich keineswegs das Bestreben abzuleugnen, daß sie eine Entwicklung durchgemacht und sich während derselben verändert hat. Die Fachgenossen könnten in diesem Zugeständnis die Gewähr finden, daß diese Theorie nichts anderes ist als der Niederschlag fortgesetzter und vertiefter Erfahrungen. Was im Gegensatze hierzu der Spekulation entsprungen ist, das kann allerdings leicht mit einem Schlage vollständig und dann unveränderlich auftreten.

Die Theorie bezog sich ursprünglich bloß auf die als „Neurasthenie" zusammengefaßten Krankheitsbilder, unter denen mir zwei gelegentlich auch rein auftretende Typen auffielen, die ich als *„eigentliche Neurasthenie"* und als *„Angstneurose"* beschrieben habe.[62] Es war ja immer bekannt, daß sexuelle Momente in der Verursachung dieser Formen eine Rolle spielen können, aber man fand dieselben weder regelmäßig wirksam, noch dachte man daran, ihnen einen Vorrang vor anderen ätiologischen Einflüssen einzuräumen. Ich wurde zunächst von der Häufigkeit grober Störungen in der *vita sexualis* der Nervösen überrascht; je mehr ich darauf ausging, solche Störungen zu suchen, wobei ich mir vorhielt, daß die Menschen alle in sexuellen Dingen die Wahrheit verhehlen, und je geschickter ich wurde, das Examen trotz einer anfänglichen Verneinung fortzusetzen, desto regelmäßiger ließen sich solche krank machende Momente aus dem Sexualleben auffinden, bis mir zu deren Allgemeinheit wenig zu fehlen schien. Man mußte aber von vornherein auf ein ähnlich häufiges Vorkommen sexueller Unregelmäßigkeiten unter dem Drucke der sozialen Verhältnisse in unserer Gesellschaft gefaßt sein und konnte im Zweifel bleiben, welches Maß von Abweichung von der normalen Sexualfunktion als Krankheitsursache betrachtet werden dürfe. Ich konnte daher auf den regelmäßigen Nachweis sexueller Noxen nur weniger Wert legen als auf eine zweite Erfahrung, die mir eindeutiger erschien. Es ergab sich, daß die Form der Erkrankung, ob Neurasthenie oder Angstneurose, eine konstante Beziehung zur Art der sexuellen Schädlichkeit zeige. In den typischen Fällen der

Neurasthenie war regelmäßig Masturbation oder gehäufte Pollutionen, bei der Angstneurose waren Faktoren wie der *coitus interruptus,* die „frustrane Erregung" und andere nachweisbar, an denen das Moment der ungenügenden Abfuhr der erzeugten Libido das Gemeinsame schien.[63] Erst seit dieser leicht zu machenden und beliebig oft zu bestätigenden Erfahrung hatte ich den Mut, für die sexuellen Einflüsse eine bevorzugte Stelle in der Ätiologie der Neurosen zu beanspruchen. Es kam hinzu, daß bei den so häufigen Mischformen von Neurasthenie und Angstneurose auch die Vermengung der für die beiden Formen angenommenen Ätiologien aufzuzeigen war und daß eine solche Zweiteilung in der Erscheinungsform der Neurose zu dem polaren Charakter der Sexualität (männlich und weiblich) gut zu stimmen schien.

Zur gleichen Zeit, während ich der Sexualität diese Bedeutung für die Entstehung der einfachen Neurosen zuwies, huldigte ich noch in betreff der Psychoneurosen (Hysterie und Zwangsvorstellungen) einer rein psychologischen Theorie, in welcher das sexuelle Moment nicht anders als andere emotionelle Quellen in Betracht kam. Ich hatte im Verein mit J. Breuer und im Anschluß an Beobachtungen, die er gut ein Dezennium vorher an einer hysterischen Kranken gemacht hatte, den Mechanismus der Entstehung hysterischer Symptome mittels des Erweckens von Erinnerungen im hypnotischen Zustande studiert, und wir waren zu Aufschlüssen gelangt, welche gestatteten, die Brücke von der traumatischen Hysterie Charcots zur gemeinen, nicht traumatischen, zu schlagen. Wir waren zur Auffassung gelangt, daß die hysterischen Symptome Dauerwirkungen von psychischen Traumen sind, deren zugehörige Affektgröße durch besondere Bedingungen von bewußter Bearbeitung abgedrängt worden ist und sich darum einen abnormen Weg in die Körperinnervation gebahnt hat. Die Termini *„eingeklemmter Affekt"*, *„Konversion"* und *„Abreagieren"* fassen das Kennzeichnende dieser Anschauung zusammen.[64] Bei den nahen Beziehungen der Psychoneurosen zu den einfachen Neurosen, die ja so weit gehen, daß dem Ungeübten die diagnostische Unterscheidung nicht immer leichtfällt, konnte es aber nicht ausbleiben, daß die für das eine Gebiet gewonnene Erkenntnis auch für das andere

Platz griff. Überdies führte, von solcher Beeinflussung abgesehen, auch die Vertiefung in den psychischen Mechanismus der hysterischen Symptome zu dem gleichen Ergebnis. Wenn man nämlich bei dem von Breuer und mir eingesetzten „kathartischen" Verfahren den psychischen Traumen, von denen sich die hysterischen Symptome ableiteten, immer weiter nachspürte, gelangte man endlich zu Erlebnissen, welche der Kindheit des Kranken angehörten und sein Sexualleben betrafen, und zwar auch in solchen Fällen, in denen eine banale Emotion nicht sexueller Natur den Ausbruch der Krankheit veranlaßt hatte. Ohne diese sexuellen Traumen der Kinderzeit in Betracht zu ziehen, konnte man weder die Symptome aufklären, deren Determinierung verständlich finden noch deren Wiederkehr verhüten. Somit schien die unvergleichliche Bedeutung sexueller Erlebnisse für die Ätiologie der Psychoneurosen als unzweifelhaft festgestellt, und diese Tatsache ist auch bis heute einer der Grundpfeiler der Theorie geblieben.

Wenn man diese Theorie so darstellt, die Ursache der lebenslangen hysterischen Neurose liegt in den meist an sich geringfügigen sexuellen Erlebnissen der frühen Kinderzeit, so mag sie allerdings befremdend genug klingen. Nimmt man aber auf die historische Entwicklung der Lehre Rücksicht, verlegt den Hauptinhalt derselben in den Satz, die Hysterie sei der Ausdruck eines besonderen Verhaltens der Sexualfunktion des Individuums und dieses Verhalten werde bereits durch die ersten in der Kindheit einwirkenden Einflüsse und Erlebnisse maßgebend bestimmt, so sind wir zwar um ein Paradoxon ärmer, aber um ein Motiv bereichert worden, den bisher arg vernachlässigten, höchst bedeutsamen Nachwirkungen der Kindheitseindrücke überhaupt unsere Aufmerksamkeit zu schenken.

Indem ich mir vorbehalte, die Frage, ob man in den sexuellen Kindererlebnissen die Ätiologie der Hysterie (und Zwangsneurose) sehen dürfe, weiter unten gründlicher zu behandeln, kehre ich zu der Gestaltung der Theorie zurück, welche diese in einigen kleinen, vorläufigen Publikationen der Jahre 1895 und 1896 angenommen hat. Die Hervorhebung der angenommenen ätiologischen Momente gestattete damals, die gemeinen Neurosen als Erkrankungen mit aktueller Ätiologie den Psychoneurosen gegenüberzustellen, deren Ätiologie vor allem in den sexuellen Erlebnissen der Vorzeit zu suchen war. Die Lehre gipfelte in dem Satze: Bei normaler *vita sexualis* ist eine Neurose unmöglich.

Wenn ich auch diese Sätze noch heute nicht für unrichtig halte, so ist es doch nicht zu verwundern, daß ich in zehn Jahren fortgesetzter Bemühung um die Erkenntnis dieser Verhältnisse über meinen damaligen Standpunkt ein gutes Stück weit hinausgekommen bin und mich heute in der Lage glaube, die Unvollständigkeit, die Verschiebungen und die Mißverständnisse, an denen die Lehre damals litt, durch eingehendere Erfahrung zu korrigieren. Ein Zufall des damals noch spärlichen Materials hatte mir eine unverhältnismäßig große Anzahl von Fällen zugeführt, in deren Kindergeschichte die sexuelle Verführung durch Erwachsene oder andere ältere Kinder die Hauptrolle spielte. Ich überschätzte die Häufigkeit dieser (sonst nicht anzuzweifelnden) Vorkommnisse, da ich überdies zu jener Zeit nicht imstande war, die Erinnerungstäuschungen der Hysterischen über ihre Kindheit von den Spuren der wirklichen Vorgänge sicher zu unterscheiden, während ich seitdem gelernt habe, so manche Verführungsphantasie als Abwehrversuch gegen die Erinnerung der eigenen sexuellen Betätigung (Kindermasturbation) aufzulösen. Mit dieser Aufklärung entfiel die Betonung des „traumatischen" Elementes an den sexuellen Kindererlebnissen, und es blieb die Einsicht übrig, daß die infantile Sexualbetätigung (ob spontan oder provoziert) dem späteren Sexualleben nach der Reife die Richtung vorschreibt. Dieselbe Aufklärung, die ja den bedeutsamsten meiner anfänglichen Irrtümer korrigierte, mußte auch die Auffassung vom Mechanismus der hysterischen Symptome verändern. Dieselben erschienen nun nicht mehr als direkte Abkömmlinge der verdrängten Erinnerungen an sexuelle Kindheitserlebnisse, sondern zwischen die Symptome und die infantilen Eindrücke schoben sich nun die (meist in den Pubertätsjahren produzierten) Phantasien (Erinnerungsdichtungen) der Kranken ein, die auf der einen Seite sich aus und über den Kindheitserinnerungen aufbauten, auf der anderen sich unmittelbar in die Symptome umsetzten. Erst mit der Einführung des Elements der hysterischen Phantasien wurde das Gefüge der Neurose und deren Beziehung zum Leben der Kranken durchsichtig; auch ergab sich eine wirklich überraschende Analogie zwischen diesen unbewußten Phantasien der Hysteriker und den als Wahn bewußt gewordenen Dichtungen bei der Paranoia.

Nach dieser Korrektur waren die „infantilen Sexualtraumen" in gewissem Sinne durch den „Infantilismus der Sexualität" ersetzt.[65] Eine zweite Abänderung der ursprünglichen Theorie lag nicht ferne. Mit der angenommenen Häufigkeit der Verführung in der Kindheit entfiel auch die übergroße Betonung der *akzidentellen* Beeinflussung der Sexualität, welcher ich bei der Verursachung des Krankseins die Hauptrolle zuschieben wollte, ohne darum konstitutionelle und hereditäre Momente zu leugnen.[66] Ich hatte sogar gehofft, das Problem der Neurosenwahl, die Entscheidung darüber, welcher Form von Psychoneurose der Kranke verfallen solle, durch die Einzelheiten der sexuellen Kindererlebnisse zu lösen, und damals – wenn auch mit Zurückhaltung – gemeint, daß passives Verhalten bei diesen Szenen die spezifische Disposition zur Hysterie, aktives dagegen die für die Zwangsneurose ergebe. Auf diese Auffassung mußte ich später völlig Verzicht leisten, wenngleich manches Tatsächliche den geahnten Zusammenhang zwischen Passivität und Hysterie, Aktivität und Zwangsneurose in irgendeiner Weise aufrechtzuhalten gebietet. Mit dem Rücktritt der akzidentellen Einflüsse des Erlebens mußten die Momente der Konstitution und Heredität wieder die Oberhand behaupten, aber mit dem Unterschiede gegen die sonst herrschende Anschauung, daß bei mir die „sexuelle Konstitution" an die Stelle der allgemeinen neuropathischen Disposition trat. In meinen jüngst erschienenen *Drei Abhandlungen zur Sexualtheorie*[67] habe ich den Versuch gemacht, die Mannigfaltigkeiten dieser sexuellen Konstitution sowie die Zusammengesetztheit des Sexualtriebes überhaupt und dessen Herkunft aus verschiedenen Beitragsquellen im Organismus zu schildern.

Immer noch im Zusammenhange mit der veränderten Auffassung der sexuellen Kindertraumen entwickelte sich nun die Theorie nach einer Richtung weiter, die schon in den Veröffentlichungen der Jahre 1894 bis 1896 angezeigt worden war. Ich hatte bereits damals, und noch ehe die Sexualität in die ihr gebührende Stellung in der Ätiologie eingesetzt war, als Bedingung für die pathogene Wirksamkeit eines Erlebnisses angegeben, daß dieses dem Ich unerträglich erscheinen und ein Bestreben zur Abwehr hervorrufen müsse. Auf diese Abwehr hatte ich die psychische Spaltung – oder wie man damals sagte: die Bewußtseinsspaltung – der Hysterie zurückgeführt. Gelang die Abwehr, so war das unerträgliche Erlebnis mit seinen Affektfolgen aus dem Bewußtsein und der Erinnerung des Ichs vertrieben; unter gewissen Verhältnissen entfaltete aber das Vertriebene als ein nun Unbewußtes seine Wirksamkeit und kehrte mittels der Symptome und der an ihnen haftenden Affekte ins Bewußtsein zurück, so daß die Erkrankung einem Mißglücken der Abwehr entsprach. Diese Auffassung hatte das Verdienst, auf das Spiel der psychischen Kräfte einzugehen und somit die seelischen Vorgänge der Hysterie den normalen anzunähern, anstatt die Charakteristik der Neurose in eine rätselhafte und weiter nicht analysierbare Störung zu verlegen.

Als nun weitere Erkundigungen bei normal gebliebenen Personen das unerwartete Ergebnis lieferten, daß deren sexuelle Kindergeschichte sich nicht wesentlich von dem Kinderleben der Neurotiker zu unterscheiden brauche, daß speziell die Rolle der Verführung bei ersteren die gleiche sei, traten die akzidentellen Einflüsse noch mehr gegen den der *„Verdrängung"* (wie ich anstatt „Abwehr" zu sagen begann) zurück. Es kam also nicht darauf an, was ein Individuum in seiner Kindheit an sexuellen Erregungen erfahren hatte, sondern vor allem auf seine Reaktion gegen diese Erlebnisse, ob es diese Eindrücke mit der „Verdrängung" beantwortet habe oder nicht. Bei spontaner infantiler Sexualbetätigung ließ sich zeigen, daß dieselbe häufig im Laufe der Entwicklung durch einen Akt der Verdrängung abgebrochen wurde. Das geschlechtsreife neurotische Individuum brachte so ein Stück „Sexualverdrängung" regelmäßig aus seiner Kindheit mit, das bei den Anforderungen des realen Lebens zur Äußerung kam, und die Psychoanalysen Hysterischer zeigten, daß ihre Erkrankung ein Erfolg des Konflikts zwischen der Libido und der Sexualverdrängung sei und daß ihre Symptome den Wert von Kompromissen zwischen beiden seelischen Strömungen haben. Ohne eine ausführliche Erörterung meiner Vorstellungen von der Ver-

drängung könnte ich diesen Teil der Theorie nicht weiter aufklären. Es genüge, hier auf meine *Drei Abhandlungen zur Sexualtheorie* hinzuweisen, wo ich auf die somatischen Vorgänge, in denen das Wesen der Sexualität zu suchen ist, ein allerdings erst spärliches Licht zu werfen versucht habe. Ich habe dort ausgeführt, daß die konstitutionelle sexuelle Anlage des Kindes eine ungleich buntere ist, als man erwarten konnte, daß sie „polymorph pervers" genannt zu werden verdient und daß aus dieser Anlage durch Verdrängung gewisser Komponenten das sogenannte normale Verhalten der Sexualfunktion hervorgeht. Ich konnte durch den Hinweis auf die infantilen Charaktere der Sexualität eine einfache Verknüpfung zwischen Gesundheit, Perversion und Neurose herstellen. Die Norm ergab sich aus der Verdrängung gewisser Partialtriebe und Komponenten der infantilen Anlagen und der Unterordnung der übrigen unter das Primat der Genitalzonen im Dienste der Fortpflanzungsfunktion; die *Perversionen* entsprachen Störungen dieser Zusammenfassung durch die übermächtige zwangsartige Entwicklung einzelner dieser Partialtriebe, und die Neurose führte sich auf eine zu weitgehende Verdrängung der libidinösen Strebungen zurück. Da fast alle perversen Triebe der infantilen Anlage als symptombildende Kräfte bei der Neurose nachweisbar sind, sich aber bei ihr im Zustande der Verdrängung befinden, konnte ich die Neurose als das „Negativ" der Perversion bezeichnen.
Ich halte es der Hervorhebung wert, daß meine Anschauungen über die Ätiologie der Psychoneurosen bei allen Wandlungen doch zwei Gesichtspunkte nie verleugnet oder verlassen haben, die Schätzung der *Sexualität* und des *Infantilismus.* Sonst sind an die Stelle akzidenteller Einflüsse konstitutionelle Momente, für die rein psychologisch gemeinte „Abwehr" ist die organische „Sexualverdrängung" eingetreten. Sollte nun jemand fragen, wo ein zwingender Beweis für die behauptete ätiologische Bedeutung sexueller Faktoren bei den Psychoneurosen zu finden sei, da man doch diese Erkrankungen auf die banalsten Gemütsbewegungen und selbst auf somatische Anlässe hin ausbrechen sieht, auf eine spezifische Ätiologie in Gestalt besonderer Kindererlebnisse verzichten muß, so nenne ich die psychoanalytische Erforschung der Neurotiker als die Quelle, aus wel-

cher die bestrittene Überzeugung zufließt. Man erfährt, wenn man sich dieser unersetzlichen Untersuchungsmethode bedient, *daß die Symptome die Sexualbetätigung der Kranken darstellen*, die ganze oder eine partielle, aus den Quellen normaler oder perverser Partialtriebe der Sexualität. Nicht nur, daß ein guter Teil der hysterischen Symptomatologie direkt aus den Äußerungen der sexuellen Erregtheit herstammt, nicht nur, daß eine Reihe von erogenen Zonen in der Neurose in Verstärkung infantiler Eigenschaften sich zur Bedeutung von Genitalien erhebt; die kompliziertesten Symptome selbst enthüllen sich als die konvertierten Darstellungen von Phantasien, welche eine sexuelle Situation zum Inhalte haben. Wer die Sprache der Hysterie zu deuten versteht, kann vernehmen, daß die Neurose nur von der verdrängten Sexualität der Kranken handelt. Man wolle nur die Sexualfunktionen in ihrem richtigen, durch die infantile Anlage umschriebenen Umfange verstehen. Wo eine banale Emotion zur Verursachung der Erkrankung gerechnet werden muß, weist die Analyse regelmäßig nach, daß die nicht fehlende sexuelle Komponente des traumatischen Erlebnisses die pathogene Wirkung ausgeübt hat.

Wir sind unversehens von der Frage nach der Verursachung der Psychoneurosen zum Problem ihres Wesens vorgedrungen. Will man dem Rechnung tragen, was man durch die Psychoanalyse erfahren hat, so kann man nur sagen, das Wesen dieser Erkrankungen liege in Störungen der Sexualvorgänge, jener Vorgänge im Organismus, welche die Bildung und Verwendung der geschlechtlichen Libido bestimmen. Es ist kaum zu vermeiden, daß man sich diese Vorgänge in letzter Linie als chemische vorstelle, so daß man in den sogenannten aktuellen Neurosen die somatischen, in den Psychoneurosen außerdem noch die psychischen Wirkungen der Strömungen im Sexualstoffwechsel erkennen dürfte. Die Ähnlichkeit der Neurosen mit den Intoxikations- und Abstinenzerscheinungen nach gewissen Alkaloiden, mit dem Morbus Basedowi und Morbus Addisoni drängt sich ohne weiteres klinisch auf, und so wie man diese beiden letzteren Erkrankungen nicht mehr als „Nervenkrankheiten“ beschreiben darf, so werden wohl auch bald die echten „Neurosen“ ihrer Namengebung zum Trotze aus dieser Klasse entfernt werden müssen.[68]

Zur Ätiologie der Neurosen gehört dann alles, was schädigend auf die der Sexualfunktion dienenden Vorgänge einwirken kann. In erster Linie also die Noxen, welche die Sexualfunktion selbst betreffen, insoferne diese von der mit Kultur und Erziehung veränderlichen Sexualkonstitution als Schädlichkeiten angenommen werden. In zweiter Linie stehen alle andersartigen Noxen und Traumen, welche sekundär durch Allgemeinschädigung des Organismus die Sexualvorgänge in demselben zu schädigen vermögen. Man vergesse aber nicht, daß das ätiologische Problem bei den Neurosen mindestens ebenso kompliziert ist wie sonst bei der Krankheitsverursachung. Eine einzige pathogene Einwirkung ist fast niemals hinreichend; zu allermeist wird eine Mehrheit von ätiologischen Momenten erfordert, die einander unterstützen, die man also nicht in Gegensatz zueinander bringen darf. Dafür ist auch der Zustand des neurotischen Krankseins von dem der Gesundheit nicht scharf geschieden. Die Erkrankung ist das Ergebnis einer Summation, und das Maß der ätiologischen Bedingungen kann von irgendeiner Seite her vollgemacht werden. Die Ätiologie der Neurosen ausschließlich in der Heredität oder in der Konstitution zu suchen, wäre keine geringere Einseitigkeit, als wenn man einzig die akzidentellen Beeinflussungen der Sexualität im Leben zur Ätiologie erheben wollte, wenn sich doch die Aufklärung ergibt, daß das Wesen dieser Erkrankungen nur in einer Störung der Sexualvorgänge im Organismus gelegen ist.

Über Psychotherapie
(1905)

Dieser am 12. Dezember 1904 im Wiener Medizinischen Verein (Doktorenkollegium) gehaltene Vortrag wurde in der Nummer 1 der „Wiener Medizinischen Presse" des Jahrgangs 1905 erstmals publiziert. Anknüpfend an grundsätzliche Überlegungen zur Funktion der Psychotherapie in der Medizin, erläuterte Freud hier neben seinem spezifischen Verständnis der Neurosenentstehung die Eigentümlichkeiten und Anwendungsbereiche seines „analytischen" Psychotherapiekonzepts. Als besonders bedeutsam erscheinen dabei seine Kennzeichnung der analytischen Psychotherapie „als Nacherziehung zur Überwindung innerer Widerstände", die Hervorhebung des bei den Patienten wirkenden „Widerstandes" und die aus heutiger Sicht problematisch erscheinenden Anforderungen an die Persönlichkeitsstruktur der Patienten, die viele Psychoanalytiker später zu einer elitären Patientenauswahl veranlaßten. Die zu dieser Zeit bereits weitgehend ausgearbeitete „Technik" der sogenannten analytischen Kur, d. h. die Anweisung zur Nutzung der freien Assoziation, zur Deutung von Träumen und zu weiteren Aspekten der formalen Arrangements mit den Patienten hat Freud annähernd gleichzeitig, d. h. 1904, in einem Beitrag „Die Freudsche psychoanalytische Methode" dargestellt, dessen Kenntnis bei diesem Vortrag wohl schon vorausgesetzt worden ist.[69]
Die hier verwendete Textfassung wurde entnommen:
Sigmund Freud, Studienausgabe, Ergänzungsband (Schriften zur Behandlungstechnik). Frankfurt (Main), S. Fischer Verlag 1975, S. 109–119.

Meine Herren! Es sind ungefähr acht Jahre her, seitdem ich über Aufforderung Ihres betrauerten Vorsitzenden Professor von Reder in Ihrem Kreise über das Thema der Hysterie sprechen durfte. Ich hatte kurz zuvor (1895) in Gemeinschaft mit Doktor Josef Breuer die *Studien über Hysterie* veröffentlicht und den Versuch unternommen, auf Grund der neuen Erkenntnis, welche wir diesem Forscher verdanken, eine neuartige Behandlungsweise der Neurose einzuführen. Erfreulicherweise darf ich sagen, haben die Bemühungen unserer *Studien* Erfolg gehabt; die in ihnen vertretenen Ideen von der Wirkungsweise psychischer Traumen durch Zurückhaltung von Affekt und die Auffassung der hysterischen Symptome als Erfolge einer aus dem Seelischen ins Körperliche versetzten Erregung, Ideen, für welche wir die Termini „Abreagieren" und „Konversion" geschaffen hatten, sind heute allgemein bekannt und verstanden. Es gibt – wenigstens in deutschen Landen – keine Darstellung der Hysterie, die ihnen nicht bis zu einem gewissen Grade Rechnung tragen würde, und keinen Fachgenossen, der nicht zum mindesten ein Stück weit mit dieser Lehre ginge. Und doch mögen diese Sätze und diese Termini, solange sie noch frisch waren, befremdend genug geklungen haben!
Ich kann nicht dasselbe von dem therapeutischen Verfahren sagen, das gleichzeitig mit unserer Lehre den Fachgenossen vorgeschlagen wurde. Dasselbe kämpft noch heute um seine Anerkennung. Man mag spezielle Gründe dafür anrufen. Die Technik des Verfahrens war damals noch unausgebildet; ich vermochte es nicht, dem ärztlichen Leser des Buches jene Anweisungen zu geben, welche ihn befähigt hätten, eine derartige Behandlung vollständig durchzuführen. Aber gewiß wirken auch Gründe allgemeiner Natur mit. Vielen Ärzten erscheint noch heute die Psychotherapie als ein Produkt des modernen Mystizismus und im Vergleiche mit unseren physikalisch-chemischen Heilmitteln, deren Anwendung auf physiologische Einsichten gegründet ist, als geradezu unwissenschaftlich, des Interesses eines Naturforschers unwürdig. Gestatten Sie mir nun, vor Ihnen die Sache der Psychotherapie zu führen und hervorzuheben, was an dieser Verurteilung als Unrecht oder Irrtum bezeichnet werden kann.
Lassen Sie mich also fürs erste daran mahnen, daß die Psy-

chotherapie kein modernes Heilverfahren ist. Im Gegenteil, sie ist die älteste Therapie, deren sich die Medizin bedient hat. In dem lehrreichen Werke von Löwenfeld *(Lehrbuch der gesamten Psychotherapie)* können Sie nachlesen, welche die Methoden der primitiven und der antiken Medizin waren.[70] Sie werden dieselben zum größten Teil der Psychotherapie zuordnen müssen; man versetzte die Kranken zum Zwecke der Heilung in den Zustand der „gläubigen Erwartung", der uns heute noch das nämliche leistet. Auch nachdem die Ärzte andere Heilmittel aufgefunden haben, sind psychotherapeutische Bestrebungen der einen oder der anderen Art in der Medizin niemals untergegangen.

Fürs zweite mache ich Sie darauf aufmerksam, daß wir Ärzte auf die Psychotherapie schon darum nicht verzichten können, weil eine andere, beim Heilungsvorgang sehr in Betracht kommende Partei – nämlich die Kranken – nicht die Absicht hat, auf sie zu verzichten. Sie wissen, welche Aufklärungen wir hierüber der Schule von Nancy (Liébault, Bernheim) verdanken. Ein von der psychischen Disposition der Kranken abhängiger Faktor tritt, ohne daß wir es beabsichtigen, zur Wirkung eines jeden vom Arzte eingeleiteten Heilverfahrens hinzu, meist im begünstigenden, oft auch im hemmenden Sinne. Wir haben für diese Tatsache das Wort „Suggestion" anzuwenden gelernt, und Moebius hat uns gelehrt, daß die Unverläßlichkeit, die wir an so manchen unserer Heilmethoden beklagen, gerade auf die störende Einwirkung dieses übermächtigen Moments zurückzuführen ist. Wir Ärzte, Sie alle, treiben also beständig Psychotherapie, auch wo Sie es nicht wissen und nicht beabsichtigen; nur hat es einen Nachteil, daß Sie den psychischen Faktor in Ihrer Einwirkung auf den Kranken so ganz dem Kranken überlassen. Er wird auf diese Weise unkontrollierbar, undosierbar, der Steigerung unfähig. Ist es dann nicht ein berechtigtes Streben des Arztes, sich dieses Faktors zu bemächtigen, sich seiner mit Absicht zu bedienen, ihn zu lenken und zu verstärken? Nichts anderes als dies ist es, was die wissenschaftliche Psychotherapie Ihnen zumutet.

Zu dritt, meine Herren Kollegen, will ich Sie auf die altbekannte Erfahrung verweisen, daß gewisse Leiden, und ganz besonders die Psychoneurosen, seelischen Einflüssen weit zugänglicher sind als jeder anderen Medikation. Es ist keine moderne Rede, sondern ein Ausspruch alter Ärzte, daß diese Krankheiten nicht das Medikament heilt, sondern der Arzt, das heißt wohl die Persönlichkeit des Arztes, insofern er psychischen Einfluß durch sie ausübt. Ich weiß wohl, meine Herren Kollegen, daß bei Ihnen jene Anschauung sehr beliebt ist, welcher der Ästhetiker Vischer in seiner Faustparodie klassischen Ausdruck geliehen hat:

„Ich weiß, das Physikalische
Wirkt öfters aufs Moralische."[71]

Aber sollte es nicht adäquater sein und häufiger zutreffen, daß man aufs Moralische eines Menschen mit moralischen, das heißt psychischen Mitteln einwirken kann?
Es gibt viele Arten und Wege der Psychotherapie. Alle sind gut, die zum Ziel der Heilung führen. Unsere gewöhnliche Tröstung: Es wird schon wieder gut werden!, mit der wir den Kranken gegenüber so freigebig sind, entspricht einer der psychotherapeutischen Methoden; nur sind wir bei tieferer Einsicht in das Wesen der Neurosen nicht genötigt gewesen, uns auf die Tröstung einzuschränken. Wir haben die Technik der hypnotischen Suggestion, der Psychotherapie durch Ablenkung, durch Übung, durch Hervorrufung zweckdienlicher Affekte entwickelt. Ich verachte keine derselben und würde sie alle unter geeigneten Bedingungen ausüben. Wenn ich mich in Wirklichkeit auf ein einziges Heilverfahren beschränkt habe, auf die von Breuer „kathartisch" genannte Methode, die ich lieber die „analytische" heiße, so sind bloß subjektive Motive für mich maßgebend gewesen. Infolge meines Anteiles an der Aufstellung dieser Therapie fühle ich die persönliche Verpflichtung, mich ihrer Erforschung und dem Ausbau ihrer Technik zu widmen. Ich darf behaupten, die analytische Methode der Psychotherapie ist diejenige, welche am eindringlichsten wirkt, am weitesten trägt, durch welche man die ausgiebigste Veränderung des Kranken erzielt. Wenn ich für einen Moment den therapeutischen Standpunkt verlasse, kann ich für sie geltend machen, daß sie die interessanteste ist, uns allein etwas über die Entstehung und den Zusammenhang der Krankheitserscheinungen lehrt. Infolge der Einsichten in den Mechanismus des seelischen Krankseins, die sie uns er-

öffnet, könnte sie allein imstande sein, über sich selbst hinauszuführen und uns den Weg zu noch anderen Arten therapeutischer Beeinflussung zu weisen.

In bezug auf diese kathartische oder analytische Methode der Psychotherapie gestatten Sie mir nun, einige Irrtümer zu verbessern und einige Aufklärungen zu geben.

a) Ich merke, daß diese Methode sehr häufig mit der hypnotischen Suggestivbehandlung verwechselt wird, merke es daran, daß verhältnismäßig häufig auch Kollegen, deren Vertrauensmann ich sonst nicht bin, Kranke zu mir schicken, refraktäre Kranke natürlich, mit dem Auftrage, ich solle sie hypnotisieren. Nun habe ich seit etwa acht Jahren keine Hypnose mehr zu Zwecken der Therapie ausgeübt (vereinzelte Versuche ausgenommen) und pflege solche Sendungen mit dem Rate, wer auf die Hypnose baut, möge sie selbst machen, zu retournieren. In Wahrheit besteht zwischen der suggestiven Technik und der analytischen der größtmögliche Gegensatz, jener Gegensatz, den der große Leonardo da Vinci für die Künste in die Formeln *per via di porre* und *per via di levare* gefaßt hat.[72] Die Malerei, sagt Leonardo, arbeitet *per via di porre;* sie setzt nämlich Farbenhäufchen hin, wo sie früher nicht waren, auf die nichtfarbige Leinwand; die Skulptur dagegen geht *per via di levare* vor, sie nimmt nämlich vom Stein so viel weg, als die Oberfläche der in ihm enthaltenen Statue noch bedeckt. Ganz ähnlich, meine Herren, sucht die Suggestivtechnik *per via di porre* zu wirken, sie kümmert sich nicht um Herkunft, Kraft und Bedeutung der Krankheitssymptome, sondern legt etwas auf, die Suggestion nämlich, wovon sie erwartet, daß es stark genug sein wird, die pathogene Idee an der Äußerung zu hindern. Die analytische Therapie dagegen will nicht auflegen, nichts Neues einführen, sondern wegnehmen, herausschaffen, und zu diesem Zwecke bekümmert sie sich um die Genese der krankhaften Symptome und den psychischen Zusammenhang der pathogenen Idee, deren Wegschaffung ihr Ziel ist. Auf diesem Wege der Forschung hat sie unserem Verständnis sehr bedeutende Förderung gebracht. Ich habe die Suggestionstechnik und mit ihr die Hypnose so frühzeitig aufgegeben, weil ich daran verzweifelte, die Suggestion so stark und so haltbar zu machen, wie es für die dauernde Heilung notwendig wäre. In allen schweren Fällen sah ich die darauf gelegte Suggestion wieder abbröckeln, und dann war das Kranksein oder ein dasselbe Ersetzendes wieder da. Außerdem mache ich dieser Technik den Vorwurf, daß sie uns die Einsicht in das psychische Kräftespiel verhüllt, z. B. uns den Widerstand nicht erkennen läßt, mit dem die Kranken an ihrer Krankheit festhalten, mit dem sie sich also auch gegen die Genesung sträuben, und der doch allein das Verständnis ihres Benehmens im Leben ermöglicht.

b) Es scheint mir der Irrtum unter den Kollegen weit verbreitet zu sein, daß die Technik der Forschung nach den Krankheitsanlässen und die Beseitigung der Erscheinungen durch diese Erforschung leicht und selbstverständlich sei. Ich schließe dies daraus, daß noch keiner von den vielen, die sich für meine Therapie interessieren und sichere Urteile über dieselbe von sich geben, mich je gefragt hat, wie ich es eigentlich mache. Das kann doch nur den einzigen Grund haben, daß sie meinen, es sei nichts zu fragen, es verstehe sich ganz von selbst. Auch höre ich mitunter mit Erstaunen, daß auf dieser oder jener Abteilung eines Spitals ein junger Arzt von seinem Chef den Auftrag erhalten hat, bei einer Hysterischen eine „Psychoanalyse" zu unternehmen. Ich bin überzeugt, man würde ihm nicht einen exstirpierten Tumor zur Untersuchung überlassen, ohne sich vorher versichert zu haben, daß er mit der histologischen Technik vertraut ist. Ebenso erreicht mich die Nachricht, dieser oder jener Kollege richte sich Sprechstunden mit einem Patienten ein, um eine psychische Kur mit ihm zu machen, während ich sicher bin, daß er die Technik einer solchen Kur nicht kennt. Er muß also erwarten, daß ihm der Kranke seine Geheimnisse entgegenbringen wird, oder sucht das Heil in irgendeiner Art von Beichte oder Anvertrauen. Es würde mich nicht wundern, wenn der so behandelte Kranke dabei eher zu Schaden als zum Vorteil käme. Das seelische Instrument ist nämlich nicht gar leicht zu spielen. Ich muß bei solchen Anlässen an die Rede eines weltberühmten Neurotikers denken, der freilich nie in der Behandlung eines Arztes gestanden, der nur in der Phantasie eines Dichters gelebt hat. Ich meine den Prinzen Hamlet von Dänemark. Der König hat die beiden Höflinge Rosenkranz und Güldenstern über ihn geschickt, um ihn auszuforschen, ihm das Geheimnis seiner Verstimmung zu entreißen. Er wehrt sie ab; da werden Flöten auf die Bühne gebracht. Hamlet nimmt eine Flöte und bittet den einen seiner Quäler, auf ihr zu spielen, es sei so leicht wie lügen. Der Höfling weigert sich, denn er kennt keinen Griff, und da er zu dem Versuch des Flötenspiels nicht zu bewegen ist, bricht Hamlet endlich los: „Nun seht ihr, welch ein nichtswürdiges Ding ihr aus mir macht? Ihr wollt auf mir spielen; ihr wollt mich von meiner tiefsten Note bis zum Gipfel meiner Stimme hinauf prüfen, und in diesem kleinen Instrument hier ist viel Musik, eine vortreffliche Stimme, dennoch könnt ihr es nicht zum Sprechen bringen. *Wetter, denkt ihr, daß ich leichter zu spielen bin, als eine Flöte? Nennt mich was für ein Instrument ihr wollt, ihr könnt mich zwar verstimmen, aber nicht auf mir spielen.*“[73]

c) Sie werden aus gewissen meiner Bemerkungen erraten haben, daß der analytischen Kur manche Eigenschaften anhaften, die sie von dem Ideal einer Therapie fernehalten. *Tuto, cito, iucunde;*[74] das Forschen und Suchen deutet nicht eben auf Raschheit des Erfolges, und die Erwähnung des Widerstandes bereitet Sie auf die Erwartung von Unannehmlichkeiten vor. Gewiß, die psychoanalytische Behandlung stellt an den Kranken wie an den Arzt hohe Ansprüche; von ersterem verlangt sie das Opfer voller Aufrichtigkeit, gestaltet sich für ihn zeitraubend und daher auch kostspielig; für den Arzt ist sie gleichfalls zeitraubend und wegen der Technik, die er zu erlernen und auszuüben hat, ziemlich mühselig. Ich finde es auch selbst ganz berechtigt, daß man bequemere Heilmethoden in Anwendung bringt, solange man eben die Aussicht hat, mit diesen letzteren etwas zu erreichen. Auf diesen Punkt kommt es allein an; erzielt man mit dem mühevolleren und langwierigeren Verfahren erheblich mehr als mit dem kurzen und leichten, so ist das erstere trotz alledem gerechtfertigt. Denken Sie, meine Herren, um wieviel die Finsentherapie des Lupus unbequemer und kostspieliger ist als das früher gebräuchliche Ätzen und Schaben, und doch bedeutet es einen großen Fortschritt, bloß weil es mehr leistet; es heilt nämlich den Lupus radikal. Nun will ich den Vergleich nicht gerade durchsetzen; aber ein ähnliches Vorrecht darf doch die psychoanalytische Methode für sich in Anspruch nehmen. In

Wirklichkeit habe ich meine therapeutische Methode nur an schweren und schwersten Fällen ausarbeiten und versuchen können; mein Material waren zuerst nur Kranke, die alles erfolglos versucht und durch Jahre in Anstalten geweilt hatten. Ich habe kaum Erfahrung genug gesammelt, um Ihnen sagen zu können, wie sich meine Therapie bei jenen leichteren, episodisch auftretenden Erkrankungen verhält, die wir unter den verschiedenartigsten Einflüssen und auch spontan abheilen sehen. Die psychoanalytische Therapie ist an dauernd existenzunfähigen Kranken und für solche geschaffen worden, und ihr Triumph ist es, daß sie eine befriedigende Anzahl von solchen dauernd existenzfähig macht. Gegen diesen Erfolg erscheint dann aller Aufwand geringfügig. Wir können uns nicht verhehlen, daß wir vor dem Kranken zu verleugnen pflegen, daß eine schwere Neurose in ihrer Bedeutung für das ihr unterworfene Individuum hinter keiner Kachexie, keinem der gefürchteten Allgemeinleiden zurücksteht.

d) Die Indikationen und Gegenanzeigen dieser Behandlung sind infolge der vielen praktischen Beschränkungen, die meine Tätigkeit betroffen haben, kaum endgültig anzugeben. Indes will ich versuchen, einige Punkte mit Ihnen zu erörtern:

1) Man übersehe nicht über die Krankheit den sonstigen Wert einer Person und weise Kranke zurück, welche nicht einen gewissen Bildungsgrad und einen einigermaßen verläßlichen Charakter besitzen. Man darf nicht vergessen, daß es auch Gesunde gibt, die nichts taugen, und daß man nur allzu leicht geneigt ist, bei solchen minderwertigen Personen alles, was sie existenzunfähig macht, auf die Krankheit zu schieben, wenn sie irgendeinen Anflug von Neurose zeigen. Ich stehe auf dem Standpunkt, daß die Neurose ihren Träger keineswegs zum *dégéneré* stempelt, daß sie sich aber häufig genug mit den Erscheinungen der Degeneration vergesellschaftet an demselben Individuum findet.[75] Die analytische Psychotherapie ist nun kein Verfahren zur Behandlung der neuropathischen Degeneration, sie findet im Gegenteil an derselben ihre Schranke. Sie ist auch bei Personen nicht anwendbar, die sich nicht selbst durch ihre Leiden zur Therapie gedrängt fühlen, sondern sich einer solchen nur infolge des Machtgebotes ihrer Angehörigen un-

terziehen. Die Eigenschaft, auf die es für die Brauchbarkeit zur psychoanalytischen Behandlung ankommt, die Erziehbarkeit, werden wir noch von einem anderen Gesichtspunkte würdigen müssen.

2) Wenn man sicher gehen will, beschränke man seine Auswahl auf Personen, die einen Normalzustand haben, da man sich im psychoanalytischen Verfahren von diesem aus des Krankhaften bemächtigt. Psychosen, Zustände von Verworrenheit und tiefgreifender (ich möchte sagen: toxischer) Verstimmung sind also für die Psychoanalyse, wenigstens wie sie bis jetzt ausgeübt wird, ungeeignet. Ich halte es für durchaus nicht ausgeschlossen, daß man bei geeigneter Abänderung des Verfahrens sich über diese Gegenindikation hinaussetzen und so eine Psychotherapie der Psychosen in Angriff nehmen könne.

3) Das Alter der Kranken spielt bei der Auswahl zur psychoanalytischen Behandlung insofern eine Rolle, als bei Personen nahe an oder über fünfzig Jahre einerseits die Plastizität der seelischen Vorgänge zu fehlen pflegt, auf welche die Therapie rechnet – alte Leute sind nicht mehr erziehbar –, und als anderseits das Material, welches durchzuarbeiten ist, die Behandlungsdauer ins Unabsehbare verlängert. Die Altersgrenze nach unten ist nur individuell zu bestimmen; jugendliche Personen noch vor der Pubertät sind oft ausgezeichnet zu beeinflussen.

4) Man wird nicht zur Psychoanalyse greifen, wenn es sich um die rasche Beseitigung drohender Erscheinungen handelt, also zum Beispiel bei einer hysterischen Anorexie.

Sie werden nun den Eindruck gewonnen haben, daß das Anwendungsgebiet der analytischen Psychotherapie ein sehr beschränktes ist, da Sie eigentlich nichts anderes als Gegenanzeigen von mir gehört haben. Nichtsdestoweniger bleiben Fälle und Krankheitsformen genug übrig, an denen diese Therapie sich erproben kann, alle chronischen Formen von Hysterie mit Resterscheinungen, das große Gebiet der Zwangszustände und Abulien und dergleichen.

Erfreulich ist es, daß man gerade den wertvollsten und sonst höchstentwickelten Personen auf solche Weise am ehesten Hilfe bringen kann. Wo aber mit der analytischen Psychotherapie nur wenig auszurichten war, da, darf man getrost behaupten, hätte irgendwelche andere Behandlung sicherlich gar nichts zustande gebracht.

e) Sie werden mich gewiß fragen wollen, wie es bei Anwendung der Psychoanalyse mit der Möglichkeit, Schaden zu stiften, bestellt ist. Ich kann Ihnen darauf erwidern, wenn Sie nur billig urteilen wollen, diesem Verfahren dasselbe kritische Wohlwollen entgegenbringen, das Sie für unsere anderen therapeutischen Methoden bereit haben, so werden Sie meiner Meinung zustimmen müssen, daß bei einer mit Verständnis geleiteten analytischen Kur ein Schaden für den Kranken nicht zu befürchten ist. Anders wird vielleicht urteilen, wer als Laie gewohnt ist, alles, was sich in einem Krankheitsfalle begibt, der Behandlung zur Last zu legen. Es ist ja nicht lange her, daß unseren Wasserheilanstalten ein ähnliches Vorurteil entgegenstand. So mancher, dem man riet, eine solche Anstalt aufzusuchen, wurde bedenklich, weil er einen Bekannten gehabt hatte, der als Nervöser in die Anstalt kam und dort verrückt wurde. Es handelte sich, wie Sie erraten, um Fälle von beginnender allgemeiner Paralyse, die man im Anfangsstadium noch in einer Wasserheilanstalt unterbringen konnte und die dort ihren unaufhaltsamen Verlauf bis zur manifesten Geistesstörung genommen hatten; für die Laien war das Wasser schuld und Urheber dieser traurigen Veränderung. Wo es sich um neuartige Beeinflussungen handelt, halten sich auch Ärzte nicht immer von solchen Urteilsfehlern frei. Ich erinnere mich, einmal bei einer Frau den Versuch mit Psychotherapie gemacht zu haben, bei der ein gutes Stück ihrer Existenz in der Abwechslung von Manie und Melancholie verflossen war. Ich übernahm sie zu Ende einer Melancholie; es schien zwei Wochen lang gut zu gehen; in der dritten standen wir bereits zu Beginn der neuen Manie. Es war dies sicherlich eine spontane Veränderung des Krankheitsbildes, denn zwei Wochen sind keine Zeit, in welcher die analytische Psychotherapie irgend etwas zu leisten unternehmen kann, aber der hervorragende – jetzt schon verstorbene – Arzt, der mit mir die Kranke zu sehen bekam, konnte sich doch nicht der Bemerkung enthalten, daß an dieser „Verschlechterung“ die Psychotherapie schuld sein dürfte. Ich bin ganz überzeugt, daß er sich unter anderen Bedingungen kritischer erwiesen hätte.

f) Zum Schlusse, meine Herren Kollegen, muß ich mir sagen, es geht doch nicht an, Ihre Aufmerksamkeit so lange zugunsten der analytischen Psychotherapie in Anspruch zu nehmen, ohne Ihnen zu sagen, worin diese Behandlung besteht und worauf sie sich gründet. Ich kann es zwar, da ich kurz sein muß, nur mit einer Andeutung tun. Diese Therapie ist also auf die Einsicht gegründet, daß unbewußte Vorstellungen – besser: die Unbewußtheit gewisser seelischer Vorgänge – die nächste Ursache der krankhaften Symptome ist. Eine solche Überzeugung vertreten wir gemeinsam mit der französischen Schule (Janet), die übrigens in arger Schematisierung das hysterische Symptom auf die unbewußte *idée fixe* zurückführt. Fürchten Sie nun nicht, daß wir dabei zu tief in die dunkelste Philosophie hineingeraten werden. Unser Unbewußtes ist nicht ganz dasselbe wie das der Philosophen, und überdies wollen die meisten Philosophen vom „unbewußten Psychischen" nichts wissen. Stellen Sie sich aber auf unseren Standpunkt, so werden Sie einsehen, daß die Übersetzung dieses Unbewußten im Seelenleben der Kranken in ein Bewußtes den Erfolg haben muß, deren Abweichung vom Normalen zu korrigieren und den Zwang aufzuheben, unter dem ihr Seelenleben steht. Denn der bewußte Wille reicht so weit als die bewußten psychischen Vorgänge, und jeder psychische Zwang ist durch das Unbewußte begründet. Sie brauchen auch niemals zu fürchten, daß der Kranke unter der Erschütterung Schaden nehme, welche der Eintritt des Unbewußten in sein Bewußtsein mit sich bringt, denn Sie können es sich theoretisch zurechtlegen, daß die somatische und affektive Wirkung der bewußt gewordenen Regung niemals so groß werden kann wie die der unbewußten. Wir beherrschen alle unsere Regungen doch nur dadurch, daß wir unsere höchsten, mit Bewußtsein verbundenen Seelenleistungen auf sie wenden.
Sie können aber auch einen anderen Gesichtspunkt für das Verständnis der psychoanalytischen Behandlung wählen. Die Aufdeckung und Übersetzung des Unbewußten geht unter beständigem *Widerstand* von seiten der Kranken vor sich. Das Auftauchen dieses Unbewußten ist mit Unlust verbunden, und wegen dieser Unlust wird es von ihm immer wieder zurückgewiesen. In diesen Konflikt im Seelenleben des Kranken greifen Sie nun ein; gelingt es Ihnen,

den Kranken dazu zu bringen, daß er aus Motiven besserer Einsicht etwas akzeptiert, was er zufolge der automatischen Unlustregulierung bisher zurückgewiesen (verdrängt) hat, so haben Sie ein Stück Erziehungsarbeit an ihm geleistet. Es ist ja schon Erziehung, wenn Sie einen Menschen, der nicht gern frühmorgens das Bett verläßt, dazu bewegen, es doch zu tun. Als eine solche *Nacherziehung zur Überwindung innerer Widerstände* können Sie nun die psychoanalytische Behandlung ganz allgemein auffassen. In keinem Punkte aber ist solche Nacherziehung bei den Nervösen mehr vonnöten als betreffs des seelischen Elements in ihrem Sexualleben. Nirgends haben ja Kultur und Erziehung so großen Schaden gestiftet wie gerade hier, und hier sind auch, wie Ihnen die Erfahrung zeigen wird, die beherrschbaren Ätiologien der Neurosen zu finden; das andere ätiologische Element, der konstitutionelle Beitrag, ist uns ja als etwas Unabänderliches gegeben. Hieraus erwächst aber eine wichtige, an den Arzt zu stellende Anforderung. Er muß nicht nur selbst ein integrer Charakter sein – „das Moralische versteht sich ja von selbst", wie die Hauptperson in Th. Vischer's *Auch Einer* zu sagen pflegt –; er muß auch für seine eigene Person die Mischung von Lüsternheit und Prüderie überwunden haben, mit welcher leider so viele andere den sexuellen Problemen entgegenzutreten gewohnt sind.

Hier ist vielleicht der Platz für eine weitere Bemerkung. Ich weiß, daß meine Betonung der Rolle des Sexuellen für die Entstehung der Psychoneurosen in weiteren Kreisen bekannt geworden ist. Ich weiß aber auch, daß Einschränkungen und nähere Bestimmungen beim großen Publikum wenig nützen; die Menge hat für wenig Raum in ihrem Gedächtnis und behält von einer Behauptung doch nur den rohen Kern, schafft sich ein leicht zu merkendes Extrem, Es mag auch manchen Ärzten so ergangen sein, daß ihnen als Inhalt meiner Lehre vorschwebt, ich führe die Neurosen in letzter Linie auf sexuelle Entbehrung zurück. An dieser fehlt es nicht unter den Lebensbedingungen unserer Gesellschaft. Wie nahe mag es nun bei solcher Voraussetzung liegen, den mühseligen Umweg über die psychische Kur zu vermeiden und direkt die Heilung anzustreben, indem man die sexuelle Betätigung als Heilmittel empfiehlt! Ich weiß nun nicht, was mich bewegen könnte, diese Folgerung zu unterdrücken, wenn sie berechtigt wäre. Die Sache liegt aber anders. Die sexuelle Bedürftigkeit und Entbehrung, das ist bloß der eine Faktor, der beim Mechanismus der Neurose ins Spiel tritt; bestünde er allein, so würde nicht Krankheit, sondern Ausschweifung die Folge sein. Der andere, ebenso unerläßliche Faktor, den man allzu bereitwillig vergißt, ist die Sexualabneigung der Neurotiker, ihre Unfähigkeit zum Lieben, jener psychische Zug, den ich „Verdrängung" genannt habe. Erst aus dem Konflikt zwischen beiden Strebungen geht die neurotische Erkrankung hervor, und darum kann der Rat der sexuellen Betätigung bei den Psychoneurosen eigentlich nur selten als guter Rat bezeichnet werden.

Lassen Sie mich mit dieser abwehrenden Bemerkung schließen. Wir wollen hoffen, daß Ihr von jedem feindseligen Vorurteil gereinigtes Interesse für die Psychotherapie uns darin unterstützen wird, auch in der Behandlung der schweren Fälle von Psychoneurosen Erfreuliches zu leisten.

Wege der psychoanalytischen Therapie
(1919)

Dieser Vortrag wurde als Eröffnungsansprache auf dem V. Internationalen Psychoanalytischen Kongreß im September des Jahres 1918 in Budapest gehalten und im Band V (1919) der Internationalen Zeitschrift für ärztliche Psychoanalyse veröffentlicht. Besonders eingehend erörterte Freud in diesem Vortrag das „Abstinenzprinzip", d. h. die Forderung, dem Patienten in der Therapie dic Hinwendung zu Ersatzbefriedigungen zu versagen. Damit werden sehr bedeutsame Fragen der Zielstellung und der Wertorientierung der psychotherapeutischen Beeinflussung von persönlichen Einstellungen berührt. Da Psychotherapie von Neurosen ohne die Wandlung von Einstellungen und Wertsystemen der Patienten faktisch nicht erfolgreich sein kann, wird heute die von Freud vertretene Haltung außerhalb der Psychoanalyse kaum noch anerkannt. Interessant ist auch, daß Freud in diesem Vortrag erstmals psychotherapeutische Wirkungsmöglichkeiten in vergesellschafteten medizinischen Einrichtungen durch staatlich angestellte Ärzte forderte. In der psychoanalytischen Bewegung sind dann auch poliklinische Einrichtungen (z. B. in Wien und in Berlin) geschaffen worden, die jedoch kaum staatliche Unterstützung erhielten.
Die hier verwendete Textfassung wurde entnommen:
Sigmund Freud, Studienausgabe, Ergänzungsband (Schriften zur Behandlungstechnik). Frankfurt (Main), S. Fischer Verlag 1975, S. 241–249.

Meine Herren Kollegen!
Sie wissen, wir waren nie stolz auf die Vollständigkeit und Abgeschlossenheit unseres Wissens und Könnens; wir sind, wie früher so auch jetzt, immer bereit, die Unvollkommenheiten unserer Erkenntnis zuzugeben, Neues dazuzulernen und an unserem Vorgehen abzuändern, was sich durch Besseres ersetzen läßt.
Da wir nun nach langen, schwer durchlebten Jahren der Trennung wieder einmal zusammengetroffen sind, reizt es mich, den Stand unserer Therapie zu revidieren, der wir ja unsere Stellung in der menschlichen Gesellschaft danken, und Ausschau zu halten, nach welchen neuen Richtungen sie sich entwickeln könnte.
Wir haben als unsere ärztliche Aufgabe formuliert, den neurotisch Kranken zur Kenntnis der in ihm bestehenden unbewußten, verdrängten Regungen zu bringen und zu diesem Zwecke die Widerstände aufzudecken, die sich in ihm gegen solche Erweiterungen seines Wissens von der eigenen Person sträuben. Wird mit der Aufdeckung dieser Widerstände auch deren Überwindung gewährleistet? Gewiß nicht immer, aber wir hoffen, dieses Ziel zu erreichen, indem wir seine Übertragung auf die Person des Arztes ausnützen, um unsere Überzeugung von der Unzweckmäßigkeit der in der Kindheit vorgefallenen Verdrängungsvorgänge und von der Undurchführbarkeit eines Lebens nach dem Lustprinzip zu der seinigen werden zu lassen. Die dynamischen Verhältnisse des neuen Konflikts, durch den wir den Kranken führen, den wir an die Stelle des früheren Krankheitskonflikts bei ihm gesetzt haben, sind von mir an anderer Stelle klargelegt worden. Daran weiß ich derzeit nichts zu ändern.
Die Arbeit, durch welche wir dem Kranken das verdrängte Seelische in ihm zum Bewußtsein bringen, haben wir Psychoanalyse genannt. Warum „Analyse", was Zerlegung, Zersetzung bedeutet und an eine Analogie mit der Arbeit des Chemikers an den Stoffen denken läßt, die er in der Natur vorfindet und in sein Laboratorium bringt? Weil eine solche Analogie in einem wichtigen Punkte wirklich besteht. Die Symptome und krankhaften Äußerungen des Patienten sind wie alle seine seelischen Tätigkeiten hochzusammengesetzter Natur; die Elemente dieser Zusammensetzung

sind im letzten Grunde Motive, Triebregungen. Aber der Kranke weiß von diesen elementaren Motiven nichts oder nur sehr Ungenügendes. Wir lehren ihn nun die Zusammensetzung dieser hochkomplizierten seelischen Bildungen verstehen, führen die Symptome auf die sie motivierenden Triebregungen zurück, weisen diese dem Kranken bisher unbekannten Triebmotive in den Symptomen nach, wie der Chemiker den Grundstoff, das chemische Element, aus dem Salz ausscheidet, in dem es in Verbindung mit anderen Elementen unkenntlich geworden war. Und ebenso zeigen wir dem Kranken an seinen nicht für krankhaft gehaltenen seelischen Äußerungen, daß ihm deren Motivierung nur unvollkommen bewußt war, daß andere Triebmotive bei ihnen mitgewirkt haben, die ihm unerkannt geblieben sind.
Auch das Sexualstreben der Menschen haben wir erklärt, indem wir es in seine Komponenten zerlegten, und wenn wir einen Traum deuten, gehen wir so vor, daß wir den Traum als Ganzes vernachlässigen und die Assoziation an seine einzelnen Elemente anknüpfen.
Aus diesem berechtigten Vergleich der ärztlichen psychoanalytischen Tätigkeit mit einer chemischen Arbeit könnte sich nun eine Anregung zu einer neuen Richtung unserer Therapie ergeben. Wir haben den Kranken *analysiert*, das heißt seine Seelentätigkeit in ihre elementaren Bestandteile zerlegt, diese Triebelemente einzeln und isoliert in ihm aufgezeigt; was läge nun näher als zu fordern, daß wir ihm auch bei einer neuen und besseren Zusammensetzung derselben behilflich sein müssen? Sie wissen, diese Forderung ist auch wirklich erhoben worden. Wir haben gehört: Nach der Analyse des kranken Seelenlebens muß die Synthese desselben folgen! Und bald hat sich daran auch die Besorgnis geknüpft, man könnte zu viel Analyse und zu wenig Synthese geben, und das Bestreben, das Hauptgewicht der psychotherapeutischen Einwirkung auf diese Synthese, eine Art Wiederherstellung des gleichsam durch die Vivisektion Zerstörten, zu verlegen.[76]
Ich kann aber nicht glauben, meine Herren, daß uns in dieser Psychosynthese eine neue Aufgabe zuwächst. Wollte ich mir gestatten, aufrichtig und unhöflich zu sein, so würde ich sagen, es handelt sich da um eine gedankenlose Phrase. Ich bescheide mich zu bemerken, daß nur eine inhaltsleere

Überdehnung eines Vergleiches oder, wenn Sie wollen, eine unberechtigte Ausbeutung einer Namengebung vorliegt. Aber ein Name ist nur eine Etikette, zur Unterscheidung von anderem, ähnlichem, angebracht, kein Programm, keine Inhaltsangabe oder Definition. Und ein Vergleich braucht das Verglichene nur an einem Punkte zu tangieren und kann sich in allen anderen weit von ihm entfernen. Das Psychische ist etwas so einzig Besonderes, daß kein vereinzelter Vergleich seine Natur wiedergeben kann. Die psychoanalytische Arbeit bietet Analogien mit der chemischen Analyse, aber ebensolche mit dem Eingreifen des Chirurgen oder der Einwirkung des Orthopäden oder der Beeinflussung des Erziehers. Der Vergleich mit der chemischen Analyse findet seine Begrenzung darin, daß wir es im Seelenleben mit Strebungen zu tun haben, die einem Zwang zur Vereinheitlichung und Zusammenfassung unterliegen. Ist es uns gelungen, ein Symptom zu zersetzen, eine Triebregung aus einem Zusammenhange zu befreien, so bleibt sie nicht isoliert, sondern tritt sofort in einen neuen ein.

Ja, im Gegenteil! Der neurotisch Kranke bringt uns ein zerrissenes, durch Widerstände zerklüftetes Seelenleben entgegen, und während wir daran analysieren, die Widerstände beseitigen, wächst dieses Seelenleben zusammen, fügt die große Einheit, die wir sein Ich heißen, sich alle die Triebregungen ein, die bisher von ihm abgespalten und abseits gebunden waren. So vollzieht sich bei dem analytisch Behandelten die Psychosynthese ohne unser Eingreifen, automatisch und unausweichlich. Durch die Zersetzung der Symptome und die Aufhebung der Widerstände haben wir die Bedingungen für sie geschaffen. Es ist nicht wahr, daß etwas in dem Kranken in seine Bestandteile zerlegt ist, was nun ruhig darauf wartet, bis wir es irgendwie zusammensetzen.

Die Entwicklung unserer Therapie wird also wohl andere Wege einschlagen, vor allem jenen, den kürzlich Ferenczi in seiner Arbeit über „Technische Schwierigkeiten einer Hysterieanalyse" als die *„Aktivität"* des Analytikers gekennzeichnet hat.[77]

Einigen wir uns rasch, was unter dieser Aktivität zu verstehen ist. Wir umschrieben unsere therapeutische Aufgabe durch die zwei Inhalte: Bewußtmachen des Verdrängten und Aufdeckung der Widerstände. Dabei sind wir allerdings aktiv genug. Aber sollen wir es dem Kranken überlassen, allein mit den ihm aufgezeigten Widerständen fertig zu werden? Können wir ihm dabei keine andere Hilfe leisten, als er durch den Antrieb der Übertragung erfährt? Liegt es nicht vielmehr sehr nahe, ihm auch dadurch zu helfen, daß wir ihn in jene psychische Situation versetzen, welche für die erwünschte Erledigung des Konflikts die günstigste ist? Seine Leistung ist doch auch abhängig von einer Anzahl von äußerlich konstellierenden Umständen. Sollen wir uns da bedenken, diese Konstellation durch unser Eingreifen in geeigneter Weise zu verändern? Ich meine, eine solche Aktivität des analytisch behandelnden Arztes ist einwandfrei und durchaus gerechtfertigt.

Sie bemerken, daß sich hier für uns ein neues Gebiet der analytischen Technik eröffnet, dessen Bearbeitung eingehende Bemühung erfordern und ganz bestimmte Vorschriften ergeben wird. Ich werde heute nicht versuchen, Sie in diese noch in Entwicklung begriffene Technik einzuführen, sondern mich damit begnügen, einen Grundsatz hervorzuheben, dem wahrscheinlich die Herrschaft auf diesem Gebiete zufallen wird. Er lautet: *Die analytische Kur soll, soweit es möglich ist, in der Entbehrung – Abstinenz – durchgeführt werden.*

Wieweit es möglich ist, dies festzustellen, bleibe einer detaillierten Diskussion überlassen. Unter Abstinenz ist aber nicht die Entbehrung einer jeglichen Befriedigung zu verstehen – das wäre natürlich undurchführbar –, auch nicht, was man im populären Sinne darunter versteht, die Enthaltung vom sexuellen Verkehr, sondern etwas anderes, was mit der Dynamik der Erkrankung und der Herstellung weit mehr zu tun hat.

Sie erinnern sich daran, daß es eine *Versagung* war, die den Patienten krank gemacht hat, daß seine Symptome ihm den Dienst von Ersatzbefriedigungen leisten. Sie können während der Kur beobachten, daß jede Besserung seines Leidenszustandes das Tempo der Herstellung verzögert und die Triebkraft verringert, die zur Heilung drängt. Auf diese Triebkraft können wir aber nicht verzichten; eine Verringerung derselben ist für unsere Heilungsabsicht gefährlich. Welche Folgerung drängt sich uns also unabweisbar auf? Wir müssen, so grausam es klingt, dafür sorgen, daß das Leiden des Kranken in irgendeinem wirksamen Maße kein vorzeitiges Ende finde. Wenn es durch die Zersetzung und Entwertung der Symptome ermäßigt worden ist, müssen wir es irgendwo anders als eine empfindliche Entbehrung wieder aufrichten, sonst laufen wir Gefahr, niemals mehr als bescheidene und nicht haltbare Besserungen zu erreichen.

Die Gefahr droht, soviel ich sehe, besonders von zwei Seiten. Einerseits ist der Patient, dessen Kranksein durch die Analyse erschüttert worden ist, aufs emsigste bemüht, sich an Stelle seiner Symptome neue Ersatzbefriedigungen zu schaffen, denen nun der Leidenscharakter abgeht. Er bedient sich der großartigen Verschiebbarkeit der zum Teil frei gewordenen Libido, um die mannigfachsten Tätigkeiten, Vorlieben, Gewohnheiten, auch solche, die bereits früher bestanden haben, mit Libido zu besetzen und sie zu Ersatzbefriedigungen zu erheben. Er findet immer wieder neue solche Ablenkungen, durch welche die zum Betrieb der Kur erforderte Energie versickert, und weiß sie eine Zeitlang geheimzuhalten. Man hat die Aufgabe, alle diese Abwege aufzuspüren und jedesmal von ihm den Verzicht zu verlangen, so harmlos die zur Befriedigung führende Tätigkeit auch an sich erscheinen mag. Der Halbgeheilte kann aber auch minder harmlose Wege einschlagen, zum Beispiel indem er, wenn ein Mann, eine voreilige Bindung an ein Weib aufsucht. Nebenbei bemerkt, unglückliche Ehe und körperliches Siechtum sind die gebräuchlichsten Ablösungen der Neurose. Sie befriedigen insbesondere das Schuldbewußtsein (Strafbedürfnis), welches viele Kranke so zähe an ihrer Neurose festhalten läßt. Durch eine ungeschickte Ehewahl bestrafen sie sich selbst; langes organisches Kranksein nehmen sie als eine Strafe des Schicksals an und verzichten dann häufig auf eine Fortführung der Neurose.

Die Aktivität des Arztes muß sich in all solchen Situationen als energisches Einschreiten gegen die voreiligen Ersatzbefriedigungen äußern. Leichter wird ihm aber die Verwahrung gegen die zweite, nicht zu unterschätzende Gefahr, von der die Triebkraft der Analyse bedroht wird. Der Kranke sucht vor allem die Ersatzbefriedigung in der Kur selbst im Übertragungsverhältnis zum Arzt und kann sogar danach streben, sich auf diesem Wege für allen ihm sonst auferlegten Verzicht zu entschädigen. Einiges muß man ihm ja wohl gewähren, mehr oder weniger, je nach der Natur des Falles und der Eigenart des Kranken. Aber es ist nicht gut, wenn es zu viel wird. Wer als Analytiker etwa aus der Fülle seines hilfsbereiten Herzens dem Kranken alles spendet, was ein Mensch vom anderen erhoffen kann, der begeht denselben ökonomischen Fehler, dessen sich unsere nicht analytischen Nervenheilanstalten schuldig machen. Diese streben nichts anderes an, als es dem Kranken möglichst angenehm zu machen, damit er sich dort wohl fühle und gerne wieder aus den Schwierigkeiten des Lebens seine Zuflucht dorthin nehme. Dabei verzichten sie darauf, ihn für das Leben stärker, für seine eigentlichen Aufgaben leistungsfähiger zu machen. In der analytischen Kur muß jede solche Verwöhnung vermieden werden. Der Kranke soll, was sein Verhältnis zum Arzt betrifft, unerfüllte Wünsche reichlich übrigbehalten. Es ist zweckmäßig, ihm gerade die Befriedigungen zu versagen, die er am intensivsten wünscht und am dringendsten äußert.

Ich glaube nicht, daß ich den Umfang der erwünschten Aktivität des Arztes mit dem Satze: In der Kur sei die Entbehrung aufrechtzuhalten, erschöpft habe. Eine andere Richtung der analytischen Aktivität ist, wie Sie sich erinnern werden, bereits einmal ein Streitpunkt zwischen uns und der Schweizer Schule gewesen.[78] Wir haben es entschieden abgelehnt, den Patienten, der sich Hilfe suchend in unsere Hand begibt, zu unserem Leibgut zu machen, sein Schicksal für ihn zu formen, ihm unsere Ideale aufzudrängen und ihn im Hochmut des Schöpfers zu unserem Ebenbild, an dem wir Wohlgefallen haben sollen, zu gestalten. Ich halte an dieser Ablehnung auch heute noch fest und meine, daß hier die Stelle für die ärztliche Diskretion ist, über die wir uns in anderen Beziehungen hinwegsetzen müssen, habe auch erfahren, daß eine so weit gehende Aktivität gegen den Patienten für die therapeutische Absicht gar nicht erforderlich ist. Denn ich habe Leuten helfen können, mit denen mich keinerlei Gemeinsamkeit der Rasse, Erziehung, sozialen Stellung und Weltanschauung verband, ohne sie in ihrer Eigenart zu stören. Ich habe damals, zur Zeit jener Streitigkeiten, allerdings den Eindruck empfangen, daß der Einspruch unserer Vertreter – ich glaube, es war in erster Linie E. Jones – allzu schroff und unbedingt ausgefallen ist. Wir können es nicht vermeiden, auch Patienten anzunehmen, die so haltlos und existenzunfähig sind, daß man bei ihnen die analytische Beeinflussung mit der erzieherischen vereinigen muß, und auch bei den meisten anderen wird sich hie und da eine Gelegenheit ergeben, wo der Arzt als Erzieher und Ratgeber aufzutreten genötigt ist. Aber dies soll jedesmal mit großer Schonung geschehen, und der Kranke soll nicht zur Ähnlichkeit mit uns, sondern zur Befreiung und Vollendung seines eigenen Wesens erzogen werden.[79]

Unser verehrter Freund J. Putnam in dem uns jetzt so feindlichen Amerika muß es uns verzeihen, wenn wir auch seine Forderung nicht annehmen können, die Psychoanalyse möge sich in den Dienst einer bestimmten philosophischen Weltanschauung stellen und diese dem Patienten zum Zwecke seiner Veredlung aufdrängen. Ich möchte sagen, dies ist doch nur Gewaltsamkeit, wenn auch durch die edelsten Absichten gedeckt.

Eine letzte, ganz anders geartete Aktivität wird uns durch die allmählich wachsende Einsicht aufgenötigt, daß die verschiedenen Krankheitsformen, die wir behandeln, nicht durch die nämliche Technik erledigt werden können. Es wäre voreilig, hierüber ausführlich zu handeln, aber an zwei Beispielen kann ich erläutern, inwiefern dabei eine neue Aktivität in Betracht kommt. Unsere Technik ist an der Behandlung der Hysterie erwachsen und noch immer auf diese Affektion eingerichtet. Aber schon die Phobien nötigen uns, über unser bisheriges Verhalten hinauszugehen. Man wird kaum einer Phobie Herr, wenn man abwartet, bis sich der Kranke durch die Analyse bewegen läßt, sie aufzugeben. Er bringt dann niemals jenes Material in die Analyse, das zur überzeugenden Lösung der Phobie unentbehrlich ist. Man muß anders vorgehen. Nehmen Sie das Beispiel eines Agoraphoben; es gibt zwei Klassen von solchen, eine leichtere und eine schwerere. Die ersteren haben zwar jedesmal unter der Angst zu leiden, wenn sie allein auf die Straße gehen, aber sie haben darum das Alleingehen noch nicht aufgegeben; die anderen schützen sich vor der Angst, indem sie auf das Alleingehen verzichten. Bei diesen letzteren hat man nur dann Erfolg, wenn man sie durch den Einfluß der Analyse bewegen kann, sich wieder wie Phobiker des ersten Grades zu benehmen, also auf die Straße zu gehen und während dieses Versuches mit der Angst zu kämpfen. Man bringt es also zunächst dahin, die Phobie so weit zu ermäßigen, und erst wenn dies durch die Forderung des Arztes erreicht ist, wird der Kranke jener Einfälle und Erinnerungen habhaft, welche die Lösung der Phobie ermöglichen.

Noch weniger angezeigt scheint ein passives Zuwarten bei den schweren Fällen von Zwangshandlungen, die ja im allgemeinen zu einem „asymptotischen" Heilungsvorgang, zu einer unendlichen Behandlungsdauer neigen, deren Analyse immer in Gefahr ist, sehr viel zutage zu fördern und nichts zu ändern. Es scheint mir wenig zweifelhaft, daß die richtige Technik hier nur darin bestehen kann, abzuwarten, bis die Kur selbst zum Zwang geworden ist, und dann mit diesem Gegenzwang den Krankheitszwang gewaltsam zu unterdrücken. Sie verstehen aber, daß ich Ihnen in diesen zwei Fällen nur Proben der neuen Entwicklungen vorgelegt habe, denen unsere Therapie entgegengeht.

Und nun möchte ich zum Schlusse eine Situation ins Auge fassen, die der Zukunft angehört, die vielen von ihnen phantastisch erscheinen wird, die aber doch verdient, sollte ich meinen, daß man sich auf sie in Gedanken vorbereitet. Sie wissen, daß unsere therapeutische Wirksamkeit keine sehr intensive ist. Wir sind nur eine Handvoll Leute, und jeder von uns kann auch bei angestrengter Arbeit sich in einem Jahr nur einer kleinen Anzahl von Kranken widmen. Gegen das Übermaß von neurotischem Elend, das es in der Welt gibt und vielleicht nicht zu geben braucht, kommt das, was wir davon wegschaffen können, quantitativ kaum in Betracht. Außerdem sind wir durch die Bedingungen unserer Existenz auf die wohlhabenden Oberschichten der Gesellschaft eingeschränkt, die ihre Ärzte selbst zu wählen pflegen und bei dieser Wahl durch alle Vorurteile von der Psychoanalyse abgelenkt werden. Für die breiten Volksschichten, die ungeheuer schwer unter den Neurosen leiden, können wir derzeit nichts tun.

Nun lassen Sie uns annehmen, durch irgendeine Organisation gelänge es uns, unsere Zahl so weit zu vermehren, daß

wir zur Behandlung von größeren Menschenmassen ausreichen. Anderseits läßt sich vorhersehen: Irgend einmal wird das Gewissen der Gesellschaft erwachen und sie mahnen, daß der Arme ein ebensolches Anrecht auf seelische Hilfeleistung hat wie bereits jetzt auf lebensrettende chirurgische. Und daß die Neurosen die Volksgesundheit nicht minder bedrohen als die Tuberkulose und ebensowenig wie diese der ohnmächtigen Fürsorge des Einzelnen aus dem Volke überlassen werden können. Dann werden also Anstalten oder Ordinationsinstitute errichtet werden, an denen psychoanalytisch ausgebildete Ärzte angestellt sind, um die Männer, die sich sonst dem Trunk ergeben würden, die Frauen, die unter der Last der Entsagungen zusammenzubrechen drohen, die Kinder, denen nur die Wahl zwischen Verwilderung und Neurose bevorsteht, durch Analyse widerstands- und leistungsfähig zu erhalten. Diese Behandlungen werden unentgeltliche sein. Es mag lange dauern, bis der Staat diese Pflichten als dringende empfindet. Die gegenwärtigen Verhältnisse mögen den Termin noch länger hinausschieben, es ist wahrscheinlich, daß private Wohltätigkeit mit solchen Instituten den Anfang machen wird; aber irgend einmal wird es dazu kommen müssen.
Dann wird sich für uns die Aufgabe ergeben, unsere Technik den neuen Bedingungen anzupassen. Ich zweifle nicht daran, daß die Triftigkeit unserer psychologischen Annahmen auch auf den Ungebildeten Eindruck machen wird, aber wir werden den einfachsten und greifbarsten Ausdruck unserer theoretischen Lehren suchen müssen. Wir werden wahrscheinlich die Erfahrung machen, daß der Arme noch weniger zum Verzicht auf seine Neurose bereit ist als der Reiche, weil das schwere Leben, das auf ihn wartet, ihn nicht lockt, und das Kranksein ihm einen Anspruch mehr auf soziale Hilfe bedeutet. Möglicherweise werden wir oft nur dann etwas leisten können, wenn wir die seelische Hilfeleistung mit materieller Unterstützung nach Art des Kaiser Josef vereinigen können.[80] Wir werden auch sehr wahrscheinlich genötigt sein, in der Massenanwendung unserer Therapie das reine Gold der Analyse reichlich mit dem Kupfer der direkten Suggestion zu legieren, und auch die hypnotische Beeinflussung könnte dort wie bei der Behandlung der Kriegsneurotiker wieder eine Stelle finden. Aber

wie immer sich auch diese Psychotherapie fürs Volk gestalten, aus welchen Elementen sie sich zusammensetzen mag, ihre wirksamsten und wichtigsten Bestandteile werden gewiß die bleiben, die von der strengen, der tendenzlosen Psychoanalyse entlehnt worden sind.

Beiträge zur allgemeinen und Persönlichkeitspsychologie

Drei Abhandlungen zur Sexualtheorie

(1905)

Diese im Jahre 1905 im Verlag von F. Deuticke, Leipzig und Wien, erstmals publizierte Studie Freuds stellt dessen grundlegende Auffassungen von den frühkindlichen Anlagen und Äußerungsformen der Sexualität sowie von deren Schicksalen in der Ontogenese sowohl des normalen als auch des neurotisch werdenden Menschen in systematischer Form dar. Für die psychoanalytische Auffassung von der Ätiologie der Neurosen sind diese Auffassungen von ebenso entscheidender Bedeutung wie für das Freudsche anthropologische Denken überhaupt. Freuds System beruhte in erster Linie auf der eigenen Arbeit mit neurotischen Patienten, aber auch auf Annahmen, die aus der zeitgenössischen Literatur zur Sexualforschung stammten. Er verband viele für das Verständnis dieser Seite des menschlichen Erlebens und Verhaltens bedeutsame Einsichten mit vorschnell verallgemeinernden und spekulativen Aussagen. Die moderne Entwicklungspsychologie und Sexualforschung sehen heute viele der von Freud behaupteten Zusammenhänge anders und komplexer, weshalb der Leser dieser Abhandlungen in ihnen nicht die in jeder Hinsicht gültige Erklärung der realen Vorgänge der Reifung sexueller Bedürfnisse und Erlebnisformen, der Ausprägung der Homosexualität, der Entstehung sexueller Perversionen oder gar der Ätiologie der Neurosen sehen darf und gegenüber der verführerischen Wirkung einfacher Ableitungen und der Übereinstimmung partieller Komponenten mit persönlicher Erfahrung Distanz wahren sollte.

Besonders interessant an dieser Arbeit Freuds ist es, daß er sie durch eine Reihe von Auflagen hinweg (1910, 1915, 1920, 1922, 1924, 1925) ständig wieder bearbeitete und ergänzte, wobei er in einem sonst nicht gewohnten Ausmaß auf neu erschienene Literatur einging. In diesem Prozeß entstanden viele Modifizierungen, Ergänzungen und Verweisungen auf weiterführende Arbeiten, die von Freud selbst in Anmerkungen ausgewiesen sind. Außerdem wurden aus den gut bearbeiteten Textfassungen der „Gesam-

melten Werke“ bzw. der „Studienausgabe“ für die speziell interessierten Leser viele weitere Hinweise auf die zeitgenössische Literatur bzw. die erwähnten Autoren übernommen.
Entnommen wurde die hier vorgelegte Textfassung:
Sigmund Freud, Studienausgabe. Frankfurt (Main), S. Fischer Verlag 1969–1975, Bd. V, S. 47–145.

I. DIE SEXUELLEN ABIRRUNGEN*

Die Tatsache geschlechtlicher Bedürfnisse bei Mensch und Tier drückt man in der Biologie durch die Annahme eines „Geschlechtstriebes" aus. Man folgt dabei der Analogie mit dem Trieb nach Nahrungsaufnahme, dem Hunger. Eine dem Worte „Hunger" entsprechende Bezeichnung fehlt der Volkssprache; die Wissenschaft gebraucht als solche *„Libido"* **

Die populäre Meinung macht sich ganz bestimmte Vorstellungen von der Natur und den Eigenschaften dieses Geschlechtstriebes. Er soll der Kindheit fehlen, sich um die Zeit und im Zusammenhang mit dem Reifungsvorgang der Pubertät einstellen, sich in den Erscheinungen unwiderstehlicher Anziehung äußern, die das eine Geschlecht auf das andere ausübt, und sein Ziel soll die geschlechtliche Vereinigung sein oder wenigstens solche Handlungen, welche auf dem Wege zu dieser liegen.

Wir haben aber allen Grund, in diesen Angaben ein sehr ungetreues Abbild der Wirklichkeit zu erblicken; faßt man sie schärfer ins Auge, so erweisen sie sich überreich an Irrtümern, Ungenauigkeiten und Voreiligkeiten.

Führen wir zwei Termini ein: heißen wir die Person, von welcher die geschlechtliche Anziehung ausgeht, das *Sexualobjekt,* die Handlung, nach welcher der Trieb drängt, das *Sexualziel,* so weist uns die wissenschaftlich gesichtete Erfahrung zahlreiche Abweichungen in bezug auf beide, Sexualobjekt und Sexualziel, nach, deren Verhältnis zur angenommenen Norm eingehende Untersuchung fordert.

* Die in der ersten Abhandlung enthaltenen Angaben sind aus den bekannten Publikationen von v. Krafft-Ebing, Moll, Moebius, Havelock Ellis, v. Schrenck-Notzing, Löwenfels, Eulenburg, I. Bloch, M. Hirschfeld und aus den Arbeiten in dem vom letzteren herausgegebenen *Jahrbuch für sexuelle Zwischenstufen* geschöpft. Da an diesen Stellen auch die übrige Literatur des Themas aufgeführt ist, habe ich mir detaillierte Nachweise ersparen können. – [Zusatz 1910:] Die durch psychoanalytische Untersuchung Invertierter gewonnenen Einsichten beruhen auf Mitteilungen von I. Sadger und auf eigener Erfahrung.

** [Zusatz 1910:] Das einzig angemessene Wort der deutschen Sprache „Lust" ist leider vieldeutig und benennt ebensowohl die Empfindung des Bedürfnisses als die der Befriedigung.

(1) ABWEICHUNGEN IN BEZUG AUF DAS SEXUALOBJEKT

Der populären Theorie des Geschlechtstriebes entspricht am schönsten die poetische Fabel von der Teilung des Menschen in zwei Hälften – Mann und Weib –, die sich in der Liebe wieder zu vereinigen streben. Es wirkt darum wie eine große Überraschung zu hören, daß es Männer gibt, für die nicht das Weib, sondern der Mann, Weiber, für die nicht der Mann, sondern das Weib das Sexualobjekt darstellt. Man heißt solche Personen Konträrsexuale oder besser Invertierte, die Tatsache die der *Inversion.* Die Zahl solcher Personen ist sehr erheblich, wiewohl deren sichere Ermittlung Schwierigkeiten unterliegt.*

(A) Die Inversion

VERHALTEN DER INVERTIERTEN

Die betreffenden Personen verhalten sich nach verschiedenen Richtungen ganz verschieden.

(a) Sie sind *absolut* invertiert, das heißt, ihr Sexualobjekt kann nur gleichgeschlechtlich sein, während das gegensätzliche Geschlecht für sie niemals Gegenstand der geschlechtlichen Sehnsucht ist, sondern sie kühl läßt oder selbst sexuelle Abneigung bei ihnen hervorruft. Als Männer sind sie dann durch Abneigung unfähig, den normalen Geschlechtsakt auszuführen, oder vermissen bei dessen Ausführung jeden Genuß.

(b) Sie sind *amphigen invertiert* (psychosexuell-hermaphroditisch), das heißt, ihr Sexualobjekt kann ebensowohl dem gleichen wie dem anderen Geschlecht angehören; der Inversion fehlt also der Charakter der Ausschließlichkeit.

(c) Sie sind *okkasionell invertiert,* das heißt, unter gewissen äußeren Bedingungen, von denen die Unzugänglichkeit des normalen Sexualobjektes und die Nachahmung obenan stehen, können sie eine Person des gleichen Geschlechtes zum Sexualobjekt nehmen und im Sexualakt mit ihr Befriedigung empfinden.

* Vergleiche über diese Schwierigkeiten sowie über Versuche, die Verhältniszahl der Invertierten zu eruieren, die Arbeit von M. Hirschfeld (1904).

Die Invertierten zeigen ferner ein mannigfaltiges Verhalten in ihrem Urteil über die Besonderheit ihres Geschlechtstriebes. Die einen nehmen die Inversion als selbstverständlich hin wie der Normale die Richtung seiner Libido und vertreten mit Schärfe deren Gleichberechtigung mit der normalen. Andere aber lehnen sich gegen die Tatsache ihrer Inversion auf und empfinden dieselbe als krankhaften Zwang.* Weitere Variationen betreffen die zeitlichen Verhältnisse. Die Eigentümlichkeit der Inversion datiert bei dem Individuum entweder von jeher, soweit seine Erinnerung zurückreicht, oder dieselbe hat sich ihm erst zu einer bestimmten Zeit vor oder nach der Pubertät bemerkbar gemacht.** Der Charakter bleibt entweder durchs ganze Leben erhalten oder tritt zeitweise zurück oder stellt eine Episode auf dem Wege zur normalen Entwicklung dar; ja er kann sich erst spät im Leben nach Ablauf einer langen Periode normaler Sexualtätigkeit äußern. Auch ein periodisches Schwanken zwischen dem normalen und dem invertierten Sexualobjekt ist beobachtet worden. Besonders interessant sind Fälle, in denen sich die Libido im Sinne der Inversion ändert, nachdem eine peinliche Erfahrung mit dem normalen Sexualobjekt gemacht worden ist.

Diese verschiedenen Reihen von Variationen bestehen im allgemeinen unabhängig nebeneinander. Von der extremsten Form kann man etwa regelmäßig annehmen, daß die Inversion seit sehr früher Zeit bestanden hat und daß die Person sich mit ihrer Eigentümlichkeit einig fühlt.

Viele Autoren würden sich weigern, die hier aufgezählten Fälle zu einer Einheit zusammenzufassen, und ziehen es vor, die Unterschiede anstatt der Gemeinsamen dieser

* Ein solches Sträuben gegen den Zwang zur Inversion könnte die Bedingung der Beeinflußbarkeit durch Suggestivbehandlung oder Psychoanalyse abgeben.

** Es ist von mehreren Seiten mit Recht betont worden, daß die autobiographischen Angaben der Invertierten über das zeitliche Auftreten der Inversionsneigung unzuverlässig sind, da dieselben die Beweise für ihr heterosexuelles Empfinden aus ihrem Gedächtnis verdrängt haben könnten. – [Zusatz 1910:] Die Psychoanalyse hat diesen Verdacht für die ihr zugänglich gewordenen Fälle von Inversion bestätigt und deren Anamnese durch die Ausfüllung der Kindheitsanamnese in entscheidender Weise verändert.

Gruppen zu betonen, was mit der von ihnen beliebten Beurteilung der Inversion zusammenhängt. Allein so berechtigt Sonderungen sein mögen, so ist doch nicht zu verkennen, daß alle Zwischenstufen reichlich aufzufinden sind, so daß die Reihenbildung sich gleichsam von selbst aufdrängt.

Auffassung der Inversion Die erste Würdigung der Inversion bestand in der Auffassung, sie sei ein angeborenes Zeichen nervöser Degeneration, und war im Einklange mit der Tatsache, daß die ärztlichen Beobachter zuerst bei Nervenkranken oder Personen, die solchen Eindruck machten, auf sie gestoßen waren. In dieser Charakteristik sind zwei Angaben enthalten, die unabhängig voneinander beurteilt werden sollen: das Angeborensein und die Degeneration.

Degeneration Die Degeneration unterliegt den Einwänden, die sich gegen die wahllose Verwendung des Wortes überhaupt erheben. Es ist doch Sitte geworden, jede Art von Krankheitsäußerung, die nicht gerade traumatischen oder infektiösen Ursprunges ist, der Degeneration zuzurechnen. Die Magnansche Einteilung der Degenerierten hat es selbst ermöglicht, daß die vorzüglichste Allgemeingestaltung der Nervenleistung die Anwendbarkeit des Begriffes Degeneration nicht auszuschließen braucht. Unter solchen Umständen darf man fragen, welchen Nutzen und welchen neuen Inhalt das Urteil „Degeneration" überhaupt noch besitzt. Es scheint zweckmäßiger, von Degeneration nicht zu sprechen:

(1) wo nicht mehrere schwere Abweichungen von der Norm zusammentreffen;

(2) wo nicht Leistungs- und Existenzfähigkeit im allgemeinen schwer geschädigt erscheinen.*

* Mit welchen Vorbehalten die Diagnose auf Degeneration zu stellen ist und welch geringe praktische Bedeutung ihr zukommt, kann man aus den Ausführungen von Moebius (1900) entnehmen: „Überblickt man nun das weite Gebiet der Entartung, auf das hier einige Schlaglichter geworfen worden sind, so sieht man ohne weiteres ein, daß es sehr geringen Wert hat, Entartung überhaupt zu diagnostizieren."

Daß die Invertierten nicht Degenerierte in diesem berechtigten Sinne sind, geht aus mehreren Tatsachen hervor:
(1) Man findet die Inversion bei Personen, die keine sonstigen schweren Abweichungen von der Norm zeigen;
(2) desgleichen bei Personen, deren Leistungsfähigkeit nicht gestört ist, ja, die sich durch besonders hohe intellektuelle Entwicklung und ethische Kultur auszeichnen.*
(3) Wenn man von dem Patienten seiner ärztlichen Erfahrung absieht und einen weiteren Gesichtskreis zu umfassen strebt, stößt man nach zwei Richtungen auf Tatsachen, welche die Inversion als Degenerationszeichen aufzufassen verbieten.
(a) Man muß Wert darauf legen, daß die Inversion eine häufige Erscheinung, fast eine mit wichtigen Funktionen betraute Institution bei den alten Völkern auf der Höhe ihrer Kultur war;
(b) man findet sie ungemein verbreitet bei vielen wilden und primitiven Völkern, während man den Begriff der Degeneration auf die hohe Zivilisation zu beschränken gewohnt ist (I. Bloch); selbst unter den zivilisierten Völkern Europas haben Klima und Rasse auf die Verbreitung und die Beurteilung der Inversion den mächtigsten Einfluß.**

Angeborensein Das Angeborensein ist, wie begreiflich, nur für die erste, extremste Klasse der Invertierten behauptet worden, und zwar auf Grund der Versicherung dieser Personen, daß sich bei ihnen zu keiner Zeit des Lebens eine andere Richtung des Sexualtriebes gezeigt habe. Schon das Vorkommen der beiden anderen Klassen, speziell der dritten, ist schwer mit der Auffassung eines angeborenen Charakters zu vereinen. Daher die Neigung der Vertreter dieser Ansicht, die Gruppe der absolut

* Es muß den Wortführern des „Uranismus" zugestanden werden, daß einige der hervorragendsten Männer, von denen wir überhaupt Kunde haben, Invertierte, vielleicht sogar absolut Invertierte waren. [„Uranismus"].

** In der Auffassung der Inversion sind die pathologischen Gesichtspunkte von anthropologischen abgelöst worden. Diese Wandlung bleibt das Verdienst von I. Bloch (1902/03), welcher Autor auch die Tatsache der Inversion bei den alten Kulturvölkern nachdrücklich zur Geltung gebracht hat.

Invertierten von allen anderen abzulösen, was den Verzicht auf eine allgemein gültige Auffassung der Inversion zur Folge hat. Die Inversion wäre demnach in einer Reihe von Fällen ein angeborener Charakter; in anderen könnte sie auf andere Art entstanden sein.

Den Gegensatz zu dieser Auffassung bildet die andere, daß die Inversion ein *erworbener* Charakter des Geschlechtstriebes sei. Sie stützt sich darauf, daß

(1) bei vielen (auch absolut) Invertierten ein frühzeitig im Leben einwirkender sexueller Eindruck nachweisbar ist, als dessen fortdauernde Folge sich die homosexuelle Neigung darstellt,

(2) Daß bei vielen anderen sich die äußeren begünstigenden und hemmenden Einflüsse des Lebens aufzeigen lassen, die zu einer früheren oder späteren Zeit zur Fixierung der Inversion geführt haben (ausschließlicher Verkehr mit dem gleichen Geschlecht, Gemeinschaft im Kriege, Detention in Gefängnissen, Gefahren des heterosexuellen Verkehrs, Zölibat, geschlechtliche Schwäche usw.),

(3) daß die Inversion durch hypnotische Suggestion aufgehoben werden kann, was bei einem angeborenen Charakter wundernehmen würde.

Vom Standpunkt dieser Anschauung kann man die Sicherheit des Vorkommens einer angeborenen Inversion überhaupt bestreiten. Man kann einwenden (Havelock Ellis [1915]), daß ein genaueres Examen der für angeborene Inversion in Anspruch genommenen Fälle wahrscheinlich gleichfalls ein für die Richtung der Libido bestimmendes Erlebnis der frühen Kindheit zutage fördern würde, welches bloß im bewußten Gedächtnis der Person nicht bewahrt worden ist, aber durch geeignete Beeinflussung zur Erinnerung gebracht werden könnte. Die Inversion könnte man nach diesen Autoren nur als eine häufige Variation des Geschlechtstriebes bezeichnen, die durch eine Anzahl äußerer Lebensumstände bestimmt werden kann.

Der scheinbar so gewonnenen Sicherheit macht aber die Gegenbemerkung ein Ende, daß nachweisbar viele Personen die nämlichen sexuellen Beeinflussungen (auch in früher Jugend: Verführung, mutuelle Onanie) erfahren, ohne durch sie invertiert zu werden oder dauernd so zu bleiben. So wird man zur Vermutung gedrängt, daß die Alternative angeboren – erworben entweder unvollständig ist oder die bei der Inversion vorliegenden Verhältnisse nicht deckt.

ERKLÄRUNG DER INVERSION

Weder mit der Annahme, die Inversion sei angeboren, noch mit der anderen, sie werde erworben, ist das Wesen der Inversion erklärt. Im ersten Falle muß man sich äußern, was an ihr angeboren ist, wenn man sich nicht der rohesten Erklärung anschließt, daß eine Person die Verknüpfung des Sexualtriebes mit einem bestimmten Sexualobjekt angeboren mitbringt. Im anderen Falle fragt es sich, ob die mannigfachen akzidentellen Einflüsse hinreichen, die Erwerbung zu erklären, ohne daß ihnen etwas an dem Individuum entgegenkommen müsse. Die Verneinung dieses letzten Momentes ist nach unseren früheren Ausführungen unstatthaft.

HERANZIEHUNG DER BISEXUALITÄT

Zur Erklärung der Möglichkeit einer sexuellen Inversion ist seit Frank Lydston [1889], Kiernan [1888] und Chevalier [1893] eine Gedankenreihe herangezogen worden, welche einen neuen Widerspruch gegen die populäre Meinung enthält. Dieser gilt ein Mensch entweder als Mann oder als Weib. Die Wissenschaft kennt aber Fälle, in denen die Geschlechtscharaktere verwischt erscheinen und somit die Geschlechtsbestimmung erschwert wird; zunächst auf anatomischem Gebiet. Die Genitalien dieser Personen vereinigen männliche und weibliche Charaktere (Hermaphroditismus). In seltenen Fällen sind nebeneinander beiderlei Geschlechtsapparate ausgebildet (wahrer Hermaphroditismus); zu allermeist findet man beiderseitige Verkümmerung.*

Das Bedeutsame an diesen Abnormitäten ist aber, daß sie in unerwarteter Weise das Verständnis der normalen Bildung erleichtern. Ein gewisser Grad von anatomischem Hermaphroditismus gehört nämlich der Norm an; bei keinem normal gebildeten männlichen oder weiblichen Individuum

* Vergleiche die letzten ausführlichen Darstellungen des somatischen Hermaphroditismus: Taruffi (1903) und die Arbeiten von Neugebauer in mehreren Bänden des *Jahrbuchs für sexuelle Zwischenstufen.*

werden die Spuren vom Apparat des anderen Geschlechtes vermißt, die entweder funktionslos als rudimentäre Organe fortbestehen oder selbst zur Übernahme anderer Funktionen umgebildet worden sind.
Die Auffassung, die sich aus diesen lange bekannten anatomischen Tatsachen ergibt, ist die einer ursprünglich bisexuellen Veranlagung, die sich im Laufe der Entwicklung bis zur Monosexualität mit geringen Resten des verkümmerten Geschlechtes verändert.
Es lag nahe, diese Auffassung aufs psychische Gebiet zu übertragen und die Inversion in ihren Abarten als Ausdruck eines psychischen Hermaphroditismus zu verstehen. Um die Frage zu entscheiden, bedurfte es nur noch eines regelmäßigen Zusammentreffens der Inversion mit den seelischen und somatischen Zeichen des Hermaphroditismus.
Allein diese nächste Erwartung schlägt fehl. So nahe darf man sich die Beziehungen zwischen dem angenommenen psychischen und dem nachweisbaren anatomischen Zwittertum nicht vorstellen. Was man bei den Invertierten findet, ist häufig eine Herabsetzung des Geschlechtstriebes überhaupt (Havelock Ellis [1915]) und leichte anatomische Verkümmerung der Organe. Häufig, aber keineswegs regelmäßig oder auch nur überwiegend. Somit muß man erkennen, daß Inversion und somatischer Hermaphroditismus im ganzen unabhängig voneinander sind.
Man hat ferner großen Wert auf die sogenannten sekundären und tertiären Geschlechtscharaktere gelegt und deren gehäuftes Vorkommen bei den Invertierten betont (H. Ellis). Auch daran ist vieles zutreffend, aber man darf nicht vergessen, daß die sekundären und tertiären Geschlechtscharaktere überhaupt recht häufig beim anderen Geschlecht auftreten und so Andeutungen von Zwittertum herstellen, ohne daß dabei das Sexualobjekt sich im Sinne einer Inversion abgeändert zeigte.
Der psychische Hermaphroditismus würde an Leibhaftigkeit gewinnen, wenn mit der Inversion des Sexualobjektes wenigstens ein Umschlag der sonstigen seelischen Eigenschaften, Triebe und Charakterzüge in die fürs andere Geschlecht bezeichnende Abänderung parallel liefe. Allein eine solche Charakterinversion darf man mit einiger Regelmäßigkeit nur bei den invertierten Frauen erwarten, bei

den Männern ist die vollste seelische Männlichkeit mit der Inversion vereinbar. Hält man an der Aufstellung eines seelischen Hermaphroditismus fest, so muß man hinzufügen, daß dessen Äußerungen auf verschiedenen Gebieten eine nur geringe gegenseitige Bedingtheit erkennen lassen. Das gleiche gilt übrigens auch für das somatische Zwittertum; nach Halban* sind auch die einzelnen Organverkümmerungen und sekundären Geschlechtscharaktere in ihrem Auftreten ziemlich unabhängig voneinander.

Die Bisexualitätslehre ist in ihrer rohesten Form von einem Wortführer der männlichen Invertierten ausgesprochen worden: weibliches Gehirn im männlichen Körper. Allein wir kennen die Charaktere eines „weiblichen Gehirns" nicht. Der Ersatz des psychologischen Problems durch das anatomische ist ebenso müßig wie unberechtigt. Der Erklärungsversuch v. Krafft-Ebings scheint exakter gefaßt als der Ulrichs', ist aber im Wesen von ihm nicht verschieden; v. Krafft-Ebing meint [1895], daß die bisexuelle Anlage dem Individuum ebenso männliche und weibliche Gehirnzentren mitgibt wie somatische Geschlechtsorgane. Diese Zentren entwickeln sich erst zur Zeit der Pubertät, zumeist unter dem Einflusse der von ihnen in der Anlage unabhängigen Geschlechtsdrüse. Von den männlichen und weiblichen „Zentren" gilt aber dasselbe wie vom männlichen und weiblichen Gehirn, und nebenbei wissen wir nicht einmal, ob wir für die Geschlechtsfunktionen abgegrenzte Gehirnstellen („Zentren") wie etwa für die Sprache annehmen dürfen.**

* J. Halban (1903). Siehe dort auch die Literatur des Gegenstandes.

** Der erste, der zur Erklärung der Inversion die Bisexualität herangezogen, soll (nach einem Literaturbericht im sechsten Band des *Jahrbuches für sexuelle Zwischenstufen*) E. Gley gewesen sein, der einen Aufsatz (Les aberrations d'instinct sexuel) schon im Januar 1884 in der *Revue philosophique* veröffentlichte. – Es ist übrigens bemerkenswert, daß die Mehrzahl der Autoren, welche die Inversion auf Bisexualität zurückführen, dieses Moment nicht allein für die Invertierten, sondern für alle Normalgewordenen zur Geltung bringen und folgerichtig die Inversion als das Ergebnis einer Entwicklungsstörung auffassen. So bereits Chevalier (1893). Krafft-Ebing (1895) spricht davon, daß eine Fülle von Beobachtungen be-

Zwei Gedanken bleiben nach diesen Erörterungen immerhin bestehen: daß auch für die Inversion eine bisexuelle Veranlagung in Betracht kommt, nur daß wir nicht wissen, worin diese Anlage über die anatomische Gestaltung hinaus besteht, und daß es sich um Störungen handelt, welche den Geschlechtstrieb in seiner Entwicklung betreffen.

Sexualobjekt der Invertierten

Die Theorie des psychischen Hermaphroditismus setzt voraus, daß das Sexualobjekt des Invertierten das dem normalen entgegengesetzte sei. Der invertierte Mann unterliege wie das Weib dem Zauber, der von den männlichen Eigenschaften des Körpers und der Seele ausgeht, er fühle sich selbst als Weib und suche den Mann.

Aber wiewohl dies für eine ganze Reihe von Invertierten zutrifft, so ist es doch weit entfernt, einen allgemeinen Charakter der Inversion zu verraten. Es ist kein Zweifel, daß ein großer Teil der männlichen Invertierten den psychischen Charakter der Männlichkeit bewahrt hat, verhältnismäßig wenig sekundäre Charaktere des anderen Geschlechtes an sich trägt und in seinem Sexualobjekt eigentlich weibliche psychische Züge sucht. Wäre dies anders, so bliebe es unverständlich, wozu die männliche Prostitution, die sich den Invertierten anbietet – heute wie im Altertum –, in allen Äußerlichkeiten der Kleidung und Haltung die Weiber kopiert; diese Nachahmung müßte ja sonst das Ideal der Invertierten beleidigen. Bei den Griechen, wo die

stehen, „aus denen sich mindestens die virtuelle Fortexistenz dieses zweiten Zentrums (des unterlegenen Geschlechts) ergibt". Ein Dr. Arduin („Die Frauenfrage und die sexuellen Zwischenstufen") stellt im zweiten Band des *Jahrbuches für sexuelle Zwischenstufen* 1900 die Behauptung auf: „daß in jedem Menschen männliche und weibliche Elemente vorhanden sind" (vgl. dieses Jahrbuch, Bd. I, 1899: „Die objektive Diagnose der Homosexualität" von Dr. M. Hirschfeld, S. 8–9 u. f.), nur – der Geschlechtszugehörigkeit entsprechend – die einen unverhältnismäßig stärker entwickelt als die anderen, soweit es sich um heterosexuelle Personen handelt ..." Für G. Hermann (1903) steht es fest, „daß in jedem Weibe männliche, in jedem Manne weibliche Keime und Eigenschaften enthalten sind" usw.

männlichsten Männer unter den Invertierten erscheinen, ist es klar, daß nicht der männliche Charakter des Knaben, sondern seine körperliche Annäherung an das Weib sowie seine weiblichen seelischen Eigenschaften, Schüchternheit, Zurückhaltung, Lern- und Hilfsbedürftigkeit die Liebe des Mannes entzündeten. Sobald der Knabe ein Mann wurde, hörte er auf, ein Sexualobjekt für den Mann zu sein, und wurde etwa selbst ein Knabenliebhaber. Das Sexualobjekt ist also in diesem Falle, wie in vielen anderen, nicht das gleiche Geschlecht, sondern die Vereinigung beider Geschlechtscharaktere, das Kompromiß etwa zwischen einer Regung, die nach dem Manne, und einer, die nach dem Weibe verlangt, mit der festgehaltenen Bedingung der Männlichkeit des Körpers (der Genitalien), sozusagen die Spiegelung der eigenen bisexuellen Natur.* Eindeutiger sind die Verhältnisse beim Weibe, wo die aktiv Invertierten

* [Zusatz 1910:] Die Psychoanalyse hat bisher zwar keine volle Aufklärung über die Herkunft der Inversion gebracht, aber doch den psychischen Mechanismus ihrer Entstehung aufgedeckt und die in Betracht kommenden Fragestellungen wesentlich bereichert. Wir haben bei allen untersuchten Fällen festgestellt, daß die später Invertierten in den ersten Jahren ihrer Kindheit eine Phase von sehr intensiver, aber kurzlebiger Fixierung an das Weib (meist an die Mutter) durchmachen, nach deren Überwindung sie sich mit dem Weib identifizieren und sich selbst zum Sexualobjekt nehmen, das heißt vom Narzißmus ausgehend jugendliche und der eigenen Person ähnliche Männer aufsuchen, die sie so lieben wollen, wie die Mutter sie geliebt hat. Wir haben ferner sehr häufig gefunden, daß angeblich Invertierte gegen den Reiz des Weibes keineswegs unempfindlich waren, sondern die durch das Weib hervorgerufene Erregung fortlaufend auf ein männliches Objekt transportierten. Sie wiederholten so während ihres ganzen Lebens den Mechanismus, durch welchen ihre Inversion entstanden war. Ihr zwanghaftes Streben nach dem Manne erwies sich als bedingt durch ihre ruhelose Flucht vor dem Weibe.
[Zusatz 1915:] Die psychoanalytische Forschung widersetzt sich mit aller Entschiedenheit dem Versuche, die Homosexuellen als eine besonders geartete Gruppe von den anderen Menschen abzutrennen. Indem sie auch andere als die manifest kundgegebenen Sexualerregungen studiert, erfährt sie, daß alle Menschen der gleichgeschlechtlichen Objektwahl fähig sind und dieselbe auch im Unbewußten vollzogen haben. Ja die Bindungen libidinöser Gefühle an Personen des gleichen Geschlechtes spielen als Faktoren

besonders häufig somatische und seelische Charaktere des Mannes an sich tragen und das Weibliche von ihrem Sexualobjekt verlangen, wiewohl auch hier sich bei näherer Kenntnis größere Buntheit herausstellen dürfte.

Sexualziel der Invertierten

Die wichtige festzuhaltende Tatsache ist, daß das Sexualziel bei der Inversion keineswegs einheitlich genannt werden kann. Bei Männern fällt Verkehr *per anum* durchaus nicht mit Inversion zusammen; Masturbation ist ebenso häufig das ausschließliche Ziel, und Einschränkungen des Sexualzieles – bis zur bloßen Gefühlsergießung – sind hier sogar häufiger als bei der heterosexuellen Liebe. Auch bei Frauen sind die Sexualziele der Invertierten mannigfaltig; darunter scheint die Berührung mit der Mundschleimhaut bevorzugt.

im normalen Seelenleben keine geringere und als Motoren der Erkrankung eine größere Rolle als die, welche dem entgegengesetzten Geschlecht gelten. Der Psychoanalyse erscheint vielmehr die Unabhängigkeit der Objektwahl vom Geschlecht des Objektes, die gleich freie Verfügung über männliche und weibliche Objekte, wie sie im Kindesalter, in primitiven Zuständen und frühhistorischen Zeiten zu beobachten ist, als das Ursprüngliche, aus dem sich durch Einschränkung nach der einen oder anderen Seite der normale wie der Inversionstypus entwickeln. Im Sinne der Psychoanalyse ist also auch das ausschließliche Interesse des Mannes für das Weib ein der Aufklärung bedürftiges Problem und keine Selbstverständlichkeit, der eine im Grunde chemische Anziehung zu unterlegen ist. Die Entscheidung über das endgültige Sexualverhalten fällt erst nach der Pubertät und ist das Ergebnis einer noch nicht übersehbaren Reihe von Faktoren, die teils aber akzidenteller Natur sind. Gewiß können einzelne dieser Faktoren so übergroß ausfallen, daß sie das Resultat in ihrem Sinne beeinflussen. Im allgemeinen aber wird die Vielheit der bestimmenden Momente durch die Mannigfaltigkeit der Ausgänge im manifesten Sexualverhalten der Menschen gespiegelt. Bei den Inversionstypen ist durchwegs das Vorherrschen archaischer Konstitutionen und primitiver psychischer Mechanismen zu bestätigen. Die Geltung der *narzißtischen Objektwahl* und *die Festhaltung* der erotischen Bedeutung der *Analzone* erscheinen als deren wesentlichste Charaktere. Man gewinnt aber nichts, wenn man auf Grund solcher konstitutioneller Eigenheiten die extremsten Inversionstypen von den anderen sondert. Was sich bei diesen als anscheinend zureichende Begründung findet, läßt

SCHLUSS-FOLGERUNG Wir sehen uns zwar außerstande, die Entstehung der Inversion aus dem bisher vorliegenden Material befriedigend aufzuklären, können aber merken, daß wir bei dieser Untersuchung zu einer Einsicht gelangt sind, die uns bedeutsamer werden kann als die Lösung der obigen Aufgabe. Wir werden aufmerksam gemacht, daß wir uns die Verknüpfung des Sexualtriebes mit dem Sexualobjekt als eine zu innige vorgestellt haben. Die Erfahrung an den für abnorm gehaltenen Fällen lehrt uns, daß hier zwischen Sexualtrieb und Sexualobjekt eine Verlötung vorliegt, die wir bei der Gleichförmigkeit der normalen Gestaltung, wo der Trieb das Objekt mitzubringen scheint, in Gefahr sind zu übersehen. Wir werden so angewiesen, die Verknüpfung zwischen Trieb und Objekt in unseren Gedanken zu lockern. Der Geschlechtstrieb ist wahrscheinlich zunächst unabhängig von seinem Objekt und

sich ebenso, nur in geringerer Stärke, in der Konstitution von Übergangstypen und bei manifest Normalen nachweisen. Die Unterschiede in den Ergebnissen mögen qualitativer Natur sein: die Analyse zeigt, daß die Unterschiede in den Bedingungen nur quantitative sind. Unter den akzidentellen Beeinflussungen der Objektwahl haben wir die Versagung (die frühzeitige Sexualeinschüchterung) bemerkenswert gefunden und sind auch darauf aufmerksam geworden, daß das Vorhandensein beider Elternteile eine wichtige Rolle spielt. Der Wegfall eines starken Vaters in der Kindheit begünstigt nicht selten die Inversion. Man darf endlich die Forderung aufstellen, daß die Inversion des Sexualobjektes von der Mischung der Geschlechtscharaktere im Subjekt begrifflich strenge zu sondern ist. Ein gewisses Maß von Unabhängigkeit ist auch in dieser Relation unverkennbar.

[Zusatz 1920:] Eine Reihe bedeutsamer Gesichtspunkte zur Frage der Inversion hat Ferenczi (1914) vorgebracht. Ferenczi rügt mit Recht, daß man unter dem Namen „Homosexualität", den er durch den besseren „Homoerotik" ersetzen will, eine Anzahl von sehr verschiedenen, in organischer wie in psychischer Hinsicht ungleichwertigen Zuständen zusammenwirft, weil sie das Symptom der Inversion gemeinsam haben. Er fordert scharfe Unterscheidung wenigstens zwischen den beiden Typen des *Subjekthomoerotikers*, der sich als Weib fühlt und benimmt, und des *Objekthomoerotikers*, der durchaus männlich ist und nur das weibliche Objekt gegen ein gleichgeschlechtliches vertauscht hat. Den ersteren anerkennt er als richtige „sexuelle Zwischenstufe" im Sinne von Magnus Hirschfeld, den zweiten bezeichnet er – minder glücklich – als Zwangsneuro-

verdankt wohl auch nicht den Reizen desselben seine Entstehung.

(B) Geschlechtsunreife und Tiere als Sexualobjekte

Während die Personen, deren Sexualobjekte nicht dem normalerweise dazu geeigneten Geschlechte angehören, die Invertierten also, dem Beobachter als eine gesammelte Anzahl von sonst vielleicht vollwertigen Individuen entgegentreten, erscheinen die Fälle, in denen geschlechtsunreife Personen (Kinder) zu Sexualobjekten erkoren werden, von vornherein als vereinzelte Verirrungen. Nur ausnahmsweise sind Kinder die ausschließlichen Sexualobjekte; zumeist gelangen sie zu dieser Rolle, wenn ein feige und impotent gewordenes Individuum sich zu solchem Surrogat versteht oder ein impulsiver (unaufschiebbarer) Trieb sich

tiker. Das Sträuben gegen die Inversionsneigung sowie die Möglichkeit psychischer Beeinflussung kämen nur beim Objekthomoerotiker in Betracht. Auch nach Anerkennung dieser beiden Typen darf man hinzufügen, daß bei vielen Personen ein Maß von Subjekthomoerotik mit einem Anteil von Objekthomoerotik gefunden wird.

In den letzten Jahren haben Arbeiten von Biologen, in erster Linie die von Eugen Steinach, ein helles Licht auf die organischen Bedingungen der Homoerotik sowie der Geschlechtscharaktere überhaupt geworfen.

Durch das experimentelle Verfahren der Kastration mit nachfolgender Einpflanzung von Keimdrüsen des anderen Geschlechtes gelang es, bei verschiedenen Säugetierarten Männchen in Weibchen zu verwandeln und umgekehrt. Die Verwandlung betraf mehr oder minder vollständig die somatischen Geschlechtscharaktere und das psychosexuelle Verhalten (also Subjekt- und Objekterotik). Als Träger dieser geschlechtsbestimmenden Kraft wird nicht der Anteil der Keimdrüse betrachtet, welcher die Geschlechtszellen bildet, sondern das sogenannte interstitielle Gewebe des Organes (die „Pubertätsdrüse").

In einem Falle gelang die geschlechtliche Umstimmung auch bei einem Manne, der seine Hoden durch tuberkulöse Erkrankung eingebüßt hatte. Er hatte sich im Geschlechtsleben als passiver Homosexueller weiblich benommen und zeigte sehr deutlich ausgeprägte weibliche Geschlechtscharaktere sekundärer Art (in Behaarung, Bartwuchs, Fettansatz an Mammae und Hüften). Nach der Einpflanzung eines kryptorchen Menschenhodens begann dieser

zur Zeit keines geeigneteren Objektes bemächtigen kann. Immerhin wirft es ein Licht auf die Natur des Geschlechtstriebes, daß er so viel Variation und solche Herabsetzung seines Objektes zuläßt, was der Hunger, der sein Objekt weit energischer festhält, nur im äußersten Falle gestatten würde. Eine ähnliche Bemerkung gilt für den besonders unter dem Landvolke gar nicht seltenen sexuellen Verkehr mit Tieren, wobei sich etwa die Geschlechtsanziehung über die Artschranke hinwegsetzt. Aus ästhetischen Gründen möchte man gern diese wie andere schwere Verirrungen des Geschlechtstriebes den Geisteskranken zuweisen, aber dies geht nicht an. Die Erfahrung lehrt, daß man bei diesen letzteren keine anderen Störungen des Geschlechtstriebes beobachtet als bei Gesunden, ganzen Rassen und Ständen. So findet sich sexueller Mißbrauch von Kindern mit unheimlicher Häufigkeit bei Lehrern und Wartepersonen, bloß weil sich diesen die beste Gelegenheit dazu bietet. Die Geisteskranken zeigen die betreffende Verirrung nur etwas gesteigert oder, was besonders bedeutsam ist, zur Ausschließlichkeit erhoben und an Stelle der normalen Sexualbefriedigung gerückt.

Dieses sehr merkwürdige Verhältnis der sexuellen Variationen zur Stufenleiter von der Gesundheit bis zur Geistesstörung gibt zu denken. Ich würde meinen, die zu erklärende Tatsache wäre ein Hinweis darauf, daß die Regungen des Geschlechtslebens zu jenen gehören, die auch normalerweise von den höheren Seelentätigkeiten am schlechtesten beherrscht werden. Wer in sonst irgendeiner Beziehung geistig abnorm ist, in sozialer, ethischer Hinsicht, der ist es

Mann sich in männlicher Weise zu benehmen und seine Libido in normaler Weise aufs Weib zu richten. Gleichzeitig schwanden die somatischen femininen Charaktere. (A. Lipschütz, 1919 [356 f.].)
Es wäre ungerechtfertigt, zu behaupten, daß durch diese schönen Versuche die Lehre von der Inversion auf eine neue Basis gestellt wird, und voreilig, von ihnen geradezu einen Weg zur allgemeinen „Heilung" der Homosexualität zu erwarten. W. Fließ hat mit Recht betont, daß diese experimentellen Erfahrungen die Lehre von der allgemeinen bisexuellen Anlage der höheren Tiere nicht entwerten. Es erscheint mir vielmehr wahrscheinlich, daß sich aus weiteren solchen Untersuchungen eine direkte Bestätigung der angenommenen Bisexualität ergeben wird.

nach meiner Erfahrung regelmäßig in seinem Sexualleben. Aber viele sind abnorm im Sexualleben, die in allen anderen Punkten dem Durchschnitt entsprechen, die menschliche Kulturentwicklung, deren schwacher Punkt die Sexualität bleibt, in ihrer Person mitgemacht haben.
Als allgemeinstes Ergebnis dieser Erörterungen würden wir aber die Einsicht herausgreifen, daß unter einer großen Anzahl von Bedingungen und bei überraschend viel Individuen die Art und der Wert des Sexualobjektes in den Hintergrund treten. Etwas anderes ist am Sexualtrieb das Wesentliche und Konstante.*

(2) ABWEICHUNGEN IN BEZUG AUF DAS SEXUALZIEL

Als normales Sexualziel gilt die Vereinigung der Genitalien in dem als Begattung bezeichneten Akte, der zur Lösung der sexuellen Spannung und zum zeitweiligen Erlöschen des Sexualtriebes führt (Befriedigung analog der Sättigung beim Hunger). Doch sind bereits am normalsten Sexualvorgang jene Ansätze kenntlich, deren Ausbildung zu den Abirrungen führt, die man als *Perversionen* beschrieben hat. Es werden nämlich gewisse intermediäre (auf dem Wege zur Begattung liegende) Beziehungen zum Sexualobjekt, wie das Betasten und Beschauen desselben, als vorläufige Sexualziele anerkannt. Diese Betätigungen sind einerseits selbst mit Lust verbunden, andererseits steigern sie die Erregung, welche bis zur Erreichung des endgültigen Sexualzieles andauern soll. Eine bestimmte dieser Berührungen, die der beiderseitigen Lippenschleimhaut, hat ferner als Kuß bei vielen Völkern (die höchstzivilisierten darunter) einen hohen sexuellen Wert erhalten, obwohl die dabei in Betracht kommenden Körperteile nicht dem Geschlechtsapparat angehören, sondern den Eingang zum Verdauungskanal bil-

* [Zusatz 1910:]Der eingreifendste Unterschied zwischen dem Liebesleben der Alten Welt und dem unsrigen liegt wohl darin, daß die Antike den Akzent auf den Trieb selbst, wir aber auf dessen Objekt verlegen. Die Alten feierten den Trieb und waren bereit, auch ein minderwertiges Objekt durch ihn zu adeln, während wir die Triebbestätigung an sich geringschätzen und sie nur durch die Vorzüge des Objekts entschuldigen lassen.

den. Hiermit sind also Momente gegeben, welche die Perversionen an das normale Sexualleben anknüpfen lassen und auch zur Einteilung derselben verwendbar sind. Die Perversionen sind entweder a) anatomische *Überschreitungen* der für die geschlechtliche Vereinigung bestimmten Körpergebiete oder b) *Verweilungen* bei den intermediären Relationen zum Sexualobjekt, die normalerweise auf dem Wege zum endgültigen Sexualziel rasch durchschritten werden sollen.

(A) Anatomische Überschreitungen

Überschätzung des Sexualobjektes

Die psychische Wertschätzung, deren das Sexualobjekt als Wunschziel des Sexualtriebes teilhaftig wird, beschränkt sich in den seltensten Fällen auf dessen Genitalien, sondern greift auf den ganzen Körper desselben über und hat die Tendenz, alle vom Sexualobjekt ausgehenden Sensationen mit einzubeziehen. Die gleiche Überschätzung strahlt auf das psychische Gebiet aus und zeigt sich als logische Verblendung (Urteilsschwäche) angesichts der seelischen Leistungen und Vollkommenheiten des Sexualobjektes sowie als gläubige Gefügigkeit gegen die von letzterem ausgehenden Urteile. Die Gläubigkeit der Liebe wird so zu einer wichtigen, wenn nicht zur uranfänglichen Quelle der *Autorität.**

Diese Sexualüberschätzung ist es nun, welche sich mit der Einschränkung des Sexualzieles auf die Vereinigung der eigentlichen Genitalien so schlecht verträgt und Vornahmen an anderen Körperteilen zu Sexualzielen erheben hilft.**

* Ich kann mir nicht versagen, hierbei an die gläubige Gefügigkeit des Hypnotisierten gegen ihren Hypnotiseur zu erinnern, welche mich vermuten läßt, daß das Wesen der Hypnose in die unbewußte Fixierung der Libido auf die Person des Hypnotiseurs (vermittels der masochistischen Komponente des Sexualtriebes) zu verlegen ist. [Zusatz 1910:] S. Ferenczi hat diesen Charakter der Suggerierbarkeit mit dem „Elternkomplex" verknüpft (1909).

** [nach der Fassung von 1920:] Es ist indes zu bemerken, daß die Sexualüberschätzung nicht bei allen Mechanismen der Objektwahl ausgebildet wird und daß wir späterhin eine andere und direktere

Die Bedeutung des Moments der Sexualüberschätzung läßt sich am ehesten beim Manne studieren, dessen Liebesleben allein der Erforschung zugänglich geworden ist, während das des Weibes zum Teil infolge der Kulturverkümmerung, zum anderen Teil durch die konventionelle Verschwiegenheit und Unaufrichtigkeit der Frauen in ein noch undurchdringliches Dunkel gehüllt ist.*

SEXUELLE VERWENDUNG DER LIPPEN-MUND-SCHLEIMHAUT

Die Verwendung des Mundes als Sexualorgan gilt als Perversion, wenn die Lippen (Zunge) der einen Person mit den Genitalien der anderen in Berührung gebracht werden, nicht aber, wenn beider Teile Lippenschleimhäute einander berühren. In letzterer Ausnahme liegt die Anknüpfung ans Normale. Wer die anderen wohl seit den Urzeiten der Menschheit gebräuchlichen Praktiken als Perversionen verabscheut, der gibt dabei einem deutlichen *Ekelgefühl* nach, welches ihn vor der Annahme eines solchen Sexualzieles schützt. Die Grenze dieses Ekels ist aber häufig rein konventionell; wer etwa mit Inbrunst die Lippen eines schönen Mädchens küßt, wird vielleicht das Zahnbürstchen desselben nur mit Ekel gebrauchen können, wenngleich kein Grund zur Annahme vorliegt, daß seine eigene Mundhöhle, vor der ihm nicht ekelt, reinlicher sei als die des Mädchens. Man wird hier auf das Moment des Ekels aufmerksam, welches der libidinösen Überschätzung des Sexualobjekts in den Weg tritt, seinerseits aber durch die Libido überwunden werden kann. In dem Ekel möchte man eine der Mächte erblicken, welche die Einschränkung des Sexualzieles zustande ge-

Erklärung für die sexuelle Rolle der anderen Körperteile kennenlernen werden. Das Moment des „Reizhungers", das von Hoche und I. Bloch zur Erklärung des Übergreifens von sexuellem Interesse auf andere Körperteile als die Genitalien herangezogen wird, scheint mir diese Bedeutung nicht zu verdienen. Die verschiedenen Wege, auf denen die Libido wandelt, verhalten sich zueinander von Anfang an wie kommunizierende Röhren, und man muß dem Phänomen der Kollateralströmung Rechnung tragen.

* [Zusatz 1920:] Das Weib läßt in typischen Fällen eine „Sexualüberschätzung" des Mannes vermissen, versäumt dieselbe aber fast niemals gegen das von ihr geborene Kind.

bracht haben. In der Regel machen diese vor den Genitalien selbst halt. Es ist aber kein Zweifel, daß auch die Genitalien des anderen Geschlechts an und für sich Gegenstand des Ekels sein können und daß dieses Verhalten zur Charakteristik aller Hysterischen (zumal der weiblichen) gehört. Die Stärke des Sexualtriebes liebt es, sich in der Überwindung dieses Ekels zu betätigen.

SEXUELLE VERWENDUNG DER AFTERÖFFNUNG Klarer noch als im früheren Falle erkennt man bei der Inanspruchnahme des Afters, daß es der Ekel ist, welcher dieses Sexualziel zur Perversion stempelt. Man lege mir aber die Bemerkung nicht als Parteinahme aus, daß die Begründung dieses Ekels, diese Körperpartie diene der Exkretion und komme mit dem Ekelhaften an sich – den Exkrementen – in Berührung, nicht viel stichhaltiger ist als etwa die Begründung, welche hysterische Mädchen für ihren Ekel vor dem männlichen Genitale abgeben: es diene der Harnentleerung.

Die sexuelle Rolle der Afterschleimhaut ist keineswegs auf den Verkehr zwischen Männern beschränkt, ihre Bevorzugung hat nichts für das invertierte Fühlen Charakteristisches. Es scheint im Gegenteil, daß die Pädikatio des Mannes ihre Rolle der Analogie mit dem Akt beim Weibe verdankt, während gegenseitige Masturbation das Sexualziel ist, welches sich beim Verkehr Invertierter am ehesten ergibt.

BEDEUTUNG ANDERER KÖRPERSTELLEN Das sexuelle Übergreifen auf andere Körperstellen bietet in all seinen Variationen nichts prinzipiell Neues, fügt nichts zur Kenntnis des Sexualtriebes hinzu, der hierin nur seine Absicht verkündet, sich des Sexualobjekts nach allen Richtungen zu bemächtigen. Neben der Sexualüberschätzung meldet sich aber bei den anatomischen Überschreitungen ein zweites, der populären Kenntnis fremdartiges Moment. Gewisse Körperstellen, wie die Mund- und Afterschleimhaut, die immer wieder in diesen Praktiken auftreten, erheben gleichsam den Anspruch, selbst als Genitalien betrachtet und behandelt zu werden. Wir werden hören, wie dieser Anspruch durch die Entwicklung des Sexualtriebes gerechtfertigt und wie er in der Symptomatologie gewisser Krankheitszustände erfüllt wird.

Ungeeigneter Ersatz des Sexualobjektes – Fetischismus

Einen ganz besonderen Eindruck ergeben jene Fälle, in denen das normale Sexualobjekt ersetzt wird durch ein anderes, das zu ihm in Beziehung steht, dabei aber völlig ungeeignet ist, dem normalen Sexualziel zu dienen. Wir hätten nach den Gesichtspunkten der Einteilung wohl besser getan, diese höchst interessante Gruppe von Abirrungen des Sexualtriebes schon bei den Abweichungen in bezug auf das Sexualobjekt zu erwähnen, verschoben es aber, bis wir das Moment der *Sexualüberschätzung* kennengelernt hatten, von welchem diese Erscheinungen abhängen, mit denen ein Aufgeben des Sexualzieles verbunden ist.

Der Ersatz für das Sexualobjekt ist ein im allgemeinen für sexuelle Zwecke sehr wenig geeigneter Körperteil (Fuß, Haar) oder ein unbelebtes Objekt, welches in nachweisbarer Relation mit der Sexualperson, am besten mit der Sexualität derselben, steht. (Stücke der Kleidung, weiße Wäsche.) Dieser Ersatz wird nicht mit Unrecht mit dem Fetisch verglichen, in dem der Wilde seinen Gott verkörpert sieht.

Den Übergang zu den Fällen von Fetischismus mit Verzicht auf ein normales oder perverses Sexualziel bilden Fälle, in denen eine fetischistische Bedingung am Sexualobjekt erfordert wird, wenn das Sexualziel erreicht werden soll. (Bestimmte Haarfarbe, Kleidung, selbst Körperfehler.) Keine andere ans Pathologische streifende Variation des Sexualtriebes hat so viel Anspruch auf unser Interesse wie diese durch die Sonderbarkeit der durch sie veranlaßten Erscheinungen. Eine gewisse Herabsetzung des Strebens nach dem normalen Sexualziel scheint für alle Fälle Voraussetzung (exekutive Schwäche des Sexualapparates)*. Die Anknüp-

* [Zusatz 1915:] Diese Schwäche entspräche der *konstitutionellen* Voraussetzung. Die Psychoanalyse hat als *akzidentelle* Bedingung die frühzeitige Sexualeinschätzung nachgewiesen, welche vom normalen Sexualziel abdrängt und zum Ersatz desselben anregt.

fung ans Normale wird durch die psychologisch notwendige Überschätzung des Sexualobjektes vermittelt, welche unvermeidlich auf alles mit demselben assoziativ Verbundene übergreift. Ein gewisser Grad von solchem Fetischismus ist daher dem normalen Lieben regelmäßig eigen, besonders in jenen Stadien der Verliebtheit, in welchen das normale Sexualziel unerreichbar oder dessen Erfüllung aufgehoben erscheint.

„Schaff' mir ein Halstuch von ihrer Brust,
Ein Strumpfband meiner Liebeslust!"[81]

Der pathologische Fall tritt erst ein, wenn sich das Streben nach dem Fetisch über solche Bedingung hinaus fixiert und sich an die Stelle des normalen Zieles setzt, ferner wenn sich der Fetisch von der bestimmten Person loslöst, zum alleinigen Sexualobjekt wird. Es sind dies die allgemeinen Bedingungen für das Übergehen bloßer Variationen des Geschlechtstriebes in pathologische Verirrungen.
In der Auswahl des Fetisch zeigt sich, wie Binet [1888] zuerst behauptet hat und dann später durch zahlreiche Belege erwiesen worden ist, der fortwirkende Einfluß eines zumeist in früher Kindheit empfangenen sexuellen Eindruckes, was man der sprichwörtlichen Haftfähigkeit einer ersten Liebe beim Normalen *(„on revient toujours à ses premiers amours"*[82]*)* an die Seite stellen darf. Eine solche Ableitung ist besonders deutlich bei Fällen mit bloß fetischistischer Bedingtheit des Sexualobjektes. Der Bedeutung frühzeitiger sexueller Eindrücke werden wir noch an anderer Stelle begegnen.* In anderen Fällen ist es eine dem Betroffenen

* [Zusatz 1920:] Tiefer eindringende psychoanalytische Untersuchung hat zu einer berechtigten Kritik der Binetschen Behauptung geführt. Alle hierher gehörenden Beobachtungen haben ein erstes Zusammentreffen mit dem Fetisch zum Inhalt, in welchem sich dieser bereits im Besitz des sexuellen Interesses zeigt, ohne daß man aus den Begleitumständen verstehen könnte, wie er zu diesem Besitz gekommen ist. Auch fallen alle diese „frühzeitigen" Sexualeindrücke in die Zeit nach dem fünften, sechsten Jahr, während die Psychoanalyse daran zweifeln läßt, ob sich pathologische Fixierungen so spät neubilden können. Der wirkliche Sachverhalt ist der, daß hinter der ersten Erinnerung an das Auftreten des Fetisch eine untergegangene und vergessene Phase der Sexualentwicklung

meist nicht bewußte symbolische Gedankenverbindung, welche zum Ersatz des Objektes durch den Fetisch geführt hat. Die Wege dieser Verbindungen sind nicht immer mit Sicherheit nachzuweisen (der Fuß ist ein uraltes sexuelles Symbol, schon im Mythus,* „Pelz" verdankt seine Fetischrolle wohl der Assoziation mit der Behaarung des *mons Veneris*); doch scheint auch solche Symbolik nicht immer unabhängig von sexuellen Erlebnissen der Kinderzeit.**

(B) Fixierungen von vorläufigen Sexualzielen

AUFTRETEN NEUER ABSICHTEN

Alle äußeren und inneren Bedingungen, welche das Erreichen des normalen Sexualzieles erschweren oder in die Ferne rücken (Impotenz, Kostbarkeit des Sexualobjektes, Gefahren des Sexualaktes), unterstützen wie begreiflich die Neigung, bei den vorbereitenden Akten zu verweilen und

liegt, die durch den Fetisch wie durch eine „Deckerinnerung" vertreten wird, deren Rest und Niederschlag der Fetisch also darstellt. Die Wendung dieser in die ersten Kindheitsjahre fallenden Phase zum Fetischismus sowie die Auswahl des Fetisch selbst sind konstitutionell determiniert.

* [Zusatz 1910:] Dementsprechend der Schuh oder Pantoffel Symbol des weiblichen Genitales.

** [Zusatz 1910:] Die Psychoanalyse hat eine der noch vorhandenen Lücken im Verständnis des Fetischismus ausgefüllt, indem sie auf die Bedeutung einer durch Verdrängung verlorengegangenen koprophilen *Riechlust* für die Auswahl des Fetisch hinwies. Fuß und Haar sind stark riechende Objekte, die nach dem Verzicht auf die unlustig gewordene Geruchsempfindung zum Fetisch erhoben. In der dem Fußfetischismus entsprechenden Perversion ist demgemäß nur der schmutzige und übelriechende Fuß das Sexualobjekt. Ein anderer Beitrag zur Aufklärung der fetischistischen Bevorzugung des Fußes ergibt sich aus den infantilen Sexualtheorien. Der Fuß ersetzt den schwer vermißten Penis des Weibes. [Zusatz 1915:] In manchen Fällen von Fußfetischismus ließ sich zeigen, daß der ursprünglich auf das Genitale gerichtete *Schautrieb*, der seinem Objekt von unten her nahe kommen wollte, durch Verbot und Verdrängung auf dem Wege aufgehalten wurde und darum Fuß oder Schuh als Fetisch festhielt. Das weibliche Genitale wurde dabei, der infantilen Erwartung entsprechend, als ein männliches vorgestellt.

neue Sexualziele aus ihnen zu gestalten, die an die Stelle des normalen treten können. Bei näherer Prüfung zeigt sich stets, daß die anscheinend fremdartigsten dieser neuen Absichten doch bereits beim normalen Sexualvorgang angedeutet sind.

Betasten und Beschauen

Ein gewisses Maß von Tasten ist wenigstens für den Menschen zur Erreichung des normalen Sexualzieles unerläßlich. Auch ist es allgemein bekannt, welche Lustquelle einerseits, welcher Zufluß neuer Erregung andererseits durch die Berührungsempfindungen von der Haut des Sexualobjektes gewonnen wird. Somit kann das Verweilen beim Betasten, falls der Sexualakt überhaupt nur weitergeht, kaum zu den Perversionen gezählt werden.

Ähnlich ist es mit dem in letzter Linie vom Tasten abgeleiteten Sehen. Der optische Eindruck bleibt der Weg, auf dem die libidinöse Erregung am häufigsten geweckt wird und auf dessen Gangbarkeit – wenn diese teleologische Betrachtungsweise zulässig ist – die Zuchtwahl rechnet, indem sie das Sexualobjekt sich zur Schönheit entwickeln läßt. Die mit der Kultur fortschreitende Verhüllung des Körpers hält die sexuelle Neugierde wach, welche danach strebt, sich das Sexualobjekt durch Enthüllung der verborgenen Teile zu ergänzen, die aber ins Künstlerische abgelenkt („sublimiert“) werden kann, wenn man ihr Interesse von den Genitalien weg auf die Körperbildung im ganzen zu lenken vermag.* Ein Verweilen bei diesem intermediären Sexualziel des sexuell betonten Schauens kommt in gewissem Grade den meisten Normalen zu, ja es gibt ihnen die Möglichkeit, einen gewissen Betrag ihrer Libido auf höhere künstlerische Ziele zu richten. Zur Perversion wird die Schaulust im Gegenteil, a) wenn sie sich ausschließlich auf die Genitalien einschränkt, b) wenn sie sich mit der Überwindung des Ekels verbindet (*voyeurs:* Zuschauer bei den

* [Zusatz 1915:] Es scheint mir unzweifelhaft, daß der Begriff des „Schönen“ auf dem Boden der Sexualerregung wurzelt und ursprünglich das sexuell reizende („die Reize“) bedeutet. Es steht im Zusammenhang damit, daß wir die Genitalien selbst, deren Anblick die stärkste sexuelle Erregung hervorruft, eigentlich niemals „schön“ finden können.

Exkretionsfunktionen), c) wenn sie das normale Sexualziel, anstatt es vorzubereiten, verdrängt. Letzteres ist in ausgeprägter Weise bei den Exhibitionisten der Fall, die, wenn ich nach mehreren Analysen schließen darf, ihre Genitalien zeigen, um als Gegenleistung die Genitalien des anderen Teiles zu Gesicht zu bekommen.*

Bei der Perversion, deren Streben das Schauen und Beschautwerden ist, tritt ein sehr merkwürdiger Charakter hervor, der uns bei der nächstfolgenden Abirrung noch intensiver beschäftigen wird. Das Sexualziel ist hierbei nämlich in zweifacher Ausbildung vorhanden, in *aktiver* und in *passiver* Form.

Die Macht, welche der Schaulust entgegensteht und eventuell durch sie aufgehoben wird, ist die *Scham* (wie vorhin der Ekel).

SADISMUS UND MASOCHISMUS

Die Neigung, dem Sexualobjekt Schmerz zuzufügen, und ihr Gegenstück, diese häufigste und bedeutsamste aller Perversionen, ist in ihren beiden Gestaltungen, der aktiven und der passiven, von v. Krafft-Ebing als *Sadismus* und *Masochismus* (passiv) benannt worden. Andere Autoren ziehen die engere Bezeichnung *Algolagnie* vor, welche die Lust am Schmerz, die Grausamkeit, betont, während bei den Namen, die v. Krafft-Ebing gewählt hat, die Lust an jeder Art von Demütigung und Unterwerfung in den Vordergrund gestellt wird.

Für die aktive Algolagnie, den Sadismus, sind die Wurzeln im Normalen leicht nachzuweisen. Die Sexualität der meisten Männer zeigt eine Beimengung von *Aggression,* von Neigung zur Überwältigung, deren biologische Bedeutung in der Notwendigkeit liegen dürfte, den Widerstand des Sexualobjektes noch anders als durch die Akte der Werbung zu überwinden. Der Sadismus entspräche dann einer selb-

* [Zusatz 1920:] Der Analyse enthüllt diese Perversion – sowie die meisten anderen – eine unerwartete Vielfältigkeit ihrer Motive und Bedeutungen. Der Exhibitionszwang zum Beispiel ist auch stark abhängig vom Kastrationskomplex; er betont immer wieder die Integrität des eigenen (männlichen) Genitales und wiederholt die infantile Befriedigung über das Fehlen des Gliedes im Weiblichen.

ständig gewordenen, übertriebenen, durch Verschiebung an die Hauptstelle gerückten aggressiven Komponente des Sexualtriebes.

Der Begriff des Sadismus schwankt im Sprachgebrauch von einer blaß aktiven, sodann gewalttätigen Einstellung gegen das Sexualobjekt bis zur ausschließlichen Bindung der Befriedigung an die Unterwerfung und Mißhandlung desselben. Strenge genommen, hat nur der letztere extreme Fall Anspruch auf den Namen einer Perversion.

In ähnlicher Weise umfaßt die Bezeichnung Masochismus alle passiven Einstellungen zum Sexualleben und Sexualobjekt, als deren äußerste die Bindung der Befriedigung an das Erleiden von physischem oder seelischem Schmerz von seiten des Sexualobjektes erscheint. Der Masochismus als Perversion scheint sich vom normalen Sexualziel weiter zu entfernen als sein Gegenstück; es darf zunächst bezweifelt werden, ob er jemals primär auftritt oder nicht vielmehr regelmäßig durch Umbildung aus dem Sadismus entsteht.* Häufig läßt sich erkennen, daß der Masochismus nichts anderes ist als eine Fortsetzung des Sadismus in Wendung gegen die eigene Person, welche dabei zunächst die Stelle des Sexualobjekts vertritt. Die klinische Analyse extremer Fälle von masochistischer Perversion führt auf das Zusammenwirken einer großen Reihe von Momenten, welche die ursprüngliche passive Sexualeinstellung übertreiben und fixieren. (Kastrationskomplex, Schuldbewußtsein.)

Der Schmerz, der hierbei überwunden wird, reiht sich dem Ekel und der Scham an, die sich der Libido als Widerstände entgegengestellt hatten. Sadismus und Masochismus nehmen unter den Perversionen eine besondere Stellung ein, da der ihnen zugrunde liegende Gegensatz von Aktivität

* [Zusatz 1924:] Spätere Überlegungen, die sich auf bestimmte Annahmen über die Struktur des seelischen Apparates und über die in ihm wirksamen Triebarten stützen konnten, haben mein Urteil über den Masochismus weitgehend verändert. Ich wurde dazu geführt, einen *primären-erogenen* Masochismus anzunehmen, aus dem sich zwei spätere Formen, der *feminine* und der *moralische* Masochismus, entwickeln. Durch Rückwendung des im Leben unverbrauchten Sadismus gegen die eigene Person entsteht ein *sekundärer* Masochismus, der zum primären hinzuaddiert. (Siehe „Das ökonomische Problem des Masochismus", 1924.)

und Passivität zu den allgemeinen Charakteren des Sexuallebens gehört.

Daß Grausamkeit und Sexualtrieb innigst zusammengehören, lehrt die Kulturgeschichte der Menschheit über jeden Zweifel, aber in der Aufklärung dieses Zusammenhanges ist man über die Betonung des aggressiven Moments der Libido nicht hinausgekommen. Nach einigen Autoren ist diese dem Sexualtrieb beigemengte Aggression eigentlich ein Rest kannibalischer Gelüste, also eine Mitbeteiligung des Bemächtigungsapparates, welcher der Befriedigung des anderen, ontogenetisch älteren großen Bedürfnisses dient.*

Es ist auch behauptet worden, daß jeder Schmerz an und für sich die Möglichkeit einer Lustempfindung enthalte. Wir wollen uns mit dem Eindruck begnügen, daß die Aufklärung dieser Perversion keineswegs befriedigend gegeben ist und daß möglicherweise hierbei mehrere seelische Strebungen sich zu einem Effekt vereinigen.**

Die auffälligste Eigentümlichkeit dieser Perversion liegt aber darin, daß ihre aktive und ihre passive Form regelmäßig bei der nämlichen Person mitsammen angetroffen werden. Wer Lust daran empfindet, anderen Schmerz in sexueller Relation zu erzeugen, der ist auch befähigt, den Schmerz als Lust zu genießen, der ihm aus sexuellen Beziehungen erwachsen kann. Ein Sadist ist immer auch gleichzeitig ein Masochist, wenngleich die aktive oder die passive Seite der Perversion bei ihm stärker ausgebildet sein und seine vorwiegende sexuelle Betätigung darstellen kann.***

Wir sehen so gewisse der Perversionsneigungen regelmäßig

* [Zusatz 1913:] Vgl. hierzu die spätere Mitteilung über die prägenitalen Phasen der Sexualentwicklung, in welcher diese Ansicht bestätigt wird. [Vgl. den Abschnitt II/b dieses Textes – d. Hrsg.]

** [Zusatz 1924:] Aus der zuletzt zitierten Untersuchung leitet sich für das Gegensatzpaar Sadismus – Masochismus eine auf den Triebursprung begründete Sonderstellung ab, durch welche es aus der Reihe der anderen „Perversionen" herausgehoben wird.

*** Anstatt vieler Belege für diese Behauptung zitiere ich nur eine Stelle aus Havelock Ellis (1903): „Alle bekannten Fälle von Sadismus und Masochismus, selbst die von v. Krafft-Ebing zitierten, zeigen beständig (wie schon Colin Scott und Féré nachgewiesen haben) Spuren beider Gruppen von Erscheinungen an ein und demselben Individuum."

als *Gegensatzpaare* auftreten, was mit Hinblick auf später beizubringendes Material eine hohe theoretische Bedeutung beanspruchen darf. Es ist ferner einleuchtend, daß die Existenz des Gegensatzpaares Sadismus – Masochismus aus der Aggressionsbeimengung nicht ohne weiteres ableitbar ist. Dagegen wäre man versucht, solche gleichzeitig vorhandene Gegensätze mit dem in der Bisexualität vereinten Gegensatz von männlich und weiblich in Beziehung zu setzen, für welchen in der Psychoanalyse häufig der von aktiv und passiv einzusetzen ist.

(3) ALLGEMEINES ÜBER ALLE PERVERSIONEN

VARIATION UND KRANKHEIT

Die Ärzte, welche die Perversionen zuerst an ausgeprägten Beispielen und unter besonderen Bedingungen studiert haben, sind natürlich geneigt gewesen, ihnen den Charakter eines Krankheits- oder Degenerationszeichens zuzusprechen, ganz ähnlich wie bei der Inversion. Indes ist es hier leichter als dort, diese Auffassung abzulehnen. Die alltägliche Erfahrung hat gezeigt, daß die meisten dieser Überschreitungen, wenigstens die minder argen unter ihnen, einen selten fehlenden Bestandteil des Sexuallebens der Gesunden bilden und von ihnen wie andere Intimitäten auch beurteilt werden. Wo die Verhältnisse es begünstigen, kann auch der Normale eine solche Perversion eine ganze Zeit lang an die Stelle des normalen Sexualzieles setzen oder ihr einen Platz neben diesem einräumen. Bei keinem Gesunden dürfte irgendein pervers zu nennender Zusatz zum normalen Sexualziel fehlen, und diese Allgemeinheit genügt für sich allein, um die Unzweckmäßigkeit einer vorwurfsvollen Verwendung des Namens Perversion darzutun. Gerade auf dem Gebiete des Sexuallebens stößt man auf besondere, eigentlich derzeit unlösbare Schwierigkeiten, wenn man eine scharfe Grenze zwischen bloßer Variation innerhalb der physiologischen Breite und krankhaften Symptomen ziehen will.
Bei manchen dieser Perversionen ist immerhin die Qualität des neuen Sexualzieles eine solche, daß sie nach besonderer Würdigung verlangt. Gewisse der Perversionen entfer-

nen sich inhaltlich so weit vom Normalen, daß wir nicht umhinkönnen, sie für „krankhaft" zu erklären, insbesondere jene, in denen der Sexualtrieb in der Überwindung der Widerstände (Scham, Ekel, Grauen, Schmerz) erstaunliche Leistungen vollführt (Kotlecken, Leichenmißbrauch). Doch darf man auch in diesen Fällen sich nicht der sicheren Erwartung hingeben, in den Tätern regelmäßig Personen mit andersartigen schweren Abnormitäten oder Geisteskranke zu entdecken. Man kommt auch hier nicht über die Tatsache hinaus, daß Personen, die sich sonst normal verhalten, auf dem Gebiete des Sexuallebens allein, unter der Herrschaft des ungezügeltsten aller Triebe, sich als Kranke dokumentieren. Manifeste Abnormität in anderen Lebensrelationen pflegt hingegen jedesmal einen Hintergrund von abnormen sexuellen Verhalten zu zeigen.
In der Mehrzahl der Fälle können wir den Charakter des Krankhaften bei der Perversion nicht im Inhalt des neuen Sexualzieles, sondern in dessen Verhältnis zum Normalen finden. Wenn die Perversion nicht *neben* dem Normalen (Sexualziel und Objekt) auftritt, wo günstige Umstände dieselbe fördern und ungünstige das Normale verhindern, sondern wenn sie das Normale unter allen Umständen verdrängt und ersetzt hat – in der *Ausschließlichkeit* und in der *Fixierung* also der Perversion sehen wir zuallermeist die Berechtigung, sie als ein krankhaftes Symptom zu beurteilen.

Die seelische Beteiligung bei den Perversionen

Vielleicht gerade bei den abscheulichsten Perversionen muß man die ausgiebigste psychische Beteiligung zur Umwandlung des Sexualtriebes anerkennen. Es ist hier ein Stück seelischer Arbeit geleistet, dem man trotz seines greulichen Erfolges den Wert einer Idealisierung des Triebes nicht absprechen kann. Die Allgewalt der Liebe zeigt sich vielleicht nirgends stärker als in diesen ihren Verirrungen. Das Höchste und das Niedrigste hängen in der Sexualität überall am innigsten aneinander („vom Himmel durch die Welt zur Hölle"[83]).

Zwei Ergebnisse

Bei dem Studium der Perversionen hat sich uns die Einsicht ergeben, daß der Sexualtrieb gegen gewisse seelische Mächte als Widerstände anzukämpfen hat, unter denen Scham und Ekel am deutlichsten hervorgetreten sind. Es ist die Vermutung gestattet, daß diese Mächte daran beteiligt sind, den Trieb innerhalb der als normal geltenden Schranken zu bannen, und wenn sie sich im Individuum früher entwickelt haben, ehe der Sexualtrieb seine volle Stärke erlangte, so waren sie es wohl, die ihm die Richtung seiner Entwicklung angewiesen haben.*

Wir haben ferner die Bemerkung gemacht, daß einige der untersuchten Perversionen nur durch das Zusammentreten von mehreren Motiven verständlich werden. Wenn sie eine Analyse – Zersetzung – zulassen, müssen sie zusammengesetzter Natur sein. Hieraus können wir einen Wink entnehmen, daß vielleicht der Sexualtrieb selbst nichts Einfaches, sondern aus Komponenten zusammengesetzt ist, die sich in den Perversionen wieder von ihm ablösen. Die Klinik hätte uns so auf *Verschmelzungen* aufmerksam gemacht, die in dem gleichförmigen normalen Verhalten ihren Ausdruck eingebüßt haben.**

(4) DER SEXUALTRIEB BEI DEN NEUROTIKERN

Die Psychoanalyse Einen wichtigen Beitrag zur Kenntnis des Sexualtriebes bei Personen, die den Normalen mindestens nahestehen, gewinnt man aus einer Quelle, die nur auf einem bestimmten Wege zugänglich

* [Zusatz 1915:] Man muß diese die Sexualentwicklung eindämmenden Mächte – Ekel, Scham und Moralität – andrerseits auch als historische Niederschläge der äußeren Hemmungen ansehen, welche der Sexualtrieb in der Psychogenese der Menschheit erfahren hat. Man macht die Beobachtung, daß sie in der Entwicklung des einzelnen zu ihrer Zeit wie spontan auf die Winke der Erziehung und Beeinflussung hin auftreten.

** [Zusatz 1920:] Ich bemerke vorgreifend über die Entstehung der Perversionen, daß man Grund hat anzunehmen, es sei vor der Fixierung derselben, ganz ähnlich wie beim Fetischismus, ein Ansatz normaler Sexualentwicklung vorhanden gewesen. Die analytische Untersuchung hat bisher in einzelnen Fällen zeigen können, daß auch die Perversion der Rückstand einer Entwicklung zum Ödipuskomplex ist, nach dessen Verdrängung die der Anlage nach stärkste Komponente des Sexualtriebes wieder hervorgetreten ist.

ist. Es gibt nur ein Mittel, über das Geschlechtsleben der sogenannten Psychoneurotiker (Hysterie, Zwangsneurose, fälschlich sogenannte Neurasthenie, sicherlich auch Dementia praecox, Paranoia) gründliche und nicht irreleitende Aufschlüsse zu erhalten, nämlich wenn man sie der psychoanalytischen Erforschung unterwirft, deren sich das von J. Breuer und mir 1893 eingesetzte, damals kathartisch genannte Heilverfahren bedient.

Ich muß vorausschicken, respektive aus anderen Veröffentlichungen wiederholen, daß diese Psychoneurosen, soweit meine Erfahrungen reichen, auf sexuellen Triebkräften beruhen. Ich meine dies nicht etwa so, daß die Energie des Sexualtriebes einen Beitrag zu den Kräften liefert, welche die krankhaften Erscheinungen (Symptome) unterhalten, sondern ich will ausdrücklich behaupten, daß dieser Anteil der einzig konstante und die wichtigste Energiequelle der Neurose ist, so daß das Sexualleben der betreffenden Personen sich entweder ausschließlich oder vorwiegend oder nur teilweise in diesen Symptomen äußert. Die Symptome sind, wie ich es an anderer Stelle ausgedrückt habe, die Sexualbetätigung der Kranken. Den Beweis für diese Behauptung hat mir eine seit fünfundzwanzig Jahren sich mehrende Zahl von Psychoanalysen hysterischer und anderer Nervöser geliefert, über deren Ergebnisse im einzelnen ich an anderen Orten ausführliche Rechenschaft gegeben habe und noch weiter geben werde.*

Die Psychoanalyse beseitigt die Symptome Hysterischer unter der Voraussetzung, daß dieselben der Ersatz – die Transkription gleichsam – für eine Reihe von affektbesetzten seelischen Vorgängen, Wünschen und Strebungen sind, denen durch einen besonderen psychischen Prozeß (die *Verdrängung*) der Zugang zur Erledigung durch bewußtseinsfähige psychische Tätigkeit versagt worden ist. Diese also im Zustande des Unbewußten zurückgehaltenen Gedankenbildungen streben nach einem ihrem Affektwert gemäßen Ausdruck, einer *Abfuhr*, und finden eine solche bei

* [Zusatz 1920:] Es ist nur eine Vervollständigung und nicht eine Verringerung dieser Aussage, wenn ich sie dahin abändere: Die nervösen Symptome beruhen einerseits auf dem Anspruch der libidinösen Triebe, andrerseits auf dem Anspruch des Ichs, der Reaktion gegen dieselben.

der Hysterie durch den Vorgang der *Konversion* in somatischen Phänomenen – eben den hysterischen Symptomen. Bei der kunstgerechten, mit Hilfe einer besonderen Technik duchgeführten Rückverwandlung der Symptome in nun bewußt gewordene, affektbesetzte Vorstellungen ist man also imstande, über die Natur und die Abkunft dieser früher unbewußten psychischen Bildungen das Genaueste zu erfahren.

ERGEBNISSE DER PSYCHOANALYSE

Es ist auf diese Weise in Erfahrung gebracht worden, daß die Symptome einen Ersatz für Strebungen darstellen, die ihre Kraft der Quelle des Sexualtriebes entnehmen. Im vollen Einklange damit steht, was wir über den Charakter der hier zum Muster für alle Psychoneurotiker genommenen Hysteriker vor ihrer Erkrankung und über die Anlässe zur Erkrankung wissen. Der hysterische Charakter läßt ein Stück *Sexualverdrängung* erkennen, welches über das normale Maß hinausgeht, eine Steigerung der Widerstände gegen den Sexualtrieb, die uns als Scham, Ekel und Moral bekannt geworden sind, eine wie instinktive Flucht vor der intellektuellen Beschäftigung mit dem Sexualproblem, welche in ausgeprägten Fällen den Erfolg hat, die volle sexuelle Unwissenheit noch bis in die Jahre der erlangten Geschlechtsreife zu bewahren.*

Dieser für die Hysterie wesentliche Charakterzug wird für die grobe Beobachtung nicht selten durch das Vorhandensein des zweiten konstitutionellen Faktors der Hysterie, durch die übermächtige Ausbildung des Sexualtriebes verdeckt, allein die psychologische Analyse weiß ihn jedesmal aufzudecken und die widerspruchsvolle Rätselhaftigkeit der Hysterie durch die Feststellung des Gegensatzpaares von übergroßem sexuellen Bedürfnis und zu weit getriebener Sexualablehnung zu lösen.

Der Anlaß zur Erkrankung ergibt sich für die hysterisch disponierte Person, wenn infolge der fortschreitenden eigenen Reifung oder äußerer Lebensverhältnisse die reale Sexual-

* Studien über Hysterie, 1895 (Breuer und Freud); J. Breuer sagt von einer Patientin, an der er die kathartische Methode zuerst geübt hat: „Das sexuelle Moment war erstaunlich unentwickelt."

forderung ernsthaft an sie herantritt. Zwischen dem Drängen des Triebes und dem Widerstreben der Sexualablehnung stellt sich dann der Ausweg der Krankheit her, der den Konflikt nicht löst, sondern ihm durch die Verwandlung der libidinösen Strebungen in Symptome zu entgehen sucht. Es ist nur eine scheinbare Ausnahme, wenn eine hysterische Person, ein Mann etwa, an einer banalen Gemütsbewegung, an einem Konflikt, in dessen Mittelpunkt nicht das sexuelle Interesse steht, erkrankt. Die Psychoanalyse kann dann regelmäßig nachweisen, daß es die sexuelle Komponente des Konflikts ist, welche die Erkrankung ermöglicht hat, indem sie die seelischen Vorgänge der normalen Erledigung entzog.

NEUROSE UND PERVERSION

Ein guter Teil des Widerspruches gegen diese meine Aufstellungen erklärt sich wohl daraus, daß man die Sexualität, von welcher ich die psychoneurotischen Symptome ableite, mit dem normalen Sexualtrieb zusammenfallen ließ. Allein die Psychoanalyse lehrt noch mehr. Sie zeigt, daß die Symptome keineswegs allein auf Kosten des sogenannten *normalen* Sexualtriebes entstehen (wenigstens nicht ausschließlich oder vorwiegend), sondern den konvertierten Ausdruck von Trieben darstellen, welche man als perverse (im weitesten Sinne) bezeichnen würde, wenn sie sich ohne Ablenkung vom Bewußtsein direkt in Phantasievorsätzen und Taten äußern könnten. Die Symptome bilden sich also zum Teil auf Kosten *abnormer* Sexualität; *die Neurose ist sozusagen das Negativ der Perversion.**

Der Sexualtrieb der Psychoneurotiker läßt alle die Abirrungen erkennen, die wir als Variationen des normalen und als Äußerungen des krankhaften Sexuallebens studiert haben.

(a) Bei allen Neurotikern (ohne Ausnahme) finden sich im unbewußten Seelenleben Regungen von Inversion, Fixie-

* Die klar bewußten Phantasien der Perversen, die unter günstigen Umständen in Veranstaltungen umgesetzt werden, die in feindlichem Sinne auf andere projizierten Wahnbefürchtungen der Paranoiker und die unbewußten Phantasien der Hysteriker, die man durch Psychoanalyse hinter ihren Symptomen aufdeckt, fallen inhaltlich bis in einzelne Details zusammen.

rung von Libido auf Personen des gleichen Geschlechts. Ohne tief eindringende Erörterung ist es nicht möglich, die Bedeutung dieses Moments für die Gestaltung des Krankheitsbildes entsprechend zu würdigen; ich kann nur versichern, daß die unbewußte Inversionsneigung niemals fehlt und insbesondere zur Aufklärung der männlichen Hysterie die größten Dienste leistet.*

(b) Es sind bei den Psychoneurotikern alle Neigungen zu den anatomischen Überschreitungen im Unbewußten und als Symptombildner nachweisbar, unter ihnen mit besonderer Häufigkeit und Intensität diejenigen, welche für Mund- und Afterschleimhaut die Rolle von Genitalien in Anspruch nehmen.

(c) Eine ganz hervorragende Rolle unter den Symptombildnern der Psychoneurosen spielen die zumeist in Gegensatzpaaren auftretenden Partialtriebe, die wir als Bringer neuer Sexualziele kennengelernt haben, der Trieb der Schaulust und der Exhibition und der aktiv und passiv ausgebildete Trieb zur Grausamkeit. Der Beitrag des letzteren ist zum Verständnis der Leidensnatur der Symptome unentbehrlich und beherrscht fast regelmäßig ein Stück des sozialen Verhaltens der Kranken. Vermittels dieser Grausamkeitsverknüpfung der Libido geht auch die Verwandlung von Liebe in Haß, von zärtlichen in feindselige Regungen vor sich, die für eine große Reihe von neurotischen Fällen, ja, wie es scheint, für die Paranoia im ganzen charakteristisch ist.

Das Interesse an diesen Ergebnissen wird noch durch einige Besonderheiten des Tatbestandes erhöht.

(α) Wo ein solcher Trieb im Unbewußten aufgefunden wird, welcher der Paarung mit einem Gegensatze fähig ist,

* Psychoneurose vergesellschaftet sich auch sehr oft mit manifester Inversion, wobei die heterosexuelle Strömung der vollen Unterdrückung zum Opfer gefallen ist. – Ich lasse nur einer mir zuteil gewordenen Anregung Recht widerfahren, wenn ich mitteile, daß erst private Äußerungen von W. Fließ in Berlin mich auf die notwendige Allgemeinheit der Inversionsneigung bei den Psychoneurotikern aufmerksam gemacht haben, nachdem ich diese in einzelnen Fällen aufgedeckt hatte. – [Zusatz 1920:] Diese nicht genug gewürdigte Tatsache müßte alle Theorien der Homosexualität entscheidend beeinflussen.

da läßt sich regelmäßig auch dieser letztere als wirksam nachweisen. Jede „aktive" Perversion wird also hier von ihrem passiven Widerpart begleitet; wer im Unbewußten Exhibitionist ist, der ist auch gleichzeitig *voyeur,* wer an den Folgen der Verdrängung sadistischer Regungen leidet, bei dem findet sich ein anderer Zuzug zu den Symptomen aus den Quellen masochistischer Neigung. Die volle Übereinstimmung mit dem Verhalten der entsprechenden „positiven" Perversionen ist gewiß sehr beachtenswert. Im Krankheitsbilde spielt aber die eine oder die andere der gegensätzlichen Neigungen die überwiegende Rolle.

(β) In einem ausgeprägteren Fallc von Psychoneurose findet man nur selten einen einzigen dieser perversen Triebe entwickelt, meist eine größere Anzahl derselben und in der Regel Spuren von allen; der einzelne Trieb ist aber in seiner Intensität unabhängig von der Ausbildung der anderen. Auch dazu ergibt uns das Studium der „positiven" Perversionen das genaue Gegenstück.

(5) PARTIALTRIEBE UND EROGENE ZONEN

Halten wir zusammen, was wir aus der Untersuchung der positiven und der negativen Perversionen erfahren haben, so liegt es nahe, dieselben auf eine Reihe von „Partialtrieben" zurückzuführen, die aber nichts Primäres sind, sondern eine weitere Zerlegung zulassen. Unter einem „Trieb" können wir zunächst nichts anderes verstehen als die psychische Repräsentanz einer kontinuierlich fließenden, innersomatischen Reizquelle, zum Unterschiede vom „Reiz", der durch vereinzelte und von außen kommende Erregungen hergestellt wird. Trieb ist so einer der Begriffe der Abgrenzung des Seelischen vom Körperlichen. Die einfachste und nächstliegende Annahme über die Natur der Triebe wäre, daß sie an sich keine Qualität besitzen, sondern nur als Maße von Arbeitsanforderung für das Seelenleben in Betracht kommen. Was die Triebe voneinander unterscheidet und mit spezifischen Eigenschaften ausstattet, ist deren Beziehung zu ihren somatischen *Quellen* und ihren *Zielen.* Die Quelle des Triebes ist ein erregender Vorgang in einem

Organ, und das nächste Ziel des Triebes liegt in der Aufhebung dieses Organreizes.*

Eine weitere vorläufige Annahme in der Trieblehre, welcher wir uns nicht entziehen können, besagt, daß von den Körperorganen Erregungen von zweierlei Art geliefert werden, die in Differenzen chemischer Natur begründet sind. Die eine dieser Arten von Erregung bezeichnen wir als die spezifisch sexuelle und das betreffende Organ als die *„erogene Zone"* des von ihm ausgehenden sexuellen Partialtriebes.**

Bei den Perversionsneigungen, die für Mundhöhle und Afteröffnung sexuelle Bedeutung in Anspruch nehmen, ist die Rolle der erogenen Zone ohne weiteres ersichtlich. Dieselbe benimmt sich in jeder Hinsicht wie ein Stück des Geschlechtsapparates. Bei der Hysterie werden diese Körperstellen und die von ihnen ausgehenden Schleimhauttrakte in ganz ähnlicher Weise der Sitz von neuen Sensationen und Innervationsänderungen – ja von Vorgängen, die man der Erektion vergleichen kann – wie die eigentlichen Genitalien unter den Erregungen der normalen Geschlechtsvorgänge.

Die Bedeutung der erogenen Zonen als Nebenapparate und Surrogate der Genitalien tritt unter den Psychoneurosen bei der Hysterie am deutlichsten hervor, womit aber nicht behauptet werden soll, daß sie für die anderen Erkrankungsformen geringer einzuschätzen ist. Sie ist hier nur unkenntlicher, weil sich bei diesen (Zwangsneurose, Paranoia) die Symptombildung in Regionen des seelischen Apparates vollzieht, die weiter ab von den einzelnen Zentralstellen für die Körperbeherrschung liegen. Bei der Zwangsneurose ist die Bedeutung der Impulse, welche neue Sexualziele schaffen und von erogenen Zonen unabhängig erscheinen,

* [Zusatz 1924:] Die Trieblehre ist das bedeutsamste, aber auch das unfertigste Stück der psychoanalytischen Theorie. In meinen späteren Arbeiten (*Jenseits des Lustprinzips,* 1920; *Das Ich und das Es,* 1923) habe ich weitere Beiträge zur Trieblehre entwickelt.

** [Zusatz 1915:] Es ist nicht leicht, diese Annahme, die aus dem Studium einer bestimmten Klasse von neurotischen Erkrankungen geschöpft sind, hier zu rechtfertigen. Andrerseits wird es aber unmöglich, etwas Stichhaltiges über die Triebe auszusagen, wenn man sich die Erwähnung dieser Vorraussetzungen erspart.

das Auffälligere. Doch entspricht bei der Schau- und Exhibitionslust das Auge einer erogenen Zone, bei der Schmerz- und Grausamkeitskomponente des Sexualtriebes ist es die Haut, welche die gleiche Rolle übernimmt, die Haut, die sich an besonderen Körperstellen zu Sinnesorganen differenziert und zur Schleimhaut modifiziert hat, also die erogene Zone κατ'ἐξοχήν*.

(6) ERKLÄRUNG DES SCHEINBAREN ÜBERWIEGENS PERVERSER SEXUALITÄT BEI DEN PSYCHONEUROSEN

Durch die vorstehenden Erörterungen ist die Sexualität der Psychoneurotiker in ein möglicherweise falsches Licht gerückt worden. Es hat den Anschein bekommen, als näherten sich die Psychoneurotiker in ihrem sexuellen Verhalten der Anlage nach sehr den Perversen und entfernten sich dafür um ebensoviel von den Normalen. Nun ist sehr wohl möglich, daß die konstitutionelle Disposition dieser Kranken außer einem übergroßen Maß von Sexualverdrängung und einer übermächtigen Stärke des Sexualtriebes eine ungewöhnliche Neigung zur Perversion im weitesten Sinne mitenthält, allein die Untersuchung leichterer Fälle zeigt, daß letztere Annahme nicht unbedingt erforderlich ist oder daß zum mindesten bei der Beurteilung der krankhaften Effekte die Wirkung eines Faktors in Abzug gebracht werden muß. Bei den meisten Psychoneurotikern tritt die Erkrankung erst nach der Pubertätszeit auf unter der Anforderung des normalen Sexuallebens. Gegen dieses richtet sich vor allem die Verdrängung. Oder spätere Erkrankungen stellen sich her, indem der Libido auf normalem Wege die Befriedigung versagt wird. In beiden Fällen verhält sich die Libido wie ein Strom, dessen Hauptbett verlegt wird; sie füllt die kollateralen Wege aus, die bisher vielleicht leer geblieben waren. Somit kann auch die scheinbar so große (allerdings negative) Perversionsneigung der Psychoneurotiker eine kollateral bedingte, muß jedenfalls eine kollateral er-

* Man muß hier der Aufstellung von Moll gedenken, welche den Sexualtrieb in Kontrektations- und Detumeszenztrieb zerlegt. Kontrektation bedeutet ein Bedürfnis nach Hautberührung.

höhte sein. Die Tatsache ist eben, daß man die Sexualverdrängung als inneres Moment jenen äußeren anreihen muß, welche wie Freiheitseinschränkung, Unzugänglichkeit des normalen Sexualobjekts, Gefahren des normalen Sexualaktes usw. Perversionen bei Individuen entstehen lassen, welche sonst vielleicht normal geblieben wären.

In den einzelnen Fällen von Neurose mag es sich hierin verschieden verhalten, das eine Mal die angeborene Höhe der Perversionsneigung, das andere Mal die kollaterale Hebung derselben durch die Abdrängung der Libido vom normalen Sexualziel und Sexualobjekt das Maßgebendere sein. Es wäre unrecht, eine Gegensätzlichkeit zu konstruieren, wo ein Kooperationsverhältnis vorliegt. Ihre größten Leistungen wird die Neurose jedesmal zustande bringen, wenn Konstitution und Erleben in demselben Sinne zusammenwirken. Eine ausgesprochene Konstitution wird etwa der Unterstützung durch die Lebenseindrücke entbehren können, eine ausgiebige Erschütterung im Leben etwa die Neurose auch bei durchschnittlicher Konstitution zustande bringen. Diese Gesichtspunkte gelten übrigens in gleicher Weise für die ätiologische Bedeutung von Angeborenem und akzidentell Erlebtem auch auf anderen Gebieten.

Bevorzugt man die Annahme, daß eine besonders ausgebildete Neigung zu Perversionen doch zu den Eigentümlichkeiten der psychoneurotischen Konstitution gehört, so eröffnet sich die Aussicht, je nach dem angeborenen Vorwiegen dieser oder jener erogenen Zone, dieses oder jenes Partialtriebes eine Mannigfaltigkeit solcher Konstitutionen unterscheiden zu können. Ob der perversen Veranlagung eine besondere Beziehung zur Auswahl der Erkrankungsform zukommt, dies ist wie so vieles auf diesem Gebiete noch nicht untersucht.

(7) VERWEIS AUF DEN INFANTILISMUS DER SEXUALITÄT

Durch den Nachweis der perversen Regungen als Symptombildner bei den Psychoneurosen haben wir die Anzahl der Menschen, die man den Perversen zurechnen könnte, in ganz außerordentlicher Weise gesteigert. Nicht nur, daß die Neurotiker selbst eine sehr zahlreiche Menschenklasse darstellen, es ist auch in Betracht zu ziehen, daß die Neurosen von allen ihren Ausbildungen her in lückenlosen Reihen zur Gesundheit abklingen; hat doch Moebius mit guter Berechtigung sagen können: wir sind alle ein wenig hysterisch. Somit werden wir durch die außerordentliche Verbreitung der Perversionen zu der Annahme gedrängt, daß auch die Anlage zu den Perversionen keine seltene Besonderheit, sondern ein Stück der für normal geltenden Konstitution sein müsse.

Wir haben gehört, daß es strittig ist, ob die Perversionen auf angeborene Bedingungen zurückgehen oder durch zufällige Erlebnisse entstehen, wie es Binet für den Fetischismus angenommen hat. Nun bietet sich uns die Entscheidung, daß den Perversionen allerdings etwas Angeborenes zugrunde liegt, aber etwas, *was allen Menschen angeboren ist,* als Anlage in seiner Intensität schwanken mag und der Hervorhebung durch Lebenseinflüsse wartet. Es handelt sich um angeborene, in der Konstitution gegebene Wurzeln des Sexualtriebes, die sich in der einen Reihe von Fällen zu den wirklichen Trägern der Sexualtätigkeit entwickeln (Perverse), andere Male eine ungenügende Unterdrückung (Verdrängung) erfahren, so daß sie auf einem Umweg als Krankheitssymptome einen beträchtlichen Teil der sexuellen Energie an sich ziehen können, während sie in den günstigsten Fällen zwischen beiden Extremen durch wirksame Einschränkung und sonstige Verarbeitung das sogenannte normale Sexualleben entstehen lassen.

Wir werden uns aber ferner sagen, daß die angenommene Konstitution, welche die Keime zu allen Perversionen aufweist, nur beim Kinde aufzeigbar sein wird, wenngleich bei ihm alle Triebe nur in bescheidenen Intensitäten auftreten können. Ahnt uns so die Formel, daß die Neurotiker den infantilen Zustand ihrer Sexualität beibehalten haben oder auf ihn zurückversetzt worden sind, so wird sich unser Interesse dem Sexualleben des Kindes zuwenden, und wir werden das Spiel der Einflüsse verfolgen wollen, die den Entwicklungsprozeß der kindlichen Sexualität bis zum Ausgang in Perversion, Neurose oder normales Geschlechtsleben beherrschen.

II. DIE INFANTILE SEXUALITÄT

Vernachlässigung des Infantilen

Es ist ein Stück der populären Meinung über den Geschlechtstrieb, daß er der Kindheit fehle und erst in der als Pubertät bezeichneten Lebensperiode erwache. Allein dies ist nicht nur ein einfacher, sondern sogar ein folgenschwerer Irrtum, da er hauptsächlich unsere gegenwärtige Unkenntnis der grundlegenden Verhältnisse des Sexuallebens verschuldet. Ein gründliches Studium der Sexualäußerungen in der Kindheit würde uns wahrscheinlich die wesentlichen Züge des Geschlechtstriebes aufdecken, seine Entwicklung verraten und seine Zusammensetzung aus verschiedenen Quellen zeigen.

Es ist bemerkenswert, daß die Autoren, welche sich mit der Erklärung der Eigenschaften und Reaktionen des erwachsenen Individuums beschäftigen, jener Vorzeit, welche durch die Lebensdauer der Ahnen gegeben ist, so viel mehr Aufmerksamkeit geschenkt, also der Erblichkeit so viel mehr Einfluß zugesprochen haben als der anderen Vorzeit, welche bereits in die individuelle Existenz der Person fällt, der Kindheit nämlich. Man sollte doch meinen, der Einfluß dieser Lebensperiode wäre leichter zu verstehen und hätte ein Anrecht, vor dem der Erblichkeit berücksichtigt zu werden.* Man findet zwar in der Literatur gelegentliche Notizen über frühzeitige Sexualbetätigung bei kleinen Kindern, über Erektionen, Masturbation und selbst koitusähnliche Vornahmen, aber immer nur als ausnahmsweise Vorgänge, als Kuriosa oder als abschreckende Beispiele voreiliger Verderbtheit angeführt. Kein Autor hat meines Wissens die Gesetzmäßigkeit eines Sexualtriebes in der Kindheit klar erkannt, und in den zahlreich gewordenen Schriften über die Entwicklung des Kindes wird das Kapitel „Sexuelle Entwicklung“ meist übergangen.**

* [Zusatz 1915:] Es ist ja auch nicht möglich, den der Erblichkeit gebührenden Anteil richtig zu erkennen, ehe man den der Kindheit zugehörigen gewürdigt hat.

** Die hier niedergeschriebene Behauptung erschien mir nachträglich als so gewagt, daß ich mir vorsetzte, sie durch nochmalige Durchsicht der Literatur zu prüfen. Das Ergebnis dieser Überprüfung war, daß ich sie unverändert stehenließ. Die wissenschaftliche

INFANTILE AMNESIE

Den Grund für diese merkwürdige Vernachlässigung suche ich zum Teil in den konventionellen Rücksichten, denen die Autoren infolge ihrer eigenen Erziehung Rechnung tragen, zum anderen Teil in einem psychischen Phänomen, welches sich bis jetzt selbst der Erklärung entzogen hat. Ich meine hiermit die eigentümliche *Amnesie,* welche den meisten Menschen (nicht allen!) die ersten Jahre ihrer Kindheit bis zum 6. oder 8. Lebensjahre verhüllt. Es ist uns bisher noch nicht eingefallen, uns über die Tatsache dieser Amnesie zu verwundern; aber wir hätten guten Grund dazu. Denn man berichtet uns, daß wir in diesen Jahren, von denen wir später nichts im Gedächtnis behalten haben als einige unverständliche Erinnerungsbrocken, lebhaft auf Eindrücke reagiert hätten, daß wir Schmerz und Freude in menschlicher Weise zu äußern verstanden, Liebe, Eifersucht und andere Eigenschaften gezeigt, die uns damals heftig bewegten, ja daß wir Aussprüche getan, die von den Erwachsenen als gute Beweise für Einsicht und beginnende Urteilsfähigkeit gemerkt wurden. Und von alledem wissen wir als Erwachsene aus eigenem nichts. Warum bleibt unser Gedächtnis so sehr hinter unseren anderen seelischen Tätigkeiten zurück? Wir haben doch Grund zu glauben, daß es zu keiner anderen Lebenszeit aufnahme- und reproduktionsfähiger ist als gerade in den Jahren der Kindheit.*

Bearbeitung der leiblichen wie der seelischen Phänomene der Sexualität im Kindesalter befindet sich in den ersten Anfängen. Ein Autor, S. Bell (1902), äußert: „*I know of no scientist, who has given a careful analysis of the emotion as it is seen in the adolescent.*" – Somatische Sexualäußerungen aus der Zeit vor der Pubertät haben nur im Zusammenhang mit Entartungserscheinungen und als Zeichen von Entartung Aufmerksamkeit gewonnen. – Ein Kapitel über das Liebesleben der Kinder fehlt in allen Darstellungen der Psychologie dieses Alters, die ich gelesen habe, so in bekannten Werken von Preyer, Baldwin (1895), Pérez (1886), Strümpell (1899), Karl Groos (1904), Sully (1895) und anderen. Den besten Eindruck von dem heutigen Stande auf diesem Gebiet holt man sich aus der Zeitschrift *Die Kinderfehler* (von 1896 an). – Doch gewinnt man die Überzeugung, daß die Existenz der Liebe im Kindesalter nicht mehr entdeckt zu werden braucht. Pérez (1886) tritt für sie ein; bei K. Groos (1899) findet sich als allgemein bekannt erwähnt, „daß manche Kinder schon sehr früh für sexuelle Regungen zugänglich

Auf der anderen Seite müssen wir annehmen oder können uns durch psychologische Untersuchung an anderen davon überzeugen, daß die nämlichen Eindrücke, die wir vergessen haben, nichtsdestoweniger die tiefsten Spuren in unserem Seelenleben hinterlassen haben und bestimmend für unsere ganze spätere Entwicklung geworden sind. Es kann sich also um gar keinen wirklichen Untergang der Kindheitseindrücke handeln, sondern um eine Amnesie ähnlich jener, die wir bei den Neurotikern für spätere Erlebnisse beobachten und deren Wesen in einer bloßen Abhaltung vom Bewußtsein (Verdrängung) besteht. Aber welche Kräfte bringen diese Verdrängung der Kindheitseindrücke zustande? Wer dieses Rätsel löste, hätte wohl auch die hysterische Amnesie aufgeklärt.

Immerhin wollen wir nicht versäumen hervorzuheben, daß die Existenz der infantilen Amnesie einen neuen Vergleichspunkt zwischen dem Seelenzustand des Kindes und dem des Psychoneurotikers schafft. Einem anderen sind wir schon früher begegnet, als sich uns die Formel aufdrängte, daß die Sexualität der Psychoneurotiker den kindlichen Standpunkt bewahrt hat oder auf ihn zurückgeführt worden ist. Wenn nicht am Ende die infantile Amnesie selbst wieder mit den sexuellen Regungen der Kindheit in Beziehung zu bringen ist!

sind und dem anderen Geschlecht gegenüber einen Drang nach Berührungen empfinden“ (S. 326); der früheste Fall von Auftreten geschlechtlicher Liebesregungen *(sex-love)* in der Beobachtungsreihe von S. Bell (1902) betraf ein Kind in der Mitte des dritten Jahres. – Vergleiche hierzu noch Havelock Ellis, *Das Geschlechtsgefühl* (übersetzt von Kurella), 1903, Appendix, II.

[Zusatz 1910:] Das obenstehende Urteil über die Literatur der infantilen Sexualität braucht seit dem Erscheinen des großangelegten Werkes von Stanley Hall (1904) nicht mehr aufrechterhalten zu werden. – Das rezente Buch von A. Moll (1909) bietet keinen Anlaß zu einer solchen Modifikation. Siehe dagegen: Bleuler (1908). – [Zusatz 1915:] Ein Buch von Frau Dr. H. v. Hug-Hellmuth (1913) hat seither dem vernachlässigten sexuellen Faktor vollauf Rechnung getragen.

* Eines der mit den frühesten Kindheitserinnerungen verknüpften Probleme habe ich in einem Aufsatze „Über Deckerinnerungen“ (1899) zu lösen versucht. [Zusatz 1924:] Vgl. *Zur Psychopathologie des Alltagslebens* (1901), IV. Kapitel.

Es ist übrigens mehr als ein bloßes Spiel des Witzes, die infantile Amnesie mit der hysterischen zu verknüpfen. Die hysterische Amnesie, die der Verdrängung dient, wird nur durch den Umstand erklärlich, daß das Individuum bereits einen Schatz von Erinnerungsspuren besitzt, welche der bewußten Verfügung entzogen sind und die nun mit assoziativer Bindung das an sich reißen, worauf vom Bewußten her die abstoßenden Kräfte der Verdrängung wirken.* Ohne infantile Amnesie, kann man sagen, gäbe es keine hysterische Amnesie. Ich meine nun, daß die infantile Amnesie, die für jeden einzelnen seine Kindheit zu einer gleichsam *prähistorischen* Vorzeit macht und ihm die Anfänge seines eigenen Geschlechtslebens verdeckt, die Schuld daran trägt, wenn man der kindlichen Lebensperiode einen Wert für die Entwicklung des Sexuallebens im allgemeinen nicht zutraut. Ein einzelner Beobachter kann die so entstandene Lücke in unserem Wissen nicht ausfüllen. Ich habe bereits 1896 die Bedeutung der Kinderjahre für die Entstehung gewisser wichtiger, vom Geschlechtsleben abhängiger Phänomene betont und seither nicht aufgehört, das infantile Moment für die Sexualität in den Vordergrund zu rücken.

[1] DIE SEXUELLE LATENZPERIODE DER KINDHEIT UND IHRE DURCHBRECHUNGEN

Die außerordentlich häufigen Befunde von angeblich regelwidrigen und ausnahmsartigen sexuellen Regungen in der Kindheit sowie die Aufdeckung der bis dahin unbewußten Kindheitserinnerungen der Neurotiker gestatten etwa folgendes Bild von dem sexuellen Verhalten der Kinderzeit zu entwerfen.**

* [Zusatz 1915:] Man kann den Mechanismus der Verdrängung nicht verstehen, wenn man nur einen dieser beiden zusammenwirkenden Vorgänge berücksichtigt. Zum Vergleich möge die Art dienen, wie der Tourist auf die Spitze der großen Pyramide von Gizeh befördert wird; er wird von der einen Seite gestoßen, von der anderen Seite gezogen.

** Letzteres Material wird durch die berechtigte Erwartung verwertbar, daß die Kinderjahre der späteren Neurotiker hierin nicht wesentlich, nur in Hinsicht der Intensität und Deutlichkeit, von denen später Gesunder abweichen dürften.

Es scheint gewiß, daß das Neugeborene Keime von sexuellen Regungen mitbringt, die sich eine Zeitlang weiterentwickeln, dann aber einer fortschreitenden Unterdrückung unterliegen, welche selbst wieder durch regelrechte Vorstöße der Sexualentwicklung durchbrochen und durch individuelle Eigenheiten aufgehalten werden kann. Über die Gesetzmäßigkeit und die Periodizität dieses oszillierenden Entwicklungsganges ist nichts Gesichertes bekannt. Es scheint aber, daß das Sexualleben der Kinder sich zumeist um das dritte oder vierte Lebensjahr in einer der Beobachtung zugänglichen Form zum Ausdruck bringt.*

Die Sexualhemmungen

Während dieser Periode totaler oder bloß partieller Latenz werden die seelischen Mächte aufgebaut, die später dem Sexualtrieb als Hemmnisse in den Weg treten und gleichwie Dämme seine Richtung beengen werden (der Ekel, das Schamgefühl, die ästhetischen und moralischen Idealanforderungen). Man gewinnt beim Kulturkinde den Eindruck, daß der Aufbau dieser Dämme ein Werk der Erziehung ist, und sicherlich tut die Erziehung viel dazu. In Wirklichkeit ist diese Entwicklung eine organisch bedingte,

* Eine mögliche anatomische Analogie zu dem von mir behaupteten Verhalten der infantilen Sexualfunktion wäre durch den Fund von Bayer (1902) gegeben, daß die inneren Geschlechtsorgane (Uterus) Neugeborener in der Regel größer sind als die älterer Kinder. Indes ist die Auffassung dieser durch Halban auch für andere Teile des Genitalapparates festgestellten Involution nach der Geburt nicht sichergestellt. Nach Halban (1904) ist dieser Rückbildungsvorgang nach wenigen Wochen des Extrauterinlebens abgelaufen. – [Zusatz 1920):] Die Autoren, welche den interstitiellen Anteil der Keimdrüse als das geschlechtsbestimmende Organ betrachten, sind durch anatomische Untersuchungen dazu geführt worden, ihrerseits von infantiler Sexualität und sexueller Latenzzeit zu reden. Ich zitiere aus dem S. 58 erwähnten Buche von Lipschütz über die Pubertätsdrüse: „Man wird den Tatsachen viel eher gerecht, wenn man sagt, daß die Ausreifung der Geschlechtsmerkmale, wie sie sich in der Pubertät vollzieht, nur auf einem um diese Zeit stark beschleunigten Ablauf von Vorgängen beruht, die schon viel früher begonnen haben – unserer Auffassung nach schon im embryonalen Leben." (1919, 168.) – „*Was man bisher als Pubertät*

hereditär fixierte und kann sich gelegentlich ganz ohne Mithilfe der Erziehung herstellen. Die Erziehung verbleibt durchaus in dem ihr angewiesenen Machtbereich, wenn sie sich darauf einschränkt, das organisch Vorgezeichnete nachzuziehen und es etwas sauberer und tiefer auszuprägen.

Reaktionsbildung und Sublimierung

Mit welchen Mitteln werden diese für die spätere persönliche Kultur und Normalität so bedeutsamen Konstruktionen aufgeführt? Wahrscheinlich auf Kosten der infantilen Sexualregungen selbst, deren Zufluß also auch in dieser Latenzperiode nicht aufgehört hat, deren Energie aber – ganz oder zum größten Teil – von der sexuellen Verwendung abgeleitet und anderen Zwecken zugeführt wird. Die Kulturhistoriker scheinen einig in der Annahme, daß durch solche Ablenkung sexueller Triebkräfte von sexuellen Zielen und Hinlenkung auf neue Ziele, ein Prozeß, der den Namen *Sublimierung* verdient, mächtige Komponenten für alle kulturellen Leistungen gewonnen werden. Wir würden also hinzufügen, daß der nämliche Prozeß in der Entwicklung des einzelnen Individuums spielt, und seinen

schlechtweg bezeichnet hat, ist wahrscheinlich nur eine zweite große Phase der Pubertät, die um die Mitte des zweiten Jahrzehntes einsetzt ... Das Kindesalter, von der Geburt bis zu Beginn der zweiten großen Phase gerechnet, könnte man als die *‚intermediäre Phase der Pubertät'* bezeichnen." (Ibid., 170.) – Diese in einem Referat [über das Buch von Lipschütz] von Ferenczi (1920) hervorgehobene Übereinstimmung anatomischer Befunde mit der psychologischen Beobachtung wird durch die eine Angabe gestört, das der *„erste Gipfelpunkt"* der Entwicklung des Sexualorgans in die frühe Embryonalzeit fällt, während die kindliche Frühblüte des Sexuallebens in das dritte und vierte Lebensjahr zu verlegen ist. Die volle Gleichzeitigkeit der anatomischen Ausbildung mit der psychischen Entwicklung ist natürlich nicht erforderlich. Die betreffenden Untersuchungen sind an der Keimdrüse des Menschen gemacht worden. Da den Tieren eine Latenzzeit im psychologischen Sinne nicht zukommt, läge viel daran zu wissen, ob die anatomischen Befunde, auf deren Grund die Autoren zwei Gipfelpunkte der Sexualentwicklung annehmen, auch an anderen höheren Tieren nachweisbar sind.

Beginn in die sexuelle Latenzperiode der Kindheit verlegen.*

Auch über den Mechanismus einer solchen Sublimierung kann man eine Vermutung wagen. Die sexuellen Regungen dieser Kinderjahre wären einerseits unverwendbar, da die Fortpflanzungsfunktionen aufgeschoben sind, was den Hauptcharakter der Latenzperiode ausmacht, andererseits wären sie an sich pervers, das heißt von erogenen Zonen ausgehend und von Trieben getragen, welche bei der Entwicklungsrichtung des Individuums nur Unlustempfindungen hervorrufen könnten. Sie rufen daher seelische Gegenkräfte (Reaktionsregungen) wach, die zur wirksamen Unterdrückung solcher Unlust die erwähnten psychischen Dämme: Ekel, Scham und Moral, aufbauen.**

DURCHBRÜCHE DER LATENZZEIT Ohne uns über die hypothetische Natur und die mangelhafte Klarheit unserer Einsichten in die Vorgänge der kindlichen Latenz- oder Aufschubsperiode zu täuschen, wollen wir zur Wirklichkeit zurückkehren, um anzugeben, daß solche Verwendung der infantilen Sexualität ein Erziehungsideal darstellt, von dem die Entwicklung der einzelnen meist an irgendeiner Stelle und oft in erheblichem Maße abweicht. Es bricht zeitweise ein Stück Sexualäußerung durch, das sich der Sublimierung entzogen hat, oder es erhält sich eine sexuelle Betätigung durch die ganze Dauer der Latenzperiode bis zum verstärkten Hervorbrechen des Sexualtriebes in der Pupertät. Die Erzieher benehmen sich, insofern sie überhaupt der Kindersexualität Aufmerksamkeit schenken, genauso, als teilten sie unsere Ansichten über die Bildung der moralischen Abwehrmächte auf Kosten der Sexualität und als wüßten sie, daß sexuelle Betätigung das Kind unerziehbar macht, denn sie verfolgen

* Die Bezeichnung „sexuelle Latenzperiode" entlehne ich ebenfalls von W. Fließ.

** [Zusatz 1915:] In dem hier besprochenen Falle geht die Sublimierung sexueller Triebkräfte auf dem Wege der Reaktionsbildung vor sich. Im allgemeinen darf man aber Sublimierung und Reaktionsbildung als zwei verschiedene Prozesse begrifflich voneinander scheiden. Es kann auch Sublimierungen durch andere und einfachere Mechanismen geben.

alle sexuellen Äußerungen des Kindes als „Laster", ohne viel gegen sie ausrichten zu können. Wir aber haben allen Grund, diesen von der Erziehung gefürchteten Phänomenen Interesse zuzuwenden, denn wir erwarten von ihnen den Aufschluß über die ursprüngliche Gestaltung des Geschlechtstriebes.

[2] DIE ÄUSSERUNGEN DER INFANTILEN SEXUALITÄT

DAS LUTSCHEN Aus später zu ersehenden Motiven wollen wir unter den infantilen Sexualäußerungen das *Ludeln* (Wonnesaugen) zum Muster nehmen, dem der ungarische Kinderarzt Lindner eine ausgezeichnete Studie gewidmet hat (1879).

Das *Ludeln* oder *Lutschen,* das schon beim Säugling auftritt und bis in die Jahre der Reife fortgesetzt werden oder sich durchs ganze Leben erhalten kann, besteht in einer rhythmisch wiederholten saugenden Berührung mit dem Munde (den Lippen), wobei der Zweck der Nahrungsaufnahme ausgeschlossen ist. Ein Teil der Lippe selbst, die Zunge, eine beliebige andere erreichbare Hautstelle – selbst die große Zehe – werden zum Objekt genommen, an dem das Saugen ausgeführt wird. Ein dabei auftretender Greiftrieb äußert sich etwa durch gleichzeitiges rhythmisches Zupfen am Ohrläppchen und kann sich eines Teiles einer anderen Person (meist ihres Ohres) zu gleichem Zwecke bemächtigen. Das Wonnesaugen ist mit voller Aufzehrung der Aufmerksamkeit verbunden, führt entweder zum Einschlafen oder selbst zu einer motorischen Reaktion in einer Art von Orgasmus.* Nicht selten kombiniert sich mit dem Wonnesaugen die reibende Berührung gewisser empfindlicher Körperstellen, der Brust, der äußeren Genitalien. Auf diesem Wege gelangen viele Kinder vom Ludeln zur Masturbation.

* Hier erweist sich bereits, was fürs ganze Leben Gültigkeit hat, daß sexuelle Befriedigung das beste Schlafmittel ist. Die meisten Fälle nervöser Schlaflosigkeit gehen auf sexuelles Unbefriedigtsein zurück. Es ist bekannt, daß gewissenlose Kinderfrauen die schreienden Kinder durch Streicheln an den Genitalien einschläfern.

Lindner selbst hat die sexuelle Natur dieses Tuns klar erkannt und rückhaltlos betont. In der Kinderstube wird das Ludeln häufig den anderen sexuellen „Unarten" des Kindes gleichgestellt. Von seiten zahlreicher Kinder- und Nervenärzte ist ein sehr energischer Einspruch gegen diese Auffassung erhoben worden, der zum Teil gewiß auf der Verwechslung von „sexuell" und „genital" beruht. Dieser Widerspruch wirft die schwierige und nicht abzuweisende Frage auf, an welchem allgemeinen Charakter wir die sexuellen Äußerungen des Kindes erkennen wollen. Ich meine, daß der Zusammenhang der Erscheinungen, in welchen wir durch die psychoanalytische Untersuchung Einsicht gewonnen haben, uns berechtigt, daß Ludeln als eine sexuelle Äußerung in Anspruch zu nehmen und gerade an ihm die wesentlichen Züge der infantilen Sexualbetätigung zu studieren.*

AUTOEROTISMUS Wir haben die Verpflichtung, dieses Beispiel eingehend zu würdigen. Heben wir als den auffälligsten Charakter dieser Sexualbetätigung hervor, daß der Trieb nicht auf andere Personen gerichtet ist; er befriedigt sich am eigenen Körper, er ist *autoerotisch,* um es mit einem glücklichen, von Havelock Ellis [1898] eingeführten Namen zu sagen.**

* [Zusatz 1920:] Ein Dr. Galant hat 1919 in *Neurol. Zentralbl.* Nr. 20 unter dem Titel „Das Lutscheli" das Bekenntnis eines erwachsenen Mädchens veröffentlicht, welches diese kindliche Sexualbetätigung nicht aufgegeben hat und die Befriedigung durch das Lutschen als völlig analog einer sexuellen Befriedigung, insbesondere durch den Kuß des Geliebten, schildert. „Nicht alle Küsse gleichen einem Lutscherli: nein, nein, lange nicht alle! Man kann nicht schreiben, wie wohlig es einem durch den ganzen Körper beim Lutschen geht; man ist einfach weg von dieser Welt, man ist ganz zufrieden und wunschlos glücklich. Es ist ein wunderbares Gefühl; man verlangt nichts als Ruhe, die gar nicht unterbrochen werden soll. Es ist einfach unsagbar schön; man spürt keinen Schmerz, kein Weh und Ach, man ist entrückt in eine andere Welt."

** [Zusatz 1920:] H. Ellis hat den Terminus „autoerotisch" allerdings etwas anders bestimmt, im Sinne einer Erregung, die nicht von außen hervorgerufen wird, sondern im Innern selbst entspringt. Für die Psychoanalyse ist nicht die Genese, sondern die Beziehung zu einem Objekt das Wesentliche.

Es ist ferner deutlich, daß die Handlung des lutschenden Kindes durch das Suchen nach einer – bereits erlebten und nun erinnerten – Lust bestimmt wird. Durch das rhythmische Saugen an einer Haut- oder Schleimhautstelle findet es dann im einfachsten Falle die Befriedigung. Es ist auch leicht zu erraten, bei welchen Anlässen das Kind die ersten Erfahrungen dieser Lust gemacht hat, die es nun zu erneuern strebt. Die erste und lebenswichtigste Tätigkeit des Kindes, das Saugen an der Mutterbrust (oder an ihren Surrogaten), muß es bereits mit dieser Lust vertraut gemacht haben. Wir würden sagen, die Lippen des Kindes haben sich benommen wie eine *erogene Zone,* und die Reizung durch den warmen Milchstrom war wohl die Ursache der Lustempfindung. Anfangs war wohl die Befriedigung der erogenen Zone mit der Befriedigung des Nahrungsbedürfnisses vergesellschaftet. Die Sexualbetätigung lehnt sich zunächst an eine der zur Lebenserhaltung dienenden Funktionen an und macht sich erst später von ihr selbständig. Wer ein Kind gesättigt von der Brust zurücksinken sieht, mit geröteten Wangen und seligem Lächeln in Schlaf verfallen, der wird sich sagen müssen, daß dieses Bild auch für den Ausdruck der sexuellen Befriedigung im späteren Leben maßgebend bleibt. Nun wird das Bedürfnis nach Wiederholung der sexuellen Befriedigung von dem Bedürfnis nach Nahrungsaufnahme getrennt, eine Trennung, die unvermeidlich ist, wenn die Zähne erscheinen und die Nahrung nicht mehr ausschließlich eingesogen, sondern gekaut wird. Eines fremden Objektes bedient sich das Kind zum Saugen nicht, sondern lieber einer eigenen Hautstelle, weil diese ihm bequemer ist, weil es sich so von der Außenwelt unabhängig macht, die es zu beherrschen noch nicht vermag, und weil es sich solcherart gleichsam eine zweite, wenngleich minderwertige erogene Zone schafft. Die Minderwertigkeit dieser zweiten Stelle wird es später mit dazu veranlassen, die gleichartigen Teile, die Lippen, einer anderen Person zu suchen. („Schade, daß ich mich nicht küssen kann", möchte man ihm unterlegen.)

Nicht alle Kinder lutschen. Es ist anzunehmen, daß jene Kinder dazu gelangen, bei denen die erogene Bedeutung der Lippenzone konstitutionell verstärkt ist. Bleibt diese erhalten, so werden diese Kinder als Erwachsene Kußfein-

schmecker werden, zu perversen Küssen neigen oder als Männer ein kräftiges Motiv zum Trinken und Rauchen mitbringen. Kommt aber die Verdrängung hinzu, so werden sie Ekel vor dem Essen empfinden und hysterisches Erbrechen produzieren. Kraft der Gemeinsamkeit der Lippenzone wird die Verdrängung auf den Nahrungstrieb übergreifen. Viele meiner Patientinnen mit Eßstörungen, hysterischem Globus, Schnüren im Hals und Erbrechen waren in den Kinderjahren energische Ludlerinnen gewesen.
Am Lutschen oder Wonnesaugen haben wir bereits die drei wesentlichen Charaktere einer infantilen Sexualäußerung bemerken können. Dieselbe entsteht in *Anlehnung* an eine der lebenswichtigen Körperfunktionen, sie kennt noch kein Sexualobjekt, ist *autoerotisch,* und ihr Sexualziel steht unter der Herrschaft einer *erogenen Zone.* Nehmen wir vorweg, daß diese Charaktere auch für die meisten anderen Betätigungen der infantilen Sexualtriebe gelten.

[3] DAS SEXUALZIEL DER INFANTILEN SEXUALITÄT

CHARAKTERE EROGENER ZONEN

Aus dem Beispiel des Ludelns ist zur Kennzeichnung einer erogenen Zone noch mancherlei zu entnehmen. Es ist eine Haut- oder Schleimhautstelle, an der Reizungen von gewisser Art eine Lustempfindung von bestimmter Qualität hervorrufen. Es ist kein Zweifel, daß die lusterzeugenden Reize an besondere Bedingungen gebunden sind; wir kennen dieselben nicht. Der rhythmische Charakter muß unter ihnen eine Rolle spielen, die Analogie mit dem Kitzelreiz drängt sich auf. Minder ausgemacht scheint es, ob man den Charakter der durch den Reiz hervorgerufenen Lustempfindung als einen „besonderen" bezeichnen darf, wo in dieser Besonderheit eben das sexuelle Moment enthalten wäre. In Sachen der Lust und Unlust tappt die Psychologie noch so sehr im dunkeln, daß die vorsichtigste Annahme die empfehlenswerteste sein wird. Wir werden später vielleicht auf Gründe stoßen, welche die Besonderheitsqualität der Lustempfindung zu unterstützen scheinen. Die erogene Eigenschaft kann einzelnen Körperstellen in ausgezeichneter Weise anhaften. Es gibt prädestinierte erogene Zonen, wie das Beispiel des Ludelns zeigt. Dasselbe Beispiel lehrt aber auch, daß jede beliebige andere Haut- und Schleimhautstelle die Dienste einer erogenen Zone auf sich nehmen kann, also eine gewisse Eignung dazu mitbringen muß. Die Qualität des Reizes hat also mit der Erzeugung der Lustempfindung mehr zu tun als die Beschaffenheit der Körperstelle. Das ludelnde Kind sucht an seinem Körper herum und wählt sich irgendeine Stelle zum Wonnesaugen aus, die ihm dann durch Gewöhnung die bevorzugte wird; wenn es zufällig dabei auf eine der prädestinierten Stellen stößt (Brustwarze, Genitalien), so verbleibt freilich dieser der Vorzug. Die ganz analoge Verschiebbarkeit kehrt dann in der Symptomatologie der Hysterie wieder. Bei dieser Neurose betrifft die Verdrängung die eigentlichen Genitalzonen am allermeisten, und diese geben ihre Reizbarkeit an die übrigen, sonst im reifen Leben zurückgesetzten erogenen Zonen ab, die sich dann ganz wie Genitalien gebärden. Aber außerdem kann ganz wie beim Ludeln jede beliebige andere Körperstelle mit der Erregbarkeit der Genitalien ausgestattet und zur erogenen Zone erhoben werden. Erogene und hysterogene Zonen zeigen die nämlichen Charaktere.*

INFANTILES SEXUALZIEL

Das Sexualziel des infantilen Triebes besteht darin, die Befriedigung durch die geeignete Reizung der so oder so gewählten erogenen Zone hervorzurufen. Diese Befriedigung muß vorher erlebt worden sein, um ein Bedürfnis nach ihrer Wiederholung zurückzulassen, und wir dürfen darauf vorbereitet sein, daß die Natur sichere Vorrichtungen getroffen hat, um dieses Erleben der Befriedigung nicht dem Zufalle zu überlassen.** Die Veranstaltung, welche diesen Zweck für die Lippenzone erfüllt, haben wir bereits kennengelernt, es ist die gleichzeitige Verknüpfung dieser Kör-

* [Zusatz 1915:] Weitere Überlegungen und die Verwertung anderer Beobachtungen führen dazu, die Eigenschaft der Erogeneität allen Körperstellen und inneren Organen zuzusprechen. Vgl. hierzu weiter unten über den Narzißmus.

** [Zusatz 1920:] Man kann es in biologischen Erörterungen kaum vermeiden, sich der teleologischen Denkweise zu bedienen, obwohl man weiß, daß man im einzelnen Falle gegen den Irrtum nicht gesichert ist.

perstelle mit der Nahrungsaufnahme. Andere ähnliche Verrichtungen werden uns noch als Quellen der Sexualität begegnen. Der Zustand des Bedürfnisses nach Wiederholung der Befriedigung verrät sich durch zweierlei: durch ein eigentümliches Spannungsgefühl, welches an sich mehr den Charakter der Unlust hat, und durch eine *zentral bedingte,* in die peripherische erogene Zone projizierte Juck- oder Reizempfindung. Man kann das Sexualziel darum auch so formulieren, es käme darauf an, die projizierte Reizempfindung an der erogenen Zone durch denjenigen äußeren Reiz zu ersetzen, welcher die Reizempfindung aufhebt, indem er die Empfindung der Befriedigung hervorruft. Dieser äußere Reiz wird zumeist in einer Manipulation bestehen, die analog dem Saugen ist.
Es ist nur im vollen Einklang mit unserem physiologischen Wissen, wenn es vorkommt, daß das Bedürfnis auch peripherisch, durch eine wirkliche Veränderung an der erogenen Zone geweckt wird. Es wirkt nur einigermaßen befremdend, da der eine Reiz zu seiner Aufhebung nach einem zweiten, an derselben Stelle angebrachten zu verlangen scheint.

[4] DIE MASTURBATORISCHEN SEXUALÄUSSERUNGEN*

Es kann uns nur höchst erfreulich sein zu finden, daß wir von der Sexualbetätigung des Kindes nicht mehr viel Wichtiges zu lernen haben, nachdem uns der Trieb von einer einzigen erogenen Zone her verständlich geworden ist. Die deutlichsten Unterschiede beziehen sich auf die zur Befriedigung notwendige Vornahme, die für die Lippenzone im Saugen bestand und die je nach Lage und Beschaffenheit der anderen Zonen durch andere Muskelaktionen ersetzt werden muß.

BETÄTIGUNG DER AFTERZONE

Die Afterzone ist ähnlich wie die Lippenzone durch ihre Lage geeignet, eine *Anlehnung* der Sexualität an andere Kör-

* Vgl. hierzu die sehr reichhaltige, aber meist in den Gesichtspunkten unorientierte Literatur über Onanie, z. B. Rohleder (1898) [Zusatz 1915:], ferner das II. Heft der *Diskussionen der Wiener Psychoanalytischen Vereinigung. Die Onanie.* Wiesbaden 1912.

perfunktionen zu vermitteln. Man muß sich die erogene Bedeutung dieser Körperstelle als ursprünglich sehr groß vorstellen. Durch die Psychoanalyse erfährt man dann nicht ohne Verwunderung, welche Umwandlungen mit den von hier ausgehenden sexuellen Erregungen normalerweise vorgenommen werden und wie häufig der Zone noch ein beträchtliches Stück genitaler Reizbarkeit fürs Leben verbleibt.* Die so häufigen Darmstörungen der Kinderjahre sorgen dafür, daß es der Zone an intensiven Erregungen nicht fehle. Darmkatarrhe im zartesten Alter machen „nervös", wie man sich ausdrückt; bei späterer neurotischer Erkrankung nehmen sie einen bestimmenden Einfluß auf den symptomatischen Ausdruck der Neurose, welcher sie die ganze Summe von Darmstörungen zur Verfügung stellen. Mit Hinblick auf die wenigstens in Umwandlung erhalten gebliebene erogene Bedeutung der Darmausgangszone darf man auch die hämorrhoidalen Einflüsse nicht verlachen, denen die ältere Medizin für die Erklärung neurotischer Zustände soviel Gewicht beigelegt hat.

Kinder, welche die erogene Reizbarkeit der Afterzone ausnützen, verraten sich dadurch, daß sie die Stuhlmassen zurückhalten, bis dieselben durch ihre Anhäufung heftige Muskelkontraktionen anregen und beim Durchgang durch den After einen starken Reiz auf die Schleimhaut ausüben können. Dabei muß wohl neben der schmerzhaften die Wollustempfindung zustande kommen. Es ist eines der besten Vorzeichen späterer Absonderlichkeit oder Nervosität, wenn ein Säugling sich hartnäckig weigert, den Darm zu entleeren, wenn er auf den Topf gesetzt wird, also wenn es dem Pfleger beliebt, sondern diese Funktion seinem eigenen Belieben vorbehält. Es kommt ihm natürlich nicht darauf an, sein Lager schmutzig zu machen; er sorgt nur, daß ihm der Lustnebengewinn bei der Defäkation nicht entgehe. Die Erzieher ahnen wiederum das Richtige, wenn sie solche Kinder, die sich diese Verrichtungen „aufheben", schlimm nennen.

Der Darminhalt, der als Reizkörper für eine sexuell empfindliche Schleimhautfläche sich wie der Vorläufer eines an-

* [Zusatz 1910:] Vgl. die Aufsätze „Charakter und Analerotik" (1908) [Zusatz 1920:] und „Über Triebumsetzungen insbesondere der Analerotik" (1917).

deren Organs benimmt, welches erst nach der Kindheitsphase in Aktion treten soll, hat für den Säugling noch andere wichtige Bedeutungen. Er wird offenbar wie ein zugehöriger Körperteil behandelt, stellt das erste „Geschenk" dar, durch dessen Entäußerung die Gefügigkeit, durch dessen Verweigerung der Trotz des kleinen Wesens gegen seine Umgebung ausgedrückt werden kann. Vom „Geschenk" aus gewinnt er dann später die Bedeutung des „Kindes", das nach einer der infantilen Sexualtheorien durch Essen erworben und durch den Darm geboren wird. Die Zurückhaltung der Fäkalmassen, die also anfangs eine absichtliche ist, um sie zur gleichsam masturbatorischen Reizung der Afterzone zu benützen oder in der Relation zu den Pflegepersonen zu verwenden, ist übrigens eine der Wurzeln der bei den Neuropathen so häufigen Obstipation. Die ganze Bedeutung der Afterzone spiegelt sich dann in der Tatsache, daß man nur wenige Neurotiker findet, die nicht ihre besonderen skatologischen Gebräuche, Zeremonien und dergleichen hätten, die von ihnen sorgfältig geheimgehalten werden.*

Echte masturbatorische Reizung der Afterzone mit Hilfe des Fingers, durch zentral bedingtes oder peripherisch unterhaltenes Jucken hervorgerufen, ist bei älteren Kindern keineswegs selten.

Betätigung der Genitalzonen

Unter den erogenen Zonen des kindlichen Körpers befindet sich eine, die gewiß nicht die erste Rolle spielt, auch

* [Zusatz 1920:] In einer Arbeit, welche unser Verständnis für die Bedeutung der Analerotik außerordentlich vertieft (1916), hat Lou Andreas-Salomé ausgeführt, daß die Geschichte des ersten Verbotes, welches an das Kind herantritt, des Verbotes, aus der Analtätigkeit und ihren Produktionen Lust zu gewinnen, für seine ganze Entwicklung maßgebend wird. Das kleine Wesen muß bei diesem Anlasse zuerst die seinen Triebregungen feindliche Umwelt ahnen, sein eigenes Wesen von diesem Fremden sondern lernen und dann die erste „Verdrängung" an seinen Lustmöglichkeiten vollziehen. Das „Anale" bleibt von da an das Symbol für alles zu Verwerfende, vom Leben Abzuscheidende. Der später geforderten reinlichen Scheidung von Anal- und Genitalvorgängen widersetzen sich die nahen anatomischen und funktionellen Analogien und Beziehungen zwischen beiden. Der Genitalapparat bleibt der Kloake benachbart, „ist ihr beim Weibe sogar nur abgemietet".

nicht die Trägerin der ältesten sexuellen Regungen sein kann, die aber zu großen Dingen in der Zukunft bestimmt ist. Sie ist beim männlichen wie beim weiblichen Kind in Beziehung zur Harnentleerung gebracht (Eichel, Klitoris) und beim ersteren in einen Schleimhautsack einbezogen, so daß es ihr an Reizungen durch Sekrete, welche die sexuelle Erregung frühzeitig anfachen können, nicht fehlen kann. Die sexuellen Betätigungen dieser erogenen Zone, die den wirklichen Geschlechtsteilen angehört, sind ja der Beginn des später „normalen" Geschlechtslebens.

Durch die anatomische Lage, die Überströmung mit Sekreten, durch die Waschungen und Reibungen der Körperpflege und durch gewisse akzidentelle Erregungen (wie die Wanderungen von Eingeweidewürmern bei Mädchen) wird es unvermeidlich, daß die Lustempfindung, welche diese Körperstelle zu ergeben fähig ist, sich dem Kinde schon im Säuglingsalter bemerkbar mache und ein Bedürfnis nach ihrer Wiederholung erwecke. Überblickt man die Summe der vorliegenden Einrichtungen und bedenkt, daß die Maßregeln zur Reinhaltung kaum anders wirken können als die Verunreinigung, so wird man sich kaum der Auffassung entziehen können, daß durch die Säuglingsonanie, der kaum ein Individuum entgeht, das künftige Primat dieser erogenen Zone für die Geschlechtstätigkeit festgelegt wird. Die den Reiz beseitigende und die Befriedigung auslösende Aktion besteht in einer reibenden Berührung mit der Hand oder in einem gewiß reflektorisch vorgebildeten Druck durch die Hand oder die zusammenschließenden Oberschenkel. Letztere Vornahme ist die beim Mädchen weitaus häufigere. Beim Knaben weist die Bevorzugung der Hand bereits darauf hin, welchen wichtigen Beitrag zur männlichen Sexualtätigkeit der Bemächtigungstrieb einst leisten wird.*

Es wird der Klarheit nur förderlich sein, wenn ich angebe, daß man drei Phasen der infantilen Masturbation zu unterscheiden hat. Die erste von ihnen gehört der Säuglingszeit an, die zweite der kurzen Blütezeit der Sexualbetätigung um das vierte Lebensjahr, erst die dritte entspricht der oft ausschließlich gewürdigten Pubertätsonanie.

* [Zusatz 1915:] Ungewöhnliche Techniken bei der Ausführung der Onanie in späteren Jahren scheinen auf den Einfluß eines überwundenen Onanieverbotes hinzuweisen.

Die zweite Phase der kindlichen Masturbation Die Säuglingsonanie scheint nach kurzer Zeit zu schwinden, doch kann mit der ununterbrochenen Fortsetzung derselben bis zur Pubertät bereits die erste große Abweichung von der für den Kulturmenschen anzustrebenden Entwicklung gegeben sein. Irgend einmal in den Kinderjahren nach der Säuglingszeit, gewöhnlich vor dem vierten Jahr, pflegt der Sexualtrieb dieser Genitalzone wieder zu erwachen und dann wiederum eine Zeitlang bis zu einer neuen Unterdrückung anzuhalten oder sich ohne Unterbrechung fortzusetzen. Die möglichen Verhältnisse sind sehr mannigfaltig und können nur durch genauere Zergliederung einzelner Fälle erörtert werden. Aber alle Einzelheiten dieser *zweiten* infantilen Sexualbetätigung hinterlassen die tiefsten (unbewußten) Eindrucksspuren im Gedächtnis der Person, bestimmen die Entwicklung ihres Charakters, wenn sie gesund bleibt, und die Symptomatik ihrer Neurose, wenn sie nach der Pubertät erkrankt.* Im letzteren Falle findet man diese Sexualperiode vergessen, die für sie zeugenden bewußten Erinnerungen verschoben; – ich habe schon erwähnt, daß ich auch die normale infantile Amnesie mit dieser infantilen Sexualbetätigung in Zusammenhang bringen möchte. Durch psychoanalytische Erforschung gelingt es, das Vergessene bewußtzumachen und damit einen Zwang zu beseitigen, der vom unbewußten psychischen Material ausgeht.

Wiederkehr der Säuglingsmasturbation Die Sexualerregung der Säuglingszeit kehrt in den bezeichneten Kinderjahren entweder als zentral bedingter Kitzelreiz wieder, der zur onanistischen Befriedigung auffordert, oder als pollutionsartiger Vorgang, der analog der Pollution der Reifezeit die Befriedigung ohne

* [Zusatz 1915:] Warum das Schuldbewußtsein der Neurotiker regelmäßig, wie noch kürzlich Bleuler anerkannt hat, an die erinnerte onanistische Betätigung, meist der Pubertätszeit anknüpft, harrt noch einer erschöpfenden analytischen Aufklärung. [Zusatz 1920:] Der größte und wichtigste Faktor dieser Bedingtheit dürfte wohl die Tatsache sein, daß die Onanie ja die Exekutive der ganzen infantilen Sexualität darstellt und darum befähigt ist, das dieser anhaftende Schuldgefühl zu übernehmen.

Mithilfe einer Aktion erreicht. Letzterer Fall ist der bei Mädchen und in der zweiten Hälfte der Kindheit häufigere, in seiner Bedingtheit nicht ganz verständlich und scheint oft – nicht regelmäßig – eine Periode früherer aktiver Onanie zur Voraussetzung zu haben. Die Symptomatik dieser Sexualäußerungen ist armselig; für den noch unentwickelten Geschlechtsapparat gibt meist der Harnapparat, gleichsam als sein Vormund, Zeichen. Die meisten sogenannten Blasenleiden dieser Zeit sind sexuelle Störungen; die *enuresis nocturna* entspricht, wo sie nicht einen epileptischen Anfall darstellt, einer Pollution.

Für das Wiederauftreten der sexuellen Tätigkeit sind innere Ursachen und äußere Anlässe maßgebend, die beide in neurotischen Erkrankungsfällen aus der Gestaltung der Symptome zu erraten und durch die psychoanalytische Forschung mit Sicherheit aufzudecken sind. Von den inneren Ursachen wird später die Rede sein; die zufälligen äußeren Anlässe gewinnen um diese Zeit eine große und nachhaltige Bedeutung. Voran steht der Einfluß der Verführung, die das Kind vorzeitig als Sexualobjekt behandelt und es unter eindrucksvollen Umständen die Befriedigung von den Genitalzonen kennen lehrt, welche sich onanistisch zu erneuern es dann meist gezwungen bleibt. Solche Beeinflussung kann von Erwachsenen oder anderen Kindern ausgehen; ich kann nicht zugestehen, daß ich in meiner Abhandlung 1896 „Über die Ätiologie der Hysterie" die Häufigkeit oder die Bedeutung derselben überschätzt habe, wenngleich ich damals noch nicht wußte, daß normal gebliebene Individuen in ihren Kinderjahren die nämlichen Erlebnisse gehabt haben können, und darum die Verführung höher wertete als die in der sexuellen Konstitution und Entwicklung gegebenen Faktoren. Es ist selbstverständlich, daß es der Verführung nicht bedarf, um das Sexualleben des Kindes zu wecken, daß solche Erweckung auch spontan aus inneren Ursachen vor sich gehen kann.

Polymorph perverse Anlage

Es ist lehrreich, daß das Kind unter dem Einfluß der Verführung polymorph pervers werden, zu allen möglichen Überschreitungen verleitet werden kann. Dies zeigt, daß es die Eignung dazu in seiner Anlage mitbringt; die Ausführung findet darum geringe Widerstände, weil die seelischen Dämme gegen sexuelle Ausschreitungen, Scham, Ekel und Moral, je nach dem Alter des Kindes noch nicht aufgeführt oder erst in Bildung begriffen sind. Das Kind verhält sich hierin nicht anders als etwa das unkultivierte Durchschnittsweib, bei dem die nämliche polymorph perverse Veranlagung erhalten bleibt. Dieses kann unter den gewöhnlichen Bedingungen etwa sexuell normal bleiben, unter der Leitung eines geschickten Verführers wird es an allen Perversionen Geschmack finden und dieselben für seine Sexualbetätigung festhalten. Die nämliche polymorphe, also infantile Anlage beutet dann die Dirne für ihre Berufstätigkeit aus, und bei der riesigen Anzahl der prostituierten Frauen und solcher, denen man die Eignung zur Prostitution zusprechen muß, obwohl sie dem Berufe entgangen sind, wird es endgültig unmöglich, in der gleichmäßigen Anlage zu allen Perversionen nicht das allgemein Menschliche und Ursprüngliche zu erkennen.

Partialtriebe

Im übrigen hilft der Einfluß der Verführung nicht dazu, die anfänglichen Verhältnisse des Geschlechtstriebes zu enthüllen, sondern verwirrt unsere Einsicht in dieselben, indem er dem Kinde vorzeitig das Sexualobjekt zuführt, nach dem der infantile Sexualtrieb zunächst kein Bedürfnis zeigt. Indes müssen wir zugestehen, daß auch das kindliche Sexualleben, bei allem Überwiegen der Herrschaft erogener Zonen, Komponenten zeigt, für welche andere Personen als Sexualobjekte von Anfang an in Betracht kommen. Solcher Art sind die in gewisser Unabhängigkeit von erogenen Zonen auftretenden Triebe der Schau- und Zeigelust und der Grausamkeit, die in ihre innigen Beziehungen zum Genitalleben erst später eintreten, aber schon in den Kinderjahren als zunächst von der erogenen Sexualtätigkeit gesonderte, selbständige Strebungen bemerkbar werden. Das kleine Kind ist vor allem schamlos und zeigt in gewissen frühen Jahren ein unzweideutiges Vergnügen an der Entblößung seines Körpers mit besonderer Hervorhebung der Geschlechtsteile. Das Gegenstück dieser als pervers geltenden Neigung, die Neugierde, Genitalien anderer Personen zu sehen, wird wahrscheinlich erst in etwas späteren Kinderjahren offenkundig, wenn das Hindernis des Schamgefühles bereits eine gewisse Entwicklung erreicht hat. Unter dem Einfluß der Verführung kann die Schauperversion eine große Bedeutung für das Sexualleben des Kindes erreichen. Doch muß ich aus meinen Erforschungen der Kinderjahre Gesunder wie neurotisch Kranker den Schluß ziehen, daß der Schautrieb beim Kinde als spontane Sexualäußerung aufzutreten vermag. Kleine Kinder, deren Aufmerksamkeit einmal auf die eigenen Genitalien – meist masturbatorisch – gelenkt ist, pflegen den weiteren Fortschritt ohne fremdes Dazutun zu treffen und lebhaftes Interesse für die Genitalien ihrer Gespielen zu entwickeln. Da sich die Gelegenheit, solche Neugierde zu befriedigen, meist nur bei der Befriedigung der beiden exkrementellen Bedürfnisse ergibt, werden solche Kinder zu *voyeurs*, eifrigen Zuschauern bei der Harn- und Kotentleerung anderer. Nach eingetretener Verdrängung dieser Neigungen bleibt die Neugierde, fremde Genitalien (des eigenen oder des anderen Geschlechtes) zu sehen, als quälender Drang bestehen, der bei manchen neurotischen Fällen dann die stärkste Triebkraft für die Symptombildung abgibt.

In noch größerer Unabhängigkeit von der sonstigen, an erogene Zonen gebundenen Sexualbetätigung entwickelt sich beim Kinde die Grausamkeitskomponente des Sexualtriebes. Grausamkeit liegt dem kindlichen Charakter überhaupt nahe, da das Hemmnis, welches den Bemächtigungstrieb vor dem Schmerz des anderen haltmachen läßt, die Fähigkeit zum Mitleiden, sich verhältnismäßig spät ausbildet. Die gründliche psychologische Analyse dieses Triebes ist bekanntlich noch nicht geglückt; wir dürfen annehmen, daß die grausame Regung vom Bemächtigungstrieb herstammt und zu einer Zeit im Sexualleben auftritt, da die Genitalien noch nicht ihre spätere Rolle aufgenommen haben. Sie beherrscht dann eine Phase des Sexuallebens, die wir später als prägenitale Organisation beschreiben werden. Kinder, die sich durch besondere Grausamkeit gegen Tiere und Gespielen auszeichnen, erwecken gewöhnlich mit Recht den Verdacht auf intensive und vorzeitige Sexualbetätigung von erogenen Zonen her, und bei gleichzeitiger Frühreife aller sexuellen Triebe scheint die erogene Sexualbetätigung doch die primäre zu sein. Der Wegfall der Mitleidsschranke bringt die Gefahr mit sich, daß diese in der Kindheit erfolgte Verknüpfung der grausamen mit den erogenen Trieben sich späterhin im Leben als unlösbar erweise. Als eine erogene Wurzel des passiven Triebes zur Grausamkeit (des Masochismus) ist die schmerzhafte Reizung der Gesäßhaut allen Erziehern seit dem Selbstbekenntnis Jean Jacques Rousseaus bekannt. Sie haben hieraus mit Recht die Forderung abgeleitet, daß die körperliche Züchtigung, die zumeist diese Körperpartie trifft, bei all den Kindern zu unterbleiben habe, bei denen durch die späteren Anforderungen der Kulturerziehung die Libido auf die kollateralen Wege gedrängt werden mag.*

[5] DIE INFANTILE SEXUALFORSCHUNG

Der Wisstrieb Um dieselbe Zeit, da das Sexualleben des Kindes seine erste Blüte erreicht, vom dritten bis zum fünften Jahr, stellen sich bei ihm auch die Anfänge jener Tätigkeit ein, die man dem Wiß- oder Forschertrieb zuschreibt. Der Wißtrieb kann weder zu den elementaren Triebkomponenten gerechnet noch ausschließlich der Sexualität untergeordnet werden. Sein Tun entspricht einerseits einer sublimierten Weise der Bemächtigung, anderseits arbeitet er mit der Energie der Schaulust. Seine Beziehungen zum Sexualleben sind aber besonders bedeutsame, denn wir haben aus der Psychoanalyse erfahren, daß der Wißtrieb der Kinder unvermutet früh und in

* [Zusatz 1910:] Zu den obenstehenden Behauptungen über die infantile Sexualität war ich im Jahre 1905 wesentlich durch die Resultate psychoanalytischer Erforschung von Erwachsenen berechtigt. Die direkte Beobachtung am Kinde konnte damals nicht im vollen Ausmaß benützt werden und hatte nur vereinzelte Winke und wertvolle Bestätigungen ergeben. Seither ist es gelungen, durch die Analyse einzelner Fälle von nervöser Erkrankung im zarten Kindesalter einen direkten Einblick in die infantile Psychosexualität zu gewinnen. Ich kann mit Befriedigung darauf verweisen, daß die direkte Beobachtung die Schlüsse aus der Psychoanalyse voll bekräftigt und somit ein gutes Zeugnis für die Verläßlichkeit dieser letzteren Forschungsmethode abgegeben hat. – Die „Analyse der Phobie eines fünfjährigen Knaben" (1909) hat überdies

unerwartet intensiver Weise von den sexuellen Problemen angezogen, ja vielleicht erst durch sie geweckt wird.

DAS RÄTSEL DER SPHINX

Nicht theoretische, sondern praktische Interessen sind es, die das Werk der Forschertätigkeit beim Kinde in Gang bringen. Die Bedrohung seiner Existenzbedingungen durch die erfahrene oder vermutete Ankunft eines neuen Kindes, die Furcht vor dem mit diesem Ereignis verbundenen Verlust an Fürsorge und Liebe machen das Kind nachdenklich und scharfsinnig. Das erste Problem, mit dem es sich beschäftigt, ist entsprechend dieser Erweckungsgeschichte auch nicht die Frage des Geschlechtsunterschiedes, sondern das Rätsel: Woher kommen die Kinder? In einer Entstellung, die man leicht rückgängig machen kann, ist dies auch das Rätsel, welches die thebaische Sphinx aufzugeben hat. Die Tatsache der beiden Geschlechter nimmt das Kind vielmehr zunächst ohne Sträuben und Bedenken hin. Es ist dem männlichen Kinde selbstverständlich, ein Genitale wie das seinige bei allen Personen, die es kennt, vorauszusetzen, und unmöglich, den Mangel eines solchen mit seiner Vorstellung dieser anderen zu vereinen.

KASTRATIONSKOMPLEX UND PENISNEID

Diese Überzeugung wird vom Knaben energisch festgehalten, gegen die sich bald ergebenden Widersprüche der Beobachtung hartnäckig verteidigt und erst nach schweren inneren Kämpfen (Kastrationskomplex) aufgegeben. Die Ersatzbildungen dieses verlorengegangenen Penis des

manches Neue gelehrt, worauf man von der Psychoanalyse her nicht vorbereitet war, z. B. das Hinaufreichen einer sexuellen Symbolik, einer Darstellung des Sexuellen durch nicht sexuelle Objekte und Relationen bis in diese Jahre der Sprachbeherrschung. Ferner wurde ich auf einen Mangel der obenstehenden Darstellung aufmerksam gemacht, welche im Interesse der Übersichtlichkeit die begriffliche Scheidung der beiden Phasen von *Autoerotismus* und *Objektliebe* auch als eine zeitliche Trennung beschreibt. Man erfährt aber aus den zitierten Analysen (sowie aus den Mitteilungen von Bell, s. oben, S. 81 f., Anm.), daß Kinder im Alter von drei bis fünf Jahren einer sehr deutlichen, von starken Affekten begleiteten *Objektwahl* fähig sind.

Weibes spielen in der Gestaltung mannigfacher Perversionen eine große Rolle.*

Die Annahme des nämlichen (männlichen) Genitales bei allen Menschen ist die erste der merkwürdigen und folgenschweren infantilen Sexualtheorien. Es nützt dem Kinde wenig, wenn die biologische Wissenschaft seinem Vorurteile recht geben und die weibliche Klitoris als einen richtigen Penisersatz anerkennen muß. Das kleine Mädchen verfällt nicht in ähnliche Abweisungen, wenn es das anders gestaltete Genitale des Knaben erblickt. Es ist sofort bereit, es anzuerkennen, und es unterliegt dem Penisneide, der in dem für die Folge wichtigen Wunsch, auch ein Bub zu sein, gipfelt.

GEBURTSTHEORIEN Viele Menschen wissen deutlich zu erinnern, wie intensiv sie sich in der Vorpubertätszeit für die Frage interessiert haben, woher die Kinder kommen. Die anatomischen Lösungen lauteten damals ganz verschiedenartig; sie kommen aus der Brust oder werden aus dem Leib geschnitten, oder der Nabel öffnet sich, um sie durchzulassen.** An die entsprechende Forschung der frühen Kinderjahre erinnert man sich nur selten außerhalb der Analyse; sie ist längst der Verdrängung verfallen, aber ihre Ergebnisse waren durchaus einheitliche. Man bekommt die Kinder, indem man etwas Bestimmtes ißt (wie im Märchen), und sie werden durch den Darm wie ein Stuhlabgang geboren. Diese kindlichen Theorien mahnen an Einrichtungen im Tierreiche, speziell an die Kloake der Typen, die niedriger stehen als die Säugetiere.

* [Zusatz 1920:] Man hat das Recht, auch von einem Kastrationskomplex bei Frauen zu sprechen. Männliche wie weibliche Kinder bilden die Theorie, daß auch das Weib ursprünglich einen Penis hatte, der durch Kastration verlorengegangen ist. Die endlich gewonnene Überzeugung, daß das Weib keinen Penis besitzt, hinterläßt beim männlichen Individuum oft eine dauernde Geringschätzung des anderen Geschlechts.

** [Zusatz 1924:] Der Reichtum an Sexualtheorien ist in diesen späteren Kinderjahren ein sehr großer. Im Text sind hiervon nur wenige Beispiele angeführt.

Sadistische Auffassung des Sexualverkehrs Werden Kinder in so zartem Alter Zuschauer des sexuellen Verkehres zwischen Erwachsenen, wozu die Überzeugung der Großen, das kleine Kind könne noch nichts Sexuelles verstehen, die Anlässe schafft, so können sie nicht umhin, den Sexualakt als eine Art von Mißhandlung oder Überwältigung, also im sadistischen Sinne aufzufassen. Die Psychoanalyse läßt uns auch erfahren, daß ein solcher frühkindlicher Eindruck viel zur Disposition für eine spätere sadistische Verschiebung des Sexualzieles beiträgt. Des weiteren beschäftigen sich Kinder viel mit dem Problem, worin der Geschlechtsverkehr oder, wie sie es erfassen, das Verheiratetsein bestehen mag, und suchen die Lösung des Geheimnisses meist in einer Gemeinschaft, die durch die Harn- oder Kotfunktion vermittelt wird.

Das typische Misslingen der kindlichen Sexualforschung Im allgemeinen kann man von den kindlichen Sexualtheorien aussagen, daß sie Abbilder der eigenen sexuellen Konstitution des Kindes sind und trotz ihrer grotesken Irrtümer von mehr Verständnis für die Sexualvorgänge zeugen, als man ihren Schöpfern zugemutet hätte. Die Kinder nehmen auch die Schwangerschaftsveränderungen der Mutter wahr und wissen sie richtig zu deuten; die Storchfabel wird sehr oft vor Hörern erzählt, die ihr ein tiefes, aber meist stummes Mißtrauen entgegenbringen. Aber da der kindlichen Sexualforschung zwei Elemente unbekannt bleiben, die Rolle des befruchtenden Samens und die Existenz der weiblichen Geschlechtsöffnung – die nämlichen Punkte übrigens, in denen die infantile Organisation noch rückständig ist –, bleibt das Bemühen der infantilen Forscher doch regelmäßig unfruchtbar und endet in einem Verzicht, der nicht selten eine dauernde Schädigung des Wißtriebes zurückläßt. Die Sexualforschung dieser frühen Kinderjahre wird immer einsam betrieben; sie bedeutet einen ersten Schritt zur selbständigen Orientierung in der Welt und setzt eine starke Entfremdung des Kindes von den Personen seiner Umgebung, die vorher sein volles Vertrauen genossen hatten.

[6] ENTWICKLUNGSPHASEN DER SEXUELLEN ORGANISATION

Wir haben bisher als Charaktere des infantilen Sexuallebens hervorgehoben, daß es wesentlich autoerotisch ist (sein Objekt am eigenen Leibe findet) und daß seine einzelnen Partialtriebe im ganzen unverknüpft und unabhängig voneinander dem Lusterwerb nachstreben. Den Ausgang der Entwicklung bildet das sogenannte normale Sexualleben des Erwachsenen, in welchem der Lusterwerb in den Dienst der Fortpflanzungsfunktion getreten ist und die Partialtriebe unter dem Primat einer einzigen erogenen Zone eine feste Organisation zur Erreichung des Sexualzieles an einem fremden Sexualobjekt gebildet haben.

Prägenitale Organisationen

Das Studium der Hemmungen und Störungen in diesem Entwicklungsgange mit Hilfe der Psychoanalyse gestattet uns nun Ansätze und Vorstufen einer solchen Organisation der Partialtriebe zu erkennen, die gleichfalls eine Art von sexuellem Regime ergeben. Diese Phasen der Sexualorganisation werden normalerweise glatt durchlaufen, ohne sich durch mehr als Andeutungen zu verraten. Nur in pathologischen Fällen werden sie aktiviert und für grobe Beobachtung kenntlich.

Organisationen des Sexuallebens, in denen die Genitalzonen noch nicht in ihre vorherrschende Rolle eingetreten sind, wollen wir *prägenitale* heißen. Wir haben bisher zwei derselben kennengelernt, die wie Rückfälle auf frühtierische Zustände anmuten.

Eine erste solche prägenitale Sexualorganisation ist die *orale* oder, wenn wir wollen, *kannibalische.* Die Sexualtätigkeit ist hier von der Nahrungsaufnahme noch nicht gesondert, Gegensätze innerhalb derselben nicht differenziert. Das Objekt der einen Tätigkeit ist auch das der anderen, das Sexualziel besteht in der *Einverleibung* des Objektes, dem Vorbild dessen, was späterhin als *Identifizierung* eine so bedeutsame psychische Rolle spielen wird. Als Rest dieser fiktiven, uns durch die Pathologie aufgenötigten Organisationsphase kann das Lutschen angesehen werden, in dem die Sexualtätigkeit, von der Ernährungstätigkeit abgelöst, das fremde Objekt gegen eines am eigenen Körper aufgegeben hat.* Eine zweite prägenitale Phase ist die der *sadistisch-analen* Organisation. Hier ist die Gegensätzlichkeit, welche das Sexualleben durchzieht, bereits ausgebildet; sie kann aber noch nicht *männlich* und *weiblich*, sondern muß *aktiv* und *passiv* benannt werden. Die Aktivität wird durch den Bemächtigungstrieb von seiten der Körpermuskulatur hergestellt, als Organ mit passivem Sexualziel macht sich vor allem die erogene Darmschleimhaut geltend; für beide Strebungen sind Objekte vorhanden, die aber nicht zusammenfallen. Daneben betätigen sich andere Partialtriebe in autoerotischer Weise. In dieser Phase sind also die sexuelle Polarität und das fremde Objekt bereits nachweisbar. Die Organisation und die Unterordnung unter die Fortpflanzungsfunktionen stehen noch aus.**

AMBIVALENZ Diese Form der Sexualorganisation kann sich bereits durchs Leben erhalten und ein großes Stück der Sexualbetätigung dauernd an sich reißen. Die Vorherrschaft des Sadismus und die Kloakenrolle der analen Zone geben ihr ein exquisit archaisches Gepräge. Als weiterer Charakter gehört ihr an, daß die Triebgegensatzpaare in annähernd gleicher Weise ausgebildet sind, welches Verhalten mit dem glücklichen, von Bleuler eingeführten Namen *Ambivalenz* bezeichnet wird.

Die Annahme der prägenitalen Organisationen des Sexuallebens ruht auf der Analyse der Neurosen und ist unabhängig von deren Kenntnis kaum zu würdigen. Wir dürfen erwarten, daß die fortgesetzte analytische Bemühung uns noch weit mehr Aufschlüsse über Aufbau und Entwicklung der normalen Sexualfunktion vorbereitet.

* [Zusatz 1920:] Vgl. über Reste dieser Phase bei erwachsenen Neurotikern die Arbeit von Abraham (1916). [Zusatz 1924:] In einer späteren Arbeit (1924) hat Abraham sowohl diese orale als auch die spätere sadistisch-anale Phase in zwei Unterabteilungen zerlegt, für welche das verschiedene Verhalten zum Objekt charakteristisch ist.

* [Zusatz 1924:] Abraham macht (im letzterwähnten Aufsatze) darauf aufmerksam, daß der After aus dem *Urmund* der embryonalen Anlagen hervorgeht, was wie ein biologisches Vorbild der psychosexuellen Entwicklung erscheint.

Um das Bild des infantilen Sexuallebens zu vervollständigen, muß man hinzunehmen, daß häufig oder regelmäßig bereits in den Kinderjahren eine Objektwahl vollzogen wird, wie wir sie als charakteristisch für die Entwicklungsphase der Pubertät hingestellt haben, in der Weise, daß sämtliche Sexualbestrebungen die Richtung auf eine einzige Person nehmen, an der sie ihre Ziele erreichen wollen. Dies ist dann die größte Annäherung an die definitive Gestaltung des Sexuallebens nach der Pubertät, die in den Kinderjahren möglich ist. Der Unterschied von letzterer liegt nur noch darin, daß die Zusammenfassung der Partialtriebe und deren Unterordnung unter das Primat der Genitalien in der Kindheit nicht oder nur sehr unvollkommen durchgesetzt wird. Die Herstellung dieses Primats im Dienste der Fortpflanzung ist also die letzte Phase, welche die Sexualorganisation durchläuft.*

ZWEIZEITIGE OBJEKTWAHL

Man kann es als ein typisches Vorkommnis ansprechen, daß die Objektwahl zweizeitig, in zwei Schüben erfolgt. Der erste Schub nimmt in den Jahren zwischen zwei und fünf seinen Anfang und wird durch die Latenzzeit zum Stillstand oder zur Rückbildung gebracht; er ist durch die infantile Natur seiner Sexualziele ausgezeichnet. Der zweite setzt mit der Pubertät ein und bestimmt die definitive Gestaltung des Sexuallebens. Die Tatsache der zweizeitigen Objektwahl, die sich im wesentlichen auf die Wirkung der Latenzzeit reduziert, wird aber höchst bedeutungsvoll für die Störung dieses Endzustandes. Die Ergebnisse der infantilen Objekt-

* [Zusatz 1924:] Diese Darstellung habe ich später (1923) selbst dahin verändert, daß ich nach den beiden prägenitalen Organisationen in die Kindheitsentwicklung eine dritte Phase einschaltete, welche bereits den Namen einer genitalen verdient, ein Sexualobjekt und ein Maß von Konvergenz der Sexualstrebungen auf dies Objekt zeigt, sich aber in einem wesentlichen Punkt von der definitiven Organisation der Geschlechtsreife unterscheidet. Sie kennt nämlich nur eine Art von Genitale, das männliche. Ich habe sie darum die *phallische* Organisationsstufe genannt („Die infantile Genitalorganisation"). Ihr biologisches Vorbild ist nach Abraham die indifferente, für beide Geschlechter gleichartige Genitalanlage des Embryos.

wahl ragen in die spätere Zeit hinein; sie sind entweder als solche erhalten geblieben, oder sie erfahren zur Zeit der Pubertät selbst eine Auffrischung. Infolge der Verdrängungsentwicklung, welche zwischen beiden Phasen liegt, erweisen sie sich aber als unverwendbar. Ihre Sexualziele haben eine Milderung erfahren, und sie stellen nun das dar, was wir als die *zärtliche* Strömung des Sexuallebens bezeichnen können. Erst die psychoanalytische Untersuchung kann nachweisen, daß sich hinter dieser Zärtlichkeit, Verehrung und Hochachtung die alten, jetzt unbrauchbar gewordenen Sexualstrebungen der infantilen Partialtriebe verbergen. Die Objektwahl der Pubertätszeit muß auf die infantilen Objekte verzichten und als sinnliche Strömung von neuem beginnen. Das Nichtzusammentreffen der beiden Strömungen hat oft genug die Folge, daß eines der Ideale des Sexuallebens, die Vereinigung aller Begehrungen in einem Objekt, nicht erreicht werden kann.

[7] QUELLEN DER INFANTILEN SEXUALITÄT

In dem Bemühen, die Ursprünge des Sexualtriebes zu verfolgen, haben wir bisher gefunden, daß die sexuelle Erregung entsteht a) als Nachbildung einer im Anschluß an andere organische Vorgänge erlebten Befriedigung, b) durch geeignete peripherische Reizung erogener Zonen, c) als Ausdruck einiger uns in ihrer Herkunft noch nicht voll verständlicher „Triebe" wie der Schautrieb und der Trieb zur Grausamkeit. Die aus späterer Zeit auf die Kindheit zurückgreifende psychoanalytische Forschung und die gleichzeitige Beobachtung des Kindes wirken nun zusammen, um uns noch andere regelmäßig fließende Quellen für die sexuelle Erregung aufzuzeigen. Die Kindheitsbeobachtung hat den Nachteil, daß sie leicht mißzuverstehende Objekte bearbeitet, die Psychoanalyse wird dadurch erschwert, daß sie zu ihren Objekten wie zu ihren Schlüssen nur auf großen Umwegen gelangen kann; in ihrem Zusammenwirken erzielen aber beide Methoden einen genügenden Grad von Sicherheit der Erkenntnis.

Bei der Untersuchung der erogenen Zonen haben wir bereits gefunden, daß diese Hautstellen bloß eine besondere Steigerung einer Art von Reizbarkeit zeigen, welche in gewissem Grade der ganzen Hautoberfläche zukommt. Wir werden also nicht erstaunt sein zu erfahren, daß gewissen Arten allgemeiner Hautreizung sehr deutliche erogene Wirkungen zuzuschreiben sind. Unter diesen heben wir vor allem die Temperaturreize hervor; vielleicht wird so auch unser Verständnis für die therapeutische Wirkung warmer Bäder vorbereitet.

Mechanische Erregungen

Ferner müssen wir hier die Erzeugung sexueller Erregung durch rhythmische mechanische Erschütterungen des Körpers anreihen, an denen wir dreierlei Reizeinwirkungen zu sondern haben, die auf den Sinnesapparat der Vestibularnerven, die auf die Haut und [die] auf die tiefen Teile (Muskeln, Gelenkapparate). Wegen der dabei entstehenden Lustempfindungen – es ist der Hervorhebung wert, daß wir hier eine ganze Strecke weit „sexuelle Erregung" und „Befriedigung" unterschiedslos gebrauchen dürfen, und legt uns die Pflicht auf, später nach einer Erklärung zu suchen –; es ist also ein Beweis für die durch gewisse mechanische Körpererschütterungen erzeugte Lust, daß Kinder passive Bewegungsspiele, wie Schaukeln und Fliegenlassen, so sehr lieben und unaufhörlich nach Wiederholung davon verlangen.* Das Wiegen wird bekanntlich zur Einschläferung unruhiger Kinder regelmäßig angewendet. Die Erschütterungen der Wagenfahrt und später der Eisenbahnfahrt üben eine so faszinierende Wirkung auf ältere Kinder aus, daß wenigstens alle Knaben irgend einmal im Leben Kondukteure und Kutscher werden wollen. Den Vorgängen auf der Eisenbahn pflegen sie ein rätselhaftes Interesse von außerordentlicher Höhe zuzuwenden und dieselben im Alter der Phantasietätigkeit (kurz vor der Pubertät) zum Kern einer exquisit sexuellen Symbolik zu machen. Der Zwang zu solcher Verknüpfung des Eisenbahnfahrens mit der Sexualität geht offenbar von dem Lustcharakter der Bewegungsempfindungen aus. Kommt dann die Verdrängung hinzu, die so vieles von den kindlichen Bevorzugungen ins Gegenteil umschla-

* Manche Personen wissen sich daran zu erinnern, daß sie beim Schaukeln den Anprall der bewegten Luft an den Genitalien direkt als sexuelle Lust verspürt haben.

gen läßt, so werden dieselben Personen als Heranwachsende oder Erwachsene auf Wiegen und Schaukeln mit Übelkeit reagieren, durch eine Eisenbahnfahrt furchtbar erschöpft werden oder zu Angstanfällen auf der Fahrt neigen und sich durch *Eisenbahnangst* vor der Wiederholung der peinlichen Erfahrung schützen. Hier reiht sich dann – noch unverstanden – die Tatsache an, daß durch Zusammentreffen von Schreck und mechanischer Erschütterung die schwere hysteriforme traumatische Neurose erzeugt wird. Man darf wenigstens annehmen, daß diese Einflüsse, die in geringen Intensitäten zu Quellen sexueller Erregung werden, in übergroßem Maße einwirkend eine tiefe Zerrüttung des sexuellen Mechanismus oder Chemismus hervorrufen.

MUSKELTÄTIGKEIT Daß ausgiebige aktive Muskelbetätigung für das Kind ein Bedürfnis ist, aus dessen Befriedigung es außerordentliche Lust schöpft, ist bekannt. Ob diese Lust etwas mit der Sexualität zu tun hat, ob sie selbst sexuelle Befriedigung einschließt oder Anlaß zu sexueller Erregung werden kann, das mag kritischen Erwägungen unterliegen, die sich ja auch wohl gegen die im vorigen enthaltene Aufstellung richten werden, daß die Lust durch die Empfindungen passiver Bewegung sexueller Art ist oder sexuell erregend wirkt. Tatsache ist aber, daß eine Reihe von Personen berichten, sie hätten die ersten Zeichen der Erregtheit an ihren Genitalien während des Raufens oder Ringens mit ihren Gespielen erlebt, in welcher Situation außer der allgemeinen Muskelanstrengung noch die ausgiebige Hautberührung mit dem Gegner wirksam wird. Die Neigung zum Muskelstreit mit einer bestimmten Person, wie in späteren Jahren zum Wortstreit („Was sich liebt, das neckt sich"), gehört zu den guten Vorzeichen der auf diese Person gerichteten Objektwahl. In der Beförderung der sexuellen Erregung durch Muskeltätigkeit wäre eine der Wurzeln des sadistischen Triebes zu erkennen. Für viele Individuen wird die infantile Verknüpfung zwischen Raufen und sexueller Erregung mitbestimmend für die später bevorzugte Richtung ihres Geschlechtstriebes.*

* [Zusatz 1910:] Die Analyse der Fälle von neurotischer Gehstörung und Raumangst hebt den Zweifel der sexuellen Natur der Be-

Affektvorgänge Minderem Zweifel unterliegen die weiteren Quellen sexueller Erregung beim Kinde. Es ist leicht, durch gleichzeitige Beobachtung wie durch spätere Erforschung festzustellen, daß alle intensiveren Affektvorgänge, selbst die schreckhaften Erregungen, auf die Sexualität übergreifen, was übrigens einen Beitrag zum Verständnis der pathogenen Wirkung solcher Gemütsbewegungen liefern kann. Beim Schulkinde kann die Angst, geprüft zu werden, die Spannung einer sich schwer lösenden Aufgabe für den Durchbruch sexueller Äußerungen wie für das Verhältnis zur Schule bedeutsam werden, indem unter solchen Umständen häufig genug ein Reizgefühl auftritt, welches zur Berührung der Genitalien auffordert, oder ein pollutionsartiger Vorgang mit all seinen verwirrenden Folgen. Das Benehmen der Kinder in der Schule, welches den Lehrern Rätsel genug aufgibt, verdient überhaupt in Beziehung zur keimenden Sexualität derselben gesetzt zu werden. Die sexuell erregende Wirkung mancher an sich unlustigen Affekte, des Ängstigens, Schauderns, Grausens, erhält sich bei einer großen Anzahl Menschen auch durchs reife Leben und ist wohl die Erklärung dafür, daß soviel Personen der Gelegenheit zu solchen Sensationen nachjagen, wenn nur gewisse Nebenumstände (die Angehörigkeit zu einer Scheinwelt, Lektüre, Theater) den Ernst der Unlustempfindung dämpfen.

Ließe sich annehmen, daß auch intensiven schmerzhaften Empfindungen die gleiche erogene Wirkung zukommt, zumal wenn der Schmerz durch eine Nebenbedingung abgetönt oder ferner gehalten wird, so läge in diesem Verhältnis eine der Hauptwurzeln für den masochistisch-sadistischen Trieb, in dessen vielfältige Zusammengesetztheit wir so allmählich Einblick gewinnen.*

Intellektuelle Arbeit Endlich ist es unverkennbar, daß die Konzentration der Aufmerksamkeit auf eine intellektuelle Leistung und geistige

wegungslust auf. Die moderne Kulturerziehung bedient sich bekanntlich des Sports im großen Umfange, um die Jugend von der Sexualbetätigung abzulenken; richtiger wäre es zu sagen, sie ersetzt ihr den Sexualgenuß durch die Bewegungslust und drängt die Sexualbetätigung auf eine ihrer autoerotischen Komponenten zurück.

* [Zusatz 1924:] Der sogenannte „erogene" Masochismus.

Anspannung überhaupt bei vielen jugendlichen wie reiferen Personen eine sexuelle Miterregung zur Folge hat, die wohl als die einzig berechtigte Grundlage für die sonst so zweifelhafte Ableitung nervöser Störungen von geistiger „Überarbeitung" zu gelten hat.

Überblicken wir nun nach diesen weder vollständig noch vollzählig mitgeteilten Proben und Andeutungen die Quellen der kindlichen Sexualerregung, so lassen sich folgende Allgemeinheiten ahnen oder erkennen: Es scheint auf die ausgiebigste Weise dafür gesorgt, daß der Prozeß der Sexualerregung – dessen Wesen uns nun freilich recht rätselhaft geworden ist – in Gang gebracht werde. Es sorgen dafür vor allem in mehr oder minder direkter Weise die Erregungen der sensiblen Oberflächen – Haut und Sinnesorgane –, am unmittelbarsten die Reizeinwirkungen auf gewisse als erogene Zonen zu bezeichnende Stellen. Bei diesen Quellen der Sexualerregung ist wohl die Qualität der Reize das Maßgebende, wenngleich das Moment der Intensität (beim Schmerz) nicht völlig gleichgültig ist. Aber überdies sind Veranstaltungen im Organismus vorhanden, welche zur Folge haben, daß die Sexualerregung als Nebenwirkung bei einer großen Reihe innerer Vorgänge entsteht, sobald die Intensität dieser Vorgänge nur gewisse quantitative Grenzen überstiegen hat. Was wir die Partialtriebe der Sexualität genannt haben, leitet sich entweder direkt aus diesen inneren Quellen der Sexualerregung ab oder setzt sich aus Beiträgen von solchen Quellen und von erogenen Zonen zusammen. Es ist möglich, daß nichts Bedeutsameres im Organismus vorfällt, was nicht seine Komponente zur Erregung des Sexualtriebes abzugeben hätte.
Es scheint mir derzeit nicht möglich, diese allgemeinen Sätze zu größerer Klarheit und Sicherheit zu bringen, und ich mache dafür zwei Momente verantwortlich, erstens die Neuheit der ganzen Betrachtungsweise und zweitens den Umstand, daß uns das Wesen der Sexualerregung völlig unbekannt ist. Doch möchte ich auf zwei Bemerkungen nicht verzichten, welche Ausblicke ins Weite zu eröffnen versprechen:

Verschiedene Sexualkonstitutionen

a) So wie wir vorhin einmal die Möglichkeit sahen, eine Mannigfaltigkeit der angeborenen sexuellen Konstitutionen durch die verschiedenartige Ausbildung der erogenen Zonen zu begründen, so können wir nun das gleiche mit Einbeziehung der indirekten Quellen der Sexualerregung versuchen. Wir dürfen annehmen, daß diese Quellen zwar bei allen Individuen Zuflüsse liefern, aber nicht alle bei allen Personen gleich starke, und daß in der bevorzugten Ausbildung der einzelnen Quellen zur Sexualerregung ein weiterer Beitrag zur Differenzierung der verschiedenen Sexualkonstitutionen gelegen sein wird.*

Wege wechselseitiger Beeinflussung

b) Indem wir die so lange festgehaltene figürliche Ausdrucksweise fallenlassen, in der wir von Quellen der Sexualerregung sprachen, können wir auf die Vermutung gelangen, daß alle die Verbindungswege, die von anderen Funktionen her zur Sexualität führen, auch in umgekehrter Richtung gangbar sein müssen. Ist wie zum Beispiel der beiden Funktionen gemeinsame Besitz der Lippenzone der Grund dafür, daß bei der Nahrungsaufnahme Sexualbefriedigung entsteht, so vermittelt uns dasselbe Moment auch das Verständnis der Störungen in der Nahrungsaufnahme, wenn die erogenen Funktionen der gemeinsamen Zone gestört sind. Wissen wir einmal, daß Konzentration der Aufmerksamkeit Sexualerregung hervorzurufen vermag, so wird uns die Annahme nahegelegt, daß durch Einwirkung auf demselben Wege, nur in umgekehrter Richtung, der Zustand der Sexualerregung die Verfügbarkeit über die lenkbare Aufmerksamkeit beeinflußt. Ein gutes Stück der Symptomatologie der Neurosen, die ich von Störungen der Sexualvorgänge ableite, äußert sich in Störun-

* [Zusatz 1920:] Als unabweisbare Folgerung aus den obigen Ausführungen ergibt sich, daß jedem Individuum eine Oral-, Anal-, Harnerotik usw. zugesprochen werden muß und daß die Konstatierung der diesen entsprechenden seelischen Komplexe kein Urteil auf Abnormalität oder Neurose bedeutet. Die Unterschiede, die das Normale vom Abnormen trennen, können nur in der relativen Stärke der einzelnen Komponenten des Sexualtriebes und in der Verwendung liegen, die sie im Laufe der Entwicklung erfahren.

gen der anderen nicht sexuellen Körperfunktionen, und diese bisher unverständliche Einwirkung wird minder rätselhaft, wenn sie nur das Gegenstück zu den Beeinflussungen darstellt, unter denen die Produktion der Sexualerregung steht.

Die nämlichen Wege aber, auf denen Sexualstörungen auf die übrigen Körperfunktionen übergreifen, müßten auch in der Gesundheit einer anderen wichtigen Leistung dienen. Auf ihnen müßte sich die Heranziehung der sexuellen Triebkräfte zu anderen als sexuellen Zielen, also die Sublimierung der Sexualität vollziehen. Wir müssen mit dem Eingeständnis schließen, daß über diese gewiß vorhandenen, wahrscheinlich nach beiden Richtungen gangbaren Wege noch sehr wenig Sicheres bekannt ist.

III. DIE UMGESTALTUNGEN DER PUBERTÄT

Mit dem Eintritt der Pubertät setzen die Wandlungen ein, welche das infantile Sexualleben in seine endgültige normale Gestaltung überführen sollen. Der Sexualtrieb war bisher vorwiegend autoerotisch, er findet nun das Sexualobjekt. Er betätigte sich bisher von einzelnen Trieben und erogenen Zonen aus, die unabhängig voneinander eine gewisse Lust als einziges Sexualziel suchten. Nun wird ein neues Sexualziel gegeben, zu dessen Erreichung alle Partialtriebe zusammenwirken, während die erogenen Zonen sich dem Primat der Genitalzone unterordnen.* Da das neue Sexualziel den beiden Geschlechtern sehr verschiedene Funktionen anweist, geht deren Sexualentwicklung nun weit auseinander. Die des Mannes ist die konsequentere, auch unserem Verständnis leichter zugängliche, während beim Weibe sogar eine Art Rückbildung auftritt. Die Normalität des Geschlechtslebens wird nur durch das exakte Zusammentreffen der beiden auf Sexualobjekt und Sexual-

* [Zusatz 1915:] Die im Text gegebene schematische Darstellung will die Differenzen hervorheben. Inwieweit sich die infantile Sexualität durch ihre Objektwahl und die Ausbildung der phallischen Phase der definitiven Sexualorganisation annähert, ist vorhin ausgeführt worden.

ziel gerichteten Strömungen, der zärtlichen und der sinnlichen, gewährleistet, von denen die erstere in sich faßt, was von der infantilen Frühblüte der Sexualität erübrigt. Es ist wie der Durchschlag eines Tunnels von beiden Seiten her.

Das neue Sexualziel besteht beim Mann in der Entladung der Geschlechtsprodukte; es ist dem früheren, der Erreichung von Lust, keineswegs fremd, vielmehr ist der höchste Betrag von Lust an diesen Endakt des Sexualvorganges geknüpft. Der Sexualtrieb stellt sich jetzt in den Dienst der Fortpflanzungsfunktion; er wird sozusagen altruistisch. Soll diese Umwandlung gelingen, so muß beim Vorgang derselben mit den ursprünglichen Anlagen und allen Eigentümlichkeiten der Triebe gerechnet werden.

Wie bei jeder anderen Gelegenheit, wo im Organismus neue Verknüpfungen und Zusammensetzungen zu komplizierten Mechanismen stattfinden sollen, ist auch hier die Gelegenheit zu krankhaften Störungen durch Unterbleiben dieser Neuordnungen gegeben. Alle krankhaften Störungen des Geschlechtslebens sind mit gutem Rechte als Entwicklungshemmungen zu betrachten.

[1] DAS PRIMAT DER GENITALZONEN UND DIE VORLUST

Von dem beschriebenen Entwicklungsgang liegen Ausgang und Endziel klar vor unseren Augen. Die vermittelnden Übergänge sind uns noch vielfach dunkel; wir werden an ihnen mehr als ein Rätsel bestehen lassen müssen.

Man hat das Auffälligste an den Pubertätsvorgängen zum Wesentlichen derselben gewählt, das manifeste Wachstum der äußeren Genitalien, an denen sich die Latenzperiode der Kindheit durch relative Wachstumshemmung geäußert hatte. Gleichzeitig ist die Entwicklung der inneren Genitalien so weit vorgeschritten, daß sie Geschlechtsprodukte zu liefern, respektive zur Gestaltung eines neuen Lebewesens aufzunehmen vermögen. Ein höchst komplizierter Apparat ist so fertig geworden, der seiner Inanspruchnahme harrt.

Dieser Apparat soll durch Reize in Gang gebracht werden, und nun läßt uns die Beobachtung erkennen, daß Reize ihn auf dreierlei Wegen angreifen können, von der Außenwelt her durch Erregung der uns schon bekannten erogenen Zonen, von dem organischen Innern her auf noch zu erforschenden Wegen und von dem Seelenleben aus, welches selbst eine Aufbewahrungsstätte äußerer Eindrücke und eine Aufnahmestelle innerer Erregungen darstellt. Auf allen drei Wegen wird das nämliche hervorgerufen, ein Zustand, der als „sexuelle Erregtheit" bezeichnet wird und sich durch zweierlei Zeichen kundgibt, seelische und somatische. Das seelische Anzeichen besteht in einem eigentümlichen Spannungsgefühl von höchst drängendem Charakter; unter den mannigfaltigen körperlichen steht an erster Stelle eine Reihe von Veränderungen an den Genitalien, die einen unzweifelhaften Sinn haben, den der Bereitschaft, der Vorbereitung zum Sexualakt. (Die Erektion des männlichen Gliedes, das Feuchtwerden der Scheide.)

DIE SEXUALSPANNUNG

An den Spannungscharakter der sexuellen Erregtheit knüpft ein Problem an, dessen Lösung ebenso schwierig wie für die Auffassung der Sexualvorgänge bedeutsam wäre. Trotz aller in der Psychologie darüber herrschenden Meinungsverschiedenheiten muß ich daran festhalten, daß ein Spannungsgefühl den Unlustcharakter an sich tragen muß. Für mich ist entscheidend, daß ein solches Gefühl den Drang nach Veränderung der psychischen Situation mit sich bringt, treibend wirkt, was dem Wesen der empfundenen Lust völlig fremd ist. Rechnet man aber die Spannung der sexuellen Erregtheit zu den Unlustgefühlen, so stößt man sich an der Tatsache, daß dieselbe unzweifelhaft lustvoll empfunden wird. Überall ist bei der durch die Sexualvorgänge erzeugten Spannung Lust dabei; selbst bei den Vorbereitungsveränderungen der Genitalien ist eine Art von Befriedigungsgefühl deutlich. Wie hängen nun diese Unlustspannung und dieses Lustgefühl zusammen?
Alles, was mit dem Lust- und Unlustproblem zusammenhängt, rührt an eine der wundesten Stellen der heutigen Psychologie. Wir wollen versuchen, möglichst aus den Bedingungen des uns vorliegenden Falles zu lernen, und es vermeiden, dem Problem in seiner Gänze näherzutreten.*

* [Zusatz 1924:] Vgl. einen Versuch zur Lösung dieses Problems in den einleitenden Bemerkungen meines Aufsatzes „Das ökonomische Problem des Masochismus" (1924).

Werfen wir zunächst einen Blick auf die Art, wie die erogenen Zonen sich der neuen Ordnung einfügen. Ihnen fällt eine wichtige Rolle bei der Einleitung der sexuellen Erregung zu. Die dem Sexualobjekt vielleicht entlegenste, das Auge, kommt unter den Verhältnissen der Objektwerbung am häufigsten in die Lage, durch jene besondere Qualität der Erregung, deren Anlaß wir am Sexualobjekt als Schönheit bezeichnen, gereizt zu werden. Die Vorzüge des Sexualobjektes werden darum auch „Reize" geheißen. Mit dieser Reizung ist einerseits bereits Lust verbunden, andererseits ist eine Steigerung der sexuellen Erregtheit oder ein Hervorrufen derselben, wo sie noch fehlt, ihre Folge. Kommt die Erregung einer anderen erogenen Zone, zum Beispiel der tastenden Hand, hinzu, so ist der Effekt der gleiche, Lustempfindung einerseits, die sich bald durch die Lust aus den Bereitschaftsveränderungen verstärkt, weitere Steigerung der Sexualspannung andererseits, die bald in deutlichste Unlust übergeht, wenn ihr nicht gestattet wird, weitere Lust herbeizuführen. Durchsichtiger ist vielleicht noch ein anderer Fall, wenn zum Beispiel bei einer sexuell nicht erregten Person eine erogene Zone, etwa die Brusthaut eines Weibes, durch Berührung gereizt wird. Diese Berührung ruft bereits ein Lustgefühl hervor, ist aber gleichzeitig wie nichts anderes geeignet, die sexuelle Erregung zu wecken, die nach einem Mehr von Lust verlangt. Wie es zugeht, daß die empfundene Lust das Bedürfnis nach größerer Lust hervorruft, das ist eben das Problem.

VORLUST-MECHANISMUS

Die Rolle aber, die dabei den erogenen Zonen zufällt, ist klar. Was für eine galt, gilt für alle. Sie werden sämtlich dazu verwendet, durch ihre geeignete Reizung einen gewissen Betrag von Lust zu liefern, von dem die Steigerung der Spannung ausgeht, welche ihrerseits die nötige motorische Energie aufzubringen hat, um den Sexualakt zu Ende zu führen. Das vorletzte Stück desselben ist wiederum die geeignete Reizung einer erogenen Zone, der Genitalzone selbst an der *glans penis,* durch das dazu geeignetste Objekt, die Schleimhaut der Scheide, und unter der Lust, welche diese Erregung gewährt, wird diesmal auf reflektorischem Wege die motorische Energie gewonnen, welche die Herausbeför-

derung der Geschlechtsstoffe besorgt. Diese letzte Lust ist ihrer Intensität nach die höchste, in ihrem Mechanismus von der früheren verschieden. Sie wird ganz durch Entlastung hervorgerufen, ist ganz Befriedigungslust, und mit ihr erlischt zeitweilig die Spannung der Libido.
Es scheint mir nicht unberechtigt, diesen Unterschied in dem Wesen der Lust durch Erregung erogener Zonen und der anderen bei Entleerung der Sexualstoffe durch eine Namengebung zu fixieren. Die erstere kann passend als *Vorlust* bezeichnet werden im Gegensatz zur *Endlust* oder Befriedigungslust der Sexualtätigkeit. Die Vorlust ist dann dasselbe, was bereits der infantile Sexualtrieb, wenngleich in verjüngtem Maße, ergeben konnte; die Endlust ist neu, also wahrscheinlich an Bedingungen geknüpft, die erst mit der Pubertät eingetreten sind. Die Formel für die neue Funktion der erogenen Zonen lautete nun: Sie werden dazu verwendet, um mittels der von ihnen wie im infantilen Leben zu gewinnenden Vorlust die Herbeiführung der größeren Befriedigungslust zu ermöglichen.
Ich habe vor kurzem ein anderes Beispiel, aus einem ganz verschiedenen Gebiet des seelischen Geschehens erläutern können, in welchem gleichfalls ein größerer Lusteffekt vermöge einer geringfügigeren Lustempfindung, die dabei wie eine Verlockungsprämie wirkt, erzielt wird. Dort ergab sich auch die Gelegenheit, auf das Wesen der Lust näher einzugehen.*

Gefahren der Vorlust

Der Zusammenhang der Vorlust aber mit dem infantilen Sexualleben wird durch die pathogene Rolle, die ihr zufallen kann, bekräftigt. Aus dem Mechanismus, in dem die Vorlust aufgenommen ist, ergibt sich für die Erreichung des normalen Sexualzieles offenbar eine Gefahr, die dann eintritt, wenn an irgendeiner Stelle der vorbereitenden Sexualvorgänge die Vorlust zu groß, ihr Spannungsanteil zu gering ausfallen sollte. Dann entfällt die Triebkraft, um den Sexualvor-

* Siehe meine 1905 erschienene Studie *Der Witz und seine Beziehung zum Unbewußten.* Die durch die Witztechnik gewonnene „Vorlust" wird dazu verwendet, eine größere Lust durch die Aufhebung innerer Hemmungen frei zu machen.

gang weiter fortzusetzen, der ganze Weg verkürzt sich, die betreffende vorbereitende Aktion tritt an Stelle des normalen Sexualzieles. Dieser schädliche Fall hat erfahrungsgemäß zur Bedingung, daß die betreffende erogene Zone oder der entsprechende Partialtrieb schon im infantilen Leben in ungewöhnlichem Maße zur Lustgewinnung beigetragen hatte. Kommen noch Momente hinzu, welche auf die Fixierung hinwirken, so entsteht leicht fürs spätere Leben ein Zwang, welcher sich der Einordnung dieser einen Vorlust in einen neuen Zusammenhang widersetzt. Solcherart ist in der Tat der Mechanismus vieler Perversionen, die ein Verweilen bei vorbereitenden Akten des Sexualvorganges darstellen.

Das Fehlschlagen der Funktion des Sexualmechanismus durch die Schuld der Vorlust wird am ehesten vermieden, wenn das Primat der Genitalzonen gleichfalls bereits im infantilen Leben vorgezeichnet ist. Dazu scheinen die Anstalten wirklich in der zweiten Hälfte der Kinderzeit (von acht Jahren bis zur Pubertät) getroffen zu sein. Die Genitalzonen benehmen sich in diesen Jahren bereits in ähnlicher Weise wie zur Zeit der Reife, sie werden der Sitz von Erregungssensationen und Bereitschaftsveränderungen, wenn irgendwelche Lust durch Befriedigung anderer erogener Zonen empfunden wird, obwohl dieser Effekt noch zwecklos bleibt, das heißt nichts dazu beiträgt, den Sexualvorgang fortzusetzen. Es entsteht also bereits in den Kinderjahren neben der Befriedigungslust ein gewisser Betrag von Sexualspannung, obwohl minder konstant und weniger ausgiebig, und nun können wir verstehen, warum wir bei der Erörterung der Quellen der Sexualität mit ebenso gutem Recht sagen konnten, der betreffende Vorgang wirke sexuell befriedigend, wie er wirke sexuell erregend. Wir merken, daß wir auf dem Wege zur Erkenntnis uns die Unterschiede des infantilen und des reifen Sexuallebens zunächst übertrieben groß vorgestellt haben, und tragen nun die Korrektur nach. Nicht nur die Abweichungen vom normalen Sexualleben, sondern auch die normale Gestaltung desselben wird durch die infantilen Äußerungen der Sexualität bestimmt.

Es ist uns durchaus unaufgeklärt geblieben, woher die Sexualspannung rührt, die bei der Befriedigung erogener Zonen gleichzeitig mit der Lust entsteht, und welches das Wesen derselben ist.* Die nächste Vermutung, diese Spannung ergebe sich irgendwie aus der Lust selbst, ist nicht nur an sich sehr unwahrscheinlich, sie wird auch hinfällig, da bei der größten Lust, die an die Entleerung der Geschlechtsprodukte geknüpft ist, keine Spannung erzeugt, sondern alle Spannung aufgehoben wird. Lust und Sexualspannung können also nur in indirekter Weise zusammenhängen.

Rolle der Sexualstoffe

Außer der Tatsache, daß normalerweise allein die Entlastung von den Sexualstoffen der Sexualerregung ein Ende macht, hat man noch andere Anhaltspunkte, die Sexualspannung in Beziehung zu den Sexualprodukten zu bringen. Bei enthaltsamem Leben pflegt der Geschlechtsapparat in wechselnden, aber nicht regellosen Perioden nächtlicherweise sich unter Lustempfindung und während der Traumhalluzination eines sexuellen Aktes der Sexualstoffe zu entledigen, und für diesen Vorgang – die nächtliche Pollution – ist die Auffassung schwer abzuweisen, daß die Sexualspannung, die den kurzen halluzinatorischen Weg zum Ersatz des Aktes zu finden weiß, eine Funktion der Samenanhäufung in den Reservoirs für die Geschlechtsprodukte sei. Im gleichen Sinne sprechen die Erfahrungen, die man über die Erschöpfbarkeit des sexuellen Mechanismus macht. Bei entleertem Samenvorrat ist nicht nur die Ausführung des Sexualaktes unmöglich, es versagt auch die Reizbarkeit der erogenen Zonen, deren geeignete Erregung dann keine Lust hervorrufen kann. Wir erfahren so nebenbei, daß ein gewisses Maß sexueller Spannung selbst für die Erregbarkeit der erogenen Zonen erforderlich ist.

* Es ist überaus lehrreich, daß die deutsche Sprache der im Text erwähnten Rolle der vorbereitenden sexuellen Erregungen, welche gleichzeitig einen Anteil Befriedigung und einen Beitrag zu Sexualspannung liefern, im Gebrauche des Wortes „Lust" Rechnung trägt. „Lust" ist doppelsinnig und bezeichnet ebensowohl die Empfindung der Sexualspannung (Ich habe Lust = ich möchte, ich verspüre den Drang) als auch die Befriedigung.

Man würde so zur Annahme gedrängt, die, wenn ich nicht irre, ziemlich allgemein verbreitet ist, daß die Anhäufung der Sexualstoffe die Sexualspannung schafft und unterhält, etwa indem der Druck dieser Produkte auf die Wandung ihrer Behälter als Reiz auf ein spinales Zentrum wirkt, dessen Zustand von höheren Zentren wahrgenommen wird und dann für das Bewußtsein die bekannte Spannungsempfindung ergibt. Wenn die Erregung erogener Zonen die Sexualspannung steigert, so könnte dies nur so zugehen, daß die erogenen Zonen in vorgebildeter anatomischer Verbindung mit diesen Zentren stehen, den Tonus der Erregung daselbst erhöhen, bei genügender Sexualspannung den sexuellen Akt in Gang bringen und bei ungenügender die Produktion der Geschlechtsstoffe anregen.

Die Schwäche dieser Lehre, die man z. B. v. Krafft-Ebings Darstellung der Sexualvorgänge angenommen findet, liegt darin, daß sie, für die Geschlechtstätigkeit des reifen Mannes geschaffen, auf dreierlei Verhältnisse wenig Rücksicht nimmt, deren Aufklärung sie gleichfalls liefern sollte. Es sind dies die Verhältnisse beim Kinde, beim Weibe und beim männlichen Kastraten. In allen drei Fällen ist von einer Anhäufung von Geschlechtsprodukten im gleichen Sinne wie beim Manne nicht die Rede, was die glatte Anwendung des Schemas erschwert; doch ist ohne weiteres zuzugeben, daß sich Auskünfte finden ließen, welche die Unterordnung auch dieser Fälle ermöglichen würden. Auf jeden Fall bleibt die Warnung bestehen, dem Faktor der Anhäufung der Geschlechtsprodukte nicht Leistungen aufzubürden, deren er unfähig scheint.

Einschätzung der inneren Geschlechtsteile

Daß die Sexualerregung in beachtenswertem Grade unabhängig von der Produktion der Geschlechtsstoffe sein kann, scheinen die Beobachtungen an männlichen Kastraten zu ergeben, bei denen gelegentlich die Libido der Beeinträchtigung durch die Operation entgeht, wenngleich das entgegengesetzte Verhalten, das ja die Operation motiviert, die Regel ist. Überdies weiß man ja längst, daß Krankheiten, welche die Produktion der männlichen Geschlechtszellen vernichtet haben, die Libido und Potenz des nun sterilen Individuums ungeschädigt lassen. Es ist dann keineswegs so verwunderlich, wie C. Rieger [1900] es hinstellt, daß der Verlust der männlichen Keimdrüsen im reiferen Alter ohne weiteren Einfluß auf das seelische Verhalten des Individuums bleiben kann. Die im zarten Alter vor der Pubertät vorgenommene Kastration nähert sich zwar in ihrer Wirkung dem Ziel einer Aufhebung der Geschlechtscharaktere, allein auch dabei könnte außer dem Verlust der Geschlechtsdrüsen an sich eine mit deren Wegfall verknüpfte Entwicklungshemmung anderer Faktoren in Betracht kommen.

CHEMISCHE THEORIE

Tierversuche mit Entfernung der Keimdrüsen (Hoden und Ovarien) und entsprechend variierter Einpflanzung neuer solcher Organe bei Wirbeltieren (s. das zitierte Werk von Lipschütz) haben endlich ein partielles Licht auf die Herkunft der Sexualerregung geworfen und dabei die Bedeutung einer etwaigen Anhäufung der zelligen Geschlechtsprodukte noch weiter zurückgedrängt. Es ist dem Experiment möglich geworden (E. Steinach), ein Männchen in ein Weibchen und umgekehrt ein Weibchen in ein Männchen zu verwandeln, wobei sich das psychosexuelle Verhalten des Tieres entsprechend den somatischen Geschlechtscharakteren und gleichzeitig mit ihnen änderte. Dieser geschlechtsbestimmende Einfluß soll aber nicht dem Anteil der Keimdrüse zukommen, welcher die spezifischen Geschlechtszellen (Samenfäden und Ei) erzeugt, sondern dem interstitiellen Gewebe derselben, welches darum von den Autoren als „Pubertätsdrüse" hervorgehoben wird. Es ist sehr wohl möglich, daß weitere Untersuchungen ergeben, die Pubertätsdrüse sei normalerweise zwittrig angelegt, wodurch die Lehre von der Bisexualität der höheren Tiere anatomisch begründet würde, und es ist schon jetzt wahrscheinlich, daß sie nicht das einzige Organ ist, welches mit der Produktion der Sexualerregung und der Geschlechtscharaktere zu tun hat. Jedenfalls schließt dieser neue biologische Fund an das an, was wir schon vorher über die Rolle der Schilddrüse für die Sexualität erfahren haben. Wir dürfen nun glauben, daß im interstitiellen Anteil der Keimdrüsen besondere chemische Stoffe erzeugt werden, die, vom Blutstrom aufgenommen, die Ladung bestimmter Anteile des Zentralnervensystems mit sexueller Spannung zustande kommen lassen, wie wir ja solche Umsetzung eines toxischen Reizes in einen besonderen Organreiz von anderen dem Körper als fremd eingeführten Giftstoffen kennen. Wie die Sexualerregung durch Reizung erogener Zonen bei vorheriger Ladung der zentralen Apparate entsteht und welche Verwicklungen von rein toxischen und physiologischen Reizwirkungen sich bei diesen Sexualvorgängen ergeben, das auch nur hypothetisch zu behandeln, kann keine zeitgemäße Aufgabe sein. Es genüge uns als wesentlich an dieser Auffassung der Sexualvorgänge, die Annahme besonderer, dem Sexualstoffwechsel entstammender Stoffe festzuhalten. Denn diese anscheinend willkürliche Aufstellung wird durch eine wenig beachtete, aber höchst beachtenswerte Einsicht unterstützt. Die Neurosen, welche sich nur auf Störungen des Sexuallebens zurückführen lassen, zeigen die größte klinische Ähnlichkeit mit den Phänomenen der Intoxikation und Abstinenz, welche sich durch die habituelle Einführung Lust erzeugender Giftstoffe (Alkaloide) ergeben.

[3] DIE LIBIDOTHEORIE

Mit diesen Vermutungen über die chemische Grundlage der Sexualerregung stehen in guter Übereinstimmung die Hilfsvorstellungen, die wir uns zur Bewältigung der psychischen Äußerungen des Sexuallebens geschaffen haben. Wir haben uns den Begriff der *Libido* festgelegt als einer quantitativ veränderlichen Kraft, welche Vorgänge und Umsetzungen auf dem Gebiete der Sexualerregung messen könnte. Diese Libido sondern wir von der Energie, die den seelischen Prozessen allgemein unterzulegen ist, mit Beziehung auf ihren besonderen Ursprung und verleihen ihr so auch einen qualitativen Charakter. In der Sonderung von libidinöser und anderer psychischer Energie drücken wir die Voraussetzung aus, daß sich die Sexualvorgänge des Organismus durch einen besonderen Chemismus von den Ernährungsvorgängen unterscheiden. Die Analyse der Perversionen und Psychoneurosen hat uns zur Einsicht gebracht, daß diese Sexualerregung nicht von den sogenannten Geschlechtsteilen allein, sondern von allen Körperorganen geliefert wird. Wir bilden uns also die Vorstellung eines Libidoquantums, dessen psychische Vertretung wir die *Ichlibido* heißen, dessen Produktion, Vergrößerung oder Verminderung, Verteilung und Verschiebung uns die Erklärungsmöglichkeiten für die beobachteten psychosexuellen Phänomene bieten soll.

Dem analytischen Studium bequem zugänglich wird diese Ichlibido aber nur, wenn sie die psychische Verwendung zur Besetzung von Sexualobjekten gefunden hat, also zur *Objektlibido* geworden ist. Wir sehen sie dann sich auf Objekte konzentrieren, an ihnen fixieren oder aber diese Objekte verlassen, von ihnen auf andere übergehen und von diesen Positionen aus die Sexualbetätigung des Individuums lenken, die zur Befriedigung, daß heißt zum partiellen und zeitweisen Erlöschen der Libido führt. Die Psychoanalyse der sogenannten Übertragungsneurosen (Hysterie und Zwangsneurose) gestattet uns hier einen sicheren Einblick.

Von den Schicksalen der Objektlibido können wir noch erkennen, daß sie von den Objekten abgezogen, in besonderen Spannungszuständen schwebend erhalten und endlich ins Ich zurückgeholt wird, so daß sie wieder zur Ichlibido geworden ist. Die Ichlibido heißen wir im Gegensatz zur Objektlibido auch *narzißtische* Libido. Von der Psychoanalyse aus schauen wir über eine Grenze, deren Überschreitung uns nicht gestattet ist, in das Getriebe der narzißtischen Libido hinein und bilden uns eine Vorstellung von dem Verhältnis der beiden.* Die narzißtische oder Ichlibido erscheint uns als das große Reservoir, aus welchem die Objektbesetzungen ausgeschickt und in welches sie wieder einbezogen werden, die narzißtische Libidobesetzung des Ichs als der in der ersten Kindheit realisierte Urzustand, welcher durch die späteren Aussendungen der Libido nur verdeckt wird, im Grunde hinter denselben erhalten geblieben ist.

Die Aufgabe einer Libidotheorie der neurotischen und psy-

* [Zusatz 1924:] Diese Beschränkung hat nicht mehr ihre frühere Gültigkeit, seitdem auch andere als die „Übertragungsneurosen" der Psychoanalyse in größerem Ausmaße zugänglich geworden sind.

chotischen Störungen müßte sein, alle beobachteten Phänomene und erschlossenen Vorgänge in den Terminis der Libidoökonomie auszudrücken. Es ist leicht zu erraten, daß den Schicksalen der Ichlibido dabei die größere Bedeutung zufallen wird, besonders wo es sich um die Erklärung der tieferen psychotischen Störungen handelt. Die Schwierigkeit liegt dann darin, daß das Mittel unserer Untersuchung, die Psychoanalyse, uns vorläufig nur über die Wandlungen an der Objektlibido sichere Auskunft bringt, die Ichlibido aber von den anderen im Ich wirkenden Energien nicht ohne weiters zu scheiden vermag.* Eine Fortführung der Libidotheorie ist deshalb vorläufig nur auf dem Wege der Spekulation möglich. Man verzichtet aber auf allen Gewinn aus der bisherigen psychoanalytischen Beobachtung, wenn man nach dem Vorgang von C. G. Jung den Begriff der Libido selbst verflüchtigt, indem man sie mit der psychischen Triebkraft überhaupt zusammenfallen läßt.
Die Sonderung der sexuellen Triebregungen von den anderen und somit die Einschränkung des Begriffes Libido auf diese ersteren findet eine starke Unterstützung in der vorhin erörterten Annahme eines besonderen Chemismus der Sexualfunktion.

[4] DIFFERENZIERUNG VON MANN UND WEIB

Es ist bekannt, daß erst mit der Pubertät sich die scharfe Sonderung des männlichen und weiblichen Charakters herstellt, ein Gegensatz, der dann wie kein anderer die Lebensgestaltung der Menschen entscheidend beeinflußt. Männliche und weibliche Anlage sind allerdings schon im Kindesalter gut kenntlich; die Entwicklung der Sexualitätshemmungen (Scham, Ekel, Mitleid usw.) erfolgt beim kleinen Mädchen frühzeitiger und gegen geringeren Widerstand als beim Knaben; die Neigung zur Sexualverdrängung erscheint überhaupt größer; wo sich Partialtriebe der Sexuali-

* [Zusatz 1915:] Siehe „Zur Einführung des Narzißmus" (1914). [Zusatz 1920:] Der Terminus „Narzißmus" ist nicht, wie dort irrtümlich angegeben, von Näcke, sondern von H. Ellis geschaffen worden.

tät bemerkbar machen, bevorzugen sie die passive Form. Die autoerotische Betätigung der erogenen Zonen ist aber bei beiden Geschlechtern die nämliche, und durch diese Übereinstimmung ist die Möglichkeit eines Geschlechtsunterschiedes, wie er sich nach der Pubertät herstellt, für die Kindheit aufgehoben. Mit Rücksicht auf die autoerotischen und masturbatorischen Sexualäußerungen könnte man den Satz aufstellen, die Sexualität der kleinen Mädchen habe durchaus männlichen Charakter. Ja, wüßte man den Begriffen „männlich und weiblich" einen bestimmteren Inhalt zu geben, so ließe sich auch die Behauptung vertreten, die Libido sei regelmäßig und gesetzmäßig männlicher Natur, ob sie nun beim Manne oder beim Weibe vorkomme und abgesehen von ihrem Objekt, mag dies der Mann oder das Weib sein.*

Seitdem ich mit dem Gesichtspunkte der Bisexualität bekannt geworden bin, halte ich dieses Moment für das hier maßgebende und meine, ohne der Bisexualität Rechnung zu tragen, wird man kaum zum Verständnis der tatsächlich zu beobachtenden Sexualäußerungen von Mann und Weib gelangen können.

LEITZONEN BEI MANN UND WEIB

Von diesem abgesehen, kann ich nur noch folgendes hinzufügen: Die leitende erogene Zone ist auch beim weiblichen Kinde an der Klitoris gelegen, der männlichen Genitalzone an der Eichel also homolog. Alles, was ich über

* [Zusatz 1915:] Es ist unerläßlich, sich klarzumachen, daß die Begriffe „männlich" und „weiblich", deren Inhalt der gewöhnlichen Meinung so unzweideutig erscheint, in der Wissenschaft zu den verworrensten gehören und nach mindestens *drei* Richtungen zu zerlegen sind. Man gebraucht männlich und weiblich bald im Sinne von *Aktivität* und *Passivität,* bald im *biologischen* und dann auch im *soziologischen* Sinne. Die erste dieser drei Bedeutungen ist die wesentliche und die in der Psychoanalyse zumeist verwertbare. Ihr entspricht es, wenn die Libido oben im Text als männlich bezeichnet wird, denn der Trieb ist immer aktiv, auch wo er sich ein passives Ziel gesetzt hat. Die zweite, biologische Bedeutung von männlich und weiblich ist die, welche die klarste Bestimmung zuläßt. Männlich und weiblich sind hier durch die Anwesenheit der Samen-, respektive Eizelle und durch die von ihnen ausgehenden Funktionen charakterisiert. Die Aktivität und ihre Nebenäußerun-

Masturbation bei kleinen Mädchen in Erfahrung bringen konnte, betraf die Klitoris und nicht die für die späteren Geschlechtsfunktionen bedeutsamen Partien des äußeren Genitales. Ich zweifle selbst daran, daß das weibliche Kind unter dem Einflusse der Verführung zu etwas anderem als zur Klitorismasturbation gelangen kann, es sei denn ganz ausnahmsweise. Die gerade bei kleinen Mädchen so häufigen Spontanentladungen der sexuellen Erregtheit äußern sich in Zuckungen der Klitoris, und die häufigen Erektionen derselben ermöglichen es den Mädchen, die Sexualäußerungen des anderen Geschlechts auch ohne Unterweisung richtig zu beurteilen, indem sie einfach die Empfindungen der eigenen Sexualvorgänge auf die Knaben übertragen.

Will man das Weibwerden des kleinen Mädchens verstehen, so muß man die weiteren Schicksale dieser Klitoriserregbarkeit verfolgen. Die Pubertät, welche dem Knaben jenen großen Vorstoß der Libido bringt, kennzeichnet sich für das Mädchen durch eine neuerliche Verdrängungswelle, von der gerade die Klitorissexualität betroffen wird. Es ist ein Stück männlichen Sexuallebens, was dabei der Verdrängung verfällt. Die bei dieser Pubertätsverdrängung des Weibes geschaffene Verstärkung der Sexualhemmnisse ergibt dann einen Reiz für die Libido des Mannes und nötigt dieselbe zur Steigerung ihrer Leistungen: mit der Höhe der Libido steigt dann auch die Sexualüberschätzung, die nur für das sich weigernde, seine Sexualität verleugnende Weib im vollen Maße zu haben ist. Die Klitoris behält dann die

gen, stärkere Muskelentwicklung, Aggression, größere Intensität der Libido, sind in der Regel mit der biologischen Männlichkeit verlötet, aber nicht notwendigerweise verknüpft, denn es gibt Tiergattungen, bei denen diese Eigenschaften vielmehr dem Weibchen zugeteilt sind. Die dritte, soziologische Bedeutung erhält ihren Inhalt durch die Beobachtung der wirklich existierenden männlichen und weiblichen Individuen. Diese ergibt für den Menschen, daß weder im psychologischen noch im biologischen Sinne eine reine Männlichkeit oder Weiblichkeit gefunden wird. Jede Einzelperson weist vielmehr eine Vermengung ihres biologischen Geschlechtscharakters mit biologischen Zügen des anderen Geschlechts und eine Vereinigung von Aktivität und Passivität auf, sowohl insofern diese psychischen Charakterzüge von den biologischen abhängen als auch insoweit sie unabhängig von ihnen sind.

Rolle, wenn sie beim endlich zugelassenen Sexualakt selbst erregt wird, diese Erregung an die benachbarten weiblichen Teile weiterzuleiten, etwa wie ein Span Kienholz dazu benützt werden kann, das härtere Brennholz in Brand zu setzen. Es nimmt oft eine gewisse Zeit in Anspruch, bis sich diese Übertragung vollzogen hat, während welcher dann das junge Weib anästhetisch ist. Diese Anästhesie kann eine dauernde werden, wenn die Klitoriszone ihre Erregbarkeit abzugeben sich weigert, was gerade durch ausgiebige Betätigung im Kinderleben vorbereitet wird. Es ist bekannt, daß die Anästhesie der Frauen häufig nur eine scheinbare, eine lokale ist. Sie sind anästhetisch am Scheideneingang, aber keineswegs unerregbar von der Klitoris oder selbst von anderen Zonen aus. Zu diesen erogenen Anlässen der Anästhesie gesellen sich dann noch die psychischen, gleichfalls durch Verdrängung bedingten.
Ist die Übertragung der erogenen Reizbarkeit von der Klitoris auf den Scheideneingang gelungen, so hat damit das Weib seine für die spätere Sexualbetätigung leitende Zone gewechselt, während der Mann die seinige von der Kindheit an beibehalten hat. In diesem Wechsel der leitenden erogenen Zone sowie in dem Verdrängungsschub der Pubertät, der gleichsam die infantile Männlichkeit beiseite schafft, liegen die Hauptbedingungen für die Bevorzugung des Weibes zur Neurose, insbesondere zur Hysterie. Diese Bedingungen hängen also mit dem Wesen der Weiblichkeit innigst zusammen.

[5] DIE OBJEKTFINDUNG

Während durch die Pubertätsvorgänge das Primat der Genitalzonen festgelegt wird und das Vordrängen des erigiert gewordenen Gliedes beim Manne gebieterisch auf das neue Sexualziel hinweist, auf das Eindringen in eine die Genitalzone erregende Körperhöhle, vollzieht sich von psychischer Seite her die Objektfindung, für welche von der frühesten Kindheit an vorgearbeitet worden ist. Als die anfänglichste Sexualbefriedigung noch mit der Nahrungsaufnahme verbunden war, hatte der Sexualtrieb ein Sexualobjekt außerhalb des eigenen Körpers in der Mutterbrust. Er verlor es nur später, vielleicht gerade zur Zeit, als es dem Kinde möglich wurde, die Gesamtvorstellung der Person, welcher das ihm Befriedigung spendende Organ angehörte, zu bilden. Der Geschlechtstrieb wird dann in der Regel autoerotisch, und erst nach Überwindung der Latenzzeit stellt sich das ursprüngliche Verhältnis wieder her. Nicht ohne guten Grund ist das Saugen des Kindes an der Brust der Mutter vorbildlich für jede Liebesbeziehung geworden. Die Objektfindung ist eigentlich eine Wiederfindung.*

Sexualobjekt der Säuglingszeit

Aber von dieser ersten und wichtigsten aller sexuellen Beziehung bleibt auch nach der Abtrennung der Sexualtätigkeit von der Nahrungsaufnahme ein wichtiges Stück übrig, welches die Objektwahl vorbereiten, das verlorene Glück also wiederherstellen hilft. Die ganze Latenzzeit über lernt das Kind andere Personen, die seiner Hilflosigkeit abhelfen und seine Bedürfnisse befriedigen, *lieben,* durchaus nach dem Muster und in Fortsetzung seines Säuglingsverhältnisses zur Amme. Man wird sich vielleicht sträuben wollen, die zärtlichen Gefühle und die Wertschätzung des Kindes für seine Pflegepersonen mit der geschlechtlichen Liebe zu identifizieren, allein ich meine, eine genauere psychologische Untersuchung wird diese Identität über jeden Zweifel hinaus feststellen können. Der Verkehr des Kindes mit seiner Pflegeperson ist für dasselbe eine unaufhörlich fließende Quelle sexueller Erregung und Befriedigung von erogenen Zonen aus, zumal da letztere – in der Regel doch die Mutter – das Kind selbst mit Gefühlen bedenkt, die aus ihrem Sexualleben stammen, es streichelt, küßt und wiegt und ganz deutlich zum Ersatz für ein vollgültiges Sexualobjekt nimmt.** Die Mutter würde wahr-

* [Zusatz 1915:] Die Psychoanalyse lehrt, daß es zwei Wege der Objektfindung gibt, erstens die im Text besprochenen, die in *Anlehnung* an die frühinfantilen Vorbilder vor sich geht, und zweitens *die narzißtische,* die das eigene Ich sucht und im anderen wiederfindet. Diese letztere hat eine besonders große Bedeutung für die pathologischen Ausgänge, fügt sich aber in den hier behandelten Zusammenhang.

** Wem diese Auffassung „frevelhaft" dünkt, der lese die fast gleichsinnige Behandlung des Verhältnisses zwischen Mutter und Kind bei Havelock Ellis nach *(Das Geschlechtsgefühl).*

scheinlich erschrecken, wenn man ihr die Aufklärung gäbe, daß sie mit all ihren Zärtlichkeiten den Sexualtrieb ihres Kindes weckt und dessen spätere Intensität vorbereitet. Sie hält ihr Tun für asexuelle „reine" Liebe, da sie es doch sorgsam vermeidet, den Genitalien des Kindes mehr Erregungen zuzuführen, als bei der Körperpflege unumgänglich ist. Aber der Geschlechtstrieb wird nicht nur durch Erregung der Genitalzone geweckt, wie wir ja wissen; was wir Zärtlichkeit heißen, wird unfehlbar eines Tages seine Wirkung auch auf die Genitalzonen äußern. Verstünde die Mutter mehr von der hohen Bedeutung der Triebe für das gesamte Seelenleben, für alle ethischen und psychischen Leistungen, so würde sie sich übrigens auch nach der Aufklärung alle Selbstvorwürfe ersparen. Sie erfüllt nur ihre Aufgabe, wenn sie das Kind lieben lehrt; es soll ja ein tüchtiger Mensch mit energischem Sexualbedürfnis werden und in seinem Leben all das vollbringen, wozu der Trieb den Menschen drängt. Ein Zuviel von elterlicher Zärtlichkeit wird freilich schädlich werden, indem es die sexuelle Reifung beschleunigt, auch dadurch, daß es das Kind „verwöhnt", es unfähig macht, im späteren Leben auf Liebe zeitweilig zu verzichten oder sich mit einem geringeren Maß davon zu begnügen. Es ist eines der besten Vorzeichen späterer Nervosität, wenn das Kind sich unersättlich in seinem Verlangen nach Zärtlichkeit der Eltern erweist, und anderseits werden gerade neuropathische Eltern, die ja meist zur maßlosen Zärtlichkeit neigen, durch ihre Liebkosungen die Disposition des Kindes zur neurotischen Erkrankung am ehesten erwecken. Man ersieht übrigens aus diesem Beispiel, daß es für neurotische Eltern direktere Wege als den der Vererbung gibt, ihre Störung auf die Kinder zu übertragen.

INFANTILE ANGST

Die Kinder selbst benehmen sich von frühen Jahren an, als sei ihre Anhänglichkeit an ihre Pflegepersonen von der Natur der sexuellen Liebe. Die Angst der Kinder ist ursprünglich nichts anderes als der Ausdruck dafür, daß sie die geliebte Person vermissen; sie kommen darum jedem Fremden mit Angst entgegen; sie fürchten sich in der Dunkelheit, weil man in dieser die geliebte Person nicht sieht, und lassen sich beruhigen, wenn sie dieselbe in der Dunkelheit bei der Hand fassen können. Man überschätzt die Wirkung aller Kinderschrekken und gruseligen Erzählungen der Kinderfrauen, wenn man diesen schuld gibt, daß sie die Ängstlichkeit der Kinder erzeugen. Kinder, die zur Ängstlichkeit neigen, nehmen nur solche Erzählungen auf, die an anderen durchaus nicht haften wollen; und zur Ängstlichkeit neigen nur Kinder mit übergroßem oder vorzeitig entwickeltem oder durch Verzärtelung anspruchsvoll gewordenem Sexualtrieb. Das Kind benimmt sich hierbei wie der Erwachsene, indem er seine Libido in Angst verwandelt, sowie es sie nicht zur Befriedigung zu bringen vermag, und der Erwachsene wird sich dafür, wenn er durch unbefriedigte Libido neurotisch geworden ist, in seiner Angst wie ein Kind benehmen, sich zu fürchten beginnen, sowie er allein, das heißt ohne eine Person ist, deren Liebe er sicher zu sein glaubt, und diese seine Angst durch die kindischsten Maßregeln beschwichtigen wollen.*

INZEST-SCHRANKE

Wenn die Zärtlichkeit der Eltern zum Kinde es glücklich vermieden hat, den Sexualtrieb desselben vorzeitig, das heißt ehe die körperlichen Bedingungen der Pubertät gegeben sind, in solcher Stärke zu wecken, daß die seelische Erregung in unverkennbarer Weise zum Genitalsystem durchbricht, so kann sie ihre Aufgabe erfüllen, dieses Kind im Alter der Reife bei der

* Die Aufklärung über die Herkunft der kindlichen Angst verdanke ich einem dreijährigen Knaben, den ich einmal aus einem dunklen Zimmer bitten hörte: „Tante, sprich mit mir; ich fürchte mich, weil es so dunkel ist." Die Tante rief ihn an: „Was hast du denn davon? Du siehst mich ja nicht." – „Das macht nichts", antwortete das Kind, „wenn jemand spricht, wird es hell." – Er fürchtete sich also nicht vor der Dunkelheit, sondern weil er eine geliebte Person vermißte, und konnte versprechen, sich zu beruhigen, sobald er einen Beweis von deren Anwesenheit empfangen hatte. – [Zusatz 1920:] Daß die neurotische Angst aus der Libido entsteht, ein Umwandlungsprodukt derselben darstellt, sich also so verhält wie der Essig zum Wein, ist eines der bedeutsamsten Resultate der psychoanalytischen Forschung. Eine weitere Diskussion dieses Problems siehe in meinen *Vorlesungen zur Einführung in die Psychoanalyse* (1916/17), woselbst wohl auch nicht die endgültige Aufklärung erreicht worden ist.

Wahl des Sexualobjekts zu leiten. Gewiß läge es dem Kinde am nächsten, diejenigen Personen selbst zu Sexualobjekten zu wählen, die es mit einer sozusagen abgedämpften Libido seit seiner Kindheit liebt.* Aber durch den Aufschub der sexuellen Reifung ist die Zeit gewonnen worden, neben anderen Sexualhemmnissen die Inzestschranke aufzurichten, jene moralischen Vorschriften in sich aufzunehmen, welche die geliebten Personen der Kindheit als Blutsverwandte ausdrücklich von der Objektwahl ausschließen. Die Beachtung dieser Schranke ist vor allem eine Kulturforderung der Gesellschaft, welche sich gegen die Aufzehrung von Interessen durch die Familie wehren muß, die sie für die Herstellung höherer sozialer Einheiten braucht, und darum mit allen Mitteln dahin wirkt, bei jedem einzelnen, speziell beim Jüngling, den in der Kindheit allein maßgebenden Zusammenhang mit seiner Familie zu lockern.**
Die Objektwahl wird aber zunächst in der Vorstellung vollzogen, und das Geschlechtsleben der eben reifenden Jugend hat kaum einen anderen Spielraum, als sich in Phantasien, das heißt in nicht zur Ausführung bestimmten Vorstellungen, zu ergehen.*** In diesen Phantasien treten bei

* [Zusatz 1915:] Vgl. hierzu das vorher über die Objektwahl des Kindes gesagte: die „zärtliche Strömung".

** [Zusatz 1915:] Die Inzestschranke gehört wahrscheinlich zu historischen Erwerbungen der Menschheit und dürfte wie andere Moraltabus bereits bei vielen Individuen durch organische Vererbung fixiert sein. (Vgl. meine Schrift: *Totem und Tabu.* 1912/13.) Doch zeigt die psychoanalytische Untersuchung, wie intensiv noch der einzelne in seinen Entwicklungszeiten mit der Inzestversuchung ringt und wie häufig er sie in Phantasien und selbst in der Realität übertritt.

*** [Zusatz 1920:] Die Phantasien der Pubertätszeit knüpfen an die in der Kindheit verlassene infantile Sexualforschung an, reichen wohl auch ein Stück in die Latenzzeit zurück. Sie können ganz oder zum größten Teil unbewußt gehalten werden, entziehen sich darum häufig einer genauen Datierung. Sie haben große Bedeutung für die Entstehung mannigfaltiger Symptome, indem sie geradezu die Vorstufen derselben abgeben, also die Formen herstellen, in denen die verdrängten Libidokomponenten ihre Befriedigung finden. Ebenso sind sie die Vorlagen der nächtlichen Phantasien, die als Träume bewußt werden. Träume sind häufig nichts anderes

allen Menschen die infantilen Neigungen, nun durch den somatischen Nachdruck verstärkt, wieder auf, und unter ihnen in gesetzmäßiger Häufigkeit und an erster Stelle die meist bereits durch die Geschlechtsanziehung differenzierte Sexualregung des Kindes für die Eltern, des Sohnes für die Mutter und der Tochter für den Vater.* Gleichzeitig mit der Überwindung und Verwerfung dieser deutlich inzestuösen Phantasien wird eine der bedeutsamsten, aber auch schmerzhaftesten, psychischen Leistungen der Pubertätszeit vollzogen, die Ablösung von der Autorität der Eltern,

als Wiederbelebungen solcher Phantasien unter dem Einfluß und in Anlehnung an einen aus dem Wachleben erübrigten Tagesreiz („Tagesreste"). – Unter den sexuellen Phantasien der Pubertätszeit ragen einige hervor, welche durch allgemeinstes Vorkommen und weitgehende Unabhängigkeit vom Erleben des einzelnen ausgezeichnet sind. So die Phantasien von der Belauschung des elterlichen Geschlechtsverkehrs, von der frühen Verführung durch geliebte Personen, von der Kastrationsdrohung, die Mutterleibsphantasien, deren Inhalt Verweilen und selbst Erlebnisse in Mutterleib sind, und der sogenannte „Familienroman", in welchem der Heranwachsende auf den Unterschied seiner Einstellung zu den Eltern jetzt und in der Kindheit reagiert. Die nahen Beziehungen dieser Phantasien zum Mythos hat für das letzte Beispiel O. Rank in seiner Schrift *Der Mythos von der Geburt des Helden* 1909 aufgezeigt.
Man sagt mit Recht, daß der Ödipuskomplex der Kernkomplex der Neurosen ist, das wesentliche Stück im Inhalt der Neurose darstellt. In ihm gipfelt die infantile Sexualität, welche durch ihre Nachwirkungen die Sexualität des Erwachsenen entscheidend beeinflußt. Jedem menschlichen Neuankömmling ist die Aufgabe gestellt, den Ödipuskomplex zu bewältigen; wer es nicht zustande bringt, ist der Neurose verfallen.
Der Fortschritt der psychoanalytischen Arbeit hat diese Bedeutung des Ödipuskomplexes immer schärfer gezeichnet; seine Anerkennung ist das Schiboleth geworden, welches die Anhänger der Psychoanalyse von ihren Gegnern scheidet.
[Zusatz 1924:] In einer anderen Schrift (*Das Trauma der Geburt,* 1924) hat Rank die Mutterbindung auf die embryonale Vorzeit zurückgeführt und so die biologische Grundlage des Ödipuskomplexes aufgezeigt. Die Inzestschranke leitet er abweichend vom Vorstehenden von dem traumatischen Eindruck der Geburtsangst ab.
* Vgl. die Ausführungen über das unvermeidliche Verhängnis in der Ödipusfabel (Traumdeutung, 1900).

durch welche erst der für den Kulturfortschritt so wichtige Gegensatz der neuen Generation zur alten geschaffen wird. Auf jeder der Stationen des Entwicklungsganges, den die Individuen durchmachen sollen, wird eine Anzahl derselben zurückgehalten, und so gibt es auch Personen, welche die Autorität der Eltern nie überwunden und ihre Zärtlichkeit von denselben nicht oder nur sehr unvollständig zurückgezogen haben. Es sind zumeist Mädchen, die so zur Freude der Eltern weit über die Pubertät hinaus bei der vollen Kinderliebe verbleiben, und da wird es dann sehr lehrreich zu finden, daß es diesen Mädchen in ihrer späteren Ehe an dem Vermögen gebricht, ihren Männern das Gebührende zu schenken. Sie werden kühle Ehefrauen und bleiben sexuell anästhetisch. Man lernt daraus, daß die anscheinend nicht sexuelle Liebe zu den Eltern und die geschlechtliche Liebe aus denselben Quellen gespeist werden, das heißt, daß die erstere nur einer infantilen Fixierung der Libido entspricht.

Je mehr man sich den tieferen Störungen der psychosexuellen Entwicklung nähert, desto unverkennbarer tritt die Bedeutung der inzestuösen Objektwahl hervor. Bei den Psychoneurotikern verbleibt infolge von Sexualablehnung ein großes Stück oder das Ganze der psychosexuellen Tätigkeit zur Objektfindung im Unbewußten. Für die Mädchen mit übergroßem Zärtlichkeitsbedürfnis und ebensolchem Grausen vor den realen Anforderungen des Sexuallebens wird es zu einer unwiderstehlichen Versuchung, sich einerseits das Ideal der asexuellen Liebe im Leben zu verwirklichen und andererseits ihre Libido hinter einer Zärtlichkeit, die sie ohne Selbstvorwurf äußern dürfen, zu verbergen, indem sie die infantile, in der Pubertät aufgefrischte Neigung zu Eltern oder Geschwistern fürs Leben festhalten. Die Psychoanalyse kann solchen Personen mühelos nachweisen, daß sie in diese ihre Blutsverwandten im gemeinverständlichen Sinne des Wortes *verliebt* sind, indem sie mit Hilfe der Symptome und anderen Krankheitsäußerungen ihre unbewußten Gedanken aufspürt und in bewußte übersetzt. Auch wo ein vorerst Gesunder nach einer unglücklichen Liebeserfahrung erkrankt ist, kann man als den Mechanismus solcher Erkrankung die Rückwendung seiner Libido auf die infantil bevorzugten Personen mit Sicherheit aufdecken.

Nachwirkung der infantilen Objektwahl Auch wer die inzestuöse Fixierung seiner Libido glücklich vermieden hat, ist dem Einfluß derselben nicht völlig entzogen. Es ist ein deutlicher Nachklang dieser Entwicklungsphase, wenn die erste ernsthafte Verliebtheit des jungen Mannes, wie so häufig, einem reifen Weibe, die des Mädchens einem älteren, mit Autorität ausgestatteten Manne gilt, die ihnen das Bild der Mutter und des Vaters beleben können.* In freierer Anlehnung an diese Vorbilder geht wohl die Objektwahl überhaupt vor sich. Vor allem sucht der Mann nach dem Erinnerungsbild der Mutter, wie es ihn seit den Anfängen der Kindheit beherrscht; im vollen Einklang steht es damit, wenn sich die noch lebende Mutter gegen diese ihre Erneuerung sträubt und ihr mit Feindseligkeit begegnet. Bei solcher Bedeutung der kindlichen Beziehungen zu den Eltern für die spätere Wahl des Sexualobjektes ist es leicht zu verstehen, daß jede Störung dieser Kindheitsbeziehungen die schwersten Folgen für das Sexualleben nach der Reife zeitigt; auch die Eifersucht des Liebenden ermangelt nie der infantilen Wurzel oder wenigstens der infantilen Verstärkung. Zwistigkeiten zwischen den Eltern selbst, unglückliche Ehe derselben, bedingen die schwerste Prädisposition für gestörte Sexualentwicklung oder neurotische Erkrankung der Kinder. Die infantile Neigung zu den Eltern ist wohl die wichtigste, aber nicht die einzige der Spuren, die, in der Pubertät aufgefrischt, dann der Objektwahl den Weg weisen. Andere Ansätze derselben Herkunft gestatten dem Manne noch immer in Anlehnung an seine Kindheit mehr als eine einzige *Sexualreihe* zu entwickeln, ganz verschiedene Bedingungen für die Objektwahl auszubilden.**

Verhütung der Inversion Eine bei der Objektwahl sich ergebende Aufgabe liegt darin, das entgegengesetzte Geschlecht nicht zu verfehlen. Sie

* [Zusatz 1920:] Siehe meinen Aufsatz „Über einen besonderen Typus der Objektwahl beim Manne" (1910).

** [Zusatz 1915:] Ungezählte Eigentümlichkeiten des menschlichen Liebeslebens sowie das Zwanghafte der Verliebtheit selbst sind überhaupt nur durch die Rückbeziehung auf die Kindheit und als Wirkungsreste derselben zu verstehen.

wird, wie bekannt, nicht ohne einiges Tasten gelöst. Die ersten Regungen nach der Pubertät gehen häufig genug – ohne dauernden Schaden – irre. Dessoir [1894] hat mit Recht darauf aufmerksam gemacht, welche Gesetzmäßigkeit sich in den schwärmerischen Freundschaften von Jünglingen und Mädchen für ihresgleichen verrät. Die größte Macht, welche eine dauernde Inversion des Sexualobjektes abwehrt, ist gewiß die Anziehung, welche die entgegengesetzten Geschlechtscharaktere füreinander äußern; zur Erklärung derselben kann im Zusammenhange dieser Erörterungen nichts gegeben werden.* Aber dieser Faktor reicht für sich allein nicht hin, die Inversion auszuschließen; es kommen wohl allerlei unterstützende Momente hinzu. Vor allem die Autoritätshemmung der Gesellschaft; wo die Inversion nicht als Verbrechen betrachtet wird, da kann man die Erfahrung machen, daß sie den sexuellen Neigungen nicht weniger Individuen voll entspricht. Ferner darf man für den Mann annehmen, daß die Kindererinnerung an die Zärtlichkeit der Mutter und anderer weiblicher Personen, denen er als Kind überantwortet war, energisch mithilft, seine Wahl auf das Weib zu lenken, während die von seiten des Vaters erfahrene frühzeitige Sexualeinschüchterung und die Konkurrenzeinstellung zu ihm vom gleichen Geschlechte ablenkt. Beide Momente gelten aber auch für das Mädchen, dessen Sexualbetätigung unter der besonderen Obhut der Mutter steht. Es ergibt sich so eine feindliche Beziehung zum eigenen Geschlecht, welche die Objektwahl entscheidend in dem für normal geltenden Sinn beeinflußt. Die Erziehung der Knaben durch männliche Personen (Sklaven in der antiken Welt) scheint die Homosexualität zu begünstigen; beim heutigen Adel wird die Häufigkeit der Inversion wohl durch die Verwendung männlicher Dienerschaft wie durch die geringere persönliche Fürsorge der Mütter für ihre Kinder um etwas verständlicher. Bei manchen Hysterischen ergibt sich, daß der frühzeitige Wegfall einer Person des Elternpaares (durch Tod, Ehescheidung,

* [Zusatz 1924:] Es ist hier der Ort, auf eine gewiß phantastische, aber überaus geistreiche Schrift von Ferenczi (*Versuch einer Genitaltheorie,* 1924) hinzuweisen, in der das Geschlechtsleben der höheren Tiere aus ihrer biologischen Entwicklungsgeschichte abgeleitet wird.

Entfremdung), worauf dann die übrigbleibende die ganze Liebe des Kindes an sich gezogen hatte, die Bedingung für das Geschlecht der später zum Sexualobjekt gewählten Person festgestellt und damit auch die dauernde Inversion ermöglicht hat.

ZUSAMMENFASSUNG

Es ist an der Zeit, eine Zusammenfassung zu versuchen. Wir sind von den Abirrungen des Geschlechtstriebes in bezug auf sein Objekt und sein Ziel ausgegangen, haben die Fragestellung vorgefunden, ob diese aus angeborener Anlage entspringen oder infolge der Einflüsse des Lebens erworben werden. Die Beantwortung dieser Frage ergab sich uns aus der Einsicht in die Verhältnisse des Geschlechtstriebes bei den Psychoneurotikern, einer zahlreichen und den Gesunden nicht fernestehenden Menschengruppe, welche Einsicht wir durch psychoanalytische Untersuchung gewonnen hatten. Wir fanden so, daß bei diesen Personen die Neigungen zu allen Perversionen als unbewußte Mächte nachweisbar sind und sich als Symptombildner verraten, und konnten sagen, die Neurose sei gleichsam ein Negativ der Perversion. Angesichts der nun erkannten großen Verbreitung der Perversionsneigungen drängte sich uns der Gesichtspunkt auf, daß die Anlage zu den Perversionen die ursprüngliche allgemeine Anlage des menschlichen Geschlechtstriebes sei, aus welcher das normale Sexualverhalten infolge organischer Veränderungen und psychischer Hemmungen im Laufe der Reifung entwickelt werde. Die ursprüngliche Anlage hofften wir im Kindesalter aufzeigen zu können; unter den die Richtung des Sexualtriebes einschränkenden Mächten hoben wir Scham, Ekel, Mitleid und die sozialen Konstruktionen der Moral und Autorität hervor. So mußten wir in jeder fixierten Abirrung vom normalen Geschlechtsleben ein Stück Entwicklungshemmung und Infantilismus erblicken. Die Bedeutung der Variationen der ursprünglichen Anlage mußten wir in den Vordergrund stellen, zwischen ihnen und den Einflüssen des Lebens aber ein Verhältnis von Kooperation und nicht von Gegensätzlichkeit annehmen. Anderseits erschien uns, da die ursprüngliche Anlage eine komplexe sein mußte, der Geschlechtstrieb selbst als etwas aus vielen Faktoren Zusammengesetztes, das in den Perversionen gleichsam in seine Komponenten zerfällt. Somit erwiesen sich die Perversionen einerseits als Hemmungen, andererseits als Dissoziationen der normalen Entwicklung. Beide Auffassungen vereinigten sich in der Annahme, daß der Geschlechtstrieb des Erwachsenen durch die Zusammenfassung vielfacher Regungen des Kinderlebens zu einer Einheit, einer Strebung mit einem einzigen Ziel entstehe.

Wir fügten noch die Aufklärung für das Überwiegen der perversen Neigungen bei den Psychoneurotikern bei, indem wir dieses als kollaterale Füllung von Nebenbahnen bei Verlegung des Hauptstrombettes durch die „Verdrängung" erkannten, und wandten uns dann der Betrachtung des Sexuallebens im Kindesalter zu.* Wir fanden es bedauerlich, daß man dem Kindesalter den Sexualtrieb abgesprochen und die nicht selten zu beobachtenden Sexualäußerungen des Kindes als regelwidrige Vorkommnisse beschrieben hat. Es schien uns vielmehr, daß das Kind Keime von Sexualtätigkeit mit zur Welt bringt und schon bei der Nahrungsaufnahme sexuelle Befriedigung mitgenießt, die es sich dann in der gut gekannten Tätigkeit des „Ludelns" immer wieder zu verschaffen sucht. Die Sexualbetätigung des Kindes entwickle sich aber nicht im gleichen Schritt wie seine sonstigen Funktionen, sondern trete nach einer kurzen Blüteperiode vom zweiten bis zum fünften Jahre in die sogenannte Latenzperiode ein. In derselben würde die Produktion sexueller Erregung keineswegs eingestellt, sondern halte an und liefere einen Vorrat von Energie, der großenteils zu anderen als sexuellen Zwecken verwendet werde, nämlich einerseits zur Abgabe der sexuellen Kom-

* [Zusatz 1915:] Dies gilt nicht nur für die in der Neurose „negativ" auftretenden Perversionsneigungen, sondern ebenso für die positiven, eigentlich so benannten Perversionen. Diese letzteren sind also nicht bloß auf die Fixierung der infantilen Neigung zurückzuführen, sondern auch auf die Regression zu denselben infolge der Verlegung anderer Bahnen der Sexualströmung. Darum sind auch die positiven Perversionen der psychoanalytischen Therapie zugänglich.

ponenten für soziale Gefühle, anderseits (vermittels Verdrängung und Reaktionsbildung) zum Aufbau der späteren Sexualschranken. Demnach würden die Mächte, die dazu bestimmt sind, den Sexualtrieb in gewissen Bahnen zu erhalten, im Kindesalter auf Kosten der großenteils perversen Sexualregungen und unter Mithilfe der Erziehung aufgebaut. Ein anderer Teil der infantilen Sexualregungen entgehe diesen Verwendungen und könne sich als Sexualbetätigung äußern. Man könne dann erfahren, daß die Sexualerregung des Kindes aus vielerlei Quellen fließe. Vor allem entstehe Befriedigung durch die geeignete sensible Erregung sogenannter erogener Zonen, als welche wahrscheinlich jede Hautstelle und jedes Sinnesorgan, wahrscheinlich jedes Organ, fungieren könne, während gewisse ausgezeichnete erogene Zonen existieren, deren Erregung durch gewisse organische Vorrichtungen von Anfang an gesichert sei. Ferner entstehe sexuelle Erregung gleichsam als Nebenprodukt bei einer großen Reihe von Vorgängen im Organismus, sobald dieselben nur eine gewisse Intensität erreichen, ganz besonders bei allen stärkeren Gemütsbewegungen, seien sie auch peinlicher Natur. Die Erregungen aus all diesen Quellen setzten sich noch nicht zusammen, sondern verfolgten jede vereinzelt ihr Ziel, welches bloß der Gewinn einer gewissen Lust ist. Der Geschlechtstrieb sei also im Kindesalter nicht zentriert und zunächst objektlos, *autoerotisch.*

Noch während der Kinderjahre beginne die erogene Zone der Genitalien sich bemerkbar zu machen, entweder in der Art, daß sie wie jede andere erogene Zone auf geeignete sensible Reizung Befriedigung ergebe, oder indem auf nicht ganz verständliche Weise mit der Befriedigung von anderen Quellen her gleichzeitig eine Sexualerregung erzeugt werde, die zu der Genitalzone eine besondere Beziehung erhalte. Wir haben es bedauern müssen, daß eine genügende Aufklärung des Verhältnisses zwischen Sexualbefriedigung und Sexualerregung, sowie der Tätigkeit der Genitalzone und der übrigen Quellen der Sexualität nicht zu erreichen war.

Durch das Studium der neurotischen Störungen haben wir gemerkt, daß sich im kindlichen Sexualleben von allem Anfang an Ansätze zu einer Organisation der sexuellen Triebkomponenten erkennen lassen. In einer ersten, sehr frühen Phase steht die *Oralerotik* im Vordergrunde; eine zweite dieser *„prägenitalen"* Organisationen wird durch die Vorherrschaft des *Sadismus* und der *Analerotik* charakterisiert, erst in einer dritten Phase (die sich beim Kind nur bis zum Primat des Phallus entwickelt) wird das Sexualleben durch den Anteil der eigentlichen Genitalzonen mitbestimmt.

Wir haben dann als eine der überraschendsten Ermittlungen feststellen müssen, daß diese Frühblüte des infantilen Sexuallebens (zwei bis fünf Jahre) auch eine Objektwahl mit all den reichen, seelischen Leistungen zeitigt, so daß die daran geknüpfte, ihr entsprechende Phase trotz der mangelnden Zusammenfassung der einzelnen Triebkomponenten und der Unsicherheit des Sexualzieles als bedeutsamer Vorläufer der späteren endgültigen Sexualorganisation einzuschätzen ist.

Die Tatsache des *zweizeitigen Ansatzes* der Sexualentwicklung beim Menschen, also die Unterbrechung dieser Entwicklung durch die Latenzzeit, erschien uns besonderer Beachtung würdig. Sie scheint eine der Bedingungen für die Eignung des Menschen zur Entwicklung einer höheren Kultur, aber auch für seine Neigung zur Neurose zu enthalten. Bei der tierischen Verwandtschaft des Menschen ist unseres Wissens etwas Analoges nicht nachweisbar. Die Ableitung der Herkunft dieser menschlichen Eigenschaft müßte man in der Urgeschichte der Menschenart suchen.

Welches Maß von sexuellen Betätigungen im Kindesalter noch als normal, der weiteren Entwicklung nicht abträglich, bezeichnet werden darf, konnten wir nicht sagen. Der Charakter der Sexualäußerungen erwies sich als vorwiegend masturbatorisch. Wir stellten ferner durch Erfahrungen fest, daß die äußeren Einflüsse der Verführung vorzeitige Durchbrüche der Latenzzeit bis zur Aufhebung derselben hervorrufen können und daß sich dabei der Geschlechtstrieb des Kindes in der Tat als polymorph pervers bewährt; ferner, daß jede solche frühzeitige Sexualtätigkeit die Erziehbarkeit des Kindes beeinträchtigt.

Trotz der Lückenhaftigkeit unserer Einsichten in das infantile Sexualleben mußten wir dann den Versuch machen, die durch das Auftreten der Pubertät gesetzten Veränderungen desselben zu studieren. Wir griffen zwei derselben als die maßgebenden heraus, die Unterordnung aller sonstigen Ursprünge der Sexualerregung unter das Primat der Genitalzonen und den Prozeß der Objektfindung. Beide sind im Kinderleben bereits vorgebildet. Die erstere vollzieht sich durch den Mechanismus der Ausnützung der Vorlust, wobei die sonst selbständigen sexuellen Akte, die mit Lust und Erregung verbunden sind, zu vorbereitenden Akten für das neue Sexualziel, die Entleerung der Geschlechtsprodukte, werden, dessen Erreichung unter riesiger Lust der Sexualerregung ein Ende macht. Wir hatten dabei die Differenzierung des geschlechtlichen Wesens zu Mann und Weib zu berücksichtigen und fanden, daß zum Weibwerden eine neuerliche Verdrängung erforderlich ist, welche ein Stück infantiler Männlichkeit aufhebt und das Weib für den Wechsel der leitenden Genitalzone vorbereitet. Die Objektwahl endlich fanden wir geleitet durch die infantilen, zur Pubertät aufgefrischten Andeutungen sexueller Neigung des Kindes zu seinen Eltern und Pflegepersonen und durch die mittlerweile aufgerichtete Inzestschranke von diesen Personen weg auf ihnen ähnliche gelenkt. Fügen wir endlich noch hinzu, daß während der Übergangszeit der Pubertät die somatischen und die psychischen Entwicklungsvorgänge eine Weile unverknüpft nebeneinander hergehen, bis mit dem Durchbruch einer intensiven seelischen Liebesregung zur Innervation der Genitalien die normalerweise erforderte Einheit der Liebesfunktion hergestellt wird.

ENTWICKLUNGSSTÖRENDE MOMENTE

Jeder Schritt auf diesem langen Entwicklungswege kann zur Fixierungsstelle, jede Fuge dieser verwickelten Zusammensetzung zum Anlaß der Dissoziation des Geschlechtstriebes werden, wie wir bereits an verschiedenen Beispielen erörtert haben. Es erübrigt uns noch, eine Übersicht der verschiedenen, die Entwicklung störenden inneren und äußeren Momente zu geben und beizufügen, an welcher Stelle des Mechanismus die von ihnen ausgehende Störung angreift. Was wir da in einer Reihe anführen, kann freilich unter sich nicht gleichwertig sein, und wir müssen auf Schwierigkeiten rechnen, den einzelnen Momenten die ihnen gebührende Abschätzung zuzuteilen.

KONSTITUTION UND HEREDITÄT

An erster Stelle ist hier die angeborene *Verschiedenheit der sexuellen Konstitution* zu nennen, auf die wahrscheinlich das Hauptgewicht entfällt, die aber, wie begreiflich, nur aus ihren späteren Äußerungen und dann nicht immer mit großer Sicherheit zu erschließen ist. Wir stellen uns unter ihr ein Überwiegen dieser oder jener der mannigfachen Quellen der Sexualerregung vor und glauben, daß solche Verschiedenheit der Anlagen in dem Endergebnis jedenfalls zum Ausdruck kommen muß, auch wenn dies sich innerhalb der Grenzen des Normalen zu halten vermag. Gewiß sind auch solche Variationen der ursprünglichen Anlage denkbar, welche notwendigerweise und ohne weitere Mithilfe zur Ausbildung eines abnormen Sexuallebens führen müssen. Man kann dieselben dann „degenerative" heißen und als Ausdruck ererbter Verschlechterung betrachten. Ich habe in diesem Zusammenhange eine merkwürdige Tatsache zu berichten. Bei mehr als der Hälfte meiner psychotherapeutisch behandelten schweren Fälle von Hysterie, Zwangsneurose usw. ist mir der Nachweis der vor der Ehe überstandenen Syphilis der Väter sicher gelungen, sei es, daß diese an Tabes oder progressiver Paralyse gelitten hatten, sei es, daß deren luetische Erkrankung sich anderswie anamnestisch feststellen ließ. Ich bemerke ausdrücklich, daß die später neurotischen Kinder keine körperlichen Zeichen von hereditärer Lues an sich trugen, so daß eben die abnorme sexuelle Konstitution als der letzte Ausläufer der luetischen Erbschaft zu betrachten war. So fern es mir nun liegt, die Abkunft von syphilitischen Eltern als regelmäßige oder unentbehrliche ätiologische Bedingungen der neuropathischen Konstitution hinzustellen, so halte ich doch das von mir beobachtete Zusammentreffen für nicht zufällig und nicht bedeutungslos.

Die hereditären Verhältnisse der positiv Perversen sind minder gut bekannt, weil dieselben sich der Erkundung zu entziehen wissen. Doch hat man Grund anzunehmen, daß bei den Perversionen ähnliches wie bei den Neurosen gilt. Nicht selten findet man nämlich Perversion und Psychoneurose in denselben Familien auf die verschiedenen Geschlechter so verteilt, daß die männlichen Mitglieder oder eines derselben positiv pervers, die weiblichen aber der

Verdrängungsneigung ihres Geschlechts entsprechend negativ pervers, hysterisch sind, ein guter Beleg für die von uns gefundenen Wesensbeziehungen zwischen den beiden Störungen.

WEITERE VERARBEITUNG

Man kann indes den Standpunkt nicht vertreten, als ob mit dem Ansatz der verschiedenen Komponenten in der sexuellen Konstitution die Entscheidung über die Gestaltung des Sexuallebens eindeutig bestimmt wäre. Die Bedingtheit setzt sich vielmehr fort, und weitere Möglichkeiten ergeben sich je nach dem Schicksal, welches die aus den einzelnen Quellen stammenden Sexualitätszuflüsse erfahren. Diese *weitere Verarbeitung* ist offenbar das endgültig Entscheidende, während die der Beschreibung nach gleiche Konstitution zu drei verschiedenen Endausgängen führen kann.
[1] Wenn sich alle die Anlagen in ihrem als abnorm angenommenen relativen Verhältnis erhalten und mit der Reifung verstärken, so kann nur ein perverses Sexualleben das Endergebnis sein. Die Analyse solcher abnormer konstitutioneller Anlagen ist noch nicht ordentlich in Angriff genommen worden, doch kennen wir bereits Fälle, die in solchen Annahmen mit Leichtigkeit ihre Erklärung finden. Die Autoren meinen zum Beispiel von einer ganzen Reihe von Fixationsperversionen, dieselben hätten eine angeborene Schwäche des Sexualtriebes zur notwendigen Voraussetzung. In dieser Form scheint mir die Aufstellung unhaltbar; sie wird aber sinnreich, wenn eine konstitutionelle Schwäche des einen Faktors des Sexualtriebes, der genitalen Zone, gemeint ist, welche Zone späterhin die Zusammenfassung der einzelnen Sexualbetätigungen zum Ziel der Fortpflanzung als Funktion übernimmt. Diese in der Pubertät geforderte Zusammenfassung muß dann mißlingen, und die stärkste der anderen Sexualitätskomponenten wird ihre Betätigung als Perversion durchsetzen.*

* [Zusatz 1915:] Man sieht dabei häufig, daß in der Pubertätszeit zunächst eine normale Sexualstörung einsetzt, welche aber infolge ihrer inneren Schwäche vor den ersten äußeren Hindernissen zusammenbricht und dann von der Regression auf die perverse Fixierung abgelöst wird.

Verdrängung [2] Ein anderer Ausgang ergibt sich, wenn im Laufe der Entwicklung einzelne der überstark angelegten Komponenten den Prozeß der *Verdrängung* erfahren, von dem man festhalten muß, daß er einer Aufhebung nicht gleichkommt. Die betreffenden Erregungen werden dabei wie sonst erzeugt, aber durch psychische Verhinderung von der Erreichung ihres Zieles abgehalten und auf mannigfache andere Wege gedrängt, bis sie sich als Symptome zum Ausdruck gebracht haben. Das Ergebnis kann ein annähernd normales Sexualleben sein – meist ein eingeschränktes –, aber ergänzt durch psychoneurotische Krankheit. Gerade diese Fällc sind uns durch die psychoanalytische Erforschung Neurotischer gut bekannt geworden. Das Sexualleben solcher Personen hat wie das der Perversen begonnen, ein ganzes Stück ihrer Kindheit ist mit perverser Sexualtätigkeit ausgefüllt, die sich gelegentlich weit über die Reifezeit erstreckt; dann erfolgt aus inneren Ursachen – meist noch vor der Pubertät, aber hie und da sogar spät nachher – ein Verdrängungsumschlag, und von nun an tritt, ohne daß die alten Regungen erlöschen, Neurose an die Stelle der Perversion. Man wird an das Sprichwort „Junge Hure, alte Betschwester" erinnert, nur daß die Jugend hier allzu kurz ausgefallen ist. Diese Ablösung der Perversion durch die Neurose im Leben derselben Person muß man ebenso wie die vorhin angeführte Verteilung von Perversion und Neurose auf verschiedene Personen derselben Familie mit der Einsicht, daß die Neurose das Negativ der Perversion ist, zusammenhalten.

Sublimierung [3] Der dritte Ausgang bei abnormer konstitutioneller Anlage wird durch den Prozeß der *„Sublimierung"* ermöglicht, bei welchem den überstarken Erregungen aus einzelnen Sexualitätsquellen Abfluß und Verwendung auf andere Gebiete eröffnet wird, so daß eine nicht unerhebliche Steigerung der psychischen Leistungsfähigkeit aus der an sich gefährlichen Veranlagung resultiert. Eine der Quellen der Kunstbetätigung ist hier zu finden, und je nachdem solche Sublimierung eine vollständige oder unvollständige ist, wird die Charakteranalyse hochbegabter, insbesondere künstlerisch veranlagter Personen jedes Mengungsverhältnis zwischen Leistungsfähigkeit, Perversion und Neurose ergeben. Eine Unterart der Sublimierung ist wohl die Unterdrückung durch *Reaktionsbildung*, die, wie wir gefunden haben, bereits in der Latenzzeit des Kindes beginnt, um sich im günstigen Falle durchs ganze Leben fortzusetzen. Was wir den „Charakter" eines Menschen heißen, ist zum guten Teil mit dem Material sexueller Erregungen aufgebaut und setzt sich aus seit der Kindheit fixierten Trieben, aus durch Sublimierung gewonnenen und aus solchen Konstruktionen zusammen, die zur wirksamen Niederhaltung perverser, als unverwendbar erkannter Regungen bestimmt sind.* Somit kann die allgemein perverse Sexualanlage der Kindheit als die Quelle einer Reihe unserer Tugenden geschätzt werden, insofern sie durch Reaktionsbildung zur Schaffung derselben Anstoß gibt.**

Akzidentell Erlebtes

Gegenüber den Sexualentbindungen, Verdrängungsschüben und Sublimierungen, letztere beide Vorgänge, deren innere Bedingungen uns völlig unbekannt sind, treten alle anderen Einflüsse weit an Bedeutung zurück. Wer Verdrängungen und Sublimierungen mit zur konstitutionellen Anlage rechnet, als die Lebensäußerungen derselben betrachtet, der hat allerdings das Recht zu behaupten, daß die Endgestaltung des Sexuallebens vor allem das Ergebnis der angeborenen Konstitution ist. Indes wird kein Einsichtiger bestreiten, daß in solchem Zusammenwirken von Faktoren auch Raum für die modifizierenden Einflüsse des akzidentell in der Kindheit und späterhin Erlebten bleibt. Es ist nicht leicht, die Wirksamkeit der konstitutionellen und der akzidentel-

* [Zusatz 1920:] Bei einigen Charakterzügen ist selbst ein Zusammenhang mit bestimmten erogenen Komponenten erkannt worden. So leiten sich Trotz, Sparsamkeit und Ordentlichkeit aus der Verwendung der Analerotik ab. Der Ehrgeiz wird durch eine starke urethralerotische Anlage bestimmt.

** Ein Menschenkenner wie E. Zola schildert in *La joie de vivre* ein Mädchen, das in heiterer Selbstentäußerung alles, was es besitzt und beanspruchen könnte, sein Vermögen und seine Lebenswünsche, geliebten Personen ohne Entlohnung zum Opfer bringt. Die Kindheit dieses Mädchens ist von einem unersättlichen Zärtlichkeitsbedürfnis beherrscht, das sie bei einer Gelegenheit von Zurücksetzung gegen eine andere in Grausamkeit verfallen läßt.

len Faktoren in ihrem Verhältnis zueinander abzuschätzen. In der Theorie neigt man immer zur Überschätzung der ersteren; die therapeutische Praxis hebt die Bedeutsamkeit der letzteren hervor. Man sollte auf keinen Fall vergessen, daß zwischen den beiden ein Verhältnis von Kooperation und nicht von Ausschließung besteht. Das konstitutionelle Moment muß auf Erlebnisse warten, die es zur Geltung bringen, das akzidentelle bedarf einer Anlehnung an die Konstitution, um zur Wirkung zu kommen. Man kann sich für die Mehrzahl der Fälle eine sogenannte „Ergänzungsreihe" vorstellen, in welcher die fallenden Intensitäten des einen Faktors durch die steigenden des anderen ausgeglichen werden, hat aber keinen Grund, die Existenz extremer Fälle an den Enden der Reihe zu leugnen.
Der psychoanalytischen Forschung entspricht es noch besser, wenn man den Erlebnissen der frühen Kindheit unter den akzidentellen Momenten eine Vorzugsstellung einräumt. Die eine ätiologische Reihe zerlegt sich dann in zwei, die man die *dispositionelle* und die *definitive* heißen kann. In der ersteren wirken Konstitution und akzidentelle Kindheitserlebnisse ebenso zusammen wie in der zweiten Disposition und spätere traumatische Erlebnisse. Alle die Sexualentwicklung schädigenden Momente äußern ihre Wirkung in der Weise, daß sie eine Regression, eine Rückkehr zu einer früheren Entwicklungsphase hervorrufen.
Wir setzen hier unsere Aufgabe fort, die uns als einflußreich für die Sexualentwicklung bekannt gewordenen Momente aufzuzählen, sei es, daß diese wirksame Mächte oder bloß Äußerungen solcher darstellen.

FRÜHREIFE Ein solches Moment ist die spontane sexuelle *Frühreife,* die wenigstens in der Ätiologie der Neurosen mit Sicherheit nachweisbar ist, wenngleich sie so wenig wie andere Momente für sich allein zur Verursachung hinreicht. Sie äußert sich in Durchbrechung, Verkürzung oder Aufhebung der infantilen Latenzzeit und wird zur Ursache von Störungen, indem sie Sexualäußerungen veranlaßt, die einerseits wegen des unfertigen Zustandes der Sexualhemmungen, andererseits infolge des unentwickelten Genitalsystems nur den Charakter von Perversionen an sich tragen können. Diese Perversionsneigungen mögen sich nun als solche erhalten oder nach eingetretenen Verdrängungen zu Triebkräften neurotischer Symptome werden; auf alle Fälle erschwert die sexuelle Frühreife die wünschenswerte spätere Beherrschung des Sexualtriebes durch die höheren seelischen Instanzen und steigert den zwangartigen Charakter, den die psychischen Vertretungen des Triebes ohnedies in Anspruch nehmen. Die sexuelle Frühreife geht häufig vorzeitiger intellektueller Entwicklung parallel; als solche findet sie sich in der Kindheitsgeschichte der bedeutendsten und leistungsfähigsten Individuen; sie scheint dann nicht ebenso pathogen zu wirken, wie wenn sie isoliert auftritt.

ZEITLICHE MOMENTE

Ebenso wie die Frühreife fordern andere Momente Berücksichtigung, die man als *„zeitliche"* mit der Frühreife zusammenfassen kann. Es scheint phylogenetisch festgelegt, in welcher Reihenfolge die einzelnen Triebregungen aktiviert werden und wie lange sie sich äußern können, bis sie dem Einfluß einer neu auftretenden Triebregung oder einer typischen Verdrängung unterliegen. Allein sowohl in dieser zeitlichen Aufeinanderfolge wie in der Zeitdauer derselben scheinen Variationen vorzukommen, die auf das Endergebnis einen bestimmenden Einfluß ausüben müssen. Es kann nicht gleichgültig sein, ob eine gewisse Strömung früher oder später auftritt als ihre Gegenströmung, denn die Wirkung einer Verdrängung ist nicht rückgängig zu machen: eine zeitliche Abweichung in der Zusammensetzung der Komponenten ergibt regelmäßig eine Änderung des Resultats. Andererseits nehmen besonders intensiv auftretende Triebregungen oft einen überraschend schnellen Ablauf, z. B. die heterosexuelle Bindung der später manifest Homosexuellen. Die am heftigsten einsetzenden Strebungen der Kinderjahre rechtfertigen nicht die Befürchtung, daß sie den Charakter des Erwachsenen dauernd beherrschen werden; man darf ebensowohl erwarten, daß sie verschwinden werden, um ihrem Gegenteil Platz zu machen. („Gestrenge Herren regieren nicht lange.") Worauf solche zeitliche Verwirrungen der Entwicklungsvorgänge rückführbar sind, vermögen wir auch nicht in Andeutungen anzugeben. Es eröffnet sich hier ein Ausblick auf eine tiefere Phalanx von biologischen, vielleicht auch historischen Problemen, denen wir uns noch nicht auf Kampfesweite angenähert haben.

HAFTBARKEIT Die Bedeutung aller frühzeitigen Sexualäußerungen wird durch einen psychischen Faktor unbekannter Herkunft gesteigert, den man derzeit freilich nur als eine psychologische Vorläufigkeit hinstellen kann. Ich meine die erhöhte *Haftbarkeit* oder *Fixierbarkeit* dieser Eindrücke des Sexuallebens, die man bei späteren Neurotikern wie bei Perversen zur Ergänzung des Tatbestandes hinzunehmen muß, da die gleichen vorzeitigen Sexualäußerungen bei anderen Personen sich nicht so tief einprägen können, daß sie zwangsartig auf Wiederholung hinwirken und dem Sexualtrieb für alle Lebenszeit seine Wege vorzuschreiben vermögen. Vielleicht liegt ein Stück der Aufklärung für diese Haftbarkeit in einem anderen psychischen Moment, welches wir in der Verursachung der Neurosen nicht missen können, nämlich in dem Übergewicht, welches im Seelenleben den Erinnerungsspuren im Vergleich mit den rezenten Eindrücken zufällt. Dieses Moment ist offenbar von der intellektuellen Ausbildung abhängig und wächst mit der Höhe der persönlichen Kultur. Im Gegensatz hierzu ist der Wilde als das „unglückselige Kind des Augenblickes" charakterisiert worden.* Wegen der gegensätzlichen Beziehung zwischen Kultur und freier Sexualitätsentwicklung, deren Folge weit in die Gestaltung unseres Lebens verfolgt werden können, ist es auf niedriger Kultur- oder Gesellschaftsstufe so wenig, auf höherer so sehr fürs spätere Leben bedeutsam, wie das sexuelle Leben des Kindes verlaufen ist.

FIXIERUNG Die Begünstigung durch die eben erwähnten psychischen Momente kommt nun den akzidentell erlebten Anregungen der kindlichen Sexualität zugute. Die letzteren (Verführung durch andere Kinder oder Erwachsene in erster Linie) bringen das Material bei, welches mit Hilfe der ersteren zur dauernden Störung fi-

* Möglicherweise ist die Erhöhung der Haftbarkeit auch der Erfolg einer besonders intensiven somatischen Sexualäußerung früherer Jahre.

xiert werden kann. Ein guter Teil der später beobachteten Abweichungen vom normalen Sexualleben ist so bei Neurotikern wie bei Perversen durch die Eindrücke der angeblich sexualfreien Kindheitsperiode von Anfang an festgelegt. In die Verursachung teilen sich das Entgegenkommen der Konstitution, die Frühreife, die Eigenschaft der erhöhten Haftbarkeit und die zufällige Anregung des Sexualtriebes durch fremden Einfluß.

Der unbefriedigende Schluß aber, der sich aus diesen Untersuchungen über die Störungen des Sexuallebens ergibt, geht dahin, daß wir von den biologischen Vorgängen, in denen das Wesen der Sexualität besteht, lange nicht genug wissen, um aus unseren vereinzelten Einsichten eine zum Verständnis des Normalen wie des Pathologischen genügende Theorie zu gestalten.

Triebe und Triebschicksale

(1915)

Diese Arbeit erschien erstmals in der Internationalen Zeitschrift für ärztliche Psychoanalyse (3 [1915], S. 84–100) – und ist ein bedeutsamer Versuch Freuds, das dem psychischen Geschehen seiner Meinung nach zugrunde liegende Wirken von Trieben systematisch darzustellen. Die Trieblehre Freuds ist ein in hohem Maße spekulatives und deshalb stets widerspruchsvoll bleibendes Element seines theoretischen Systems. Modifizierungen seiner Definitionen der Triebe, der wichtigsten Triebarten und des Zusammenhangs somatischer und psychischer Komponenten des Triebgeschehens hat Freud in späteren Arbeiten immer wieder vorgenommen. In dieser Arbeit, die vor allem eine nähere Darstellung der möglichen Schicksale von Sexualtrieben bei der Liebe und bei den Perversionen (Sadismus und Masochismus) enthält, sah Freud die Selbsterhaltungs- und die Sexualtriebe als die wichtigsten Triebarten an. Eine wichtige Korrektur seiner Vorstellung von den fundamentalen Triebkräften des menschlichen Erlebens und Verhaltens erfolgte dann 1920 mit der Konstruktion eines allgemeinen Todestriebes (Thanatos) und eines diesem entgegenwirkenden Selbsterhaltungstriebes (Eros). Typisch für Freuds Denkweise in bezug auf die Trieblehre ist, daß er ständig nach einer biologischen Begründung seiner Annahmen sucht und daß er die Wirksamkeit der Triebe als weitgehend unabhängig vom Willen der Menschen ansieht.

Der hier wiedergegebene Text wurde entnommen:
Sigmund Freud, Studienausgabe. Frankfurt (Main), S. Fischer Verlag 1969–1975, Bd. III, S. 81–102.

Wir haben oftmals die Forderung vertreten gehört, daß eine Wissenschaft über klaren und scharf definierten Grundbegriffen aufgebaut sein soll. In Wirklichkeit beginnt keine Wissenschaft mit solchen Definitionen, auch die exaktesten nicht. Der richtige Anfang der wissenschaftlichen Tätigkeit besteht vielmehr in der Beschreibung von Erscheinungen, die dann weiterhin gruppiert, angeordnet und in Zusammenhänge eingetragen werden. Schon bei der Beschreibung kann man es nicht vermeiden, gewisse abstrakte Ideen auf das Material anzuwenden, die man irgendwoher, gewiß nicht aus der neuen Erfahrung allein, herbeiholt. Noch unentbehrlicher sind solche Ideen – die späteren Grundbegriffe der Wissenschaft – bei der weiteren Verarbeitung des Stoffes. Sie müssen zunächst ein gewisses Maß von Unbestimmtheit an sich tragen; von einer klaren Umzeichnung ihres Inhaltes kann keine Rede sein. Solange sie sich in diesem Zustande befinden, verständigt man sich über ihre Bedeutung durch den wiederholten Hinweis auf das Erfahrungsmaterial, dem sie entnommen scheinen, das aber in Wirklichkeit ihnen unterworfen wird. Sie haben also strenge genommen den Charakter von Konventionen, wobei aber alles darauf ankommt, daß sie doch nicht willkürlich gewählt werden, sondern durch bedeutsame Beziehungen zum empirischen Stoffe bestimmt sind, die man zu erraten vermeint, noch ehe man sie erkennen und nachweisen kann. Erst nach gründlicherer Erforschung des betreffenden Erscheinungsgebietes kann man auch dessen wissenschaftliche Grundbegriffe schärfer erfassen und sie fortschreitend so abändern, daß sie in großem Umfange brauchbar und dabei durchaus widerspruchsfrei werden. Dann mag es auch an der Zeit sein, sie in Definitionen zu bannen. Der Fortschritt der Erkenntnis duldet aber auch keine Starrheit der Definitionen. Wie das Beispiel der Physik in glänzender Weise lehrt, erfahren auch die in Definitionen festgelegten „Grundbegriffe" einen stetigen Inhaltswandel.[84]

Ein solcher konventioneller, vorläufig noch ziemlich dunkler Grundbegriff, den wir aber in der Psychologie nicht entbehren können, ist der des *Triebes.* Versuchen wir es, ihn von verschiedenen Seiten her mit Inhalt zu erfüllen.

Zunächst von seiten der Physiologie. Diese hat uns den Begriff des *Reizes* und das Reflexschema gegeben, demzufolge ein *von* außen her an das lebende Gewebe (der Nervensubstanz) gebrachter Reiz durch Aktion *nach* außen abgeführt wird. Diese Aktion wird dadurch zweckmäßig, daß sie die gereizte Substanz der Einwirkung des Reizes entzieht, aus dem Bereich der Reizwirkung entrückt.

Wie verhält sich nun der „Trieb" zum „Reiz"? Es hindert uns nichts, den Begriff des Triebes unter den des Reizes zu subsumieren: der Trieb sei ein Reiz für das Psychische. Aber wir werden sofort davor gewarnt, Trieb und psychischen Reiz gleichzusetzen. Es gibt offenbar für das Psychische noch andere Reize als die Triebreize, solche, die sich den physiologischen Reizen weit ähnlicher benehmen. Wenn z. B. ein starkes Licht auf das Auge fällt, so ist das kein Triebreiz; wohl aber, wenn sich die Austrocknung der Schlundschleimhaut fühlbar macht oder die Anätzung der Magenschleimhaut.*

Wir haben nun Material für die Unterscheidung von Triebreiz und anderem (physiologischem) Reiz, der auf das Seelische einwirkt, gewonnen. Erstens: Der Triebreiz stammt nicht aus der Außenwelt, sondern aus dem Innern des Organismus selbst. Er wirkt darum auch anders auf das Seelische und erfordert zu seiner Beseitigung andere Aktionen. Ferner: Alles für den Reiz Wesentliche ist gegeben, wenn wir annehmen, er wirke wie ein einmaliger Stoß; er kann dann auch durch eine einmalige zweckmäßige Aktion erledigt werden, als deren Typus die motorische Flucht vor der Reizquelle hinzustellen ist. Natürlich können sich diese Stöße auch wiederholen und summieren, aber das ändert nichts an der Auffassung des Vorganges und an den Bedingungen der Reizaufhebung. Der Trieb hingegen wirkt nie wie eine *momentane Stoßkraft*, sondern immer wie eine *konstante* Kraft. Da er nicht von außen, sondern vom Körperinnern her angreift, kann auch keine Flucht gegen ihn nützen. Wir heißen den Triebreiz besser „Bedürfnis"; was dieses Bedürfnis aufhebt, ist die *„Befriedigung"*. Sie kann nur durch eine zielgerechte (adäquate) Veränderung der inneren Reizquelle gewonnen werden.

Stellen wir uns auf den Standpunkt eines fast völlig hilflo-

* Vorausgesetzt nämlich, daß diese inneren Vorgänge die organischen Grundlagen der Bedürfnisse Durst und Hunger sind.

sen, in der Welt noch unorientierten Lebewesens, welches Reize in seiner Nervensubstanz auffängt. Dies Wesen wird sehr bald in die Lage kommen, eine erste Unterscheidung zu machen und eine erste Orientierung zu gewinnen. Es wird einerseits Reize verspüren, denen es sich durch eine Muskelaktion (Flucht) entziehen kann, diese Reize rechnet es zu einer Außenwelt; anderseits aber auch noch Reize, gegen welche eine solche Aktion nutzlos bleibt, die trotzdem ihren konstant drängenden Charakter behalten; diese Reize sind das Kennzeichen einer Innenwelt, der Beweis für Triebbedürfnisse. Die wahrnehmende Substanz des Lebewesens wird so an der Wirksamkeit ihrer Muskeltätigkeit einen Anhaltspunkt gewonnen haben, um ein „Außen" von einem „Innen" zu scheiden.[85]

Wir finden also das Wesen des Triebes zunächst in seinen Hauptcharakteren, der Herkunft von Reizquellen im Innern des Organismus, dem Auftreten als konstante Kraft, und leiten davon eines seiner weiteren Merkmale, seine Unbezwingbarkeit durch Fluchtaktionen, ab. Während dieser Erörterungen mußte uns aber etwas auffallen, was uns ein weiteres Eingeständnis abnötigt. Wir bringen nicht nur gewisse Konventionen als Grundbegriffe an unser Erfahrungsmaterial heran, sondern bedienen uns auch mancher komplizierter Voraussetzungen, um uns bei der Bearbeitung der psychologischen Erscheinungswelt leiten zu lassen. Die wichtigste dieser *Voraussetzungen* haben wir bereits angeführt; es erübrigt uns nur noch, sie ausdrücklich hervorzuheben. Sie ist *biologischer* Natur, arbeitet mit dem Begriff der Tendenz (eventuell der Zweckmäßigkeit) und lautet: Das Nervensystem ist ein Apparat, dem die Funktion erteilt ist, die anlangenden Reize wieder zu beseitigen, auf möglichst niedriges Niveau herabzusetzen, oder der, wenn es nur möglich wäre, sich überhaupt reizlos erhalten wollte. Nehmen wir an der Unbestimmtheit dieser Idee vorläufig keinen Anstoß und geben wir dem Nervensystem die Aufgabe – allgemein gesprochen: der *Reizbewältigung.* Wir sehen dann, wie sehr die Einführung der Triebe das einfache physiologische Reflexschema kompliziert. Die äußeren Reize stellen nur die eine Aufgabe, sich ihnen zu entziehen, dies geschieht dann durch Muskelbewegungen, von denen endlich eine das Ziel erreicht und dann als die zweckmäßige zur erblichen Disposition wird. Die im Innern des Organismus entstehenden Triebreize sind durch diesen Mechanismus nicht zu erledigen. Sie stellen also weit höhere Anforderungen an das Nervensystem, veranlassen es zu verwickelten, ineinandergreifenden Tätigkeiten, welche die Außenwelt so weit verändern, daß sie der inneren Reizquelle die Befriedigung bietet, und nötigen es vor allem, auf seine ideale Absicht der Reizfernhaltung zu verzichten, da sie eine unvermeidliche kontinuierliche Reizzufuhr unterhalten. Wir dürfen also wohl schließen, daß sie, die Triebe, und nicht die äußeren Reize, die eigentlichen Motoren der Fortschritte sind, welche das so unendlich leistungsfähige Nervensystem auf seine gegenwärtige Entwicklungshöhe gebracht haben. Natürlich steht nichts der Annahme im Wege, daß die Triebe selbst, wenigstens zum Teil, Niederschläge äußerer Reizwirkungen sind, welche im Laufe der Phylogenese auf die lebende Substanz verändernd einwirkten.

Wenn wir dann finden, daß die Tätigkeit auch der höchstentwickelten Seelenapparate dem *Lustprinzip* unterliegt, d. h. durch Empfindungen der Lust–Unlustreihe automatisch reguliert wird, so können wir die weitere Voraussetzung schwerlich abweisen, daß diese Empfindungen die Art, wie die Reizbewältigung vor sich geht, wiedergeben. Sicherlich in dem Sinne, daß die Unlustempfindung mit Steigerung, die Lustempfindung mit Herabsetzung des Reizes zu tun hat.[86] Die weitgehende Unbestimmtheit dieser Annahme wollen wir aber sorgfältig festhalten, bis es uns etwa gelingt, die Art der Beziehung zwischen Lust–Unlust und den Schwankungen der auf das Seelenleben wirkenden Reizgrößen zu erraten. Es sind gewiß sehr mannigfache und nicht sehr einfache solcher Beziehungen möglich.

Wenden wir uns nun von der biologischen Seite her der Betrachtung des Seelenlebens zu, so erscheint uns der „Trieb“ als ein Grenzbegriff zwischen Seelischem und Somatischem, als psychischer Repräsentant der aus dem Körperinnern stammenden, in die Seele gelangenden Reize, als ein Maß der Arbeitsanforderung, die dem Seelischen infolge seines Zusammenhanges mit dem Körperlichen auferlegt ist.[87]

Wir können nun einige Termini diskutieren, welche im Zu-

sammenhang mit dem Begriffe Trieb gebraucht werden, wie: Drang, Ziel, Objekt, Quelle des Triebes.
Unter dem *Drange* eines Triebes versteht man dessen motorisches Moment, die Summe von Kraft oder das Maß von Arbeitsanforderung, das er repräsentiert. Der Charakter des Drängenden ist eine allgemeine Eigenschaft der Triebe, ja das Wesen derselben. Jeder Trieb ist ein Stück Aktivität; wenn man lässigerweise von passiven Trieben spricht, kann man nichts anderes meinen als Triebe mit passivem Ziele.
Das *Ziel* eines Triebes ist allemal die Befriedigung, die nur durch Aufhebung des Reizzustandes an der Triebquelle erreicht werden kann. Aber wenn auch dies Endziel für jeden Trieb unveränderlich bleibt, so können doch verschiedene Wege zum gleichen Endziel führen, so daß sich mannigfache nähere oder intermediäre Ziele für einen Trieb ergeben können, die miteinander kombiniert oder gegeneinander vertauscht werden. Die Erfahrung gestattet uns auch, von *„zielgehemmten"* Trieben zu sprechen bei Vorgängen, die ein Stück weit in der Richtung der Triebbefriedigung zugelassen werden, dann aber eine Hemmung oder Ablenkung erfahren. Es ist anzunehmen, daß auch mit solchen Vorgängen eine partielle Befriedigung verbunden ist.
Das *Objekt* des Triebes ist dasjenige, an welchem oder durch welches der Trieb sein Ziel erreichen kann. Es ist das variabelste am Triebe, nicht urspünglich mit ihm verknüpft, sondern ihm nur infolge seiner Eignung zur Ermöglichung der Befriedigung zugeordnet. Es ist nicht notwendig ein fremder Gegenstand, sondern ebensowohl ein Teil des eigenen Körpers. Es kann im Laufe der Lebensschicksale des Triebes beliebig oft gewechselt werden; dieser Verschiebung des Triebes fallen die bedeutsamsten Rollen zu. Es kann der Fall vorkommen, daß dasselbe Objekt gleichzeitig mehreren Trieben zur Befriedigung dient, nach Alfred Adler der Fall der *Triebverschränkung*. Eine besonders innige Bindung des Triebes an das Objekt wird als *Fixierung* desselben hervorgehoben. Sie vollzieht sich oft in sehr frühen Perioden der Triebentwicklung und macht der Beweglichkeit des Triebes ein Ende, indem sie der Lösung intensiv widerstrebt.[88]
Unter der *Quelle* des Triebes versteht man jenen somati-

schen Vorgang in einem Organ oder Körperteil, dessen Reiz im Seelenleben durch den Trieb repräsentiert ist. Es ist unbekannt, ob dieser Vorgang regelmäßig chemischer Natur ist oder auch der Entbindung anderer, z. B. mechanischer Kräfte entsprechen kann. Das Studium der Triebquellen gehört der Psychologie nicht mehr an; obwohl die Herkunft aus der somatischen Quelle das schlechtweg Entscheidende für den Trieb ist, wird er uns im Seelenleben doch nicht anders als durch seine Ziele bekannt. Die genauere Erkenntnis der Triebquellen ist für die Zwecke der psychologischen Forschung nicht durchwegs erforderlich. Manchmal ist der Rückschluß aus den Zielen des Triebes auf dessen Quellen gesichert. Soll man annehmen, daß die verschiedenen aus dem Körperlichen stammenden, auf das Seelische wirkenden Triebe auch durch verschiedene *Qualitäten* ausgezeichnet sind und darum in qualitativ verschiedener Art sich im Seelenleben benehmen? Es scheint nicht gerechtfertigt; man reicht vielmehr mit der einfacheren Annahme aus, daß die Triebe alle qualitativ gleichartig sind und ihre Wirkung nur den Erregungsgrößen, die sie führen, verdanken, vielleicht noch gewissen Funktionen dieser Quantität. Was die psychischen Leistungen der einzelnen Triebe voneinander unterscheidet, läßt sich auf die Verschiedenheit der Triebquellen zurückführen. Es kann allerdings erst in einem späteren Zusammenhange klargelegt werden, was das Problem der Triebqualität bedeutet.

Welche Triebe darf man aufstellen und wie viele? Dabei ist offenbar der Willkür ein weiter Spielraum gelassen. Man kann nichts dagegen einwenden, wenn jemand den Begriff eines Spieltriebes, Destruktionstriebes, Geselligkeitstriebes in Anwendung bringt, wo der Gegenstand es fordert und die Beschränkung der psychologischen Analyse es zuläßt.[89] Man sollte aber die Frage nicht außer acht lassen, ob diese einerseits so sehr spezialisierten Triebmotive nicht eine weitere Zerlegung in der Richtung nach den Triebquellen gestatten, so daß nur die weiter nicht zerlegbaren Urtriebe eine Bedeutung beanspruchen können.
Ich habe vorgeschlagen, von solchen Urtrieben zwei Gruppen zu unterscheiden, die der *Ich*- oder *Selbsterhaltungstriebe* und die der *Sexualtriebe.* Dieser Aufstellung kommt aber

nicht die Bedeutung einer notwendigen Voraussetzung zu, wie z. B. der Annahme über die biologische Tendenz des seelischen Apparates; sie ist eine bloße Hilfskonstruktion, die nicht länger festgehalten werden soll, als sie sich nützlich erweist, und deren Ersetzung durch eine andere an den Ergebnissen unserer beschreibenden und ordnenden Arbeit wenig ändern wird. Der Anlaß zu dieser Aufstellung hat sich aus der Entwicklungsgeschichte der Psychoanalyse ergeben, welche die Psychoneurosen, und zwar die als „Übertragungsneurosen" zu bezeichnende Gruppe derselben (Hysterie und Zwangsneurose), zum ersten Objekt nahm und an ihnen zur Einsicht gelangte, daß ein Konflikt zwischen den Ansprüchen der Sexualität und denen des Ichs an der Wurzel jeder solchen Affektion zu finden sei.[90] Es ist immerhin möglich, daß ein eindringendes Studium der anderen neurotischen Affektionen (vor allem der narzißtischen Psychoneurosen: der Schizophrenien) zu einer Abänderung dieser Formel und somit zu einer anderen Gruppierung der Urtriebe nötigen wird.[91] Aber gegenwärtig kennen wir diese neue Formel nicht und haben auch noch kein Argument gefunden, welches der Gegenüberstellung von Ich- und Sexualtrieben ungünstig wäre.

Es ist mir überhaupt zweifelhaft, ob es möglich sein wird, auf Grund der Bearbeitung des psychologischen Materials entscheidende Winke zur Scheidung und Klassifizierung der Triebe zu gewinnen. Es erscheint vielmehr notwendig, zum Zwecke dieser Bearbeitung bestimmte Annahmen über das Triebleben an das Material heranzubringen, und es wäre wünschenswert, daß man diese Annahmen einem anderen Gebiete entnehmen könnte, um sie auf die Psychologie zu übertragen. Was die Biologie hierfür leistet, läuft der Sonderung von Ich- und Sexualtrieben gewiß nicht zuwider. Die Biologie lehrt, daß die Sexualität nicht gleichzustellen ist den anderen Funktionen des Individuums, da ihre Tendenzen über das Individuum hinausgehen und die Produktion neuer Individuen, also die Erhaltung der Art, zum Inhalt haben. Sie zeigt uns ferner, daß zwei Auffassungen des Verhältnisses zwischen Ich und Sexualität wie gleichberechtigt nebeneinanderstehen, die eine, nach welcher das Individuum die Hauptsache ist und die die Sexualität als eine seiner Betätigungen, die Sexualbefriedigung als eines seiner Bedürfnisse wertet, und eine andere, derzufolge das Individuum ein zeitweiliger und vergänglicher Anhang an das quasi unsterbliche Keimplasma ist, welches ihm von der Generation anvertraut wurde.[92] Die Annahme, daß sich die Sexualfunktion durch einen besonderen Chemismus von den anderen Körpervorgängen scheidet, bildet, soviel ich weiß, auch eine Voraussetzung der Ehrlichschen biologischen Forschung.[93]

Da das Studium des Trieblebens vom Bewußtsein her kaum übersteigbare Schwierigkeiten bietet, bleibt die psychoanalytische Erforschung der Seelenstörungen die Hauptquelle unserer Kenntnis. Ihrem Entwicklungsgang entsprechend hat uns aber die Psychoanalyse bisher nur über die Sexualtriebe einigermaßen befriedigende Auskünfte bringen können, weil sie gerade nur diese Triebgruppe an den Psychoneurosen wie isoliert beobachten konnte. Mit der Ausdehnung der Psychoanalyse auf die anderen neurotischen Affektionen wird gewiß auch unsere Kenntnis der Ichtriebe begründet werden, obwohl es vermessen erscheint, auf diesem weiteren Forschungsgebiete ähnlich günstige Bedingungen für die Beobachtung zu erwarten.

Zu einer allgemeinen Charakteristik der Sexualtriebe kann man folgendes aussagen: Sie sind zahlreich, entstammen vielfältigen organischen Quellen, betätigen sich zunächst unabhängig voneinander und werden erst spät zu einer mehr oder minder vollkommenen Synthese zusammengefaßt. Das Ziel, das jeder von ihnen anstrebt, ist die Erreichung der *Organlust;* erst nach vollzogener Synthese treten sie in den Dienst der *Fortpflanzungsfunktion,* womit sie dann als Sexualtriebe allgemein kenntlich werden. Bei ihrem ersten Auftreten lehnen sie sich zuerst an die Erhaltungstriebe an, von denen sie sich erst allmählich ablösen, folgen auch bei der Objektfindung den Wegen, die ihnen die Ichtriebe weisen. Ein Anteil von ihnen bleibt den Ichtrieben zeitlebens gesellt und stattet diese mit *libidinösen* Komponenten aus, welche während der normalen Funktion leicht übersehen und erst durch die Erkrankung klargelegt werden. Sie sind dadurch ausgezeichnet, daß sie in großem Ausmaße vikariierend füreinander eintreten und leicht ihre Objekte wechseln können. Infolge der letztgenannten Eigenschaften sind sie zu Leistungen befähigt, die weitab von ihren

ursprünglichen Zielhandlungen liegen *(Sublimierung)*.[94]
Die Untersuchung, welche Schicksale Triebe im Laufe der Entwicklung und des Lebens erfahren können, werden wir auf die uns besser bekannten Sexualtriebe einschränken müssen. Die Beobachtung lehrt uns als solche Triebschicksale folgende kennen:
Die Verkehrung ins Gegenteil.
Die Wendung gegen die eigene Person.
Die Verdrängung.
Die Sublimierung.
Da ich die Sublimierung hier nicht zu behandeln gedenke, die Verdrängung aber ein besonderes Kapitel beansprucht, erübrigt uns nur Beschreibung und Diskussion der beiden ersten Punkte. Mit Rücksicht auf Motive, welche einer direkten Fortsetzung der Triebe entgegenwirken, kann man die Triebschicksale auch als Arten der *Abwehr* gegen die Triebe darstellen.[95]
Die *Verkehrung ins Gegenteil* löst sich bei näherem Zusehen in zwei verschiedene Vorgänge auf, in die *Wendung* eines Triebes *von der Aktivität zur Passivität* und in die *inhaltliche Verkehrung*. Beide Vorgänge sind, weil wesensverschieden, auch gesondert zu behandeln.

Beispiele für den ersten Vorgang ergeben die Gegensatzpaare Sadismus – Masochismus und Schaulust – Exhibition. Die Verkehrung betrifft nur die *Ziele* des Triebes; für das aktive Ziel: quälen, beschauen, wird das passive: gequält werden, beschaut werden, eingesetzt. Die inhaltliche Verkehrung findet sich in dem einen Falle der Verwandlung des Liebens in ein Hassen.
Die *Wendung gegen die eigene Person* wird uns durch die Erwägung nahegelegt, daß der Masochismus ja ein gegen das eigene Ich gewendeter Sadismus ist, die Exhibition das Beschauen des eigenen Körpers mit einschließt. Die analytische Beobachtung läßt auch keinen Zweifel daran bestehen, daß der Masochist das Wüten gegen seine Person, der Exhibitionist das Entblößen derselben mitgenießt. Das Wesentliche an dem Vorgang ist also der Wechsel des *Objektes* bei ungeändertem Ziel.
Es kann uns indes nicht entgehen, daß Wendung gegen die eigene Person und Wendung von der Aktivität zur Passivi-

tät in diesen Beispielen zusammentreffen oder zusammenfallen. Zur Klarstellung der Beziehungen wird eine gründlichere Untersuchung unerläßlich.

Beim Gegensatzpaar Sadismus – Masochismus kann man den Vorgang folgendermaßen darstellen:

a) Der Sadismus besteht in Gewalttätigkeit, Machtbetätigung gegen eine andere Person als Objekt.

b) Dieses Objekt wird aufgegeben und durch die eigene Person ersetzt. Mit der Wendung gegen die eigene Person ist auch die Verwandlung des aktiven Triebzieles in ein passives vollzogen.

c) Es wird neuerdings eine fremde Person als Objekt gesucht, welche infolge der eingetretenen Zielverwandlung die Rolle des Subjekts übernehmen muß.

Fall c ist der des gemeinhin so genannten Masochismus. Die Befriedigung erfolgt auch bei ihm auf dem Wege des ursprünglichen Sadismus, indem sich das passive Ich phantastisch in seine frühere Stelle versetzt, die jetzt dem fremden Subjekt überlassen ist. Ob es auch eine direktere masochistische Befriedigung gibt, ist durchaus zweifelhaft. Ein ursprünglicher Masochismus, der nicht auf die beschriebene Art aus dem Sadismus entstanden wäre, scheint nicht vorzukommen.[96] Daß die Annahme der Stufe b nicht überflüssig ist, geht wohl aus dem Verhalten des sadistischen Triebes bei der Zwangsneurose hervor. Hier findet sich die Wendung gegen die eigene Person ohne die Passivität gegen eine neue. Die Verwandlung geht nur bis zur Stufe b. Aus der Quälsucht wird Selbstquälerei, Selbstbestrafung, nicht Masochismus. Das aktive Verbum wandelt sich nicht in das Passivum, sondern in ein reflexives Medium.

Die Auffassung des Sadismus wird auch durch den Umstand beeinträchtigt, daß dieser Trieb neben seinem allgemeinen Ziel (vielleicht besser: innerhalb desselben) eine ganz spezielle Zielhandlung anzustreben scheint. Neben der Demütigung, Überwältigung, die Zufügung von Schmerzen. Nun scheint die Psychoanalyse zu zeigen, daß das Schmerzzufügen unter den ursprünglichen Zielhandlungen des Triebes keine Rolle spielt. Das sadistische Kind zieht die Zufügung von Schmerzen nicht in Betracht und beabsichtigt sie nicht. Wenn sich aber einmal die Umwandlung in Masochismus vollzogen hat, eignen sich die

Schmerzen sehr wohl, ein passives, masochistisches Ziel abzugeben, denn wir haben allen Grund anzunehmen, daß auch die Schmerz- wie andere Unlustempfindungen auf die Sexualerregung übergreifen und einen lustvollen Zustand erzeugen, um dessentwillen man sich auch die Unlust des Schmerzes gefallen lassen kann. Ist das Empfinden von Schmerzen einmal ein masochistisches Ziel geworden, so kann sich rückgreifend auch das sadistische Ziel, Schmerzen zuzufügen, ergeben, die man, während man sie anderen erzeugt, selbst masochistisch in der Identifizierung mit dem leidenden Objekt genießt. Natürlich genießt man in beiden Fällen nicht den Schmerz selbst, sondern die ihn begleitende Sexualerregung, und dies dann als Sadist besonders bequem. Das Schmerzgenießen wäre also ein ursprünglich masochistisches Ziel, das aber nur beim ursprünglichen Sadistischen zum Triebziele werden kann. Der Vollständigkeit zuliebe füge ich an, daß das *Mitleid* nicht als ein Ergebnis der Triebverwandlung beim Sadismus beschrieben werden kann, sondern die Auffassung einer *Reaktionsbildung* gegen den Trieb erfordert.

Etwas andere und einfachere Ergebnisse liefert die Untersuchung eines anderen Gegensatzpaares, der Triebe, die das Schauen und Sichzeigen zum Ziele haben (Voyeur und Exhibitionist in der Sprache der Perversionen). Auch hier kann man die nämlichen Stufen aufstellen wie im vorigen Falle: a) Das Schauen als *Aktivität* gegen ein fremdes Objekt gerichtet; b) das Aufgeben des Objektes, die Wendung des Schautriebes gegen einen Teil des eigenen Körpers, damit die Verkehrung in Passivität und die Aufstellung des neuen Zieles: beschaut zu werden; c) die Einsetzung eines neuen Subjektes, dem man sich zeigt, um von ihm beschaut zu werden. Es ist auch kaum zweifelhaft, daß das aktive Ziel früher auftritt als das passive, das Schauen dem Beschautwerden vorangeht. Aber eine bedeutsame Abweichung vom Falle des Sadismus liegt darin, daß beim Schautrieb eine noch frühere Stufe als die mit a bezeichnete zu erkennen ist. Der Schautrieb ist nämlich zu Anfang seiner Betätigung autoerotisch, er hat wohl ein Objekt, aber er findet es am eigenen Körper. Erst späterhin wird er dazu geleitet (auf dem Wege der Vergleichung), dies Objekt mit einem analogen des fremden Körpers zu vertauschen (Stufe a). Diese Vorstufe ist nun dadurch interessant, daß aus ihr die beiden Situationen des resultierenden Gegensatzpaares hervorgehen, je nachdem der Wechsel an der einen oder anderen Stelle vorgenommen wird. Das Schema für den Schautrieb könnte lauten:

α) Selbst ein Sexualglied beschauen	=	Sexualglied von eigener Person beschaut werden
|		|
β) Selbst fremdes Objekt beschauen (aktive Schaulust)		γ) Eigenes Objekt von Person beschaut werden (Zeigelust, Exhibition)

Eine solche Vorstufe fehlt dem Sadismus, der sich von vornherein auf ein fremdes Objekt richtet, obwohl es nicht gerade widersinnig wäre, sie aus den Bemühungen des Kindes, das seiner eigenen Glieder Herr werden will, zu konstruieren.

Für beide hier betrachteten Triebbeispiele gilt die Bemerkung, daß die Triebverwandlung durch Verkehrung der Aktivität in Passivität und Wendung gegen die eigene Person eigentlich niemals am ganzen Betrag der Triebregung vorgenommen wird. Die ältere, aktive Triebrichtung bleibt in gewissem Ausmaße neben der jüngeren, passiven bestehen, auch wenn der Prozeß der Triebumwandlung sehr ausgiebig ausgefallen ist. Die einzig richtige Aussage über den Schautrieb müßte lauten, daß alle Entwicklungsstufen des Triebes, die autoerotische Vorstufe wie die aktive und passive Endgestaltung, nebeneinander bestehenbleiben, und diese Behauptung wird evident, wenn man anstatt der Triebhandlungen den Mechanismus der Befriedigung zur Grundlage seines Urteiles nimmt. Vielleicht ist übrigens noch eine andere Auffassungs- und Darlegungsweise gerechtfertigt. Man kann sich jedes Triebleben in einzelne zeitlich geschiedene und innerhalb der (beliebigen) Zeiteinheit gleichartige Schübe zerlegen, die sich etwa zueinander verhalten wie sukzessive Lavaeruptionen. Dann kann man sich etwa vorstellen, die erste und ursprünglichste Trieberuption setze sich ungeändert fort und erfahre überhaupt keine Entwicklung. Ein nächster Schub unterliege von Anfang an einer Veränderung, etwa der Wendung zur

Passivität, und addiere sich nun mit diesem neuen Charakter zum früheren hinzu usw. Überblickt man dann die Triebregung von ihrem Anfang an bis zu einem gewissen Haltepunkt, so muß die beschriebene Sukzession der Schübe das Bild einer bestimmten Entwicklung des Triebes ergeben.

Die Tatsache, daß zu jener späteren Zeit der Entwicklung neben einer Triebregung ihr (passiver) Gegensatz zu beobachten ist, verdient die Hervorhebung durch den trefflichen, von Bleuler eingeführten Namen: *Ambivalenz.*

Die Triebentwicklung wäre unserem Verständnis durch den Hinweis auf die Entwicklungsgeschichte des Triebes und die Permanenz der Zwischenstufen nahegerückt. Das Ausmaß der nachweisbaren Ambivalenz wechselt erfahrungsgemäß in hohem Grade bei Individuen, Menschengruppen oder Rassen. Eine ausgiebige Triebambivalenz bei einem heute Lebenden kann als archaisches Erbteil aufgefaßt werden, da wir Grund zur Annahme haben, der Anteil der unverwandelten aktiven Regungen am Triebleben sei in Urzeiten größer gewesen als durchschnittlich heute.[97] Wir haben uns daran gewöhnt, die frühe Entwicklungsphase des Ichs, während welcher dessen Sexualtriebe sich autoerotisch befriedigen, *Narzißmus* zu heißen, ohne zunächst die Beziehung zwischen Autoerotismus und Narzißmus in Diskussion zu ziehen. Dann müssen wir von der Vorstufe des Schautriebes, auf der die Schaulust den eigenen Körper zum Objekt hat, sagen, sie gehöre dem Narzißmus an, sei eine narzißtische Bildung. Aus ihr entwickle sich der aktive Schautrieb, indem er den Narzißmus verläßt, der passive Schautrieb halte aber das narzißtische Objekt fest. Ebenso bedeute die Umwandlung des Sadismus in Masochismus eine Rückkehr zum narzißtischen Objekt, während in beiden Fällen, d. h. der passiven Schaulust und dem Masochismus, das narzißtische Subjekt durch Identifizierung mit einem anderen, fremden Ich vertauscht wird. Mit Rücksichtnahme auf die konstruierte narzißtische Vorstufe des Sadismus nähern wir uns so der allgemeineren Einsicht, daß die Triebschicksale der Wendung gegen das eigene Ich und der Verkehrung von Aktivität in Passivität von der narzißtischen Organisation des Ichs abhängig sind und den Stempel dieser Phase an sich tragen. Sie entsprechen vielleicht den

Abwehrversuchen, die auf höheren Stufen der Ichentwicklung mit anderen Mitteln durchgeführt werden.
Wir besinnen uns hier, daß wir bisher nur die zwei Triebgegensatzpaare: Sadismus–Masochismus und Schaulust–Zeigelust in Erörterung gezogen haben. Es sind dies die bestbekannten ambivalent auftretenden Sexualtriebe. Die anderen Komponenten der späteren Sexualfunktion sind der Analyse noch nicht genug zugänglich geworden, um sie in ähnlicher Weise diskutieren zu können. Wir können von ihnen allgemein aussagen, daß sie sich *autoerotisch* betätigen, d. h., ihr Objekt verschwindet gegen das Organ, das ihre Quelle ist, und fällt in der Regel mit diesem zusammen. Das Objekt des Schautriebes, obwohl auch zuerst ein Teil des eigenen Körpers, ist doch nicht das Auge selbst, und beim Sadismus weist die Organquelle, wahrscheinlich die aktionsfähige Muskulatur, direkt auf ein anderes Objekt, sei es auch am eigenen Körper, hin. Bei den autoerotischen Trieben ist die Rolle der Organquelle so ausschlaggebend, daß nach einer ansprechenden Vermutung von P. Federn (1913) und L. Jekels (1913) Form und Funktion des Organs über die Aktivität und Passivität des Triebzieles entscheiden.
Die Verwandlung eines Triebes in sein (materielles) Gegenteil wird nur in einem Falle beobachtet, bei der *Umsetzung von Liebe in Haß.* Da diese beiden besonders häufig gleichzeitig auf dasselbe Objekt gerichtet vorkommen, ergibt diese Koexistenz auch das bedeutsamste Beispiel einer Gefühlsambivalenz.
Der Fall von Liebe und Haß erwirbt ein besonderes Interesse durch den Umstand, daß er der Einreihung in unsere Darstellung der Triebe widerstrebt. Man kann an der innigsten Beziehung zwischen diesen beiden Gefühlsgegensätzen und dem Sexualleben nicht zweifeln, muß sich aber natürlich dagegen sträuben, das Lieben etwa als einen besonderen Partialtrieb der Sexualität wie die anderen aufzufassen. Man möchte eher das Lieben als den Ausdruck der ganzen Sexualstrebung ansehen, kommt aber auch damit nicht zurecht und weiß nicht, wie man ein materielles Gegenteil dieser Strebung verstehen soll.
Das Lieben ist nicht nur eines, sondern dreier Gegensätze fähig. Außer dem Gegensatz: lieben–hassen gibt es den an-

deren: lieben–geliebt werden, und überdies setzen sich lieben und hassen zusammengenommen dem Zustande der Indifferenz oder Gleichgültigkeit entgegen. Von diesen drei Gegensätzen entspricht der zweite, der von lieben–geliebt werden, durchaus der Wendung von der Aktivität zur Passivität und läßt auch die nämliche Zurückführung auf eine Grundsituation wie beim Schautrieb zu. Diese heißt: *sich selbst lieben,* was für uns die Charakteristik des Narzißmus ist. Je nachdem nun das Objekt oder das Subjekt gegen ein fremdes vertauscht wird, ergibt sich die aktive Zielstrebung des Liebens oder die passive des Geliebtwerdens, von denen die letztere dem Narzißmus nahe verbleibt.

Vielleicht kommt man dem Verständnis der mehrfachen Gegenteile des Liebens näher, wenn man sich besinnt, daß das seelische Leben überhaupt von *drei Polaritäten* beherrscht wird, den Gegensätzen von: *Subjekt (Ich)–Objekt (Außenwelt). Lust–Unlust. Aktiv–Passiv.* Der Gegensatz von Ich–Nicht-Ich (Außen), (Subjekt–Objekt), wird dem Einzelwesen, wie wir bereits erwähnt haben, frühzeitig aufgedrängt durch die Erfahrung, daß es Außenreize durch seine Muskelaktion zum Schweigen bringen kann, gegen Triebreize aber wehrlos ist. Er bleibt vor allem in der intellektuellen Betätigung souverän und schafft die Grundsituation für die Forschung, die durch kein Bemühen abgeändert werden kann. Die Polarität von Lust–Unlust haftet an einer Empfindungsreihe, deren unübertroffene Bedeutung für die Entscheidung unserer Aktionen (Wille) bereits betont worden ist. Der Gegensatz von Aktiv–Passiv ist nicht mit dem von Ich-Subjekt–Außen-Objekt zu verwechseln. Das Ich verhält sich passiv gegen die Außenwelt, insoweit es Reize von ihr empfängt, aktiv, wenn es auf dieselben reagiert. Zu ganz besonderer *Aktivität* gegen die Außenwelt wird es durch seine Triebe gezwungen, so daß man unter Hervorhebung des Wesentlichen sagen könnte: Das Ich-Subjekt sei passiv gegen die äußeren Reize, aktiv durch seine eigenen Triebe. Der Gegensatz Aktiv–Passiv verschmilzt späterhin mit dem von Männlich–Weiblich, der, ehe dies geschehen ist, keine psychologische Bedeutung hat. Die Verlötung der Aktivität mit der Männlichkeit, der Passivität mit der Weiblichkeit tritt uns nämlich als biologische Tatsache entgegen; sie ist aber keineswegs so regelmäßig durchgreifend und ausschließlich, wie wir anzunehmen geneigt sind.[98]

Die drei seelischen Polaritäten gehen die bedeutsamsten Verknüpfungen miteinander ein. Es gibt eine psychische Ursituation, in welcher zwei derselben zusammentreffen. Das Ich findet sich ursprünglich, zu allem Anfang des Seelenlebens, triebbesetzt und zum Teil fähig, seine Triebe an sich selbst zu befriedigen. Wir heißen diesen Zustand den des Narzißmus, die Befriedigungsmöglichkeit die autoerotische.*

Die Außenwelt ist derzeit nicht mit Interesse (allgemein gesprochen) besetzt und für die Befriedigung gleichgültig. Es fällt also um diese Zeit das Ich-Subjekt mit dem Lustvollen, die Außenwelt mit dem Gleichgültigen (eventuell als Reizquelle Unlustvollen) zusammen. Definieren wir zunächst das Lieben als die Relation des Ichs zu seinen Lustquellen, so erläutert die Situation, in der es nur sich selbst liebt und gegen die Welt gleichgültig ist, die erste der Gegensatzbeziehungen, in denen wir das „Lieben" gefunden haben.

Das Ich bedarf der Außenwelt nicht, insofern es autoerotisch ist, es bekommt aber Objekte aus ihr infolge der Erlebnisse der Icherhaltungstriebe und kann doch nicht umhin, innere Triebreize als unlustvoll für eine Zeit zu verspüren. Unter der Herrschaft des Lustprinzips vollzieht sich nun in ihm eine weitere Entwicklung. Es nimmt die dargebotenen Objekte, insofern sie Lustquellen sind, in sein Ich auf, introjiziert sich dieselben (nach dem Ausdrucke Ferenczis 1909) und stößt anderseits von sich aus, was ihm im eigenen Innern Unlustanlaß wird.

* Ein Anteil der Sexualtriebe ist, wie wir wissen, dieser autoerotischen Befriedigung fähig, eignet sich also zum Träger der nachstehend geschilderten Entwicklung (vom ursprünglichen „Real-Ich" in das „Lust-Ich") unter der Herrschaft des Lustprinzips. Die Sexualtriebe, welche von vornherein ein Objekt fordern, und die autoerotisch niemals zu befriedigenden Bedürfnisse der Ichtriebe stören natürlich diesen Zustand (den narzißtischen Urzustand) und bereiten die Fortschritte vor. Ja, der narzißtische Urzustand könnte nicht jene Entwicklung nehmen, wenn nicht jedes Einzelwesen eine Periode von *Hilflosigkeit* und *Pflege* durchmachte, währenddessen seine drängenden Bedürfnisse durch Dazutun von außen befriedigt und somit von der Entwicklung abgehalten würden.

Es wandelt sich so aus dem anfänglichen Real-Ich, welches Innen und Außen nach einem guten objektiven Kennzeichen unterschieden hat, in ein purifiziertes *Lust-Ich,* welches den Lustcharakter über jeden anderen setzt. Die Außenwelt zerfällt ihm in einen Lustanteil, den es sich einverleibt hat, und einen Rest, der ihm fremd ist. Aus dem eigenen Ich hat es einen Bestandteil ausgesondert, den es in die Außenwelt wirft und als feindlich empfindet. Nach dieser Umordnung ist die Deckung der beiden Polaritäten
Ich-Subjekt – mit Lust
Außenwelt – mit Unlust (von früher her Indifferenz)
wiederhergestellt.

Mit dem Eintreten des Objekts in die Stufe des primären Narzißmus erreicht auch der zweite Gegensinn des Liebens, das Hassen, seine Ausbildung.

Das Objekt wird dem Ich, wie wir gehört haben, zuerst von den Selbsterhaltungstrieben aus der Außenwelt gebracht, und es ist nicht abzuweisen, daß auch der ursprüngliche Sinn des Hassens die Relation gegen die fremde und reizzuführende Außenwelt bedeutet. Die Indifferenz ordnet sich dem Haß, der Abneigung, als Spezialfall ein, nachdem sie zuerst als dessen Vorläufer aufgetreten ist. Das Äußere, das Objekt, das Gehaßte wären zu allem Anfang identisch. Erweist sich späterhin das Objekt als Lustquelle, so wird es geliebt, aber auch dem Ich einverleibt, so daß für das purifizierte Lust-Ich das Objekt doch wiederum mit dem Fremden und Gehaßten zusammenfällt.

Wir merken aber jetzt auch, wie das Gegensatzpaar Liebe–Indifferenz die Polarität Ich–Außenwelt spiegelt, so reproduziert der zweite Gegensatz Liebe–Haß die mit der ersteren verknüpfte Polarität von Lust–Unlust. Nach der Ablösung der rein narzißtischen Stufe durch die Objektstufe bedeuten Lust und Unlust Relationen des Ichs zum Objekt. Wenn das Objekt die Quelle von Lustempfindungen wird, so stellt sich eine motorische Tendenz heraus, welche dasselbe dem Ich annähern, ins Ich einverleiben will; wir sprechen dann auch von der „Anziehung", die das lustspendende Objekt ausübt, und sagen, daß wir das Objekt „lieben". Umgekehrt, wenn das Objekt Quelle von Unlustempfindungen ist, bestrebt sich eine Tendenz, die Distanz zwischen ihm und dem Ich zu vergrößern, den ursprünglichen

Fluchtversuch vor der reizausschickenden Außenwelt an ihm zu wiederholen. Wir empfinden die „Abstoßung“ des Objekts und hassen es; dieser Haß kann sich dann zur Aggressionsneigung gegen das Objekt, zur Absicht, es zu vernichten, steigern.

Man könnte zur Not von einem Trieb aussagen, daß er das Objekt „liebt“, nach dem er zu seiner Befriedigung strebt. Daß ein Trieb ein Objekt „haßt“, klingt uns aber befremdend, so daß wir aufmerksam werden, die Beziehungen Liebe und Haß seien nicht für die Relationen der Triebe zu ihren Objekten verwendbar, sondern für die Relation des Gesamt-Ichs zu den Objekten reserviert. Die Beobachtung des gewiß sinnvollen Sprachgebrauches zeigt uns aber eine weitere Einschränkung in der Bedeutung von Liebe und Haß. Von den Objekten, welche der Icherhaltung dienen, sagt man nicht aus, daß man sie liebt, sondern betont, daß man ihrer bedarf, und gibt etwa einem Zusatz von andersartiger Relation Ausdruck, indem man Worte gebraucht, die ein sehr abgeschwächtes Lieben andeuten, wie: gerne haben, gerne sehen, angenehm finden.

Das Wort „lieben“ rückt also immer mehr in die Sphäre der reinen Lustbeziehung des Ichs zum Objekt und fixiert sich schließlich an die Sexualobjekte im engeren Sinne und an solche Objekte, welche die Bedürfnisse sublimierter Sexualtriebe befriedigen. Die Scheidung der Ichtriebe von den Sexualtrieben, welche wir unserer Psychologie aufgedrängt haben, erweist sich so als konform mit dem Geiste unserer Sprache. Wenn wir nicht gewohnt sind zu sagen, der einzelne Sexualtrieb liebe sein Objekt, aber die adäquateste Verwendung des Wortes „lieben“ in der Beziehung des Ichs zu seinem Sexualobjekt finden, so lehrt uns diese Beobachtung, daß dessen Verwendbarkeit in dieser Relation erst mit der Synthese aller Partialtriebe der Sexualität unter dem Primat der Genitalien und im Dienste der Fortpflanzungsfunktion beginnt.

Es ist bemerkenswert, daß im Gebrauche des Wortes „hassen“ keine so innige Beziehung zur Sexuallust und Sexualfunktion zum Vorschein kommt, sondern die Unlustrelation die einzig entscheidende scheint. Das Ich haßt, verabscheut, verfolgt mit Zerstörungsabsichten alle Objekte, die ihm zur Quelle von Unlustempfindungen werden, gleichgültig, ob sie ihm eine Versagung sexueller Befriedigung oder der Befriedigung von Erhaltungsbedürfnissen bedeuten. Ja, man kann behaupten, daß die richtigen Vorbilder für die Haßrelation nicht aus dem Sexualleben, sondern aus dem Ringen des Ichs um seine Erhaltung und Behauptung stammen.

Liebe und Haß, die sich uns als volle materielle Gegensätze vorstellen, stehen also doch in keiner einfachen Beziehung zueinander. Sie sind nicht aus der Spaltung eines Urgemeinsamen hervorgegangen, sondern haben verschiedene Ursprünge und haben ein jedes seine eigene Entwicklung durchgemacht, bevor sie sich unter dem Einfluß der Lust–Unlustrelation zu Gegensätzen formiert haben. Es erwächst uns hier die Aufgabe zusammenzustellen, was wir von der Genese von Liebe und Haß wissen.

Die Liebe stammt von der Fähigkeit des Ichs, einen Anteil seiner Triebregungen autoerotisch, durch die Gewinnung von Organlust zu befriedigen. Sie ist ursprünglich narzißtisch, übergeht dann auf die Objekte, die dem erweiterten Ich einverleibt worden sind, und drückt das motorische Streben des Ichs nach diesen Objekten als Lustquellen aus. Sie verknüpft sich innig mit der Betätigung der späteren Sexualtriebe und fällt, wenn deren Synthese vollzogen ist, mit dem Ganzen der Sexualstrebung zusammen. Vorstufen des Liebens ergeben sich als vorläufige Sexualziele, während die Sexualtriebe ihre komplizierte Entwicklung durchlaufen. Als erste derselben erkennen wir das *Sicheinverleiben* oder *Fressen,* eine Art der Liebe, welche mit der Aufhebung der Sonderexistenz des Objekts vereinbar ist, also als ambivalent bezeichnet werden kann. Auf der höheren Stufe der prägenitalen sadistisch-analen Organisation tritt das Streben nach dem Objekt in der Form des Bemächtigungsdranges auf, dem die Schädigung oder Vernichtung des Objekts gleichgültig ist. Diese Form und Vorstufe der Liebe ist in ihrem Verhalten gegen das Objekt vom Haß kaum zu unterscheiden. Erst mit der Herstellung der Genitalorganisation ist die Liebe zum Gegensatz vom Haß geworden.

Der Haß ist als Relation zum Objekt älter als die Liebe, er entspringt der uranfänglichen Ablehnung der reizspendenden Außenwelt von seiten des narzißtischen Ichs. Als Äußerung der durch Objekte hervorgerufenen Unlustreaktion bleibt er immer in inniger Beziehung zu den Trieben der Icherhaltung, so daß Ichtriebe und Sexualtriebe leicht in einen Gegensatz geraten können, der den von Hassen und Lieben wiederholt. Wenn die Ichtriebe die Sexualfunktion beherrschen wie auf der Stufe der sadistisch-analen Organisation, so leihen sie auch dem Triebziel die Charaktere des Hasses.

Die Entstehungs- und Beziehungsgeschichte der Liebe macht es uns verständlich, daß sie so häufig ambivalent, d. h. in Begleitung von Haßregungen gegen das nämliche Objekt auftritt. Der der Liebe beigemengte Haß rührt zum Teil von den nicht völlig überwundenen Vorstufen des Liebens her, zum anderen Teil begründet er sich durch Ablehnungsreaktionen der Ichtriebe, die sich bei den häufigen Konflikten zwischen Ich- und Liebesinteressen auf reale und aktuelle Motive berufen können. In beiden Fällen geht also der beigemengte Haß auf die Quelle der Icherhaltungstriebe zurück. Wenn die Liebesbeziehung zu einem bestimmten Objekt abgebrochen wird, so tritt nicht selten Haß an deren Stelle, woraus wir den Eindruck einer Verwandlung der Liebe in Haß empfangen. Über diese Deskription hinaus führt dann die Auffassung, daß dabei der real motivierte Haß durch die Regression des Liebens auf die sadistische Vorstufe verstärkt wird, so daß das Hassen einen erotischen Charakter erhält und die Kontinuität einer Liebesbeziehung gewährleistet wird.

Die dritte Gegensätzlichkeit des Liebens, die Verwandlung des Liebens in ein Geliebtwerden, entspricht der Einwirkung der Polarität von Aktivität und Passivität und unterliegt derselben Beurteilung wie die Fälle des Schautriebes und des Sadismus.

Wir dürfen zusammenfassend hervorheben, die Triebschicksale bestehen im wesentlichen darin, daß die *Triebregungen den Einflüssen der drei großen das Seelenleben beherrschenden Polaritäten unterzogen werden.* Von diesen drei Polaritäten könnte man die der Aktivität–Passivität als die *biologische,* die von Ich–Außenwelt als die *reale,* endlich die von Lust–Unlust als die *ökonomische* bezeichnen.

Das Triebschicksal der *Verdrängung* wird den Gegenstand einer anschließenden Untersuchung bilden.

Die Verdrängung

(1915)

Diese Studie erschien erstmals in der Internationalen Zeitschrift für ärztliche Psychoanalyse 3 (1915), S. 129–138. Sie beinhaltet die theoretische Interpretation der von Freud bei neurotischen Patienten angenommenen unbewußten Unterdrückung tabuisierter sexueller Strebungen, d. h. jenes Vorganges, der verhindert, daß derartige Regungen bis zum Bewußtsein vordringen. Die Bedeutung dieses Teilstückes seiner psychologischen Konzeption hat Freud sehr hoch eingeschätzt; in seiner „Selbstdarstellung" von 1925 formulierte er beispielsweise: „Die Lehre von der Verdrängung wurde zum Grundpfeiler des Verständnisses der Neurose." Auch die hier vorgestellte Fassung seiner Ideen war nicht endgültig und erfuhr später weitere Modifikationen, u. a. durch eine betontere Verwendung des Begriffes der „Abwehr". Erhalten blieb jedoch der tragende Gedanke, daß alle die Integrität der Persönlichkeit gefährdenden psychischen Strebungen über einen besonderen psychischen Mechanismus ins Unbewußte abgewiesen werden, von dorther einen ständigen Bedürfnisdruck ausüben und einen hohen psychischen Kraftaufwand für die dauerhafte Unterdrükkung erfordern. Für die Bildung neurotischer Symptome, mit denen die ersatzweise Befriedigung der unbewußten Bedürfnisse erfolgt, bildet die Verdrängung nach Freud die entscheidende Vorbedingung. Den in der Therapie beobachteten „Widerstand" der Patienten gegen die Aufdeckung ihrer unbewußten Strebungen betrachtete Freud als Kehrseite oder Gegenstück der Verdrängung.[99]

Die hier wiedergegebene Textfassung wurde entnommen:

Sigmund Freud, Studienausgabe. Frankfurt (Main), S. Fischer Verlag 1969–1975, Bd. III, S. 107–118.

Es kann das Schicksal einer Triebregung werden, daß sie auf Widerstände stößt, welche sie unwirksam machen wollen. Unter Bedingungen, deren nähere Untersuchung uns bevorsteht, gelangt sie dann in den Zustand der *Verdrängung*. Handelte es sich um die Wirkung eines äußeren Reizes, so wäre offenbar die Flucht das geeignete Mittel. Im Falle des Triebes kann die Flucht nichts nützen, denn das Ich kann sich nicht selbst entfliehen. Später einmal wird in der Urteilsverwerfung *(Verurteilung)* ein gutes Mittel gegen die Triebregung gefunden werden. Eine Vorstufe der Verurteilung, ein Mittelding zwischen Flucht und Verurteilung ist die Verdrängung, deren Begriff in der Zeit vor den psychoanalytischen Studien nicht aufgestellt werden konnte.[100]
Die Möglichkeit einer Verdrängung ist theoretisch nicht leicht abzuleiten. Warum sollte eine Triebregung einem solchen Schicksal verfallen? Offenbar muß hier die Bedingung erfüllt sein, daß die Erreichung des Triebzieles Unlust an Stelle von Lust bereitet. Aber dieser Fall ist nicht gut denkbar. Solche Triebe gibt es nicht, eine Triebbefriedigung ist immer lustvoll. Es müßten besondere Verhältnisse anzunehmen sein, irgendein Vorgang, durch den die Befriedigungslust in Unlust verwandelt wird.
Wir können zur besseren Abgrenzung der Verdrängung einige andere Triebsituationen in Erörterung ziehen. Es kann vorkommen, daß sich ein äußerer Reiz, z. B. dadurch, daß er ein Organ anätzt und zerstört, verinnerlicht und so eine neue Quelle beständiger Erregung und Spannungsvermehrung ergibt. Er erwirbt damit eine weitgehende Ähnlichkeit mit einem Trieb. Wir wissen, daß wir diesen Fall als *Schmerz* empfinden. Das Ziel dieses Pseudotriebes ist aber nur das Aufhören der Organveränderung und der mit ihr verbundenen Unlust. Andere, direkte Lust kann aus dem Aufhören des Schmerzes nicht gewonnen werden. Der Schmerz ist auch imperativ; er unterliegt nur noch der Einwirkung einer toxischen Aufhebung und der Beeinflussung durch psychische Ablenkung.
Der Fall des Schmerzes ist zu wenig durchsichtig, um etwas für unsere Absicht zu leisten. Nehmen wir den Fall, daß ein Triebreiz wie der Hunger unbefriedigt bleibt. Er wird dann imperativ, ist durch nichts anderes als durch die Befriedigungsaktion zu beschwichtigen, unterhält eine beständige

Bedürfnisspannung. Etwas wie eine Verdrängung scheint hier auf lange hinaus nicht in Betracht zu kommen.
Der Fall der Verdrängung ist also gewiß nicht gegeben, wenn die Spannung infolge von Unbefriedigung einer Triebregung unerträglich groß wird. Was dem Organismus an Abwehrmitteln gegen diese Situation gegeben ist, muß in anderem Zusammenhang erörtert werden.
Halten wir uns lieber an die klinische Erfahrung, wie sie uns in der psychoanalytischen Praxis entgegentritt. Dann werden wir belehrt, daß die Befriedigung des der Verdrängung unterliegenden Triebes wohl möglich und daß sie auch jedesmal an sich lustvoll wäre, aber sie wäre mit anderen Ansprüchen und Vorsätzen unvereinbar; sie würde also Lust an der einen, Unlust an anderer Stelle erzeugen. Zur Bedingung der Verdrängung ist dann geworden, daß das Unlustmotiv eine stärkere Macht gewinnt als die Befriedigungslust. Wir werden ferner durch die psychoanalytische Erfahrung an den Übertragungsneurosen zu dem Schluß genötigt, daß die Verdrängung kein ursprünglich vorhandener Abwehrmechanismus ist, daß sie nicht eher entstehen kann, als bis sich eine scharfe Sonderung von bewußter und unbewußter Seelentätigkeit hergestellt hat, und daß *ihr Wesen nur in der Abweisung und Fernhaltung vom Bewußten besteht.* Diese Auffassung der Verdrängung würde durch die Annahme ergänzt werden, daß vor solcher Stufe der seelischen Organisation die anderen Triebschicksale, wie die Verwandlung ins Gegenteil, die Wendung gegen die eigene Person, die Aufgabe der Abwehr von Triebregungen bewältigen.
Wir meinen jetzt auch, Verdrängung und Unbewußtes seien in so großem Ausmaße korrelativ, daß wir die Vertiefung in das Wesen der Verdrängung aufschieben müssen, bis wir mehr von dem Aufbau des psychischen Instanzenzuges und der Differenzierung von Unbewußt und Bewußt erfahren haben. Vorher können wir nur noch einige klinisch erkannte Charaktere der Verdrängung in rein deskriptiver Weise zusammenstellen, auf die Gefahr hin, vieles anderwärts Gesagte ungeändert zu wiederholen.
Wir haben also Grund, eine *Urverdrängung* anzunehmen, eine erste Phase der Verdrängung, die darin besteht, daß der psychischen (Vorstellungs-)Repräsentanz des Triebes die Übernahme ins Bewußte versagt wird. Mit dieser ist

eine *Fixierung* gegeben; die betreffende Repräsentanz bleibt von da an unveränderlich bestehen und der Trieb an sie gebunden. Dies geschieht infolge der später zu besprechenden Eigenschaften unbewußter Vorgänge.[101]
Die zweite Stufe der Verdrängung, die *eigentliche Verdrängung*, betrifft psychische Abkömmlinge der verdrängten Repräsentanz oder solche Gedankenzüge, die, anderswoher stammend, in assoziative Beziehung zu ihr geraten sind. Wegen dieser Beziehung erfahren diese Vorstellungen dasselbe Schicksal wie das Urverdrängte. Die eigentliche Verdrängung ist also ein Nachdrängen. Man tut übrigens unrecht, wenn man nur die Abstoßung hervorhebt, die vom Bewußten her auf das zu Verdrängende wirkt. Es kommt ebensosehr die Anziehung in Betracht, welche das Urverdrängte auf alles ausübt, womit es sich in Verbindung setzen kann. Wahrscheinlich würde die Verdrängungstendenz ihre Absicht nicht erreichen, wenn diese Kräfte nicht zusammenwirkten, wenn es nicht ein vorher Verdrängtes gäbe, welches das vom Bewußten Abgestoßene aufzunehmen bereit wäre.

Unter dem Einfluß des Studiums der Psychoneurosen, welches uns die bedeutsamen Wirkungen der Verdrängung vorführt, werden wir geneigt, deren psychologischen Inhalt zu überschätzen, und vergessen zu leicht, daß die Verdrängung die Triebrepräsentanz nicht daran hindert, im Unbewußten fortzubestehen, sich weiter zu organisieren, Abkömmlinge zu bilden und Verbindungen anzuknüpfen. Die Verdrängung stört wirklich nur die Beziehung zu einem psychischen System, dem des Bewußten. Die Psychoanalyse kann uns noch anderes zeigen, was für das Verständnis der Wirkungen der Verdrängung bei den Psychoneurosen bedeutsam ist, z. B., daß die Triebrepräsentanz sich ungestörter und reichhaltiger entwickelt, wenn sie durch die Verdrängung dem bewußten Einfluß entzogen ist. Sie wuchert dann sozusagen im Dunkeln und findet extreme Ausdrucksformen, welche, wenn sie dem Neurotiker übersetzt und vorgehalten werden, ihm nicht nur fremd erscheinen müssen, sondern ihn auch durch die Vorspiegelung einer außerordentlichen und gefährlichen Triebstärke schrecken. Diese täuschende Triebstärke ist das Ergebnis einer ungehemmten Entfaltung in der Phantasie und der Aufstauung infolge versagter Befriedigung. Daß dieser letztere Erfolg an die Verdrängung geknüpft ist, weist darauf hin, worin wir ihre eigentliche Bedeutung zu suchen haben.

Indem wir aber noch zur Gegenansicht zurückkehren, stellen wir fest, es sei nicht einmal richtig, daß die Verdrängung alle Abkömmlinge des Urverdrängten vom Bewußten abhalte. Wenn sich diese weit genug von der verdrängten Repräsentanz entfernt haben, sei es durch Anname von Entstellungen oder durch die Anzahl der eingeschobenen Mittelglieder, so steht ihnen der Zugang zum Bewußten ohne weiteres frei. Es ist, als ob der Widerstand des Bewußten gegen sie eine Funktion ihrer Entfernung vom ursprünglich Verdrängten wäre. Während der Ausübung der psychoanalytischen Technik fordern wir den Patienten unausgesetzt dazu auf, solche Abkömmlinge des Verdrängten zu produzieren, die infolge ihrer Entfernung oder Entstellung die Zensur des Bewußten passieren können. Nichts anderes sind ja die Einfälle, die wir unter Verzicht auf alle bewußten Zielvorstellungen und alle Kritik von ihm verlangen und aus denen wir eine bewußte Übersetzung der verdrängten Repräsentanz wiederherstellen. Wir beobachten dabei, daß der Patient eine solche Einfallsreihe fortspinnen kann, bis er in ihrem Ablauf auf eine Gedankenbildung stößt, bei welcher die Beziehung zum Verdrängten so intensiv durchwirkt, daß er seinen Verdrängungsversuch wiederholen muß. Auch die neurotischen Symptome müssen der obigen Bedingung genügt haben, denn sie sind Abkömmlinge des Verdrängten, welches sich mittels dieser Bildungen den ihm versagten Zugang zum Bewußtsein endlich erkämpft hat.

Wie weit die Entstellung und Entfernung vom Verdrängten gehen muß, bis der Widerstand des Bewußten aufgehoben ist, läßt sich allgemein nicht angeben. Es findet dabei eine feine Abwägung statt, deren Spiel uns verdeckt ist, deren Wirkungsweise uns aber erraten läßt, es handle sich darum, vor einer bestimmten Intensität der Besetzung des Unbewußten haltzumachen, mit deren Überschreitung es zur Befriedigung durchdringen würde. Die Verdrängung arbeitet also *höchst individuell;* jeder einzelne Abkömmling des Verdrängten kann sein besonderes Schicksal haben; ein wenig mehr oder weniger von Entstellung macht, daß der ganze Erfolg umschlägt. In demselben Zusammenhang ist auch zu begreifen, daß die bevorzugten Objekte der Menschen, ihre Ideale, aus denselben Wahrnehmungen und Erlebnissen stammen wie die von ihnen am meisten verabscheuten, und sich ursprünglich nur durch geringe Modifikationen voneinander unterscheiden. Ja, es kann, wie wir's bei der Entstehung des Fetisch gefunden haben, die ursprüngliche Triebrepräsentanz in zwei Stücke zerlegt worden sein, von denen das eine der Verdrängung verfiel, während der Rest, gerade wegen dieser innigen Verknüpftheit, das Schicksal der Idealisierung erfuhr.[102]

Dasselbe, was ein Mehr oder Weniger an Entstellung leistet, kann auch sozusagen am anderen Ende des Apparates durch eine Modifikation in den Bedingungen der Lust-Unlustproduktion erzielt werden. Es sind besondere Techniken ausgebildet worden, deren Absicht dahin geht, solche Veränderungen des psychischen Kräftespieles herbeizuführen, daß dasselbe, was sonst Unlust erzeugt, auch einmal lustbringend wird, und sooft solch ein technisches Mittel in Aktion tritt, wird die Verdrängung für eine sonst abgewiesene Triebrepräsentanz aufgehoben. Diese Techniken sind bisher nur für den *Witz* genauer verfolgt worden.[103] In der Regel ist die Aufhebung der Verdrängung nur eine vorübergehende; sie wird alsbald wiederhergestellt. Erfahrungen dieser Art reichen aber hin, uns auf weitere Charaktere der Verdrängung aufmerksam zu machen. Sie ist nicht nur, wie eben ausgeführt, *individuell,* sondern auch im hohen Grade *mobil.* Man darf sich den Verdrängungsvorgang nicht wie ein einmaliges Geschehen mit Dauererfolg vorstellen, etwa wie wenn man etwas Lebendes erschlagen hat, was von da an tot ist; sondern die Verdrängung erfordert einen anhaltenden Kraftaufwand, mit dessen Unterlassung ihr Erfolg in Frage gestellt wäre, so daß ein neuerlicher Verdrängungsakt notwendig würde. Wir dürfen uns vorstellen, daß das Verdrängte einen kontinuierlichen Druck in der Richtung zum Bewußten hin ausübt, dem durch unausgesetzten Gegendruck das Gleichgewicht gehalten werden muß. Die Erhaltung einer Verdrängung setzt also eine beständige Kraftausgabe voraus, und ihre Aufhebung bedeutet ökonomisch eine Ersparung. Die Mobilität der Verdrängung fin-

det übrigens auch einen Ausdruck in den psychischen Charakteren des Schlafzustandes, welcher allein die Traumbildung ermöglicht. Mit dem Erwachen werden die eingezogenen Verdrängungsbesetzungen wieder ausgeschickt.
Wir dürfen endlich nicht vergessen, daß wir von einer Triebregung erst sehr wenig ausgesagt haben, wenn wir feststellen, sie sei eine verdrängte. Sie kann sich unbeschadet der Verdrängung in sehr verschiedenen Zuständen befinden, inaktiv sein, d. h. sehr wenig mit psychischer Energie besetzt, oder in wechselndem Grade besetzt und damit zur Aktivität befähigt. Ihre Aktivierung wird zwar nicht die Folge haben, daß sie die Verdrängung direkt aufhebt, wohl aber alle die Vorgänge anregen, welche mit dem Durchdringen zum Bewußtsein auf Umwegen einen Abschluß finden. Bei unverdrängten Abkömmlingen des Unbewußten entscheidet oft das Ausmaß der Aktivierung oder Besetzung über das Schicksal der einzelnen Vorstellung. Es ist ein alltägliches Vorkommnis, daß ein solcher Abkömmling unverdrängt bleibt, solange er eine geringe Energie repräsentiert, obwohl sein Inhalt geeignet wäre, einen Konflikt mit dem bewußt Herrschenden zu ergeben. Das quantitative Moment zeigt sich aber als entscheidend für den Konflikt; sobald die im Grunde anstößige Vorstellung sich über ein gewisses Maß verstärkt, wird der Konflikt aktuell, und gerade die Aktivierung zieht die Verdrängung nach sich. Zunahme der Energiebesetzung wirkt also in Sachen der Verdrängung gleichsinnig wie Annäherung an das Unbewußte, Abnahme derselben wie Entfernung davon oder Entstellung. Wir verstehen, daß die verdrängenden Tendenzen in der Abschwächung des Unliebsamen einen Ersatz für dessen Verdrängung finden können.

In den bisherigen Erörterungen behandelten wir die Verdrängung einer Triebrepräsentanz und verstanden unter einer solchen eine Vorstellung oder Vorstellungsgruppe, welche vom Trieb her mit einem bestimmten Betrag von psychischer Energie (Libido, Interesse) besetzt ist. Die klinische Beobachtung nötigt uns nun zu zerlegen, was wir bisher einheitlich aufgefaßt hatten, denn sie zeigt uns, daß etwas anderes, was den Trieb repräsentiert, neben der Vorstellung in Betracht kommt und daß dieses andere ein Verdrängungsschicksal erfährt, welches von dem der Vorstellung ganz verschieden sein kann. Für dieses andere Element der psychischen Repräsentanz hat sich der Name *Affektbetrag* eingebürgert; es entspricht dem Triebe, insofern er sich von der Vorstellung abgelöst hat und einen seiner Quantität gemäßen Ausdruck in Vorgängen findet, welche als Affekte der Empfindung bemerkbar werden. Wir werden von nun an, wenn wir einen Fall von Verdrängung beschreiben, gesondert verfolgen müssen, was durch die Verdrängung aus der Vorstellung und was aus der an ihr haftenden Triebenergie geworden ist.

Gern würden wir über beiderlei Schicksale etwas Allgemeines aussagen wollen. Dies wird uns auch nach einiger Orientierung möglich. Das allgemeine Schicksal der den Trieb repräsentierenden *Vorstellung* kann nicht leicht etwas anderes sein, als daß sie aus dem Bewußtsein verschwindet, wenn sie früher bewußt war, oder vom Bewußtsein abgehalten wird, wenn sie im Begriffe war, bewußt zu werden. Der Unterschied ist nicht mehr bedeutsam; er kommt etwa darauf hinaus, ob ich einen unliebsamen Gast aus meinem Salon hinausbefördere oder aus meinem Vorzimmer oder ihn, nachdem ich ihn erkannt habe, überhaupt nicht über die Schwelle der Wohnungstür treten lasse.[104]

Das Schicksal des *quantitativen* Faktors der Triebrepräsentanz kann ein dreifaches sein, wie uns eine flüchtige Übersicht über die in der Psychoanalyse gemachten Erfahrungen lehrt: Der Trieb wird entweder ganz unterdrückt, so daß man nichts von ihm auffindet, oder er kommt als irgendwie qualitativ gefärbter Affekt zum Vorschein, oder er wird in Angst verwandelt. Die beiden letzteren Möglichkeiten stellen uns die Aufgabe, die *Umsetzung* der psychischen Energien der *Triebe* in *Affekte* und ganz besonders in *Angst* als neues Triebschicksal ins Auge zu fassen.

Wir erinnern uns, daß Motiv und Absicht der Verdrängung nichts anderes als die Vermeidung von Unlust war. Daraus folgt, daß das Schicksal des Affektbetrags der Repräsentanz bei weitem wichtiger ist als das der Vorstellung und daß dies über die Beurteilung des Verdrängungsvorganges entscheidet. Gelingt es einer Verdrängung nicht, die Entstehung von Unlustempfindungen oder Angst zu verhüten, so dürfen wir sagen, sie sei mißglückt, wenngleich sie ihr Ziel

an dem Vorstellungsanteil erreicht haben mag. Natürlich wird die mißglückte Verdrängung mehr Anspruch auf unser Interesse erheben als die etwa geglückte, die sich zumeist unserem Studium entziehen wird.
Wir wollen nun Einblick in den *Mechanismus* des Verdrängungsvorganges gewinnen und vor allem wissen, ob es nur einen einzigen Mechanismus der Verdrängung gibt oder mehrere und ob vielleicht jede der Psychoneurosen durch einen ihr eigentümlichen Mechanismus der Verdrängung ausgezeichnet ist. Zu Beginn dieser Untersuchung stoßen wir aber auf Komplikationen. Der Mechanismus einer Verdrängung wird uns nur zugänglich, wenn wir aus den Erfolgen der Verdrängung auf ihn zurückschließen. Beschränken wir die Beobachtung auf die Erfolge an dem Vorstellungsanteil der Repräsentanz, so erfahren wir, daß die Verdrängung in der Regel eine *Ersatzbildung* schafft. Welches ist nun der Mechanismus einer solchen Ersatzbildung, oder gibt es hier auch mehrere Mechanismen zu unterscheiden? Wir wissen auch, daß die Verdrängung *Symptome* hinterläßt. Dürfen wir nun Ersatzbildung und Symptombildung zusammenfallen lassen, und wenn dies im ganzen angeht, deckt sich der Mechanismus der Symptombildung mit dem der Verdrängung? Die vorläufige Wahrscheinlichkeit scheint dafür zu sprechen, daß beide weit auseinandergehen, daß es nicht die Verdrängung selbst ist, welche Ersatzbildungen und Symptome schafft, sondern daß diese letzteren als Anzeichen einer *Wiederkehr des Verdrängten* ganz anderen Vorgängen ihr Entstehen verdanken. Es scheint sich auch zu empfehlen, daß man die Mechanismen der Ersatz- und Symptombildung vor denen der Verdrängung in Untersuchung ziehe. Es ist klar, daß die Spekulation hier weiter nichts zu suchen hat, sondern durch die sorgfältige Analyse der bei den einzelnen Neurosen zu beobachtenden Erfolge der Verdrängung abgelöst werden muß. Ich muß aber den Vorschlag machen, auch diese Arbeit aufzuschieben, bis wir uns verläßliche Vorstellungen über das Verhältnis des Bewußten zum Unbewußten gebildet haben. Nur um die vorliegende Erörterung nicht ganz unfruchtbar ausgehen zu lassen, will ich vorwegnehmen, daß 1. der Mechanismus der Verdrängung tatsächlich nicht mit dem oder den Mechanismen der Ersatzbildung zusammenfällt, 2. daß es sehr ver-

schiedene Mechanismen der Ersatzbildung gibt, und 3. daß den Mechanismen der Verdrängung wenigstens eines gemeinsam ist, die *Entziehung der Energiebesetzung* (oder *Libido,* wenn wir von Sexualtrieben handeln).

Ich will auch unter Einschränkung auf die drei bekanntesten Psychoneurosen an einigen Beispielen zeigen, wie die hier eingeführten Begriffe auf das Studium der Verdrängung Anwendung finden. Von der Angsthysterie werde ich das gut analysierte Beispiel einer Tierphobie wählen. Die der Verdrängung unterliegende Triebregung ist eine libidinöse Einstellung zum Vater, gepaart mit der Angst vor demselben. Nach der Verdrängung ist diese Regung aus dem Bewußtsein geschwunden, der Vater kommt als Objekt der Libido nicht darin vor. Als Ersatz findet sich an analoger Stelle ein Tier, das sich mehr oder weniger gut zum Angstobjekt eignet. Die Ersatzbildung des Vorstellungsanteiles der Triebrepräsentanz hat sich auf dem Wege der *Verschiebung* längs eines in bestimmter Weise determinierten Zusammenhanges hergestellt. Der quantitative Anteil ist nicht verschwunden, sondern hat sich in Angst umgesetzt.[105] Das Ergebnis ist eine Angst vor dem Wolf an Stelle eines Liebesanspruches an den Vater. Natürlich reichen die hier verwendeten Kategorien nicht aus, um den Erklärungsansprüchen auch nur des einfachsten Falles von Psychoneurose zu genügen. Es kommen immer noch andere Gesichtspunkte in Betracht.

Eine solche Verdrängung wie im Falle der Tierphobie darf als eine gründlich mißglückte bezeichnet werden. Das Werk der Verdrängung besteht nur in der Beseitigung und Ersetzung der Vorstellung, die Unlustersparnis ist überhaupt nicht gelungen. Deshalb ruht die Arbeit der Neurose auch nicht, sondern setzt sich in einem zweiten Tempo fort, um ihr nächstes, wichtigeres Ziel zu erreichen. Es kommt zur Bildung eines Fluchtversuches, der eigentlichen *Phobie,* einer Anzahl von Vermeidungen, welche die Angstentbindung ausschließen sollen. Durch welchen Mechanismus die Phobie ans Ziel gelangt, können wir in einer spezielleren Untersuchung verstehen lernen.[106]

Zu einer ganz anderen Würdigung des Verdrängungsvorganges nötigt uns das Bild der echten *Konversionshysterie.* Hier ist das Hervorstechende, daß es gelingen kann, den Affektbetrag zum völligen Verschwinden zu bringen. Der Kranke zeigt dann gegen seine Symptome das Verhalten, welches Charcot *„la belle indifférence des hystériques"* genannt hat.[107] Andere Male gelingt diese Unterdrückung nicht so vollständig, ein Anteil peinlicher Sensationen knüpft sich an die Symptome selbst, oder ein Stück Angstentbindung hat sich nicht vermeiden lassen, das seinerseits den Mechanismus der Phobiebildung ins Werk setzt. Der Vorstellungsinhalt der Triebrepräsentanz ist dem Bewußtsein gründlich entzogen; als Ersatzbildung – und gleichzeitig als Symptom – findet sich eine überstarke – in den vorbildlichen Fällen somatische – Innervation, bald sensorischer, bald motorischer Natur, entweder als Erregung oder als Hemmung. Die überinnervierte Stelle erweist sich bei näherer Betrachtung als ein Stück der verdrängten Triebrepräsentanz selbst, welches wie durch *Verdichtung* die gesamte Besetzung auf sich gezogen hat. Natürlich decken auch diese Bemerkungen den Mechanismus einer Konversionshysterie nicht restlos auf; vor allem ist noch das Moment der *Regression* hinzuzufügen, das in anderem Zusammenhang gewürdigt werden soll.

Die Verdrängung der [Konversions-]Hysterie kann als völlig mißglückt beurteilt werden, insofern sie nur durch ausgiebige Ersatzbildungen ermöglicht worden ist; mit Bezug auf die Erledigung des Affektbetrages, die eigentliche Aufgabe der Verdrängung, bedeutet sie aber in der Regel einen vollen Erfolg. Der Verdrängungsvorgang der Konversionshysterie ist dann auch mit der Symptombildung abgeschlossen und braucht sich nicht wie bei Angsthysterie zweiseitig – oder eigentlich unbegrenzt – fortzusetzen.

Ein ganz anderes Ansehen zeigt die Verdrängung wieder bei der dritten Affektion, die wir zu dieser Vergleichung heranziehen, bei der *Zwangsneurose.* Hier gerät man zuerst in Zweifel, was man als die der Verdrängung unterliegende Repräsentanz anzusehen hat, eine libidinöse oder eine feindselige Strebung. Die Unsicherheit rührt daher, daß die Zwangsneurose auf der Voraussetzung einer Regression ruht, durch welche eine sadistische Strebung an die Stelle der zärtlichen getreten ist. Dieser feindselige Impuls gegen eine geliebte Person ist es, welcher der Verdrängung unterliegt. Der Effekt ist in einer ersten Phase der Verdrängungs-

arbeit ein ganz anderer als später. Zunächst hat diese vollen Erfolg, der Vorstellungsinhalt wird abgewiesen und der Affekt zum Verschwinden gebracht. Als Ersatzbildung findet sich eine Ichveränderung, die Steigerung der Gewissenhaftigkeit, die man nicht gut ein Symptom heißen kann. Ersatz- und Symptombildung fallen hier auseinander. Hier erfährt man auch etwas über den Mechanismus der Verdrängung. Diese hat wie überall eine Libidoentziehung zustande gebracht, aber sich zu diesem Zwecke der *Reaktionsbildung* durch Verstärkung eines Gegensatzes bedient. Die Ersatzbildung hat also hier denselben Mechanismus wie die Verdrängung und fällt im Grunde mit ihr zusammen, sie trennt sich aber zeitlich, wie begrifflich, von der Symptombildung. Es ist sehr wahrscheinlich, daß das Ambivalenzverhältnis, in welches der zu verdrängende sadistische Impuls eingetragen ist, den ganzen Vorgang ermöglicht.
Die anfänglich gute Verdrängung hält aber nicht stand, im weiteren Verlaufe drängt sich das Mißglücken der Verdrängung immer mehr vor. Die Ambivalenz, welche die Verdrängung durch Reaktionsbildung gestattet hat, ist auch die Stelle, an welcher dem Verdrängten die Wiederkehr gelingt. Der verschwundene Affekt kommt in der Verwandlung zur sozialen Angst, Gewissensangst, Vorwurf ohne Ersparnis wieder, die abgewiesene Vorstellung ersetzt sich durch *Verschiebungsersatz,* oft durch Verschiebung auf Kleinstes, Indifferentes. Eine Tendenz zur intakten Herstellung der verdrängten Vorstellung ist meist unverkennbar. Das Mißglükken in der Verdrängung des quantitativen, effektiven Faktors bringt denselben Mechanismus der Flucht durch Vermeidungen und Verbote ins Spiel, den wir bei der Bildung der hysterischen Phobie kennengelernt haben. Die Abweisung der Vorstellung vom Bewußten wird aber hartnäckig festgehalten, weil mit ihr die Abhaltung von der Aktion, die motorische Fesselung des Impulses, gegeben ist. So läuft die Verdrängungsarbeit der Zwangsneurose in ein erfolgloses und unabschließbares Ringen aus.

Aus der kleinen, hier vorgebrachten Vergleichsreihe kann man sich die Überzeugung holen, daß es noch umfassender Untersuchungen bedarf, ehe man hoffen kann, die mit der Verdrängung und neurotischen Symptombildung zusammenhängenden Vorgänge zu durchschauen. Die außerordentliche Verschlungenheit aller in Betracht kommenden Momente läßt uns nur einen Weg zur Darstellung frei. Wir müssen bald den einen, bald den anderen Gesichtspunkt herausgreifen und ihn durch das Material hindurchverfolgen, solange seine Anwendung etwas zu leisten scheint. Jede einzelne dieser Bearbeitungen wird an sich unvollständig sein und dort Unklarheiten nicht vermeiden können, wo sie an das noch nicht Bearbeitete anrührt; wir dürfen aber hoffen, daß sich aus der endlichen Zusammensetzung ein gutes Verständnis ergeben wird.[108]

Das Unbewußte

(1915)

Diese erstmals in zwei Fortsetzungen in der Internationalen Zeitschrift für ärztliche Psychoanalyse 3 (1915), S. 189–203 und S. 257–269 publizierte Arbeit Freuds ist von fundamentaler Bedeutung für das Verständnis seines psychologischen Denkens. Im Mittelpunkt steht dabei die Darstellung der von ihm angenommenen Funktionen des allem bewußten psychischen Geschehen zugrunde liegenden nicht-bewußten psychischen Unterbaus, des „Unbewußten". Die für Freuds Denken grundlegend gewordene Überzeugung von der Realität des „Unbewußten" ergab sich für ihn vor allem aus dem im Erleben von Neurotikern konstatierten Vorgang der „Verdrängung", erscheint jedoch auch als notwendige theoretische Konstruktion für die Herstellung des Gesamtzusammenhanges der vielen von ihm angenommenen psychischen Prozesse, die der direkten Analyse und Beobachtung nicht zugänglich sind. Die in dieser Arbeit vorgenommene Aufgliederung des psychischen Geschehens in „Unbewußtes", „Vorbewußtes" und „Bewußtes" ist später in eine einfachere Zweigliederung umgewandelt worden und erfuhr außerdem durch die Entwicklung des Modells der Es-, Ich- und Über-Ich-Schichtung der Persönlichkeit weitere Modifizierungen. An der Vorstellung von der entscheidenden Rolle der im Unbewußten ablaufenden psychischen Vorgänge und deren gestaltender Kraft für die im Bewußtsein registrierbaren Erlebnisse hat Freud jedoch entschieden festgehalten – sie ist eine charakteristische und eigenständige Grundkomponente des psychoanalytischen Denkens. Der Charakter und die spezifischen Funktionen unbewußter psychischer Vorgänge bilden auch heute noch ein weitgehend ungeklärtes und daher vielfach umstrittenes Problem der Psychologie.

Die hier wiedergegebene Textfassung wurde entnommen:

Sigmund Freud, Studienausgabe. Frankfurt (Main), S. Fischer Verlag 1969–1975, Bd. III, S. 125–162. Übernommen wurden dabei einige von den Herausgebern dieser Fassung im Text in [ ] eingefügten Verweise auf Sachzusammenhänge.

Wir haben aus der Psychoanalyse erfahren, das Wesen des Prozesses der Verdrängung bestehe nicht darin, eine den Trieb repräsentierende Vorstellung aufzuheben, zu vernichten, sondern sie vom Bewußtwerden abzuhalten. Wir sagen dann, sie befinde sich im Zustande des „Unbewußten", und haben gute Beweise dafür vorzubringen, daß sie auch unbewußt Wirkungen äußern kann, auch solche, die endlich das Bewußtsein erreichen. Alles Verdrängte muß unbewußt bleiben, aber wir wollen gleich eingangs feststellen, daß das Verdrängte nicht alles Unbewußte deckt. Das Unbewußte hat den weiteren Umfang; das Verdrängte ist ein Teil des Unbewußten.
Wie sollen wir zur Kenntnis des Unbewußten kommen? Wir kennen es natürlich nur als Bewußtes, nachdem es eine Umsetzung oder Übersetzung in Bewußtes erfahren hat. Die psychoanalytische Arbeit läßt uns alltäglich die Erfahrung machen, daß der Analysierte gewisse Widerstände überwinde, die nämlichen, welche es seinerzeit durch Abweisung vom Bewußten zu einem Verdrängten gemacht haben.

I. DIE RECHTFERTIGUNG DES UNBEWUSSTEN

Die Berechtigung, ein unbewußtes Seelisches anzunehmen und mit dieser Annahme wissenschaftlich zu arbeiten, wird uns von vielen Seiten bestritten. Wir können dagegen anführen, daß die Annahme des Unbewußten *notwendig* und *legitim* ist und daß wir für die Existenz des Unbewußten mehrfache *Beweise* besitzen. Sie ist notwendig, weil die Daten des Bewußtseins in hohem Grade lückenhaft sind; sowohl bei Gesunden als bei Kranken kommen häufig psychische Akte vor, welche zu ihrer Erklärung andere Akte voraussetzen, für die aber das Bewußtsein nicht zeugt. Solche Akte sind nicht nur die Fehlhandlungen und die Träume bei Gesunden, alles, was man psychische Symptome und Zwangserscheinungen heißt, bei Kranken – unsere persönlichste tägliche Erfahrung macht uns mit Einfällen bekannt, deren Herkunft wir nicht kennen, und mit Denkresultaten, deren Ausarbeitung uns verborgen geblieben ist. Alle diese bewußten Akte blieben zusammenhanglos und unverständ-

lich, wenn wir den Anspruch festhalten wollen, daß wir auch alles durchs Bewußtsein erfahren müssen, was an seelischen Akten in uns vorgeht, und ordnen sich in einen aufzeigbaren Zusammenhang ein, wenn wir die erschlossenen unbewußten Akte interpolieren. Gewinn an Sinn und Zusammenhang ist aber ein vollberechtigtes Motiv, das uns über die unmittelbare Erfahrung hinaus führen darf. Zeigt es sich dann noch, daß wir auf die Annahme des Unbewußten ein erfolgreiches Handeln aufbauen können, durch welches wir den Ablauf der bewußten Vorgänge zweckdienlich beeinflussen, so haben wir in diesem Erfolg einen unanfechtbaren Beweis für die Existenz des Angenommenen gewonnen. Man muß sich dann auf den Standpunkt stellen, es sei nichts anderes als eine *unhaltbare Anmaßung* zu fordern, daß alles, was im Seelischen vorgeht, auch dem Bewußtsein bekannt werden müsse.
Man kann weiter gehen und zur Unterstützung eines unbewußten psychischen Zustandes anführen, daß das Bewußtsein in jedem Moment nur einen geringen Inhalt umfaßt, so daß der größte Teil dessen, was wir bewußte Kenntnis heißen, sich ohnedies über die längsten Zeiten im Zustande der Latenz, also in einem Zustande von psychischer Unbewußtheit, befinden muß. Der Widerspruch gegen das Unbewußte würde mit Rücksicht auf alle unsere latenten Erinnerungen völlig unbegreiflich werden. Wir stoßen dann auf den Einwand, daß diese latenten Erinnerungen nicht mehr als psychisch zu bezeichnen seien, sondern den Resten von somatischen Vorgängen entsprechen, aus denen das Psychische wieder hervorgehen kann. Es liegt nahe zu erwidern, die latente Erinnerung sei im Gegenteil ein unzweifelhafter Rückstand eines psychischen Vorganges. Wichtiger ist es aber sich klarzumachen, daß der Einwand auf der nicht ausgesprochenen, aber von vornherein fixierten Gleichstellung des Bewußten mit dem Seelischen ruht. Diese Gleichstellung ist entweder eine *petitio principii*[109], welche die Frage, ob alles Psychische auch bewußt sein müsse, nicht zuläßt, oder eine Sache der Konvention, der Nomenklatur. In letzterem Charakter ist sie natürlich wie jede Konvention unwiderlegbar. Es bleibt nur die Frage offen, ob sie sich als so zweckmäßig erweist, daß man sich ihr anschließen muß. Man darf antworten, die konventionelle Gleichstellung des

Psychischen mit dem Bewußten ist durchaus unzweckmäßig. Sie zerreißt die psychischen Kontinuitäten, stürzt uns in die unlösbaren Schwierigkeiten des psychophysischen Parallelismus[110], unterliegt dem Vorwurf, daß sie ohne einsichtliche Begründung die Rolle des Bewußtseins überschätzt, und nötigt uns, das Gebiet der psychologischen Forschung vorzeitig zu verlassen, ohne uns von anderen Gebieten her Entschädigung bringen zu können.
Immerhin ist es klar, daß die Frage, ob man die unabweisbaren latenten Zustände des Seelenlebens als unbewußte seelische oder als physische auffassen soll, auf einen Wortstreit hinauszulaufen droht. Es ist darum ratsam, das in den Vordergrund zu rücken, was uns von der Natur dieser fraglichen Zustände mit Sicherheit bekannt ist. Nun sind sie uns nach ihren physischen Charakteren vollkommen unzugänglich; keine physiologische Vorstellung, kein chemischer Prozeß kann uns eine Ahnung von ihrem Wesen vermitteln. Auf der anderen Seite steht fest, daß sie mit den bewußten seelischen Vorgängen die ausgiebigste Berührung haben; sie lassen sich mit einer gewissen Arbeitsleistung in sie umsetzen, durch sie ersetzen, und sie können mit all den Kategorien beschrieben werden, die wir auf die bewußten Seelenakte anwenden, als Vorstellungen, Strebungen, Entschließungen und dergleichen. Ja, von manchen dieser latenten Zustände müssen wir aussagen, sie unterscheiden sich von den bewußten eben nur durch den Wegfall des Bewußtseins. Wir werden also nicht zögern, sie als Objekte psychologischer Forschung und in innigstem Zusammenhang mit den bewußten seelischen Akten zu behandeln.
Die hartnäckige Ablehnung des psychischen Charakters der latenten seelischen Akte erklärt sich daraus, daß die meisten der in Betracht kommenden Phänomene außerhalb der Psychoanalyse nicht Gegenstand des Studiums geworden sind. Wer die pathologischen Tatsachen nicht kennt, die Fehlhandlungen der Normalen als Zufälligkeiten gelten läßt und sich bei der alten Weisheit bescheidet, Träume seien Schäume, der braucht dann nur noch einige Rätsel der Bewußtseinspsychologie zu vernachlässigen, um sich die Annahme unbewußter seelischer Tätigkeit zu ersparen. Übrigens haben die hypnotischen Experimente, besonders die

posthypnotische Suggestion, Existenz und Wirkungsweise des seelisch Unbewußten bereits vor der Zeit der Psychoanalyse sinnfällig demonstriert.
Die Annahme des Unbewußten ist aber auch eine völlig *legitime,* insofern wir bei ihrer Aufstellung keinen Schritt von unserer gewohnten, für korrekt gehaltenen Denkweise abweichen. Das Bewußtsein vermittelt jedem einzelnen von uns nur die Kenntnis von eigenen Seelenzuständen; daß auch ein anderer Mensch ein Bewußtsein hat, ist ein Schluß, der *per analogiam* auf Grund der wahrnehmbaren Äußerungen und Handlungen dieses anderen gezogen wird, um uns dieses Benehmen des anderen verständlich zu machen. (Psychologisch richtiger ist wohl die Beschreibung, daß wir ohne besondere Überlegung jedem anderen außer uns unsere eigene Konstitution, und also auch unser Bewußtsein, beilegen und daß diese Identifizierung die Voraussetzung unseres Verständnisses ist.) Dieser Schluß – oder diese Identifizierung – wurde einst vom Ich auf andere Menschen, Tiere, Pflanzen, Unbelebtes und auf das Ganze der Welt ausgedehnt und erwies sich als brauchbar, solange die Ähnlichkeit mit dem Einzel-Ich eine überwältigend große war, wurde aber in dem Maße unverläßlicher, als sich das andere vom Ich entfernte. Unsere heutige Kritik wird bereits beim Bewußtsein der Tiere unsicher, verweigert sich dem Bewußtsein der Pflanzen und weist die Annahme eines Bewußtseins des Unbelebten der Mystik zu. Aber auch, wo die ursprüngliche Identifizierungsneigung die kritische Prüfung bestanden hat, bei dem uns nächsten menschlichen anderen, ruht die Annahme eines Bewußtseins auf einem Schluß und kann nicht die unmittelbare Sicherheit unseres eigenen Bewußtseins teilen.
Die Psychoanalyse fordert nun nichts anderes, als daß dieses Schlußverfahren auch gegen die eigene Person gewendet werde, wozu eine konstitutionelle Neigung allerdings nicht besteht. Geht man so vor, so muß man sagen, alle die Akte und Äußerungen, die ich an mir bemerke und mit meinem sonstigen psychischen Leben nicht zu verknüpfen weiß, müssen beurteilt werden, als ob sie einer anderen Person angehörten, und sollen durch ein ihr zugeschriebenes Seelenleben Aufklärung finden. Die Erfahrung zeigt auch, daß man dieselben Akte, denen man bei der eigenen Person

die psychische Anerkennung verweigert, bei anderen sehr wohl zu deuten, d. h. in den seelischen Zusammenhang einzureihen versteht. Unsere Forschung wird hier offenbar durch ein besonderes Hindernis von der eigenen Person abgelenkt und an deren richtiger Erkenntnis behindert.

Dies trotz inneren Widerstrebens gegen die eigene Person gewendete Schlußverfahren führt nun nicht zur Aufdekkung eines Unbewußten, sondern korrekterweise zur Annahme eines anderen, zweiten Bewußtseins, welches mit dem mir bekannten in meiner Person vereinigt ist. Allein hier findet die Kritik berechtigten Anlaß, einiges einzuwerfen. Erstens ist ein Bewußtsein, von dem der eigene Träger nichts weiß, noch etwas anderes als ein fremdes Bewußtsein, und es wird fraglich, ob ein solches Bewußtsein, dem der wichtigste Charakter abgeht, überhaupt noch Diskussion verdient. Wer sich gegen die Annahme eines unbewußten Psychischen gesträubt hat, der wird nicht zufrieden sein können, dafür ein *unbewußtes Bewußtsein* einzutauschen. Zweitens weist die Analyse darauf hin, daß die einzelnen latenten Seelenvorgänge, die wir erschließen, sich eines hohen Grades von gegenseitiger Unabhängigkeit erfreuen, so als ob sie miteinander nicht in Verbindung stünden und nichts voneinander wüßten. Wir müssen also bereit sein, nicht nur ein zweites Bewußtsein in uns anzunehmen, sondern auch ein drittes, viertes, vielleicht eine unabschließbare Reihe von Bewußtseinszuständen, die sämtlich uns und miteinander unbekannt sind. Drittens kommt als schwerstes Argument in Betracht, daß wir durch die analytische Untersuchung erfahren, ein Teil dieser latenten Vorgänge besitze Charaktere und Eigentümlichkeiten, welche uns fremd, selbst unglaublich erscheinen und den uns bekannten Eigenschaften des Bewußtseins direkt zuwiderlaufen. Somit werden wir Grund haben, den gegen die eigene Person gewendeten Schluß dahin abzuändern, er beweise uns nicht ein zweites Bewußtsein in uns, sondern die Existenz von psychischen Akten, welche des Bewußtseins entbehren. Wir werden auch die Bezeichnung eines „Unterbewußtseins" als inkorrekt und irreführend ablehnen dürfen. Die bekannten Fälle von *„double conscience"* (Bewußtseinsspaltung) beweisen nichts gegen unsere Auffassung. Sie lassen sich am zutreffendsten beschreiben als Fälle von Spaltung der seelischen Tätigkeiten in zwei Gruppen, wobei sich dann das nämliche Bewußtsein alternierend dem einen oder dem anderen Lager zuwendet.

Es bleibt uns in der Psychoanalyse gar nichts anderes übrig, als die seelischen Vorgänge für an sich unbewußt zu erklären und ihre Wahrnehmung durch das Bewußtsein mit der Wahrnehmung der Außenwelt durch die Sinnesorgane zu vergleichen. Wir hoffen sogar aus diesem Vergleich einen Gewinn für unsere Erkenntnis zu ziehen. Die psychoanalytische Annahme der unbewußten Seelentätigkeit erscheint uns einerseits als eine weitere Fortbildung des primitiven Animismus, der uns überall Ebenbilder unseres Bewußtseins vorspiegelte, und anderseits als die Fortsetzung der Korrektur, die Kant an unserer Auffassung der äußeren Wahrnehmung vorgenommen hat. Wie Kant uns gewarnt hat, die subjektive Bedingtheit unserer Wahrnehmung nicht zu übersehen und unsere Wahrnehmung nicht für identisch mit dem unerkennbaren Wahrgenommenen zu halten, so mahnt die Psychoanalyse, die Bewußtseinswahrnehmung nicht an die Stelle des unbewußten psychischen Vorganges zu setzen, welcher ihr Objekt ist. Wie das Physische, so braucht auch das Psychische nicht in Wirklichkeit so zu sein, wie es uns erscheint. Wir werden uns aber mit Befriedigung auf die Erfahrung vorbereiten, daß die Korrektur der inneren Wahrnehmung nicht ebenso große Schwierigkeit bietet wie die der äußeren, daß das innere Objekt minder unerkennbar ist als die Außenwelt.

II. DIE VIELDEUTIGKEIT DES UNBEWUSSTEN UND DER TOPISCHE GESICHTSPUNKT

Ehe wir weitergehen, wollen wir die wichtige, aber auch beschwerliche Tatsache feststellen, daß die Unbewußtheit nur ein Merkmal des Psychischen ist, welches für dessen Charakteristik keineswegs ausreicht. Es gibt psychische Akte von sehr verschiedener Dignität, die doch in dem Charakter, unbewußt zu sein, übereinstimmen. Das Unbewußte umfaßt einerseits Akte, die bloß latent, zeitweilig unbewußt sind, sich aber sonst von den bewußten in nichts unterscheiden, und anderseits Vorgänge wie die verdrängten, die, wenn sie bewußt würden, sich von den übrigen bewußten aufs grellste abheben müßten. Es würde allen Mißverständnissen ein Ende machen, wenn wir von nun an bei der Beschreibung der verschiedenartigen psychischen Akte ganz davon absehen würden, ob sie bewußt oder unbewußt sind, und sie bloß nach ihrer Beziehung zu den Trieben und Zielen, nach ihrer Zusammensetzung und Angehörigkeit zu den einander übergeordneten psychischen Systemen klassifizieren und in Zusammenhang bringen würden. Dies ist aber aus verschiedenen Gründen undurchführbar, und somit können wir der Zweideutigkeit nicht entgehen, daß wir die Worte bewußt und unbewußt bald im deskriptiven Sinne gebrauchen, bald im systematischen, wo sie dann Zugehörigkeit zu bestimmten Systemen und Begabung mit gewissen Eigenschaften bedeuten. Man könnte noch den Versuch machen, die Verwirrung dadurch zu vermeiden, daß man die erkannten psychischen Systeme mit willkürlich gewählten Namen bezeichnet, in denen die Bewußtheit nicht gestreift wird. Allein man müßte vorher Rechenschaft ablegen, worauf man die Unterscheidung der Systeme gründet, und könnte dabei die Bewußtheit nicht umgehen, da sie den Ausgangspunkt aller unserer Untersuchungen bildet. Wir können vielleicht einige Abhilfe von dem Vorschlag erwarten, wenigstens in der Schrift Bewußtsein durch die Darstellung *Bw* und Unbewußtes durch die entsprechende Abkürzung *Ubw* zu ersetzen, wenn wir die beiden Worte im systematischen Sinne gebrauchen.

In positiver Darstellung sagen wir nun als Ergebnis der Psychoanalyse aus, daß ein psychischer Akt im allgemeinen zwei Zustandsphasen durchläuft, zwischen welche eine Art Prüfung *(Zensur)* eingeschaltet ist. In der ersten Phase ist er unbewußt und gehört dem System *Ubw* an; wird er bei der Prüfung von der Zensur abgewiesen, so ist ihm der Übergang in die zweite Phase versagt; er heißt dann „verdrängt" und muß unbewußt bleiben. Besteht er aber diese Prüfung, so tritt er in die zweite Phase ein und wird dem zweiten System zugehörig, welches wir das System *Bw* nennen wollen. Sein Verhältnis zum Bewußtsein ist aber durch diese Zugehörigkeit noch nicht eindeutig bestimmt. Er ist noch nicht bewußt, wohl aber *bewußtseinsfähig* (nach dem Ausdruck von

J. Breuer)[111] d. h., er kann nun ohne besonderen Widerstand beim Zutreffen gewisser Bedingungen Objekt des Bewußtseins werden. Mit Rücksicht auf diese Bewußtseinsfähigkeit heißen wir das System *Bw* auch das *„Vorbewußte"*. Sollte es sich herausstellen, daß auch das Bewußtwerden des Vorbewußten durch eine gewisse Zensur mitbestimmt wird, so werden wir die Systeme *Vbw* und *Bw* strenger voneinander sondern. Vorläufig genüge es festzuhalten, daß das System *Vbw* die Eigenschaften des Systems *Bw* teilt und daß die strenge Zensur am Übergang vom *Ubw* zum *Vbw* (oder *Bw*) ihres Amtes waltet.

Mit der Aufnahme dieser (zwei oder drei) psychischen Systeme hat sich die Psychoanalyse einen Schritt weiter von der deskriptiven Bewußtseinspsychologie entfernt, sich eine neue Fragestellung und einen neuen Inhalt beigelegt. Sie unterschied sich von der Psychologie bisher hauptsächlich durch die *dynamische* Auffassung der seelischen Vorgänge; nun kommt hinzu, daß sie auch die psychische *Topik* berücksichtigen und von einem beliebigen seelischen Akt angeben will, innerhalb welchen Systems oder zwischen welchen Systemen er sich abspielt. Wegen dieses Bestrebens hat sie auch den Namen einer *Tiefenpsychologie* erhalten.[112] Wir werden hören, daß sie auch noch um einen anderen Gesichtspunkt bereichert werden kann. Wollen wir mit einer Topik der seelischen Akte Ernst machen, so müssen wir unser Interesse einer an dieser Stelle auftauchenden Zweifelsfrage zuwenden. Wenn ein psychischer Akt (beschränken wir uns hier auf einen solchen von der Natur einer Vorstellung) die Umsetzung aus dem System *Ubw* in das System *Bw* (oder *Vbw*) erfährt, sollen wir annehmen, daß mit dieser Umsetzung eine neuerliche Fixierung, gleichsam eine zweite Niederschrift der betreffenden Vorstellung verbunden ist, die also auch in einer neuen psychischen Lokalität enthalten sein kann und neben welcher die ursprüngliche, unbewußte Niederschrift fortbesteht?[113] Oder sollen wir eher glauben, daß die Umsetzung in einer Zustandsänderung besteht, welche sich an dem nämlichen Material und an derselben Lokalität vollzieht? Diese Frage kann abstrus erscheinen, muß aber aufgeworfen werden, wenn wir uns von der psychischen Topik, der psychischen Tiefendimension, eine bestimmte Idee bilden wollen. Sie ist schwierig, weil sie über das rein Psychologische hinausgeht und die Beziehungen des seelischen Apparates zur Anatomie streift. Wir wissen, daß solche Beziehungen im gröbsten existieren. Es ist ein unerschütterliches Resultat der Forschung, daß die seelische Tätigkeit an die Funktion des Gehirns gebunden ist wie an kein anderes Organ. Ein Stück weiter – es ist nicht bekannt, wie weit – führt die Entdeckung von der Ungleichwertigkeit der Gehirnteile und deren Sonderbeziehung zu bestimmten Körperteilen und geistigen Tätigkeiten. Aber alle Versuche, von da aus eine Lokalisation der seelischen Vorgänge zu erraten, alle Bemühungen, die Vorstellungen in Nervenzellen aufgespeichert zu denken und die Erregungen auf Nervenfasern wandern zu lassen, sind gründlich gescheitert. Dasselbe Schicksal würde einer Lehre bevorstehen, die etwa den anatomischen Ort des Systems *Bw*, der bewußten Seelentätigkeit, in der Hirnrinde erkennen und die unbewußten Vorgänge in die subkortikalen Hirnpartien versetzen wollte. Es klafft hier eine Lücke, deren Ausfüllung derzeit nicht möglich ist, auch nicht zu den Aufgaben der Psychologie gehört.[114] Unsere psychische Topik hat *vorläufig* nichts mit der Anatomie zu tun; sie bezieht sich auf Regionen des seelischen Apparats, wo immer sie im Körper gelegen sein mögen, und nicht auf anatomische Örtlichkeiten.

Unsere Arbeit ist also in dieser Hinsicht frei und darf nach ihren eigenen Bedürfnissen vorgehen. Es wird auch förderlich sein, wenn wir uns daran mahnen, daß unsere Annahmen zunächst nur den Wert von Veranschaulichungen beanspruchen. Die erstere der beiden in Betracht gezogenen Möglichkeiten, nämlich daß die *bw* Phase der Vorstellung eine neue, an anderem Orte befindliche Niederschrift derselben bedeute, ist unzweifelhaft die gröbere, aber auch die bequemere. Die zweite Annahme, die einer bloß *funktionellen* Zustandsänderung, ist die von vornherein wahrscheinlichere, aber sie ist minder plastisch, weniger leicht zu handhaben. Mit der ersten, der topischen Annahme ist die einer topischen Trennung der Systeme *Ubw* und *Bw* und die Möglichkeit verknüpft, daß eine Vorstellung gleichzeitig an zwei Stellen des psychischen Apparats vorhanden sei, ja, daß sie, wenn durch die Zensur ungehemmt, regelmäßig von dem einen Ort an den anderen vorrücke, eventuell

ohne ihre erste Niederlassung oder Niederschrift zu verlieren. Das mag befremdlich aussehen, kann sich aber an Eindrücke aus der psychoanalytischen Praxis anlehnen.
Wenn man einem Patienten eine seinerzeit von ihm verdrängte Vorstellung, die man erraten hat, mitteilt, so ändert dies zunächst an seinem psychischen Zustand nichts. Es hebt vor allem nicht die Verdrängung auf, macht deren Folgen nicht rückgängig, wie man vielleicht erwarten konnte, weil die früher unbewußte Vorstellung nun bewußt geworden ist. Man wird im Gegenteil zunächst nur eine neuerliche Ablehnung der verdrängten Vorstellung erzielen. Der Patient hat aber jetzt tatsächlich dieselbc Vorstellung in zweifacher Form an verschiedenen Stellen seines seelischen Apparats, erstens hat er die bewußte Erinnerung an die Gehörspur der Vorstellung durch die Mitteilung, zweitens trägt er daneben, wie wir mit Sicherheit wissen, die unbewußte Erinnerung an das Erlebte in der früheren Form in sich. In Wirklichkeit tritt nun eine Aufhebung der Verdrängung nicht eher ein, als bis die bewußte Vorstellung sich nach Überwindung der Widerstände mit der unbewußten Erinnerungsspur in Verbindung gesetzt hat. Erst durch das Bewußtmachen dieser letzteren selbst wird der Erfolg erreicht. Damit schiene ja für oberflächliche Erwägung erwiesen, daß bewußte und unbewußte Vorstellungen verschiedene und topisch gesonderte Niederschriften des nämlichen Inhaltes sind. Aber die nächste Überlegung zeigt, daß die Identität der Mitteilung mit der verdrängten Erinnerung des Patienten nur eine scheinbare ist. Das Gehörthaben und das Erlebthaben sind zwei nach ihrer psychologischen Natur ganz verschiedene Dinge, auch wenn sie den nämlichen Inhalt haben.
Wir sind also zunächst nicht imstande, zwischen den beiden erörterten Möglichkeiten zu entscheiden. Vielleicht treffen wir späterhin auf Momente, welche für eine von beiden den Ausschlag geben können. Vielleicht steht uns die Entdeckung bevor, daß unsere Fragestellung unzureichend war und daß die Unterscheidung der unbewußten Vorstellung von der bewußten noch ganz anders zu bestimmen ist.

III. UNBEWUSSTE GEFÜHLE

Wir haben die vorstehende Diskussion auf Vorstellungen eingeschränkt und können nun eine neue Frage aufwerfen, deren Beantwortung zur Klärung unserer theoretischen Ansichten beitragen muß. Wir sagten, es gäbe bewußte und unbewußte Vorstellungen; gibt es aber auch unbewußte Triebregungen, Gefühle, Empfindungen, oder ist es diesmal sinnlos, solche Zusammensetzungen zu bilden?
Ich meine wirklich, der Gegensatz von bewußt und unbewußt hat auf den Trieb keine Anwendung. Ein Trieb kann nie Objekt des Bewußtseins werden, nur die Vorstellung, die ihn repräsentiert. Er kann aber auch im Unbewußten nicht anders als durch die Vorstellung repräsentiert sein. Würde der Trieb sich nicht an eine Vorstellung heften oder nicht als ein Affektzustand zum Vorschein kommen, so könnten wir nichts von ihm wissen. Wenn wir aber doch von einer unbewußten Triebregung oder einer verdrängten Triebregung reden, so ist dies eine harmlose Nachlässigkeit des Ausdrucks. Wir können nichts anderes meinen als eine Triebregung, deren Vorstellungsrepräsentanz unbewußt ist, denn etwas anderes kommt nicht in Betracht.
Man sollte meinen, die Antwort auf die Frage nach den unbewußten Empfindungen, Gefühlen, Affekten sei ebenso leicht zu geben. Zum Wesen eines Gefühls gehört es doch, daß es verspürt, also dem Bewußtsein bekannt wird. Die Möglichkeit einer Unbewußtheit würde also für Gefühle, Empfindungen, Affekte völlig entfallen. Wir sind aber in der psychoanalytischen Praxis gewöhnt, von unbewußter Liebe, Haß, Wut usw. zu sprechen und finden selbst die befremdliche Vereinigung „unbewußtes Schuldbewußtsein" oder eine paradoxe „unbewußte Angst" unvermeidlich. Geht dieser Sprachgebrauch an Bedeutung über den im Falle des „unbewußten Triebes" hinaus? Der Sachverhalt ist hier wirklich ein anderer. Es kann zunächst vorkommen, daß eine Affekt- oder Gefühlsregung wahrgenommen, aber verkannt wird. Sie ist durch die Verdrängung ihrer eigentlichen Repräsentanz zur Verknüpfung mit einer anderen Vorstellung genötigt worden und wird nun vom Bewußtsein für die Äußerung dieser letzteren gehalten. Wenn wir den richtigen Zusammenhang wiederherstellen, heißen wir

die ursprüngliche Affektregung eine „unbewußte", obwohl ihr Affekt niemals unbewußt war, nur ihre Vorstellung der Verdrängung erlegen ist. Der Gebrauch der Ausdrücke „unbewußter Affekt" und „unbewußtes Gefühl" weist überhaupt auf die Schicksale des quantitativen Faktors der Triebregung infolge der Verdrängung zurück. Wir wissen, daß dies Schicksal ein dreifaches sein kann; der Affekt bleibt entweder – ganz oder teilweise – als solcher bestehen, oder er erfährt eine Verwandlung in einen qualitativ anderen Affektbetrag, vor allem in Angst, oder er wird unterdrückt, d. h. seine Entwicklung überhaupt verhindert. (Diese Möglichkeiten sind an der Traumarbeit vielleicht noch leichter zu studieren als bei den Neurosen.)[115]

Wir wissen auch, daß die Unterdrückung der Affektentwicklung das eigentliche Ziel der Verdrängung ist und daß deren Arbeit unabgeschlossen bleibt, wenn das Ziel nicht erreicht wird. In allen Fällen, wo der Verdrängung die Hemmung der Affektentwicklung gelingt, heißen wir die Affekte, die wir im Redressement der Verdrängungsarbeit wieder einsetzen, „unbewußte". Dem Sprachgebrauch ist also die Konsequenz nicht abzustreiten; es besteht aber im Vergleiche mit der unbewußten Vorstellung der bedeutsame Unterschied, daß die unbewußte Vorstellung nach der Verdrängung als reale Bildung im System *Ubw* bestehenbleibt, während dem unbewußten Affekt ebendort nur eine Ansatzmöglichkeit, die nicht zur Entfaltung kommen durfte, entspricht. Strenggenommen und obwohl der Sprachgebrauch tadellos bleibt, gibt es also keine unbewußten Affekte, wie es unbewußte Vorstellungen gibt. Es kann aber sehr wohl im System *Ubw* Affektbildungen geben, die wie andere bewußt werden. Der ganze Unterschied rührt daher, daß Vorstellungen Besetzungen – im Grunde von Erinnerungsspuren – sind, während die Affekte und Gefühle Abfuhrvorgängen entsprechen, deren letzte Äußerungen als Empfindungen wahrgenommen werden. Im gegenwärtigen Zustand unserer Kenntnis von den Affekten und Gefühlen können wir diesen Unterschied nicht klarer ausdrücken.

Die Feststellung, daß es der Verdrängung gelingen kann, die Umsetzung der Triebregung in Affektäußerung zu hemmen, ist für uns von besonderem Interesse. Sie zeigt uns, daß das System *Bw* normalerweise die Affektivität wie den Zugang zur Motilität beherrscht, und hebt den Wert der Verdrängung, indem sie als deren Folgen nicht nur die Abhaltung vom Bewußtsein, sondern auch von der Affektentwicklung und von der Motivierung der Muskeltätigkeit aufzeigt. Wir können auch in umgekehrter Darstellung sagen: Solange das System *Bw* Affektivität und Motilität beherrscht, heißen wir den psychischen Zustand des Individuums normal. Indes ist ein Unterschied in der Beziehung des herrschenden Systems zu den beiden einander nahestehenden Abfuhraktionen unverkennbar.* Während die Herrschaft des *Bw* über die willkürliche Motilität fest gegründet ist, dem Ansturm der Neurose regelmäßig widersteht und erst in der Psychose zusammenbricht, ist die Beherrschung der Affektentwicklung durch *Bw* minder gefestigt. Noch innerhalb des normalen Lebens läßt sich ein beständiges Ringen der beiden Systeme *Bw* und *Ubw* um den Primat in der Affektivität erkennen, grenzen sich gewisse Einflußsphären voneinander ab und stellen sich Vermengungen der wirksamen Kräfte her.

Die Bedeutung des Systems *BW (Vbw)* für die Zugänge zur Affektentbindung und Aktion macht uns auch die Rolle verständlich, welche in der Krankheitsgestaltung der Ersatzvorstellung zufällt. Es ist möglich, daß die Affektentwicklung direkt vom System *Ubw* ausgeht, in diesem Falle hat sie immer den Charakter der Angst, gegen welche alle „verdrängten" Affekte eingetauscht werden. Häufig aber muß die Triebregung warten, bis sie eine Ersatzvorstellung im System *Bw* gefunden hat. Dann ist die Affektentwicklung von diesem bewußten Ersatz her ermöglicht und der qualitative Charakter des Affekts durch dessen Natur bestimmt. Wir haben behauptet daß bei der Verdrängung eine Trennung des Affekts von seiner Vorstellung stattfindet, worauf beide ihren gesonderten Schicksalen entgegengehen. Das ist deskriptiv unbestreitbar; der wirkliche Vorgang aber ist in der Regel, daß ein Affekt so lange nicht zustande

* Die Affektivität äußert sich wesentlich in motorischer (sekretorischer, gefäßregulierender) Abfuhr zur (inneren) Veränderung des eigenen Körpers ohne Beziehung zur Außenwelt, die Motilität in Aktionen, die zur Veränderung der Außenwelt bestimmt sind.

zustande kommt, bis nicht der Durchbruch zu einer neuen Vertretung im System *Bw* gelungen ist.

IV. TOPIK UND DYNAMIK DER VERDRÄNGUNG

Wir haben das Resultat erhalten, daß die Verdrängung im wesentlichen ein Vorgang ist, der sich an Vorstellungen an der Grenze der Systeme *Ubw* und *Vbw (Bw)* vollzieht, und können nun einen neuerlichen Versuch machen, diesen Vorgang eingehender zu beschreiben. Es muß sich dabei um eine *Entziehung* von Besetzung handeln, aber es fragt sich, in welchem System findet die Entziehung statt, und welchem System gehört die entzogene Besetzung an.
Die verdrängte Vorstellung bleibt im *Ubw* aktionsfähig; sie muß also ihre Besetzung behalten haben. Das Entzogene muß etwas anderes sein. Nehmen wir den Fall der eigentlichen Verdrängung vor (des Nachdrängens), wie sie sich an der vorbewußten oder selbst bereits bewußten Vorstellung abspielt, dann kann die Verdrängung nur darin bestehen, daß der Vorstellung die (vor)bewußte Besetzung entzogen wird, die dem System *Vbw* angehört. Die Vorstellung bleibt dann unbesetzt, oder sie erhält Besetzung vom *Ubw* her, oder sie behält die *ubw* Besetzung, die sie schon früher hatte. Also Entziehung der vorbewußten, Erhaltung der unbewußten Besetzung oder Ersatz der vorbewußten Besetzung durch eine unbewußte. Wir bemerken übrigens, daß wir dieser Betrachtung wie unabsichtlich die Annahme zugrunde gelegt haben, der Übergang aus dem System *Ubw* in ein nächstes geschehe nicht durch eine neue Niederschrift, sondern durch eine Zustandsänderung, einen Wandel in der Besetzung. Die funktionale Annahme hat hier die topische mit leichter Mühe aus dem Felde geschlagen.
Dieser Vorgang der Libidoentziehung reicht aber nicht aus, um einen anderen Charakter der Verdrängung begreiflich zu machen. Es ist nicht einzusehen, warum die besetzt gebliebene oder vom *Ubw* her mit Besetzung versehene Vorstellung nicht den Versuch erneuern sollte, kraft ihrer Besetzung in das System *Vbw* einzudringen. Dann müßte sich die Libidoentziehung an ihr wiederholen, und dasselbe Spiel würde sich unabgeschlossen fortsetzen, das Ergebnis aber nicht das der Verdrängung sein. Ebenso würde der

besprochene Mechanismus der Entziehung vorbewußter Besetzung versagen, wenn es sich um die Darstellung der Urverdrängung handelt; in diesem Falle liegt ja eine unbewußte Vorstellung vor, die noch keine Besetzung vom *Vbw* erhalten hat, der eine solche also auch nicht entzogen werden kann.

Wir bedürfen also hier eines anderen Vorganges, welcher im ersten Falle [d. h. im Fall des Nachdrängens] die Verdrängung unterhält, im zweiten [d. h. im Fall von Urverdrängung] ihre Herstellung und Fortdauer besorgt, und können diesen nur in der Annahme einer Gegenbesetzung finden, durch welche sich das System *Vbw* gegen das Andrängen der unbewußten Vorstellung schützt. Wie sich eine solche Gegenbesetzung, die im System *Vbw* vor sich geht, äußert, werden wir an klinischen Beispielen sehen. Sie ist es, welche den Daueraufwand [an Energie] einer Urverdrängung repräsentiert, aber auch deren Dauerhaftigkeit verbürgt. Die Gegenbesetzung ist der alleinige Mechanismus der Urverdrängung; bei der eigentlichen Verdrängung (dem Nachdrängen) kommt die Entziehung der *vbw* Besetzung hinzu. Es ist sehr wohl möglich, daß gerade die der Vorstellung entzogene Besetzung zur Gegenbesetzung verwendet wird.

Wir merken, wie wir allmählich dazu gekommen sind, in der Darstellung psychischer Phänomene einen dritten Gesichtspunkt zur Geltung zu bringen, außer dem dynamischen und dem topischen den *ökonomischen*, der die Schicksale der Erregungsgrößen zu verfolgen und eine wenigstens relative Schätzung derselben zu gewinnen strebt. Wir werden es nicht unbillig finden, die Betrachtungsweise, welche die Vollendung der psychoanalytischen Forschung ist, durch einen besonderen Namen auszuzeichnen. Ich schlage vor, daß es eine *metapsychologische* Darstellung genannt werden soll, wenn es uns gelingt, einen psychischen Vorgang nach seinen *dynamischen*, *topischen* und *ökonomischen* Beziehungen zu beschreiben. Es ist vorherzusagen, daß es uns bei dem gegenwärtigen Stand unserer Einsichten nur an vereinzelten Stellen gelingen wird.

Machen wir einen zaghaften Versuch, eine metapsychologische Beschreibung des Verdrängungsvorganges bei den drei bekannten Übertragungsneurosen zu geben. Wir dürfen dabei „Besetzung" durch „Libido" ersetzen, weil es sich ja, wie wir wissen, um die Schicksale von Sexualtrieben handelt. Eine erste Phase des Vorganges bei der Angsthysterie wird häufig übersehen, vielleicht auch wirklich übergangen, ist aber bei sorgfältiger Beobachtung gut kenntlich. Sie besteht darin, daß Angst auftritt, ohne daß wahrgenommen würde, wovor. Es ist anzunehmen, daß im *Ubw* eine Liebesregung vorhanden war, die nach der Umsetzung ins System *Vbw* verlangte; aber die von diesem System her ihr zugewendete Besetzung zog sich nach Art eines Fluchtversuches von ihr zurück, und die unbewußte Libidobesetzung der zurückgewiesenen Vorstellung wurde als Angst abgeführt. Bei einer etwaigen Wiederholung des Vorganges wurde ein erster Schritt zur Bewältigung der unliebsamen Angstentwicklung unternommen. Die fliehende Besetzung wendete sich einer Ersatzvorstellung zu, die einerseits assoziativ mit der abgewiesenen Vorstellung zusammenhing, anderseits durch die Entfernung von ihr der Verdrängung entzogen war *(Verschiebungsersatz)* und eine Rationalisierung der noch unhemmbaren Angstentwicklung gestattete. Die Ersatzvorstellung spielt nun für das System *Bw (Vbw)* die Rolle einer Gegenbesetzung, indem sie es gegen das Auftauchen der verdrängten Vorstellung im *Bw* versichert, anderseits ist sie die Ausgangsstelle der nun erst recht unhemmbaren Angstaffektentbindung oder benimmt sich als solche. Die klinische Beobachtung zeigt, daß z. B. das an der Tierphobie leidende Kind nur unter zweierlei Bedingungen Angst verspürt, erstens wenn die verdrängte Liebesregung eine Verstärkung erfährt, und zweitens wenn das Angsttier wahrgenommen wird. Die Ersatzvorstellung benimmt sich in dem einen Falle wie die Stelle einer Überleitung aus dem System *Ubw* in das System *Bw,* im anderen wie eine selbständige Quelle der Angstentbindung. Die Ausdehnung der Herrschaft des Systems *Bw* pflegt sich darin zu äußern, daß die erste Erregungsweise der Ersatzvorstellung gegen die zweite immer mehr zurücktritt. Vielleicht benimmt sich am Ende das Kind so, als hätte es gar keine Neigung zu dem Vater, wäre ganz von ihm frei geworden, und als hätte es wirklich Angst vor dem Tier. Nur daß diese Tierangst, aus der unbewußten Triebquelle gespeist, sich widerspenstig und übergroß gegen alle Beeinflussungen aus dem System *Bw* erweist und dadurch ihre Herkunft aus dem System *Ubw* verrät.

Die Gegenbesetzung aus dem System *Bw* hat also in der zweiten Phase der Angsthysterie zur Ersatzbildung geführt. Derselbe Mechanismus findet bald eine neuerliche Anwendung. Der Verdrängungsvorgang ist, wie wir wissen, noch nicht abgeschlossen und findet ein weiteres Ziel in der Aufgabe, die vom Ersatz ausgehende Angstentwicklung zu hemmen. Dies geschieht in der Weise, daß die gesamte assoziierte Umgebung der Ersatzvorstellung mit besonderer Intensität besetzt wird, so daß sie eine hohe Empfindlichkeit gegen Erregung bezeigen kann. Eine Erregung irgendeiner Stelle dieses Vorbaues muß zufolge der Verknüpfung mit der Ersatzvorstellung den Anstoß zu einer geringen Angstentwicklung geben, welche nun als Signal benützt wird, um durch neuerliche Flucht der *[vbw]* Besetzung den weiteren Fortgang der Angstentwicklung zu hemmen. Je weiter weg vom gefürchteten Ersatz die empfindlichen und wachsamen Gegenbesetzungen angebracht sind, desto präziser kann der Mechanismus funktionieren, der die Ersatzvorstellung isolieren und neue Erregungen von ihr abhalten soll. Diese Vorsichten schützen natürlich nur gegen Erregungen, die von außen, durch die Wahrnehmung an die Ersatzvorstellung herantreten, aber niemals gegen die Triebregung, die von der Verbindung mit der verdrängten Vorstellung her die Ersatzvorstellung trifft. Sie beginnen also erst zu wirken, wenn der Ersatz die Vertretung des Verdrängten gut übernommen hat, und können niemals ganz verläßlich wirken. Bei jedem Ansteigen der Trieberregung muß der schützende Wall um die Ersatzvorstellung um ein Stück weiter hinausverlegt werden. Die ganze Konstruktion, die in analoger Weise bei den anderen Neurosen hergestellt wird, trägt den Namen einer *Phobie.* Der Ausdruck der Flucht vor bewußter Besetzung der Ersatzvorstellung sind die Vermeidungen, Verzichte und Verbote, an denen man die Angsthysterie erkennt. Überschaut man den ganzen Vorgang, so kann man sagen, die dritte Phase hat die Arbeit der zweiten in größerem Ausmaß wiederholt. Das System *Bw* schützt sich jetzt gegen die Aktivierung der Ersatzvorstellung durch die Gegenbesetzung der Umgebung, wie es sich vorhin durch die Besetzung der Ersatzvorstellung gegen das Auftauchen der verdrängten Vorstellung gesichert hatte. Die Ersatzbildung durch Verschiebung hat sich in solcher Weise fortgesetzt. Man muß auch hinzufügen, daß das System *Bw* früher nur eine kleine Stelle besaß, die eine Einbruchspforte der verdrängten Triebregung war, die Ersatzvorstellung nämlich, daß aber am Ende der ganze phobische Vorbau einer solchen Enklave des unbewußten Einflusses entspricht. Man kann ferner den interessanten Gesichtspunkt hervorheben, daß durch den ganzen ins Werk gesetzten Abwehrmechanismus eine Projektion der Triebgefahr nach außen erreicht worden ist. Das Ich benimmt sich so, als ob ihm die Gefahr der Angstentwicklung nicht von einer Triebregung, sondern von einer Wahrnehmung her drohte, und darf darum gegen diese äußere Gefahr mit den Fluchtversuchen der phobischen Vermeidungen reagieren. Eines gelingt bei diesem Vorgang der Verdrängung: die Entbindung von Angst läßt sich einigermaßen eindämmen, aber nur unter schweren Opfern an persönlicher Freiheit. Fluchtversuche vor Triebansprüchen sind aber im allgemeinen nutzlos, und das Ergebnis der phobischen Flucht bleibt doch unbefriedigend.

Von den Verhältnissen, die wir bei der Angsthysterie erkannt haben, gilt ein großer Anteil auch für die beiden anderen Neurosen, so daß wir die Erörterung auf die Unterschiede und die Rolle der Gegenbesetzung beschränken können. Bei der Konversionshysterie wird die Triebbesetzung der verdrängten Vorstellung in die Innervation des Symptoms umgesetzt. Inwieweit und unter welchen Umständen die unbewußte Vorstellung durch diese Abfuhr zur Innervation drainiert ist, so daß sie ihr Andrängen gegen das System *Bw* aufgeben kann, diese und ähnliche Fragen bleiben besser einer speziellen Untersuchung der Hysterie vorbehalten. Die Rolle der Gegenbesetzung, die vom System *Bw (Vbw)* ausgeht, ist bei der Konversionshysterie deutlich und kommt in der Symptombildung zum Vorschein. Die Gegenbesetzung ist es, welche die Auswahl trifft, auf welches Stück der Triebrepräsentanz die ganze Besetzung derselben konzentriert werden darf. Dies zum Symptom erlesene Stück erfüllt die Bedingung, daß es dem Wunschziel der Triebregung ebensosehr Ausdruck gibt wie dem Abwehr- oder Strafbestreben des Systems *Bw;* es wird also übersetzt und von beiden Seiten her gehalten wie die Ersatzvorstellung der Angsthysterie. Wir können aus diesem Verhältnis ohne weiteres den Schluß ziehen, daß der Verdrängungsaufwand des Systems *Bw* nicht so groß zu sein braucht wie die Besetzungsenergie des Symptoms, denn die Stärke der Verdrängung wird durch die aufgewendete Gegenbesetzung gemessen, und das Symptom stützt sich nicht nur auf die Gegenbesetzung, sondern auch auf die in ihm verdichtete Triebbesetzung aus dem System *Ubw.*

Für die Zwangsneurose hätten wir den in der vorigen Abhandlung enthaltenen Bemerkungen nur hinzuzufügen, daß hier die Gegenbesetzung des Systems *Bw* am sinnfälligsten in den Vordergrund tritt. Sie ist es, die als Reaktionsbildung organisiert die erste Verdrängung besorgt und an welcher später der Durchbruch der verdrängten Vorstellung erfolgt. Man darf der Vermutung Raum geben, daß es an dem Vorwiegen der Gegenbesetzung und Ausfallen einer Abfuhr liegt, wenn das Werk der Verdrängung bei Angsthysterie und Zwangsneurose weit weniger geglückt erscheint als bei der Konversionshysterie.

V. DIE BESONDEREN EIGENSCHAFTEN DES SYSTEMS *UBW*

Eine neue Bedeutung erhält die Unterscheidung der beiden psychischen Systeme, wenn wir darauf aufmerksam werden, daß die Vorgänge des einen Systems, des *Ubw,* Eigenschaften zeigen, die sich in dem nächst höheren nicht wiederfinden.

Der Kern des *Ubw* besteht aus Triebrepräsentanzen, die ihre Besetzung abführen wollen, also aus Wunschregungen. Diese Triebregungen sind einander koordiniert, bestehen unbeeinflußt nebeneinander, widersprechen einander nicht. Wenn zwei Wunschregungen gleichzeitig aktiviert werden, deren Ziele uns unvereinbar erscheinen müssen, so ziehen sich die beiden Regungen nicht etwa voneinander ab oder heben einander auf, sondern sie treten zur Bildung eines mittleren Zieles, eines Kompromisses, zusammen.

Es gibt in diesem System keine Negation, keinen Zweifel, keine Grade von Sicherheit. All dies wird erst durch die Arbeit der Zensur zwischen *Ubw* und *Vbw* eingetragen. Die Negation ist ein Ersatz der Verdrängung von höherer Stufe.

Im *Ubw* gibt es nur mehr oder weniger stark besetzte Inhalte. Es herrscht eine weit größere Beweglichkeit der Besetzungsintensitäten. Durch den Prozeß der *Verschiebung* kann eine Vorstellung den ganzen Beitrag ihrer Besetzung an eine andere abgeben, durch den der Verdichtung die ganze Besetzung mehrerer anderer an sich nehmen. Ich habe vorgeschlagen, diese beiden Prozesse als Anzeichen des sogenannten psychischen *Primärvorganges* anzusehen. Im System *Vbw* herrscht der *Sekundärvorgang;* wo ein solcher Primärvorgang sich an Elementen des Systems *Vbw* abspielen darf, erscheint er komisch und erregt Lachen.

Die Vorgänge des Systems *Ubw* sind *zeitlos,* d. h., sie sind nicht zeitlich geordnet, werden durch die verlaufende Zeit nicht abgeändert, haben überhaupt keine Beziehung zur Zeit. Auch die Zeitbeziehung ist an die Arbeit des *Bw*-Systems geknüpft.

Ebensowenig kennen die *Ubw*-Vorgänge eine Rücksicht auf die *Realität.* Sie sind dem Lustprinzip unterworfen; ihr Schicksal hängt nur davon ab, wie stark sie sind und ob sie die Anforderungen der Lust–Unlustregulierung erfüllen.

Fassen wir zusammen: *Widerspruchslosigkeit, Primärvorgang* (Beweglichkeit der Besetzungen), *Zeitlosigkeit* und *Ersetzung der äußeren Realität durch die psychische* sind die Charaktere, die wir an zum System *Ubw* gehörigen Vorgängen zu finden erwarten dürfen.*

Die unbewußten Vorgänge werden für uns nur unter den Bedingungen des Träumens und der Neurosen erkennbar, also dann, wenn Vorgänge des höheren *Vbw*-Systems durch eine Erniedrigung (Regression) auf eine frühere Stufe zurückversetzt werden. An und für sich sind sie unerkennbar, auch existenzunfähig, weil das System *Ubw* sehr frühzeitig von dem *Vbw* überlagert wird, welches den Zugang zum Bewußtsein und zur Motilität an sich gerissen hat. Die Abfuhr

* Die Erwähnung eines anderen bedeutsamen Vorrechts des *Ubw* sparen wir für einen anderen Zusammenhang auf.[116]

des Systems *Ubw* geht in die Körperinnervation zur Affektentwicklung, aber auch dieser Entladungsweg wird ihm, wie wir gehört haben, vom *Vbw* streitig gemacht. Für sich allein könnte das *Ubw*-System unter normalen Verhältnissen keine zweckmäßige Muskelaktion zustande bringen, mit Ausnahme jener, die als Reflexe bereits organisiert sind.

Die volle Bedeutung der beschriebenen Charaktere des Systems *Ubw* könnte uns erst einleuchten, wenn wir sie den Eigenschaften des Systems *Vbw* gegenüberstellen und an ihnen messen würden. Allein dies würde uns so weitab führen, daß ich vorschlage, wiederum einen Aufschub gutzuheißen und die Vergleichung der beiden Systeme erst im Anschluß an die Würdigung des höheren Systems vorzunehmen.[117] Nur das Allerdringendste soll schon jetzt seine Erwähnung finden.

Die Vorgänge des Systems *Vbw* zeigen – und zwar gleichgültig, ob sie bereits bewußt oder nur bewußtseinsfähig sind – eine Hemmung der Abfuhrneigung von den besetzten Vorstellungen. Wenn der Vorgang von einer Vorstellung auf eine andere übergeht, so hält die erstere einen Teil ihrer Besetzung fest, und nur ein kleiner Anteil erfährt die Verschiebung. Verschiebungen und Verdichtungen wie beim Primärvorgang sind ausgeschlossen oder sehr eingeschränkt. Dieses Verhältnis hat J. Breuer veranlaßt, zwei verschiedene Zustände der Besetzungsenergie im Seelenleben anzunehmen, einen tonisch gebundenen und einen frei beweglichen, der Abfuhr zustrebenden.[118] Ich glaube, daß diese Unterscheidung bis jetzt unsere tiefste Einsicht in das Wesen der nervösen Energie darstellt, und sehe nicht, wie man um sie herumkommen soll. Es wäre ein dringendes Bedürfnis der metapsychologischen Darstellung – vielleicht aber noch ein allzu gewagtes Unternehmen –, an dieser Stelle die Diskussion fortzuführen.

Dem System *Vbw* fallen ferner zu die Herstellung einer Verkehrsfähigkeit unter den Vorstellungsinhalten, so daß sie einander beeinflussen können, die zeitliche Anordnung derselben, die Einführung der einen Zensur oder mehrerer Zensuren, die Realitätsprüfung und das Realitätsprinzip. Auch das bewußte Gedächtnis scheint ganz am *Vbw* zu hängen, es ist scharf von den Erinnerungsspuren zu scheiden,

in denen sich die Erlebnisse des *Ubw* fixieren, und entspricht wahrscheinlich einer besonderen Niederschrift, wie wir sie für das Verhältnis der bewußten zur unbewußten Vorstellung annehmen wollten, aber bereits verworfen haben. In diesem Zusammenhang werden wir auch die Mittel finden, unserem Schwanken in der Benennung des höheren Systems, das wir jetzt richtungslos bald *Vbw*, bald *Bw* heißen, ein Ende zu machen.
Es wird auch die Warnung am Platze sein, nicht voreilig zu verallgemeinern, was wir hier über die Verteilung der seelischen Leistungen an die beiden Systeme zutage gefördert haben. Wir beschreiben die Verhältnisse, wie sie sich beim reifen Menschen zeigen, bei dem das System *Ubw* strenggenommen nur als Vorstufe der höheren Organisation funktioniert. Welchen Inhalt und welche Beziehungen dies System während der individuellen Entwicklung hat und welche Bedeutung ihm beim Tiere zukommt, das soll nicht aus unserer Beschreibung abgeleitet, sondern selbständig erforscht werden. Wir müssen auch beim Menschen darauf gefaßt sein, etwa krankhafte Bedingungen zu finden, unter denen die beiden Systeme Inhalt wie Charaktere ändern oder selbst miteinander tauschen.

VI. DER VERKEHR DER BEIDEN SYSTEME

Es wäre doch unrecht, sich vorzustellen, daß das *Ubw* in Ruhe verbleibt, während die ganze psychische Arbeit vom *Vbw* geleistet wird, daß das *Ubw* etwas Abgetanes, ein rudimentäres Organ, ein Residuum der Entwicklung sei. Oder anzunehmen, daß sich der Verkehr der beiden Systeme auf den Akt der Verdrängung beschränkt, indem das *Vbw* alles, was ihm störend erscheint, in den Abgrund des *Ubw* wirft. Das *Ubw* ist vielmehr lebend, entwicklungsfähig und unterhält eine Anzahl von anderen Beziehungen zum *Vbw*, darunter auch die der Kooperation. Man muß zusammenfassend sagen, das *Ubw* setzt sich in die sogenannten Abkömmlinge fort, es ist den Einwirkungen des Lebens zugänglich, beeinflußt beständig das *Vbw* und ist seinerseits sogar Beeinflussungen von seiten des *Vbw* unterworfen.
Das Studium der Abkömmlinge des *Ubw* wird unseren Er-

wartungen einer schematisch reinlichen Scheidung zwischen den beiden psychischen Systemen eine gründliche Enttäuschung bereiten. Das wird gewiß Unzufriedenheit mit unseren Ergebnissen erwecken und wahrscheinlich dazu benützt werden, den Wert unserer Art der Trennung der psychischen Vorgänge in Zweifel zu ziehen. Allein wir werden geltend machen, daß wir keine andere Aufgabe haben, als die Ergebnisse der Beobachtung in Theorie umzusetzen, und die Verpflichtung von uns weisen, auf den ersten Anlauf eine glatte und durch Einfachheit sich empfehlende Theorie zu erreichen. Wir vertreten deren Komplikationen, solange sie sich der Beobachtung adäquat erweisen, und geben die Erwartung nicht auf, gerade durch sie zur endlichen Erkenntnis eines Sachverhaltes geleitet zu werden, der, an sich einfach, den Komplikationen der Realität gerecht werden kann.

Unter den Abkömmlingen der *ubw* Triebregungen vom beschriebenen Charakter gibt es welche, die entgegengesetzte Bestimmungen in sich vereinigen. Sie sind einerseits hochorganisiert, widerspruchsfrei, haben allen Erwerb des Systems *Bw* verwertet und würden sich für unser Urteil von den Bildungen dieses Systems kaum unterscheiden. Anderseits sind sie unbewußt und unfähig, bewußt zu werden. Sie gehören also qualitativ zum System *Vbw*, faktisch aber zum *Ubw*. Ihre Herkunft bleibt das für ihr Schicksal Entscheidende. Man muß sie mit den Mischlingen menschlicher Rassen vergleichen, die im großen und ganzen bereits den Weißen gleichen, ihre farbige Abkunft aber durch den einen oder anderen auffälligen Zug verraten und darum von der Gesellschaft ausgeschlossen bleiben und keines der Vorrechte der Weißen genießen. Solcher Art sind die Phantasiebildungen der Normalen wie der Neurotiker, die wir als Vorstufen der Traum- wie der Symptombildung erkannt haben und die trotz ihrer hohen Organisation verdrängt bleiben und als solche nicht bewußt werden können. Sie kommen nahe ans Bewußtsein heran, bleiben ungestört, solange sie keine intensive Besetzung haben, werden aber zurückgeworfen, sobald sie eine gewisse Höhe der Besetzung überschreiten. Ebensolche höher organisierte Abkömmlinge des *Ubw* sind die Ersatzbildungen, denen aber der Durchbruch zum Bewußtsein dank einer günstigen Relation gelingt, wie z. B. durch das Zusammentreffen mit einer Gegenbesetzung des *Vbw*.

Wenn wir an anderer Stelle die Bedingungen des Bewußtwerdens eingehender untersuchen, wird uns ein Teil der hier auftauchenden Schwierigkeiten lösbar werden. Hier mag es uns vorteilhaft erscheinen, der bisherigen vom *Ubw* her aufsteigenden Betrachtung eine vom Bewußtsein ausgehende gegenüberzustellen. Dem Bewußtsein tritt die ganze Summe der psychischen Vorgänge als das Reich des Vorbewußten entgegen. Ein sehr großer Anteil dieses Vorbewußten stammt aus dem Unbewußten, hat den Charakter der Abkömmlinge desselben und unterliegt einer Zensur, ehe er bewußt werden kann. Ein anderer Anteil des *Vbw* ist ohne Zensur bewußtseinsfähig. Wir gelangen hier zu einem Widerspruch gegen eine frühere Annahme. In der Betrachtung der Verdrängung wurden wir genötigt, die für das Bewußtwerden entscheidende Zensur zwischen die Systeme *Ubw* und *Vbw* zu verlegen. Jetzt wird uns eine Zensur zwischen *Vbw* und *Bw* nahegelegt. Wir tun aber gut daran, in dieser Komplikation keine Schwierigkeit zu erblicken, sondern anzunehmen, daß jedem Übergang von einem System zum nächst höheren, also jedem Fortschritt zu einer höheren Stufe psychischer Organisation eine neue Zensur entspreche. Die Annahme einer fortlaufenden Erneuerung der Niederschriften ist damit allerdings abgetan. Der Grund all dieser Schwierigkeiten ist darin zu suchen, daß die Bewußtheit, der einzige uns unmittelbar gegebene Charakter der psychischen Vorgänge, sich zur Systemunterscheidung in keiner Weise eignet. Abgesehen davon, daß das Bewußte nicht immer bewußt, sondern zeitweilig auch latent ist, hat uns die Beobachtung gezeigt, daß vieles, was die Eigenschaften des Systems *Vbw* teilt, nicht bewußt wird, und haben wir noch zu erfahren, daß das Bewußtwerden durch gewisse Richtungen seiner Aufmerksamkeit eingeschränkt ist. Das Bewußtsein hat so weder zu den Systemen noch zur Verdrängung ein einfaches Verhältnis. Die Wahrheit ist, daß nicht nur das psychisch Verdrängte dem Bewußtsein fremd bleibt, sondern auch ein Teil der unser Ich beherrschenden Regungen, also der stärkste funktionelle Gegensatz des Verdrängten. In dem Maße, als wir uns zu einer metapsychologischen Betrachtung des Seelenlebens durch-

ringen wollen, müssen wir lernen, uns von der Bedeutung des Symptoms „Bewußtheit“ zu emanzipieren.
Solange wir noch an diesem haften, sehen wir unsere Allgemeinheiten regelmäßig durch Ausnahmen durchbrochen. Wir sehen, daß Abkömmlinge des *Ubw* als Ersatzbildungen und als Symptome bewußt werden, in der Regel nach großen Entstellungen gegen das Unbewußte, aber oft mit Erhaltung vieler zur Verdrängung auffordernden Charaktere. Wir finden, daß viele vorbewußte Bildungen unbewußt bleiben, die, sollten wir meinen, ihrer Natur nach sehr wohl bewußt werden dürften. Wahrscheinlich macht sich bei ihnen die stärkere Anziehung des *Ubw* geltend. Wir werden darauf hingewiesen, die bedeutsamere Differenz nicht zwischen dem Bewußten und dem Vorbewußten, sondern zwischen dem Vorbewußten und dem Unbewußten zu suchen. Das *Ubw* wird an der Grenze des *Vbw* durch die Zensur zurückgewiesen, Abkömmlinge desselben können diese Zensur umgehen, sich hoch organisieren, im *Vbw* bis zu einer gewissen Intensität der Besetzung heranwachsen, werden aber dann, wenn sie diese überschritten haben und sich dem Bewußtsein aufdrängen wollen, als Abkömmlinge des *Ubw* erkannt und an der neuen Zensurgrenze zwischen *Vbw* und *Bw* neuerlich verdrängt. Die erstere Zensur funktioniert so gegen das *Ubw* selbst, die letztere gegen die *vbw* Abkömmlinge desselben. Man könnte meinen, die Zensur habe sich im Laufe der individuellen Entwicklung um ein Stück vorgeschoben.
In der psychoanalytischen Kur erbringen wir den unanfechtbaren Beweis für die Existenz der zweiten Zensur, der zwischen den Systemen *Vbw* und *Bw*. Wir fordern den Kranken auf, reichlich Abkömmlinge des *Ubw* zu bilden, verpflichten ihn dazu, die Einwendungen der Zensur gegen das Bewußtwerden dieser vorbewußten Bildungen zu überwinden, und bahnen uns durch die Besiegung dieser Zensur den Weg zur Aufhebung der Verdrängung, die das Werk der früheren Zensur ist. Fügen wir noch die Bemerkung an, daß die Existenz der Zensur zwischen *Vbw* und *Bw* uns mahnt, das Bewußtwerden sei kein bloßer Wahrnehmungsakt, sondern wahrscheinlich auch eine *Überbesetzung*, ein weiterer Fortschritt der psychischen Organisation.

Wenden wir uns zum Verkehr des *Ubw* mit den anderen Systemen, weniger um Neues festzustellen, als um nicht das Sinnfälligste zu übergehen. An den Wurzeln der Triebtätigkeit kommunizieren die Systeme aufs ausgiebigste miteinander. Ein Anteil der hier erregten Vorgänge geht durch das *Ubw* wie durch eine Vorbereitungsstufe durch und erreicht die höchste psychische Ausbildung im *Bw*, ein anderer wird als *Ubw* zurückgehalten. Das *Ubw* wird aber auch von den aus der äußeren Wahrnehmung stammenden Erlebnissen getroffen. Alle Wege von der Wahrnehmung zum *Ubw* bleiben in der Norm frei; erst die vom *Ubw* weiterführenden Wege unterliegen der Sperrung durch die Verdrängung.
Es ist sehr bemerkenswert, daß das *Ubw* eines Menschen mit Umgehung des *Bw* auf das *Ubw* eines anderen reagieren kann. Die Tatsache verdient eingehendere Untersuchung, besonders nach der Richtung, ob sich vorbewußte Tätigkeit dabei ausschließen läßt, ist aber als Beschreibung unbestreitbar. Der Inhalt des Systems *Vbw* (oder *Bw*) entstammt zu einem Teile dem Triebleben (durch Vermittlung des *Ubw*), zum anderen Teile der Wahrnehmung. Es ist zweifelhaft, inwieweit die Vorgänge dieses Systems eine direkte Einwirkung auf das *Ubw* äußern können; die Erforschung pathologischer Fälle zeigt oft eine kaum glaubliche Selbständigkeit und Unbeeinflußbarkeit des *Ubw*. Ein völliges Auseinandergehen der Strebungen, ein absoluter Zerfall der beiden Systeme, ist überhaupt die Charakteristik des Krankseins. Allein die psychoanalytische Kur ist auf die Beeinflussung des *Ubw* vom *Bw* her gebaut und zeigt jedenfalls, daß solche, wiewohl mühsam, nicht unmöglich ist. Die zwischen beiden Systemen vermittelnden Abkömmlinge des *Ubw* bahnen uns, wie schon erwähnt, den Weg zu dieser Leistung. Wir dürfen aber wohl annehmen, daß die spontan erfolgende Veränderung des *Ubw* von seiten des *Bw* ein schwieriger und langsam verlaufender Prozeß ist.
Eine Kooperation zwischen einer vorbewußten und einer unbewußten, selbst intensiv verdrängten Regung kann zustande kommen, wenn es die Situation ergibt, daß die unbewußte Regung gleichsinnig mit einer der herrschenden Strebungen wirken kann. Die Verdrängung wird für diesen Fall aufgehoben, die verdrängte Aktivität als Verstärkung

der vom Ich beabsichtigten zugelassen. Das Unbewußte wird für diese eine Konstellation ichgerecht, ohne daß sonst an seiner Verdrängung etwas abgeändert würde. Der Erfolg des *Ubw* ist bei dieser Kooperation unverkennbar; die verstärkten Strebungen benehmen sich doch anders als die normalen, sie befähigen zu besonders vollkommener Leistung, und sie zeigen gegen Widersprüche eine ähnliche Resistenz wie etwa die Zwangssymptome.

Den Inhalt des *Ubw* kann man einer psychischen Urbevölkerung vergleichen. Wenn es beim Menschen ererbte psychische Bildungen, etwas dem Instinkt der Tiere Analoges gibt, so macht dies den Kern des *Ubw* aus. Dazu kommt später das während der Kindheitsentwicklung als unbrauchbar Beseitigte hinzu, was seiner Natur nach von dem Ererbten nicht verschieden zu sein braucht. Eine scharfe und endgültige Scheidung des Inhaltes der beiden Systeme stellt sich in der Regel erst mit dem Zeitpunkte der Pubertät her.

VII. DIE AGNOSZIERUNG DES UNBEWUSSTEN

Soviel, als wir in den vorstehenden Erörterungen zusammengetragen haben, läßt sich etwa über das *Ubw* aussagen, solange man nur aus der Kenntnis des Traumlebens und der Übertragungsneurosen schöpft. Es ist gewiß nicht viel, macht stellenweise den Eindruck des Ungeklärten und Verwirrenden und läßt vor allem die Möglichkeit vermissen, das *Ubw* an einen bereits bekannten Zusammenhang anzuordnen oder es in ihn einzureihen. Erst die Analyse einer der Affektionen, die wir narzißtische Psychoneurosen heißen, verspricht uns Auffassungen zu liefern, durch welche uns das rätselvolle *Ubw* nähergerückt und gleichsam greifbar gemacht wird.

Seit einer Arbeit von Abraham (1908), welche der gewissenhafte Autor auf meine Anregung zurückgeführt hat, versuchen wir die Dementia praecox Kraepelins (Schizophrenie Bleulers) durch ihr Verhalten zum Gegensatz von Ich und Objekt zu charakterisieren.[119] Bei den Übertragungsneurosen (Angst- und Konversionshysterie, Zwangsneurose) lag nichts vor, was diesen Gegensatz in den Vordergrund gerückt hätte. Man wußte zwar, daß die Versagung des Objekts den Ausbruch der Neurose herbeiführt und daß die Neurose den Verzicht auf das reale Objekt involviert, auch daß die dem realen Objekt entzogene Libido auf ein phantasiertes Objekt und von da aus auf ein verdrängtes zurückgeht (Introversion). Aber die Objektbesetzung überhaupt wird bei ihnen mit großer Energie festgehalten, und die feinere Untersuchung des Verdrängungsvorganges hat uns anzunehmen genötigt, daß die Objektbesetzung im System *Ubw* trotz der Verdrängung – vielmehr infolge derselben – fortbesteht. Die Fähigkeit zur Übertragung, welche wir bei diesen Affektionen therapeutisch ausnützen, setzt ja die ungestörte Objektbesetzung voraus. Bei der Schizophrenie hat sich uns dagegen die Annahme aufgedrängt, daß nach dem Prozesse der Verdrängung die abgezogene Libido kein neues Objekt suche, sondern ins Ich zurücktrete, daß also hier die Objektbesetzungen aufgegeben und ein primitiver objektloser Zustand von Narzißmus wiederhergestellt werde. Die Unfähigkeit dieser Patienten zur Übertragung – soweit der Krankheitsprozeß reicht –, ihre daraus folgende therapeutische Unzugänglichkeit, die ihnen eigentümliche Ablehnung der Außenwelt, das Auftreten von Zeichen einer Überbesetzung des eigenen Ichs, der Ausgang in völlige Apathie, all diese klinischen Charaktere scheinen zu der Annahme eines Aufgebens der Objektbesetzungen trefflich zu stimmen. Von seiten des Verhältnisses der beiden psychischen Systeme wurde allen Beobachtern auffällig, daß bei der Schizophrenie vieles als bewußt geäußert wird, was wir bei den Übertragungsneurosen erst durch Psychoanalyse im *Ubw* nachweisen müssen. Aber es gelang zunächst nicht, zwischen der Ich-Objektbeziehung und den Bewußtseinsrelationen eine verständliche Verknüpfung herzustellen.

Das Gesuchte scheint sich auf folgendem unvermuteten Wege zu ergeben. Bei den Schizophrenen beobachtet man, zumal in den so lehrreichen Anfangsstadien, eine Anzahl von Veränderungen der Sprache, von denen einige es verdienen, unter einem bestimmten Gesichtspunkt betrachtet zu werden. Die Ausdrucksweise wird oft Gegenstand einer besonderen Sorgfalt, sie wird „gewählt", „geziert". Die Sätze erfahren eine besondere Desorganisation des Aufbaues, durch welche sie uns unverständlich werden, so daß wir die Äußerungen der Kranken für unsinnig halten. Im Inhalt dieser Äußerungen wird oft eine Beziehung zu Körperorganen oder Körperinnervationen in den Vordergrund gerückt. Dem kann man anreihen, daß in solchen Symptomen der Schizophrenie, welche hysterischen oder zwangsneurotischen Ersatzbildungen gleichen, doch die Beziehung zwischen dem Ersatz und dem Verdrängten Eigentümlichkeiten zeigt, welche uns bei den beiden genannten Neurosen befremden würden.

Herr Dr. V. Tausk (Wien) hat mir einige seiner Beobachtungen bei beginnender Schizophrenie zur Verfügung gestellt, die durch den Vorzug ausgezeichnet sind, daß die Kranke selbst noch die Aufklärung ihrer Reden geben wollte. Ich will nun an zweien seiner Beispiele zeigen, welche Auffassung ich zu vertreten beabsichtige, zweifle übrigens nicht daran, daß es jedem Beobachter leicht sein würde, solches Material in Fülle vorzubringen.

Eine der Kranken Tausks, ein Mädchen, das nach einem Zwist mit ihrem Geliebten auf die Klinik gebracht wurde, klagt:

Die Augen sind nicht richtig, sie sind verdreht. Das erläutert sie selbst, indem sie in geordneter Sprache eine Reihe von Vorwürfen gegen den Geliebten vorbringt. „Sie kann ihn gar nicht verstehen, er sieht jedesmal anders aus, er ist ein Heuchler, ein *Augenverdreher,* er hat ihr die Augen verdreht, jetzt hat sie verdrehte Augen, es sind nicht mehr ihre Augen, sie sieht die Welt jetzt mit anderen Augen."

Die Äußerungen der Kranken zu ihrer unverständlichen Rede haben den Wert einer Analyse, da sie deren Äquivalent in allgemein verständlicher Ausdrucksweise enthalten; sie geben gleichzeitig Aufschluß über Bedeutung und über Genese der schizophrenen Wortbildung. In Übereinstimmung mit Tausk hebe ich aus diesem Beispiel hervor, daß die Beziehung zum Organ (zum Auge) sich zur Vertretung des ganzen Inhaltes [ihrer Gedanken] aufgeworfen hat. Die schizophrene Rede hat hier einen hypochondrischen Zug, sie ist *Organsprache* geworden. Eine zweite Mitteilung derselben Kranken: „Sie steht in der Kirche, plötzlich gibt es ihr einen Ruck, *sie muß sich anders stellen, als stellte sie jemand, als würde sie gestellt.*"

Dazu die Analyse durch eine neue Reihe von Vorwürfen gegen den Geliebten, „der ordinär ist, der sie, die vom Hause aus fein war, auch ordinär gemacht hat. Er hat sie sich ähnlich gemacht, indem er sie glauben machte, er sei ihr überlegen; nun sei sie so geworden, wie er ist, weil sie glaubte, sie werde besser sein, wenn sie ihm gleich werde. Er hat sich *verstellt,* sie ist jetzt so wie er (Identifizierung!), er hat sie *verstellt.*"

Die Bewegung des „Sich-anders-Stellen", bemerkt Tausk, ist eine Darstellung des Wortes „verstellen" und der Identifizierung mit dem Geliebten. Ich hebe wiederum die Prävalenz jenes Elements des ganzen Gedankenganges hervor, welches eine körperliche Innervation (vielmehr deren Empfindung) zum Inhalt hat. Eine Hysterika hätte übrigens im ersten Falle krampfhaft die Augen verdreht, im zweiten den Ruck wirklich ausgeführt, anstatt den Impuls dazu oder die Sensation davon zu verspüren, und in beiden Fällen hätte sie keinen bewußten Gedanken dabei gehabt und wäre auch nachträglich nicht imstande gewesen, solche zu äußern.

Soweit zeugen diese beiden Beobachtungen für das, was wir hypochondrische oder Organsprache genannt haben. Sie mahnen aber auch, was uns wichtiger erscheint, an einen anderen Sachverhalt, der sich beliebig oft z. B. an den in Bleulers Monographie [1911] gesammelten Beispielen nachweisen und in eine bestimmte Formel fassen läßt. Bei der Schizophrenie werden die *Worte* demselben Prozeß unterworfen, der aus den latenten Traumgedanken die Traumbilder macht, den wir den *psychischen Primärvorgang* geheißen haben. Sie werden verdichtet und übertragen einander ihre Besetzungen restlos durch Verschiebung; der Prozeß kann so weit gehen, daß ein einziges, durch mehrfache Beziehungen dazu geeignetes Wort die Vertretung einer ganzen Gedankenkette übernimmt. Die Arbeiten von Bleuler, Jung und ihren Schülern haben gerade für diese Behauptung reichliches Material ergeben.

Ehe wir aus solchen Eindrücken einen Schluß ziehen, wollen wir noch der feinen, aber doch befremdlich wirkenden Unterschiede zwischen der schizophrenen und der hysterischen und zwangsneurotischen Ersatzbildung gedenken. Ein Patient, den ich gegenwärtig beobachte, läßt sich durch den schlechten Zustand seiner Gesichtshaut von allen Interessen des Lebens abziehen. Er behauptet, Mitesser zu haben und tiefe Löcher im Gesicht, die ihm jedermann ansieht. Die Analyse weist nach, daß er seinen Kastrationskomplex an seiner Haut abspielt. Er beschäftigte sich zunächst reuelos mit seinen Mitessern, deren Ausdrücken ihm große Befriedigung bereitete, weil dabei etwas herausspritzte, wie er sagt. Dann begann er zu glauben, daß überall dort, wo er einen Comedo beseitigt hatte, eine tiefe Grube entstanden sei, und er machte sich die heftigsten Vorwürfe, durch sein „beständiges Herumarbeiten mit der Hand“ seine Haut für alle Zeiten verdorben zu haben. Es ist evident, daß ihm das Auspressen des Inhaltes der Mitesser ein Ersatz für die Onanie ist. Die Grube, die darauf durch seine Schuld entsteht, ist das weibliche Genitale, d. h. die Erfüllung der durch die Onanie provozierten Kastrationsdrohung (resp. der sie vertretenden Phantasie). Diese Ersatzbildung hat trotz ihres hypochondrischen Charakters viel Ähnlichkeit mit einer hysterischen Konversion, und doch wird man das Gefühl haben, daß hier etwas anderes vorgehen müsse, daß man solche Ersatzbildung einer Hysterie nicht zutrauen dürfe, noch ehe man sagen kann, worin die Verschiedenheit begründet ist. Ein winziges Grübchen wie eine Hautpore wird ein Hysteriker kaum zum Symbol der Vagina nehmen, die er sonst mit allen möglichen Gegenständen vergleicht, welche einen Hohlraum umschließen. Auch meinen wir, daß die Vielheit der Grübchen ihn abhalten wird, sie als Ersatz für das weibliche Genitale zu verwenden. Ähnliches gilt für einen jugendlichen Patienten, über den Tausk vor Jahren der Wiener Psychoanalytischen Gesellschaft berichtet hat. Er benahm sich sonst ganz wie ein Zwangsneurotiker, verbrauchte Stunden für seine Toilette u. dgl. Es war aber an ihm auffällig, daß er widerstandslos die Bedeutung seiner Hemmungen mitteilen konnte. Beim Anziehen der Strümpfe störte ihn z. B. die Idee, daß er die Maschen des Gewebes, also Löcher, auseinanderziehen müsse, und jedes Loch war ihm Symbol der weiblichen Geschlechtsöffnung. Auch dies ist einem Zwangsneurotiker nicht zuzutrauen: ein solcher, aus der Beobachtung von R. Reitler, der am gleichen Verweilen beim Strumpfanziehen litt, fand nach Überwindung der Widerstände die Erklärung, daß der Fuß ein Penissymbol sei, das Überziehen des Strumpfes ein onanistischer Akt, und er mußte den Strumpf fortgesetzt an- und ausziehen, zum Teil, um das Bild der Onanie zu vervollkommnen, zum Teil, um sie ungeschehen zu machen.

Fragen wir uns, was der schizophrenen Ersatzbildung und dem Symptom den befremdlichen Charakter verleiht, so erfassen wir endlich, daß es das Überwiegen der Wortbeziehung über die Sachbeziehung ist. Zwischen dem Ausdrükken eines Mitessers und einer Ejakulation aus dem Penis besteht eine recht geringe Sachähnlichkeit, eine noch geringere zwischen den unzähligen seichten Hautporen und der Vagina; aber im ersten Falle spritzt beidc Male etwas heraus, und für den zweiten gilt wörtlich der zynische Satz: „Loch ist Loch." Die Gleichheit des sprachlichen Ausdrukkes, nicht die Ähnlichkeit der bezeichneten Dinge, hat den Ersatz vorgeschrieben. Wo die beiden – Wort und Ding – sich nicht decken, weicht die schizophrene Ersatzbildung von der bei den Übertragungsneurosen ab.

Setzen wir diese Einsicht mit der Annahme zusammen, daß bei der Schizophrenie die Objektbesetzungen aufgegeben werden. Wir müssen dann modifizieren: die Besetzung der Wortvorstellungen der Objekte wird festgehalten. Was wir die bewußte Objektvorstellung heißen durften, zerlegt sich uns jetzt in die *Wortvorstellung* und in die *Sachvorstellung*, die in der Besetzung, wenn nicht der direkten Sacherinnerungsbilder, doch entfernterer und von ihnen abgeleiteter Erinnerungsspuren besteht. Mit einem Male glauben wir nun zu wissen, wodurch sich eine bewußte Vorstellung von einer unbewußten unterscheidet. Die beiden sind nicht, wie wir gemeint haben, verschiedene Niederschriften desselben Inhaltes an verschiedenen psychischen Orten, auch nicht verschiedene funktionelle Besetzungszustände an demselben Orte, sondern die bewußte Vorstellung umfaßt die Sachvorstellung plus der zugehörigen Wortvorstellung, die unbewußte ist die Sachvorstellung allein.

Das System *Ubw* enthält die Sachbesetzungen der Objekte, die ersten und eigentlichen Objektbesetzungen; das System *Vbw* entsteht, indem diese Sachvorstellung durch die Verknüpfung mit den ihr entsprechenden Wortvorstellungen überbesetzt wird. Solche Überbesetzungen, können wir vermuten, sind es, welche eine höhere psychische Organisation herbeiführen und die Ablösung des Primärvorganges durch den im *Vbw* herrschenden Sekundärvorgang ermöglichen. Wir können jetzt auch präzise ausdrücken, was die Verdrängung bei den Übertragungsneurosen der zurückgewiesenen Vorstellung verweigert: Die Übersetzung in Worte, welche mit dem Objekt verknüpft bleiben sollen. Die nicht in Worte gefaßte Vorstellung oder der nicht überbesetzte psychische Akt bleibt dann im *Ubw* als verdrängt zurück.

Ich darf darauf aufmerksam machen, wie frühzeitig wir bereits die Einsicht besessen haben, die uns heute einen der auffälligsten Charaktere der Schizophrenie verständlich macht. Auf den letzten Seiten der 1900 veröffentlichten *Traumdeutung* ist ausgeführt, daß die Denkvorgänge, d. i. die von den Wahrnehmungen entfernteren Besetzungsakte, an sich qualitätslos und unbewußt sind und ihre Fähigkeit, bewußt zu werden, nur durch die Verknüpfung mit den Resten der Wortwahrnehmungen erlangen. Die Wortvorstellungen entstammen ihrerseits der Sinneswahrnehmung in gleicher Weise wie die Sachvorstellungen, so daß man die Frage aufwerfen könnte, warum die Objektvorstellungen nicht mittels ihrer eigenen Wahrnehmungsreste bewußt werden können. Aber wahrscheinlich geht das Denken in Systemen vor sich, die von den ursprünglichen Wahrnehmungsresten so weit entfernt sind, daß sie von deren Qualitäten nichts mehr erhalten haben und zum Bewußtwerden einer Verstärkung durch neue Qualitäten bedürfen. Außerdem können durch die Verknüpfung mit Worten auch solche Besetzungen mit Qualität versehen werden, die aus den Wahrnehmungen selbst keine Qualität mitbringen konnten, weil sie bloß Relationen zwischen den Objektvorstellungen entsprechen. Solche erst durch Worte faßbar gewordene Relationen sind ein Hauptbestandteil unserer Denkvorgänge. Wir verstehen, daß die Verknüpfung mit Wortvorstellungen noch nicht mit dem Bewußtwerden zusammenfällt, sondern bloß die Möglichkeit dazu gibt, daß sie also kein anderes System als das des *Vbw* charakterisiert. Nun merken wir aber, daß wir mit diesen Erörterungen unser eigentliches Thema verlassen und mitten in die Probleme des Vorbewußten und Bewußten geraten, die wir zweckmäßigerweise einer gesonderten Behandlung vorbehalten.

Bei der Schizophrenie, die wir ja hier auch nur so weit berühren, als uns zur allgemeinen Erkennung des *Ubw* unerläßlich scheint, muß uns der Zweifel auftauchen, ob der hier Verdrängung genannte Vorgang überhaupt noch etwas mit der Verdrängung bei den Übertragungsneurosen gemein hat. Die Formel, die Verdrängung sei ein Vorgang zwischen dem System *Ubw* und dem *Vbw* (oder *Bw*) mit dem Erfolg der Fernhaltung vom Bewußtsein, bedarf jedenfalls einer Abänderung, um den Fall der Dementia praecox und anderer narzißtischer Affektionen miteinschließen zu können. Aber der Fluchtversuch des Ichs, der sich in der Abziehung der bewußten Besetzung äußert, bleibt immerhin als das [den beiden Klassen von Neurosen] Gemeinsame bestehen. Um wie vieles gründlicher und tiefgreifender dieser Fluchtversuch, diese Flucht des Ichs bei den narzißtischen Neurosen ins Werk gesetzt wird, lehrt die oberflächlichste Überlegung.

Wenn diese Flucht bei der Schizophrenie in der Einziehung der Triebbesetzung von den Stellen besteht, welche die *unbewußte* Objektvorstellung repräsentieren, so mag es befremdlich erscheinen, daß der dem System *Vbw* angehörige Teil derselben Objektvorstellung – die ihr entsprechenden Wortvorstellungen – vielmehr eine intensivere Besetzung erfahren sollen. Man könnte eher erwarten, daß die Wortvorstellung als der vorbewußte Anteil den ersten Stoß der Verdrängung auszuhalten hat und daß sie ganz und gar unbesetzbar wird, nachdem sich die Verdrängung bis zu den unbewußten Sachvorstellungen fortgesetzt hat. Dies ist allerdings eine Schwierigkeit des Verständnisses. Es ergibt sich die Auskunft, daß die Besetzung der Wortvorstellung nicht zum Verdrängungsakt gehört, sondern den ersten der Herstellungs- oder Heilungsversuche darstellt, welche das klinische Bild der Schizophrenie so auffällig beherrschen. Diese Bemühungen wollen die verlorenen Objekte wiedergewinnen, und es mag wohl sein, daß sie in dieser Absicht den Weg zum Objekt über den Wortanteil desselben einschlagen, wobei sie sich aber dann mit den Worten an Stelle der Dinge begnügen müssen. Unsere seelische Tätigkeit bewegt sich ja ganz allgemein in zwei entgegengesetzten Verlaufsrichtungen, entweder von den Trieben her durch das System *Ubw* zur bewußten Denkarbeit oder auf Anregung von außen durch das System des *Bw* und *Vbw* bis zu den *ubw* Besetzungen des Ichs und der Objekte. Dieser zweite Weg muß trotz der vorgefallenen Verdrängung passierbar bleiben und steht den Bemühungen der Neurose, ihre Objekte wiederzugewinnen, ein Stück weit offen. Wenn wir abstrakt denken, sind wir in Gefahr, die Beziehungen der Worte zu den unbewußten Sachvorstellungen zu vernachlässigen, und es ist nicht zu leugnen, daß unser Philosophieren dann eine unerwünschte Ähnlichkeit in Ausdruck und Inhalt mit der Arbeitsweise der Schizophrenen gewinnt. Anderseits kann man von der Denkweise der Schizophrenen die Charakteristik versuchen, sie behandeln konkrete Dinge, als ob sie abstrakte wären.

Wenn wir wirklich das *Ubw* agnosziert und den Unterschied einer unbewußten Vorstellung von einer vorbewußten richtig bestimmt haben, so werden unsere Untersuchungen von vielen anderen Stellen her zu dieser Einsicht zurückführen müssen.[120]

Das Ich und das Es

(1923)

Mit dieser 1923 im Internationalen psychoanalytischen Verlag veröffentlichten Arbeit hat Freud sein theoretisches System der Erklärung psychischer Vorgänge im Wesentlichen abgeschlossen. Im Mittelpunkt steht dabei das sogenannte Instanzen-Modell des psychischen Geschehens, wonach dieses ein hierarchisches System von gesonderten Stufen bildet, den Bereich des „Es" (der triebhaften Regungen, die nicht direkt bewußt werden), den des „Ich" (der teilweise bewußt operierenden Instanz der Realitätsprüfung und der Zensur gegenüber den aus dem Es andrängenden Impulsen) und den des „Über-Ich" (des Lieferanten der Wertmaßstäbe für die zu Verdrängungen führenden Zensurleistungen des Ich, der Ich-Ideale im besonderen). Die dynamischen Beziehungen zwischen diesen Ebenen, die zum Teil bewußt, zum Teil unbewußt funktionieren sollen, werden an Hand klinischer Erfahrungen erläutert. Zwar hat dieses Instanzen-Modell in der neueren Psychologie keine Anerkennung gefunden; eine Reihe der mit ihm aufgeworfenen Fragen nach der internen Struktur und nach den dynamischen Wechselbeziehungen verschiedener Komponenten des psychischen Geschehens bilden aber nach wie vor einen bedeutsamen Gegenstand der psychologischen und speziell der persönlichkeitspsychologischen Forschung. Die für das Verständnis der Persönlichkeitsentwicklung besonders bedeutsamen Vorgänge der Aneignung und Verarbeitung sozialer Normen und Wertmaßstäbe werden von Freud bei der Darstellung der „Über-Ich"-Bildung sehr einseitig unter dem Aspekt der Umbildung frühkindlicher Erfahrungen (Ödipuskomplex) gesehen, so daß das Gesamtbild des psychischen Geschehens auch hier von den psychoanalytischen Grundannahmen der triebgeleiteten Ausprägung von Persönlichkeitsmerkmalen bestimmt bleibt.
Dieser Text wurde entnommen:
Sigmund Freud, Studienausgabe. Frankfurt (Main), S. Fischer Verlag 1969–1975, Bd. III, S. 282–325.[121]

[VORWORT]

Nachstehende Erörterungen setzen Gedankengänge fort, die in meiner Schrift *Jenseits des Lustprinzips* (1920) begonnen wurden, denen ich persönlich, wie dort erwähnt ist, mit einer gewissen wohlwollenden Neugierde gegenüberstand.[122] Sie nehmen diese Gedanken auf, verknüpfen sie mit verschiedenen Tatsachen der analytischen Beobachtung, suchen aus dieser Vereinigung neue Schlüsse abzuleiten, machen aber keine neuen Anleihen bei der Biologie und stehen darum der Psychoanalyse näher als das *Jenseits.* Sie tragen eher den Charakter einer Synthese als einer Spekulation und scheinen sich ein hohes Ziel gesetzt zu haben. Ich weiß aber, daß sie beim Gröbsten haltmachen, und bin mit dieser Beschränkung recht einverstanden.

Dabei rühren sie an Dinge, die bisher noch nicht Gegenstand der psychoanalytischen Bearbeitung gewesen sind, und können es nicht vermeiden, manche Theorien zu streifen, die von Nicht-Analytikern oder ehemaligen Analytikern auf ihrem Rückzug von der Analyse aufgestellt wurden. Ich bin sonst immer bereit gewesen, meine Verbindlichkeiten gegen andere Arbeiter anzuerkennen, fühle mich aber in diesem Falle durch keine solche Dankesschuld belastet. Wenn die Psychoanalyse gewisse Dinge bisher nicht gewürdigt hat, so geschah es nie darum, weil sie deren Leistung übersehen hatte oder deren Bedeutung verleugnen wollte, sondern weil sie einen bestimmten Weg verfolgt, der noch nicht so weit geführt hatte. Und endlich, wenn sie dahin gekommen ist, erscheinen ihr auch die Dinge anders als den anderen.

I. BEWUSSTSEIN UND UNBEWUSSTES

In diesem einleitenden Abschnitt ist nichts Neues zu sagen und die Wiederholung von früher oft Gesagtem nicht zu vermeiden.

Die Unterscheidung des Psychischen in Bewußtes und Unbewußtes ist die Grundvoraussetzung der Psychoanalyse und gibt ihr allein die Möglichkeit, die ebenso häufigen als wichtigen pathologischen Vorgänge im Seelenleben zu ver-

stehen, der Wissenschaft einzuordnen. Nochmals und anders gesagt: Die Psychoanalyse kann das Wesen des Psychischen nicht ins Bewußtsein verlegen, sondern muß das Bewußtsein als eine Qualität des Psychischen ansehen, die zu anderen Qualitäten hinzukommen oder wegbleiben mag.
Wenn ich mir vorstellen könnte, daß alle an der Psychologie Interessierten diese Schrift lesen werden, so wäre ich auch darauf vorbereitet, daß schon an dieser Stelle ein Teil der Leser haltmacht und nicht weiter mitgeht, denn hier ist das erste Schibboleth der Psychoanalyse. Den meisten philosophisch Gebildeten ist die Idee eines Psychischen, das nicht auch bewußt ist, so unfaßbar, daß sie ihnen absurd und durch bloße Logik abweisbar erscheint. Ich glaube, dies kommt nur daher, daß sie die betreffenden Phänomene der Hypnose und des Traumes, welche – vom Pathologischen ganz abgesehen – zu solcher Auffassung zwingen, nie studiert haben. Ihre Bewußtseinspsychologie ist aber auch unfähig, die Probleme des Traumes und der Hypnose zu lösen.
Bewußtsein ist zunächst ein rein deskriptiver Terminus, der sich auf die unmittelbarste und sicherste Wahrnehmung beruft. Die Erfahrung zeigt uns dann, daß ein psychisches Element, zum Beispiel eine Vorstellung, gewöhnlich nicht dauernd bewußt ist. Es ist vielmehr charakteristisch, daß der Zustand des Bewußtseins rasch vorübergeht; die jetzt bewußte Vorstellung ist es im nächsten Moment nicht mehr, allein sie kann es unter gewissen leicht hergestellten Bedingungen wieder werden. Inzwischen war sie, wir wissen nicht was; wir können sagen, sie sei *latent* gewesen, und meinen dabei, daß sie jederzeit *bewußtseinsfähig* war. Auch wenn wir sagen, sie sei *unbewußt* gewesen, haben wir eine korrekte Beschreibung gegeben. Dieses Unbewußt fällt dann mit latent-bewußtseinsfähig zusammen. Die Philosophen würden uns zwar einwerfen: „Nein, der Terminus unbewußt hat hier keine Anwendung, solange die Vorstellung im Zustand der Latenz war, war sie überhaupt nichts Psychisches." Würden wir ihnen schon an dieser Stelle widersprechen, so gerieten wir in einen Wortstreit, aus dem sich nichts gewinnen ließe.
Wir sind aber zum Terminus oder Begriff des Unbewußten auf einem anderen Weg gekommen, durch Verarbeitung

von Erfahrungen, in denen die seelische *Dynamik* eine Rolle spielt. Wir haben erfahren, das heißt annehmen müssen, daß es sehr starke seelische Vorgänge oder Vorstellungen gibt – hier kommt zuerst ein quantitatives, also ökonomisches Moment in Betracht –, die alle Folgen für das Seelenleben haben können wie sonstige Vorstellungen, auch solche Folgen, die wiederum als Vorstellungen bewußt werden können, nur werden sie selbst nicht bewußt. Es ist nicht nötig, hier ausführlich zu wiederholen, was schon so oft dargestellt worden ist. Genug, an dieser Stelle setzt die psychoanalytische Theorie ein und behauptet, daß solche Vorstellungen nicht bewußt sein können, weil eine gewisse Kraft sich dem widersetzt, daß sie sonst bewußt werden könnten und daß man dann sehen würde, wie wenig sie sich von anderen anerkannten psychischen Elementen unterscheiden. Diese Theorie wird dadurch unwiderleglich, daß sich in der psychoanalytischen Technik Mittel gefunden haben, mit deren Hilfe man die widerstrebende Kraft aufheben und die betreffenden Vorstellungen bewußtmachen kann. Den Zustand, in dem diese sich vor der Bewußtmachung befanden, heißen wir *Verdrängung*, und die Kraft, welche die Verdrängung herbeigeführt und aufrechtgehalten hat, behaupten wir während der analytischen Arbeit als *Widerstand* zu verspüren.

Unseren Begriff des Unbewußten gewinnen wir also aus der Lehre von der Verdrängung. Das Verdrängte ist uns das Vorbild des Unbewußten. Wir sehen aber, daß wir zweierlei Unbewußtes haben, das latente, doch bewußtseinsfähige, und das verdrängte, an sich und ohne weiteres nicht bewußtseinsfähige. Unser Einblick in die psychische Dynamik kann nicht ohne Einfluß auf Nomenklatur und Beschreibung bleiben. Wir heißen das Latente, das nur deskriptiv unbewußt ist, nicht im dynamischen Sinne, *vorbewußt;* den Namen *unbewußt* beschränken wir auf das dynamisch unbewußte Verdrängte, so daß wir jetzt drei Termini haben, bewußt *(bw)*, vorbewußt *(vbw)* und unbewußt *(ubw)*, deren Sinn nicht mehr rein deskriptiv ist. Das *Vbw*, nehmen wir an, steht dem *Bw* viel näher als das *Ubw*, und da wir das *Ubw* psychisch geheißen haben, werden wir es beim latenten *Vbw* um so unbedenklicher tun. Warum wollen wir aber nicht lieber im Einvernehmen mit den Philosophen bleiben und das *Vbw* wie das *Ubw* konsequenterweise vom bewußten Psychischen trennen? Die Philosophen würden uns dann vorschlagen, das Vbw wie das Ubw als zwei Arten oder Stufen des *Psychoiden* zu beschreiben, und die Einigkeit wäre hergestellt. Aber unendliche Schwierigkeiten in der Darstellung wären die Folge davon, und die einzig wichtige Tatsache, daß diese Psychoide fast in allen anderen Punkten mit dem anerkannt Psychischen übereinstimmen, wäre zugunsten eines Vorurteils in den Hintergrund gedrängt, eines Vorurteils, das aus der Zeit stammt, da man diese Psychoide oder das Bedeutsamste von ihnen noch nicht kannte.

Nun können wir mit unseren drei Termini, *bw, vbw* und *ubw,* bequem wirtschaften, wenn wir nur nicht vergessen, daß es im deskriptiven Sinne zweierlei Unbewußtes gibt, im dynamischen aber nur eines. Für manche Zwecke der Darstellung kann man diese Unterscheidung vernachlässigen, für andere ist sie natürlich unentbehrlich. Wir haben uns immerhin an diese Zweideutigkeit des Unbewußten ziemlich gewöhnt und sind gut mit ihr ausgekommen. Vermeiden läßt sie sich, soweit ich sehen kann, nicht; die Unterscheidung zwischen Bewußtem und Unbewußtem ist schließlich eine Frage der Wahrnehmung, die mit Ja oder Nein zu beantworten ist, und der Akt der Wahrnehmung selbst gibt keine Auskunft darüber, aus welchem Grund etwas wahrgenommen wird oder nicht wahrgenommen wird. Man darf sich nicht darüber beklagen, daß das Dynamische in der Erscheinung nur einen zweideutigen Ausdruck findet.*

* Soweit vgl.: „Bemerkungen über den Begriff des Unbewußten". Eine neuerliche Wendung in der Kritik des Unbewußten verdient an dieser Stelle gewürdigt zu werden. Manche Forscher, die sich der Anerkennung der psychoanalytischen Tatsachen nicht verschließen, das Unbewußte aber nicht annehmen wollen, schaffen sich eine Auskunft mit Hilfe der unbestrittenen Tatsache, daß auch das Bewußtsein – als Phänomen – eine große Reihe von Abstufungen der Intensität oder Deutlichkeit erkennen läßt. So wie es Vorgänge gibt, die sehr lebhaft, grell, greifbar bewußt sind, so erleben wir auch andere, die nur schwach, kaum eben merklich bewußt sind, und die am schwächsten bewußten seien eben die, für welche die Psychoanalyse das unpassende Wort unbewußt gebrauchen

Im weiteren Verlauf der psychoanalytischen Arbeit stellt sich aber heraus, daß auch diese Unterscheidungen unzulänglich, praktisch insuffizient sind. Unter den Situationen, die das zeigen, sei folgende als die entscheidende hervorgehoben. Wir haben uns die Vorstellung von einer zusammenhängenden Organisation der seelischen Vorgänge in einer Person gebildet und heißen diese das *Ich* derselben. An diesem Ich hängt das Bewußtsein, es beherrscht die Zugänge zur Motilität, das ist: zur Abfuhr der Erregungen in

wolle. Sie seien aber doch auch bewußt oder „im Bewußtsein" und lassen sich voll und stark bewußtmachen, wenn man ihnen genug Aufmerksamkeit schenkte.
Soweit die Entscheidung in einer solchen entweder von der Konvention oder von Gefühlsmomenten abhängigen Frage durch Argumente beeinflußt werden kann, läßt sich hierzu folgendes bemerken: Der Hinweis auf eine Deutlichkeitsskala der Bewußtheit hat nichts Verbindliches und nicht mehr Beweiskraft als etwa die analogen Sätze: „Es gibt so viel Abstufungen der Beleuchtung vom grellsten, blendenden Licht bis zum matten Lichtschimmer, folglich gibt es überhaupt keine Dunkelheit." Oder: „Es gibt verschiedene Grade von Vitalität, folglich gibt es keinen Tod." Diese Sätze mögen ja in einer gewissen Weise sinnreich sein, aber sie sind praktisch verwerflich, wie sich herausstellt, wenn man bestimmte Folgerungen von ihnen ableiten will, zum Beispiel: „also braucht man kein Licht anzustecken", oder: „also sind alle Organismen unsterblich". Ferner erreicht man durch die Subsumierung des Unmerklichen unter das Bewußte nichts anderes, als daß man sich die einzige unmittelbare Sicherheit verdirbt, die es im Psychischen überhaupt gibt. Ein Bewußtsein, von dem man nichts weiß, scheint mir doch um vieles absurder als ein unbewußtes Seelisches. Endlich ist solche Angleichung des Unbemerkten an das Unbewußte offenbar ohne Rücksicht auf die dynamischen Verhältnisse versucht worden, welche für die psychoanalytische Auffassung maßgebend waren. Denn zwei Tatsachen werden dabei vernachlässigt; erstens, daß es sehr schwierig ist, großer Anstrengung bedarf, um einem solchen Unbemerkten genug Aufmerksamkeit zuzuführen, und zweitens, daß, wenn dies gelungen ist, das vordem Unbemerkte jetzt nicht vom Bewußtsein erkannt wird, sondern oft genug ihm völlig fremd, gegensätzlich erscheint und von ihm schroff abgelehnt wird. Der Rekurs vom Unbewußten auf das wenig Bemerkte und nicht Bemerkte ist also doch nur ein Abkömmling des Vorurteils, dem die Identität des Psychischen mit dem Bewußtsein ein für allemal feststeht.

die Außenwelt; es ist diejenige seelische Instanz, welche eine Kontrolle über all ihre Partialvorgänge ausübt, welche zur Nachtzeit schlafen geht und dann immer noch die Traumzensur handhabt. Von diesem Ich gehen auch die Verdrängungen aus, durch welche gewisse seelische Strebungen nicht nur vom Bewußtsein, sondern auch von den anderen Arten der Geltung und Betätigung ausgeschlossen werden sollen. Dies durch die Verdrängung Beseitigte stellt sich in der Analyse dem Ich gegenüber, und es wird der Analyse die Aufgabe gestellt, die Widerstände aufzuheben, die das Ich gegen die Beschäftigung mit dem Verdrängten äußert. Nun machen wir während der Analyse die Beobachtung, daß der Kranke in Schwierigkeiten gerät, wenn wir ihm gewisse Aufgaben stellen; seine Assoziationen versagen, wenn sie sich dem Verdrängten annähern sollen. Wir sagen ihm dann, er stehe unter der Herrschaft eines Widerstandes, aber er weiß nichts davon, und selbst wenn er aus seinen Unlustgefühlen erraten sollte, daß jetzt ein Widerstand in ihm wirkt, so weiß er ihn nicht zu benennen und anzugeben. Da aber dieser Widerstand sicherlich von seinem Ich ausgeht und diesem angehört, so stehen wir vor einer unvorhergesehenen Situation. Wir haben im Ich selbst etwas gefunden, was auch unbewußt ist, sich geradeso benimmt wie das Verdrängte, das heißt starke Wirkungen äußert, ohne selbst bewußt zu werden, und zu dessen Bewußtmachung es einer besonderen Arbeit bedarf. Die Folge dieser Erfahrung für die analytische Praxis ist, daß wir in unendlich viele Undeutlichkeiten und Schwierigkeiten geraten, wenn wir an unserer gewohnten Ausdrucksweise festhalten und zum Beispiel die Neurose auf einen Konflikt zwischen dem Bewußten und dem Unbewußten zurückführen wollen. Wir müssen für diesen Gegensatz aus unserer Einsicht in die strukturellen Verhältnisse des Seelenlebens einen anderen einsetzen: den zwischen dem zusammenhängenden Ich und dem von ihm abgespaltenen Verdrängten.

Die Folgen für unsere Auffassung des Unbewußten sind aber noch bedeutsamer. Die dynamische Betrachtung hatte uns die erste Korrektur gebracht, die strukturelle Einsicht bringt uns die zweite. Wir erkennen, daß das *Ubw* nicht mit dem Verdrängten zusammenfällt; es bleibt richtig, daß alles

Verdrängte *ubw* ist, aber nicht alles *Ubw* ist auch verdrängt. Auch ein Teil des Ichs, ein Gott weiß wie wichtiger Teil des Ichs, kann *ubw* sein, ist sicherlich *ubw*. Und dies *Ubw* des Ichs ist nicht latent im Sinne des *Vbw*, sonst dürfte es nicht aktiviert werden, ohne *bw* zu werden, und seine Bewußtmachung dürfte nicht so große Schwierigkeiten bereiten. Wenn wir uns so vor der Nötigung sehen, ein drittes, nicht verdrängtes *Ubw* aufzustellen, so müssen wir zugestehen, daß der Charakter des Unbewußtseins für uns an Bedeutung verliert. Er wird zu einer vieldeutigen Qualität, die nicht die weitgehenden und ausschließenden Folgerungen gestattet, für welche wir ihn gerne verwertet hätten. Doch müssen wir uns hüten, ihn zu vernachlässigen, denn schließlich ist die Eigenschaft bewußt oder nicht die einzige Leuchte im Dunkel der Tiefenpsychologie.

II. DAS ICH UND DAS ES

Die pathologische Forschung hat unser Interesse allzu ausschließlich auf das Verdrängte gerichtet. Wir möchten mehr vom Ich erfahren, seitdem wir wissen, daß auch das Ich unbewußt im eigentlichen Sinne sein kann. Unser einziger Anhalt während unserer Untersuchungen war bisher das Kennzeichen des Bewußt- oder Unbewußtseins; zuletzt haben wir gesehen, wie vieldeutig dies sein kann.

Nun ist all unser Wissen immer an das Bewußtsein gebunden. Auch das *Ubw* können wir nur dadurch kennenlernen, daß wir es bewußtmachen. Aber halt, wie ist das möglich? Was heißt: etwas bewußtmachen? Wie kann das vor sich gehen?

Wir wissen schon, wo wir hierfür anzuknüpfen haben. Wir haben gesagt, das Bewußtsein ist die *Oberfläche* des seelischen Apparates, das heißt, wir haben es einem System als Funktion zugeschrieben, welches räumlich das erste von der Außenwelt her ist. Räumlich übrigens nicht nur im Sinne der Funktion, sondern diesmal auch im Sinne der anatomischen Zergliederung. Auch unser Forschen muß diese wahrnehmende Oberfläche zum Ausgang nehmen.

Von vornherein *bw* sind alle Wahrnehmungen, die von außen herankommen (Sinneswahrnehmungen), und von innen her, was wir Empfindungen und Gefühle heißen. Wie aber ist es mit jenen inneren Vorgängen, die wir etwa – roh und ungenau – als Denkvorgänge zusammenfassen können? Kommen sie, die sich irgendwo im Innern des Apparates als Verschiebungen seelischer Energie auf dem Wege zur Handlung vollziehen, an die Oberfläche, die das Bewußtsein entstehen läßt, heran? Oder kommt das Bewußtsein zu ihnen? Wir merken, das ist eine von den Schwierigkeiten, die sich ergeben, wenn man mit der räumlichen, *topischen* Vorstellung des seelischen Geschehens Ernst machen will. Beide Möglichkeiten sind gleich unausdenkbar, es müßte etwas Drittes der Fall sein.

An einer anderen Stelle habe ich schon die Annahme gemacht, daß der wirkliche Unterschied einer *ubw* von einer *vbw* Vorstellung (einem Gedanken) darin besteht, daß die erstere sich an irgendwelchem Material, das unerkannt bleibt, vollzieht, während bei der letzteren (der *vbw*) die Verbindung mit *Wortvorstellungen* hinzukommt. Hier ist zuerst der Versuch gemacht, für die beiden Systeme *Vbw* und *Ubw* Kennzeichen anzugeben, die anders sind als die Beziehung zum Bewußtsein. Die Frage: „Wie wird etwas bewußt?" lautet also zweckmäßiger: „Wie wird etwas vorbewußt?" Und die Antwort wäre: „Durch Verbindung mit den entsprechenden Wortvorstellungen."

Diese Wortvorstellungen sind Erinnerungsreste, sie waren einmal Wahrnehmungen und können wie alle Erinnerungsreste wieder bewußt werden. Ehe wir noch weiter von ihrer Natur handeln, dämmert uns wie eine neue Einsicht auf: bewußt werden kann nur das, was schon einmal *bw* Wahrnehmung war, und was außer Gefühlen von innen her bewußt werden will, muß versuchen, sich in äußere Wahrnehmungen umzusetzen. Dies wird mittels der Erinnerungsspuren möglich.

Die Erinnerungsreste denken wir uns in Systemen enthalten, welche unmittelbar an das System *W-Bw* anstoßen, so daß ihre Besetzungen sich leicht auf die Elemente dieses Systems von innen her fortsetzen können.[123] Man denkt hier sofort an die Halluzination und an die Tatsache, daß die lebhafteste Erinnerung immer noch von der Halluzination wie von der äußeren Wahrnehmung unterschieden wird, allein ebenso rasch stellt sich die Auskunft ein, daß bei der Wiederbelebung einer Erinnerung die Besetzung im Erinnungssystem erhalten bleibt, während die von der Wahrnehmung nicht unterscheidbare Halluzination entstehen mag, wenn die Besetzung nicht nur von der Erinnerungsspur auf das *W*-Element übergreift, sondern völlig auf dasselbe übergeht.

Die Wortreste stammen wesentlicn von akustischen Wahrnehmungen ab, so daß hierdurch gleichsam ein besonderer Sinnesursprung für das System *Vbw* gegeben ist. Die visuellen Bestandteile der Wortvorstellung kann man als sekundär, durch Lesen erworben, zunächst vernachlässigen und ebenso die Bewegungsbilder des Wortes, die außer bei Taubstummen die Rolle von unterstützenden Zeichen spielen. Das Wort ist doch eigentlich der Erinnerungsrest des gehörten Wortes. Es darf uns nicht beifallen, etwa der Vereinfachung zuliebe, die Bedeutung der optischen Erinnerungsreste – von den Dingen – zu vergessen, oder zu verleugnen, daß ein Bewußtwerden der Denkvorgänge durch Rückkehr zu den visuellen Resten möglich ist und bei vielen Personen bevorzugt scheint. Von der Eigenart dieses visuellen Denkens kann uns das Studium der Träume und der vorbewußten Phantasien nach den Beobachtungen J. Varendoncks eine Vorstellung geben. Man erfährt, daß dabei meist nur das konkrete Material des Gedankens bewußt wird, für die Relationen aber, die den Gedanken besonders kennzeichnen, ein visueller Ausdruck nicht gegeben werden kann. Das Denken in Bildern ist also ein nur sehr unvollkommenes Bewußtwerden. Es steht auch irgendwie den unbewußten Vorgängen näher als das Denken in Worten und ist unzweifelhaft onto- wie phylogenetisch älter als dieses.

Wenn also, um zu unserem Argument zurückzukehren, dies der Weg ist, wie etwas an sich Unbewußtes vorbewußt wird, so ist die Frage, wie machen wir etwas Verdrängtes (vor)bewußt, zu beantworten: indem wir solche *vbw* Mittelglieder durch die analytische Arbeit herstellen. Das Bewußtsein verbleibt also an seiner Stelle, aber auch das *Ubw* ist nicht etwa zum *Bw* aufgestiegen.

Während die Beziehung der äußeren Wahrnnehmung zum Ich ganz offenkundig ist, fordert die der inneren Wahrnehmung zum Ich eine besondere Untersuchung heraus. Sie läßt noch einmal den Zweifel auftauchen, ob man wirklich recht daran tut, alles Bewußtsein auf das eine oberflächliche System *W-Bw* zu beziehen.

Die innere Wahrnehmung ergibt Empfindungen von Vorgängen aus den verschiedensten, gewiß auch tiefsten Schichten des seelischen Apparates. Sie sind schlecht gekannt, als ihr bestes Muster können noch die der Lust-Unlustreihe gelten. Sie sind ursprünglicher, elementarer als die von außen stammenden, können noch in Zuständen getrübten Bewußtseins zustande kommen. Über ihre größere ökonomische Bedeutung und deren metapsychologische Begründung habe ich mich an anderer Stelle geäußert.[124] Diese Empfindungen sind multilokulär wie die äußeren Wahrnehmungen, können gleichzeitig von verschiedenen Stellen kommen und dabei verschiedene, auch entgegengesetzte Qualitäten haben.

Die Empfindungen mit Lustcharakter haben nichts Drängendes an sich, dagegen im höchsten Grad die Unlustempfindungen. Diese drängen auf Veränderung, auf Abfuhr, und darum deuten wir die Unlust auf eine Erhöhung, die Lust auf eine Erniedrigung der Energiebesetzung. Nennen wir das, was als Lust und Unlust bewußt wird, ein quantitativ-qualitativ Anderes im seelischen Ablauf, so ist die Frage, ob ein solches Anderes an Ort und Stelle bewußt werden kann oder bis zum System *W* fortgeleitet werden muß.

Die klinische Erfahrung entscheidet für das letztere. Sie zeigt, daß dies Andere sich verhält wie eine verdrängte Regung. Es kann treibende Kräfte entfalten, ohne daß das Ich den Zwang bemerkt. Erst Widerstand gegen den Zwang, Aufhalten der Abfuhrreaktion macht dieses Andere sofort als Unlust bewußt. Ebenso wie Bedürfnisspannungen, kann auch der Schmerz unbewußt bleiben, dies Mittelding zwischen äußerer und innerer Wahrnehmung, der sich wie eine innere Wahrnehmung verhält, auch wo er aus der Außenwelt stammt. Es bleibt also richtig, daß auch Empfindungen und Gefühle nur durch Anlangen an das System *W* bewußt werden; ist die Fortleitung gesperrt, so kommen sie nicht als Empfindungen zustande, obwohl das ihnen entsprechende Andere im Erregungsablauf dasselbe ist. Abgekürzter, nicht ganz korrekterweise sprechen wir dann von *unbewußten Empfindungen,* halten die Analogie mit unbewußten Vorstellungen fest, die nicht ganz gerechtfertigt ist. Der Unterschied ist nämlich, daß für die *ubw* Vorstellung erst Verbindungsglieder geschaffen werden müssen, um sie zum *Bw* zu bringen, während dies für die Empfindungen, die sich direkt fortleiten, entfällt. Mit anderen Worten: Die Unterscheidung von *Bw* und *Vbw* hat für die Empfindungen keinen Sinn, das *Vbw* fällt hier aus, Empfindungen sind entweder bewußt oder unbewußt. Auch wenn sie an Wortvorstellungen gebunden werden, danken sie nicht diesen ihr Bewußtwerden, sondern sie werden es direkt.

Die Rolle der Wortvorstellungen wird nun vollends klar. Durch ihre Vermittlung werden die inneren Denkvorgänge zu Wahrnehmungen gemacht. Es ist, als sollte der Satz erwiesen werden: Alles Wissen stammt aus der äußeren Wahrnehmung. Bei einer Übersetzung des Denkens werden die Gedanken wirklich – wie von außen – wahrgenommen und darum für wahr gehalten.

Nach dieser Klärung der Beziehungen zwischen äußerer und innerer Wahrnehmung und dem Oberflächensystem *W-Bw* können wir darangehen, unsere Vorstellung vom Ich auszubauen. Wir sehen es vom System *W* als seinem Kern ausgehen und zunächst das *Vbw,* das sich an die Erinnerungsreste anlehnt, umfassen. Das Ich ist aber auch, wie wir erfahren haben, unbewußt. Nun meine ich, wir werden großen Vorteil davon haben, wenn wir der Anregung eines Autors folgen, der vergebens aus persönlichen Motiven beteuert, er habe mit der gestrengen, hohen Wissenschaft nichts zu tun. Ich meine G. Groddeck, der immer wieder betont, daß das, was wir unser Ich heißen, sich im Leben wesentlich passiv verhält, daß wir nach seinem Ausdruck *„gelebt"* werden von unbekannten, unbeherrschbaren Mächten.[125] Wir haben alle dieselben Eindrücke empfangen, wenngleich sie uns nicht bis zum Ausschluß aller anderen überwältigt haben, und verzagen nicht daran, der Einsicht Groddecks ihre Stelle in dem Gefüge der Wissenschaft anzuweisen. Ich schlage vor, ihr Rechnung zu tragen, indem wir das vom System *W* ausgehende Wesen, das zunächst *vbw* ist, das *Ich* heißen, das andere Psychische aber, in welches es sich fortsetzt und das sich wie *ubw* verhält, nach Groddecks Gebrauch das Es.

Wir werden bald sehen, ob wir aus dieser Auffassung Nutzen für Beschreibung und Verständnis ziehen können. Ein Individuum ist nun für uns ein psychisches Es, unerkannt und unbewußt, diesem sitzt das Ich oberflächlich auf, aus dem *W*-System als Kern entwickelt. Streben wir nach graphischer Darstellung, so werden wir hinzufügen, das Ich umhüllt das Es nicht ganz, sondern nur insoweit das System *W* [des Ichs] Oberfläche bildet, also etwa so wie die Keimscheibe dem Ei aufsitzt. Das Ich ist vom Es nicht scharf getrennt, es fließt nach unten hin mit ihm zusammen.

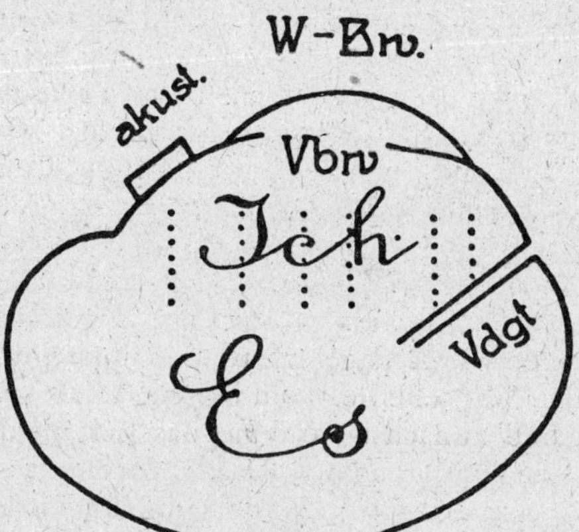

Aber auch das Verdrängte fließt mit dem Es zusammen, ist nur ein Teil von ihm. Das Verdrängte ist nur vom Ich durch die Verdrängungswiderstände scharf geschieden, durch das Es kann es mit ihm kommunizieren. Wir erkennen sofort, fast alle Sonderungen, die wir auf die Anregung der Pathologie hin beschrieben haben, beziehen sich nur auf die – uns allein bekannten – oberflächlichen Schichten des seelischen Apparates. Wir könnten von diesen Verhältnissen eine Zeichnung entwerfen, deren Konturen allerdings nur der Darstellung dienen, keine besondere Deutung beanspruchen sollen. Etwa fügen wir hinzu, daß das Ich eine „Hörkappe“ trägt, nach dem Zeugnis der Gehirnanatomie nur auf einer Seite. Sie sitzt ihm sozusagen schief auf.[126]
Es ist leicht einzusehen, das Ich ist der durch den direkten

Einfluß der Außenwelt unter Vermittlung von *W-Bw* veränderte Teil des Es, gewissermaßen eine Fortsetzung der Oberflächendifferenzierung. Es bemüht sich auch, den Einfluß der Außenwelt auf das Es und seine Absichten zur Geltung zu bringen, ist bestrebt, das Realitätsprinzip an die Stelle des Lustprinzips zu setzen, welches im Es uneingeschränkt regiert. Die Wahrnehmung spielt für das Ich die Rolle, welche im Es dem Trieb zufällt. Das Ich repräsentiert, was man Vernunft und Besonnenheit nennen kann, im Gegensatz zum Es, welches die Leidenschaften enthält. Dies alles deckt sich mit allbekannten populären Unterscheidungen, ist aber auch nur als durchschnittlich oder ideell richtig zu verstehen.

Die funktionelle Wichtigkeit des Ichs kommt darin zum Ausdruck, daß ihm normalerweise die Herrschaft über die Zugänge zur Motilität eingeräumt ist. Es gleicht so im Verhältnis zum Es dem Reiter, der die überlegene Kraft des Pferdes zügeln soll, mit dem Unterschied, daß der Reiter dies mit eigenen Kräften versucht, das Ich mit geborgten. Dieses Gleichnis trägt ein Stück weiter. Wie dem Reiter, will er sich nicht vom Pferd trennen, oft nichts anderes übrigbleibt, als es dahin zu führen, wohin es gehen will, so pflegt auch das Ich den Willen des Es in Handlung umzusetzen, als ob es der eigene wäre.

Auf die Entstehung des Ichs und seine Absonderung vom Es scheint noch ein anderes Moment als der Einfluß des Systems *W* hingewirkt zu haben. Der eigene Körper und vor allem die Oberfläche desselben ist ein Ort, von dem gleichzeitig äußere und innere Wahrnehmungen ausgehen können. Er wird wie ein anderes Objekt gesehen, ergibt aber dem Getast zweierlei Empfindungen, von denen die eine einer inneren Wahrnehmung gleichkommen kann. Es ist in der Psychophysiologie hinreichend erörtert worden, auf welche Weise sich der eigene Körper aus der Wahrnehmungswelt heraushebt. Auch der Schmerz scheint dabei eine Rolle zu spielen, und die Art, wie man bei schmerzhaften Erkrankungen eine neue Kenntnis seiner Organe erwirbt, ist vielleicht vorbildlich für die Art, wie man überhaupt zur Vorstellung seines eigenen Körpers kommt. Das Ich ist vor allem ein körperliches, es ist nicht nur ein Oberflächenwesen, sondern selbst die Projektion einer Oberfläche. Wenn man eine anatomische Analogie für dasselbe sucht, kann man es am ehesten mit dem Gehirnmännchen der Anatomen identifizieren, das in der Hirnrinde auf dem Kopf steht, die Fersen nach oben streckt, nach hinten schaut und, wie bekannt, links die Sprachzone trägt.

Das Verhältnis des Ichs zum Bewußtsein ist wiederholt gewürdigt worden, doch sind hier einige wichtige Tatsachen neu zu beschreiben. Gewöhnt, den Gesichtspunkt einer sozialen oder ethischen Wertung überallhin mitzunehmen, sind wir nicht überrascht zu hören, daß das Treiben der niedrigen Leidenschaften im Unbewußten vor sich geht, erwarten aber, daß die seelischen Funktionen um so leichter sicheren Zugang zum Bewußtsein finden, je höher sie in dieser Wertung angesetzt sind. Hier enttäuscht uns aber die psychoanalytische Erfahrung. Wir haben einerseits Belege dafür, daß selbst feine und schwierige intellektuelle Arbeit, die sonst angestrengtes Nachdenken erfordert, auch vorbewußt geleistet werden kann, ohne zum Bewußtsein zu kommen. Diese Fälle sind ganz unzweifelhaft, sie ereignen sich zum Beispiel im Schlafzustand und äußern sich darin, daß eine Person unmittelbar nach dem Erwachen die Lösung eines schwierigen mathematischen oder anderen Problems weiß, um das sie sich am Tage vorher vergeblich bemüht hatte.*

Weit befremdender ist aber eine andere Erfahrung. Wir lernen in unseren Analysen, daß es Personen gibt, bei denen die Selbstkritik und das Gewissen, also überaus hochgewertete seelische Leistungen, unbewußt sind und als unbewußt die wichtigsten Wirkungen äußern; das Unbewußtbleiben des Widerstandes in der Analyse ist also keineswegs die einzige Situation dieser Art. Die neue Erfahrung aber, die uns nötigt, trotz unserer besseren kritischen Einsicht, von einem *unbewußten Schuldgefühl* zu reden, verwirrt uns weit mehr und gibt uns neue Rätsel auf, besonders wenn wir allmählich erraten, daß ein solches unbewußtes Schuldgefühl bei einer großen Anzahl von Neurosen eine ökonomisch entscheidende Rolle spielt und der Heilung die stärksten Hindernisse in den Weg legt. Wollen wir zu unserer Wert-

* Ein solcher Fall ist mir erst kürzlich, und zwar als Einwand gegen meine Beschreibung der „Traumarbeit", mitgeteilt worden.

skala zurückkehren, so müssen wir sagen: Nicht nur das Tiefste, auch das Höchste am Ich kann unbewußt sein. Es ist, als würde uns auf diese Weise demonstriert, was wir vorhin vom bewußten Ich ausgesagt haben, es sei vor allem ein Körper-Ich.

III. DAS ICH UND DAS ÜBER-ICH (ICHIDEAL)

Wäre das Ich nur der durch den Einfluß des Wahrnehmungssystems modifizierte Anteil des Es, der Vertreter der realen Außenwelt im Seelischen, so hätten wir es mit einem einfachen Sachverhalt zu tun. Allein es kommt etwas anderes hinzu.

Die Motive, die uns bewogen haben, eine Stufe im Ich anzunehmen, eine Differenzierung innerhalb des Ichs, die *Ich-Ideal* oder *Über-Ich* zu nennen ist, sind an anderen Orten auseinandergesetzt worden.[127] Sie bestehen zu Recht.* Daß dieses Stück des Ichs eine weniger feste Beziehung zum Bewußtsein hat, ist die Neuheit, die nach Erklärung verlangt.

Wir müssen hier etwas weiter ausgreifen. Es war uns gelungen, das schmerzhafte Leiden der Melancholie durch die Annahme aufzuklären, daß ein verlorenes Objekt im Ich wiederaufgerichtet, also eine Objektbesetzung durch eine Identifizierung abgelöst wird.[128] Damals erkannten wir aber noch nicht die ganze Bedeutung dieses Vorganges und wußten nicht, wie häufig und typisch er ist. Wir haben seither verstanden, daß solche Ersetzung einen großen Anteil an der Gestaltung des Ichs hat und wesentlich dazu beiträgt, das herzustellen, was man seinen *Charakter* heißt.

Uranfänglich in der primitiven oralen Phase des Individuums sind Objektbesetzung und Identifizierung wohl nicht voneinander zu unterscheiden. Späterhin kann man nur an-

* Nur daß ich die Funktion der Realitätsprüfung diesem Über-Ich zugewiesen habe, erscheint irrig und der Korrektur bedürftig. Es würde durchaus den Beziehungen des Ichs zur Wahrnehmungswelt entsprechen, wenn die Realitätsprüfung seine eigene Aufgabe bliebe. – Auch frühere, ziemlich unbestimmt gehaltene Äußerungen über einen *Kern des Ichs* sollen jetzt dahin richtiggestellt werden, daß nur das System W-Bw als Kern des Ichs anzuerkennen ist.

nehmen, daß die Objektbesetzungen vom Es ausgehen, welches die erotischen Strebungen als Bedürfnisse empfindet. Das anfangs noch schwächliche Ich erhält von den Objektbesetzungen Kenntnis, läßt sie sich gefallen oder sucht sie durch den Prozeß der Verdrängung abzuwehren.*

Soll oder muß ein solches Sexualobjekt aufgegeben werden, so tritt dafür nicht selten die Ichveränderung auf, die man als Aufrichtung des Objekts im Ich wie bei der Melancholie beschreiben muß; die näheren Verhältnisse dieser Ersetzung sind uns noch nicht bekannt. Vielleicht erleichtert oder ermöglicht das Ich durch diese Introjektion, die eine Art von Regression zum Mechanismus der oralen Phase ist, das Aufgeben des Objekts. Vielleicht ist diese Identifizierung überhaupt die Bedingung, unter der das Es seine Objekte aufgibt. Jedenfalls ist der Vorgang zumal in frühen Entwicklungsphasen ein sehr häufiger und kann die Auffassung ermöglichen, daß der Charakter des Ichs ein Niederschlag der aufgegebenen Objektbesetzungen ist, die Geschichte dieser Objektwahlen enthält. Es ist natürlich von vornherein eine Skala der Resistenzfähigkeit zuzugeben, inwieweit der Charakter einer Person diese Einflüsse aus der Geschichte der erotischen Objektwahlen abwehrt oder annimmt. Bei Frauen, die viel Liebeserfahrungen gehabt haben, glaubt man, die Rückstände ihrer Objektbesetzungen in ihren Charakterzügen leicht nachweisen zu können. Auch eine Gleichzeitigkeit von Objektbesetzung und Identifizierung, also eine Charakterveränderung, ehe das Objekt aufgegeben worden ist, kommt in Betracht. In diesem Fall könnte die Charakterveränderung die Objektbeziehung überleben und sie in gewissem Sinne konservieren.

Ein anderer Gesichtspunkt besagt, daß diese Umsetzung einer erotischen Objektwahl in eine Ichveränderung auch ein

* Eine interessante Parallele zur Ersetzung der Objektwahl durch Identifizierung enthält der Glaube der Primitiven, daß die Eigenschaften des als Nahrung einverleibten Tieres dem, der es ißt, als Charakter verbleiben werden, und die darauf gegründeten Verbote. Dieser Glaube geht bekanntlich auch in die Begründung des Kannibalismus ein und wirkt in der Reihe der Gebräuche der Totemmahlzeit bis zur heiligen Kommunion fort. Die Folgen, die hier der oralen Objektbemächtigung zugeschrieben werden, treffen für die spätere sexuelle Objektwahl wirklich zu.

Weg ist, wie das Ich das Es bemeistern und seine Beziehungen zu ihm vertiefen kann, allerdings auf Kosten einer weitgehenden Gefügigkeit gegen dessen Erlebnisse. Wenn das Ich die Züge des Objektes annimmt, drängt es sich sozusagen selbst dem Es als Liebesobjekt auf, sucht ihm seinen Verlust zu ersetzen, indem es sagt: „Sieh', du kannst auch mich lieben, ich bin dem Objekt so ähnlich."

Die Umsetzung von Objektlibido in narzißtische Libido, die hier vor sich geht, bringt offenbar ein Aufgeben der Sexualziele, eine Desexualisierung mit sich, also eine Art von Sublimierung. Ja, es entsteht die eingehender Behandlung würdige Frage, ob dies nicht der allgemeine Weg zur Sublimierung ist, ob nicht alle Sublimierung durch die Vermittlung des Ichs vor sich geht, welches zunächst die sexuelle Objektlibido in narzißtische verwandelt, um ihr dann vielleicht ein anderes Ziel zu setzen.* Ob diese Verwandlung nicht auch andere Triebschicksale zur Folge haben kann, zum Beispiel eine Entmischung der verschiedenen miteinander verschmolzenen Triebe herbeizuführen, wird uns noch später beschäftigen.

Es ist eine Abschweifung von unserem Ziel und doch nicht zu vermeiden, daß wir unsere Aufmerksamkeit für einen Moment bei den Objektidentifizierungen des Ichs verweilen lassen. Nehmen diese überhand, werden allzu zahlreich und überstark und miteinander unverträglich, so liegt ein pathologisches Ergebnis nahe. Es kann zu einer Aufsplitterung des Ichs kommen, indem sich die einzelnen Identifizierungen durch Widerstände gegeneinander abschließen, und vielleicht ist es das Geheimnis der Fälle von sogenannter *multipler Persönlichkeit,* daß die einzelnen Identifizierungen alternierend das Bewußtsein an sich reißen. Auch wenn es nicht soweit kommt, ergibt sich das Thema der Konflikte zwischen den verschiedenen Identifizierungen, in die das Ich auseinanderfährt, Konflikte, die endlich nicht durchwegs als pathologische bezeichnet werden können.

Wie immer sich aber die spätere Resistenz des Charakters

* Als das große Reservoir der Libido, im Sinne der Einführung des Narzißmus, müssen wir jetzt nach der Scheidung von Ich und Es das Es anerkennen. Die Libido, welche dem Ich durch die beschriebenen Identifizierungen zufließt, stellt dessen *„sekundären Narzißmus"* her.

gegen die Einflüsse aufgegebener Objektbesetzungen gestalten mag, die Wirkungen der ersten, im frühesten Alter erfolgten Identifizierungen werden allgemeine und nachhaltige sein. Dies führt uns zur Entstehung des Ichideals zurück, denn hinter ihm verbirgt sich die erste und bedeutsamste Identifizierung des Individuums, die mit dem Vater der persönlichen Vorzeit.* Diese scheint zunächst nicht Erfolg oder Ausgang einer Objektbesetzung zu sein, sie ist eine direkte und unmittelbare und frühzeitiger als jede Objektbesetzung. Aber die Objektwahlen, die der ersten Sexualperiode angehören und Vater und Mutter betreffen, scheinen beim normalen Ablauf den Ausgang in solche Identifizierung zu nehmen und somit die primäre Identifizierung zu verstärken.

Immerhin sind diese Beziehungen so kompliziert, daß es notwendig wird, sie eingehender zu beschreiben. Es sind zwei Momente, welche diese Komplikation verschulden, die dreieckige Anlage des Ödipusverhältnisses und die konstitutionelle Bisexualität des Individuums.

Der vereinfachte Fall gestaltet sich für das männliche Kind in folgender Weise: Ganz frühzeitig entwickelt es für die Mutter eine Objektbesetzung, die von der Mutterbrust ihren Ausgang nimmt und das vorbildliche Beispiel einer Objektwahl nach dem Anlehnungstypus zeigt; des Vaters bemächtigt sich der Knabe durch Identifizierung. Die beiden Beziehungen gehen eine Weile nebeneinanderher, bis durch die Verstärkung der sexuellen Wünsche nach der Mutter und die Wahrnehmung, daß der Vater diesen Wünschen ein Hindernis ist, der Ödipuskomplex entsteht. Die Vateridentifizierung nimmt nun eine feindselige Tönung an, sie wendet sich zum Wunsch, den Vater zu beseitigen, um ihn bei der Mutter zu ersetzen. Von da an ist das Ver-

* Vielleicht wäre es vorsichtiger zu sagen, mit den Eltern, denn Vater und Mutter werden vor der sicheren Kenntnis des Geschlechtsunterschiedes, des Penismangels, nicht verschieden gewertet. In der Geschichte einer jungen Frau hatte ich kürzlich Gelegenheit zu erfahren, daß sie, seitdem sie ihren eigenen Penismangel bemerkt, den Besitz dieses Organs nicht aller Frauen, sondern bloß den für minderwertig gehaltenen aberkannt hatte. Die Mutter hatte ihn in ihrer Meinung behalten. Der einfacheren Darstellung wegen werde ich nur die Identifizierung mit dem Vater behandeln.

hältnis zum Vater ambivalent; es scheint, als ob die in der Identifizierung von Anfang an enthaltene Ambivalenz manifest geworden wäre. Die ambivalente Einstellung zum Vater und die nur zärtliche Objektstrebung nach der Mutter beschreiben für den Knaben den Inhalt des einfachen, positiven Ödipuskomplexes.

Bei der Zertrümmerung des Ödipuskomplexes muß die Objektbesetzung der Mutter aufgegeben werden. An ihre Stelle kann zweierlei treten, entweder eine Identifizierung mit der Mutter oder eine Verstärkung der Vateridentifizierung. Den letzteren Ausgang pflegen wir als den normaleren anzusehen, er gestattet es, die zärtliche Beziehung zur Mutter in gewissem Maße festzuhalten. Durch den Untergang des Ödipuskomplexes[129] hätte so die Männlichkeit im Charakter des Knaben eine Festigung erfahren. In ganz analoger Weise kann die Ödipuseinstellung des kleinen Mädchens in eine Verstärkung ihrer Mutteridentifizierung (oder in die Herstellung einer solchen) auslaufen, die den weiblichen Charakter des Kindes festlegt.[130]

Diese Identifizierungen entsprechen nicht unserer Erwartung, denn sie führen nicht das aufgegebene Objekt ins Ich ein, aber auch dieser Ausgang kommt vor und ist bei Mädchen leichter zu beobachten als bei Knaben. Man erfährt sehr häufig aus der Analyse, daß das kleine Mädchen, nachdem es auf den Vater als Liebesobjekt verzichten mußte, nun seine Männlichkeit hervorholt und sich anstatt mit der Mutter, mit dem Vater, also mit dem verlorenen Objekt, identifiziert. Es kommt dabei offenbar darauf an, ob ihre männlichen Anlagen stark genug sind – worin immer diese bestehen mögen. Der Ausgang der Ödipussituation in Vater- oder in Mutteridentifizierung scheint also bei beiden Geschlechtern von der relativen Stärke der beiden Geschlechtsanlagen abzuhängen. Dies ist die eine Art, wie sich die Bisexualität in die Schicksale des Ödipuskomplexes einmengt. Die andere ist noch bedeutsamer. Man gewinnt nämlich den Eindruck, daß der einfache Ödipuskomplex überhaupt nicht das häufigste ist, sondern einer Vereinfachung oder Schematisierung entspricht, die allerdings oft genug praktisch gerechtfertigt bleibt. Eingehendere Untersuchung deckt zumeist den vollständigeren Ödipuskomplex auf, der ein zweifacher ist, ein positiver und ein nega-

tiver, abhängig von der ursprünglichen Bisexualität des Kindes, d. h., der Knabe hat nicht nur eine ambivalente Einstellung zum Vater und eine zärtliche Objektwahl für die Mutter, sondern er benimmt sich auch gleichzeitig wie ein Mädchen, er zeigt die zärtliche feminine Einstellung zum Vater und die ihr entsprechende eifersüchtig-feindselige gegen die Mutter. Dieses Eingreifen der Bisexualität macht es so schwer, die Verhältnisse der primitiven Objektwahlen und Identifizierungen zu durchschauen, und noch schwieriger, sie faßlich zu beschreiben. Es könnte auch sein, daß die im Elternverhältnis konstatierte Ambivalenz durchaus auf die Bisexualität zu beziehen wäre und nicht, wie ich es vorhin dargestellt, durch die Rivalitätseinstellung aus der Identifizierung entwickelt würde.
Ich meine, man tut gut daran, im allgemeinen und ganz besonders bei Neurotikern die Existenz des vollständigen Ödipuskomplexes anzunehmen. Die analytische Erfahrung zeigt dann, daß bei einer Anzahl von Fällen der eine oder der andere Bestandteil desselben bis auf kaum merkliche Spuren schwindet, so daß sich eine Reihe ergibt, an deren einem Ende der normale, positive, an deren anderem Ende der umgekehrte, negative Ödipuskomplex steht, während die Mittelglieder die vollständige Form mit ungleicher Beteiligung der beiden Komponenten aufzeigen. Beim Untergang des Ödipuskomplexes werden die vier in ihm enthaltenen Strebungen sich derart zusammenlegen, daß aus ihnen eine Vater- und eine Mutteridentifizierung hervorgeht, die Vateridentifizierung wird das Mutterobjekt des positiven Komplexes festhalten und gleichzeitig das Vaterobjekt des umgekehrten Komplexes ersetzen; Analoges wird für die Mutteridentifizierung gelten. In der verschieden starken Ausprägung der beiden Identifizierungen wird sich die Ungleichheit der beiden geschlechtlichen Anlagen spiegeln.
So kann man als allgemeinstes Ergebnis der vom Ödipuskomplex beherrschten Sexualphase einen Niederschlag im Ich annehmen, welcher in der Herstellung dieser beiden, irgendwie miteinander vereinbarten Identifizierungen besteht. Diese Ichveränderung behält ihre Sonderstellung, sie tritt dem anderen Inhalt des Ichs als Ichideal oder Über-Ich entgegen.
Das Über-Ich ist aber nicht einfach ein Residuum der ersten Objektwahlen des Es, sondern es hat auch die Bedeutung

einer energischen Reaktionsbildung gegen dieselben. Seine Beziehung zum Ich erschöpft sich nicht in der Mahnung: „So (wie der Vater) *sollst* du sein", sie umfaßt auch das Verbot: „So (wie der Vater) *darfst* du *nicht* sein, das heißt, nicht alles tun, was er tut; manches bleibt ihm vorbehalten." Dies Doppelangesicht des Ichideals leitet sich aus der Tatsache ab, daß das Ichideal zur Verdrängung des Ödipuskomplexes bemüht wurde, ja, diesem Umschwung erst seine Entstehung dankt. Die Verdrängung des Ödipuskomplexes ist offenbar keine leichte Aufgabe gewesen. Da die Eltern, besonders der Vater, als das Hindernis gegen die Verwirklichung der Ödipuswünsche erkannt werden, stärkte sich das infantile Ich für diese Verdrängungsleistung, indem es dies selbe Hindernis in sich aufrichtete. Es lieh sich gewissermaßen die Kraft dazu vom Vater aus, und diese Anleihe ist ein außerordentlich folgenschwerer Akt. Das Über-Ich wird den Charakter des Vaters bewahren, und je stärker der Ödipuskomplex war, je beschleunigter (unter dem Einfluß von Autorität, Religionslehre, Unterricht, Lektüre) seine Verdrängung erfolgte, desto strenger wird später das Über-Ich als Gewissen, vielleicht als unbewußtes Schuldgefühl über das Ich herrschen. – Woher es die Kraft zu dieser Herrschaft bezieht, den zwangsartigen Charakter, der sich als kategorischer Imperativ äußert, darüber werde ich später eine Vermutung vorbringen.

Fassen wir die beschriebene Entstehung des Über-Ichs nochmals ins Auge, so erkennen wir es als das Ergebnis zweier höchst bedeutsamer biologischer Faktoren, der langen kindlichen Hilflosigkeit und Abhängigkeit des Menschen und der Tatsache seines Ödipuskomplexes, den wir ja auf die Unterbrechung der Libidoentwicklung durch die Latenzzeit, somit auf den *zweizeitigen Ansatz* seines Sexuallebens zurückgeführt haben. Letztere, wie es scheint, spezifisch menschliche Eigentümlichkeit hat eine psychoanalytische Hypothese als Erbteil der durch die Eiszeit erzwungenen Entwicklung zur Kultur hingestellt. Somit ist die Sonderung des Über-Ichs vom Ich nichts Zufälliges, sie vertritt die bedeutsamsten Züge der individuellen und der Artentwicklung, ja indem sie dem Elterneinfluß einen dauernden Ausdruck schafft, verewigt sie die Existenz der Momente, denen sie ihren Ursprung verdankt.

Es ist der Psychoanalyse unzählige Male zum Vorwurf gemacht worden, daß sie sich um das Höhere, Moralische, Überpersönliche im Menschen nicht kümmere. Der Vorwurf war doppelt ungerecht, historisch wie methodisch. Ersteres, da von Anbeginn an den moralischen und ästhetischen Tendenzen im Ich der Antrieb zur Verdrängung zugeteilt wurde, letzteres, da man nicht einsehen wollte, daß die psychoanalytische Forschung nicht wie ein philosophisches System mit einem vollständigen und fertigen Lehrgebäude auftreten konnte, sondern sich den Weg zum Verständnis der seelischen Komplikationen schrittweise durch die analytische Zergliederung normaler wie abnormer Phänomene bahnen mußte. Wir brauchten die zitternde Besorgnis um den Verbleib des Höheren im Menschen nicht zu teilen, solange wir uns mit dem Studium des Verdrängten im Seelenleben zu beschäftigen hatten. Nun, da wir uns an die Analyse des Ichs heranwagen, können wir all denen, welche, in ihrem sittlichen Bewußtsein erschüttert, geklagt haben, es muß doch ein höheres Wesen im Menschen geben, antworten: „Gewiß, und dies ist das höhere Wesen, das Ichideal oder Über-Ich, die Repräsentanz unserer Elternbeziehung. Als kleine Kinder haben wir diese höheren Wesen gekannt, bewundert, gefürchtet, später sie in uns selbst aufgenommen."

Das Ichideal ist also der Erbe des Ödipuskomplexes und somit Ausdruck der mächtigsten Regungen und wichtigsten Libidoschicksale des Es. Durch seine Aufrichtung hat sich das Ich des Ödipuskomplexes bemächtigt und gleichzeitig sich selbst dem Es unterworfen. Während das Ich wesentlich Repräsentant der Außenwelt, der Realität ist, tritt ihm das Über-Ich als Anwalt der Innenwelt, des Es, gegenüber. Konflikte zwischen Ich und Ideal werden, darauf sind wir nun vorbereitet, in letzter Linie den Gegensatz von Real und Psychisch, Außenwelt und Innenwelt, widerspiegeln.

Was die Biologie und die Schicksale der Menschenart im Es geschaffen und hinterlassen haben, das wird durch die Idealbildung vom Ich übernommen und an ihm individuell wieder erlebt. Das Ichideal hat infolge seiner Bildungsgeschichte die ausgiebigste Verknüpfung mit dem phylogenetischen Erwerb, der archaischen Erbschaft, des einzelnen. Was im einzelnen Seelenleben dem Tiefsten angehört hat, wird durch die Idealbildung zum Höchsten der Menschenseele im Sinne unserer Wertungen. Es wäre aber ein vergebliches Bemühen, das Ichideal auch nur in ähnlicher Weise wie das Ich zu lokalisieren oder es in eines der Gleichnisse einzupassen, durch welche wir die Beziehung von Ich und Es nachzubilden versuchten.

Es ist leicht zu zeigen, daß das Ichideal allen Ansprüchen genügt, die an das höhere Wesen im Menschen gestellt werden. Als Ersatzbildung für die Vatersehnsucht enthält es den Keim, aus dem sich alle Religionen gebildet haben. Das Urteil der eigenen Unzulänglichkeit im Vergleich des Ichs mit seinem Ideal ergibt das demütige religiöse Empfinden, auf das sich der sehnsüchtig Gläubige beruft. Im weiteren Verlauf der Entwicklung haben Lehrer und Autoritäten die Vaterrolle fortgeführt; deren Gebote und Verbote sind im Ideal-Ich mächtig geblieben und üben jetzt als *Gewissen* die moralische Zensur aus. Die Spannung zwischen den Ansprüchen des Gewissens und den Leistungen des Ichs wird als *Schuldgefühl* empfunden. Die sozialen Gefühle ruhen auf Identifizierungen mit anderen auf Grund des gleichen Ichideals.

Religion, Moral und soziales Empfinden – diese Hauptinhalte des Höheren im Menschen – sind ursprünglich eins gewesen. Nach der Hypothese von *Totem und Tabu* wurden sie phylogenetisch am Vaterkomplex erworben, Religion und sittliche Beschränkung durch die Bewältigung des eigentlichen Ödipuskomplexes, die sozialen Gefühle durch die Nötigung zur Überwindung der erübrigenden Rivalität unter den Mitgliedern der jungen Generation. In all diesen sittlichen Erwerbungen scheint das Geschlecht der Männer vorangegangen zu sein, gekreuzte Vererbung hat den Besitz auch den Frauen zugeführt. Die sozialen Gefühle entstehen noch heute beim einzelnen als Überbau über die eifersüchtigen Rivalitätsregungen gegen die Geschwister. Da die Feindseligkeit nicht zu befriedigen ist, stellt sich eine Identifizierung mit dem anfänglichen Rivalen her. Beobachtungen an milden Homosexuellen stützen die Vermutung, daß auch diese Identifizierung Ersatz einer zärtlichen Objektwahl ist, welche die aggressiv-feindselige Einstellung abgelöst hat.

Mit der Erwähnung der Phylogenese tauchen aber neue

Probleme auf, vor deren Beantwortung man zaghaft zurückweichen möchte. Aber es hilft wohl nichts, man muß den Versuch wagen, auch wenn man fürchtet, daß er die Unzulänglichkeit unserer ganzen Bemühung bloßstellen wird. Die Frage lautet: Wer hat seinerzeit Religion und Sittlichkeit am Vaterkomplex erworben, das Ich des Primitiven oder sein Es? Wenn es das Ich war, warum sprechen wir nicht einfach von einer Vererbung im Ich? Wenn das Es, wie stimmt das zum Charakter des Es? Oder darf man die Differenzierung in Ich, Über-Ich und Es nicht in so frühe Zeiten tragen? Oder soll man nicht ehrlich eingestehen, daß die ganze Auffassung der Ichvorgänge nichts fürs Verständnis der Phylogenese leistet und auf sie nicht anwendbar ist?

Beantworten wir zuerst, was sich am leichtesten beantworten läßt. Die Differenzierung von Ich und Es müssen wir nicht nur den primitiven Menschen, sondern noch viel einfacheren Lebewesen zuerkennen, da sie der notwendige Ausdruck des Einflusses der Außenwelt ist. Das Über-Ich ließen wir gerade aus jenen Erlebnissen, die zum Totemismus führten, entstehen. Die Frage, ob das Ich oder das Es jene Erfahrungen und Erwerbungen gemacht haben, fällt bald in sich zusammen. Die nächste Erwägung sagt uns, daß das Es kein äußeres Schicksal erleben oder erfahren kann außer durch das *Ich,* welches die Außenwelt bei ihm vertritt. Von einer direkten Vererbung im *Ich* kann man aber doch nicht reden. Hier tut sich die Kluft auf zwischen dem realen Individuum und dem Begriff der Art. Auch darf man den Unterschied von Ich und Es nicht zu starr nehmen, nicht vergessen, daß das Ich ein besonders differenzierter Anteil des Es ist. Die Erlebnisse des Ichs scheinen zunächst für die Erbschaft verlorenzugehen, wenn sie sich aber häufig und stark genug bei vielen generationsweise aufeinanderfolgenden Individuen wiederholen, setzen sie sich sozusagen in Erlebnisse des Es um, deren Eindrücke durch Vererbung festgehalten werden. Somit beherbergt das erbliche Es in sich die Reste ungezählt vieler Ich-Existenzen, und wenn das Ich sein Über-Ich aus dem Es schöpft, bringt es vielleicht nur ältere Ichgestaltungen wieder zum Vorschein, schafft ihnen eine Auferstehung.

Die Entstehungsgeschichte des Über-Ichs macht es verständlich, daß frühe Konflikte des Ichs mit den Objektbesetzungen des Es sich in Konflikte mit deren Erben, dem Über-Ich, fortsetzen können. Wenn dem Ich die Bewältigung des Ödipuskomplexes schlecht gelungen ist, wird dessen dem Es entstammende Energiebesetzung in der Reaktionsbildung des Ichideals wieder zur Wirkung kommen. Die ausgiebige Kommunikation dieses Ideals mit diesen *ubw* Triebregungen wird das Rätsel lösen, daß das Ideal selbst zum großen Teil unbewußt, dem Ich unzugänglich bleiben kann. Der Kampf, der in tieferen Schichten getobt hatte, durch rasche Sublimierung und Identifizierung nicht zum Abschluß gekommen war, setzt sich nun wie auf dem Kaulbachschen Gemälde der Hunnenschlacht in einer höheren Region fort.[131]

IV. DIE BEIDEN TRIEBARTEN

Wir sagten bereits, wenn unsere Gliederung des seelischen Wesens in ein Es, ein Ich und ein Über-Ich einen Fortschritt in unserer Einsicht bedeutet, so muß sie sich auch als Mittel zum tieferen Verständnis und zur besseren Beschreibung der dynamischen Beziehungen im Seelenleben erweisen. Wir haben uns auch bereits klargemacht, daß das Ich unter dem besonderen Einfluß der Wahrnehmung steht und daß man im rohen sagen kann, die Wahrnehmungen haben für das Ich dieselbe Bedeutung wie die Triebe für das Es. Dabei unterliegt aber auch das Ich der Einwirkung der Triebe wie das Es, von dem es ja nur ein besonders modifizierter Anteil ist.
Über die Triebe habe ich kürzlich *(Jenseits des Lustprinzips)* eine Anschauung entwickelt, die ich hier festhalten und den weiteren Erörterungen zugrunde legen werde.[132] Daß man zwei Triebarten zu unterscheiden hat, von denen die eine, *Sexualtriebe* oder *Eros,* die bei weitem auffälligere und der Kenntnis zugänglichere ist. Sie umfaßt nicht nur den eigentlichen ungehemmten Sexualtrieb und die von ihm abgeleiteten zielgehemmten und sublimierten Triebregungen, sondern auch den Selbsterhaltungstrieb, den wir dem Ich zuschreiben müssen und den wir zu Anfang der analytischen Arbeit mit guten Gründen den sexuellen Objekttrie-

ben gegenübergestellt hatten. Die zweite Triebart aufzuzeigen bereitete uns Schwierigkeiten; endlich kamen wir darauf, den Sadismus als Repräsentanten derselben anzusehen. Auf Grund theoretischer, durch die Biologie gestützter Überlegungen supponierten wir einen *Todestrieb,* dem die Aufgabe gestellt ist, das organische Lebende in den leblosen Zustand zurückzuführen, während der Eros das Ziel verfolgt, das Leben durch immer weitergreifende Zusammenfassung der in Partikel zersprengten lebenden Substanz zu komplizieren, natürlich es dabei zu erhalten. Beide Triebe benehmen sich dabei im strengsten Sinne konservativ, indem sie die Wiederherstellung eines durch die Entstehung des Lebens gestörten Zustandes anstreben. Die Entstehung des Lebens wäre also die Ursache des Weiterlebens und gleichzeitig auch des Strebens nach dem Tode, das Leben selbst ein Kampf und Kompromiß zwischen diesen beiden Strebungen. Die Frage nach der Herkunft des Lebens bliebe eine kosmologische, die nach Zweck und Absicht des Lebens wäre *dualistisch* beantwortet.

Jeder dieser beiden Triebarten wäre ein besonderer physiologischer Prozeß (Aufbau und Zerfall) zugeordnet, in jedem Stück lebender Substanz wären beiderlei Triebe tätig, aber doch in ungleicher Mischung, so daß eine Substanz die Hauptvertretung des Eros übernehmen könnte.

In welcher Weise sich Triebe der beiden Arten miteinander verbinden, vermischen, legieren, wäre noch ganz unvorstellbar; daß dies aber regelmäßig und in großem Ausmaß geschieht, ist eine in unserem Zusammenhang unabweisbare Annahme. Infolge der Verbindung der einzelligen Elementarorganismen zu mehrzelligen Lebewesen wäre es gelungen, den Todestrieb der Einzelzelle zu neutralisieren und die destruktiven Regungen durch Vermittlung eines besonderen Organs auf die Außenwelt abzuleiten. Dies Organ wäre die Muskulatur, und der Todestrieb würde sich nun – wahrscheinlich doch nur teilweise – als *Destruktionstrieb* gegen die Außenwelt und andere Lebewesen äußern.

Haben wir einmal die Vorstellung von einer Mischung der beiden Triebarten angenommen, so drängt sich uns auch die Möglichkeit einer – mehr oder minder vollständigen – *Entmischung* derselben auf. In der sadistischen Komponente des Sexualtriebes hätten wir ein klassisches Beispiel einer zweckdienlichen Triebmischung vor uns, im selbständig gewordenen *Sadismus* als Perversion das Vorbild einer, allerdings nicht bis zum äußersten getriebenen Entmischung. Es eröffnet sich uns dann ein Einblick in ein großes Gebiet von Tatsachen, welches noch nicht in diesem Licht betrachtet worden ist. Wir erkennen, daß der *Destruktionstrieb* regelmäßig zu Zwecken der Abfuhr in den Dienst des Eros gestellt ist, ahnen, daß der epileptische Anfall Produkt und Anzeichen einer Triebentmischung ist,[133] und lernen verstehen, daß unter den Erfolgen mancher schweren Neurosen, zum Beispiel der Zwangsneurosen, die Triebentmischung und das Hervortreten des Todestriebes eine besondere Würdigung verdient. In rascher Verallgemeinerung möchten wir vermuten, daß das Wesen einer Libidoregression, zum Beispiel von der genitalen zur sadistisch-analen Phase, auf einer Triebentmischung beruht, wie umgekehrt der Fortschritt von der früheren zur definitiven Genitalphase einen Zuschuß von erotischen Komponenten zur Bedingung hat. Es erhebt sich auch die Frage, ob nicht die reguläre *Ambivalenz,* die wir in der konstitutionellen Anlage zur Neurose so oft verstärkt finden, als Ergebnis einer Entmischung aufgefaßt werden darf; allein diese ist so ursprünglich, daß sie vielmehr als nicht vollzogene Triebmischung gelten muß.

Unser Interesse wird sich natürlich den Fragen zuwenden, ob sich nicht aufschlußreiche Beziehungen zwischen den angenommenen Bildungen des Ichs, Über-Ichs und des Es einerseits, den beiden Triebarten anderseits auffinden lassen, ferner, ob wir dem die seelischen Vorgänge beherrschenden Lustprinzip eine feste Stellung zu den beiden Triebarten und den seelischen Differenzierungen zuweisen können. Ehe wir aber in diese Diskussion eintreten, haben wir einen Zweifel zu erledigen, der sich gegen die Problemstellung selbst richtet. Am Lustprinzip ist zwar kein Zweifel, die Gliederung des Ichs ruht auf klinischer Rechtfertigung, aber die Unterscheidung der beiden Triebarten scheint nicht genug gesichert, und möglicherweise heben Tatsachen der klinischen Analyse ihren Anspruch auf.

Eine solche Tatsache scheint es zu geben. Für den Gegensatz der beiden Triebarten dürfen wir die Polarität von

Liebe und Haß einsetzen. Um eine Repräsentanz des Eros sind wir ja nicht verlegen, dagegen sehr zufrieden, daß wir für den schwer zu fassenden Todestrieb im Destruktionstrieb, dem der Haß den Weg zeigt, einen Vertreter aufzeigen können. Nun lehrt uns die klinische Beobachtung, daß der Haß nicht nur der unerwartet regelmäßige Begleiter der Liebe ist (Ambivalenz), nicht nur häufig ihr Vorläufer in menschlichen Beziehungen, sondern auch, daß Haß sich unter mancherlei Verhältnisse in Liebe und Liebe in Haß verwandelt. Wenn diese Verwandlung mehr ist als bloß zeitliche Sukzession, also Ablösung, dann ist offenbar einer so grundlegenden Unterscheidung wie zwischen erotischen und Todestrieben, die entgegengesetzt laufende physiologische Vorgänge voraussetzt, der Boden entzogen.
Nun der Fall, daß man dieselbe Person zuerst liebt und dann haßt, oder umgekehrt, wenn sie einem die Anlässe dazu gegeben hat, gehört offenbar nicht zu unserem Problem. Auch nicht der andere, daß eine noch nicht manifeste Verliebtheit sich zuerst durch Feindseligkeit und Aggressionsneigung äußert, denn die destruktive Komponente könnte da bei der Objektbesetzung vorangeeilt sein, bis die erotische sich zu ihr gesellt. Aber wir kennen mehrere Fälle aus der Psychologie der Neurosen, in denen die Annahme einer Verwandlung näherliegt. Bei der *Paranoia persecutoria* erwehrt sich der Kranke einer überstarken homosexuellen Bindung an eine bestimmte Person auf eine gewisse Weise, und das Ergebnis ist, daß diese geliebteste Person zum Verfolger wird, gegen den sich die oft gefährliche Aggression des Kranken richtet. Wir haben das Recht einzuschalten, daß eine Phase vorher die Liebe in Haß umgewandelt hatte. Bei der Entstehung der Homosexualität, aber auch der desexualisierten sozialen Gefühle lehrte uns die analytische Untersuchung erst neuerdings die Existenz von heftigen, zu Aggressionsneigung führenden Gefühlen der Rivalität kennen, nach deren Überwindung erst das früher gehaßte Objekt zum geliebten oder zum Gegenstand einer Identifizierung wird. Die Frage erhebt sich, ob für diese Fälle eine direkte Umsetzung von Haß in Liebe anzunehmen ist. Hier handelt es sich ja um rein innerliche Änderungen, an denen ein geändertes Benehmen des Objekts keinen Anteil hat.
Die analytische Untersuchung des Vorganges bei der para-

noischen Umwandlung macht uns aber mit der Möglichkeit eines anderen Mechanismus vertraut. Es ist von Anfang an eine ambivalente Einstellung vorhanden, und die Verwandlung geschieht durch eine reaktive Besetzungsverschiebung, indem der erotischen Regung Energie entzogen und der feindseligen Energie zugeführt wird.

Nicht das nämliche, aber ähnliches geschieht bei der Überwindung der feindseligen Rivalität, die zur Homosexualität führt. Die feindselige Einstellung hat keine Aussicht auf Befriedigung, daher – aus ökonomischen Motiven also – wird sie von der Liebeseinstellung abgelöst, welche mehr Aussicht auf Befriedigung, das ist Abfuhrmöglichkeit, bietet. Somit brauchen wir für keinen dieser Fälle eine direkte Verwandlung von Haß in Liebe, die mit der qualitativen Verschiedenheit der beiden Triebarten unverträglich wäre, anzunehmen.

Wir bemerken aber, daß wir bei der Inanspruchnahme dieses anderen Mechanismus der Umwandlung von Liebe in Haß stillschweigend eine andere Annahme gemacht haben, die laut zu werden verdient. Wir haben so geschaltet, als gäbe es im Seelenleben – unentschieden, ob im Ich oder im Es – eine verschiebbare Energie, die, an sich indifferent, zu einer qualitativ differenzierten erotischen oder destruktiven Regung hinzutreten und deren Gesamtbesetzung erhöhen kann. Ohne die Annahme einer solchen verschiebbaren Energie kommen wir überhaupt nicht aus. Es fragt sich nur, woher sie stammt, wem sie zugehört und was sie bedeutet.

Das Problem der Qualität der Triebregungen und deren Erhaltung bei den verschiedenen Triebschicksalen ist noch sehr dunkel und derzeit kaum in Angriff genommen. An den sexuellen Partialtrieben, die der Beobachtung besonders gut zugänglich sind, kann man einige Vorgänge, die in denselben Rahmen gehören, feststellen, zum Beispiel daß die Partialtriebe gewissermaßen miteinander kommunizieren, daß ein Trieb aus einer besonderen erogenen Quelle seine Intensität zur Verstärkung eines Partialtriebes aus anderer Quelle abgeben kann, daß die Befriedigung des einen Triebes einem anderen die Befriedigung ersetzt und dergleichen mehr, was einem Mut machen muß, Annahmen gewisser Art zu wagen.

Ich habe auch in der vorliegenden Diskussion nur eine Annahme, nicht einen Beweis zu bieten. Es erscheint plausibel, daß diese wohl im Ich und im Es tätige, verschiebbare und indifferente Energie dem narzißtischen Libidovorrat entstammt, also desexualisierter Eros ist. Die erotischen Triebe erscheinen uns ja überhaupt plastischer, ablenkbarer und verschiebbarer als die Destruktionstriebe. Dann kann man ohne Zwang fortsetzen, daß diese verschiebbare Libido im Dienst des Lustprinzips arbeitet, um Stauungen zu vermeiden und Abfuhren zu erleichtern. Dabei ist eine gewisse Gleichgültigkeit, auf welchem Wege die Abfuhr geschieht, wenn sie nur überhaupt geschieht, unverkennbar. Wir kennen diesen Zug als charakteristisch für die Besetzungsvorgänge im Es. Er findet sich bei den erotischen Besetzungen, wobei eine besondere Gleichgültigkeit in bezug auf das Objekt entwickelt wird, ganz besonders bei den Übertragungen in der Analyse, die vollzogen werden müssen, gleichgültig auf welche Personen. Rank hat kürzlich schöne Beispiele dafür gebracht, daß neurotische Racheaktionen gegen die unrichtigen Personen gerichtet werden. Man muß bei diesem Verhalten des Unbewußten an die komisch verwertete Anekdote denken, daß einer der drei Dorfschneider gehängt werden soll, weil der einzige Dorfschmied ein todwürdiges Verbrechen begangen hat. Strafe muß eben sein, auch wenn sie nicht den Schuldigen trifft. Die nämliche Lockerheit haben wir zuerst an den Verschiebungen des Primärvorganges in der Traumarbeit bemerkt. Wie hier die Objekte, so wären es in dem uns beschäftigenden Falle die Wege der Abfuhraktion, die erst in zweiter Linie in Betracht kommen. Dem Ich würde es ähnlich sehen, auf größerer Exaktheit in der Auswahl des Objekts wie des Weges der Abfuhr zu bestehen.

Wenn diese Verschiebungsenergie desexualisierte Libido ist, so darf sie auch *sublimiert* heißen, denn sie würde noch immer an der Hauptabsicht des Eros, zu vereinigen und zu binden, festhalten, indem sie zur Herstellung jener Einheitlichkeit dient, durch die – oder durch das Streben nach welcher – das Ich sich auszeichnet. Schließen wir die Denkvorgänge im weiteren Sinne unter diese Verschiebungen ein, so wird eben auch die Denkarbeit durch Sublimierung erotischer Triebkraft bestritten.

Hier stehen wir wieder vor der früher berührten Möglichkeit, daß die Sublimierung regelmäßig durch die Vermittlung des Ichs vor sich geht. Wir erinnern den anderen Fall, daß dies Ich die ersten und gewiß auch spätere Objektbesetzungen des Es dadurch erledigt, daß es deren Libido ins Ich aufnimmt und an die durch Identifizierung hergestellte Ichveränderung bindet. Mit dieser Umsetzung [von erotischer Libido] in Ichlibido ist natürlich ein Aufgeben der Sexualziele, eine Desexualisierung, verbunden. Jedenfalls erhalten wir so Einsicht in eine wichtige Leistung des Ichs in seinem Verhältnis zum Eros. Indem es sich in solcher Weise der Libido der Objektbesetzungen bemächtigt, sich zum alleinigen Liebesobjekt aufwirft, die Libido des Es desexualisiert oder sublimiert, arbeitet es den Absichten des Eros entgegen, stellt sich in den Dienst der gegnerischen Triebregungen. Einen anderen Anteil der Es-Objektbesetzungen muß es sich gefallen lassen, sozusagen mitmachen. Auf eine andere mögliche Folge dieser Ichtätigkeit werden wir später zu sprechen kommen.

An der Lehre vom Narzißmus wäre nun eine wichtige Ausgestaltung vorzunehmen. Zu Uranfang ist alle Libido im Es angehäuft, während das Ich noch in der Bildung begriffen oder schwächlich ist. Das Es sendet einen Teil dieser Libido auf erotische Objektbesetzungen aus, worauf das erstarkte Ich sich dieser Objektlibido zu bemächtigen und sich dem Es als Liebesobjekt aufzudrängen sucht. Der Narzißmus des Ichs ist so ein sekundärer, den Objekten entzogener.

Immer wieder machen wir die Erfahrung, daß die Triebregungen, die wir verfolgen können, sich als Abkömmlinge des Eros enthüllen. Wären nicht die im *Jenseits des Lustprinzips* angestellten Erwägungen und endlich die sadistischen Beiträge zum Eros, so hätten wir es schwer, an der dualistischen Grundanschauung festzuhalten. Da wir aber dazu genötigt sind, müssen wir den Eindruck gewinnen, daß die Todestriebe im wesentlichen stumm sind und der Lärm des Lebens meist vom Eros ausgeht.*

Und vom Kampf gegen den Eros! Es ist die Anschauung

* Nach unserer Auffassung sind ja die nach außen gerichteten Destruktionstriebe durch Vermittlung des Eros vom eigenen Selbst abgelenkt worden.

nicht abzuweisen, daß das Lustprinzip dem Es als ein Kompaß im Kampf gegen die Libido dient, die Störungen in den Lebensablauf einführt. Wenn das Konstanz-Prinzip im Sinne Fechners das Leben beherrscht, welches also dann ein Gleiten in den Tod sein sollte, so sind es die Ansprüche des Eros, der Sexualtriebe, welche als Triebbedürfnisse das Herabsinken des Niveaus aufhalten und neue Spannungen einführen. Das Es erwehrt sich ihrer, vom Lustprinzip, das heißt der Unlustwahrnehmung, geleitet, auf verschiedenen Wegen. Zunächst durch möglichst beschleunigte Nachgiebigkeit gegen die Forderungen der nicht desexualisierten Libido, also durch Ringen nach Befriedigung der direkt sexuellen Strebungen. In weit ausgiebigerer Weise, indem es sich bei einer dieser Befriedigungen, in der alle Teilansprüche zusammentreffen, der sexuellen Substanzen entledigt, welche sozusagen gesättigte Träger der erotischen Spannungen sind. Die Abstoßung der Sexualstoffe im Sexualakt entspricht gewissermaßen der Trennung von Soma und Keimplasma. Daher die Ähnlichkeit des Zustandes nach der vollen Sexualbefriedigung mit dem Sterben, bei niederen Tieren das Zusammenfallen des Todes mit dem Zeugungsakt. Diese Wesen sterben an der Fortpflanzung, insoferne nach der Ausschaltung des Eros durch die Befriedigung der Todestrieb freie Hand bekommt, seine Absichten durchzusetzen. Endlich erleichtert, wie wir gehört haben, das Ich dem Es die Bewältigungsarbeit, indem es Anteile der Libido für sich und seine Zwecke sublimiert.

V. DIE ABHÄNGIGKEITEN DES ICHS

Die Verschlungenheit des Stoffes mag entschuldigen, daß sich keine der Überschriften ganz mit dem Inhalt der Kapitel deckt und daß wir immer wieder auf bereits Erledigtes zurückgreifen, wenn wir neue Beziehungen studieren wollen.

So haben wir wiederholt gesagt, daß das Ich sich zum guten Teil aus Identifizierungen bildet, welche aufgelassene Besetzungen des Es ablösen, daß die ersten dieser Identifizierungen sich regelmäßig als besondere Instanz im Ich gebärden, sich als Über-Ich dem Ich entgegenstellen, während das erstarkte Ich sich späterhin gegen solche Identifizierungseinflüsse resistenter verhalten mag. Das Über-Ich verdankt seine besondere Stellung im Ich oder zum Ich einem Moment, das von zwei Seiten her eingeschätzt werden soll, erstens, daß es die erste Identifizierung ist, die vorfiel, solange das Ich noch schwach war, und zweitens, daß es der Erbe des Ödipuskomplexes ist, also die großartigsten Objekte ins Ich einführte. Es verhält sich gewissermaßen zu den späteren Ichveränderungen wie die primäre Sexualphase der Kindheit zum späteren Sexualleben nach der Pubertät. Obwohl allen späteren Einflüssen zugänglich, behält es doch zeitlebens den Charakter, der ihm durch seinen Ursprung aus dem Vaterkomplex verliehen ist, nämlich die Fähigkeit, sich dem Ich entgegenzustellen und es zu meistern. Es ist das Denkmal der einstigen Schwäche und Abhängigkeit des Ichs und setzt seine Herrschaft auch über das reife Ich fort. Wie das Kind unter dem Zwange stand, seinen Eltern zu gehorchen, so unterwirft sich das Ich dem kategorischen Imperativ seines Über-Ichs.

Die Abkunft von den ersten Objektbesetzungen des Es, also vom Ödipuskomplex, bedeutet aber für das Über-Ich noch mehr. Sie bringt es, wie wir bereits ausgeführt haben, in Beziehung zu den phylogenetischen Erwerbungen des Es und macht es zur Reinkarnation früherer Ichbildungen, die ihre Niederschläge im Es hinterlassen haben. Somit steht das Über-Ich dem Es dauernd nahe und kann dem Ich gegenüber dessen Vertretung führen. Es taucht tief ins Es ein, ist dafür entfernter vom Bewußtsein als das Ich.*

Diese Beziehungen würdigen wir am besten, wenn wir uns gewissen klinischen Tatsachen zuwenden, die längst keine Neuheit sind, aber ihrer theoretischen Verarbeitung noch warten.

Es gibt Personen, die sich in der analytischen Arbeit ganz sonderbar benehmen. Wenn man ihnen Hoffnung gibt und ihnen Zufriedenheit mit dem Stand der Behandlung zeigt, scheinen sie unbefriedigt und verschlechtern regelmäßig ihr Befinden. Man hält das anfangs für Trotz und Bemühen,

* Man kann sagen: Auch das psychoanalytische oder metapsychologische Ich steht auf dem Kopf wie das anatomische, das Gehirnmännchen.

dem Arzt ihre Überlegenheit zu bezeugen. Später kommt man zu einer tieferen und gerechteren Auffassung. Man überzeugt sich nicht nur, daß diese Personen kein Lob und keine Anerkennung vertragen, sondern daß sie auf die Fortschritte der Kur in verkehrter Weise reagieren. Jede Partiallösung, die eine Besserung oder zeitweiliges Aussetzen der Symptome zur Folge haben sollte und bei anderen auch hat, ruft bei ihnen eine momentane Verstärkung ihres Leidens hervor, sie verschlimmern sich während der Behandlung, anstatt sich zu bessern. Sie zeigen die sogenannte *negative therapeutische Reaktion*.

Kein Zweifel, daß sich bei ihnen etwas der Genesung widersetzt, daß deren Annäherung wie eine Gefahr gefürchtet wird. Man sagt, bei diesen Personen hat nicht der Genesungswille, sondern das Krankheitsbedürfnis die Oberhand. Analysiert man diesen Widerstand in gewohnter Weise, zieht die Trotzeinstellung gegen den Arzt, die Fixierung an die Formen des Krankheitsgewinnes von ihm ab, so bleibt doch das meiste noch bestehen, und dies erweist sich als das stärkste Hindernis der Wiederherstellung, stärker als die uns bereits bekannten der narzißtischen Unzugänglichkeit, der negativen Einstellung gegen den Arzt und des Haftens am Krankheitsgewinne.

Man kommt endlich zur Einsicht, daß es sich um einen sozusagen „moralischen" Faktor handelt, um ein Schuldgefühl, welches im Kranksein seine Befriedigung findet und auf die Strafe des Leidens nicht verzichten will. An dieser wenig tröstlichen Aufklärung darf man endgültig festhalten. Aber dies Schuldgefühl ist für den Kranken stumm, es sagt ihm nicht, daß er schuldig ist, er fühlt sich nicht schuldig, sondern krank. Dies Schuldgefühl äußert sich nur als schwer reduzierbarer Widerstand gegen die Herstellung. Es ist auch besonders schwierig, den Kranken von diesem Motiv seines Krankbleibens zu überzeugen, er wird sich an die näherliegende Erklärung halten, daß die analytische Kur nicht das richtige Mittel ist, ihm zu helfen.*

* Der Kampf gegen das Hindernis des unbewußten Schuldgefühls wird dem Analytiker nicht leicht gemacht. Man kann direkt nichts dagegen tun, indirekt nichts anderes, als daß man langsam seine unbewußt verdrängten Begründungen aufdeckt, wobei es sich all-

Was hier beschrieben wurde, entspricht den extremsten Vorkommnissen, dürfte aber in geringerem Ausmaß für sehr viele, vielleicht für alle schwereren Fälle von Neurose in Betracht kommen. Ja, noch mehr, vielleicht ist es gerade dieser Faktor, das Verhalten des Ichideals, der die Schwere einer neurotischen Erkrankung maßgebend bestimmt. Wir wollen darum einigen weiteren Bemerkungen über die Äußerung des Schuldgefühls unter verschiedenen Bedingungen nicht aus dem Wege gehen.

Das normale, bewußte Schuldgefühl (Gewissen) bietet der Deutung keine Schwierigkeiten, es beruht auf der Spannung zwischen dem Ich und dem Ichideal, ist der Ausdruck einer Verurteilung des Ichs durch seine kritische Instanz. Die bekannten Minderwertigkeitsgefühle der Neurotiker dürften nicht weit davon abliegen. In zwei uns wohlvertrauten Affektionen ist das Schuldgefühl überstark bewußt; das Ichideal zeigt dann eine besondere Strenge und wütet gegen das Ich oft in grausamer Weise. Neben dieser Übereinstimmung ergeben sich bei den beiden Zuständen, Zwangs-

mählich in bewußtes Schuldgefühl verwandelt. Eine besondere Chance der Beeinflussung gewinnt man, wenn dies *ubw* Schuldgefühl ein *entlehntes* ist, das heißt das Ergebnis der Identifizierung mit einer anderen Person, die einmal Objekt einer erotischen Besetzung war. Eine solche Übernahme des Schuldgefühls ist oft der einzige, schwer kenntliche Rest der aufgegebenen Liebesbeziehung. Die Ähnlichkeit mit dem Vorgang bei Melancholie ist dabei unverkennbar. Kann man diese einstige Objektbesetzung hinter dem *ubw* Schuldgefühl aufdecken, so ist die therapeutische Aufgabe oft glänzend gelöst, sonst ist der Ausgang der therapeutischen Bemühung keineswegs gesichert. Er hängt in erster Linie von der Intensität des Schuldgefühls ab, welcher die Therapie oft keine Gegenkraft von gleicher Größenordnung entgegenstellen kann. Vielleicht auch davon, ob die Person des Analytikers es zuläßt, daß sie vom Kranken an die Stelle seines Ichideals gesetzt werde, womit die Versuchung verbunden ist, gegen den Kranken die Rolle des Propheten, Seelenretters, Heilands zu spielen. Da die Regeln der Analyse einer solchen Verwendung der ärztlichen Persönlichkeit entschieden widerstreben, ist ehrlich zuzugeben, daß hier eine neue Schranke für die Wirkung der Analyse gegeben ist, die ja die krankhaften Reaktionen nicht unmöglich machen, sondern dem Ich des Kranken die *Freiheit* schaffen soll, sich so oder anders zu entscheiden.

neurose und Melancholie, Verschiedenheiten im Verhalten des Ichideals, die nicht minder bedeutungsvoll sind.

Bei der Zwangsneurose (gewissen Formen derselben) ist das Schuldgefühl überlaut, kann sich aber vor dem Ich nicht rechtfertigen. Das Ich des Kranken sträubt sich daher gegen die Zumutung, schuldig zu sein, und verlangt vom Arzt, in seiner Ablehnung dieser Schuldgefühle bestärkt zu werden. Es wäre töricht, ihm nachzugeben, denn es bliebe erfolglos. Die Analyse zeigt dann, daß das Über-Ich durch Vorgänge beeinflußt wird, welche dem Ich unbekannt geblieben sind. Es lassen sich wirklich die verdrängten Impulse auffinden, welche das Schuldgefühl begründen. Das Über-Ich hat hier mehr vom unbewußten Es gewußt als das Ich.

Noch stärker ist der Eindruck, daß das Über-Ich das Bewußtsein an sich gerissen hat, bei der Melancholie. Aber hier wagt das Ich keinen Einspruch, es bekennt sich schuldig und unterwirft sich den Strafen. Wir verstehen diesen Unterschied. Bei der Zwangsneurose handelte es sich um anstößige Regungen, die außerhalb des Ichs geblieben sind; bei der Melancholie aber ist das Objekt, dem der Zorn des Über-Ichs gilt, durch Identifizierung ins Ich aufgenommen worden.

Es ist gewiß nicht selbstverständlich, daß bei diesen beiden neurotischen Affektionen das Schuldgefühl eine so außerordentliche Stärke erreicht, aber das Hauptproblem der Situation liegt doch an anderer Stelle. Wir schieben seine Erörterung auf, bis wir die anderen Fälle behandelt haben, in denen das Schuldgefühl unbewußt bleibt. Dies ist doch wesentlich bei Hysterie und Zuständen vom hysterischen Typus zu finden. Der Mechanismus des Unbewußtbleibens ist hier leicht zu erraten. Das hysterische Ich erwehrt sich der peinlichen Wahrnehmung, die ihm von seiten der Kritik seines Über-Ichs droht, in derselben Weise, wie es sich sonst einer unerträglichen Objektbesetzung zu erwehren pflegt, durch einen Akt der Verdrängung. Es liegt also am Ich, wenn das Schuldgefühl unbewußt bleibt. Wir wissen, daß sonst das Ich die Verdrängungen im Dienst und Auftrag seines Über-Ichs vornimmt; hier ist aber ein Fall, wo es sich derselben Waffe gegen seinen gestrengen Herrn bedient. Bei der Zwangsneurose überwiegen bekanntlich die Phänomene der Reaktionsbildung; hier [in der Hysterie] ge-

lingt dem Ich nur die Fernhaltung des Materials, auf welches sich das Schuldgefühl bezieht.
Man kann weitergehen und die Voraussetzung wagen, daß ein großes Stück des Schuldgefühls normalerweise unbewußt sein müsse, weil die Entstehung des Gewissens innig an den Ödipuskomplex geknüpft ist, welcher dem Unbewußten angehört. Würde jemand den paradoxen Satz vertreten wollen, daß der normale Mensch nicht nur viel unmoralischer ist, als er glaubt, sondern auch viel moralischer, als er weiß, so hätte die Psychoanalyse, auf deren Befunden die erste Hälfte der Behauptung ruht, auch gegen die zweite Hälfte nichts einzuwenden.*
Es war eine Überraschung zu finden, daß eine Steigerung dieses *ubw* Schuldgefühls den Menschen zum Verbrecher machen kann. Aber es ist unzweifelhaft so. Es läßt sich bei vielen, besonders jugendlichen Verbrechern ein mächtiges Schuldgefühl nachweisen, welches vor der Tat bestand, also nicht deren Folge, sondern deren Motiv ist, als ob es als Erleichterung empfunden würde, dies unbewußte Schuldgefühl an etwas Reales und Aktuelles knüpfen zu können.
In all diesen Verhältnissen erweist das Über-Ich seine Unabhängigkeit vom bewußten Ich und seine innigen Beziehungen zum unbewußten Es. Nun erhebt sich mit Rücksicht auf die Bedeutung, die wir den vorbewußten Wortresten im Ich zugeschrieben haben, die Frage, ob das Über-Ich, wenn es *ubw* ist, nicht aus solchen Wortvorstellungen, oder aus was sonst es besteht. Die bescheidene Antwort wird lauten, daß das Über-Ich auch seine Herkunft aus Gehörtem unmöglich verleugnen kann, es ist ja ein Teil des Ichs und bleibt von diesen Wortvorstellungen (Begriffen, Abstraktionen) her dem Bewußtsein zugänglich, aber die *Besetzungsenergie* wird diesen Inhalten des Über-Ichs nicht von der Hörwahrnehmung, dem Unterricht, der Lektüre, sondern von den Quellen im Es zugeführt.
Die Frage, deren Beantwortung wir zurückgestellt hatten, lautet: Wie geht es zu, daß das Über-Ich sich wesentlich als

* Dieser Satz ist nur scheinbar ein Paradoxon; er besagt einfach, daß die Natur des Menschen im Guten wie im Bösen weit über das hinausgeht, was er von sich glaubt, das heißt, was seinem Ich durch Bewußtseinswahrnehmung bekannt ist.

Schuldgefühl (besser: als Kritik; Schuldgefühl ist die dieser Kritik entsprechende Wahrnehmung im Ich) äußert und dabei eine so außerordentliche Härte und Strenge gegen das Ich entfaltet? Wenden wir uns zunächst zur Melancholie, so finden wir, daß das überstarke Über-Ich, welches das Bewußtsein an sich gerissen hat, gegen das Ich mit schonungsloser Heftigkeit wütet, als ob es sich des ganzen im Individuum verfügbaren Sadismus bemächtigt hätte. Nach unserer Auffassung des Sadismus würden wir sagen, die destruktive Komponente habe sich im Über-Ich abgelagert und gegen das Ich gewendet. Was nun im Über-Ich herrscht, ist wie eine Reinkultur des Todestriebes, und wirklich gelingt es diesem oft genug, das Ich in den Tod zu treiben, wenn das Ich sich nicht vorher durch den Umschlag in Manie seines Tyrannen erwehrt.

Ähnlich peinlich und quälerisch sind die Gewissensvorwürfe bei bestimmten Formen der Zwangsneurose, aber die Situation ist hier weniger durchsichtig. Es ist im Gegensatz zur Melancholie bemerkenswert, daß der Zwangskranke eigentlich niemals den Schritt der Selbsttötung macht, er ist wie immun gegen die Selbstmordgefahr, weit besser dagegen geschützt als der Hysteriker. Wir verstehen, es ist die Erhaltung des Objekts, die die Sicherheit des Ichs verbürgt. Bei der Zwangsneurose ist es durch eine Regression zur prägenitalen Organisation möglich geworden, daß die Liebesimpulse sich in Aggressionsimpulse gegen das Objekt umsetzen. Wiederum ist der Destruktionstrieb frei geworden und will das Objekt vernichten, oder es hat wenigstens den Anschein, als bestünde solche Absicht. Das Ich hat diese Tendenzen nicht aufgenommen, es sträubt sich gegen sie mit Reaktionsbildungen und Vorsichtsmaßregeln; sie verbleiben im Es. Das Über-Ich aber benimmt sich, als wäre das Ich für sie verantwortlich, und zeigt uns gleichzeitig durch den Ernst, mit dem es diese Vernichtungsabsichten verfolgt, daß es sich nicht um einen durch die Regression hervorgerufenen Anschein, sondern um wirklichen Ersatz von Liebe durch Haß handelt. Nach beiden Seiten hilflos, wehrt sich das Ich vergeblich gegen die Zumutungen des mörderischen Es wie gegen die Vorwürfe des strafenden Gewissens. Es gelingt ihm gerade, die gröbsten Aktionen beider zu hemmen, das Ergebnis ist zunächst eine endlose

Selbstqual und in der weiteren Entwicklung eine systematische Quälerei des Objekts, wo dies zugänglich ist.
Die gefährlichen Todestriebe werden im Individuum auf verschiedene Weise behandelt, teils durch Mischung mit erotischen Komponenten unschädlich gemacht, teils als Aggression nach außen abgelenkt, zum großen Teil setzen sie gewiß unbehindert ihre innere Arbeit fort. Wie kommt es nun, daß bei der Melancholie das Über-Ich zu einer Art Sammelstätte der Todestriebe werden kann?
Vom Standpunkt der Triebeinschränkung, der Moralität, kann man sagen: Das Es ist ganz amoralisch, das Ich ist bemüht, moralisch zu sein, das Über-Ich kann hypermoralisch und dann so grausam werden wie nur das Es. Es ist merkwürdig, daß der Mensch, je mehr er seine Aggression nach außen einschränkt, desto strenger, also aggressiver in seinem Ichideal wird. Der gewöhnlichen Betrachtung erscheint dies umgekehrt, sie sieht in der Forderung des Ichideals das Motiv für die Unterdrückung der Aggression. Die Tatsache bleibt aber, wie wir sie ausgesprochen haben: Je mehr ein Mensch seine Aggression meistert, desto mehr steigert sich die Aggressionsneigung seines Ideals gegen sein Ich. Es ist wie eine Verschiebung, eine Wendung gegen das eigene Ich. Schon die gemeine, normale Moral hat den Charakter des hart Einschränkenden, grausam Verbietenden. Daher stammt ja die Konzeption des unerbittlich strafenden höheren Wesens.
Ich kann nun diese Verhältnisse nicht weiter erläutern, ohne eine neue Annahme einzuführen. Das Über-Ich ist ja durch eine Identifizierung mit dem Vatervorbild entstanden. Jede solche Identifizierung hat den Charakter einer Desexualisierung oder selbst Sublimierung. Es scheint nun, daß bei einer solchen Umsetzung auch eine Triebentmischung stattfindet. Die erotische Komponente hat nach der Sublimierung nicht mehr die Kraft, die ganze hinzugesetzte Destruktion zu binden, und diese wird als Aggressions- und Destruktionsneigung frei. Aus dieser Entmischung würde das Ideal überhaupt den harten, grausamen Zug des gebieterischen Sollens beziehen.
Noch ein kurzes Verweilen bei der Zwangsneurose. Hier liegen die Verhältnisse anders. Die Entmischung der Liebe zur Aggression ist nicht durch eine Leistung des Ichs zu-

stande gekommen, sondern die Folge einer Regression, die sich im Es vollzogen hat. Aber dieser Vorgang hat vom Es auf das Über-Ich übergegriffen, welches nun seine Strenge gegen das unschuldige Ich verschärft. In beiden Fällen würde aber das Ich, welches die Libido durch Identifizierung bewältigt hat, dafür die Strafe durch die der Libido beigemengte Aggression vom Über-Ich her erleiden.

Unsere Vorstellungen vom Ich beginnen sich zu klären, seine verschiedenen Beziehungen an Deutlichkeit zu gewinnen. Wir sehen das Ich jetzt in seiner Stärke und in seinen Schwächen. Es ist mit wichtigen Funktionen betraut, kraft seiner Beziehung zum Wahrnehmungssystem stellt es die zeitliche Anordnung der seelischen Vorgänge her und unterzieht dieselben der Realitätsprüfung. Durch die Einschaltung der Denkvorgänge erzielt es einen Aufschub der motorischen Entladungen und beherrscht die Zugänge zur Motilität. Letztere Herrschaft ist allerdings mehr formal als faktisch, das Ich hat in der Beziehung zur Handlung etwa die Stellung eines konstitutionellen Monarchen, ohne dessen Sanktion nichts Gesetz werden kann, der es sich aber sehr überlegt, ehe er gegen einen Vorschlag des Parlaments sein Veto einlegt. Das Ich bereichert sich bei allen Lebenserfahrungen von außen; das Es aber ist seine andere Außenwelt, die es sich zu unterwerfen strebt. Es entzieht dem Es Libido, bildet die Objektbesetzungen des Es zu Ichgestaltungen um. Mit Hilfe des Über-Ichs schöpft es in einer für uns noch dunklen Weise aus den im Es angehäuften Erfahrungen der Vorzeit.

Es gibt zwei Wege, auf denen der Inhalt des Es ins Ich eindringen kann. Der eine ist der direkte, der andere führt über das Ichideal, und es mag für manche seelische Tätigkeiten entscheidend sein, auf welchem der beiden Wege sie erfolgen. Das Ich entwickelt sich von der Triebwahrnehmung zur Triebbeherrschung, vom Triebgehorsam zur Triebhemmung. An dieser Leistung hat das Ichideal, das ja zum Teil eine Reaktionsbildung gegen die Triebvorgänge des Es ist, seinen starken Anteil. Die Psychoanalyse ist ein Werkzeug, welches dem Ich die fortschreitende Eroberung des Es ermöglichen soll.

Aber anderseits sehen wir dasselbe Ich als armes Ding, welches unter dreierlei Dienstbarkeiten steht und demzufolge unter den Drohungen von dreierlei Gefahren leidet, von der Außenwelt her, von der Libido des Es und von der Strenge des Über-Ichs. Dreierlei Arten von Angst entsprechen diesen drei Gefahren, denn Angst ist der Ausdruck eines Rückzuges vor der Gefahr. Als Grenzwesen will das Ich zwischen der Welt und dem Es vermitteln, das Es der Welt gefügig machen und die Welt mittels seiner Muskelaktionen dem Es-Wunsch gerecht machen. Es benimmt sich eigentlich wie der Arzt in einer analytischen Kur, indem es sich selbst mit seiner Rücksichtnahme auf die reale Welt dem Es als Libidoobjekt empfiehlt und dessen Libido auf sich lenken will. Es ist nicht nur der Helfer des Es, auch sein unterwürfiger Knecht, der um die Liebe seines Herrn wirbt. Es sucht, wo möglich, im Einvernehmen mit dem Es zu bleiben, überzieht dessen *ubw* Gebote mit seinen *vbw* Rationalisierungen, spiegelt den Gehorsam des Es gegen die Mahnungen der Realität vor, auch wo das Es starr und unnachgiebig geblieben ist, vertuscht die Konflikte des Es mit der Realität und, wo möglich, auch die mit dem Über-Ich. In seiner Mittelstellung zwischen Es und Realität unterliegt es nur zu oft der Versuchung, liebedienerisch, opportunistisch und lügnerisch zu werden, etwa wie ein Staatsmann, der bei guter Einsicht sich doch in der Gunst der öffentlichen Meinung behaupten will.

Zwischen beiden Triebarten hält es sich nicht unparteiisch. Durch seine Identifizierungs- und Sublimierungsarbeit leistet es den Todestrieben im Es Beistand zur Bewältigung der Libido, gerät aber dabei in Gefahr, zum Objekt der Todestriebe zu werden und selbst umzukommen. Es hat sich zu Zwecken der Hilfeleistung selbst mit Libido erfüllen müssen, wird dadurch selbst Vertreter des Eros und will nun leben und geliebt werden.

Da aber seine Sublimierungsarbeit eine Triebentmischung und Freiwerden der Aggressionstriebe im Über-Ich zur Folge hat, liefert es sich durch seinen Kampf gegen die Libido der Gefahr der Mißhandlung und des Todes aus. Wenn das Ich unter der Aggression des Über-Ichs leidet oder selbst erliegt, so ist sein Schicksal ein Gegenstück zu dem der Protisten, die an den Zersetzungsprodukten zugrunde gehen, die sie selbst geschaffen haben. Als solches Zersetzungsprodukt im ökonomischen Sinne erscheint uns

die im Über-Ich wirkende Moral. Unter den Abhängigkeiten des Ichs ist wohl die vom Über-Ich die interessanteste.
Das Ich ist ja die eigentliche Angststätte. Von den dreierlei Gefahren bedroht, entwickelt das Ich den Fluchtreflex, indem es seine eigene Besetzung von der bedrohlichen Wahrnehmung oder dem ebenso eingeschätzten Vorgang im Es zurückzieht und als Angst ausgibt. Diese primitive Reaktion wird später durch Aufführung von Schutzbesetzungen abgelöst (Mechanismus der Phobien). Was das Ich von der äußeren und von der Libidogefahr im Es befürchtet, läßt sich nicht angeben; wir wissen, es ist Überwältigung oder Vernichtung, aber es ist analytisch nicht zu fassen. Das Ich folgt einfach der Warnung des Lustprinzips. Hingegen läßt sich sagen, was sich hinter der Angst des Ichs vor dem Über-Ich, der Gewissensangst, verbirgt. Vom höheren Wesen, welches zum Ichideal wurde, drohte einst die Kastration, und diese Kastrationsangst ist wahrscheinlich der Kern, um den sich die spätere Gewissensangst ablagert, sie ist es, die sich als Gewissensangst fortsetzt.
Der volltönende Satz: jede Angst sei eigentlich Todesangst, schließt kaum einen Sinn ein, ist jedenfalls nicht zu rechtfertigen. Es scheint mir vielmehr durchaus richtig, die Todesangst von der Objekt- (Real-) Angst und von der neurotischen Libidoangst zu sondern. Sie gibt der Psychoanalyse ein schweres Problem auf, denn Tod ist ein abstrakter Begriff von negativem Inhalt, für den eine unbewußte Entsprechung nicht zu finden ist. Der Mechanismus der Todesangst könnte nur sein, daß das Ich seine narzißtische Libidobesetzung in reichlichem Ausmaß entläßt, also sich selbst aufgibt wie sonst im Angstfalle ein anderes Objekt. Ich meine, daß die Todesangst sich zwischen Ich und Über-Ich abspielt.
Wir kennen das Auftreten von Todesangst unter zwei Bedingungen, die übrigens denen der sonstigen Angstentwicklung durchaus analog sind, als Reaktion auf eine äußere Gefahr und als inneren Vorgang, zum Beispiel bei Melancholie. Der neurotische Fall mag uns wieder einmal zum Verständnis des realen verhelfen.
Die Todesangst der Melancholie läßt nur die eine Erklärung zu, daß das Ich sich aufgibt, weil es sich vom Über-Ich ge-

haßt und verfolgt anstatt geliebt fühlt. Leben ist also für das Ich gleichbedeutend mit Geliebtwerden, vom Über-Ich geliebt werden, das auch hier als Vertreter des Es auftritt. Das Über-Ich vertritt dieselbe schützende und rettende Funktion wie früher der Vater, später die Vorsehung oder das Schicksal. Denselben Schluß muß das Ich aber auch ziehen, wenn es sich in einer übergroßen realen Gefahr befindet, die es aus eigenen Kräften nicht glaubt überwinden zu können. Es sieht sich von allen schützenden Mächten verlassen und läßt sich sterben. Es ist übrigens immer noch dieselbe Situation, die dem ersten großen Angstzustand der Geburt und der infantilen Sehnsucht-Angst zugrunde lag, die der Trennung von der schützenden Mutter.

Auf Grund dieser Darlegungen kann also die Todesangst wie die Gewissensangst als Verarbeitung der Kastrationsangst aufgefaßt werden. Bei der großen Bedeutung des Schuldgefühls für die Neurosen ist es auch nicht von der Hand zu weisen, daß die gemeine neurotische Angst in schweren Fällen eine Verstärkung durch die Angstentwicklung zwischen Ich und Über-Ich (Kastrations-, Gewissens-, Todesangst) erfährt.

Das Es, zu dem wir am Ende zurückführen, hat keine Mittel, dem Ich Liebe oder Haß zu bezeugen. Es kann nicht sagen, was es will; es hat keinen einheitlichen Willen zustande gebracht. Eros und Todestrieb kämpfen in ihm; wir haben gehört, mit welchen Mitteln sich die einen Triebe gegen die anderen zur Wehre setzen. Wir könnten es so darstellen, als ob das Es unter der Herrschaft der stummen, aber mächtigen Todestriebe stünde, die Ruhe haben und den Störenfried Eros nach den Winken des Lustprinzips zur Ruhe bringen wollen, aber wir besorgen, doch dabei die Rolle des Eros zu unterschätzen.

Texte zur Kultur- und Gesellschaftstheorie

Die kulturelle Sexualmoral und die moderne Nervosität

(1908)

Diese erstmals in der Zeitschrift „Sexual-Probleme" (Mutterschutz, Neue Folge), 4 (1908), S. 107–129, veröffentlichte Arbeit vermittelt interessante Einblicke in die soziologischen Folgerungen, die Freud bereits relativ frühzeitig aus seiner Lehre von der maßgeblichen Rolle der sexuellen Strebungen der Menschen ableitete. Die in der zeitgenössischen medizinischen Literatur häufig vertretene These, daß die moderne Zivilisation eine Zunahme krankhafter Zustände von Nervosität bedinge, wurde von Freud in dieser Arbeit spezifiziert und auf die Existenz konfliktvoller Beziehungen zwischen den von den Triebanlagen geforderten sexuellen Betätigungsmöglichkeiten und den von der Kultur zugelassenen und aufgezwungenen Normen reduziert. Freud forderte mehr Toleranz und eine vernünftige Sexualerziehung, was trotz der insgesamt einseitigen Interpretation der Kulturentwicklung ein progressiver Standpunkt war. Große Resonanz fanden diese frühen Forderungen Freuds in der Pädagogik in den zwanziger Jahren, wobei allerdings auch viele extreme und scheinradikale Ideen einer „Sexualreform" zur Diskussion gestellt wurden. Die theoretischen Grundlagen für die hier vertretenen Wertvorstellungen sind in den „Drei Abhandlungen zur Sexualtheorie" von 1905 entwickelt worden.

Dieser Text wurde entnommen:
Sigmund Freud, Studienausgabe. Frankfurt (Main), S. Fischer Verlag 1969–1975, Bd. IX, S. 13–32.

In seiner kürzlich veröffentlichen Sexualethik verweilt v. Ehrenfels bei der Untersuchung der „natürlichen" und der „kulturellen" Sexualmoral.[134] Als natürliche Sexualmoral sei diejenige zu verstehen, unter deren Herrschaft ein Menschenstamm sich andauernd bei Gesundheit und Lebenstüchtigkeit zu erhalten vermag, als kulturelle diejenige, deren Befolgung die Menschen vielmehr zu intensiver und produktiver Kulturarbeit anspornt. Dieser Gegensatz werde am besten durch die Gegenüberstellung von *konstitutivem* und *kulturellem* Besitz eines Volkes erläutert. Indem ich für die weitere Würdigung dieses bedeutsamen Gedankenganges auf die Schrift von v. Ehrenfels selbst verweise, will ich aus ihr nur so viel herausheben, als es für die Anknüpfung meines eigenen Beitrages bedarf. Die Vermutung liegt nahe, daß unter der Herrschaft einer kulturellen Sexualmoral Gesundheit und Lebenstüchtigkeit der einzelnen Menschen Beeinträchtigungen ausgesetzt sein können und daß endlich diese Schädigung der Individuen durch die ihnen auferlegten Opfer einen so hohen Grad erreiche, daß auf diesem Umwege auch das kulturelle Endziel in Gefahr geriete. v. Ehrenfels weist auch wirklich der unsere gegenwärtige abendländische Gesellschaft beherrschenden Sexualmoral eine Reihe von Schäden nach, für die er sie verantwortlich machen muß, und obwohl er ihre hohe Eignung zur Förderung der Kultur voll anerkennt, gelangt er dazu, sie als reformbedürftig zu verurteilen. Für die uns beherrschende kulturelle Sexualmoral sei charakteristisch die Übertragung femininer Anforderungen auf das Geschlechtsleben des Mannes und die Verpönung eines jeden Sexualverkehres mit Ausnahme des ehelich-monogamen. Die Rücksicht auf die natürliche Verschiedenheit der Geschlechter nötige dann allerdings dazu, Vergehungen des Mannes minder rigoros zu ahnden und somit tatsächlich eine *doppelte* Moral für den Mann zuzulassen. Eine Gesellschaft aber, die sich auf diese doppelte Moral einläßt, kann es in „Wahrheitsliebe, Ehrlichkeit und Humanität" nicht über ein bestimmtes, eng begrenztes Maß hinausbringen, muß ihre Mitglieder zur Verhüllung der Wahrheit, zur Schönfärberei, zum Selbstbetruge wie zum Betrügen anderer anleiten. Noch schädlicher wirkt die kulturelle Sexualmoral, indem sie durch die Verherrlichung der Monogamie den Faktor der *virilen Auslese* lahmlegt, durch dessen Einfluß allein eine Verbesserung der Konstitution zu gewinnen sei, da die *vitale Auslese* bei den Kulturvölkern durch Humanität und Hygiene auf ein Minimum herabgedrückt werde.[135]

Unter den der kulturellen Sexualmoral zur Last gelegten Schädigungen vermißt nun der Arzt die eine, deren Bedeutung hier ausführlich erörtert werden soll. Ich meine die auf sie zurückführende Förderung der modernen, das heißt in unserer gegenwärtigen Gesellschaft sich rasch ausbreitenden Nervosität. Gelegentlich macht ein nervös Kranker selbst den Arzt auf den in der Verursachung des Leidens zu beachtenden Gegensatz von Konstitution und Kulturanforderung aufmerksam, indem er äußert: „Wir in unserer Familie sind alle nervös geworden, weil wir etwas Besseres sein wollten, als wir nach unserer Herkunft sein können." Auch wird der Arzt häufig genug durch die Beobachtung nachdenklich gemacht, daß gerade die Nachkommen solcher Väter der Nervosität verfallen, die, aus einfachen und gesunden ländlichen Verhältnissen stammend, Abkömmlinge roher, aber kräftiger Familien, als Eroberer in die Großstadt kommen und ihre Kinder in einem kurzen Zeitraum auf ein kulturell hohes Niveau sich erheben lassen. Vor allem aber haben die Nervenärzte selbst laut den Zusammenhang der „wachsenden Nervosität" mit dem modernen Kulturleben proklamiert. Worin sie die Begründung dieser Abhängigkeit suchen, soll durch einige Auszüge aus Äußerungen hervorragender Beobachter dargetan werden.

W. Erb (1893): „Die ursprünglich gestellte Frage lautet nun dahin, ob die Ihnen vorgeführten Ursachen der Nervosität in unserem modernen Dasein in so gesteigertem Maße gegeben sind, daß sie eine erhebliche Zunahme derselben erklärlich machen – und diese Frage darf wohl unbedenklich bejaht werden, wie ein flüchtiger Blick auf unser modernes Leben und seine Gestaltung zeigen wird."

„Schon aus einer Reihe allgemeiner Tatsachen geht dies deutlich hervor: die außerordentlichen Errungenschaften der Neuzeit, die Entdeckungen und Erfindungen auf allen Gebieten, die Erhaltung des Fortschrittes gegenüber der wachsenden Konkurrenz sind nur erworben worden durch große geistige Arbeit und können nur mit solcher erhalten werden. Die Ansprüche an die Leistungsfähigkeit des Einzelnen im Kampfe ums Dasein sind erheblich gestiegen, und nur mit Aufbietung all seiner geistigen Kräfte kann er sie befriedigen; zugleich sind die Bedürfnisse des Einzelnen, die Ansprüche an Lebensgenuß in allen Kreisen gewachsen, ein unerhörter Luxus hat sich auf Bevölkerungsschichten ausgebreitet, die früher davon ganz unberührt waren; die Religionslosigkeit, die Unzufriedenheit und Begehrlichkeit haben in weiten Volkskreisen zugenommen; durch den ins Ungemessene gesteigerten Verkehr, durch die weltumspannenden Drahtnetze des Telegraphen und Telephons haben sich die Verhältnisse in Handel und Wandel total verändert: alles geht in Hast und Aufregung vor sich, die Nacht wird zum Reisen, der Tag für die Geschäfte benützt, selbst die ‚Erholungsreisen' werden zu Strapazen für das Nervensystem; große politische, industrielle, finanzielle Krisen tragen ihre Aufregung in viel weitere Bevölkerungskreise als früher; ganz allgemein ist die Anteilnahme am politischen Leben geworden: politische, religiöse, soziale Kämpfe, das Parteitreiben, die Wahlagitationen, das ins Maßlose gesteigerte Vereinswesen erhitzen die Köpfe und zwingen die Geister zu immer neuen Anstrengungen und rauben die Zeit zur Erholung, Schlaf und Ruhe; das Leben in den großen Städten ist immer raffinierter und unruhiger geworden. Die erschlafften Nerven suchen ihre Erholung in gesteigerten Reizen, in stark gewürzten Genüssen, um dadurch noch mehr zu ermüden; die moderne Literatur beschäftigt sich vorwiegend mit den bedenklichsten Problemen, die alle Leidenschaften aufwühlen, die Sinnlichkeit und Genußsucht, die Verachtung aller ethischen Grundsätze und aller Ideale fördern; sie bringt pathologische Gestalten, psychopathisch-sexuelle, revolutionäre und andere Probleme vor den Geist des Lesers; unser Ohr wird von einer in großen Dosen verabreichten, aufdringlichen und lärmenden Musik erregt und überreizt, die Theater nehmen alle Sinne mit ihren aufregenden Darstellungen gefangen; auch die bildenden Künste wenden sich mit Vorliebe dem Abstoßenden, Häßlichen und Aufregenden zu und scheuen sich nicht, auch das Gräßlichste, was die Wirklichkeit bietet, in abstoßender Realität vor unser Auge zu stellen."

„So zeigt dies allgemeine Bild schon eine Reihe von Gefahren in unserer modernen Kulturentwicklung; es mag im einzelnen noch durch einige Züge vervollständigt werden!"[136]

Binswanger (1896): „Man hat speziell die Neurasthenie als eine durchaus moderne Krankheit bezeichnet, und Beard, dem wir zuerst eine übersichtliche Darstellung derselben verdanken, glaubte, daß er eine neue, speziell auf amerikanischem Boden erwachsene Nervenkrankheit entdeckt habe. Diese Annahme war natürlich eine irrige; wohl aber kennzeichnet die Tatsache, daß zuerst ein *amerikanischer* Arzt die eigenartigen Züge dieser Krankheit auf Grund einer reichen Erfahrung erfassen und festhalten konnte, die nahen Beziehungen, welche das moderne Leben, das ungezügelte Hasten und Jagen nach Geld und Besitz, die ungeheuren Fortschritte auf technischem Gebiete, welche alle zeitlichen und räumlichen Hindernisse des Verkehrslebens illusorisch gemacht haben, zu dieser Krankheit aufweisen."[137]

v. Krafft-Ebing (1895, 11): „Die Lebensweise unzähliger Kulturmenschen weist heutzutage eine Fülle von antihygienischen Momenten auf, die es ohne weiteres begreifen lassen, daß die Nervosität in fataler Weise um sich greift, denn diese schädlichen Momente wirken zunächst und zumeist aufs Gehirn. In den politischen und sozialen, speziell den merkantilen, industriellen, agrarischen Verhältnissen der Kulturnationen haben sich eben im Laufe der letzten Jahrzehnte Änderungen vollzogen, die Beruf, bürgerliche Stellung, Besitz gewaltig umgeändert haben, und zwar auf Kosten des Nervensystems, das gesteigerten sozialen und wirtschaftlichen Anforderungen durch vermehrte Verausgabung an Spannkraft bei vielfach ungenügender Erholung gerecht werden muß."[138]

Ich habe an diesen – und viele anderen ähnlich klingenden – Lehren auszusetzen, nicht daß sie irrtümlich sind, sondern daß sie sich unzulänglich erweisen, die Einzelheiten in der Erscheinung der nervösen Störungen aufzuklären, und daß sie gerade das bedeutsamste der ätiologisch wirksamen Momente außer acht lassen. Sieht man von den unbestimmteren Arten, „nervös" zu sein, ab und faßt die eigentlichen Formen des nervösen Krankseins ins Auge, so reduziert sich der schädigende Einfluß der Kultur im wesentlichen auf die schädliche Unterdrückung des Sexuallebens der Kulturvölker (oder Schichten) durch die bei ihnen herrschende „kulturelle“ Sexualmoral.

Den Beweis für diese Behauptung habe ich in einer Reihe fachmännischer Arbeiten zu erbringen gesucht;[139] er kann hier nicht wiederholt werden, doch will ich die wichtigsten Argumente aus meinen Untersuchungen auch an dieser Stelle anführen.

Geschärfte klinische Beobachtung gibt uns das Recht, von den nervösen Krankheitszuständen zwei Gruppen zu unterscheiden, die eigentlichen *Neurosen* und die *Psychoneurosen.* Bei den ersteren scheinen die Störungen (Symptome), mögen sie sich in den körperlichen oder in den seelischen Leistungen äußern, toxischer Natur zu sein: sie verhalten sich ganz ähnlich wie die Erscheinungen bei übergroßer Zufuhr oder bei Entbehrung gewisser Nervengifte. Diese Neurosen – meist als Neurasthenie zusammengefaßt – können nun, ohne daß die Mithilfe einer erblichen Belastung erforderlich wäre, durch gewisse schädliche Einflüsse des Sexuallebens erzeugt werden, und zwar korrespondiert die Form der Erkrankung mit der Art dieser Schädlichkeiten, so daß man oft genug das klinische Bild ohne weiteres zum Rückschluß auf die besondere sexuelle Ätiologie verwenden kann. Eine solche regelmäßige Entsprechung wird aber zwischen der Form der nervösen Erkrankung und den anderen schädigenden Kultureinflüssen, welche die Autoren als krankmachend anklagen, durchaus vermißt. Man darf also den sexuellen Faktor für den wesentlichen in der Verursachung der eigentlichen Neurosen erklären.

Bei den Psychoneurosen ist der hereditäre Einfluß bedeutsamer, die Verursachung minder durchsichtig. Ein eigentümliches Untersuchungsverfahren, das als Psychoanalyse bekannt ist, hat aber gestattet zu erkennen, daß die Symptome dieser Leiden (der Hysterie, Zwangsneurose usw.) *psychogen* sind, von der Wirksamkeit unbewußter (verdrängter) Vorstellungskomplexe abhängen. Dieselbe Methode hat uns aber auch diese unbewußten Komplexe kennen gelehrt und uns gezeigt, daß sie, ganz allgemein gesprochen, sexuellen Inhalt haben; sie entspringen den Sexualbedürfnissen unbefriedigter Menschen und stellen für sie eine Art von Ersatzbefriedigung dar. Somit müssen wir in allen Momenten, welche das Sexualleben schädigen, seine Betätigung unterdrücken, seine Ziele verschieben, pathogene Faktoren auch der Psychoneurosen erblicken.

Der Wert der theoretischen Unterscheidung zwischen den toxischen und den psychogenen Neurosen wird natürlich durch die Tatsache nicht beeinträchtigt, daß an den meisten nervösen Personen Störungen von beiderlei Herkunft zu beobachten sind. Wer nun mit mir bereit ist, die Ätiologie der Nervosität vor allem in schädigenden Einwirkungen auf das Sexualleben zu suchen, der wird auch den nachstehenden Erörterungen folgen wollen, welche das Thema der wachsenden Nervosität in einen allgemeineren Zusammenhang einzufügen bestimmt sind.

Unsere Kultur ist ganz allgemein auf der Unterdrückung von Trieben aufgebaut. Jeder Einzelne hat ein Stück seines Besitzes, seiner Machtvollkommenheit, der aggressiven und vindikativen Neigungen seiner Persönlichkeit abgetreten; aus diesen Beiträgen ist der gemeinsame Kulturbesitz an materiellen und ideellen Gütern entstanden.[140] Außer der Lebensnot sind es wohl die aus der Erotik abgeleiteten Familiengefühle, welche die einzelnen Individuen zu diesem Verzichte bewogen haben. Der Verzicht ist ein im Laufe der Kulturentwicklung progressiver gewesen; die einzelnen Fortschritte desselben wurden von der Religion sanktioniert; das Stück Triebbefriedigung, auf das man verzichtet hatte, wurde der Gottheit zum Opfer gebracht; das so erworbene Gemeingut für „heilig" erklärt. Wer kraft seiner unbeugsamen Konstitution diese Triebunterdrückung nicht mitmachen kann, steht der Gesellschaft als „Verbrecher", als *„outlaw"* gegenüber, insofern nicht seine soziale Position und seine hervorragenden Fähigkeiten ihm gestatten, sich in ihr als großer Mann, als „Held" durchzusetzen.

Der Sexualtrieb – oder richtiger gesagt: die Sexualtriebe, denn eine analytische Untersuchung lehrt, daß der Sexualtrieb aus vielen Komponenten, Partialtrieben, zusammengesetzt ist – ist beim Menschen wahrscheinlich stärker ausgebildet als bei den meisten höheren Tieren und jedenfalls stetiger, da er die Periodizität fast völlig überwunden hat, an die er sich bei den Tieren gebunden zeigt. Er stellt der Kulturarbeit außerordentlich große Kraftmengen zur Verfügung, und dies zwar infolge der bei ihm besonders ausgeprägten Eigentümlichkeit, sein Ziel verschieben zu können, ohne wesentlich an Intensität abzunehmen. Man nennt diese Fähigkeit, das ursprünglich sexuelle Ziel gegen ein anderes, nicht mehr sexuelles, aber psychisch mit ihm verwandtes, zu vertauschen, die Fähigkeit zur *Sublimierung.* Im Gegensatze zu dieser Verschiebbarkeit, in welcher sein kultureller Wert besteht, kommt beim Sexualtrieb auch besonders hartnäckige Fixierung vor, durch die er unverwertbar wird und gelegentlich zu den sogenannten Abnormitäten entartet. Die ursprüngliche Stärke des Sexualtriebes ist wahrscheinlich bei den einzelnen Individuen verschieden groß; sicherlich schwankend ist der von ihm zur Sublimierung geeignete Betrag. Wir stellen uns vor, daß es zunächst durch die mitgebrachte Organisation entschieden ist, ein wie großer Anteil des Sexualtriebes sich beim Einzelnen als sublimierbar und verwertbar erweisen wird; außerdem gelingt es den Einflüssen des Lebens und der intellektuellen Beeinflussung des seelischen Apparates, einen weiteren Anteil zur Sublimierung zu bringen. Ins Unbegrenzte fortzusetzen ist dieser Verschiebungsprozeß aber sicherlich nicht, sowenig wie die Umsetzung der Wärme in mechanische Arbeit bei unseren Maschinen. Ein gewisses Maß direkter sexueller Befriedigung scheint für die allermeisten Organisationen unerläßlich, und die Versagung dieses individuell variablen Maßes straft sich durch Erscheinungen, die wir infolge ihrer Funktionsschädlichkeit und ihres subjektiven Unlustcharakters zum Kranksein rechnen müssen.

Weitere Ausblicke eröffnen sich, wenn wir die Tatsache in Betracht ziehen, daß der Sexualtrieb des Menschen ursprünglich gar nicht den Zwecken der Fortpflanzung dient, sondern bestimmte Arten der Lustgewinnung zum Ziele hat. Er äußert sich so in der Kindheit des Menschen, wo er sein Ziel der Lustgewinnung nicht nur an den Genitalien, sondern auch an anderen Körperstellen (erogenen Zonen) erreicht und darum von anderen als diesen bequemen Objekten absehen darf. Wir heißen dieses Stadium das des *Autoerotismus* und weisen der Erziehung die Aufgabe, es einzuschränken, zu, weil das Verweilen bei demselben den Sexualtrieb für später unbeherrschbar und unverwertbar machen würde. Die Entwicklung des Sexualtriebes geht dann vom Autoerotismus zur Objektliebe und von der Autonomie der erogenen Zonen zur Unterordnung derselben unter das Primat der in den Dienst der Fortpflanzung gestellten Genitalien. Während dieser Entwicklung wird ein Anteil der vom eigenen Körper gelieferten Sexualerregung als unbrauchbar für die Fortpflanzungsfunktion gehemmt und im günstigen Falle der Sublimierung zugeführt. Die für die Kulturarbeit verwertbaren Kräfte werden so zum großen Teile durch die Unterdrückung der sogenannt *perversen* Anteile der Sexualerregung gewonnen.

Mit Bezug auf diese Entwicklungsgeschichte des Sexualtriebes könnte man also drei Kulturstufen unterscheiden: eine erste, auf welcher die Betätigung des Sexualtriebes auch über die Ziele der Fortpflanzung hinaus frei ist; eine zweite, auf welcher alles am Sexualtrieb unterdrückt ist bis auf das, was der Fortpflanzung dient, und eine dritte, auf welcher nur die legitime Fortpflanzung als Sexualziel zugelassen wird. Dieser dritten Stufe entspricht unsere gegenwärtige „kulturelle" Sexualmoral.

Nimmt man die zweite dieser Stufen zum Niveau, so muß man zunächst konstatieren, daß eine Anzahl von Personen aus Gründen der Organisation den Anforderungen derselben nicht genügt. Bei ganzen Reihen von Individuen hat sich die erwähnte Entwicklung des Sexualtriebes vom Autoerotismus zur Objektliebe mit dem Ziel der Vereinigung der Genitalien nicht korrekt und nicht genug durchgreifend vollzogen, und aus diesen Entwicklungsstörungen ergeben sich zweierlei schädliche Abweichungen von der normalen, das heißt kulturförderlichen Sexualität, die sich zueinander nahezu wie positiv und negativ verhalten. Es sind dies zunächst – abgesehen von den Personen mit überstarkem und unhemmbarem Sexualtrieb überhaupt – die verschiedenen Gattungen der *Perversen,* bei denen eine infantile Fixierung auf ein vorläufiges Sexualziel das Primat der Fortpflanzungsfunktion aufgehalten hat, und die *Homosexuellen* oder *Invertierten,* bei denen auf noch nicht ganz aufgeklärte Weise das Sexualziel vom entgegengesetzten Geschlecht abgelenkt worden ist. Wenn die Schädlichkeit dieser beiden Arten von Entwicklungsstörung geringer ausfällt, als man hätte erwarten können, so ist diese Erleichterung gerade auf die komplexe Zusammensetzung des Sexualtriebes zurückzuführen, welche auch dann noch eine brauchbare

Endgestaltung des Sexuallebens ermöglicht, wenn ein oder mehrere Komponenten des Triebes sich von der Entwicklung ausgeschlossen haben. Die Konstitution der von der Inversion Betroffenen, der Homosexuellen, zeichnet sich sogar häufig durch eine besondere Eignung des Sexualtriebes zur kulturellen Sublimierung aus.

Stärkere und zumal exklusive Ausbildungen der Perversionen und der Homosexualität machen allerdings deren Träger sozial unbrauchbar und unglücklich, so daß selbst die Kulturanforderungen der zweiten Stufe als eine Quelle des Leidens für einen gewissen Anteil der Menschheit anerkannt werden müssen. Das Schicksal dieser konstitutiv von den anderen abweichenden Personen ist ein mehrfaches, je nachdem sie einen absolut starken oder schwächeren Geschlechtstrieb mitbekommen haben. Im letzteren Falle, bei allgemein schwachem Sexualtrieb, gelingt den Perversen die völlige Unterdrückung jener Neigungen, welche sie in Konflikt mit der Moralforderung ihrer Kulturstufe bringen. Aber dies bleibt auch, ideell betrachtet, die einzige Leistung, die ihnen gelingt, denn für diese Unterdrückung ihrer sexuellen Triebe verbrauchen sie die Kräfte, die sie sonst an die Kulturarbeit wenden würden. Sie sind gleichsam in sich gehemmt und nach außen gelähmt. Es trifft für sie zu, was wir später von der Abstinenz der Männer und Frauen, die auf der dritten Kulturstufe gefordert wird, wiederholen werden.

Bei intensiverem, aber perversem Sexualtrieb sind zwei Fälle des Ausganges möglich. Der erste, weiter nicht zu betrachtende, ist der, daß die Betroffenen pervers bleiben und die Konsequenzen ihrer Abweichung vom Kulturniveau zu tragen haben. Der zweite Fall ist bei weitem interessanter – er besteht darin, daß unter dem Einflusse der Erziehung und der sozialen Anforderungen allerdings eine Unterdrükkung der perversen Triebe erreicht wird, aber eine Art von Unterdrückung, die eigentlich keine solche ist, die besser als ein Mißglücken der Unterdrückung bezeichnet werden kann. Die gehemmten Sexualtriebe äußern sich zwar dann nicht als solche: darin besteht der Erfolg – aber sie äußern sich auf andere Weisen, die für das Individuum genau ebenso schädlich sind und es für die Gesellschaft ebenso unbrauchbar machen wie die unveränderte Befriedigung jener unterdrückten Triebe: darin liegt dann der Mißerfolg des Prozesses, der auf die Dauer den Erfolg mehr als bloß aufwiegt. Die Ersatzerscheinungen, die hier infolge der Triebunterdrückung auftreten, machen das aus, was wir als Nervosität, spezieller als Psychoneurosen beschreiben. Die Neurotiker sind jene Klasse von Menschen, die es bei widerstrebender Organisation unter dem Einflusse der Kulturanforderungen zu einer nur scheinbaren und immer mehr mißglückenden Unterdrückung ihrer Triebe bringen und die darum ihre Mitarbeiterschaft an den Kulturwerken nur mit großem Kräfteaufwand, unter innerer Verarmung, aufrechterhalten oder zeitweise als Kranke aussetzen müssen. Die Neurosen aber habe ich als das „Negativ" der Perversionen bezeichnet, weil sich bei ihnen die perversen Regungen nach der Verdrängung aus dem Unbewußten des Seelischen äußern, weil sie dieselben Neigungen wie die positiv Perversen im „verdrängten" Zustand enthalten.

Die Erfahrung lehrt, daß es für die meisten Menschen eine Grenze gibt, über die hinaus ihre Konstitution der Kulturanforderung nicht folgen kann. Alle, die edler sein wollen, als ihre Konstitution es ihnen gestattet, verfallen der Neurose; sie hätten sich wohler befunden, wenn es ihnen möglich geblieben wäre, schlechter zu sein. Die Einsicht, daß Perversion und Neurose sich wie positiv und negativ zueinander verhalten, findet oft eine unzweideutige Bekräftigung durch Beobachtung innerhalb der nämlichen Generation. Recht häufig ist von Geschwistern der Bruder ein sexuell Perverser, die Schwester, die mit dem schwächeren Sexualtrieb als Weib ausgestattet ist, eine Neurotika, deren Symptome aber dieselben Neigungen ausdrücken wie die Perversionen des sexuell aktiveren Bruders, und dementsprechend sind überhaupt in vielen Familien die Männer gesund, aber in sozial unerwünschtem Maße unmoralisch, die Frauen edel und überverfeinert, aber – schwer nervös.

Es ist eine der offenkundigen sozialen Ungerechtigkeiten, wenn der kulturelle Standard von allen Personen die nämliche Führung des Sexuallebens fordert, die den einen dank ihrer Organisation mühelos gelingt, während sie den anderen die schwersten psychischen Opfer auferlegt, eine Ungerechtigkeit freilich, die zumeist durch Nichtbefolgung der Moralvorschriften vereitelt wird.

Wir haben unseren Betrachtungen bisher die Forderung der zweiten von uns supponierten Kulturstufe zugrunde gelegt, derzufolge jede sogenannte perverse Sexualbetätigung verpönt, der normal genannte Sexualverkehr hingegen freigelassen wird. Wir haben gefunden, daß auch bei dieser Verteilung von sexueller Freiheit und Einschränkung eine Anzahl von Individuen als pervers beiseite geschoben, eine andere, die sich bemühen, nicht pervers zu sein, während sie es konstitutiv sein sollten, in die Nervosität gedrängt wird. Es ist nun leicht, den Erfolg vorherzusagen, der sich einstellen wird, wenn man die Sexualfreiheit weiter einschränkt und die Kulturforderung auf das Niveau der dritten Stufe erhöht, also jede andere Sexualbetätigung als die in legitimer Ehe verpönt. Die Zahl der Starken, die sich in offenen Gegensatz zur Kulturforderung stellen, wird in außerordentlichem Maße vermehrt werden, und ebenso die Zahl der Schwächeren, die sich in ihrem Konflikte zwischen dem Drängen der kulturellen Einflüsse und dem Widerstande ihrer Konstitution in neurotisches Kranksein – flüchten.
Setzen wir uns vor, drei hier entspringende Fragen zu beantworten: 1.) welche Aufgabe die Kulturforderung der dritten Stufe an den Einzelnen stellt, 2.) ob die zugelassene legitime Sexualbefriedigung eine annehmbare Entschädigung für den sonstigen Verzicht zu bieten vermag, 3.) in welchem Verhältnisse die etwaigen Schädigungen durch diesen Verzicht zu dessen kulturellen Ausnützungen stehen.
Die Beantwortung der ersten Frage rührt an ein oftmals behandeltes, hier nicht zu erschöpfendes Problem, das der sexuellen Abstinenz. Was unsere dritte Kulturstufe von dem Einzelnen fordert, ist die Abstinenz bis zur Ehe für beide Geschlechter, die lebenslange Abstinenz für alle solche, die keine legitime Ehe eingehen. Die allen Autoritäten genehme Behauptung, die sexuelle Abstinenz sei nicht schädlich und nicht gar schwer durchzuführen, ist vielfach auch von Ärzten vertreten worden. Man darf sagen, die Aufgabe der Bewältigung einer so mächtigen Regung wie des Sexualtriebes anders als auf dem Wege der Befriedigung ist eine, die alle Kräfte eines Menschen in Anspruch nehmen kann. Die Bewältigung durch Sublimierung, durch Ablenkung der

sexuellen Triebkräfte vom sexuellen Ziele weg auf höhere kulturelle Ziele gelingt einer Minderzahl, und wohl auch dieser nur zeitweilig, am wenigsten leicht in der Lebenszeit feuriger Jugendkraft. Die meisten anderen werden neurotisch oder kommen sonst zu Schaden. Die Erfahrung zeigt, daß die Mehrzahl der unsere Gesellschaft zusammensetzenden Personen der Aufgabe der Abstinenz konstitutionell nicht gewachsen ist. Wer auch bei milderer Sexualeinschränkung erkrankt wäre, erkrankt unter den Anforderungen unserer heutigen kulturellen Sexualmoral um so eher und um so intensiver, denn gegen die Bedrohung des normalen Sexualstrebens durch fehlerhafte Anlagen und Entwicklungsstörungen kennen wir keine bessere Sicherung als die Sexualbefriedigung selbst. Je mehr jemand zur Neurose disponiert ist, desto schlechter verträgt er die Abstinenz; die Partialtriebe, die sich der normalen Entwicklung im oben niedergelegten Sinne entzogen haben, sind nämlich auch gleichzeitig um soviel unhemmbarer geworden. Aber auch diejenigen, welche bei den Anforderungen der zweiten Kulturstufe gesund geblieben wären, werden nun in großer Anzahl der Neurose zugeführt. Denn der psychische Wert der Sexualbefriedigung erhöht sich mit ihrer Versagung; die gestaute Libido wird nun in den Stand gesetzt, irgendeine der selten fehlenden schwächeren Stellen im Aufbau der *vita sexualis* auszuspüren, um dort zur neurotischen Ersatzbefriedigung in Form krankhafter Symptome durchzubrechen. Wer in die Bedingtheit nervöser Erkrankung einzudringen versteht, verschafft sich bald die Überzeugung, daß die Zunahme der nervösen Erkrankungen in unserer Gesellschaft von der Steigerung der sexuellen Einschränkung herrührt.

Wir rücken dann der Frage näher, ob nicht der Sexualverkehr in legitimer Ehe eine volle Entschädigung für die Einschränkung vor der Ehe bieten kann. Das Material zur verneinenden Beantwortung dieser Frage drängt sich da so reichlich auf, daß uns die knappste Fassung zur Pflicht wird. Wir erinnern vor allem daran, daß unsere kulturelle Sexualmoral auch den sexuellen Verkehr in der Ehe selbst beschränkt, indem sie den Eheleuten den Zwang auferlegt, sich mit einer meist geringen Anzahl von Kinderzeugungen zu begnügen. Infolge dieser Rücksicht gibt es befriedigenden Sexualverkehr in der Ehe nur durch einige Jahre, natürlich noch mit Abzug der zur Schonung der Frau aus hygienischen Gründen erforderten Zeiten. Nach diesen drei, vier oder fünf Jahren versagt die Ehe, insofern sie die Befriedigung der sexuellen Bedürfnisse versprochen hat; denn alle Mittel, die sich bisher zur Verhütung der Konzeption ergeben haben, verkümmern den sexuellen Genuß, stören die feinere Empfindlichkeit beider Teile oder wirken selbst direkt krankmachend; mit der Angst vor den Folgen des Geschlechtsverkehres schwindet zuerst die körperliche Zärtlichkeit der Ehegatten füreinander, in weiterer Folge meist auch die seelische Zuneigung, die bestimmt war, das Erbe der anfänglichen stürmischen Leidenschaft zu übernehmen. Unter der seelischen Enttäuschung und körperlichen Entbehrung, die so das Schicksal der meisten Ehen wird, finden sich beide Teile auf den früheren Zustand vor der Ehe zurückversetzt, nur um eine Illusion verarmt und von neuem auf ihre Festigkeit, den Sexualtrieb zu beherrschen und abzulenken, angewiesen. Es soll nicht untersucht werden, inwieweit diese Aufgabe nun dem Manne im reiferen Lebensalter gelingt; erfahrungsgemäß bedient er sich nun recht häufig des Stückes Sexualfreiheit, welches ihm auch von der strengsten Sexualordnung, wenngleich nur stillschweigend und widerwillig, eingeräumt wird; die für den Mann in unserer Gesellschaft geltende „doppelte" Sexualmoral ist das beste Eingeständnis, daß die Gesellschaft selbst, welche die Vorschriften erlassen hat, nicht an deren Durchführbarkeit glaubt. Die Erfahrung zeigt aber auch, daß die Frauen, denen als den eigentlichen Trägerinnen der Sexualinteressen des Menschen die Gabe der Sublimierung des Triebes nur in geringem Maße zugeteilt ist, denen als Ersatz des Sexualobjektes zwar der Säugling, aber nicht das heranwachsende Kind genügt, daß die Frauen, sage ich, unter den Enttäuschungen der Ehe an schweren und das Leben dauernd trübenden Neurosen erkranken. Die Ehe hat unter den heutigen kulturellen Bedingungen längst aufgehört, das Allheilmittel gegen die nervösen Leiden des Weibes zu sein; und wenn wir Ärzte auch noch immer in solchen Fällen zu ihr raten, so wissen wir doch, daß im Gegenteil ein Mädchen recht gesund sein muß, um die Ehe zu „vertragen", und raten unseren männlichen Klienten dringend ab, ein bereits vor der Ehe nervöses Mädchen zur Frau zu nehmen. Das Heilmittel gegen die aus der Ehe entspringende Nervosität wäre vielmehr die eheliche Untreue; je strenger eine Frau erzogen ist, je ernsthafter sie sich der Kulturforderung unterworfen hat, desto mehr fürchtet sie aber diesen Ausweg, und im Konflikte zwischen ihren Begierden und ihrem Pflichtgefühl sucht sie ihre Zuflucht wiederum – in der Neurose. Nichts anderes schützt ihre Tugend so sicher wie die Krankheit. Der eheliche Zustand, auf den der Sexualtrieb des Kulturmenschen während seiner Jugend vertröstet wurde, kann also die Anforderungen seiner eigenen Lebenszeit nicht decken; es ist keine Rede davon, daß er für den früheren Verzicht entschädigen könnte.

Auch wer diese Schädigungen durch die kulturelle Sexualmoral zugibt, kann zur Beantwortung unserer dritten Frage geltend machen, daß der kulturelle Gewinn aus der soweit getriebenen Sexualeinschränkung diese Leiden, die in schwerer Ausprägung doch nur eine Minderheit betreffen, wahrscheinlich mehr als bloß aufwiegt. Ich erkläre mich für unfähig, Gewinn und Verlust hier richtig gegeneinander abzuwägen, aber zur Einschätzung der Verlustseite könnte ich noch allerlei anführen. Auf das vorhin gestreifte Thema der Abstinenz zurückgreifend, muß ich behaupten, daß die Abstinenz noch andere Schädigungen bringt als die der Neurosen und daß diese Neurosen meist nicht nach ihrer vollen Bedeutung veranschlagt werden.

Die Verzögerung der Sexualentwicklung und Sexualbetätigung, welche unsere Erziehung und Kultur anstrebt, ist zunächst gewiß unschädlich; sie wird zur Notwendigkeit, wenn man in Betracht zieht, in wie späten Jahren erst die jungen Leute gebildeter Stände zu selbständiger Geltung und zum Erwerb zugelassen werden. Man wird hier übrigens an den intimen Zusammenhang aller unserer kulturellen Institutionen und an die Schwierigkeit gemahnt, ein Stück derselben ohne Rücksicht auf das Ganze abzuändern. Die Abstinenz weit über das zwanzigste Jahr hinaus ist aber für den jungen Mann nicht mehr unbedenklich und führt zu anderen Schädigungen, auch wo sie nicht zur Nervosität führt. Man sagt zwar, der Kampf mit dem mächtigen Triebe und die dabei erforderliche Betonung aller ethischen und

ästhetischen Mächte im Seelenleben stähle den Charakter, und dies ist für einige besonders günstig organisierte Naturen richtig; zuzugeben ist auch, daß die in unserer Zeit so ausgeprägte Differenzierung der individuellen Charaktere erst mit der Sexualeinschränkung möglich geworden ist. Aber in der weitaus größeren Mehrheit der Fälle zehrt der Kampf gegen die Sinnlichkeit die verfügbare Energie des Charakters auf, und dies gerade zu einer Zeit, in welcher der junge Mann all seiner Kräfte bedarf, um sich seinen Anteil und Platz in der Gesellschaft zu erobern. Das Verhältnis zwischen möglicher Sublimierung und notwendiger sexueller Betätigung schwankt natürlich sehr für die einzelnen Individuen und sogar für die verschiedenen Berufsarten. Ein abstinenter Künstler ist kaum recht möglich, ein abstinenter junger Gelehrter gewiß keine Seltenheit. Der letztere kann durch Enthaltsamkeit freie Kräfte für sein Studium gewinnen, beim ersteren wird wahrscheinlich seine künstlerische Leistung durch sein sexuelles Erleben mächtig angeregt werden. Im allgemeinen habe ich nicht den Eindruck gewonnen, daß die sexuelle Abstinenz energische, selbständige Männer der Tat oder originelle Denker, kühne Befreier und Reformer heranbilden helfe, weit häufiger brave Schwächlinge, welche später in die große Masse eintauchen, die den von starken Individuen gegebenen Impulsen widerstrebend zu folgen pflegt.
Daß der Sexualtrieb im ganzen sich eigenwillig und ungefügig benimmt, kommt auch in den Ergebnissen der Abstinenzbemühung zum Ausdruck. Die Kulturerziehung strebe etwa nur seine zeitweilige Unterdrückung bis zur Eheschließung an und beabsichtige ihn dann freizulassen, um sich seiner zu bedienen. Aber gegen den Trieb gelingen die extremen Beeinflussungen leichter noch als die Mäßigungen; die Unterdrückung ist sehr oft zu weit gegangen und hat das unerwünschte Resultat ergeben, daß der Sexualtrieb nach seiner Freilassung dauernd geschädigt erscheint. Darum ist oft volle Abstinenz während der Jugendzeit nicht die beste Vorbereitung für die Ehe beim jungen Manne. Die Frauen ahnen dies und ziehen unter ihren Bewerbern diejenigen vor, die sich schon bei anderen Frauen als Männer bewährt haben. Ganz besonders greifbar sind die Schädigungen, welche durch die strenge Forderung der Absti-

nenz bis zur Ehe am Wesen der Frau hervorgerufen werden. Die Erziehung nimmt die Aufgabe, die Sinnlichkeit des Mädchens bis zu seiner Verehelichung zu unterdrükken, offenbar nicht leicht, denn sie arbeitet mit den schärfsten Mitteln. Sie untersagt nicht nur den sexuellen Verkehr, setzt hohe Prämien auf die Erhaltung der weiblichen Unschuld, sondern sie entzieht das reifende weibliche Individuum auch der Versuchung, indem sie es in Unwissenheit über alles Tatsächliche der ihm bestimmten Rolle erhält und keine Liebesregung, die nicht zur Ehe führen kann, bei ihm duldet. Der Erfolg ist, daß die Mädchen, wenn ihnen das Verlieben plötzlich von den elterlichen Autoritäten gestattet wird, die psychische Leistung nicht zustande bringen und ihrer eigenen Gefühle unsicher in die Ehe gehen. Infolge der künstlichen Verzögerung der Liebesfunktion bereiten sie dem Manne, der all sein Begehren für sie aufgespart hat, nur Enttäuschungen; mit ihren seelischen Gefühlen hängen sie noch den Eltern an, deren Autorität die Sexualunterdrückung bei ihnen geschaffen hat, und im körperlichen Verhalten zeigen sie sich frigid, was jeden höherwertigen Sexualgenuß beim Manne verhindert. Ich weiß nicht, ob der Typus der anästhetischen Frau auch außerhalb der Kulturerziehung vorkommt, halte es aber für wahrscheinlich. Jedenfalls wird er durch die Erziehung geradezu gezüchtet, und diese Frauen, die ohne Lust empfangen, zeigen dann wenig Bereitwilligkeit, des öfteren mit Schmerzen zu gebären. So werden durch die Vorbereitung zur Ehe die Zwecke der Ehe selbst vereitelt; wenn dann die Entwicklungsverzögerung bei der Frau überwunden ist und auf der Höhe ihrer weiblichen Existenz die volle Liebesfähigkeit bei ihr erwacht, ist ihr Verhältnis zum Ehemanne längst verdorben; es bleibt ihr als Lohn für ihre bisherige Gefügigkeit die Wahl zwischen ungestilltem Sehnen, Untreue oder Neurose. Das sexuelle Verhalten eines Menschen ist oft *vorbildlich* für seine ganze sonstige Reaktionsweise in der Welt. Wer als Mann sein Sexualobjekt energisch erobert, dem trauen wir ähnliche rücksichtslose Energie auch in der Verfolgung anderer Ziele zu. Wer hingegen auf die Befriedigung seiner starken sexuellen Triebe aus allerlei Rücksichten verzichtet, der wird sich auch anderwärts im Leben eher konziliant und resigniert als tatkräftig benehmen. Eine spezielle Anwendung dieses Satzes von der Vorbildlichkeit des Sexuallebens für andere Funktionsausübung kann man leicht am ganzen Geschlechte der Frauen konstatieren. Die Erziehung versagt ihnen die intellektuelle Beschäftigung mit den Sexualproblemen, für die sie doch die größte Wißbegierde mitbringen, schreckt sie mit der Verurteilung, daß solche Wißbegierde unweiblich und Zeichen sündiger Veranlagung sei. Damit sind sie vom Denken überhaupt abgeschreckt, wird das Wissen für sie entwertet. Das Denkverbot greift über die sexuelle Sphäre hinaus, zum Teil infolge der unvermeidlichen Zusammenhänge, zum Teil automatisch, ganz ähnlich wie das religiöse Denkverbot bei Männern, das loyale bei braven Untertanen. Ich glaube nicht, daß der biologische Gegensatz zwischen intellektueller Arbeit und Geschlechtstätigkeit den „physiologischen Schwachsinn" der Frau erklärt, wie Moebius es in seiner vielfach widersprochenen Schrift dargetan hat.[141] Dagegen meine ich, daß die unzweifelhafte Tatsache der intellektuellen Inferiorität so vieler Frauen auf die zur Sexualunterdrückung erforderliche Denkhemmung zurückzuführen ist.

Man unterscheidet viel zuwenig strenge, wenn man die Frage der Abstinenz behandelt, zwei Formen derselben, die Enthaltung von jeder Sexualbetätigung überhaupt und die Enthaltung vom sexuellen Verkehre mit dem anderen Geschlechte. Vielen Personen, die sich der gelungenen Abstinenz rühmen, ist dieselbe nur mit Hilfe der Masturbation und ähnlicher Befriedigungen möglich geworden, die an die autoerotischen Sexualtätigkeiten der frühen Kindheit anknüpfen. Aber gerade dieser Beziehung wegen sind diese Ersatzmittel zur sexuellen Befriedigung keineswegs harmlos; sie disponieren zu den zahlreichen Formen von Neurosen und Psychosen, für welche die Rückbildung des Sexuallebens zu seinen infantilen Formen die Bedingung ist. Die Masturbation entspricht auch keineswegs den idealen Anforderungen der kulturellen Sexualmoral und treibt darum die jungen Menschen in die nämlichen Konflikte mit dem Erziehungsideale, denen sie durch die Abstinenz entgehen wollten. Sie verdirbt ferner den Charakter durch *Verwöhnung* auf mehr als eine Weise, erstens, indem sie bedeutsame Ziele mühelos, auf bequemen Wegen, anstatt durch energische Kraftanspannung erreichen lehrt, also nach dem Prinzipe der *sexuellen Vorbildlichkeit,* und zweitens, indem sie in den die Befriedigung begleitenden Phantasien das Sexualobjekt zu einer Vorzüglichkeit erhebt, die in der Realität nicht leicht wiedergefunden wird. Konnte doch ein geistreicher Schriftsteller (Karl Kraus in der Wiener Fackel), den Spieß umdrehend, die Wahrheit in dem Zynismus aussprechen: Der Koitus ist nur ein ungenügendes Surrogat für die Onanie!

Die Strenge der Kulturforderung und die Schwierigkeit der Abstinenzaufgabe haben zusammengewirkt, um die Vermeidung der Vereinigung der Genitalien verschiedener Geschlechter zum Kerne der Abstinenz zu machen und andere Arten der sexuellen Betätigung zu begünstigen, die sozusagen einem Halbgehorsam gleichkommen. Seitdem der normale Sexualverkehr von der Moral – und wegen der Infektionsmöglichkeiten auch von der Hygiene – so unerbittlich verfolgt wird, haben die sogenannten perversen Arten des Verkehrs zwischen beiden Geschlechtern, bei denen andere Körperstellen die Rolle der Genitalien übernehmen, an sozialer Bedeutung unzweifelhaft zugenommen. Diese Betätigungen können aber nicht so harmlos beurteilt werden wie analoge Überschreitungen im Liebesverkehre, sie sind ethisch verwerflich, da sie die Liebesbeziehungen zweier Menschen aus einer ernsten Sache zu einem bequemen Spiele ohne Gefahr und ohne seelische Beteiligung herabwürdigen. Als weitere Folge der Erschwerung des normalen Sexuallebens ist die Ausbreitung homosexueller Befriedigung anzuführen; zu all denen, die schon nach ihrer Organisation Homosexuelle sind oder in der Kindheit dazu wurden, kommt noch die große Anzahl jener hinzu, bei denen in reiferen Jahren wegen der Absperrung des Hauptstromes der Libido der homosexuelle Seitenarm breit geöffnet wird.

Alle diese unvermeidlichen und unbeabsichtigten Konsequenzen der Abstinenzforderung treffen in dem einen Gemeinsamen zusammen, daß sie die Vorbereitung für die Ehe gründlich verderben, die doch nach der Absicht der kulturellen Sexualmoral die alleinige Erbin der sexuellen Strebungen werden sollte. Alle die Männer, die infolge masturbatorischer oder perverser Sexualübung ihre Libido auf andere als die normalen Situationen und Bedingungen der Befriedigung eingestellt haben, entwickeln in der Ehe eine verminderte Potenz. Auch die Frauen, denen es nur durch ähnliche Hilfen möglich blieb, ihre Jungfräulichkeit zu bewahren, zeigen sich in der Ehe für den normalen Verkehr anästhetisch. Die mit herabgesetzter Liebesfähigkeit beider Teile begonnene Ehe verfällt dem Auflösungsprozesse nur noch rascher als eine andere. Infolge der geringen Potenz des Mannes wird die Frau nicht befriedigt, bleibt auch dann anästhetisch, wenn ihre aus der Erziehung mitgebrachte Disposition zur Frigidität durch mächtiges sexuelles Erleben überwindbar gewesen wäre. Ein solches Paar findet auch die Kinderverhütung schwieriger als ein gesundes, da die geschwächte Potenz des Mannes die Anwendung der Verhütungsmittel schlecht verträgt. In solcher Ratlosigkeit wird der sexuelle Verkehr als die Quelle aller Verlegenheiten bald aufgegeben und damit die Grundlage des Ehelebens verlassen.

Ich fordere alle Kundigen auf zu bestätigen, daß ich nicht übertreibe, sondern Verhältnisse schildere, die ebenso arg in beliebiger Häufigkeit zu beobachten sind. Es ist wirklich für den Uneingeweihten ganz unglaublich, wie selten sich normale Potenz beim Manne und wie häufig sich Frigidität bei der weiblichen Hälfte der Ehepaare findet, die unter der Herrschaft unserer kulturellen Sexualmoral stehen, mit welchen Entsagungen, oft für beide Teile, die Ehe verbunden ist und worauf das Eheleben, das so sehnsüchtig erstrebte Glück, sich einschränkt. Daß unter diesen Verhältnissen der Ausgang in Nervosität der nächstliegende ist, habe ich schon ausgeführt; ich will aber noch hinzusetzen, in welcher Weise eine solche Ehe auf die in ihr entsprungenen – einzigen oder wenig zahlreichen – Kinder fortwirkt. Es kommt da der Anschein einer erblichen Übertragung zustande, der sich bei schärferem Zusehen in die Wirkung mächtiger infantiler Eindrücke auflöst. Die von ihrem Manne unbefriedigte neurotische Frau ist als Mutter überzärtlich und überängstlich gegen das Kind, auf das sie ihr Liebesbedürfnis überträgt, und weckt in demselben die sexuelle Frühreife. Das schlechte Einverständnis zwischen den Eltern reizt dann das Gefühlsleben des Kindes auf, läßt es im zartesten Alter Liebe, Haß und Eifersucht intensiv empfinden. Die strenge Erziehung, die keinerlei Betätigung des so früh geweckten Sexuallebens duldet, stellt die unterdrückende Macht bei, und dieser Konflikt in diesem Alter enthält alles, was es zur Verursachung der lebenslangen Nervosität bedarf.

Ich komme nun auf meine frühere Behauptung zurück, daß man bei der Beurteilung der Neurosen zumeist nicht deren volle Bedeutung in Betracht zieht. Ich meine damit nicht die Unterschätzung dieser Zustände, die sich in leichtsinnigem Beiseiteschieben von seiten der Angehörigen und in großtuerischen Versicherungen von seiten der Ärzte äußert, einige Wochen Kaltwasserkur oder einige Monate Ruhe und Erholung könnten den Zustand beseitigen. Das sind nur mehr Meinungen von ganz unwissenden Ärzten und Laien, zumeist nur Reden, dazu bestimmt, den Leidenden einen kurzlebigen Trost zu bieten. Es ist vielmehr bekannt, daß eine chronische Neurose, auch wenn sie die Existenzfähigkeit nicht völlig aufhebt, eine schwere Lebensbelastung des Individuums vorstellt, etwa im Range einer Tuberkulose oder eines Herzfehlers. Auch könnte man sich damit abfinden, wenn die neurotischen Erkrankungen etwa nur eine Anzahl von immerhin schwächeren Individuen von der Kulturarbeit ausschließen und den anderen die Teilnahme daran um den Preis von bloß subjektiven Beschwerden gestatten würden. Ich möchte vielmehr auf den Gesichtspunkt aufmerksam machen, daß die Neurose, soweit sie reicht und bei wem immer sie sich findet, die Kulturabsicht zu vereiteln weiß und somit eigentlich die Arbeit der unterdrückten kulturfeindlichen Seelenkräfte besorgt, so daß die Gesellschaft nicht einen mit Opfern erkauften Gewinn, sondern gar keinen Gewinn verzeichnen darf, wenn sie die Gefügigkeit gegen ihre weitgehenden Vorschriften mit der Zunahme der Nervosität bezahlt. Gehen wir z. B. auf den so häufigen Fall einer Frau ein, die ihren Mann nicht liebt, weil sie nach den Bedingungen ihrer Eheschließung und den Erfahrungen ihres Ehelebens ihn zu lieben keinen Grund hat, die ihren Mann aber durchaus lieben möchte, weil dies allein dem Ideal der Ehe, zu dem sie erzogen wurde, entspricht. Sie wird dann alle Regungen in sich unterdrücken, die der Wahrheit Ausdruck geben wollen und ihrem Idealbestreben widersprechen, und wird be-

sondere Mühe aufwenden, eine liebevolle, zärtliche und sorgsame Gattin zu spielen. Neurotische Erkrankung wird die Folge dieser Selbstunterdrückung sein, und diese Neurose wird binnen kurzer Zeit an dem ungeliebten Mann Rache genommen haben und bei ihm genausoviel Unbefriedigung und Sorge hervorrufen, als sich nur aus dem Eingeständnisse des wahren Sachverhaltes ergeben hätte. Dieses Beispiel ist für die Leistungen der Neurose geradezu typisch. Ein ähnliches Mißlingen der Kompensation beobachtet man auch nach der Unterdrückung anderer, nicht direkt sexueller, kulturfeindlicher Regungen. Wer z. B. in der gewaltsamen Unterdrückung einer konstitutionellen Neigung zur Härte und Grausamkeit ein Überguter geworden ist, dem wird häufig dabei so viel an Energie entzogen, daß er nicht alles ausführt, was seinen Kompensationsregungen entspricht, und im ganzen doch eher weniger an Gutem leistet, als er ohne Unterdrückung zustande gebracht hätte.
Nehmen wir noch hinzu, daß mit der Einschränkung der sexuellen Betätigung bei einem Volke ganz allgemein eine Zunahme der Lebensängstlichkeit und der Todesangst einhergeht, welche die Genußfähigkeit der Einzelnen stört und ihre Bereitwilligkeit, für irgendwelche Ziele den Tod auf sich zu nehmen, aufhebt, welche sich in der verminderten Neigung zur Kinderzeugung äußert, und dieses Volk oder diese Gruppe von Menschen vom Anteile an der Zukunft ausschließt, so darf man wohl die Frage aufwerfen, ob unsere „kulturelle" Sexualmoral der Opfer wert ist, welche sie uns auferlegt, zumal; wenn man sich vom Hedonismus nicht genug frei gemacht hat, um nicht ein gewisses Maß von individueller Glückbefriedigung unter die Ziele unserer Kulturentwicklung aufzunehmen.
Es ist gewiß nicht Sache des Arztes, selbst mit Reformvorschlägen hervorzutreten; ich meinte aber, ich könnte die Dringlichkeit solcher unterstützen, wenn ich die v. Ehrenfelssche Darstellung der Schädigungen durch unsere „kulturelle" Sexualmoral um den Hinweis auf deren Bedeutung für die Ausbreitung der modernen Nervosität erweitere.

Zeitgemäßes über Krieg und Tod

(1915)

Die beiden in dieser Veröffentlichung nur lose miteinander verknüpften Essays erschienen erstmals in der psychoanalytischen Zeitschrift „Imago" 4 (1915), S. 1–21 und sind etwa im April 1915 unter dem Eindruck der Ereignisse der ersten Kriegsmonate verfaßt worden. Die Verurteilung des Krieges als barbarisch und kulturfeindlich steht für Freud hier im Vordergrund – deutlich erkennbar ist auch seine Enttäuschung darüber, daß dieser Weltkrieg nicht vermieden werden konnte. Die eigentlichen Ursachen des Geschehens zu begreifen war Freud, der die Staaten als „Völkerindividuen" betrachtete und der keine Vorstellung von den herrschenden Klassenkräften besaß, nicht möglich. Die von ihm als Illusionen bezeichneten Ideen von einer übernationalen Kultur der europäischen Völker mußten sich angesichts der Kriegsereignisse tatsächlich als Fiktion offenbaren, illusionär waren sie jedoch nicht, wie er meinte, wegen der bleibenden Gewalt egoistischer Triebneigungen bei den Individuen, sondern auf Grund der gegebenen sozialökonomischen Bedingungen des Imperialismus. Freuds Deutung des Zeitgeschehens blieb auf die Interpretation psychologischer Aspekte beschränkt und war von der für sein System charakteristischen These von der Existenz einer tiefen Kluft zwischen den individuellen Strebungen der Menschen und den von der Kultur geforderten Verhaltensweisen bestimmt. Seine Folgerungen für die Zukunft waren von diesen Prämissen her skeptisch – die Hoffnung auf künftige Wirkungen der Aufklärung blieb zwar erhalten, die Aufklärung selbst aber als der einzige Weg einer Änderung nur eine begrenzt wirksame Kraft.

Dieser Text wurde entnommen:
Sigmund Freud, Studienausgabe. Frankfurt (Main), S. Fischer Verlag 1969–1975, Bd. IX, S. 35–60.

I. DIE ENTTÄUSCHUNG DES KRIEGES

Von dem Wirbel dieser Kriegszeit gepackt, einseitig unterrichtet, ohne Distanz von den großen Veränderungen, die sich bereits vollzogen haben oder zu vollziehen beginnen, und ohne Witterung der sich gestaltenden Zukunft, werden wir selbst irre an der Bedeutung der Eindrücke, die sich uns aufdrängen, und an dem Werte der Urteile, die wir bilden. Es will uns scheinen, als hätte noch niemals ein Ereignis so viel kostbares Gemeingut der Menschen zerstört, so viele der klarsten Intelligenzen verwirrt, so gründlich das Hohe erniedrigt. Selbst die Wissenschaft hat ihre leidenschaftslose Unparteilichkeit verloren; ihre aufs tiefste erbitterten Diener suchen ihr Waffen zu entnehmen, um einen Beitrag zur Bekämpfung des Feindes zu leisten. Der Anthropologe muß den Gegner für minderwertig und degeneriert erklären, der Psychiater die Diagnose seiner Geistes- oder Seelenstörung verkünden. Aber wahrscheinlich empfinden wir das Böse dieser Zeit unmäßig stark und haben kein Recht, es mit dem Bösen anderer Zeiten zu vergleichen, die wir nicht erlebt haben.

Der Einzelne, der nicht selbst ein Kämpfer und somit ein Partikelchen der riesigen Kriegsmaschinerie geworden ist, fühlt sich in seiner Orientierung verwirrt und in seiner Leistungsfähigkeit gehemmt. Ich meine, ihm wird jeder kleine Wink willkommen sein, der es ihm erleichtert, sich wenigstens in seinem eigenen Innern zurechtzufinden. Unter den Momenten, welche das seelische Elend der Daheimgebliebenen verschuldet haben und deren Bewältigung ihnen so schwierige Aufgaben stellt, möchte ich zwei hervorheben und an dieser Stelle behandeln: die Enttäuschung, die dieser Krieg hervorgerufen hat, und die veränderte Einstellung zum Tode, zu der er uns – wie alle anderen Kriege – nötigt. Wenn ich von der Enttäuschung rede, weiß jedermann sofort, was damit gemeint ist. Man braucht kein Mitleidsschwärmer zu sein, man kann die biologische und psychologische Notwendigkeit des Leidens für die Ökonomie des Menschenlebens einsehen und darf doch den Krieg in seinen Mitteln und Zielen verurteilen und das Aufhören des Krieges herbeisehnen. Man sagte sich zwar, die Kriege könnten nicht aufhören, solange die Völker unter so verschiedenartigen Existenzbedingungen leben, solange die Wertungen des Einzellebens bei ihnen weit auseinandergehen und solange die Gehässigkeiten, welche sie trennen, so starke seelische Triebkräfte repräsentieren. Man war also darauf vorbereitet, daß Kriege zwischen den primitiven und den zivilisierten Völkern, zwischen den Menschenrassen, die durch die Hautfarbe voneinander geschieden werden, ja Kriege mit und unter den wenig entwickelten oder verwilderten Völkerindividuen Europas die Menschheit noch durch geraume Zeit in Anspruch nehmen werden. Aber man getraute sich etwas anderes zu hoffen. Von den großen weltbeherrschenden Nationen weißer Rasse, denen die Führung des Menschengeschlechtes zugefallen ist, die man mit der Pflege weltumspannender Interessen beschäftigt wußte, deren Schöpfungen die technischen Fortschritte in der Beherrschung der Natur wie die künstlerischen und wissenschaftlichen Kulturwerte sind, von diesen Völkern hatte man erwartet, daß sie es verstehen würden, Mißhelligkeiten und Interessenkonflikte auf anderem Wege zum Austrage zu bringen. Innerhalb jeder dieser Nationen waren hohe sittliche Normen für den Einzelnen aufgestellt worden, nach denen er seine Lebensführung einzurichten hatte, wenn er an der Kulturgemeinschaft teilnehmen wollte. Diese oft überstrengen Vorschriften forderten viel von ihm, eine ausgiebige Selbstbeschränkung, einen weitgehenden Verzicht auf Triebbefriedigung. Es war ihm vor allem versagt, sich der außerordentlichen Vorteile zu bedienen, die der Gebrauch von Lüge und Betrug im Wettkampfe mit den Nebenmenschen schafft. Der Kulturstaat hielt diese sittlichen Normen für die Grundlage seines Bestandes, er schritt ernsthaft ein, wenn man sie anzutasten wagte, erklärte es oft für untunlich, sie auch nur einer Prüfung durch den kritischen Verstand zu unterziehen. Es war also anzunehmen, daß er sie selbst respektieren wolle und nichts gegen sie zu unternehmen gedenke, wodurch er der Begründung seiner eigenen Existenz widersprochen hätte. Endlich konnte man zwar die Wahrnehmung machen, daß es innerhalb dieser Kulturnationen gewisse eingesprengte Völkerreste gäbe, die ganz allgemein unliebsam wären und darum nur widerwillig, auch nicht im vollen Umfange, zur Teilnahme an der gemeinsamen Kulturarbeit zugelassen würden, für die sie sich als genug geeignet erwiesen hatten.[142] Aber die großen Völker selbst, konnte man meinen, hätten so viel Verständnis für ihre Gemeinsamkeiten und so viel Toleranz für ihre Verschiedenheit erworben, daß „fremd" und „feindlich" nicht mehr wie noch im klassischen Altertume für sie zu einem Begriffe verschmelzen durften. Vertrauend auf diese Einigung der Kulturvölker haben ungezählte Menschen ihren Wohnort in der Heimat gegen den Aufenthalt in der Fremde eingetauscht und ihre Existenz an die Verkehrsbeziehungen zwischen den befreundeten Völkern geknüpft. Wen aber die Not des Lebens nicht ständig an die nämliche Stelle bannte, der konnte sich aus allen Vorzügen und Reizen der Kulturländer ein neues, größeres Vaterland zusammensetzen, in dem er sich ungehemmt und unverdächtig erging. Er genoß so das blaue und das graue Meer, die Schönheit der Schneeberge und die der grünen Wiesenflächen, den Zauber des nordischen Waldes und die Pracht der südlichen Vegetation, die Stimmung der Landschaften, auf denen große historische Erinnerungen ruhen, und die Stille der unberührten Natur. Dies neue Vaterland war für ihn auch ein Museum, erfüllt mit allen Schätzen, welche die Künstler der Kulturmenschheit seit vielen Jahrhunderten geschaffen und hinterlassen hatten. Während er von einem Saale dieses Museums in einen andern wanderte, konnte er in parteiloser Anerkennung feststellen, was für verschiedene Typen von Vollkommenheit Blutmischung, Geschichte und die Eigenart der Mutter Erde an seinen weiteren Kompatrioten ausgebildet hatten. Hier war die kühle unbeugsame Energie aufs höchste entwickelt, dort die graziöse Kunst, das Leben zu verschönern, anderswo der Sinn für Ordnung und Gesetz oder andere der Eigenschaften, die den Menschen zum Herrn der Erde gemacht haben. Vergessen wir auch nicht, daß jeder Kulturweltbürger sich einen besonderen „Parnaß" und eine „Schule von Athen" geschaffen hatte.[143] Unter den großen Denkern, Dichtern, Künstlern aller Nationen hatte er die ausgewählt, denen er das Beste zu schulden vermeinte, was ihm an Lebensgenuß und Lebensverständnis zugänglich geworden war, und sie den unsterblichen Alten in seiner Verehrung zugesellt wie den vertrauten Meistern seiner eigenen Zunge. Keiner von diesen Großen war ihm darum fremd erschienen, weil er in anderer Sprache geredet hatte, weder der unvergleichliche Ergründer der menschlichen Leidenschaften noch der schönheitstrunkene Schwärmer oder der gewaltig drohende Prophet, der feinsinnige Spötter, und niemals warf er sich dabei vor, abtrünnig geworden zu sein, der eigenen Nation und der geliebten Muttersprache. Der Genuß der Kulturgemeinschaft wurde gelegentlich durch Stimmen gestört, welche warnten, daß infolge altüberkommener Differenzen Kriege auch unter den Mitgliedern derselben unvermeidlich wären. Man wollte nicht daran glauben, aber wie stellte man sich einen solchen Krieg vor, wenn es dazu kommen sollte? Als eine Gelegenheit, die Fortschritte im Gemeingefühl der Menschen aufzuzeigen seit jener Zeit, da die griechischen Amphiktyonien verboten hatten, eine dem Bündnisse angehörende Stadt zu zerstören, ihre Ölbaume umzuhauen und ihr das Wasser abzuschneiden. Als einen ritterlichen Waffengang, der sich darauf beschränken wollte, die Überlegenheit des einen Teils festzustellen, unter möglichster Vermeidung schwerer Leiden, die zu dieser Entscheidung nichts beitragen könnten, mit voller Schonung für den Verwundeten, der aus dem Kampf ausscheiden muß, und für den Arzt und Pfleger, der sich seiner Herstellung widmet. Natürlich mit allen Rücksichten für den nicht kriegführenden Teil der Bevölkerung, für die Frauen, die dem Kriegshandwerk ferne bleiben, und für die Kinder, die, herangewachsen, einander von beiden Seiten Freunde und Mithelfer werden sollen. Auch mit Erhaltung all der internationalen Unternehmungen und Institutionen, in denen sich die Kulturgemeinschaft der Friedenszeit verkörpert hatte.

Ein solcher Krieg hätte immer noch genug des Schrecklichen und schwer zu Ertragenden enthalten, aber er hätte die Entwicklung ethischer Beziehungen zwischen den Großindividuen der Menschheit, den Völkern und Staaten, nicht unterbrochen.

Der Krieg, an den wir nicht glauben wollten, brach nun aus, und er brachte die Enttäuschung. Er ist nicht nur blutiger und verlustreicher als einer der Kriege vorher, infolge der mächtig vervollkommneten Waffen des Angriffes und der Verteidigung, sondern mindestens ebenso grausam, erbittert, schonungslos wie irgendein früherer. Er setzt sich über alle Einschränkungen hinaus, zu denen man sich in friedlichen Zeiten verpflichtet, die man das Völkerrecht genannt hatte, anerkennt nicht die Vorrechte des Verwundeten und des Arztes, die Unterscheidung des friedlichen und des kämpfenden Teiles der Bevölkerung, die Ansprüche des Privateigentums. Er wirft nieder, was ihm im Wege steht, in blinder Wut, als sollte es keine Zukunft und keinen Frieden unter den Menschen nach ihm geben. Er zerreißt alle Bande der Gemeinschaft unter den miteinander ringenden Völkern und droht eine Erbitterung zu hinterlassen, welche eine Wiederanknüpfung derselben für lange Zeit unmöglich machen wird. Er brachte auch das kaum begreifliche Phänomen zum Vorscheine, daß die Kulturvölker einander so wenig kennen und verstehen, daß sich das eine mit Haß und Abscheu gegen das andere wenden kann. Ja, daß eine der großen Kulturnationen so allgemein mißliebig ist, daß der Versuch gewagt werden kann, sie als „barbarisch" von der Kulturgemeinschaft auszuschließen, obwohl sie ihre Eignung durch die großartigsten Beitragsleistungen längst erwiesen hat. Wir leben der Hoffnung, eine unparteiische Geschichtsschreibung werde den Nachweis erbringen, daß gerade diese Nation, die, in deren Sprache wir schreiben, für deren Sieg unsere Lieben kämpfen, sich am wenigsten gegen die Gesetze der menschlichen Gesittung vergangen habe, aber wer darf in solcher Zeit als Richter auftreten in eigener Sache?

Völker werden ungefähr durch die Staaten, die sie bilden, repräsentiert; diese Staaten durch die Regierungen, die sie leiten. Der einzelne Volksangehörige kann in diesem Kriege mit Schrecken feststellen, was sich ihm gelegentlich schon in Friedenszeiten aufdrängen wollte, daß der Staat dem Einzelnen den Gebrauch des Unrechts untersagt hat, nicht weil er es abschaffen, sondern weil er es monopolisieren will wie Salz und Tabak. Der kriegführende Staat gibt sich jedes Unrecht, jede Gewalttätigkeit frei, die den Einzelnen entehren würde. Er bedient sich nicht nur der erlaubten List, sondern auch der bewußten Lüge und des absichtlichen Betruges gegen den Feind, und dies zwar in einem Maße, welches das in früheren Kriegen Gebräuchliche zu übersteigen scheint. Der Staat fordert das Äußerste an Gehorsam und Aufopferung von seinen Bürgern, entmündigt sie aber dabei durch ein Übermaß von Verheimlichung und eine Zensur der Mitteilung und Meinungsäußerung, welche die Stimmung der so intellektuell Unterdrückten wehrlos macht gegen jede ungünstige Situation und jedes wüste Gerücht. Er löst sich los von Zusicherungen und Verträgen, durch die er sich gegen andere Staaten gebunden hatte, bekennt sich ungescheut zu seiner Habgier und seinem Machtstreben, die dann der Einzelne aus Patriotismus gutheißen soll.

Man wende nicht ein, daß der Staat auf den Gebrauch des Unrechts nicht verzichten kann, weil er sich dadurch in Nachteil setzte. Auch für den Einzelnen ist die Befolgung der sittlichen Normen, der Verzicht auf brutale Machtbetätigung in der Regel sehr unvorteilhaft, und der Staat zeigt sich nur selten dazu fähig, den Einzelnen für das Opfer zu entschädigen, das er von ihm gefordert hat. Man darf sich auch nicht darüber verwundern, daß die Lockerung aller sittlichen Beziehungen zwischen den Großindividuen der Menschheit eine Rückwirkung auf die Sittlichkeit der Einzelnen geäußert hat, denn unser Gewissen ist nicht der unbeugsame Richter, für den die Ethiker es ausgeben, es ist in seinem Ursprunge *„soziale Angst"* und nichts anderes.[144] Wo die Gemeinschaft den Vorwurf aufhebt, hört auch die Unterdrückung der bösen Gelüste auf, und die Menschen begehen Taten von Grausamkeit, Tücke, Verrat und Roheit, deren Möglichkeit man mit ihrem kulturellen Niveau für unvereinbar gehalten hätte.

So mag der Kulturweltbürger, den ich vorhin eingeführt habe, ratlos dastehen in der ihm fremd gewordenen Welt, sein großes Vaterland zerfallen, die gemeinsamen Besitztümer verwüstet, die Mitbürger entzweit und erniedrigt!

Zur Kritik seiner Enttäuschung wäre einiges zu bemerken. Sie ist, strenggenommen, nicht berechtigt, denn sie besteht in der Zerstörung einer Illusion. Illusionen empfehlen sich uns dadurch, daß sie Unlustgefühle ersparen und uns an ihrer Statt Befriedigungen genießen lassen. Wir müssen es dann ohne Klage hinnehmen, daß sie irgendeinmal mit einem Stücke der Wirklichkeit zusammenstoßen, an dem sie zerschellen.

Zweierlei in diesem Kriege hat unsere Enttäuschung rege gemacht: die geringe Sittlichkeit der Staaten nach außen, die sich nach innen als die Wächter der sittlichen Normen gebärden, und die Brutalität im Benehmen der Einzelnen, denen man als Teilnehmer an der höchsten menschlichen Kultur ähnliches nicht zugetraut hat.

Beginnen wir mit dem zweiten Punkte und versuchen wir es, die Anschauung, die wir kritisieren wollen, in einen einzigen knappen Satz zu fassen. Wie stellt man sich denn eigentlich den Vorgang vor, durch welchen ein einzelner Mensch zu einer höheren Stufe von Sittlichkeit gelangt? Die erste Antwort wird wohl lauten: Er ist eben von Geburt und Anfang an gut und edel. Sie soll hier weiter nicht berücksichtigt werden. Eine zweite Antwort wird auf die Anregung eingehen, daß hier ein Entwicklungsvorgang vorliegen müsse, und wird wohl annehmen, diese Entwicklung bestehe darin, daß die bösen Neigungen des Menschen in ihm ausgerottet und unter dem Einflusse von Erziehung und Kulturumgebung durch Neigungen zum Guten ersetzt werden. Dann darf man sich allerdings verwundern, daß bei dem so Erzogenen das Böse wieder so tatkräftig zum Vorschein kommt.

Aber diese Antwort enthält auch den Satz, dem wir widersprechen wollen. In Wirklichkeit gibt es keine „Ausrottung“ des Bösen. Die psychologische – im strengeren Sinne die psychoanalytische – Untersuchung zeigt vielmehr, daß das tiefste Wesen des Menschen in Triebregungen besteht, die elementarer Natur, bei allen Menschen gleichartig sind und auf die Befriedigung gewisser ursprünglicher Bedürfnisse zielen. Diese Triebregungen sind an sich weder gut noch böse. Wir klassifizieren sie und ihre Äußerungen in solcher Weise, je nach ihrer Beziehung zu den Bedürfnissen und Anforderungen der menschlichen Gemeinschaft. Zuzugeben ist, daß alle die Regungen, welche von der Gesellschaft als böse verpönt werden – nehmen wir als Vertretung derselben die eigensüchtigen und die grausamen – sich unter diesen primitiven befinden.

Diese primitiven Regungen legen einen langen Entwicklungsweg zurück, bis sie zur Betätigung beim Erwachsenen zugelassen werden. Sie werden gehemmt, auf andere Ziele und Gebiete gelenkt, gehen Verschmelzungen miteinander ein, wechseln ihre Objekte, wenden sich zum Teil gegen die eigene Person. Reaktionsbildungen gegen gewisse

Triebe täuschen die inhaltliche Verwandlung derselben vor, als ob aus Egoismus – Altruismus, aus Grausamkeit – Mitleid geworden wäre. Diesen Reaktionsbildungen kommt zugute, daß manche Triebregungen fast von Anfang an in Gegensatzpaaren auftreten, ein sehr merkwürdiges und der populären Kenntnis fremdes Verhältnis, das man die „Gefühlsambivalenz" benannt hat. Am leichtesten zu beobachten und vom Verständnis zu bewältigen ist die Tatsache, daß starkes Lieben und starkes Hassen so häufig miteinander bei derselben Person vereint vorkommen. Die Psychoanalyse fügt dem zu, daß die beiden entgegengesetzten Gefühlsregungen nicht selten auch die nämliche Person zum Objekte nehmen.

Erst nach Überwindung all solcher „Triebschicksale" stellt sich das heraus, was man den Charakter eines Menschen nennt und was mit „gut" oder „böse" bekanntlich nur sehr unzureichend klassifiziert werden kann. Der Mensch ist selten im ganzen gut oder böse, meist „gut" in dieser Relation, „böse" in einer anderen oder „gut" unter solchen äußeren Bedingungen, unter anderen entschieden „böse". Interessant ist die Erfahrung, daß die kindliche Präexistenz starker „böser" Regungen oft geradezu die Bedingung wird für eine besonders deutliche Wendung des Erwachsenen zum „Guten". Die stärksten kindlichen Egoisten können die hilfreichsten und aufopferungsfähigsten Bürger werden; die meisten Mitleidschwärmer, Menschenfreunde, Tierschützer haben sich aus kleinen Sadisten und Tierquälern entwickelt. Die Umbildung der „bösen" Triebe ist das Werk zweier im gleichen Sinne wirkenden Faktoren, eines inneren und eines äußeren. Der innere Faktor besteht in der Beeinflussung der bösen – sagen wir: eigensüchtigen – Triebe durch die Erotik, das Liebesbedürfnis des Menschen im weitesten Sinne genommen. Durch die Zumischung der *erotischen* Komponenten werden die eigensüchtigen Triebe in *soziale* umgewandelt. Man lernt das Geliebtwerden als einen Vorteil schätzen, wegen dessen man auf andere Vorteile verzichten darf. Der äußere Faktor ist der Zwang der Erziehung, welche die Ansprüche der kulturellen Umgebung vertritt und die dann durch die direkte Einwirkung des Kulturmilieus fortgesetzt wird. Kultur ist durch Verzicht auf Triebbefriedigung gewonnen worden und fordert von jedem neu Ankommenden, daß er denselben Triebverzicht leiste. Während des individuellen Lebens findet eine beständige Umsetzung von äußerem Zwange in inneren Zwang statt. Die Kultureinflüsse leiten dazu an, daß immer mehr von den eigensüchtigen Strebungen durch erotische Zustände in altruistische, soziale verwandelt werden. Man darf endlich annehmen, daß aller innere Zwang, der sich in der Entwicklung des Menschen geltend macht, ursprünglich, d. h. in der *Menschheitsgeschichte*, nur äußerer Zwang war. Die Menschen, die heute geboren werden, bringen ein Stück Neigung (Disposition) zur Umwandlung der egoistischen in soziale Triebe als ererbte Organisation mit, die auf leichte Anstöße hin diese Umwandlung durchführt. Ein anderes Stück dieser Triebwandlungen muß im Leben selbst geleistet werden. In solcher Art steht der einzelne Mensch nicht nur unter der Einwirkung seines gegenwärtigen Kulturmilieus, sondern unterliegt auch dem Einflusse der Kulturgeschichte seiner Vorfahren.

Heißen wir die einem Menschen zukommende Fähigkeit zur Umbildung der egoistischen Triebe unter dem Einflusse der Erotik seine Kultureignung, so können wir aussagen, daß dieselbe aus zwei Anteilen besteht, einem angeborenen und einem im Leben erworbenen, und daß das Verhältnis der beiden zueinander und zu dem unverwandelt gebliebenen Anteile des Trieblebens ein sehr variables ist. Im allgemeinen sind wir geneigt, den angeborenen Anteil zu hoch zu veranschlagen, und überdies laufen wir Gefahr, die gesamte Kultureignung in ihrem Verhältnis zum primitiv gebliebenen Triebleben zu überschätzen, d. h., wir werden dazu verleitet, die Menschen „besser" zu beurteilen, als sie in Wirklichkeit sind. Es besteht nämlich noch ein anderes Moment, welches unser Urteil trübt und das Ergebnis im günstigen Sinne verfälscht.

Die Triebregungen eines anderen Menschen sind unserer Wahrnehmung natürlich entrückt. Wir schließen auf sie aus seinen Handlungen und seinem Benehmen, welche wir auf Motive aus seinem Triebleben zurückführen. Ein solcher Schluß geht notwendigerweise in einer Anzahl von Fällen irre. Die nämlichen, kulturell „guten" Handlungen können das einemal von „edlen" Motiven herstammen, das anderemal nicht. Die theoretischen Ethiker heißen nur solche

Handlungen „gut", welche der Ausdruck guter Triebregungen sind, den anderen versagen sie ihre Anerkennung. Die von praktischen Absichten geleitete Gesellschaft kümmert sich aber im ganzen um diese Unterscheidung nicht; sie begnügt sich damit, daß ein Mensch sein Benehmen und seine Handlungen nach den kulturellen Vorschriften richtet, und fragt wenig nach seinen Motiven.

Wir haben gehört, daß der äußere Zwang, den Erziehung und Umgebung auf den Menschen üben, eine weitere Umbildung seines Trieblebens zum Guten, eine Wendung vom Egoismus zum Altruismus herbeiführt. Aber dies ist nicht die notwendige oder regelmäßige Wirkung des äußeren Zwanges. Erziehung und Umgebung haben nicht nur Liebesprämien anzubieten, sondern arbeiten auch mit Vorteilsprämien anderer Art, mit Lohn und Strafen. Sie können also die Wirkung äußern, daß der ihrem Einflusse Unterliegende sich zum guten Handeln im kulturellen Sinne entschließt, ohne daß sich eine Triebveredlung, eine Umsetzung egoistischer in soziale Neigungen, in ihm vollzogen hat. Der Erfolg wird im groben derselbe sein; erst unter besonderen Verhältnissen wird es sich zeigen, daß der eine immer gut handelt, weil ihn seine Triebneigungen dazu nötigen, der andere nur gut ist, weil, insolange und insoweit dies kulturelle Verhalten seinen eigensüchtigen Absichten Vorteile bringt. Wir aber werden bei oberflächlicher Bekanntschaft mit den Einzelnen kein Mittel haben, die beiden Fälle zu unterscheiden, und gewiß durch unseren Optimismus verführt werden, die Anzahl der kulturell veränderten Menschen arg zu überschätzen. Die Kulturgesellschaft, die die gute Handlung fordert und sich um die Triebbegründung derselben nicht kümmert, hat also eine große Zahl von Menschen zum Kulturgehorsam gewonnen, die dabei nicht ihrer Natur folgen. Durch diesen Erfolg ermutigt, hat sie sich verleiten lassen, die sittlichen Anforderungen möglichst hoch zu spannen, und so ihre Teilnehmer zu noch weiterer Entfernung von ihrer Triebveranlagung gezwungen. Diesen ist nun eine fortgesetzte Triebunterdrükkung auferlegt, deren Spannung sich in den merkwürdigsten Reaktions- und Kompensationserscheinungen kundgibt. Auf dem Gebiete der Sexualität, wo solche Unterdrükkung am wenigsten durchzuführen ist, kommt es so zu den

Reaktionserscheinungen der neurotischen Erkrankungen. Der sonstige Druck der Kultur zeitigt zwar keine pathologische(n) Folgen, äußert sich aber in Charakterverbildungen und in der steten Bereitschaft der gehemmten Triebe, bei passender Gelegenheit zur Befriedigung durchzubrechen. Wer so genötigt wird, dauernd im Sinne von Vorschriften zu reagieren, die nicht der Ausdruck seiner Triebneigungen sind, der lebt, psychologisch verstanden, über seine Mittel und darf objektiv als Heuchler bezeichnet werden, gleichgültig ob ihm diese Differenz klar bewußt worden ist oder nicht. Es ist unleugbar, daß unsere gegenwärtige Kultur die Ausbildung dieser Art von Heuchelei in außerordentlichem Umfange begünstigt. Man könnte die Behauptung wagen, sie sei auf solcher Heuchelei aufgebaut und müßte sich tiefgreifende Abänderungen gefallen lassen, wenn es die Menschen unternehmen würden, der psychologischen Wahrheit nachzuleben. Es gibt also ungleich mehr Kulturheuchler als wirklich kulturelle Menschen, ja man kann den Standpunkt diskutieren, ob ein gewisses Maß von Kulturheuchelei nicht zur Aufrechterhaltung der Kultur unerläßlich sei, weil die bereits organisierte Kultureignung der heute lebenden Menschen vielleicht für diese Leistung nicht zureichen würde. Anderseits bietet die Aufrechterhaltung der Kultur auch auf so bedenklicher Grundlage die Aussicht, bei jeder neuen Generation eine weitergehende Triebumbildung als Trägerin einer besseren Kultur anzubahnen.

Den bisherigen Erörterungen entnehmen wir bereits den einen Trost, daß unsere Kränkung und schmerzliche Enttäuschung wegen des unkulturellen Benehmens unserer Weltmitbürger in diesem Kriege unberechtigt waren. Sie beruhten auf einer Illusion, der wir uns gefangengaben. In Wirklichkeit sind sie nicht so tief gesunken, wie wir fürchten, weil sie gar nicht so hoch gestiegen waren, wie wir's von ihnen glaubten. Daß die menschlichen Großindividuen, die Völker und Staaten, die sittlichen Beschränkungen gegeneinander fallenließen, wurde ihnen zur begreiflichen Anregung, sich für eine Weile dem bestehenden Drucke der Kultur zu entziehen und ihren zurückgehaltenen Trieben vorübergehend Befriedigung zu gönnen. Dabei geschah ihrer relativen Sittlichkeit innerhalb ihres Volkstumes wahrscheinlich kein Abbruch.

Wir können uns aber das Verständnis der Veränderung, die der Krieg an unseren früheren Kompatrioten zeigt, noch vertiefen und empfangen dabei eine Warnung, kein Unrecht an ihnen zu begehen. Seelische Entwicklungen besitzen nämlich eine Eigentümlichkeit, welche sich bei keinem anderen Entwicklungsvorgang mehr vorfindet. Wenn ein Dorf zur Stadt, ein Kind zum Manne heranwächst, so gehen dabei Dorf und Kind in Stadt und Mann unter. Nur die Erinnerung kann die alten Züge in das neue Bild einzeichnen; in Wirklichkeit sind die alten Materialien oder Formen beseitigt und durch neue ersetzt worden. Anders geht es bei einer seelischen Entwicklung zu. Man kann den nicht zu vergleichenden Sachverhalt nicht anders beschreiben als durch die Behauptung, daß jede frühere Entwicklungsstufe neben der späteren, die aus ihr geworden ist, erhalten bleibt; die Sukzession bedingt eine Koexistenz mit, obwohl es doch dieselben Materialien sind, an denen die ganze Reihenfolge von Veränderungen abgelaufen ist. Der frühere seelische Zustand mag sich jahrelang nicht geäußert haben, er bleibt doch so weit bestehen, daß er eines Tages wiederum die Äußerungsform der seelischen Kräfte werden kann, und zwar die einzige, als ob alle späteren Entwicklungen annulliert, rückgängig gemacht worden wären. Diese außerordentliche Plastizität der seelischen Entwicklungen ist in ihrer Richtung nicht unbeschränkt; man kann sie als eine besondere Fähigkeit zur Rückbildung – Regression – bezeichnen, denn es kommt wohl vor, daß eine spätere und höhere Entwicklungsstufe, die verlassen wurde, nicht wieder erreicht werden kann. Aber die primitiven Zustände können immer wiederhergestellt werden; das primitive Seelische ist im vollsten Sinne unvergänglich.
Die sogenannten Geisteskrankheiten müssen beim Laien den Eindruck hervorrufen, daß das Geistes- und Seelenleben der Zerstörung anheimgefallen sei. In Wirklichkeit betrifft die Zerstörung nur spätere Erwerbungen und Entwicklungen. Das Wesen der Geisteskrankheiten besteht in der Rückkehr zu früheren Zuständen des Affekterlebens und der Funktion. Ein ausgezeichnetes Beispiel für die Plastizität des Seelenlebens gibt der Schlafzustand, den wir allnächtlich anstreben. Seitdem wir auch tolle und verworrene Träume zu übersetzen verstehen, wissen wir, daß wir mit

jedem Einschlafen unsere mühsam erworbene Sittlichkeit wie ein Gewand von uns werfen – um es am Morgen wieder anzutun. Diese Entblößung ist natürlich ungefährlich, weil wir durch den Schlafzustand gelähmt, zur Inaktivität verurteilt sind. Nur der Traum kann von der Regression unseres Gefühlslebens auf eine der frühesten Entwicklungsstufen Kunde geben. So ist es z. B. bemerkenswert, daß alle unsere Träume von rein egoistischen Motiven beherrscht werden. Einer meiner englischen Freunde vertrat diesen Satz vor einer wissenschaftlichen Versammlung in Amerika, worauf ihm eine anwesende Dame die Bemerkung machte, das möge vielleicht für Österreich richtig sein, aber sie dürfe von sich und ihren Freunden behaupten, daß sie auch noch im Traume altruistisch fühlen. Mein Freund, obwohl selbst ein Angehöriger der englischen Rasse, mußte auf Grund seiner eigenen Erfahrungen in der Traumanalyse der Dame energisch widersprechen: Im Traume sei auch die edle Amerikanerin ebenso egoistisch wie der Österreicher.
Es kann also auch die Triebumbildung, auf welcher unsere Kultureignung beruht, durch Einwirkungen des Lebens – dauernd oder zeitweilig – rückgängig gemacht werden. Ohne Zweifel gehören die Einflüsse des Krieges zu den Mächten, welche solche Rückbildung erzeugen können, und darum brauchen wir nicht allen jenen, die sich gegenwärtig unkulturell benehmen, die Kultureignung abzusprechen, und dürfen erwarten, daß sich ihre Triebveredelung in ruhigeren Zeiten wiederherstellen wird.
Vielleicht hat uns aber ein anderes Symptom bei unseren Weltmitbürgern nicht weniger überrascht und geschreckt als das so schmerzlich empfundene Herabsinken von ihrer ethischen Höhe. Ich meine die Einsichtslosigkeit, die sich bei besten Köpfen zeigt, ihre Verstocktheit, Unzugänglichkeit gegen die eindringlichsten Argumente, ihre kritiklose Leichtgläubigkeit für die anfechtbarsten Behauptungen. Dies ergibt freilich ein trauriges Bild, und ich will ausdrücklich betonen, daß ich keineswegs als verblendeter Parteigänger alle intellektuellen Verfehlungen nur auf einer der beiden Seiten finde. Allein diese Erscheinung ist noch leichter zu erklären und weit weniger bedenklich als die vorhin gewürdigte. Menschenkenner und Philosophen haben uns längst belehrt, daß wir unrecht daran tun, unsere Intelligenz

als selbständige Macht zu schätzen und ihre Abhängigkeit vom Gefühlsleben zu übersehen. Unser Intellekt könne nur verläßlich arbeiten, wenn er den Einwirkungen starker Gefühlsregungen entrückt sei; im gegenteiligen Falle benehme er sich einfach wie ein Instrument zuhanden eines Willens und liefere das Resultat, das ihm von diesem aufgetragen sei. Logische Argumente seien also ohnmächtig gegen affektive Interessen, und darum sei das Streiten mit Gründen, die nach Falstaffs Wort so gemein sind wie Brombeeren, in der Welt der Interessen so unfruchtbar. Die psychoanalytische Erfahrung hat diese Behauptung womöglich noch unterstrichen. Sie kann alle Tage zeigen, daß sich die scharfsinnigsten Menschen plötzlich einsichtslos wie Schwachsinnige benehmen, sobald die verlangte Einsicht einem Gefühlswiderstand bei ihnen begegnet, aber auch alles Verständnis wiedererlangen, wenn dieser Widerstand überwunden ist. Die logische Verblendung, die dieser Krieg oft gerade bei den besten unserer Mitbürger hervorgezaubert hat, ist also ein sekundäres Phänomen, eine Folge der Gefühlserregung, und hoffentlich dazu bestimmt, mit ihr zu verschwinden.
Wenn wir solcher Art unsere uns entfremdeten Mitbürger wieder verstehen, werden wir die Enttäuschung, die uns die Großindividuen der Menschheit, die Völker, bereitet haben, um vieles leichter ertragen, denn an diese dürfen wir nur weit bescheidenere Ansprüche stellen. Dieselben wiederholen vielleicht die Entwicklung der Individuen und treten uns heute noch auf sehr primitiven Stufen der Organisation, der Bildung höherer Einheiten, entgegen. Dementsprechend ist das erziehliche Moment des äußeren Zwanges zur Sittlichkeit, welches wir beim Einzelnen so wirksam fanden, bei ihnen noch kaum nachweisbar. Wir hatten zwar gehofft, daß die großartige, durch Verkehr und Produktion hergestellte Interessengemeinschaft den Anfang eines solchen Zwanges ergeben werden, allein es scheint, die Völker gehorchen ihren Leidenschaften derzeit weit mehr als ihren Interessen. Sie bedienen sich höchstens der Interessen, um die Leidenschaften zu *rationalisieren;* sie schieben ihre Interessen vor, um die Befriedigung ihrer Leidenschaften begründen zu können. Warum die Völkerindividuen einander eigentlich geringschätzen, hassen, verabscheuen, und zwar

auch in Friedenszeiten, und jede Nation die andere, das ist freilich rätselhaft. Ich weiß es nicht zu sagen. Es ist in diesem Falle geradeso, als ob sich alle sittlichen Erwerbungen der Einzelnen auslöschten, wenn man eine Mehrheit oder gar Millionen Menschen zusammennimmt, und nur die primitivsten, ältesten und rohesten seelischen Einstellungen übrigblieben. An diesen bedauerlichen Verhältnissen werden vielleicht erst später Entwicklungen etwas ändern können. Aber etwas mehr Wahrhaftigkeit und Aufrichtigkeit allerseits, in den Beziehungen der Menschen zueinander und den sie Regierenden, dürfte auch für diese Umwandlung die Wege ebnen.

II. UNSER VERHÄLTNIS ZUM TODE

Das zweite Moment, von dem ich es ableite, daß wir uns so befremdet fühlen in dieser einst so schönen und trauten Welt, ist die Störung des bisher von uns festgehaltenen Verhältnisses zum Tode.

Dies Verhältnis war kein aufrichtiges. Wenn man uns anhörte, so waren wir natürlich bereit zu vertreten, daß der Tod der notwendige Ausgang alles Lebens sei, daß jeder von uns der Natur einen Tod schulde und vorbereitet sein müsse, die Schuld zu bezahlen, kurz, daß der Tod natürlich sei, unableugbar und unvermeidlich. In Wirklichkeit pflegen wir uns aber zu benehmen, als ob es anders wäre. Wir haben die unverkennbare Tendenz gezeigt, den Tod beiseite zu schieben, ihn aus dem Leben zu eliminieren. Wir haben versucht, ihn totzuschweigen; wir besitzen ja auch das Sprichwort: man denke an etwas wie an den Tod. Wie an den eigenen natürlich. Der eigene Tod ist ja auch unvorstellbar, und sooft wir den Versuch dazu machen, können wir bemerken, daß wir eigentlich als Zuschauer weiter dabeibleiben. So konnte in der psychoanalytischen Schule der Ausspruch gewagt werden: im Grunde glaube niemand an seinen eigenen Tod oder, was dasselbe ist: im Unbewußten sei jeder von uns von seiner Unsterblichkeit überzeugt.

Was den Tod eines anderen betrifft, so wird der Kulturmensch es sorgfältig vermeiden, von dieser Möglichkeit zu sprechen, wenn der zum Tode Bestimmte es hören kann.

Nur Kinder setzen sich über diese Beschränkung hinweg; sie drohen einander ungescheut mit den Chancen des Sterbens und bringen es auch zustande, einer geliebten Person dergleichen ins Gesicht zu sagen, wie z. B.: „Liebe Mama, wenn du leider gestorben sein wirst, werde ich dies oder jenes." Der erwachsene Kultivierte wird den Tod eines anderen auch nicht gern in seine Gedanken einsetzen, ohne sich hart oder böse zu erscheinen; es sei denn, daß er berufsmäßig als Arzt, Advokat u. dgl. mit dem Tode zu tun habe. Am wenigsten wird er sich gestatten, an den Tod des anderen zu denken, wenn mit diesem Ereignis ein Gewinn an Freiheit, Besitz, Stellung verbunden ist. Natürlich lassen sich Todesfälle durch dies unser Zartgefühl nicht zurückhalten; wenn sie sich ereignet haben, sind wir jedesmal tief ergriffen und wie in unseren Erwartungen erschüttert. Wir betonen regelmäßig die zufällige Veranlassung des Todes, den Unfall, die Erkrankung, die Infektion, das hohe Alter, und verraten so unser Bestreben, den Tod von einer Notwendigkeit zu einer Zufälligkeit herabzudrücken. Eine Häufung von Todesfällen erscheint uns als etwas überaus Schreckliches. Dem Verstorbenen selbst bringen wir ein besonderes Verhalten entgegen, fast wie eine Bewunderung für einen, der etwas sehr Schwieriges zustande gebracht hat. Wir stellen die Kritik gegen ihn ein, sehen ihm sein etwaiges Unrecht nach, geben den Befehl aus: *De mortuis nil nisi bene,*[145] und finden es gerechtfertigt, daß man ihm in der Leichenrede und auf dem Grabsteine das Vorteilhafteste nachrühmt. Die Rücksicht auf den Toten, deren er doch nicht mehr bedarf, steht uns über der Wahrheit, den meisten von uns gewiß auch über der Rücksicht für den Lebenden.

Diese kulturell-konventionelle Einstellung gegen den Tod ergänzt sich nun durch unseren völligen Zusammenbruch, wenn das Sterben eine der uns nahestehenden Personen, einen Eltern- oder Gattenteil, ein Geschwister, Kind oder teuren Freund getroffen hat. Wir begraben mit ihm unsere Hoffnungen, Ansprüche, Genüsse, lassen uns nicht trösten und weigern uns, den Verlorenen zu ersetzen. Wir benehmen uns dann wie eine Art von Asra, welche mitsterben, wenn die sterben, die sie lieben.[146]

Dies unser Verhältnis zum Tode hat aber eine starke Wirkung auf unser Leben. Das Leben verarmt, es verliert an Interesse, wenn der höchste Einsatz in den Lebensspielen, eben das Leben selbst, nicht gewagt werden darf. Es wird so schal, gehaltlos wie etwa ein amerikanischer Flirt, bei dem es von vornherein feststeht, daß nichts vorfallen darf, zum Unterschied von einer kontinentalen Liebesbeziehung, bei welcher beide Partner stets der ernsten Konsequenzen eingedenk bleiben müssen. Unsere Gefühlsbindungen, die unerträgliche Intensität unserer Trauer, machen uns abgeneigt, für uns und die Unserigen Gefahren aufzusuchen. Wir getrauen uns nicht, eine Anzahl von Unternehmungen in Betracht zu ziehen, die gefährlich, aber eigentlich unerläßlich sind wie Flugversuche, Expeditionen in ferne Länder, Experimente mit explodierbaren Substanzen. Uns lähmt dabei das Bedenken, wer der Mutter den Sohn, der Gattin den Mann, den Kindern den Vater ersetzen soll, wenn ein Unglück geschieht. Die Neigung, den Tod aus der Lebensrechnung auszuschließen, hat so viele andere Verzichte und Ausschließungen im Gefolge. Und doch hat der Wahlspruch der Hansa gelautet: Navigare necesse est, vivere non necesse! Seefahren muß man, leben muß man nicht. Es kann dann nicht anders kommen, als daß wir in der Welt der Fiktion, in der Literatur, im Theater Ersatz suchen für die Einbuße des Lebens. Dort finden wir noch Menschen, die zu sterben verstehen, ja, die es auch zustande bringen, einen anderen zu töten. Dort allein erfüllt sich uns auch die Bedingung, unter welcher wir uns mit dem Tode versöhnen könnten, wenn wir nämlich hinter allen Wechselfällen des Lebens noch ein unantastbares Leben übrigbehielten. Es ist doch zu traurig, daß es im Leben zugehen kann wie im Schachspiel, wo ein falscher Zug uns zwingen kann, die Partie verlorenzugeben, mit dem Unterschied aber, daß wir keine zweite, keine Revanchepartie beginnen können. Auf dem Gebiete der Fiktion finden wir jene Mehrheit von Leben, deren wir bedürfen. Wir streben in der Identifizierung mit dem einen Helden, überleben ihn aber doch und sind bereit, ebenso ungeschädigt ein zweites Mal mit einem anderen Helden zu sterben.

Es ist evident, daß der Krieg diese konventionelle Behandlung des Todes hinwegfegen muß. Der Tod läßt sich jetzt nicht mehr verleugnen; man muß an ihn glauben. Die Menschen sterben wirklich, auch nicht mehr einzeln, sondern viele, oft Zehntausende an einem Tage. Es ist auch kein Zufall mehr. Es scheint freilich noch zufällig, ob diese Kugel den einen trifft oder den anderen; aber diesen anderen mag leicht eine zweite Kugel treffen, die Häufung macht dem Eindruck des Zufälligen ein Ende. Das Leben ist freilich wieder interessant geworden, es hat seinen vollen Inhalt wiederbekommen.

Man müßte hier eine Scheidung in zwei Gruppen vornehmen, diejenigen, die selbst im Kampfe ihr Leben preisgeben, trennen von den anderen, die zu Hause geblieben sind und nur zu erwarten haben, einen ihrer Lieben an den Tod durch Verletzung, Krankheit oder Infektion zu verlieren. Es wäre gewiß sehr interessant, die Veränderungen in der Psychologie der Kämpfer zu studieren, aber ich weiß zu wenig darüber. Wir müssen uns an die zweite Gruppe halten, zu der wir selbst gehören. Ich sagte schon, daß ich meine, die Verwirrung und die Lähmung unserer Leistungsfähigkeit, unter denen wir leiden, seien wesentlich mitbestimmt durch den Umstand, daß wir unser bisheriges Verhältnis zum Tode nicht aufrechthalten können und ein neues noch nicht gefunden haben. Vielleicht hilft es uns dazu, wenn wir unsere psychologische Untersuchung auf zwei Beziehungen zum Tode richten, auf jene, die wir dem Urmenschen, dem Menschen der Vorzeit, zuschreiben dürfen, und jene andere, die in jedem von uns noch erhalten ist, aber sich unsichtbar für unser Bewußtsein in tieferen Schichten unseres Seelenlebens verbirgt.

Wie sich der Mensch der Vorzeit gegen den Tod verhalten, wissen wir natürlich nur durch Rückschlüsse und Konstruktionen, aber ich meine, daß diese Mittel uns ziemlich vertrauenswürdige Auskünfte ergeben haben.

Der Urmensch hat sich in sehr merkwürdiger Weise zum Tode eingestellt. Gar nicht einheitlich, vielmehr recht widerspruchsvoll. Er hat einerseits den Tod ernst genommen, ihn als Aufhebung des Lebens anerkannt und sich seiner in diesem Sinne bedient, anderseits aber auch den Tod geleugnet, ihn zu nichts herabgedrückt. Dieser Widerspruch wurde durch den Umstand ermöglicht, daß er zum Tode des anderen, des Fremden, des Feindes, eine radikal andere Stellung einahm als zu seinem eigenen. Der Tod des anderen war ihm recht, galt ihm als Vernichtung des Verhaßten, und der Urmensch kannte kein Bedenken, ihn herbeizuführen. Er war gewiß ein sehr leidenschaftliches Wesen, grausamer und bösartiger als andere Tiere. Er mordete gerne und wie selbstverständlich. Den Instinkt, der andere Tiere davon abhalten soll, Wesen der gleichen Art zu töten und zu verzehren, brauchen wir ihm nicht zuzuschreiben.[147] Die Urgeschichte der Menschheit ist denn auch vom Morde erfüllt. Noch heute ist das, was unsere Kinder in der Schule als Weltgeschichte lernen, im wesentlichen eine Reihenfolge von Völkermorden. Das dunkle Schuldgefühl, unter dem die Menschheit seit Urzeiten steht, das sich in manchen Religionen zur Annahme einer Urschuld, einer Erbsünde, verdichtet hat, ist wahrscheinlich der Ausdruck einer Blutschuld, mit welcher sich die urzeitliche Menschheit beladen hat. Ich habe in meinem Buche „Totem und Tabu" (1912/13), den Winken von W. Robertson Smith, Atkinson und Ch. Darwin folgend, die Natur dieser alten Schuld erraten wollen und meine, daß noch heute christliche Lehren uns den Rückschluß auf sie ermöglichen. Wenn Gottes Sohn sein Leben opfern mußte, um die Menschheit von der Erbsünde zu erlösen, so muß nach der Regel der Talion, der Vergeltung durch Gleiches, diese Sünde eine Tötung, ein Mord gewesen sein. Nur dies konnte zu seiner Sühne das Opfer eines Lebens erfordern. Und wenn die Erbsünde ein Verschulden gegen Gott-Vater war, so muß das älteste Verbrechen der Menschen ein Vatermord gewesen sein, die Tötung des Urvaters der primitiven Menschenhorde, dessen Erinnerungsbild später zur Gottheit verklärt wurde.

Der eigene Tod war dem Urmenschen gewiß ebenso unvorstellbar und unwirklich wie heute noch jedem von uns. Es ergab sich aber für ihn ein Fall, in dem die beiden gegensätzlichen Einstellungen zum Tode zusammenstießen und in Konflikt miteinander gerieten, und dieser Fall wurde sehr bedeutsam und reich an fernwirkenden Folgen. Er ereignete sich, wenn der Urmensch einen seiner Angehörigen sterben sah, sein Weib, sein Kind, seinen Freund, die er sicherlich ähnlich liebte wie wir die unseren, denn die Liebe kann nicht um vieles jünger sein als die Mordlust. Da mußte er in seinem Schmerz die Erfahrung machen, daß man auch selbst sterben könne, und sein ganzes Wesen empörte sich gegen dieses Zugeständnis; jeder dieser Lieben war ja doch ein Stück seines eigenen geliebten Ichs. Anderseits war ihm ein solcher Tod doch auch recht, denn in jeder der geliebten Person stak auch ein Stück Fremdheit. Das Gesetz der Gefühlsambivalenz, das heute noch unsere Gefühlsbeziehungen zu den von uns geliebten Personen beherrscht, galt in Urzeiten gewiß noch uneingeschränkter. Somit waren diese geliebten Verstorbenen doch auch Fremde und Feinde gewesen, die einen Anteil von feindseligen Gefühlen bei ihm hervorgerufen hatten. Die Philosophen haben behauptet, das intellektuelle Rätsel, welches das Bild des Todes dem Urmenschen aufgab, habe ein Nachdenken erzwungen und sei der Ausgang jeder Spekulation geworden. Ich glaube, die Philosophen denken da zu philosophisch, nehmen zu wenig Rücksicht auf die primär wirksamen Motive. Ich möchte darum die obige Behauptung einschränken und korrigieren: An der Leiche des erschlagenen Feindes wird der Urmensch triumphiert haben, ohne einen Anlaß zu finden, sich den Kopf über die Rätsel des Lebens und Todes zu zerbrechen. Nicht das intellektuelle Rätsel und nicht jeder Todesfall, sondern der Gefühlskonflikt beim Tode geliebter und dabei doch auch fremder und gehaßter Personen hat die Forschung der Menschen entbunden. Aus diesem Gefühlskonflikt wurde zunächst die Psychologie geboren. Der Mensch konnte den Tod nicht mehr von sich fernhalten, da er ihn in dem Schmerz um den Verstorbenen verkostet hatte, aber er wollte ihn doch nicht zugestehen, da er sich selbst nicht tot vorstellen konnte. So ließ er sich auf Kompromisse ein, gab den Tod auch für sich zu, bestritt ihm aber die Bedeutung der Lebensvernichtung, wofür ihm beim Tode des Feindes jedes Motiv gefehlt hatte. An der Leiche der geliebten Person ersann er die Geister, und sein Schuldbewußtsein ob der Befriedigung, die der Trauer beigemengt war, bewirkte, daß diese erstgeschaffenen Geister böse Dämonen wurden, vor denen man sich ängstigen mußte. Die Veränderungen des Todes legten ihm die Zerlegung des Individuums in einen Leib und in eine – ursprünglich mehrere – Seelen nahe; in solcher Weise ging sein Gedankengang zum Zersetzungsprozeß, den der Tod einleitet, parallel. Die fortdauernde Erinnerung an den Verstorbenen wurde die Grundlage der

Annahme anderer Existenzformen, gab ihm die Idee eines Fortlebens nach dem anscheinenden Tode.

> Diese späteren Existenzen waren anfänglich nur Anhängsel an die durch den Tod abgeschlossene, schattenhaft, inhaltsleer und bis in späte Zeiten hinauf geringgeschätzt; sie trugen noch den Charakter kümmerlicher Auskünfte. Wir erinnern, was die Seele des Achilleus dem Odysseus erwidert:
> „Denn dich Lebenden einst verehrten wir, gleich den Göttern,
> Argos Sohn; und jetzo gebietetst du mächtig den Geistern,
> wohnend allhier. Drum laß dich den Tod nicht reuen, Achilleus.“
> Als ich selbst; und sogleich antwortet er, solches erwidernd:
> „Nicht mir rede vom Tod ein Trostwort, edler Odysseus!
> Lieber ja wollt’ ich das Feld als Tagelöhner bestellen
> Einem dürftigen Mann, ohn’ Erb und eigenen Wohlstand,
> Als die sämtliche Schar der geschwundenen Toten beherrschen.“
> (Odyssee XI, Verse 484–491)

Oder in der kraftvollen, bitter-parodistischen Fassung von H. Heine

> Der kleinste lebendige Philister
> Zu Stuckert am Neckar, viel glücklicher ist er,
> Als ich, der Pelide, der tote Held,
> Der Schattenfürst in der Unterwelt[148]

Erst später brachten es die Religionen zustande, diese Nachexistenz für die wertvollere, vollgültige auszugeben und das durch den Tod abgeschlossene Leben zu einer bloßen Vorbereitung herabzurücken. Es war dann nur konsequent, wenn man auch das Leben in die Vergangenheit verlängerte, die früheren Existenzen, die Seelenwanderung und Wiedergeburt ersann, alles in der Absicht, dem Tode seine Bedeutung als Aufhebung des Lebens zu rauben. So frühzeitig hat die Verleugnung des Todes, die wir als konventionell-kulturell bezeichnet haben, ihren Anfang genommen.

An der Leiche der geliebten Person entstanden nicht nur die Seelenlehre, der Unsterblichkeitsglaube und eine mächtige Wurzel des menschlichen Schuldbewußtseins, sondern auch die ersten ethischen Gebote. Das erste und bedeutsamste Verbot des erwachenden Gewissens lautete: Du sollst nicht töten. Es war als Reaktion gegen die hinter der Trauer versteckte Haßbefriedigung am geliebten Toten geworden und wurde allmählich auf den ungeliebten Fremden und endlich auch auf den Feind ausgedehnt.[149]

An letzterer Stelle wird es vom Kulturmenschen nicht mehr verspürt. Wenn das wilde Ringen dieses Krieges seine Entscheidung gefunden hat, wird jeder der siegreichen Kämpfer froh in sein Heim zurückkehren, zu seinem Weibe und Kindern, unverweilt und ungestört durch Gedanken an die Feinde, die er im Nahkampfe oder durch die fernwirkenden Waffen getötet hat. Es ist bemerkenswert, daß sich die primitiven Völker, die noch auf der Erde leben und dem Urmenschen gewiß näher stehen als wir, in diesem Punkte anders verhalten – oder verhalten haben, solange sie noch nicht den Einfluß unserer Kultur erfahren hatten. Der Wilde – Australier, Buschmann, Feuerländer – ist keineswegs ein reueloser Mörder; wenn er als Sieger vom Kriegspfade heimkehrt, darf er sein Dorf nicht betreten und sein Weib nicht berühren, ehe er seine kriegerischen Mordtaten durch oft langwierige und mühselige Bußen gesühnt hat. Natürlich liegt die Erklärung aus seinem Aberglauben nahe, der Wilde fürchte noch die Geisterrache der Erschlagenen. Aber die Geister der erschlagenen Feinde sind nichts anderes als der Ausdruck seines bösen Gewissens ob seiner Blutschuld; hinter diesem Aberglauben verbirgt sich ein Stück ethischer Feinfühligkeit, welches uns Kulturmenschen verlorengegangen ist.

Fromme Seelen, welche unser Wesen gerne von der Berührung mit Bösem und Gemeinem ferne wissen möchten, werden gewiß nicht versäumen, aus der Frühzeitigkeit und Eindringlichkeit des Mordverbotes befriedigende Schlüsse zu ziehen auf die Stärke ethischer Regungen, welche uns eingepflanzt sein müssen. Leider beweist dieses Argument noch mehr für das Gegenteil. Ein so starkes Verbot kann sich nur gegen einen ebenso starken Impuls richten. Was keines Menschen Seele begehrt, braucht man nicht zu verbieten, es schließt sich von selbst aus.

Gerade die Betonung des Gebotes: Du sollst nicht töten, macht uns sicher, daß wir von einer unendlich langen Generationsreihe von Mördern abstammen, denen die Mordlust, wie vielleicht noch uns selbst, im Blute lag. Die ethischen Strebungen der Menschheit, an deren Stärke und Bedeutsamkeit man nicht zu nörgeln braucht, sind ein Erwerb der Menschheitsgeschichte; in leider sehr wechselndem Ausmaße sind sie dann zum ererbten Besitze der heute lebenden Menschheit geworden.

Verlassen wir nun den Urmenschen und wenden wir uns dem Unbewußten im eigenen Seelenleben zu. Wir fußen hier ganz auf der Untersuchungsmethode der Psychoanalyse, der einzigen, die in solche Tiefen reicht. Wir fragen: Wie verhält sich unser Unbewußtes zum Problem des Todes? Die Antwort muß lauten: fast genauso wie der Urmensch. In dieser wie in vielen anderen Hinsichten lebt der Mensch der Vorzeit ungeändert in unserem Unbewußten fort. Also unser Unbewußtes glaubt nicht an den eigenen Tod, es gebärdet sich wie unsterblich. Was wir unser „Unbewußtes" heißen, die tiefsten, aus Triebregungen bestehenden Schichten unserer Seele, kennt überhaupt nichts Negatives, keine Verneinung – Gegensätze fallen in ihm zusammen – und kennt darum auch nicht den eigenen Tod, dem wir nur einen negativen Inhalt geben können. Dem Todesglauben kommt also nichts Triebhaftes in uns entgegen. Vielleicht ist dies sogar das Geheimnis des Heldentums. Die rationelle Begründung des Heldentums ruht auf dem Urteile, daß das eigene Leben nicht so wertvoll sein kann wie gewisse abstrakte und allgemeine Güter. Aber ich meine, häufiger dürfte das instinktive und impulsive Heldentum sein, welches von solcher Motivierung absieht und einfach nach der Zusicherung des Anzengruberschen Steinklopferhanns: „Es kann dir nix g'scheh'n", den Gefahren trotzt.[150] Oder jene Motivierung dient nur dazu, die Bedenken wegzuräumen, welche die dem Unbewußten entsprechende heldenhafte Reaktion hintanhalten können. Die Todesangst, unter deren Herrschaft wir häufiger stehen, als wir selbst wissen, ist dagegen etwas Sekundäres und meist aus Schuldbewußtsein hervorgegangen.

Anderseits anerkennen wir den Tod für Fremde und Feinde und verhängen ihn über sie ebenso bereitwillig und unbedenklich wie der Urmensch. Hier zeigt sich freilich ein Unterschied, den man in der Wirklichkeit für entscheidend erklären wird. Unser Unbewußtes führt die Tötung nicht aus, es denkt und wünscht sie bloß. Aber es wäre unrecht, diese *psychische* Realität im Vergleiche zur *faktischen* so ganz zu unterschätzen. Sie ist bedeutsam und folgenschwer genug. Wir beseitigen in unseren unbewußten Regungen täglich und stündlich alle, die uns im Wege stehen, die uns beleidigt und geschädigt haben. Das „Hol' ihn der Teufel", das sich so häufig in scherzendem Übermut über unsere Lippen drängt und das eigentlich sagen will: „Hol' ihn der Tod", in unserem Unbewußten ist es ernsthafter, kraftvoller Todeswunsch. Ja, unser Unbewußtes mordet selbst für Kleinigkeiten; wie die alte athenische Gesetzgebung des Drakon kennt es für Verbrechen keine andere Strafe als den Tod, und dies mit einer gewissen Konsequenz, denn jede Schädigung unseres allmächtigen und selbstherrlichen Ichs ist im Grunde ein *crimen laesae majestatis*[151]. So sind wir auch selbst, wenn man uns nach unseren unbewußten Wunschregungen beurteilt, wie die Urmenschen eine Rotte von Mördern. Es ist ein Glück, daß alle diese Wünsche nicht die Kraft besitzen, die ihnen die Menschen in Urzeiten noch zutrauten; in dem Kreuzfeuer der gegenseitigen Verwünschungen wäre die Menschheit längst zugrunde gegangen, die besten und weisesten der Männer darunter wie die schönsten und holdesten der Frauen.

Mit Aufstellungen wie diesen findet die Psychoanalyse bei den Laien meist keinen Glauben. Man weist sie als Verleumdungen zurück, welche gegen die Versicherungen des Bewußtseins nicht in Betracht kommen, und übersieht geschickt die geringen Anzeichen, durch welche sich auch das Unbewußte dem Bewußtsein zu verraten pflegt. Es ist darum am Platze, darauf hinzuweisen, daß viele Denker, die nicht von der Psychoanalyse beeinflußt sein konnten, die Bereitschaft unserer stillen Gedanken, mit Hinwegsetzung über das Mordverbot zu beseitigen, was uns im Wege steht, deutlich genug angeklagt haben. Ich wähle hierfür ein einziges berühmt gewordenes Beispiel an Stelle vieler anderer:

Im *Pére Goriot* spielt Balzac auf eine Stelle in den Werken J. J. Rousseaus an, in welcher dieser Autor den Leser fragt, was er wohl tun würde, wenn er ohne Paris zu verlassen und natürlich ohne entdeckt zu werden – einen alten Mandarin in Peking durch einen bloßen Willensakt töten könnte, dessen Ableben ihm einen großen Vorteil einbringen müßte.

Er läßt erraten, daß er das Leben dieses Würdenträgers für nicht sehr gesichert hält. *„Tuer son mandarin"* ist dann sprichwörtlich geworden für diese geheime Bereitschaft auch der heutigen Menschen.

Es gibt auch eine ganze Anzahl von zynischen Witzen und Anekdoten, welche nach derselben Richtung Zeugnis ablegen, wie z. B. die dem Ehemanne zugeschriebene Äußerung: „Wenn einer von uns beiden stirbt, übersiedle ich nach Paris." Solche zynischen Witze wären nicht möglich, wenn sie nicht eine verleugnete Wahrheit mitzuteilen hätten, zu der man sich nicht bekennen darf, wenn sie ernsthaft und unverhüllt ausgesprochen wird. Im Scherz darf man bekanntlich sogar die Wahrheit sagen. Wie für den Urmenschen, so ergibt sich auch für unser Unbewußtes ein Fall, in dem die beiden entgegengesetzten Einstellungen gegen den Tod, die eine, welche ihn als Lebensvernichtung anerkannt, und die andere, die ihn als unwirklich verleugnet, zusammenstoßen und in Konflikt geraten. Und dieser Fall ist der nämliche wie in der Urzeit, der Tod oder die Todesgefahr eines unserer Lieben, eines Eltern- oder Gattenteils, eines Geschwisters, Kindes oder lieben Freundes. Diese Lieben sind uns einerseits innerer Besitz, Bestandteile unseres eigenen Ichs, anderseits aber auch teilweise Fremde, ja Feinde. Den zärtlichsten und innigsten unserer Liebesbeziehungen hängt mit Ausnahme ganz weniger Situationen ein Stückchen Feindseligkeit an, welches den unbewußten Todeswunsch anregen kann. Aus diesem Ambivalenzkonflikt geht aber nicht wie dereinst die Seelenlehre

und die Ethik hervor, sondern die Neurose, die uns tiefe
Einblicke auch in das normale Seelenleben gestattet. Wie
häufig haben die psychoanalytisch behandelnden Ärzte mit
dem Symptom der überzärtlichen Sorge um das Wohl der
Angehörigen oder mit völlig unbegründeten Selbstvorwür-
fen nach dem Tode einer geliebten Person zu tun gehabt.
Das Studium dieser Vorfälle hat ihnen über die Verbrei-
tung und Bedeutung der unbewußten Todeswünsche kei-
nen Zweifel gelassen.

Der Laie empfindet ein außerordentliches Grauen vor die-
ser Gefühlsmöglichkeit und nimmt diese Abneigung als le-
gitimen Grund zum Unglauben gegen die Behauptung der
Psychoanalyse. Ich meine mit Unrecht. Es wird keine Her-
absetzung unseres Liebeslebens beabsichtigt, und es liegt
auch keine solche vor. Unserem Verständnis wie unserer
Empfindung liegt es freilich ferne, Liebe und Haß in sol-
cher Weise miteinander zu verkoppeln, aber indem die Na-
tur mit diesem Gegensatzpaar arbeitet, bringt sie es zu-
stande, die Liebe immer wach und frisch zu erhalten, um
sie gegen den hinter ihr lauernden Haß zu versichern. Man
darf sagen, die schönsten Entfaltungen unseres Liebesle-
bens danken wir der *Reaktion* gegen den feindseligen Im-
puls, den wir in unserer Brust verspüren.

Resümieren wir nun: Unser Unbewußtes ist gegen die Vor-
stellung des eigenen Todes ebenso unzugänglich, gegen den
Fremden ebenso mordlustig, gegen die geliebte Person zwie-
spältig (ambivalent) wie der Mensch der Urzeit. Wic wcit
haben wir uns aber in der konventionell-kulturellen Ein-
stellung gegen den Tod von diesem Urzustand entfernt?[152]

Es ist leicht zu sagen, wie der Krieg in diese Entzweiung
eingreift. Er streift uns die späteren Kulturauflagerungen ab
und läßt den Urmenschen in uns wieder zum Vorschein
kommen. Er zwingt uns wieder, Helden zu sein, die an den
eigenen Tod nicht glauben können; er bezeichnet uns die
Fremden als Feinde, deren Tod man herbeiführen oder her-
beiwünschen soll; er rät uns, uns über den Tod geliebter
Personen hinwegzusetzen. Der Krieg ist aber nicht abzu-
schaffen; solange die Existenzbedingungen der Völker so
verschieden und die Abstoßungen unter ihnen so heftig
sind, wird es Kriege geben müssen. Da erhebt sich denn die
Frage: Sollen wir nicht diejenigen sein, die nachgeben und

sich ihm anpassen? Sollen wir nicht zugestehen, daß wir mit unserer kulturellen Einstellung zum Tode psychologisch wieder einmal über unseren Stand gelebt haben, und vielmehr umkehren und die Wahrheit fatieren? Wäre es nicht besser, dem Tode den Platz in der Wirklichkeit und in unseren Gedanken einzuräumen, der ihm gebührt, und unsere unbewußte Einstellung zum Tode, die wir bisher so sorgfältig unterdrückt haben, ein wenig mehr hervorzukehren? Es scheint das keine Höherleistung zu sein, eher ein Rückschritt in manchen Stücken, eine Regression, aber es hat den Vorteil, der Wahrhaftigkeit mehr Rechnung zu tragen und uns das Leben wieder erträglicher zu machen. Das Leben zu ertragen bleibt ja doch die erste Pflicht aller Lebenden. Die Illusion wird wertlos, wenn sie uns darin stört.

Wir erinnern uns des alten Spruches: „Sie vis pacem, para bellum." Wenn du den Frieden erhalten willst, so rüste zum Kriege. Es wäre zeitgemäß, ihn abzuändern: „Si vis vitam, para mortem." Wenn du das Leben aushalten willst, richte dich auf den Tod ein.

Nachwort

Das von Sigmund Freud geschaffene und unter der Bezeichnung „Psychoanalyse“ vertretene System von Auffassungen ist überaus komplex und bezieht sich auf verschiedene Bereiche der psychischen Lebenstätigkeit und des sozialen Verhaltens der Menschen. Als diesem System zugehörige Komponenten sind zu nennen: eine Lehre von den Ursachen und Entwicklungsformen neurotischer und anderer als psychisch bedingt angesehener Erkrankungen, eine daraus abgeleitete Methode zur Behandlung derartiger Krankheiten, eine allgemeine Konzeption von der Natur und den „Mechanismen“ des psychischen Erlebens und der Verhaltenssteuerung sowie schließlich auch eine spezifische Auffassung von den Triebkräften und Formen der Entwicklung der Kultur und des gesellschaftlichen Lebens. Diese verschiedenen Bestandteile der Psychoanalyse haben in der neueren Kultur- und Wissenschaftsentwicklung recht unterschiedliche Bewertungen erfahren, was die gerechte historische Beurteilung der Leistungen Freuds und der von ihm begründeten psychoanalytischen Bewegung nicht gerade erleichtert. Erschwert wird eine solche objektive historische Urteilsbildung aber auch durch die eigentümliche Stellung, die die Psychoanalyse in der Gegenwart in der bürgerlichen Gesellschaft einnimmt. Einerseits ist es ihr in einem Entwicklungszeitraum von rund achtzig Jahren nicht gelungen, den Status einer von der offiziellen Wissenschaft anerkannten Lehre zu erringen, andererseits ist sie auch heute als eigenständige, institutionalisierte und den Anspruch der Wissenschaftlichkeit erhebende Bewegung präsent und wirksam.

Sofern sich diese lebendige psychoanalytische Bewegung in den entwickelten kapitalistischen Ländern in einer psychotherapeutischen Schulrichtung mit eigenen Ausbildungsinstitutionen, eigenen methodischen Standards und eigenen Praxisfeldern etabliert hat, lassen sich auch Gründe für die Existenz einer solchen „Wissenschaft neben den Wissenschaften“ angeben: vor allem das Interesse einer zahlungsfähigen Klientel an einer exklusiven und in der Intimität personaler Begegnung verbleibenden psychotherapeutischen Behandlung und die sogenannte „marktwirtschaftliche" Organisation der medizinischen Betreuung, die ein pluralistisches Methodenangebot und die professionelle Konkurrenz von „Schulen" zwangsläufig fördert. Diese Bedingungen erklären jedoch nicht, warum Freuds Ideen über die Motive und Hintergründe menschlichen Verhaltens sowie über widerspruchsvolle Seiten der Kulturentwicklung auch außerhalb psychotherapeutischer Konzeptbildungen heute noch auf großes Interesse stoßen und zum Teil als faszinierend angesehen werden.

Ein Grund dafür ist sicher, daß die Ideologieproduktion unter kapitalistischen Verhältnissen spezifischen Bedingungen unterliegt und die Wirksamkeit von Erklärungsmodellen für soziale Prozesse begünstigt, die einerseits Erfahrungen der Menschen von der Widersprüchlichkeit und den leidvollen Seiten des individuellen Daseins zum Ausdruck bringen, andererseits aber auch die dafür maßgeblichen sozialökonomischen Voraussetzungen verdecken. Eine hinreichende Begründung für die „Lebenskraft" der Psychoanalyse ist daraus jedoch noch nicht abzuleiten, zumal auch in unserer sozialistischen Gesellschaft ein reges Interesse an vielen der von der Psychoanalyse vertretenen Ideen spürbar ist.

Die wesentliche Ursache für dieses breitere und immer wieder zu beobachtende Interesse an den Auffassungen Freuds besteht wohl darin, daß viele Fragen nach den Ursachen und den Möglichkeiten zur Bewältigung praktisch bedeutsamer psychischer Konflikte im menschlichen Leben von der akademischen Psychologie unserer Zeit nicht oder nicht befriedigend beantwortet werden. Solche Fragen betreffen vor allem individuelle Lebensprobleme, etwa die Rolle sexueller Bedürfnisse und Strebungen, die erfahrungsgemäß nicht immer einer rationalen Steuerung und Selbstkontrolle unterworfen werden können, oder die Wirkungsweise nicht-bewußter Einstellungen und Motive für Handlungen, deren Sinn uns oft erst nach längerer Zeit und bei sorgsamer Prüfung voll verständlich wird. Andere solche Fragen ergeben sich aus der kritischen Wahrnehmung solcher auch in unserer sozialen Realität vorhandener Phänomene wie etwa individualistischen Geltungsstrebens oder nicht einfühlbarer Aggressivität gegenüber anderen Menschen, für die Erklärungen gesucht werden. Da von Freuds Werk bzw. von der Psychoanalyse bekannt ist, daß hier die Funktion sexueller Strebungen für den Lebensprozeß besondere Aufmerksamkeit findet, unbewußte psychische Prozesse als besonders bedeutsam angesehen werden und auch problematische Formen des sozialen Verhaltens ausführlich beschrieben und vielseitig interpretiert werden, kann die Erwartung, hier Antworten auf derartige Fragen zu finden, nicht verwundern.

Wer sich nun allerdings eingehender mit Freuds Arbeiten befaßt, wird in der Annahme, eine Klärung dieser Probleme zu finden, arg enttäuscht werden. Das liegt nicht nur daran, daß Freuds Auffassungen bereits zwischen 1895 und 1939 entstanden und auf Erfahrungen basieren, die den uns inzwischen fremd gewordenen Bedingungen der kapitalistischen Gesellschaft entstammen. Wichtiger noch ist, daß sein gesamtes wissenschaftliches Werk einem fragwürdigen methodischen Ansatz folgt, der es zwar erlaubte, wichtige Probleme zu artikulieren und einseitige Urteilsweisen seiner Zeit in Frage zu stellen, der aber zugleich den Zugang zu wissenschaftlich befriedigenden Lösungen der bearbeiteten Probleme verbaute. Dieser Ansatz ist der einer naturalistischen Anthropologie, das heißt einer philosophischen Auffassung vom Menschen, die dessen Verhalten und dessen Entwicklungspotenzen aus naturhaften Anlagen abzuleiten versucht und diese ihrerseits aus Beobachtungen am Einzelindividuum herleitet. Von der marxistisch-leninistischen Konzeption von der Gesellschaftlichkeit und Historizität des Menschen aus gesehen ist dieses anthropologische Vorgehen falsch und einseitig, weil es den Blick allein auf das für sich genommene Individuum richtet und damit die Erkenntnis der für die Lebenstätigkeit und Entwicklung von Persönlichkeiten maßgeblichen sozialen Verhältnisse behindert. Eine andere Quelle für Fehlinterpretationen besteht bei einem solchen Vorgehen darin, daß die Auswahl der jeweils als wichtig angesehenen Aspekte und Erfahrungen von subjektiven Gesichtspunkten und von der Begrenztheit des jeweiligen Erfahrungsbereiches abhängig bleibt und bei Freud beispielsweise ganz erheblich von Eindrücken aus dem therapeutischen Umgang mit neurotisch kranken Menschen geprägt blieb.

Freuds Verfahrensweise, in der die eingehende Analyse des individuellen Erlebens im Einzelfall ganz im Vordergrund stand, war unter den damaligen Bedingungen jedoch ein unerläßlicher erster Schritt zur Erfassung wichtiger Seiten der menschlichen Psyche. Eine der entscheidenden Stärken Freuds bestand darin, daß er sich den Erscheinungsformen psychischer Erkrankungen und manchen konfliktvollen Seiten der psychischen Lebenstätigkeit auf neue Weise und weitgehend vorurteilslos zuwandte. Dieser neue Standpunkt, den er etwa 1892/93 nach einer längeren Phase neuroanatomischer und neurologischer Forschungen und unter dem Eindruck der damals großes Aufsehen erregenden ersten erfolgreichen Behandlung von Hysterien mit suggestiven Methoden, vor allem mit Hypnose, einzunehmen begann, war der der Aufmerksamkeit für die originär psychischen Konflikte seiner Patienten, die allerdings nur unter der Voraussetzung einer langen und vertrauensvollen personalen Begegnung hinter den Fassaden von konventionellen Verhaltensweisen erkennbar wurden.[153] Vorurteilslos war dieser Standpunkt insofern, als er die bis dahin durch eine sich als Naturwissenschaft verstehende Medizin und Psychiatrie angebotenen Modelle ebenso beiseite ließ wie die in der Kultur seiner Zeit vorherrschenden Annahmen von der vollständigen Rationalität und Kalkulierbarkeit des individuellen psychischen Erlebens. Nachdem diese neue Sichtweise einmal gewählt und mit einem hohen Maß an Sensibilität für die Konfliktgeladenheit des neurotischen Erlebens und Reagierens konsequent verfolgt worden war, führte sie Freud zu überraschenden Einsichten in bis dahin nicht wahrgenommene oder bestenfalls als nebensächlich angesehene Zusammenhänge. Zu diesen Einsichten gehörte beispielsweise die Erkenntnis, daß die neurotischen Patienten in der psychotherapeutischen Begegnung über viele wichtige Seiten ihres Befindens und ihrer angstbeladenen Beziehungen zur Realität zunächst nicht sprechen können, weil innere Widerstände sie daran hindern, sich zu offenbaren und die Motive ihrer Reaktionen sich selbst gegenüber einzugestehen. Damit begann auch die Entwicklung von „Techniken“ dieser Begegnung, mit deren Hilfe

„Verdrängtes", das heißt durch besondere psychische Mechanismen des Widerstandes gegenüber unangenehmen und tabuisierten Erlebnisinhalten beeinflußtes subjektives Geschehen, der Reflexion zugänglich gemacht werden konnte. Wenn auch in der Gegenwart die verschiedenen Formen solcher Widerstände und Verdrängungsvorgänge zum Teil anders interpretiert werden als bei Freud und die von ihm gewählte Behandlungstechnik heute nur noch in den orthodoxen analytischen Schulen der Psychotherapie Anwendung findet, hat sich doch das Phänomen selbst als bedeutsam erwiesen. Das inzwischen viel komplexer gewordene Verständnis des Sinns und der funktionalen Ordnung von Verteidigungs- und Abwehrvorgängen im psychischen Geschehen beruht weitgehend auf den in unmittelbarer Erfahrung gewonnenen Positionen Freuds, überschreitet sie aber auch durch die Einordnung dieses Geschehens in andere übergreifende Zusammenhänge.[154]

Eine andere wichtige Einsicht Freuds, die ebenfalls seiner neuen psychologischen Problemsicht zu verdanken ist, betrifft die mit dem Terminus der „Übertragung" bezeichneten Vorgänge in der Psychotherapie. Gemeint ist damit, daß Patienten affektive Einstellungen zu den für sie bedeutsamen Bezugspersonen, etwa zu den Eltern oder Ehepartnern, auf den Therapeuten übertragen, ohne sich dessen bewußt zu sein. Da gerade beim neurotischen Patienten diese affektiven Bindungen sehr widerspruchsvoll sind, sah Freud in ihrer reflexiven Bearbeitung eine Möglichkeit, jene Konflikte zu erkennen und zu beeinflussen, die bei der Neurosenentstehung real eine Rolle gespielt haben. Derartige Komplikationen und Möglichkeiten in den therapeutischen Beziehungen, zu denen auch die „Gegenübertragungen" gehören, das heißt, daß auch Therapeuten in ihnen zunächst nicht bewußt werdender Weise auf ihre Patienten reagieren, gelten auch heute in der Psychotherapie als durchaus belangvoll, wenngleich sie ebenfalls nicht mehr in genau der gleichen Weise interpretiert werden, wie Freud das seinerzeit vorgeschlagen hat.[155]

Schwieriger zu beurteilen ist jedoch schon eine andere, von Freud selbst als überaus wichtig angesehene Annahme zur Neurosenentstehung, die von der Beobachtung des regelhaften Auftretens konfliktvoller Beziehungen seiner Patienten zu ihren sexuellen Strebungen und Erlebnissen ausging. Seine Verallgemeinerung dieser Beobachtungen besagte, daß alle psychogenen Neurosen und ebenso alle bis dahin nicht direkt auf somatische Ursachen rückführbaren krankhaften Abwandlungen des subjektiven Erlebens eigentlich durch frustrierte sexuelle Bedürfnisse bzw. durch Konflikte zwischen diesen Bedürfnissen und den aus der kulturellen Umwelt übernommenen Normen und Wertmaßstäben verursacht seien. Nicht zu bestreiten sind dabei die Beobachtungen selbst, die Freud bei einer ausgewählten Patientenpopulation mit einer spezifischen kulturellen Umwelt sammeln konnte. Problematisch ist jedoch die Interpretation seiner Erfahrungen, die das Vorhandensein derartiger Konflikte zum Regelfall erhob und überdies einen ursächlichen Zusammenhang unterstellte, für den neben der relativen Häufigkeit derartiger Konfliktformen nur noch der Umstand geltend gemacht werden konnte, daß die rationale Aufarbeitung derartiger verdrängter und belastender Bewußtseinsinhalte mit dem allmählichen Verschwinden der neurotischen Symptome einherging. Einige der namhaften Anhänger der Freudschen Psychoanalyse haben diese Generalisierungen ihres Lehrers jedenfalls sehr bald kritisch gesehen und weitere Konfliktfelder für die Neurosenentstehung in Betracht gezogen – Alfred Adler etwa unbefriedigt bleibendes Anerkennungsbedürfnis –, wofür sich dann natürlich ebenfalls Beobachtungen an anderen Patienten anführen ließen, die einfach mit einer anderen Aufmerksamkeitszentrierung gewonnen werden konnten. Heute gelten die ätiologischen Thesen Freuds als zu eng und als einseitig, zumal bis in die Gegenwart nicht genau geklärt werden konnte, wie Individuen durch eine Veränderung von Einstellungen in nicht mehr selbständig zu bewältigende Konflikte zu Verhaltensanforderungen ihrer Umwelt geraten und dann solche Strategien der psychischen Verarbeitung ausbilden, in deren Gefolge neurotische Symptome entstehen können.

Wer Freud Gerechtigkeit widerfahren lassen will, muß auch bei einer weitgehenden Relativierung seiner Annahmen zugestehen, daß die Einseitigkeit und Radikalität seiner verallgemeinernden Wertungen auch produktive Aspekte einschloß. Gerade diese Einseitigkeit war es, die ihm den Impuls gab, die Entstehungsbedingungen und Wirkungsformen der sexuellen Bedürfnisse sehr breit und vielseitig zu betrachten, die ihm den Mut verlieh, sich über den Rahmen der medizinischen Fachdiskussion hinaus für ein tieferes Verständnis der damit verbundenen menschlichen Probleme und Notlagen einzusetzen, und die schließlich auch bewirkte, daß ein über lange Zeit tabuisiertes Thema vorurteilsfreier gesehen und diskutiert werden konnte.

Die Bedeutung des Themas „Sexualität", zu Freuds Zeiten wie heute, ergibt sich aus der Rolle sexueller Bedürfnisse innerhalb der vitalen Bedürfnisstruktur des Menschen. Biologisch fundiert durch die Erfordernisse der Reproduktion der Gattung und die dafür in der Evolution entstandenen „Mechanismen" (etwa den zyklischen Charakter sowohl der Strebungen als auch ihrer Befriedigungsmöglichkeiten) und zugleich entscheidend geformt durch die jeder Kultur eigenen Normen hinsichtlich der „zugelassenen" Weisen der Bedürfnisbefriedigung, beinhalten diese sexuellen Strebungen immer eine Fülle von Konfliktpotentialen. Langdauernde Versagung der Befriedigung solcher Bedürfnisse gelingt meist nicht ohne gravierende Folgen für die Persönlichkeit, und die dann oft entstehenden Kompensationsstrategien sind überaus vielgestaltig und natürlich in vielen Fällen auch insofern problematisch, als sie Individuen in Gegensatz zu offiziell geltenden und auch von ihnen selbst bejahten Normen bringen können. Vielfältige Komplikationen ergeben sich auch daraus, daß die aus sozialen Erfordernissen hergeleiteten moralischen Normen und juristischen Grenzziehungen für das sexuelle Verhalten der ungemein großen Differenziertheit individueller Neigungen nur sehr bedingt gerecht werden können. Da schließlich die sinnvolle und glückbringende Befriedigung gerade dieser Bedürfnisse an enge und partnerschaftliche Beziehungen zu anderen Menschen gebunden ist, deren Herstellung und Erhaltung hohe Anforderungen an jede Persönlichkeit stellt, an ihre Bereitschaft zur Zuwendung und Anpassung ebenso wie an ihr Vermögen, die meist verborgen gehaltenen Neigungen und affektiven Regungen des jeweiligen Partners wahrzunehmen, komplizieren sich die Bedingungen der Bedürfnisbefriedigung mit dem Fortschritt der Kulturentwicklung erheblich. Die hier angedeuteten Probleme sind von Freud gesehen worden, was seinem Werk unter den Bedingungen seiner Zeit trotz vieler Vereinseitigungen einen progressiven aufklärerischen Gehalt verlieh und was noch heute die Faszinationskraft mancher seiner Arbeiten besonders für den Kreis von Lesern begründet, die sich vor allem für die konflikthaltigen und oft auch leidvollen Wege und Umwege zum ganz individuellen Lebensglück interessieren: Künstler, Erzieher, Ärzte usw. Vergessen werden darf dabei jedoch nicht, daß Freuds These von der grundsätzlich repressiven und versagenden Funktion der Kultur gegenüber diesen Bedürfnissen ebenso unberechtigt ist wie seine Reduzierung der wesentlichen menschlichen Strebungen auf die Sexualität im weitesten Sinne des Wortes.[156] Er übersah, vor allem infolge der alleinigen Orientierung seines Denkens am Erleben seiner neurotischen Patienten, daß die Bedürfnisse nach Realitätsbewältigung, Sicherheit und Geborgenheit in kooperativ agierenden sozialen Gemeinschaften das individuelle Leben und dessen Glücksmöglichkeiten noch stärker bestimmen als der Drang nach der sexuellen Vereinigung und das Erfahren von liebevoller Zuwendung.[157]

Ebenso originär wie problematisch ist schließlich ein weiteres Element der Freudschen Neurosenlehre, in dem er jenen psychischen Prozessen, die „unbewußt" in dem Sinne sein sollten, daß sie der rationalen Reflexion und Kontrolle der Persönlichkeit im Regelfall unzugänglich bleiben, eine dominierende Rolle für die Gestaltung des gesamten psychischen Lebens zumaß. Auch hier ging Freud von Beobachtungen an seinen Patienten aus, die das bereits erwähnte „Verdrängte" in der Gestalt von tabuisierten Motiven und problematischen Konfliktinhalten meist nur allmählich, mit Hilfe des Therapeuten und beim Einsatz von bestimmten Hilfsmitteln (der freien Assoziation und der Traumdeutung) inhaltlich genauer zu bestimmen und als bedeutsam für ihre Ängste und Verhaltensweisen zu erfassen vermochten. Welch hohes Maß an Unsicherheit dabei allen Aussagen über das „Unbewußte" zukommen muß, die nachträglich an subjektiven Erinnerungsbruchstücken und Selbstdeutungen von möglichen Zusammenhängen anknüpfen, war Freud dabei für den Einzelfall durchaus bekannt. Eigene Irrtümer bei solchen Deutungen scheute er sich nicht

zuzugestehen, und sein ständiges Streben, relevante Fehlerquellen für entsprechende Deutungen bei den Therapeuten aufzudecken, sprechen für ein solches Problembewußtsein. Dennoch hielt er unbeirrbar an der Grundüberzeugung fest, daß die für das psychische Leben maßgeblichen Vorgänge in der Sphäre des „Unbewußten" zu finden seien und daß auch für das Verständnis dieser Prozesse wissenschaftlich akzeptable Zugänge indirekter Art geschaffen werden können. Als Hypothesen durchaus sinnvolle Annahmen über die Vorgänge der „Verdrängung" und die im Unbewußten wirkenden Triebkräfte gerieten ihm deshalb viel zu schnell zu definitiven Aussagen mit wissenschaftlichem Geltungsanspruch nicht nur für neurotisches, sondern auch für normalpsychisches Geschehen. Wie wichtig ihm dabei gerade diese „Aufwertung" unbewußten psychischen Erlebens für das Verständnis des menschlichen Verhaltens generell war, geht auch aus einer nicht gerade bescheiden wirkenden Selbstbewertung seiner diesbezüglichen Leistung hervor. Diese brachte er 1917 in der Schrift „Eine Schwierigkeit der Psychoanalyse" zum Ausdruck. Dort sprach er davon, daß der „allgemeine Narzißmus", das heißt die Eigenliebe der Menschen, durch die Wissenschaft bislang drei schwere Kränkungen erfahren habe, die „kosmologische" mit der Zerstörung der Illusion von der zentralen Stellung der Erde, die „biologische" durch den Nachweis der Abstammung des Menschen aus dem Tierreich und die – nunmehr von der Psychoanalyse bewirkte – „psychologische", durch die Klarstellung, „daß das Ich nicht Herr sei in seinem eigenen Haus"[158].
Freuds Orientierung auf die unbewußten Seiten des psychischen Geschehens war zwar gegenüber den vorherrschenden zeitgenössischen Annahmen der Philosophie und der Psychologie vom durchgängig bewußten und weitgehend rationalen Charakter aller psychischen Vorgänge ein nützliches Korrektiv, weil sie zu einer vielseitigeren Betrachtung der menschlichen Subjektivität zwang – eine wissenschaftlich überzeugende Psychologie des „Unbewußten" zu begründen war ihm jedoch nicht vergönnt. Heute noch sind die Vorstellungen der Psychologie darüber, was überhaupt unter „unbewußtem" Psychischen zu verstehen ist, heterogen und ungenau, und gesichertes Wissen über in einem

solchen Bereich wirkende Gesetzmäßigkeiten konnte bislang nicht erworben werden. Ob das unbewußte psychische Geschehen eher die mit komplizierten Gedächtnisvorgängen und Ökonomieprinzipien verbundenen Automatismen der Informationsverarbeitung beinhaltet oder ob in diesem Bereich auch erworbene „Einstellungen" und emotional gesteuerte Reaktionen eine Rolle spielen, die die psychischen Vorgänge bewußten Typs erheblich zu beeinflussen vermögen, ist eine noch weitgehend offene Frage. Für die letztere Position treten heute auch unabhängig von der orthodoxen Psychoanalyse Wissenschaftler von Rang ein, beispielsweise die Anhänger der von dem sowjetischen Psychologen Usnadse begründeten Psychologie der Einstellungsbildung.[159] Gegen eine solche Annahme sind von seiten der marxistisch-leninistischen Theorie des Bewußtseins keine ernsthaften Einwände zu erheben.[160] Weitere Aufklärungen dieser wegen der unsicheren methodischen Zugänge besonders komplizierten Fragen werden jedoch nicht aus der Weiterführung der von Freud begründeten Modellvorstellungen erwachsen können. Erst die umfassende Untersuchung der eigentlich die Subjektivität des menschlichen Erlebens mitbestimmenden Formen der innerpsychischen Dynamik durch die moderne Persönlichkeitstheorie der Psychologie wird die Voraussetzungen auch für genauere begriffliche Bestimmungen der verschiedenen dem „Unbewußten" zuzuordnenden Vorgänge schaffen und es erlauben, die Wechselbeziehungen von „unbewußten" und „bewußten" Ebenen der psychischen Lebenstätigkeit exakter zu charakterisieren. Unabhängig von solchen künftigen Problemlösungen dürfen wir jedoch als sicher annehmen, daß unser subjektives Leben weder durchweg rational organisiert noch immer und ohne weiteres der bewußten Selbstreflexion und Selbstkontrolle zugänglich ist. Freud muß deshalb zugestanden werden, ein wichtiges Problem der Psychologie gesehen und in seinem Rang neu bewertet zu haben. Berechtigt ist aber ganz sicher auch die Kritik an seinen spekulativen Verallgemeinerungen zum Inhalt und zu den funktionellen Bestimmungen dieses „Unbewußten" und ebenso der Einwand, daß er die nur dem Menschen eigenen qualitativ neuen Formen der bewußt vollzogenen Umweltanalyse und Verhaltenssteuerung entschieden unterbewertet hat.

Die bislang genannten und weitere hier nicht zu erörternde Positionen Freuds zur Neurosenlehre und Psychotherapie hatten zunächst sämtlich den Charakter einzelwissenschaftlicher Aussagen zu einem relativ klar abgrenzbaren Bereich von Erscheinungen, die der Beobachtung und der Erfahrung zugänglich sind. Einige davon haben sich als gehaltvoll und praktisch bedeutsam auch für die Gegenwart erwiesen, einige andere sind recht bald als einseitige Verallgemeinerungen beurteilt worden, und weitere sind bis heute Hypothesen geblieben.
In der Geschichte der Psychotherapie und der Psychiatrie sind die von Freud gegebenen Impulse nicht nur in der psychoanalytischen Bewegung wirksam geworden, sondern auch dadurch, daß sie zur konstruktiven Kritik herausforderten und das Interesse an psychodynamischen Zusammenhängen gefördert haben. Wie eng die Grenzen seines methodischen Vorgehens jedoch gezogen sind, erwies sich bereits beim Aufbau der Neurosenlehre selbst, vor allem dort, wo äußerlich auffällige Zusammenhänge als ursächliche Abhängigkeiten interpretiert wurden. Noch deutlicher spürbar wurden diese Grenzen, als Freud in einer nächsten Entwicklungsphase seines auf die Begründung einer umfassenden psychologischen Theorie gerichteten Denkens damit begann, normalpsychische Phänomene sehr komplexer Natur auf der Basis von Alltagswahrnehmungen und Selbstbeobachtungen zu erklären. Damit begann er bereits um 1895; ihren ersten Niederschlag fanden die Ergebnisse seines Suchens zu Beginn unseres Jahrhunderts in einer Reihe von größeren Arbeiten zum Traumgeschehen, zur sogenannten Psychopathologie des Alltagslebens (zu den Vorgängen des Vergessens, des Versprechens, des Vergreifens) und zum psychologisch bedeutsamen Gehalt von Witzen und Anekdoten. Zu allen diesen neuen Gegenstandsbereichen vermochte Freud interessante Fragen aufzuwerfen – etwa in seinen Überlegungen zur inhaltlichen Gestaltung und zu formalen Abläufen psychischer Reaktionen beim Träumen. Der positive Ertrag für die Psychologie und die Medizin blieb jedoch aus heutiger Sicht gering. Die behandelten Tatbestände konnten nicht nur im Sinne der Psychoanalyse, sondern auch auf andere Weise gedeutet werden, und sie erwiesen sich als Randprobleme für die Psycholo-

gie. Großes Interesse fanden seine Vorstellungen dagegen bei bedeutenden Dichtern und Literaturtheoretikern seiner Zeit, etwa bei Arnold und Stefan Zweig, Hermann Hesse und Thomas Mann.[161]

Etwa um 1915 begann Freud nach weiteren neurosenpsychologischen Studien und ersten Versuchen zur psychologischen Deutung solcher Phänomene wie der zeitgenössischen rigiden Sexualerziehung, der Religion und des Krieges damit, die wesentlichen Komponenten seiner Auffassung von der menschlichen Persönlichkeit systematisch auszuarbeiten. Damit war dann endgültig eine Ebene psychologischer Fragestellungen erreicht, die mit den an neurotischen Patienten gewonnenen Vorstellungen und auf der Grundlage der Selbstbeobachtung nicht mehr zu bearbeiten war. Eine in sich geschlossene und heutigen wissenschaftlichen Ansprüchen genügende eigenständige Persönlichkeitstheorie hat Freud nicht geschaffen; die Gesamtheit seiner das Thema „Persönlichkeit" betreffenden Annahmen kann nur als Entwurf eines wissenschaftlichen Konzepts angesehen werden.

Dieser Entwurf besteht aus einer Reihe nur lose miteinander verbundener und im Laufe der Entwicklungsgeschichte des psychoanalytischen Denkens auch mehrfach erheblich modifizierter Elemente. Als konstitutiv und für das psychoanalytische Persönlichkeitsverständnis charakteristisch können dabei gelten: Freuds Annahmen zur Genesis und Funktion der sexuellen Motive für das menschliche Erleben und Verhalten, seine Auffassung von der entscheidenden Rolle der im „Unbewußten" ablaufenden Strebungen und Konfliktbildungen, seine Rückführung menschlicher Bedürfnisse und Handlungsmotive auf eine biologisch fundierte Triebausstattung des Menschen und seine Vorstellung von einer spezifischen Struktur der psychischen Instanzen der Verhaltenssteuerung. Die beiden erstgenannten Aspekte des Freudschen Persönlichkeitsverständnisses sind bereits erörtert worden, im folgenden sollen noch die Triebkonzeption und die Instanzenlehre eine Darstellung erfahren.

Die Trieblehre nahm in Freuds Gesamtwerk insofern eine zentrale Stellung ein, als er das unbewußte psychische Geschehen durch im Organismus mitgegebene triebhafte Regungen bestimmt ansah und in diesen auch die letztlich entscheidenden Quellen für das menschliche Erleben und Verhalten gefunden zu haben glaubte. Unter „Trieben“ verstand Freud die im Unbewußten wirkenden psychischen Repräsentanten der aus dem Körperinneren stammenden Reize, gelegentlich aber auch die inneren somatischen Reizquellen selbst. Diesen Trieben sprach er besondere energetische Kräfte oder Potentiale zu, insbesondere dann, wenn er die „Ökonomie“ des psychischen Geschehens im Sinne von sich letztlich ausgleichenden Kraftfeldern beschrieb.

Der Terminus „Libido“ kennzeichnet in seinen Schriften etwas Qualitatives, nämlich die Gesamtheit der auf sexuellen Strebungen beruhenden Partialtriebe, aber zugleich auch eine quantitativ gefaßte Kraft bzw. eine eigenständige Energiequelle. Die von Freud zu bestimmten Gruppen zusammengefaßten Partialtriebe, zum Beispiel die der Sexualität, waren nach seiner Auffassung biologisch angelegt und auch in ihren individuellen Ausprägungsmöglichkeiten vorprogrammiert, sollten zugleich aber auch durch die Lebensgeschichte und die Umweltbedingungen Modifikationen erfahren können. Besonders deutlich wird diese Auffassung in der auch in diesen Textband aufgenommenen Arbeit „Drei Abhandlungen zur Sexualtheorie“ erkennbar. Die erste einigermaßen systematische Fassung der Trieblehre entstand 1910 und wurde von Freud in der Arbeit „Die psychogenen Sehstörungen in psychoanalytischer Auffassung“ dargestellt.[162] Nach dieser ersten Version waren es die mit dem unmittelbaren Streben nach Lustgewinn verbundenen Sexualtriebe einerseits und die die Anpassung an die Realität ermöglichenden Ich- bzw. Selbsterhaltungstriebe andererseits, aus deren Wechselspiel die Dynamik des psychischen Lebens und das reale Verhalten abzuleiten seien.[163] Den Individuen sei es infolge dieser dualistischen Struktur des Triebhaushaltes möglich, bestimmte sexuelle Regungen zu verdrängen bzw. zu sublimieren, wobei die frei werdenden psychischen Energien unter dem Einfluß der Ich-Triebe für kulturell bedeutsame Leistungen fruchtbar gemacht werden könnten (Sublimierung). Obwohl bereits hier die Triebausstattung der Individuen in einem Gegensatz zu den sozialen Erfordernissen des gesellschaftlichen Lebens gesehen wurde und damit auch als Basis latent vorhandener Konfliktpotentiale, galt Freud die Triebausgestaltung in der Ontogenese noch als beeinflußbar, was einen gewissen Optimismus bezüglich der Zukunftserwartungen zuließ. Die Individuen schienen noch veränderbar, vernünftigen erzieherischen Einflußnahmen zugänglich und damit auch in den weiteren Fortschritt der kulturellen Entwicklung der Menschheit integrierbar – mindestens für den Normal- oder Regelfall. Mit der 1914 beginnenden Neubestimmung des Triebkonzepts in der Studie „Zur Einführung des Narzißmus" wandelte sich Freuds Auffassung erheblich.[164] Die Partialtriebe wurden nun der Ich-Libido einerseits und der Objekt-Libido andererseits zugeordnet und vornehmlich unter energetischen Aspekten gesehen. Die zusätzliche Annahme, daß die zunächst auf die Aneignung von Objekten außerhalb des Subjekts bezogenen Strebungen der Objekt-Libido unter bestimmten Bedingungen einseitig auf die eigene Person bezogen werden können (in der Gestalt von übersteigerter Eigenliebe, Selbstüberschätzung, Selbstmitleid u. a.), führte zu einer weiteren Loslösung der innerpsychischen Dynamik von den Bedingungen der objektiven Realität, zu einer Aufwertung der psychischen Autonomie der Individuen und folglich zu immer stärkerer Skepsis daran, daß die Triebgrundlagen des menschlichen Verhaltens sozial beeinflußbar seien. 1920 folgte schließlich die dritte Version des psychoanalytischen Triebkonzepts in Freuds Arbeit „Jenseits des Lustprinzips".[165] Als die entscheidenden übergeordneten Triebe wurden nun der Lebenstrieb (Eros) und der Todestrieb (Thanatos) angesehen, auf deren widerspruchsvoller Wechselwirkung das konfliktvolle psychische Erleben beruhen sollte. Die wesentliche Erscheinungsform des Todestriebes war danach die Aggressionsneigung der Menschen, die sie in destruktiver Weise gegen sich selbst wie auch in antisozialer Weise gegen andere Individuen zur Geltung brächten. Von erheblicher Bedeutung für diese Wendung Freuds zum zivilisatorischen Pessimismus waren dabei sicher die Erfahrungen des ersten Weltkrieges, durch die seine Hoffnung auf eine rationale Gestaltung sozialer Beziehungen und den erzieherischen Erfolg humanistischer Bildungsbemühungen ernsthaft erschüttert worden war.

Bei allen hier nur angedeuteten Wandlungen des Triebkon-

zepts sind jedoch wenigstens zwei grundlegende Annahmen durch alle Versionen hindurch erhalten geblieben. Die erste davon betrifft den bereits eingangs erwähnten naturalistischen Charakter der Persönlichkeitsauffassung Freuds, wonach die letztlich entscheidenden Quellen und Triebkräfte unseres Erlebens und Verhaltens in den naturgegebenen Voraussetzungen unseres Daseins und überwiegend in der Sphäre vitaler Lebensbedürfnisse von auf sich selbst bezogenen Individuen liegen.[166] Die zweite dieser Annahmen postuliert einen grundlegenden und unaufhebbaren Widerspruch zwischen den primären Strebungen und Interessen von Individuen einerseits, den Erfordernissen des sozialen Zusammenlebens und der gesellschaftlichen Entwicklung andererseits, und begründet damit auch den ausgeprägten Individualismus in Freuds psychologischem Denken. In diesen beiden Positionen sind Freuds Ideen denen einer marxistisch-leninistischen Theorie der menschlichen Persönlichkeit eindeutig entgegengerichtet. Beide Annahmen Freuds entsprechen allerdings auch partiell der typischen Stellung und Selbstinterpretation der Menschen in der kapitalistischen Gesellschaft, wo soziale Vereinzelung, Konkurrenz, Abhängigkeit und eine einseitige Ausrichtung der Bedürfnisentwicklung und -befriedigung vorherrschen. In beiden Positionen sind von Freud fundamentale Probleme des Selbstverständnisses des Menschen aufgegriffen worden, die auch heute noch, abhängig von weltanschaulichen Einstellungen, von sich verändernden wissenschaftlichen Einsichten und von persönlichen Erfahrungen, verschiedenartig gesehen werden. Die Anerkennung einer bestimmten Bedeutung organismischer Bedürfnisse für das menschliche Leben kann ebenso wie die der Existenz von Konfliktmöglichkeiten zwischen individuellen Interessen und denen des gesellschaftlichen Zusammenlebens zu sehr verschiedenen theoretischen Folgerungen führen – die von Freud gewählte Interpretation ist radikal, aber zu einseitig.
Bei der Entwicklung seines Konzepts einer Psychologie der Persönlichkeit interessierte Freud auch die Struktur des in sich gegliederten psychischen Geschehens. Diese von ihm als „Topik“ bezeichnete Struktur sah er im Laufe der Zeit ebenfalls auf verschiedene Weise. Sein erstes topisches Modell gliederte die Gesamtheit der psychischen Phänomene

in die Systeme des Unbewußten einerseits, des Vorbewußten und Bewußten andererseits. Etwa um 1920 begann er mit der Neufassung dieses Modells, die zu einer Gliederung in die Instanzen des Es, des Ich und des Über-Ich führte. Vorgestellt wurde dieses neue Konzept 1923 in der in diesen Textband ebenfalls aufgenommenen Arbeit „Das Ich und das Es". Danach ist der Bereich des „Es" der Wirkungsraum der unbewußten Triebregungen, der jeder inneren Ordnung entbehrt und die entscheidenden Antriebe für das auf Lustgewinn abzielende Verhalten liefert. Als charakteristisch kann eine Kennzeichnung dieses Es-Bereiches gelten, die Freud in der „Neuen Folge der Vorlesungen zur Einführung in die Psychoanalyse" gab. Dort heißt es: „Von den Trieben her erfüllt es sich mit Energie, aber es hat keine Organisation, bringt keinen Gesamtwillen auf, nur das Bestreben, den Triebbedürfnissen unter Einhaltung des Lustprinzips Befriedigung zu verschaffen."[167] Demgegenüber sollte das „Ich" jenen Teil des psychischen Apparates bilden, der zur Reizaufnahme aus der Außenwelt eingerichtet ist und die Steuerung des Erlebens und Verhaltens unter dem Aspekt der Realitätsanpassung übernimmt. Das „Ich" wurde damit gleichsam zur synthetisierenden, lenkenden und kontrollierenden Kraft sowohl gegenüber dem Es-Bereich (für den es beispielsweise die „Verdrängungen" bewirkt) als auch gegenüber der Realität. Dem ständigen Druck von seiten der Triebe und durch die Realitätsanforderungen ausgesetzt, verbrauche es einen hohen Energieaufwand zur Harmonisierung einander widerstrebender Kräfte und versage auch oft gegenüber einer solchen komplizierten Aufgabe. Das „Über-Ich" schließlich betrachtete Freud als den Repräsentanten der von den Individuen vor allem über die Identifizierung mit den Eltern angeeigneten sozialen und moralischen Normen, die die Wertmaßstäbe für die regulierenden Leistungen des Ich liefern. In früheren Arbeiten bezeichnete er diese Dimension als die der „Ich-Ideale", die sowohl in der individuellen Lebensgeschichte einer kulturellen Formung ausgesetzt sei als auch einem nur ungenau angegebenen Einfluß der Vererbung unterliege, durch den historisch gewachsene Traditionen wie auch archaische Strukturen der menschlichen Frühgeschichte bis in die Über-Ich-Normen von Persönlichkeiten hineinwirkten. Die unmittelbaren Folgen der Einflußnahme des „Über-Ich“ auf das psychische Erleben sollte in Angst vor der Übertretung von Normen und in Gewissenskonflikten bei entsprechenden Wunschregungen oder realen Verhaltensweisen bestehen.

Im Verhältnis zu den gegenwärtigen Erkenntnissen der Psychologie stellen die hier nur in Umrissen skizzierten Ideen Freuds zur inneren Struktur des psychischen Geschehens durchaus sinnvolle, wenngleich im Detail inzwischen überholte und nur näherungsweise zutreffende Einsichten in die Mehrdimensionalität des Erlebens und der Handlungsregulation dar. Der Inhalt des Freudschen Strukturmodells blieb durchgehend von den der Psychoanalyse eigenen Positionen der Triebbestimmtheit und Konflikthaftigkeit bestimmt. Mit der Betonung der kontrollierenden Funktion des „Ich“ hat Freud die Eigenständigkeit über sich selbst verfügender Subjekte scheinbar deutlicher betont und aufgewertet. Da dieses „Ich“ jedoch so konzipiert worden ist, daß es – Sisyphus vergleichbar – die aus dem „Es“ und aus dem „Über-Ich“ andrängenden Strebungen stets nur bei hohem Energieaufwand vorübergehend zum Ausgleich bringen kann, blieb die Souveränität der Persönlichkeit eine höchst unsichere Angelegenheit. Daß Menschen in der aktiven Auseinandersetzung mit ihren Umweltbedingungen und in der konstruktiven wechselseitigen Kooperation ihre Bedürfnisse kultivieren, ihre Wertsysteme realitätsgerecht gestalten und sich selbst vervollkommnen können, hat Freud zuwenig in Erwägung gezogen. Im Persönlichkeitskonzept der Psychoanalyse bleibt der Mensch mehr Opfer als Akteur und vornehmlich dazu verurteilt, eine stets unsichere Balance zwischen den in ihm selbst wirkenden destruktiven Kräften zu finden. Sehr eindrucksvoll beschrieb Freud diese komplizierte Stellung des „Ich“ als Garant der „Persönlichkeit“ in der „Neuen Folge der Vorlesungen zur Einführung in die Psychoanalyse“; dort heißt es: „So vom Es getrieben, vom Über-Ich eingeengt, von der Realität zurückgestoßen, ringt das Ich um die Bewältigung seiner ökonomischen Aufgabe, die Harmonie unter den Kräften und Einflüssen herzustellen, die in ihm und auf es wirken, und wir verstehen, warum wir oft den Ausdruck nicht unterdrücken können: Das Leben ist nicht leicht!“[168]

Der Fatalismus Freuds in bezug auf individuelle Lebensmöglichkeiten bestimmt auch seine kulturtheoretischen Auffassungen, deren Ausarbeitung in den beiden letzten Jahrzehnten seines Lebens im wissenschaftlichen Gesamtwerk in den Mittelpunkt rückte. Freud empfand wie die meisten Intellektuellen seiner Zeit Unbehagen und Unsicherheit gegenüber den irrational und unbeherrschbar erscheinenden Geschehnissen von Krieg, Konkurrenz und individueller Abhängigkeit. Da die kultur- und gesellschaftstheoretischen Ideen der Psychoanalyse überdies mittels der für derartige Problembereiche völlig ungeeigneten Methode der Herleitung sozialer Prozesse aus individualpsychischen Gegebenheiten konzipiert worden sind, mußten sie die dort postulierten Begrenzungen menschlichen Handlungsvermögens reproduzieren.

Die Themenbereiche, die Freud aus der neuen psychoanalytischen Perspektive zu bearbeiten suchte, sind überaus zahlreich. Auf einige von ihnen kann hier nicht eingegangen werden, da die Darstellung der relevanten Ideen und deren Bewertung einen breiteren Raum erfordert. Hierzu gehören Freuds Gedanken zur Sozialanthropologie und Gattungsgeschichte der Menschheit, die er umfänglicher in der 1913 zu einem Buch vereinigten Schriftenfolge „Totem und Tabu" ausgearbeitet hat.[169] Ebenfalls gehören hierzu die spezifischen psychoanalytischen Interpretationen des religiösen Glaubens und der Entwicklung des religiösen Denkens, denen er unter anderem auch sein 1939 erschienenes Spätwerk „Der Mann Moses und die monotheistische Religion" gewidmet hat.[170] Unverzichtbar für eine einigermaßen komplexe Kennzeichnung des Freudschen Werkes sind jedoch einige Hinweise zu den die Pädagogik bzw. Erziehungspraxis betreffenden Ideen, zum Problem der Massenpsychologie, bei dessen Behandlung Freud auch zu den Möglichkeiten rationalen Handelns großer sozialer Gemeinschaften Stellung nahm, zu den Themen Krieg und Frieden sowie zu seiner Haltung zur sozialistischen Revolution bzw. zu einer sozialistischen Zukunft der Menschheit.

Zu den pädagogischen Konsequenzen seiner Auffassung von den schädigenden Folgen einer unangemessen starken Unterdrückung sexueller Bedürfnisse hatte sich Freud zu Beginn des Jahrhunderts in mehreren Arbeiten, besonders ausführlich in dem auch in diesen Textband aufgenommenen Artikel „Die kulturelle Sexualmoral und die moderne Nervosität" von 1908 geäußert. In der 1933 niedergeschriebenen 34. Vorlesung der „Neuen Folge der Vorlesungen zur Einführung in die Psychoanalyse" zum Thema „Aufklärungen, Anwendungen, Orientierungen" hat er den bereits um die Jahrhundertwende eingenommenen Standpunkt in verallgemeinerter Form nochmals bekräftigt. Hier betonte er, daß der repressive und tabuisierende Umgang der Erwachsenen mit den sexuellen Strebungen von Kindern diese zu Verleugnungshaltungen drängt und damit die Dispositionen zu späteren Erkrankungen oder Charakterdeformierungen schafft. Da „das Kind in einer kurzen Zeitspanne sich die Resultate einer Kulturentwicklung aneignen soll, die sich über Jahrtausende erstreckt, Triebbeherrschung und soziale Anpassung ...", bestehe das allgemeine Problem der Pädagogik darin, einen sinnvollen „Weg zu suchen zwischen der Scylla des Gewährenlassens und der Charybdis des Versagens".[171] Freuds rückhaltlose Kritik an den damals vorherrschenden widerspruchsvollen, repressiven und verlogenen Einstellungen zur Sexualität, aus seiner tief humanistischen Gesinnung vorgebracht, beeindruckte viele Intellektuelle stark. Daß die von ihm abgelehnten Erziehungsformen und Moralnormen letztlich von den gegebenen sozialökonomischen Verhältnissen geprägt waren, wurde ihm allerdings nicht bewußt. Eine größere Rolle spielten diese Fragen in der psychoanalytischen Bewegung nach dem ersten Weltkrieg, als einige Schüler Freuds, seine Tochter Anna, der Pädagoge August Aichhorn und die Ärzte Siegfried Bernfeld und Wilhelm Reich, mit großem Engagement an Aktionen zu einer allgemeinen Bildungsreform in Österreich teilnahmen, spezielle psychoanalytische Beratungs- und Betreuungseinrichtungen für Kinder und Jugendliche schufen und schließlich ab 1926 auch eine eigene „Zeitschrift für psychoanalytische Pädagogik" herausgaben. Bei Wilhelm Reich, der 1930 in Wien eine „Sozialistische Gesellschaft für Sexualforschung" begründete und ab 1931 einen „Deutschen Reichsverband für proletarische Sexualpolitik" organisierte, fand die in Freuds Ansatz liegende Beschränkung der Erziehungsreform auf eine Neugestaltung der Einstellung zu den sexuellen Bedürfnissen schließlich ihre extreme und quasirevolutionäre Ausprägung.[172] Er vertrat die Meinung, daß die in der bürgerlichen Gesellschaft praktizierte repressive Sexualmoral die Persönlichkeitsentwicklung der Individuen behindere, sie in Abhängigkeit von den ökonomisch und politisch herrschenden Kräften halte und ihre konstruktiven Energiepotentiale unfruchtbar binde. Kurzschlüssig folgerte er aus diesen an sich schon problematischen Prämissen, daß die Vorbedingung für die menschliche und politische Emanzipation der Massen in der Erziehung zu einem freien Umgang mit den eigenen sexuellen Strebungen liege. Da Reich, der zeitweise der KPD angehörte, unter der Arbeiterjugend Einfluß zu gewinnen suchte und mit einer Mischung von progressiven sozialpolitischen Forderungen (zum Beispiel nach der rechtzeitigen sexuellen Aufklärung in den Schulen, nach der Zulassung der Schwangerschaftsunterbrechung aus sozialer Indikation und nach der Bereitstellung von Empfängnisverhütungsmitteln durch die Krankenkassen) und extremen Vorstellungen von der unterdrückenden Funktion jeder Art von Organisation viel Verwirrung stiftete, wurden seine Ideen von marxistischer Sicht aus bald kritisch gewertet.[173] Freud selbst hat sich nicht öffentlich zu derartigen Interpretationen seiner Lehre geäußert und stand sicher vielen Forderungen Reichs wie auch anderer seiner Schüler distanziert gegenüber. Seine grundlegenden Ideen zu pädagogischen Fragen, die Auffassung, daß die Entwicklung der Persönlichkeit vor allem über das Durchschauen der eigenen inneren psychischen Strebungen gefördert werde und daß dabei wiederum eine souveräne Haltung zu den eigenen sexuellen Bedürfnissen entscheidend sei, sind von ihm jedoch niemals in Frage gestellt oder relativiert worden. Die Bedeutung der sozialen Aktivität der Individuen für die Persönlichkeitsentwicklung blieb ihm weitgehend verborgen. Selbst dort, wo Freud einen erheblichen Einfluß sozialer Bedingungen und kultureller Verhaltensnormen auf die Entwicklung von menschlichen Charaktereigenschaften im Prinzip anerkannte, hat er dennoch immer versucht, die psychischen Strukturen aus den Triebanlagen und deren frühkindlicher Ausprägung herzuleiten. Ganz typisch in dieser Hinsicht waren seine Überlegungen zu den Merkmalen der Weiblichkeit, zu denen er auch das

vorzugsweise passive Verhalten zählte, wobei er zugestand, daß hier ein Einfluß der sozialen Ordnungen nicht zu unterschätzen sei, „die das Weib gleichfalls in passive Situationen drängen“[174]. Die weiter von ihm als wichtig angesehenen Besonderheiten des weiblichen Charakters – beispielsweise ein höheres Maß an Narzißmus, das sich darin äußere, „daß geliebt zu werden dem Weib ein stärkeres Bedürfnis ist als zu lieben“; ein weniger entwickeltes soziales Interesse u. a. – führte er jedoch auf eine besondere Triebausstattung des kleinen Mädchens zurück.[175] Daß die meisten Mädchen lieber Jungen sein möchten, interpretiert Freud als „Penisneid“; er übersieht dabei, daß nicht der Penis, sondern die privilegierte soziale Stellung es ist, worum die Mädchen bereits im frühen Kindesalter die Jungen beneiden müssen. In dem Bestreben, die Rollenverteilung der beiden Geschlechter in der Gesellschaft zu erklären, folgt er also jenem Rollenverständnis der Frau, das die bürgerliche Gesellschaft seiner Zeit vertrat. Der abschließende Satz seiner dem Thema „Die Weiblichkeit“ gewidmeten Studie von 1933: „Vergessen Sie aber nicht, daß wir das Weib nur insofern beschrieben haben, als sein Wesen durch seine Sexualfunktion bestimmt wird. Dieser Einfluß geht freilich sehr weit, aber wir behalten im Auge, daß die einzelne Frau auch sonst ein menschliches Wesen sein mag“, bringt die damit verbundene makabre Selbstüberschätzung des Mannes leider zu deutlich zum Ausdruck.[176]
Extrem elitär waren die Gedanken, die Freud zum sozialen Verhalten in Gemeinschaften in dem 1923 publizierten Werk „Massenpsychologie und Ich-Analyse“ vertrat. Gestützt auf bereits früher erschienene Arbeiten von Le Bon und Mc Dougall, anknüpfend an eigene, in der – ebenfalls in diesen Band aufgenommenen – Studie „Zeitgemäßes über Krieg und Tod“ von 1915 bereits angedeutete pessimistische Erwartungen, vertrat er die These, daß jeder Masse eigene psychologische Gesetze die Regression der Individuen zu einem primitiven Seelenzustand bewirken. Als entscheidende Merkmale der Psychologie der Masse galten ihm: „– der Schwund der bewußten Einzelpersönlichkeit, die Orientierung von Gedanken und Gefühlen nach gleichen Richtungen, die Vorherrschaft der Affektivität und des unbewußten Seelischen, die Tendenz zur unverzügli-

chen Ausführung auftauchender Absichten, – das alles entspricht einem Zustand von Regression zu einer primitiven Seelentätigkeit, wie man sie gerade der Urhorde zuschreiben möchte"[177]. Komplettiert wurde dieses vorurteilsbeladene Zerrbild durch die Behauptung von absoluter Autoritätshörigkeit der Massen gegenüber ihren selbstherrlichen und mit Allmachtsphantasien lebenden Führern sowie durch die Ableitung der angenommenen psychischen Reaktionen aus suggestiven Prozessen und der Umwandlung libidinöser Strebungen der Einzelnen in Verehrung und vorbehaltlose Bindungen an die Führergestalten.

Was Freud bewogen hat, das Verhalten von Menschen in großen Gruppen seinerzeit nach diesem Schema zu beurteilen, ist schwer abzuschätzen. Sicher spielte dabei die Angst vor dem Verlust der eigenen persönlichen Souveränität beim Einlassen mit solchen Bewegungen eine Rolle – eine Angst, die nicht nur Freud, sondern auch viele andere Intellektuelle seiner Generation kannten. Ebenso wichtig dürfte aber auch der Umstand gewesen sein, daß Freud keine engeren Beziehungen zu gut organisierten, rationalen Programmen folgenden und in sich demokratisch strukturierten sozialen Organisationen hatte, wie sie etwa in den großen politischen Parteien der Arbeiterbewegung existierten. Was sein Bild wesentlich geprägt hat, waren offensichtlich zu seiner Zeit existierende und zum Teil sogar rasch an Einfluß gewinnende demagogisch gesteuerte Massenbewegungen vom Typ faschistischer Organisationen und quasireligiöser Erneuerungsbewegungen. Daß jedoch auch bei diesen soziale Interessen, unzureichende Bildungsvoraussetzungen, geschickte Versprechungen und an Bedürfnisse nach sozialem Zusammenhalt anknüpfende Organisationsformen die entscheidenden Voraussetzungen gemeinschaftlichen Handelns bildeten, entging Freud. Bedauerlicherweise sind gerade diese seine Gedanken zur Psychologie der Massen auch gegen die revolutionäre Arbeiterbewegung gewendet und zu deren Diskriminierung genutzt worden. Eine solche antikommunistische Tendenz zeigte sich bei einigen Anhängern Freuds bereits in den Jahren 1918 bis 1923. In Schriften von Emil Lorenz, Aurel Kolnai und Otto Jenssen wurden die revolutionären Aktionen der Arbeiterklasse als Versuche gedeutet, alte Autoritätsstrukturen durch Massenbewegungen abzuschaffen, denen der regressive Inhalt des Massenverhaltens im Sinne des Freudschen Denkschemas unterstellt wurde. In der gleichen Zeit verurteilten auch sozialdemokratische Politiker, wie etwa Otto Jenssen, den „Radikalismus" der „Spartakisten" und „Bolschewisten" als Ausdruck einer rein autoritätsgeleiteten und durch Aggressionsneigungen zusammengehaltenen unzufriedenen „Masse".[178]

Freuds persönliches Verhältnis zur kommunistischen Bewegung und zur sozialistischen Revolution in der Sowjetunion war widerspruchsvoll, in den entscheidenden Punkten jedoch von seinen Gedanken über die Natur der Menschen, ihre triebbestimmte Kulturfeindschaft, ihre Aggressionsneigungen und ihre Abhängigkeit von Autoritäten bestimmt. Eingehender dargestellt hat er seine diesbezüglichen Auffassungen in den Schriften „Die Zukunft einer Illusion" (1927)[179] und „Das Unbehagen in der Kultur" (1929)[180] sowie in der 35. Vorlesung „Über eine Weltanschauung" der „Neuen Folge der Vorlesungen zur Einführung in die Psychoanalyse" von 1933[181]. Während sein aufklärerischer Impetus ihn zunächst die neuen Entwicklungen in der UdSSR interessiert und aufgeschlossen beobachten ließ, reagierte er andererseits auf Grund seiner Vorstellungen von den Triebkräften des menschlichen Verhaltens immer wieder skeptisch und ablehnend, sobald in diesem komplizierten historischen Umgestaltungsprozeß neue Widersprüche sichtbar wurden. Mit großer Sympathie verfolgte Freud beispielsweise die Neugestaltung und spezifisch atheistische Tendenz des sozialistischen Bildungssystems, die verschiedenen Maßnahmen zur rechtlichen und sozialen Emanzipation der Frau und den allmählichen Abbau rigider Moralnormen hinsichtlich der sexuellen Beziehungen. Manche Passagen der erwähnten Schriften lassen auch Ansätze erkennen, Teilstücke der Marxschen Gesellschaftslehre aufzugreifen und in das eigene Werk zu integrieren. Dies betraf beispielsweise eine gewisse Annäherung an die Klassentheorie, die darin zum Ausdruck kam, daß Freud immerhin die unterschiedlichen sozialen Positionen von „Bevorzugten" und „Unterdrückten" zu beachten begann. Die Widersprüche zwischen sozialen Klassen sah er jedoch nicht primär als Resultat von entgegengesetzten sozialen Interessen

im Gefolge objektiver ökonomischer Strukturen, sondern unter dem Aspekt unterschiedlicher Maße und Formen des Leidens an der aufgezwungenen Triebunterdrückung. Deshalb meinte er auch, daß die „Unterdrückten“ eine intensive Feindseligkeit gegen die Kultur entwickeln, die sie durch ihre Arbeit ermöglichen, an deren Gütern sie aber einen zu geringen Anteil haben. Maßgeblich blieb ihm dabei ein sehr begrenztes „Kultur“-Verständnis, nach dem „jede Kultur auf Arbeitszwang und Triebverzicht beruht und damit unvermeidlich eine Opposition bei den von diesen Anforderungen Betroffenen hervorruft“, der Triebverzicht Zwangsmittel sozialer und psychischer Art erfordert und unter diesen die seelische Instanz des „Über-Ich“ den entscheidendsten psychologischen Kulturbesitz darstellt.[182] Letzten Endes blieb sein Verhältnis zum Marxismus von der Idee geprägt, daß der Konflikt zwischen den egoistischen Strebungen der Individuen einerseits und den altruistischen Erfordernissen der Kulturentwicklung andererseits unaufhebbar bleibe. Die marxistische Gesellschaftstheorie hatte in Freuds Sicht einen entscheidenden Mangel darin, daß sie die mit den ursprünglichen Triebregungen verbundenen psychologischen Faktoren nicht gebührend beachte. Deshalb meinte er auch, daß die Hoffnung auf eine grundlegende Erneuerung der menschlichen Lebensformen durch die sozialistische Revolution eine Illusion darstelle. Der praktische Marxismus, schrieb er – „hofft, im Laufe weniger Generationen die menschliche Natur so zu verändern, daß sich ein fast reibungsloses Zusammenleben der Menschen in der neuen Gesellschaftsordnung ergibt ... Aber eine solche Umwandlung der menschlichen Natur ist sehr unwahrscheinlich.“[183] Dennoch behielt auch Freud ein Stück Hoffnung auf die als unwahrscheinlich angesehene neue menschliche Gemeinschaft und sagte 1933: „In einer Zeit, da große Nationen verkünden, sie erwarten ihr Heil nur vom Festhalten an der christlichen Frömmigkeit, wirkt die Umwälzung in Rußland – trotz aller unerfreulichen Einzelzüge – doch wie die Botschaft einer besseren Zukunft.“[184]
Freuds eigene Vorstellung von den möglichen Wegen zu einer künftigen vernunftsgemäßen und harmonischen Gestaltung sozialer Beziehungen ist aus jenen Stellungnahmen ablesbar, die er Anfang der dreißiger Jahre zu der damals wie

noch heute existentiell bedeutsamen Frage der Vermeidbarkeit von Kriegen abgab. 1932 hatte die dem Völkerbund zugeordnete Internationale Kommission für geistige Zusammenarbeit angesichts der sich bereits wieder deutlicher abzeichnenden Gefahr kriegerischer Auseinandersetzungen führende Persönlichkeiten des Kulturlebens gebeten, sich in Form eines öffentlichen Briefwechsels zu Fragen zu äußern, die gemeinsame geistige Interessen betrafen und der Wirksamkeit des Völkerbundes dienen sollten. Angesprochen wurde dabei auch Albert Einstein, der sich Sigmund Freud als Briefpartner wählte und seine Überlegungen der Frage widmete: „Gibt es einen Weg, die Menschen von dem Verhängnis des Krieges zu befreien?" Freud antwortete in dem Brief „Warum Krieg?"[185]. Dieser Briefwechsel wurde 1933 gleichzeitig in deutsch, französisch und englisch publiziert, seine Verbreitung in Deutschland wurde von den Nazis jedoch unterbunden, die Freuds Werke, ebenso wie die von Marx, Engels, Lenin und vielen demokratisch gesinnten Denkern, verboten und 1933 bei den Bücherverbrennungen vernichten ließen.[186] In dem genannten Brief ging Freud davon aus, daß in der Menschheitsgeschichte die von der Macht der Stärkeren bestimmten Herrschaftsformen durch solche ersetzt werden, die gleiche Rechte für alle Menschen garantieren. Den entscheidenden Schritt einer solchen Entwicklung sah er in der „Überwindung der Gewalt durch Übertragung der Macht an eine größere Einheit, die durch Gefühlsbindungen ihrer Mitglieder zusammengehalten wird". Als eine solche Einheit oder Zentralgewalt könne auch der Völkerbund dienen, wenn es für die Zukunft gelänge, im Zuge der kulturellen Entwicklung eine ständig wachsende Zahl von Menschen intellektuell zu befähigen, ihr Triebleben der Diktatur der Vernunft zu unterwerfen. Dies wiederum setze voraus, „eine Oberschicht selbständig denkender, der Einschüchterung unzugänglicher, nach Wahrheit ringender Menschen zu erziehen, denen die Lenkung der unselbständigen Massen zufallen würde" ...[187] Daß die Psychoanalyse dabei direkt oder indirekt auch einen Beitrag zu einer solchen Wandlung individueller psychischer Haltungen leisten könne, galt ihm dabei als sicher, wenngleich er einen solchen Prozeß als überaus kompliziert und langwierig ansah. Dieses Konzept

war in wesentlichen Punkten den bereits im 18. Jahrhundert entstandenen Ideen des Gesellschaftsvertrages verpflichtet, humanistisch in seinem Vertrauen auf die Kraft der Vernunft und elitär und illusionär wie jedes Programm, das allein dem aufklärenden Wirken von Ideen die Kraft der historischen Veränderung zuspricht. Völlig unrealistisch waren diese aufklärerischen Hoffnungen gegenüber den von den reaktionärsten imperialistischen Kräften eingesetzten Machtmitteln bei der Errichtung der faschistischen Diktaturen in vielen Ländern Europas, wie die bereits 1933 einsetzende Entwicklung gerade in Deutschland bewies.
Von dieser Entwicklung wurde Freud auch persönlich sehr stark betroffen. Die von ihm geschaffene und inzwischen im internationalen Maßstab wirkende psychoanalytische Bewegung wurde in ihren Wirkungsmöglichkeiten durch die erzwungene Emigration vieler ihrer führenden Vertreter und die antisemitische Politik der faschistisch beherrschten Staaten erheblich eingeengt.[188] Die Verbindungen Freuds zu vielen ihm geistig und persönlich nahestehenden Menschen rissen allmählich ab. 1938 gelang es einflußreichen Freunden Freuds nur noch mit Mühe, ihm nach der faschistischen Okkupation Österreichs ein Ausreisevisum und eine Bleibe in England zu sichern, wo er, desillusioniert und zugleich bestärkt in seiner Skepsis gegenüber der menschlichen Natur, am 23. 9. 1939 verstarb. Seine in Österreich verbliebenen Schwestern wurden später im Zuge der grausamen Massenmorde an jüdischen Menschen in Auschwitz umgebracht.
Der zunehmend deutlicher werdende Ausbau der Psychoanalyse zu einer anthropologisch fundierten Kultur- und Gesellschaftstheorie in den zwanziger Jahren mußte notwendig auch die Stellungnahme der Theoretiker der kommunistischen Bewegung hervorrufen. Erzwungen wurde diese Auseinandersetzung durch einen rasch wachsenden Einfluß psychoanalytischer Ideen auch bei sozialdemokratischen Theoretikern und linksorientierten Intellektuellen, die Freuds Ideen als Grundlage der Kritik oder der Ergänzung des Marxismus ansahen, etwa bei Karl Kautsky, Hendrik de Man oder Siegfried Bernfeld.[189] Die ersten kritischen Positionsbestimmungen zu Freuds Ideen und zum Verhältnis von Psychoanalyse und Marxismus sind bereits

um 1925 von W. Jurinetz und G. Lukács vorgelegt worden.[190] Die Konfrontation spitzte sich zu Beginn der dreißiger Jahre durch eine Serie von Artikeln in der Zeitschrift „Unter dem Banner des Marxismus" zu. Provoziert wurde die Debatte durch einen in der gleichen Zeitschrift publizierten Beitrag von Wilhelm Reich, der für eine Ergänzung der marxistisch-leninistischen Gesellschaftsauffassung durch die Psychoanalyse bzw. für eine Art von theoretischer Synthese beider Auffassungen eintrat.[191] Die entscheidende Intention dieses Autors bestand dabei in der These, der Marxismus könne erst durch die Aufnahme der psychoanalytischen Persönlichkeitskonzeption den Rang einer hinreichend komplexen und wissenschaftlich begründeten Gesellschaftslehre erreichen. In einer ähnlichen Weise hat sich übrigens Freud wenig später ebenfalls geäußert, als er in der „Neuen Folge der Vorlesungen zur Einführung in die Psychoanalyse" (1932) schrieb: „Wenn jemand imstande wäre, im einzelnen nachzuweisen, wie sich diese verschiedenen Momente, die allgemeine menschliche Triebanlage, ihre rassenhaften Variationen und ihre kulturellen Umbildungen unter den Bedingungen der sozialen Einordnung, der Berufstätigkeit und Erwerbsmöglichkeiten gebärden, einander hemmen und fördern, wenn jemand das leisten könnte, dann würde er die Ergänzung des Marxismus zu einer wirklichen Gesellschaftskunde gegeben haben."[192]
In den Arbeiten marxistischer Theoretiker gegen die Psychoanalyse – neben einer bereits erwähnten Studie von Jurinetz muß vor allem der fundierte und sachliche Beitrag von Sapir von 1929/30 besonders erwähnt werden – richtete sich die Kritik gegen das anthropologische Gesellschaftsverständnis Freuds, gegen dessen unhaltbare methodische Vorgehensweise und gegen die Auslegbarkeit vieler Annahmen Freuds zur Legitimation der kapitalistischen Gesellschaft.[193] Die Neurosenlehre Freuds und seine speziellen psychologischen Vorstellungen galten den genannten Autoren dagegen als einzelwissenschaftlicher Erkenntnis zugehörig. Ein hier nicht zu behandelnder zusätzlicher und schwierig zu beurteilender Fragenkreis betraf daneben die theoretische Grundlegung einer neuen Psychologie, zu deren Begründung in den zwanziger Jahren in der UdSSR oft auf Freud Bezug genommen worden ist und wozu es

dann ebenfalls intensive und umfangreiche Debatten gab.[194] Aus heutiger Sicht können die seinerzeit gegen die Psychoanalyse als Gesellschaftslehre und Form von Ideologie vorgetragenen Einwände als berechtigt und sachlich begründet angesehen werden. Dies gilt auch für die damals in den Mittelpunkt gerückte These, daß die marxistisch-leninistische Gesellschaftstheorie, der historische Materialismus und die psychoanalytische Auffassung von der Kulturentwicklung miteinander unvereinbar sind. Als problematisch erscheinen dabei dem objektiv urteilenden Leser von heute die oft verwendeten etikettierenden Termini, nach denen Freuds Denken in alle möglichen „... ismen" (den Biologismus, den Psychologismus, den Soziologismus u. a.) aufgeteilt wurde. Für das Verständnis dieser Argumentationsweise, wie der ausschließlich abwehrenden Haltung gegenüber dem erwähnten Anspruch einer „Vereinigung", muß jedoch die komplizierte Situation der kommunistischen Bewegung in jenen Jahren in Rechnung gestellt werden. Damals war die Herausarbeitung der wissenschaftlich begründeten und unverrückbaren Standpunkte zu weltanschaulichen und speziell gesellschaftstheoretischen Grundsatzfragen absolut lebensnotwendig, um dem breiten Ansturm der bürgerlichen Ideologie auch in Gestalt vielfältiger „Revisions"versuche standhalten zu können. Ähnliche Konstellationen und Motive waren es sicher auch, die in den Jahren nach 1945 die primär ablehnende Haltung neuer Generationen von marxistisch-leninistischen Gesellschaftswissenschaftlern gegenüber der Psychoanalyse bestimmt haben, zumal immer wieder und bis in die Gegenwart hinein versucht wird, psychoanalytische Ideen direkt gegen den Marxismus zur Geltung zu bringen oder als Ausgangsbasis neuer Konzepte von der gesellschaftlichen Entwicklung zu nutzen.[195]
Der inzwischen gewachsene historische Abstand zu den Anfängen und originären Wirkungen der Psychoanalyse und die inzwischen erreichte Reife und Stabilität der marxistisch-leninistischen Gesellschaftswissenschaft geben uns heute jedoch die Möglichkeit, Freuds gesamtes Werk vielseitiger und besser zu beurteilen. Die seinerzeit erarbeiteten kritischen Positionen werden nicht aufgehoben oder korrigiert, aber ergänzt und vervollständigt. Wirklich neue Akzente in der historischen Beurteilung des Werkes von

Freud, die auch in dieser knappen Darstellung verdeutlicht werden sollten, betreffen vor allem seine produktive Rolle in der Entwicklung der Psychotherapie, die zum Teil heute noch geltende Herausforderung der Psychologie und die deutliche Anerkennung seiner humanistischen Intention. Die anregenden Fragestellungen und auch die bleibenden Beiträge der Freudschen Psychoanalyse zum Verständnis psychischer Erkrankungen und psychodynamischer Aspekte in der Psychotherapie lassen Freud einen bedeutenden und ehrenvollen Rang in der Geschichte der Medizin zusprechen, der bislang nicht immer hinreichend Anerkennung fand.[196] Freuds Versuchen, die Gesetzmäßigkeiten des psychischen Geschehens aufzuhellen, kann ein gleicher Erfolg nicht bestätigt werden – obwohl viele der von ihm aufgeworfenen Fragen heute noch als wichtig und unzureichend gelöst gelten. Beachtung verdient sein psychologisches Werk jedoch auf jeden Fall auch deshalb, weil es als wichtiges Korrektiv gegenüber einseitigen Vorstellungen von der totalen Rationalität und Kalkulierbarkeit des menschlichen subjektiven Erlebens wirksam geworden ist und auch weiterhin wirksam bleiben sollte. Was Freud auf den genannten und weiteren Gebieten seines wissenschaftlichen Interesses an Anregendem und Irreführendem, an Richtigem und Falschem, an Hoffnung Erweckendem und Skepsis Verbreitendem auch gesagt und geschrieben hat – es war dies immer von seiner humanistischen Grundeinstellung der Verantwortlichkeit des Wissenschaftlers für das Schicksal von Menschen, der Suche nach Möglichkeiten, Leid zu vermeiden oder zu lindern, humane Lebensformen zu fördern und an einer progressiven Entwicklung der Kultur teilzuhaben, bestimmt. Diese Haltung verdient auch dann Respekt und Anerkennung, wenn aus ihr erwachsene und von den zeitgenössischen Bedingungen abhängige Standpunkte und Ideen unsere Zustimmung nicht mehr finden können. Sigmund Freuds Stellung in der neueren europäischen Kulturgeschichte läßt unter den erwähnten Aspekten der historischen Wertung die Veröffentlichung wenigstens besonders wichtiger und das Gesamtwerk repräsentierender Arbeiten als eine legitime Aufgabe der Traditionspflege erscheinen, der sich eine entwickelte sozialistische Gesellschaft gegenwärtig besonders aufgeschlossen stellt.

Anmerkungen

1 Diese Vorlesungen erschienen unter dem Titel „Über Psychoanalyse. Fünf Vorlesungen, gehalten zur zwanzigjährigen Gründungsfeier der Clark-Universität in Worcester, Mass., September 1909" im Jahre 1910 in Wien (Gesammelte Werke, Bd. VIII).

2 Freud, S.: Kurzer Abriß der Psychoanalyse. In: Gesammelte Werke, Bd. XIII, S. 403–427 (erstmals im 2. Band von „These creatful years. The twentieth Century ...". London, New York).

3 Freuds Arbeit „Zur Geschichte der psychoanalytischen Bewegung" erschien 1914 im 6. Band des „Jahrbuches für Psychoanalyse". In dieser Übersicht charakterisierte Freud auch die Entwicklung der Organisationsformen der neuen Bewegung ausführlich und ebenso die damals bereits entstandenen Differenzen mit einigen seiner früheren Schüler, insbesondere mit C. G. Jung und A. Adler (Gesammelte Werke, Bd. X).

4 Freud absolvierte sein Medizinstudium an der Universität Wien.

5 Ernst Brücke (1819–1892) gehörte zu den bedeutendsten Physiologen seiner Zeit und war wesentlich an der Entwicklung neuer experimenteller Forschungsmethoden beteiligt. Seine philosophische Haltung war die des naturwissenschaftlich fundierten Materialismus. Die geistige Atmosphäre im Laboratorium Brückes hat Freud offensichtlich nachhaltig beeinflußt und bewirkt, daß er längere Zeit versuchte, sich den Gesetzen des psychischen Geschehens über die Gehirnanatomie und Physiologie zu nähern.

6 Einer damals üblichen Praxis folgend, arbeitete Freud bereits als Student im physiologischen Labor der Wiener Universität und veröffentlichte auch bereits während seiner Studienjahre die ersten kleineren neuroanatomischen Arbeiten.

7 Theodor Meynert (1833–1893) vertrat in diesen Jahren an der Wiener Universität die Psychiatrie, war jedoch, wie die meisten anderen namhaften Fachvertreter auch in Deutschland, hauptsächlich an hirnanatomischen und neurologischen Themen interessiert.

8 Paul Flechsig (1847–1929) hatte nach einer ausschließlich physiologischen Ausbildung 1882 die Leitung der in Leipzig neu geschaffenen Universitätsklinik für Psychiatrie übernom-

men. Seine von Freud erwähnte Theorie der Myelogenese stellte einen interessanten Versuch dar, die Entwicklung der funktionellen Leistungspotenzen des menschlichen Gehirns während der Ontogenese an Fakten der Reifung von Nervenfasern gehirnanatomisch zu belegen.

9 Über das von Freud als problematisch angesehene Verhältnis Meynerts zu ihm und zu seinen wissenschaftlichen Auffassungen sind in der Freud-Literatur verschiedene Meinungen vertreten worden. In einer Arbeit von G. Lebzeltern wird nachgewiesen, daß Freud selbst Meynert in ungewöhnlich schroffer Form angegriffen hatte und eine weitgehend sachliche Erwiderung fand. Vgl. dazu: Lebzeltern, G.: Sigmund Freud und Theodor Meynert. Wien, Klin. Wschr. 85 (1973), 417–422.

10 Jean Martin Charcot (1825–1893) war am Krankenhaus Salpêtrière in Paris als Neurologe und Psychiater tätig und hatte zu dieser Zeit bereits internationale Anerkennung gefunden. Freuds Interesse galt sowohl Charcots neurologischem Spezialwissen als auch dessen Methode der Behandlung von Hysterien mit Hypnose. Das Studium der letzteren war von entscheidender Bedeutung für Freuds weitere wissenschaftliche Entwicklung, da er dadurch mit Nachdruck auf die Eigenständigkeit psychischer Prozesse verwiesen wurde, deren Erklärung mit rein physiologischen Kategorien nicht gelingen konnte.

11 „Kommt herein und hier sind die Götter."

12 Das hindert nicht daran zu existieren.

13 Sigmund Freuds umfangreiche neurologische Schriften bilden einen besonderen Gegenstand der medizinhistorischen Wertung und können hier nicht berücksichtigt werden. Die Vielzahl der von ihm bearbeiteten Themen und die beschränkten technischen Mittel in seinen Tätigkeitsbereichen haben bewirkt, daß er auf diesem Gebiet keine bahnbrechenden Entdeckungen machen konnte.

14 Freuds Gattin wurde Martha Bernays (1861–1951), die Tochter eines Hamburger Kaufmanns.

15 Gemeint ist das 1867 erschienene „Handbuch der Elektrotherapie" des verdienstvollen Neurologen Wilhelm Erb (1840–1921), dessen therapeutische Empfehlungen sich allerdings vorwiegend auf organische Nervenleiden bezogen und bei neurotischen Symptomen naturgemäß nicht wirken konnten.

16 Freud bezieht sich hier auf die später auch durch eigene Besuche und persönliche Kontakte auch für die Psychoanalyse fruchtbar gewordenen Arbeiten von Ambriose Auguste Liebeault (1823–1904) und Hippolyte Bernheim (1840–1919).

Freud übersetzte und kommentierte auch wichtige Arbeiten Bernheims, so dessen Monographien „De la suggestion et de ses applications à la thérapeutique“ (Paris, 1886) und „Hypnotisme, suggestion et psychothérapie: études nouvelles“ (Paris, 1891), die in Wien unter den Titeln „Die Suggestion und ihre Heilwirkung“ (1889) bzw. „Neue Studien über Hypnotismus, Suggestion und Psychotherapie“ (1892) erschienen.

17 Freud, S., u. O. Rie: Klinische Studien über die Halbseitige Cerebrallähmung der Kinder. Wien, Verlag von M. Perles 1891.

18 Freud, S.: Zur Auffassung der Aphasie. Leipzig und Wien, Verlag von F. Deuticke 1891.

19 Freuds Verhältnis zu Josef Breuer (1842–1925) ist in der umfangreichen Literatur zur Entwicklung der Psychoanalyse vielfach und auch unterschiedlich interpretiert worden. Relativ umfassend berichten über dieses Verhältnis. Bernfeld, S.: Freuds früheste Theorien und die Helmholtz-Schule. Psyche 35 (1981), 435–455, und Grubrich-Simitis, J.: Sigmund Freuds Lebensgeschichte und die Anfänge der Psychoanalyse. In: Sigmund Freud: Selbstdarstellung. Schriften zur Geschichte der Psychoanalyse. Frankfurt (Main), S. Fischer Verlag 1971, S. 7 bis 33. Zu verweisen ist weiterhin auf Hirschmüller, A.: Physiologie und Psychoanalyse im Leben und Werk Josef Breuers. Bern, H.-Huber-Verlag 1978.

20 Vgl. Freud, S., u. J. Breuer: Über den psychischen Mechanismus hysterischer Phänomene. Vorläufige Mitteilung. 1893, nachgedruckt in Freuds Gesammelten Werken, Bd. I; die in diesem Textband aufgenommene Arbeit Freuds „Über den psychischen Mechanismus hysterischer Phänomene“ erschien ebenfalls 1893.
Die von J. Breuer und Sigmund Freud als Gemeinschaftswerk publizierten umfangreichen „Studien über Hysterie“ erschienen 1895 im Verlag F. Deuticke, Leipzig und Wien. In den „Gesammelten Werken“ Freuds sind die von ihm selbst stammenden Teile im Bd. I abgedruckt, ein Nachdruck des ganzen Buches erschien in Frankfurt (Main), S. Fischer Verlag 1970.

21 Ernst Simmel (1882–1947). Die erwähnte Behandlung der Kriegsneurotiker (Kriegszitterer) war in der Regel jedoch nicht psychoanalytisch geprägt, sondern in vielen Fällen hart und inhuman, da unterstellt wurde, daß sich unter den Kranken viele Simulanten befänden.

22 Vgl. Freuds Arbeit von 1894 „Über die Berechtigung, von der Neurasthenie einen bestimmten Symptomenkomplex als ‚Angstneurose‘ abzutrennen“ (Gesammelte Werke, Bd. I).

23 Vgl. die in diesen Band aufgenommene Arbeit Freuds „Meine

Ansichten über die Rolle der Sexualität in der Ätiologie der Neurosen“ von 1906.

24 Die neue psychoanalytische Therapietechnik wird in der in diesem Band enthaltenen Arbeit Freuds „Über Psychotherapie“ von 1905 näher charakterisiert. Dort wird auch das Thema der „Übertragung“ ausführlich besprochen.

25 Vgl. dazu die in diesem Textband aufgenommene Arbeit Freuds „Die Verdrängung“ von 1915. Eine ausführliche Darstellung des von Freud hier vermuteten Zusammenhanges von „Widerstand“ und „Verdrängung“ enthält auch die 19. Vorlesung „Widerstand und Verdrängung“ der 1916/17 niedergeschriebenen „Vorlesungen zur Einführung in die Psychoanalyse“ (Bd. I der Studienausgabe, Frankfurt (Main), S. Fischer Verlag 1969, S. 285–299). Danach ist die „Verdrängung“ „der pathogene Vorgang, der uns durch den Widerstand erwiesen wird“ (S. 292).

26 Eine Redewendung, eine Phrase.

27 Vgl. dazu die in diesen Band aufgenommene Arbeit Freuds „Das Unbewußte“ von 1915.

28 Vgl. dazu die in diesen Band aufgenommene Arbeit Freuds „Drei Abhandlungen zur Sexualtheorie“ von 1905.

29 Hier sind verschiedene Studien Freuds zu beachten, vor allem jedoch die 1909 veröffentlichte „Analyse der Phobie eines fünfjährigen Knaben“ (Gesammelte Werke, Bd. VII; Studienausgabe, Bd. VIII).

30 Die hier von Freud genannten Formen schwerer psychischer Erkrankungen (Dementia praecox = Schizophrenie) werden heute nach dem Abklingen der akuten Symptome (Verwirrtheit, Wahnvorstellungen u. a.) ebenfalls psychotherapeutisch behandelt. Die dabei eingesetzten Methoden sind jedoch vielfältig und haben meist wenig Beziehungen zur klassischen analytischen Technik.

31 Hier ist an Freuds umfangreiche Monographie „Die Traumdeutung“ aus dem Jahre 1900 zu erinnern, in der er die hier angedeuteten Positionen ausführlich begründete und zum großen Teil anhand von Eigenbeobachtungen darstellte (Gesammelte Werke, Bde. II und III; Studienausgabe, Bd. II).

32 Freuds „Zur Psychopathologie des Alltagslebens“ erschien im Jahre 1904 (Gesammelte Werke, Bd. IV).

33 Eugen Bleuler (1857–1939) ist zwar bemüht gewesen, bestimmte Aspekte der Psychoanalyse für die Psychiatrie nutzbar zu machen, wurde jedoch nie ein strenger Anhänger Freuds; Carl Gustav Jung (1875–1961) löste sich nach einigen Jahren enger Bindung an Freud von dessen Lehrmeinung und begründete eine eigene analytische Schulrichtung, die noch

heute eine eigene Anhängerschaft besitzt. Über die im ganzen doch sehr differenzierte Reaktion der Psychiatrie auf die Psychoanalyse unterrichtet die Arbeit von U. Trenckmann: Zur Rezeption der Psychoanalyse durch die Psychiatrie des deutschen Sprachraumes in den ersten Jahrzehnten des 20. Jahrhunderts. In: Die historische Stellung und die gegenwärtige Funktion der von Sigmund Freud begründeten Psychoanalyse im Prozeß der Formierung einer wissenschaftlich fundierten Psychotherapie. Hrsg. von A. Katzenstein u. a. Bernburg, 1982, S. 117–135 (Man.-Druck).

34 Regelmäßige wissenschaftliche Diskussionsrunden veranstaltete Freud mit seinen ersten Anhängern bereits ab 1902 in den in seinem Hause stattfindenden Veranstaltungen der „Mittwochs-Gesellschaft"; ab 1908 existierte dann die „Wiener psychoanalytische Vereinigung" als organisatorisches Zentrum der Bewegung. Die „Internationale psychoanalytische Vereinigung" wurde offiziell 1910 gegründet. Die in diesen Veranstaltungen behandelten Themen sowie die Nachschriften der Vorträge und vieler Diskussionsbeiträge sind veröffentlicht in: „Protokolle der Wiener psychoanalytischen Vereinigung". Hrsg. von H. Nunberg u. E. Federn, S. Fischer Verlag, Frankfurt (Main).

35 „Burghölzli" war der traditionelle Name der Züricher Psychiatrischen Klinik, an der E. Bleuler und C. G. Jung damals tätig waren.

36 Vgl. dazu Freuds Arbeit „Zur Einführung des Narzißmus" von 1914 (Gesammelte Werke, Bd. X; Studienausgabe, Bd. II).

37 Vgl. dazu die in diesem Band aufgenommene Arbeit Freuds „Triebe und Triebschicksale" von 1915.

38 „Jenseits des Lustprinzips" von Sigmund Freud erschien 1920. (Gesammelte Werke, Bd. XIII; Studienausgabe, Bd. IV). Freuds „Massenpsychologie und Ich-Analyse" erschien erstmals 1921 (Gesammelte Werke, Bd. XIII; Studienausgabe, Bd. IX). „Das Ich und das Es" von Freud aus dem Jahre 1923 ist in vorliegendem Band enthalten.

39 Gemeint ist hier Freuds Arbeit „Metapsychologische Ergänzung zur Traumlehre" von 1917 (Gesammelte Werke, Bd. X; Studienausgabe, Bd. III).

40 „Trauer und Melancholie" erschien ebenfalls 1917 (Gesammelte Werke, Bd. X; Studienausgabe, Bd. III. Vgl. auch: Sigmund Freud: Trauer und Melancholie. Hrsg. von F. Fühmann u. D. Simon. Berlin, Verlag Volk und Welt 1982), das wesentliche Auszüge enthält.

41 Sein Verständnis von „Philosophie" hat Freud u. a. auch in der 35. Vorlesung „Über eine Weltanschauung" der „Neuen Folge

der Vorlesungen zur Einführung in die Psychoanalyse" (1933) explizit formuliert. Dort heißt es: „Die Philosophie ist der Wissenschaft nicht gegensätzlich, sie gebärdet sich selbst wie eine Wissenschaft, arbeitet zum Teil mit den gleichen Methoden, entfernt sich aber von ihr, indem sie an der Illusion festhält, ein lückenloses und zusammenhängendes Weltbild liefern zu können, das doch bei jedem neuen Fortschritt unseres Wissens zusammenbrechen muß" (Studienausgabe, Bd. I, S. 588).

42 Gustav Theodor Fechner (1801–1887) war als Philosoph und Psychologe tätig und hat verdienstvolle Beiträge zur Psychophysiologie erbracht. Für Freud war Fechner deshalb besonders interessant, da dieser eine „unbewußte" psychische Tätigkeit annahm und für sehr bedeutsam hielt.

43 Friedliche Unterwanderung.

44 Die hier geäußerten Hoffnungen Freuds auf wesentliche Bereicherung der Psychopathologie der Psychosen durch die Analyse haben sich nicht erfüllt. Psychoanalytische Schulen existieren zwar innerhalb der Psychiatrie der kapitalistischen Länder, haben jedoch kaum Einfluß gewonnen oder überzeugende therapeutische Leistungen erbringen können. Beigetragen hat das psychoanalytische Denken jedoch sicher zum besseren Verständnis einer Reihe sekundärer psychischer Reaktionen bei Psychosen, z. B. zum Begreifen von verschiedenen Abwehrmechanismen, auf die speziell bei Freuds Studie zur „Verdrängung" in diesem Band eingegangen wird.

45 Vgl. Sigmund Freud: „Eine Kindheitserinnerung des Leonardo da Vinci" (1910) (Gesammelte Werke, Bd. VII; Studienausgabe, Bd. X).

46 Vgl. Sigmund Freud: „Der Wahn und die Träume in W. Jensens ‚Gravida'" von 1907 (Gesammelte Werke, Bd. VII; Studienausgabe, Bd. IX).

47 Freuds umfangreiche Monographie „Der Witz und seine Beziehung zum Unbewußten" erschien 1905 in Wien (Gesammelte Werke, Bd. VI; Studienausgabe, Bd. IV).

48 Dieser Freund war der Berliner Arzt Wilhelm Fließ (1858–1928), mit dem Freud einen regen Gedankenaustausch pflegte und dem er auch viele Entwürfe seiner wissenschaftlichen Arbeiten zur kritischen Beurteilung zusandte.

49 Freud hat sein Verhältnis zur Religion u. a. in der 35. Vorlesung „Über eine Weltanschauung" der 1933 publizierten „Neuen Folge der Vorlesungen zur Einführung in die Psychoanalyse" eingehender dargestellt. Dort bezeichnet er sie als einen „Versuch, die Sinneswelt, in die wir gestellt sind, mittels der Wunschwelt zu bewältigen, die wir infolge biologischer

und psychologischer Notwendigkeit in uns entwickelt haben" (Studienausgabe, Bd. I, S. 595). Hier betont er auch den seiner Ansicht nach unwissenschaftlichen Charakter der Religion, die auch deshalb eine gesellschaftliche Gefahr darstelle, da sie den Vernunftgebrauch verbiete (S. 598).

50 „Totem und Tabu" erschien 1913 in Wien (Gesammelte Werke, Bd. IX; Studienausgabe, Bd. IX).

51 Vgl. dazu die in diesem Band enthaltene Arbeit Freuds „Die kulturelle Sexualmoral und die moderne Nervosität" von 1908.

52 Mit dieser Auffassung hat sich Freud in der von ihm geschaffenen psychoanalytischen Bewegung nicht durchsetzen können. Vgl. dazu auch Leupold-Löwenthal, H.: Zur Geschichte der „Frage der Laienanalyse". In: Huber, W. (Hrsg.): Beiträge zur Geschichte der Psychoanalyse in Österreich. Wien–Salzburg, Geyer-Edition 1978, S. 1–24.

53 Josef Breuer (1842–1925) war wie S. Freud am Physiologischen Institut der Wiener Universität unter Ernst Brücke ausgebildet, seit 1871 in Wien in eigener Praxis tätig und als Privatdozent zugleich der Universität weiter verbunden. Freud sah in Breuer einen Freund und wissenschaftlichen Berater, mit dem er besonders nach der eigenen Niederlassung im Jahre 1886 bei der Entwicklung einer neuen Interpretation der Hysterie eng zusammenarbeitete. Eingehend charakterisiert hat Freud diese Beziehungen in der auch in diesem Band enthaltenen 1925 publizierten „Selbstdarstellung". Danach hat Breuer die von Freud aufgegriffenen und an seinen eigenen Patienten dann systematisch geprüften Beobachtungen bereits bei der Behandlung eines Falles von Hysterie in den Jahren zwischen 1880 und 1882 gemacht. Die ab 1886 beginnende gemeinsame Bearbeitung des Hysterie-Themas führte zu den 1895 zusammen publizierten „Studien über Hysterie" (Leipzig und Wien, Verlag Franz Deuticke 1895), in denen die in der vorstehenden Arbeit nur summarisch dargestellten Ansichten ausführlich und mit breit behandelten Krankengeschichten erläutert wurden. Da sich J. Breuer in den folgenden Jahren der Auffassung Freuds von der bestimmten Rolle sexueller Traumen in der Neuroseätiologie nicht anschließen konnte und wahrscheinlich auch die mit dieser Wendung ausgelösten Abwehrhaltungen vieler zeitgenössischer Mediziner nicht ertrug, löste sich diese wissenschaftliche Zusammenarbeit bald auf. Beide Wissenschaftler sind sich jedoch auch in den Folgejahren achtungsvoll begegnet.

Mit der von Freud genannten Veröffentlichung ist die von Josef Breuer und Sigmund Freud gemeinsam publizierte Arbeit „Vorläufige Mitteilung über den psychischen Mechanismus hysterischer Phänomene" gemeint, die im Wiener „Zentralblatt für Neurologie" in den Heften 1 und 2 des Jahres 1893 (am 1. und 5. Januar d. J.) erschien. Diese bereits ausführlichere Darstellung wurde später der 1. Teil der bereits erwähnten „Studien über Hysterie" von 1895.

54 Charcot, Jean Martin (1825–1893), bedeutender französischer Neurologe und Psychiater, dessen Auffassungen und Arbeitsweise Freud bei Gelegenheit eines Studienaufenthaltes in Paris vom Herbst 1885 bis zum Frühjahr 1886 kennenlernte. Besonderen Eindruck machten dabei auf Freud die von Charcot unter Hypnose erzeugten hysterieformen Symptome. Freud übersetzte in den Folgejahren auch einige Arbeiten Charcots in die deutsche Sprache, so dessen Werk „Leçons sur les maladies du système nerveux" (Paris, 1887) und dessen Aufsatzsammlung „Leçons du mardi de la Salpêtriere" (Paris, 1888), die unter dem Titel „Poliklinische Vorträge" 1892 (Wien und Leipzig, Verlag von F. Deuticke) erschien.

55 Unter „Aura" sind die einem epileptischen oder ähnlichen bei Hysterien auftretenden Konvulsionen unmittelbar vorausgehenden abnormen Sinnesempfindungen zu verstehen.

56 Mit den Phänomenen der Suggestion und der Hypnose hat sich Freud über mehrere Jahre hinweg eingehend beschäftigt, wobei er u. a. auch versuchte, eine eigene physiologische Theorie zu entwickeln. Neben einer Reihe von Rezensionen verfaßte er den Beitrag „Hypnose" in dem von A. Bum herausgegebenen Therapeutischen Lexikon für praktische Ärzte (Wien, Urban und Schwarzenberg 1891, S. 724–732) und eine umfangreiche Vorrede zu dem von ihm übersetzten Buch des französischen Arztes Hippolyte Bernheim (1837–1919): Die Suggestion und ihre Heilwirkung. (Leipzig und Wien, Verlag von F. Deuticke 1888). Eine Sammlung von Freuds „Schriften über Hypnotismus und Suggestion (1888–1892)" ist als Nachtragband zu den „Gesammelten Werken" 1882 erschienen. Vgl. dazu: Richards, A.: Editorische Einleitung zu Freuds „Schriften ...". Vorabdruck in: Psyche 35 (1981), 457–461.

57 Es handelt sich um die bereits in der Anmerkung 53 erwähnte Fallbearbeitung von J. Breuer, die als ausführliche Patientengeschichte zum Fall Fräulein Anna O. in den „Studien über Hysterie" dargestellt worden ist.

58 Wenn die Ursache wegfällt, hört die Wirkung auf.

59 „Usur" verwendet Freud hier und in anderen Zusammenhängen im Sinne einer Vergessen bewirkenden Instanz.

60 Diese hier erst angedeuteten Vorstellungen von einer spezifischen Ökonomie energetischer Kräfte im psychischen Geschehen hat Freud später im Rahmen der Trieblehre ausgebaut.

Die Annahme einer Konstanz solcher energetischer Kräfte ist in Zusammenhang mit der hier noch stark nachwirkenden physiologischen Betrachtungsweise zu sehen, die die vorhergehenden Etappen seiner wissenschaftlichen Entwicklung bestimmt hat. Zur eingehenderen Erklärung dieser Denkweise kann auf eine bereits 1944 publizierte Studie von S. Bernfeld verwiesen werden („Freuds Früheste Theorien und die Helmholtz-Schule"), die inzwischen auch in der deutschen Sprache vorliegt [Psyche 35 (1981), 435–455].

61 In den hier enthaltenen Hinweisen auf Probleme der Ehe und der Erotik deutet sich jene Wendung in der Freudschen Erklärung der Neurosen bereits an, die er dann einige Jahre später in dem Vortrag „Zur Ätiologie der Hysterie" (Wiener klin. Rundschau, 1896, Nr. 22–26) vor dem „Verein für Psychiatrie und Neurologie" in Wien (am 2. 5. 1896) in deutlicher Abhebung von Breuer aussprach: „Ich stelle also die Behauptung auf, zugrunde jedes Falles von Hysterie befinden sich – durch die analytische Arbeit reproduzierbar, trotz des Dezennien umfassenden Zeitintervalls – ein oder mehrere Erlebnisse von vorzeitiger sexueller Erfahrung, die der frühesten Jugend angehören." Vgl. Freud, S.: Zur Ätiologie der Hysterie (1896). In: Gesammelte Schriften, Bd. I, S. 418.

62 Die genannte Differenzierung nahm Freud in der 1895 im „Neurologischen Zentralblatt" publizierten Arbeit „Über die Berechtigung, von der Neurasthenie einen bestimmten Symptomenkomplex als ‚Angstneurose' abzutrennen" vor (Gesammelte Werke, Bd. I; Studienausgabe, Bd. VI).

63 Diese spezifischen Zusammenhänge zwischen ätiologischen Faktoren und der Form der Neurosen hatte Freud bereits 1898 in der Arbeit „Die Sexualität in der Ätiologie der Neurosen" (Wiener klin. Rundschau, 1898) vertreten. Freud lag es fern, die Kranken für die von ihnen geübten Haltungen oder Einstellungen moralisch zu verurteilen. In diesem Sinne definierte er auch in der eben erwähnten Arbeit den therapeutischen Auftrag des Arztes, bei dem es nicht nur darum gehe, den Kranken seiner schädlichen Gewöhnungen zu entfremden, sondern auch darum, ihm normale und angstfreie Formen der Befriedigung seiner Bedürfnisse zu ermöglichen.

64 Vgl. dazu die in diese Textsammlung aufgenommene Abhandlung Freuds „Über den psychischen Mechanismus der hysterischen Phänomene" von 1893 bzw. die ausführliche Darstellung dieser ersten Fassung der Neurosentheorie in den zusammen mit J. Breuer verfaßten „Studien über Hysterie" von 1895.

65 Während Freud die These von der entscheidenden Rolle realer sexueller Traumen in der frühen Kindheit erstmals in sei-

ner Arbeit „Zur Ätiologie der Hysterie“ (Wiener klin. Rundschau, 1896, Nr. 22–26) publiziert hatte, nahm er hier die inzwischen notwendig scheinende Korrektur dieser Aussage vor, nach der nunmehr vor allem sexuelle Phantasien in der kindlichen Entwicklung eine solche unzureichende und zur Neurose führende Verarbeitung erfahren.

66 Zum Problem der hereditären (erblich angelegten) Belastung und ihrer Rolle für die Neurosenentstehung hat sich Freud mehrfach geäußert, systematisch bereits 1895 in einer Studie „Zur Kritik der Angstneurose“ in der Wiener klin. Rundschau. Die hereditäre Disposition und die spezifischen sexuellen Momente sind danach in der Ätiologie in einem Ergänzungsverhältnis zueinander zu sehen. In diesem Sinne formuliert er: „Das sexuelle Moment wirkt meistens nur bei jenen Personen, die eine hereditäre Belastung mit dazu bringen; die Heredität allein ist meistens nicht imstande, eine Angstneurose zu erzeugen, sondern wartet auf das Eintreffen eines genügenden Maßes der spezifischen sexuellen Schädlichkeit.“ Vgl. Freud, S.: Zur Kritik der Angstneurose (Gesammelte Schriften, Bd. I, S. 360). Wie jedoch eine solche hereditäre Belastung des Nervensystems im einzelnen beschaffen sein könnte, ist nicht weiter dargestellt oder diskutiert worden.

67 Die „Drei Abhandlungen zur Sexualtheorie“ von 1905 sind in dieser Textsammlung enthalten. Sie sind von grundsätzlicher Bedeutung für Freuds Persönlichkeitsverständnis und stehen deshalb bei den fundamentalen theoretischen Studien zu anthropologischen und allgemein-psychologischen Fragen.

68 Die hier angedeutete Hoffnung Freuds auf eine später möglich werdende biologische Erklärung mancher psychopathologischer Prozesse taucht auch in vielen anderen seiner Arbeiten auf, allerdings immer nur in recht allgemeiner Form. Sein theoretisches System läßt derartige Komponenten faktisch beiseite und mußte dies auch, da zu seiner Zeit angemessene Mittel zum Studium biochemischer Prozesse im Nervensystem generell noch nicht vorhanden waren.

69 Vgl. Freud, S.: Die Freudsche psychoanalytische Methode. In: Löwenfeld, L.: Psychische Zwangserscheinungen. Wien, 1904 (Studienausgabe, Ergänzungsband, 1975, S. 101–106). Weitere besonders wichtige Beiträge Freuds zur Therapietechnik sind: Die zukünftigen Chancen der psychoanalytischen Therapie (1910) (ebenda, S. 123–132); Über „wilde“ Psychoanalyse (1910) (ebenda, S. 171–180); Zur Einleitung der Behandlung (1913) (ebenda, S. 183–203).

70 Löwenfelds „Lehrbuch der gesamten Psychotherapie“ erschien bereits 1897. Die von Freud erwähnte „gläubige Erwartung“

als Produkt der Suggestion ist sowohl in den Heilpraktiken urgesellschaftlicher Kulturen im Zusammenhang mit Beschwörungsritualen nachweisbar als auch in der mit dem Asklepios-Kult verbundenen Krankenbehandlung im antiken Griechenland, die noch lange neben den sich allmählich herausbildenden rationalen Verfahren der Medizin für große Gruppen von Leidenden und besonders für chronisch Kranke Bedeutung behielt.

71 F. T. Vischer: Faust: der Tragödie III. Teil.

72 Auf dem Wege des Auftragens, auf dem Wege des Abnehmens.

73 Shakespeare: Hamlet, III. Akt, 2. Szene.

74 Hier bezieht sich Freud auf eine Passage in des Aulus Cornelus Celsus Werk „De medicina", wonach es die Pflicht des Arztes sei, „sicher, rasch und angenehm" zu heilen.

75 Die zu diesem Zeitpunkt bereits verbreitete Auffassung von der „Degeneration" besagte, daß auch charakterliche Eigenschaften und soziale Einstellungen negativer Art vererblich seien und als festgeprägte Persönlichkeitsmerkmale den „minderwertigen" Menschen ergaben (etwa den „Psychopathen" oder den „geborenen Verbrecher").

76 Vivisektion: Zergliederung des lebenden Körpers, beispielsweise des Versuchstiers, ohne Betäubung und Schmerzlinderung.

77 Die erwähnte Arbeit von S. Ferenczi erschien im Band V der internationalen Zeitschrift für Psychoanalyse im Jahre 1919.

78 Gemeint ist hier die von C. G. Jung begründete „Abfallbewegung", auf die bereits in der in diesem Band enthaltenen „Selbstdarstellung" Freuds eingegangen worden ist.

79 Das Problem der erzieherischen Zielstellung in der Psychotherapie wird auch gegenwärtig in verschiedenen Schulen psychotherapeutischen Denkens rege debattiert, wobei neben der Beeinflussung von Einstellungen als Grundlage der Lösung von Konfliktsituationen auch gesellschaftliche Wertvorstellungen eine große Rolle spielen (z. B. die Autonomie der Persönlichkeit). Die Psychotherapeuten in den sozialistischen Staaten erkennen weitgehend den persönlichkeitsbildenden Auftrag jeder psychotherapeutischen Behandlung an. Vgl. dazu auch Helm, J., u. A. Thom: Zur gesellschaftlichen Relevanz persönlichkeitsbezogener Zielstellungen in der Psychotherapie. In: Helm, J., u. a. (Hrsg.): Neurosenpsychologie. Berlin, VEB Deutscher Verlag der Wissenschaften 1976.

80 Gemeint ist der Kaiser Joseph II. von Österreich (1741–1790), dessen aufklärerische Grundeinstellung einige sinnvolle medizinische Reformen und eine ganze Reihe philanthropischer

Aktivitäten begünstigt hat. Er wurde zum Helden vieler Legenden.

81 J. W. Goethe: Faust, I. Teil, 7. Szene.

82 „Man kehrt immer zu seinen ersten Lieben zurück."

83 J. W. Goethe; Faust, Vorspiel auf dem Theater.

84 Mit dieser Auffassung von der Bedeutung theoretischer Modellbildung für die Ordnung empirischen Wissens und den sukzessive erfolgenden Aufbau von Theorien und Kategoriesystemen hat Freud einen in der modernen Wissenschaftstheorie weitgehend anerkannten und inzwischen auch systematisch erforschten Aspekt der wissenschaftlichen Erkenntnisentwicklung angesprochen. Erstaunlicherweise haben ihn solche Einsichten jedoch nicht dazu bewogen, die von ihm selbst gewählten Prämissen seiner theoretischen Konstruktionen kritisch zu überprüfen und ihren Quellen in ganz zeitgebundenen Vorstellungen von der „Natur des Menschen" oder in bestimmten Erwartungshaltungen in bezug auf die sozialen Lebensformen nachzugehen. Eine interessante Erörterung solcher wissenschaftstheoretischer Aspekte der Freudschen Psychoanalyse bietet James G. Seaborn in dem Buch „Therapie oder Tortur. Philosophie, Technik und Zukunft der Psychodynamik". Stuttgart, Ernst-Klett-Verlag 1976.

85 Freuds Annahme von einer Tendenz des Organismus zur Abwehr äußerer Reize und zur Konstanterhaltung seines energetischen Potentials taucht bereits recht früh in seinen Schriften auf, beispielsweise auch in den ersten Publikationen zur Hysterieproblematik. Der erste Teil dieser Annahme (Reizvermeidung) ist grundlegend falsch, da organismische Systeme auf eine ständige Aufnahme von Energie und Information aus ihrer Umwelt angewiesen sind, der zweite Teil der Annahme ist ungenau, da organismische Systeme ihre energetischen Potentiale in Abhängigkeit von Entwicklungsgrad und Leistungsaufgaben ständig neu auf das jeweils adäquate Niveau einrichten müssen. Später hat Freud, vor allem in der 1920 publizierten Arbeit „Jenseits des Lustprinzips" (Gesammelte Werke, Bd. XIII; Studienausgabe, Bd. III), versucht, der Dialektik im organismischen Geschehen dadurch gerecht zu werden, daß er das erwähnte Reizvermeidungs- und Konstanzprinzip (letzteres dann auch als „Nirwana"-Prinzip bezeichnet) dem Wirken eines allgemeinen Todestriebes zuordnete und die die Lebensaktivität erhaltenden Prozesse einem generalisierten Lebenstrieb zuschrieb.

86 Auch die These, daß die Herabsetzung nervaler Spannungen Lust erzeuge und daß ein allgemeines Lustprinzip den Ablauf der seelischen Vorgänge, besonders der Sicherung der Span-

nungsreduzierung, steuere, ist von Freud oft wiederholt worden. In der bereits erwähnten Arbeit „Jenseits des Lustprinzips" (1920) vertrat er die Auffassung, daß auch Zustände wachsender Spannung (z. B. die sexuelle Erregung) lustvoll sein können. Die lust- bzw. unlustvolle Qualität eines Zustandes wurde von da an auf einen zeitlichen Faktor (den Rhythmus) in den Änderungen der Reizqualitäten zurückgeführt.

87 Die Definition der Triebe und ihres Verhältnisses zu ihren psychischen Repräsentanten hat Freud mehrfach auch anders gefaßt. Während in diesem Text Triebe als innersomatische Kräfte mit ihren psychischen Repräsentanten weitgehend gleichgesetzt werden, wird in anderen Arbeiten, darunter auch in den in dieser Ausgabe enthaltenen Studien „Die Verdrängung" (1915) und „Das Unbewußte" (1915), deutlich unterschieden zwischen den Trieben als nicht-psychischen Faktoren und ihren psychischen Begleitphänomenen. Eine Vereinheitlichung dieser Begriffsbestimmungen hat Freud nie vorgenommen. Die besonders auffallende Inkonsistenz der Freudschen Trieblehre ist eingehender analysiert worden in: St. Landolt, Studie zur Geschichte des Freudschen Triebbegriffs und seinen Elementen. In: Beiträge zur Geschichte der Psychoanalyse in Österreich. Hrsg. von W. Huber. Wien–Salzburg, Geyer-Edition 1978, S. 107–160.

88 Wichtig wurde Freud später vor allem die von ihm angenommene Möglichkeit der Verlagerung von Bindungen an äußere Objekte auf die eigene Körperlichkeit als Grundlage und wesentliches Moment des „Narzißmus". Hierdurch glaubte er vor allem die psychischen Vorgänge bei Psychosen (die er als „narzißtische Neurosen" bezeichnete) erklären zu können. Vgl. dazu die 26. Vorlesung „Die Libidotheorie und der Narzißmus" der „Vorlesungen zur Einführung in die Psychoanalyse" von 1917 Studienausgabe, Bd. I, S. 398–414).

89 Diese Willkürlichkeit in der Benennung von Trieben für alle möglichen menschlichen Leistungen und Strebungen war zur Zeit Freuds in der Psychologie durchaus üblich. Einen speziellen Destruktions- und Aggressionstrieb hat Freud auch mehrfach angenommen. In Ansätzen taucht diese Annahme in der unter dem unmittelbaren Eindruck des ersten Weltkrieges entstandenen und in diesem Band enthaltenen Arbeit „Zeitgemäßes über Krieg und Tod" (1915) auf. Ausführlich behandelt wird dieses Thema in „Das Unbehagen in der Kultur", einer Arbeit, die inzwischen in dem von F. Fühmann und D. Simon unter dem Titel „Trauer und Melancholie" zusammengestellten Band von Freud-Texten zu kulturtheoretischen Fragen

den interessierten Lesern vorliegt. Berlin, Verlag Volk und Welt 1983, S. 104–197.

90 Mit dem später erfolgten Ausbau der Vorstellungen Freuds von der Struktur des psychischen Geschehens in der hierarchischen Ordnung von Es, Ich und Über-Ich (vgl. dazu in diesem Band die Arbeit „Das Ich und das Es" von 1923) ist auch eine weitere Differenzierung der genannten konfliktvollen Beziehungen eingeführt und das Über-Ich als Repräsentant verinnerlichter sozialer Normen zum eigentlichen Zensor gegenüber den sexuellen Wunschregungen erhoben worden.

91 Schizophrenien sind im heutigen Verständnis der Medizin nicht als Neurosen, d. h. als vorwiegend psychogenetisch erklärbar, anzusehen und erfordern die Beachtung somatischer Ursachen sowie auch somatische, in erster Linie pharmakotherapeutische Behandlung.

92 Hier bezieht sich Freud auf die von August Weismann (1834 bis 1914) vertretene Lehre von der Vererbung erworbener Eigenschaften durch das „Keimplasma" als den eigentlichen Träger aller Lebensprozesse. Die sehr komplizierte und widerspruchsvolle Entwicklung der Auffassungen zur Vererbung ist dargestellt in: Geschichte der Biologie. Hrsg. von I. Jahn, R. Löther und K. Senglaub. Jena, VEB G. Fischer Verlag 1982.

93 Gemeint sind hier Arbeiten von Paul Ehrlich (1854–1915), der vor allem wichtige Beiträge zur Entwicklung der Bakteriologie und zur Impfstoff-Forschung geleistet hat.

94 Die „Sublimierung" stellt für Freud jene Form der befriedigenden, nicht zur Krankheit führenden Umwandlung verdrängter sexueller Strebungen in produktive Leistungspotenzen dar, die sich in der phantasievollen Neuschaffung der Realität, speziell der künstlerischen Produktion äußert. Die spezifischen Formen solcher Umwandlungen versuchte Freud mehrfach am Schaffen bedeutender Künstler (Leonardo da Vinci, Shakespeare) aufzuzeigen.

95 Während Freud zunächst die bei seinen Patienten beobachteten Vorgänge der Verweisung von unangenehmen sexuellen Strebungen ins „Unbewußte" als „Verdrängungs"formen bezeichnete (vgl. dazu die Arbeit „Die Verdrängung" von 1915 in diesem Band), operierte er nach der Erarbeitung seines sogenannten Instanzenmodells der Es-, Ich- und Über-Ich-Schichten vorwiegend mit dem Begriff der „Abwehr". Abwehrmechanismen vollbringen dabei solche vom Ich oder Über-Ich ausgehenden Leistungen wie die Verdrängung, die Isolierung, die Regression u. a., mit deren Hilfe aus dem Es stammende Regungen zurückgedrängt werden sollen. Unabhängig von den Grundannahmen Freuds kann mit spezifischen psychi-

schen Prozessen der Abwehr von Handlungsimpulsen u. a. durchaus gerechnet werden, die die Integrität der Persönlichkeit bedrohen oder angstauslösend wirken. Einen interessanten Versuch der konstruktiven Darstellung dieser rationalen Aspekte in Freuds Denken enthält die ausgezeichnete Kritik der Psychoanalyse von U. Holzkamp-Osterkamp in dem Buch „Grundlagen der psychologischen Motivationsforschung", Bd. 2. Frankfurt (Main) und New York, Campus-Verlag 1976, bes. Abschnitt 5.3.

96 Eine eingehendere Darstellung seiner Auffassung von Sadismus und Masochismus, in der die letztgenannte Form der Perversion in drei Gestalten analysiert wird, dem erogenen, dem femininen und dem sogenannten „moralischen" Masochismus, enthält Freuds Studie „Das ökonomische Problem des Masochismus" von 1924 (Gesammelte Werke, Bd. XIII; Studienausgabe, Bd. III).

97 In Freuds Denken hat die Rückführung der von ihm als entscheidend angesehenen psychischen Mechanismen und Konflikte (z. B. des an anderer Stelle erörterten Ödipuskomplexes) auf bereits in den urgesellschaftlichen Kulturen entstandene Strukturen des psychischen Erlebens stets eine große Rolle gespielt. Mit seinen sonstigen Theorien verbanden sich derartige Ideen durch die Annahme der Vererbung erworbener Eigenschaften. Eingehender behandelt hat er diese angeblich bereits in der Urgesellschaft entstandenen psychischen Grundkonflikte in der Aufsatzsammlung „Totem und Tabu" von 1912/13 (Gesammelte Werke, Bd. IX; Studienausgabe, Bd. IX).

98 Hier deutet Freud eine den sozialen Bedingungen der kapitalistischen Gesellschaft geschuldete Form der Stellung der Frau in eine biologisch bedingte und unwandelbare Charakterprägung um. Im Detail vorgezeichnet finden sich seine diesbezüglichen Auffassungen schon in der in diesem Band aufgenommenen Arbeit „Drei Abhandlungen zur Sexualtheorie" von 1905, deren dritten Teil er 1915 eine längere Fußnote anfügte, die die hier dargelegte Meinung offensichtlich nochmals bekräftigen sollte.

99 Vgl. dazu die 19. Vorlesung („Widerstand und Verdrängung") der Freudschen „Vorlesungen zur Einführung in die Psychoanalyse" von 1917 (Studienausgabe, Bd. I, S. 285–299).

100 Der Terminus „Verdrängung" ist vor Freud bereits von dem Psychologen Johann Friedrich Herbart (1776–1841) benutzt worden, hat jedoch in der psychologischen Literatur zu Freuds Zeiten kaum eine Rolle gespielt. In seinen frühen Studien zur Hysterieproblematik sprach Freud bei der Kennzeichnung von Verweisungen unangenehmer Strebungen ins Unbewußte

auch oft von der „Abwehr“, ersetzte dann jedoch diesen Terminus nach und nach durch den der „Verdrängung“. Mit der später erfolgten Ausbildung seines Konzepts von der Es-, Ich- und Über-Ich-Schichtung des Psychischen wurde die „Abwehr“ dann wieder zu einem übergeordneten Begriff für eine ganze Klasse von psychischen Vorgängen, der die bei Neurosen wirksamen „Verdrängungen“ zugeordnet sind.

101 Auf das Verhältnis von inneren somatischen Quellen der Triebe und deren psychischen Repräsentanten ist im vorhergehenden Text „Triebe und Triebschicksale“ eingegangen worden. Freud bezieht sich an dieser Stelle auf die annähernd zur gleichen Zeit verfaßte und ebenfalls 1915 veröffentlichte Arbeit „Das Unbewußte“, die in dieser Textsammlung enthalten ist.

102 Vgl. dazu den Abschnitt 2 (A) der ersten von Freuds „Drei Abhandlungen zur Sexualtheorie“ von 1905 in diesem Textband.

103 Vgl. dazu Freuds große Arbeit „Der Witz und seine Beziehung zum Unbewußten“ von 1905, in der er, ähnlich wie in seinen großen Arbeiten zu den sogenannten Fehlleistungen (Vergessen, Versprechen, Vergreifen), die er 1904 in dem Buch „Zur Psychopathologie des Alltagslebens“ vorgestellt hat, auch alltagspsychologische Phänomene einer neuartigen Erklärung zuzuführen versuchte.

104 An dieser Stelle steht eine von Freud formulierte Fußnote: „Dieses für den Verdrängungsvorgang brauchbare Gleichnis kann auch über einen früher erwähnten Charakter der Verdrängung ausgedehnt werden. Ich brauche nur hinzuzufügen, daß ich die dem Gast verbotene Tür durch einen ständigen Wächter bewachen lassen muß, weil der Abgewiesene sie sonst aufsprengen würde.“ Diese bildhafte Darstellung mit dem „Wächter“ oder „Zensor“ an der Schwelle zum Bewußten verwendet Freud auch in der Anmerkung 99 der erwähnten Vorlesung „Widerstand und Verdrängung“.

105 Im Unterschied zu der hier vertretenen Auffassung, die Angst sei eine Folge der Verdrängung, hat Freud in späteren Arbeiten, z. B. in „Hemmung, Symptom und Angst“ von 1926 (Gesammelte Werke, Bd. XIV; Studienausgabe, Bd. VI), die Angst als eine der Antriebskräfte bezeichnet, die Verdrängung bewirken bzw. veranlassen. Das hier besprochene Beispiel bezieht sich auf eine 1918 publizierte Fallanalyse des „Wolfsmannes“, einer schweren kindlichen Neurose.

106 Hier verweist Freud auf den Abschnitt 4 seiner Arbeit „Das Unbewußte“, in dem dieser „Mechanismus“ ausführlich erörtert wird. Vgl. dazu den nachfolgenden Text.

107 Die große Indifferenz der Hysterischen.

108 Die von Freud in dieser wie auch in vielen weiteren Arbeiten besprochene Frage des psychologischen Sinns und der verschiedenartigen Formen von „Verdrängung" wird auch gegenwärtig wieder intensiv diskutiert, wobei allerdings als übergreifender Begriff die „Abwehr" Verwendung findet. So ist nach der Auffassung des sowjetischen Neurophysiologen V. S. Rotenberg „Abwehr ... ein psychologischer Mechanismus, mit dessen Hilfe das Individuum automatisch und unwillkürlich sein Ich vor unangenehmen emotionalen Erfahrungen schützen kann (Sorgen, Angst, Schande, Furcht oder Verlust der Selbstachtung)". Mit dieser „Abwehr" erfolgt also die Verhütung „motivationaler Konflikte", welche durch die Konkurrenz zweier verschieden gerichteter Bedürfnisse hervorgerufen werden, „die in ihrer Intensität vergleichbar, aber für das Bewußtsein und Verhalten inkompatibel sind". Eine zentrale Rolle spielen dabei die inhaltlichen Momente des in der sozialen Erziehung gewachsenen individuellen Selbst-Konzeptes der Persönlichkeit, nach dessen Wert-Maßstäben die Abwehrprozesse funktionieren. Rotenberg nennt vier Klassen von Abwehrmechanismen: solche, die die Wahrnehmung von Informationen verhindern (z. B. die „Verleugnung"); solche, die nicht-akzeptable Motive durch andere ersetzen (z. B. die Rationalisierung); solche, die Motive und Bedürfnisse dem Bewußtsein verbergen (z. B. die Verdrängung), und solche, die unliebsame Motive in ungefährliche psychische Produktionen einbauen (z. B. phantastische Irrationalisierungen). Vgl. dazu V. S. Rotenberg: Funktionale Dichotomie der Gehirnhemisphären und die Bedeutung der Suchaktivität für psychologische und psychopathologische Prozesse. In: Handbuch der Dynamischen Psychiatrie. Hrsg. von G. Ammon. München–Basel, Reinhardt-Verlag 1982, S. 295.

109 Ein vorausgesetztes Prinzip.

110 Unter „psychophysischem Parallelismus" ist jene philosophische Deutung des Zusammenhanges von Physischem (Physiologischem) und Psychischem zu verstehen, nach der es sich um zwei wesentliche unabhängig voneinander verlaufende, jedoch miteinander korrelierte Seinsbereiche handelt. Eine genetische oder funktionelle Ableitung der Gesetze des Psychischen aus denen der nervalen Tätigkeit sei demnach nicht möglich. Diese Auffassung vertrat S. Freud prononciert in seinem 1891 publizierten Buch „Zur Auffassung der Aphasien", wobei er den Vorstellungen der meisten zeitgenössischen Physiologen folgte.

111 Dieser Verweis bezieht sich auf die 1895 zusammen mit J. Breuer publizierten „Studien über Hysterie", auf deren Stel-

lung in der Entwicklung der Freudschen Lehre in den Anmerkungen zur ersten in diesem Textband aufgenommenen Arbeit eingegangen worden ist.

112 Nach der uns bekannten Literatur ist die Bezeichnung „Tiefenpsychologie" für die Psychoanalyse von dem Schweizer Psychiater Eugen Bleuler eingeführt worden. Später diente sie vorwiegend zur Kennzeichnung der von Carl Gustav Jung (1875–1961) begründeten eigenständigen Schulrichtung analytischen Denkens, ist aber gelegentlich auch von Freud für die Psychoanalyse weiter gebraucht worden.

113 Hier ging es Freud um einen Aspekt der Erklärung materieller Grundlagen der Gedächtnisbildung, auf den er bereits in der 1900 erschienenen Schrift „Die Traumdeutung" eingegangen ist. Seine ursprünglich vornehmlich hirnanatomische und neurologische Ausbildung hatte ihn längere Zeit danach streben lassen, das bewußte psychische Geschehen durch die Konstruktion eines zugrunde liegenden dynamisch arbeitenden Neuronensystems und ohne die Annahme unbewußter psychischer Prozesse zu erklären. Besonders intensiv ausgearbeitet wurde von ihm ein solches Konzept 1895 in „Entwurf einer Psychologie" – einer Schrift, die er jedoch nie publizierte und die erst aus seinem Nachlaß der wissenschaftlichen Interpretation zugänglich wurde. Obwohl er diesen „neurologischen" Standpunkt bald aufgab, finden sich auch in vielen späteren Arbeiten Verweise auf die letztlich in Rechnung zu stellenden materiellen Basisbedingungen der psychischen Tätigkeit in Gestalt der Hirntätigkeit.

114 Interessante neue Deutungen der Zuordnung bewußter und unbewußter psychischer Vorgänge sind in den letzten Jahren im Zusammenhang mit der Erkenntnis entstanden, daß die beiden anatomisch gleichartigen Großhirnhemisphären des Menschen unterschiedliche Funktionen bei der Widerspiegelung der Außenwelt und bei der Verhaltenssteuerung wahrnehmen. Dabei wird von manchen Neurophysiologen der linken Hemisphäre die dominierende Rolle für die logisch-verbale (bzw. analytische) Denktätigkeit zugesprochen, der rechten dagegen vornehmlich die Funktion der bildhaft-ganzheitlichen (bzw. emotional geprägten) Abbildungstätigkeit. Die Gleichsetzung von „Bewußtsein" mit dem verbalisierbaren Wissen und von „Unbewußtem" mit bildhaftem Reagieren ergibt dann die Vorstellung, daß das Bewußtsein der linken Hemisphäre zugehört, die dann zugleich die Instanz der zielstrebig kontrollierten Aktivität des Subjekts und der Zensur gegenüber den Produktionen der rechten Hemisphäre bildet. Von diesem Standpunkt aus wird betont, „daß das Unbewußte

mehr ist als ein negatives Konzept ..., daß es eine spezifisch menschliche Form der psychischen Reflexion konstituiert neben und in unlöslicher Verbindung mit dem Bewußtsein". Vgl. dazu z. B. V. S. Rotenberg: Funktionale Dichotomie der Großhirnhemisphären und die Bedeutung der Suchaktivität für physiologische und psychologische Prozesse. Hrsg. von G. Ammon. In: Handbuch der dynamischen Psychiatrie, Bd. 2. München–Basel, Reinhardt-Verlag 1982, S. 290.

115 Hier verweist Freud wiederum auf die Arbeit „Die Traumdeutung" von 1900, in der er ebenfalls eingehende Erörterungen zur affektiven Tätigkeit angestellt hatte.

116 Gemeint ist die These, daß der unbewußte psychische Akt eine intensive Einwirkung auf somatische Vorgänge haben kann. Diesen Aspekt seiner Überlegungen hat Freud einige Jahre später Georg Groddeck (1866–1934) brieflich mitgeteilt, der sich eingehend darum bemüht hatte, die Ideen der Psychoanalyse zur Begründung einer psychosomatischen Krankheitslehre zu nutzen, in der auch ausgesprochen organische Störungen auf unbewußte psychische Reaktionen zurückgeführt werden sollten. Freud selbst ist jedoch in einigen Arbeiten später nur noch selten und am Rande auf diese Thematik eingegangen.

117 Hier handelt es sich um einen Hinweis auf eine von Freud geplante Arbeit über das Thema „Bewußtsein", die jedoch nie publiziert worden ist und nach den Angaben einiger Editoren Freudscher Schriften verlorengegangen sein soll.

118 Vgl. hierzu die andernorts schon genannten „Studien über Hysterie" von J. Breuer und S. Freud aus dem Jahre 1895.

119 Gemeint ist Karl Abraham (1877–1925), ein Schüler Freuds. „Dementia praecox" ist die von dem Psychiater Emil Kraepelin (1856–1926) eingeführte Bezeichnung für die später als „Schizophrenie" benannte Krankheit.

120 Der an dieser Stelle endenden Arbeit sind in der ersten Fassung der „Studienausgabe" noch drei später entstandene Anhänge beigegeben, in denen Freud zu einer Arbeit des Physiologen Ewald Hering (1834–1918) bzw. zum Problem des psycho-physischen Parallelismus und zum Verhältnis von „Wort und Ding" Stellung nahm. Diese nur für den speziell interessierten Leser relevanten Passagen mit viel Bezügen zur zeitgenössischen Physiologie schienen für unsere Textsammlung entbehrlich.

121 Ein Nachdruck dieser Arbeit ist inzwischen erschienen in dem von F. Fühmann u. D. Simon herausgegebenen Band: Sigmund Freud, Trauer und Melancholie. Berlin, Verlag Volk und Welt 1982, S. 53–103.

122 Vgl. S. Freud: „Jenseits des Lustprinzips". Wien, 1920 (Gesammelte Werke, Bd. XIII; Studienausgabe, Bd. III).

123 Unter „W" ist ein von Freud als Hilfskonstruktion in sein Modell aufgenommenes System der Wahrnehmungsverarbeitung zu verstehen.

124 Freud bezieht sich hier ebenfalls auf die bereits erwähnte Studie „Jenseits des Lustprinzips" von 1920.

125 Auf Georg Groddeck und seine an Freuds Ideen anknüpfende psychomatische Krankheitslehre ist bereits in Anmerkung 116 hingewiesen worden. Gemeint ist hier speziell sein 1923 in Wien publiziertes Werk „Das Buch vom Es". Auf die Beziehung von Freud zu Groddeck wird ausführlicher eingegangen in: H. Siefert: Sigmund Freud, Georg Groddeck und die psychosomatische Medizin. Praxis, Psychotherapie und Psychosomatik 24 (1979), S. 63–78.

126 Da Freud den Worterinnerungen eine besonders große Bedeutung für die bewußt vollzogenen psychischen Prozesse beimaß, kann angenommen werden, daß er sich bei diesem Bild auf das zum Ende des 19. Jahrhunderts bereits eingehender erforschte Sprachzentrum des Großhirns bezieht.

127 Vgl. dazu die 1914 entstandene Arbeit Freuds „Zur Einführung des Narzißmus", auf die bereits in vorhergehenden Anmerkungen mehrfach verwiesen worden ist.

128 Vgl. dazu Freuds „Trauer und Melancholie" von 1917, worin das Phänomen der Depression eingehender erörtert wird und die „Identifizierung als ein Modus der „Verdrängung" erscheint.

129 Vgl. dazu Freuds Arbeit „Der Untergang des Ödipuskomplexes" von 1924 (Gesammelte Werke, Bd. XIII; Studienausgabe, Bd. III).

130 Die hier noch vertretene Vorstellung analoger Ausgänge des sogenannten Ödipuskomplexes bei beiden Geschlechtern hat Freud wenig später aufgegeben; vgl. dazu seine Arbeit „Einige psychische Folgen des anatomischen Geschlechtsunterschiedes" von 1925 (Gesammelte Werke, Bd. XIV; Studienausgabe, Bd. V).

131 Gemeint ist ein Gemälde von Wilhelm von Kaulbach (1805–1874), auf dem die in der Schlacht gefallenen Krieger im Himmel ihren Kampf weiterführen.

132 Vgl. dazu die bereits erwähnte Studie Freuds „Jenseits des Lustprinzips" von 1920, mit der der „Todestrieb" als Gegensatz zu den anderen Trieben (Sexualität und Selbsterhaltung) in sein theoretisches Konzept eingeführt worden ist.

133 Diese psychoanalytische Deutung epileptischer Anfälle ist von der modernen Medizin nicht bestätigt worden.

134 Christian von Ehrenfels (1859–1932) war Professor der Philo-

sophie in Prag und hatte mehrere wissenschaftliche Arbeiten zu sexualethischen Problemen publiziert. Hier bezieht sich Freud auf sein 1907 erschienenes Buch „Grenzfragen des Nerven- und Seelenlebens".

135 Siehe das genannte Buch von Ehrenfels, S. 32 und 35.

136 Die angeführte Passage entnahm Freud Wilhelm Erbs Arbeit: „Über die wachsende Nervosität unserer Zeit" (1893). Wilhelm Erb (1840–1921) hat sich große Verdienste um die Entwicklung der Neurologie erworben, stand den von ihm kritisch gesehenen gesellschaftlichen Wandlungen jedoch weitgehend verständnislos und mit einer konservativen Grundhaltung gegenüber.

137 Hier zitiert Freud Otto Binswanger (1852–1929), einen zu seiner Zeit bekannten Psychiater, aus dessen Buch „Die Pathologie und Therapie der Neurasthenie" (1896). Bei dem von Binswanger erwähnten Arzt handelt es sich um den amerikanischen Neurologen Georg Miller Beard (1839–1883).

138 Richard von Krafft-Ebing (1840–1903) war ein zu Freuds Zeit sehr anerkannter Psychiater, als dessen spezielles Forschungsgebiet die sexuellen Perversionen galten. Freud zitierte hier aus dessen Buch „Nervosität und neurasthenische Zustände" (1895).

139 In diesem von Freud angegebenen Band („Sammlung kleiner Schriften zur Neurosenlehre". Wien, 1906) sind dessen zwischen 1893 und 1906 entstandenen kleineren Arbeiten zur Neurosenentstehung und -therapie zusammengefaßt.

140 Weitaus ausführlicher erörtert Freud diese These in seiner 1930 veröffentlichten Arbeit „Das Unbehagen in der Kultur" (Gesammelte Werke, Bd. XIV; Studienausgabe, Bd. IX). Die für das Verständnis der Freudschen Kulturauffassung fundamentale Arbeit ist auch in: Sigmund Freud, Trauer und Melancholie abgedruckt (Berlin, Volk und Welt 1982, S. 104–197).

141 Freud bezieht sich auf ein Buch des Neurologen Paul Julius Möbius (1853–1907) mit dem Titel „Über den physiologischen Schwachsinn des Weibes" (1903), in dem in naiver und dummer Weise die unsinnigsten Argumente für die angeblich naturgebundene „Minderwertigkeit" der Frau zusammengetragen worden sind.

142 Hier bezog sich Freud offensichtlich auf die Diskriminierung von Menschen jüdischer Abstammung bzw. jüdischen Glaubens, die ihn bereits in seiner Jugendzeit stark bewegte.

143 Gemeint sind zwei der berühmten Fresken Raffaels im Vatikan, auf denen Gruppen von Dichtern bzw. Gelehrten dargestellt sind.

144 Diese These nimmt die später von Freud entwickelte Idee der Existenz eines „Über-Ich“ im System der psychischen Struktur der Persönlichkeit voraus. Vgl. dazu in diesem Band: „Das Ich und das Es“ von 1923.

145 Von den Toten soll man nur Gutes sagen.

146 Hier handelt es sich um einen Bezug auf Heinrich Heines Gedicht „Der Asra“ aus seiner Gedichtsammlung „Romanzero“.

147 Diese Auffassung Freuds über das Verhalten der frühen Vertreter des Homo sapiens und das Leben in urgesellschaftlich organisierten Kulturen sind eine phantastische Konstruktion und wissenschaftlich nicht zu belegen.

148 Schlußzeile aus einem der letzten Gedichte Heinrich Heines „Der Scheidende“.

149 Auch diese These Freuds ist recht spekulativ. Wahrscheinlich sind erste moralische Gebote in frühen Formen der gesellschaftlichen Organisation auf die Förderung kooperativen Handelns in kleinen geschlossenen Gemeinschaften gerichtet gewesen. Sofern es solche ethischen Tötungsgebote gegeben hat, beruhen sie auf der sozialen Notwendigkeit der Stabilisierung der Gemeinschaft und nicht primär auf emotionalen Bedürfnissen.

150 Die von Freud angeführte Passage stammt aus dem Stück „Die Kreuzelschreiber“ des Wiener Schriftstellers Ludwig Anzengruber (1839–1889).

151 Ein Majestätsverbrechen.

152 Die hier zum Verhältnis der Menschen zum Sterben und zum Tode entwickelten Ideen Freuds sind auch von Psychoanalytikern unserer Zeit aufgegriffen und ausgebaut worden, um Vorschläge für die medizinische Betreuung Sterbender und eine bessere psychische Vorbereitung auf die Sterbenotwendigkeit zu begründen. Auf die relevante neuere Literatur wird kritisch eingegangen in S. Hahn u. A. Thom: Sinnvolle Lebensbewahrung – humanes Sterben. Berlin, VEB Deutscher Verlag der Wissenschaften 1983.

153 Eine interessante neue Übersichtsarbeit zur Vorgeschichte der für Freud so beeindruckenden Formen der hypnotischen Therapie, in der auch auf bereits im 18. Jahrhundert existierende Ansätze aufmerksam gemacht wird, stammt von Chertok. Vgl. Chertok, L.: 200 Jahre Psychotherapie – erkenntnistheoretische Betrachtungen. In: Handbuch der Dynamischen Psychiatrie. Hrsg. von G. Ammon, Bd. 2. München–Basel, E. Reinhardt Verlag, 1982, S. 857–867.

154 Neben einigen modernen Standpunkten zur Interpretation von Abwehr- bzw. Verteidigungsvorgängen, die in Anmerkungen dieses Bandes zu Freuds Arbeit „Die Verdrängung“ cha-

rakterisiert worden sind, kann auf die Arbeit von H. u. K. Weise: Die Beziehung von Persönlichkeit und Krankheit – Ansatz psychotherapeutischen Handelns. In: Ausgewählte theoretische Aspekte psychotherapeutischen Erkennens und Handelns. Hrsg. von A. Katzenstein u. A. Thom. Jena, G. Fischer Verlag 1981, verwiesen werden.

155 In sehr klarer und anschaulicher Form hat Freud diese auch ihm selbst erst relativ spät durchschaubar gewordenen Prozesse der „Übertragung" und der „Gegenübertragung" in der 27. und in der 28. Vorlesung („Die Übertragung" und „Die analytische Therapie") der 1916/17 entstandenen „Vorlesungen zur Einführung in die Psychoanalyse" dargestellt (Studienausgabe, Bd. I, S. 415–430 und S. 431–445).

156 Hierzu ist auf Freuds in diesem Band aufgenommene Arbeit „Drei Abhandlungen zur Sexualtheorie" und sein Konzept der menschlichen Triebstruktur zu verweisen, nach denen Sexualität Streben nach Lustgewinn ist.

157 Eine sehr ausführliche und einem marxistisch-leninistischen Persönlichkeitsverständnis verbundene Darstellung dieser Bedürfnisstruktur des Menschen und deren historischer Entwicklung bietet Holzkamp-Osterkamp in dem Buch „Grundlagen der psychologischen Motivationsforschung". Berlin, Volk und Wissen 1981 (Bd. 11 der „Beiträge zur Psychologie"). Wichtige Aspekte dieses Themas hat die gleiche Autorin in unmittelbarer Auseinandersetzung mit den Thesen Freuds im 2. Band der vorgenannten Untersuchung „Grundlagen der psychologischen Motivationsforschung. 2. Die Besonderheit menschlicher Bedürfnisse – Problematik und Erkenntnisgehalt der Psychoanalyse". Frankfurt (Main)–New York, Campus-Verlag 1976, behandelt.

158 Freud, S.: Eine Schwierigkeit der Psychoanalyse (1917) (Gesammelte Schriften, Bd. X).

159 Eine differenzierte Darstellung der verschiedenen Interpretationen des „Unbewußten" aus heutiger Sicht und der Konzeption der Usnadse-Schule enthält der Eröffnungsvortrag zum „Internationalen Symposium über das Unbewußte", das im Oktober 1979 in Tbilissi durchgeführt worden ist. Vgl. Bassin, F. V., u. A. E. Sherozia: Die Rolle der Kategorie des Unbewußten im System der gegenwärtigen wissenschaftlichen Erkenntnisse über die menschliche Psyche. Dynam. Psychiatrie 12 (1979), 5, S. 353–376.
Eine interessante neue Version der Interpretation des „Unbewußten" als Sphäre der bildhaften (nicht-logischen) Abbildung der Realität und der zunächst noch nicht kontrollierten Affekte und Bedürfnisse des Menschen auf der Basis der spe-

zifischen Leistungen der rechten Gehirnhemisphäre des Menschen wird ebenfalls von sowjetischen Neurowissenschaftlern vertreten. In einer solchen neueren Stellungnahme heißt es: „Die Reaktionen der linken Hemisphäre sind ordnend und schaffen solche Formen der Organisation von Informationen, die eine logische Struktur ergeben; ebenso entwerfen sie akzeptierbare rationale Erklärungen für die eigenen Motive und Handlungen. Die rechte Hemisphäre nimmt die Welt wahr mit allen ihren Widersprüchlichkeiten und negativen Komponenten. Daneben konstituiert sie das Szenarium heftiger Motive, die im Bewußtsein nicht akzeptiert werden und in Bilder eingebaut sind.“ Rotenberg, V. S.: Funktionale Dichotomie der Gehirnhemisphären und die Bedeutung der Suchaktivität für psychologische und psychopathologische Prozesse. In: Handbuch der Dynamischen Psychiatrie. Hrsg. von G. Ammon, Bd. 2. München–Basel, Reinhardt-Verlag 1982, S. 276–336, zit. S. 308.

160 Neuere Arbeiten, die diese Anerkennung unbewußter psychischer Prozesse auch im Rahmen der marxistisch-leninistischen Philosophie ausdrücklich begründen, liegen inzwischen zahlreich vor. Zu verweisen ist insbesondere auf Alexander, D.: Die marxistisch-leninistische Philosophie und das Problem des Unbewußten – Geschichte und Ergebnisse einer tiefgreifenden Kontroverse. In: Katzenstein, A., u. a. (Hrsg.): Die historische Stellung und die gegenwärtige Funktion der von Sigmund Freud begründeten Psychoanalyse ... Man.-Druck, Bernburg, 1981, S. 41–57; Moceck, R.: Neofreudismus und Menschenbild. In: Bergner, D. (Hrsg.): Der Mensch. Neue Wortmeldungen zu einem alten Thema. Berlin, Dietz-Verlag 1982, S. 390–419.

161 Die befreiende und umwälzende Wirkung, die Freuds Zeitgenossen von seiner Theorie erwarteten, wird eingehender dargestellt und erklärt in einem Essay von F. Fühmann und D. Simon: Sigmund Freud. Aufzeichnungen eines Gesprächs. In: Sigmund Freud, Trauer und Melancholie. Berlin, Verlag Volk und Welt 1982, S. 204–227.

162 Freud, S.: Die psychogenen Sehstörungen in psychoanalytischer Auffassung (1910) (Gesammelte Werke, Bd. VIII; Studienausgabe, Bd. VI).

163 Systematisch dargestellt hat Freud diese Wechselbeziehungen zweier für ihn bedeutsamen Triebarten in der Studie „Formulierung über die zwei Prinzipien des psychischen Geschehens“ von 1911 (Gesammelte Werke, Bd. VIII; Studienausgabe, Bd. III; nachgedruckt in: Sigmund Freud, Trauer und Melancholie. Berlin, Verlag Volk und Welt 1982, S. 23–32.

164 Freud, S.: Zur Einführung des Narzißmus (1914) (Gesammelte Werke, Bd. VIII; Studienausgabe, Bd. III).

165 Freud, S.: Jenseits des Lustprinzips (1920) (Gesammelte Werke, Bd. XIII; Studienausgabe, Bd. III).

166 Diese naturalistische Anthropologie Freuds ist philosophisch eingehender analysiert in den sehr differenziert angelegten Studien des Bandes: Friedrich, W. (Hrsg.): Kritik der Psychoanalyse und biologischer Konzeptionen (mit Beiträgen von W. Hollitscher, L. Seve, S. Kätzel). Berlin, Deutscher Verlag der Wissenschaften 1977).

167 Freud, S.: 31. Vorlesung der „Neuen Folge zur Einführung in die Psychoanalyse" zum Thema „Die Zerlegung der psychischen Persönlichkeit". Studienausgabe, Bd. I, S. 511.

168 Freud, S.: Ebenda, S. 515.

169 Freud, S.: Totem und Tabu (1916) (Gesammelte Werke, Bd. IX; Studienausgabe, Bd. IX).

170 Freud, S.: Der Mann Moses und die monotheistische Religion. 1939 (Gesammelte Werke, Bd. XVI; Studienausgabe, Bd. IX). An dieser letzten großen Studie arbeitete Freud seit dem Jahre 1934, wobei die sich ab 1933 rasch zuspitzende antisemitistische Politik nicht nur des deutschen Faschismus eine spezifische geistige Situation schuf, in der Freud mit seinen Gedanken zur Religionsbildung auch zugleich grundlegende Probleme der Vorurteilsbildung immer wieder neu reflektierte. Vgl. dazu den Abschnitt „Zur Entstehungsgeschichte ‚Der Mann Moses'" in W. Hubers „Psychoanalyse in Österreich seit 1933". Wien–Salzburg, Geyer-Edition 1977, S. 40–48.

171 Freud, S.: 34. Vorlesung „Aufklärungen, Anwendungen, Orientierungen" der „Neuen Folge der Vorlesungen zur Einführung in die Psychoanalyse". Studienausgabe, Bd. I, S. 566–585, zit. S. 576 und S. 578.

172 Zur Sexual-Reform-Bewegung in dem genannten Zeitraum existierten bereits verschiedene Darstellungen. Einen guten Überblick vermittelt die Arbeit von J. Reichmayr u. E. Wiesbauer: Das Verhältnis von Sozialdemokratie und Psychoanalyse in Österreich zwischen 1900 und 1938. In: Huber, W. (Hrsg.): Beiträge zur Geschichte der Psychoanalyse in Österreich. Wien–Salzburg, Geyer-Edition 1978, S. 25–60.

173 Die wichtigsten Aktivitäten und Materialien der von Wilhelm Reich (1897–1957) begründeten sogenannten „Sex-Pol-Bewegung" hat H. P. Gente in einer zweibändigen Dokumentation zum Thema „Marxismus-Psychoanalyse-Sexpol" (Frankfurt [Main], S. Fischer Verlag 1970) dargestellt. Auf die Widersprüchlichkeit dieser Bewegung wird auch eingegangen in

Thom, A.: Erscheinungsformen und Ursachen von Konfrontationen zwischen der revolutionären Arbeiterbewegung und der Psychoanalyse. Wiss. Z. KMU Leipzig, Gesell.-wiss. R., 30 (1981), S. 183–191.
Die Lebens- und Werksgeschichte von W. Reich ist dargestellt in Wolf E. Büntig: „Das Werk von Wilhelm Reich und seinen Nachfolgern". In: Die Psychologie des 20. Jahrhunderts, Bd. III. Hrsg. von D. Eicke, Zürich 1977, S. 383–425.

174 Dieses Thema behandelte Freud ausführlich in der 33. Vorlesung („Die Weiblichkeit") der 1933 formulierten „Neuen Folge der Vorlesungen zur Einführung in die Psychoanalyse". Vgl. dazu Sigmund Freud, Studienausgabe, Bd. I, S. 544–567, zit. S. 547.

175 Die besonderen Schwierigkeiten dieser frühkindlichen Entwicklung sah Freud in der Ablösung von der Mutter als Voraussetzung für die Findung eines neuen Libido-Objektes und in der Überwindung des sogenannten „Penisneides" als Grundlage für die Anerkennung der eigenen Weiblichkeit. Zitiert wurde aus der oben genannten Vorlesung. S. 573.

176 Vgl. ebenda, S. 565.

177 Freud, S.: Massenpsychologie und Ich-Analyse (1923). In: Sigmund Freud, Studienausgabe, Bd. IX, S. 61–134, zit. S. 114. (In den Gesammelten Werken ist diese Schrift in Bd. XIII enthalten.)

178 Auf die genannten Autoren und deren Auffassungen wird in einer sehr gründlichen Untersuchung von S. Kätzel eingegangen, die 1983 in Leipzig zum Thema „Marxismus und Psychoanalyse. Eine ideologiegeschichtliche Studie zur Diskussion um die Psychoanalyse in Deutschland und der UdSSR (1919–1933)" als Dissertation B vorgelegt worden ist.

179 S. Freud: Die Zukunft einer Illusion (1927) (Gesammelte Werke, Bd. XIV; Studienausgabe, Bd. IX).

180 S. Freud: Das Unbehagen in der Kultur (1929). In den Gesammelten Werken ist die Schrift im Bd. XIV nachgedruckt (sie erschien 1929 mit der Jahresangabe 1930), in der Studienausgabe im Bd. IX. Enthalten ist die Arbeit auch in: Sigmund Freud, Trauer und Melancholie. Berlin, Verlag Volk und Welt 1982, S. 104–197.

181 S. Freud: 35. Vorlesung (Über eine Weltanschauung) der „Neuen Folge der Vorlesungen zur Einführung in die Psychoanalyse". In: Sigmund Freud, Studienausgabe, Bd. I, S. 568–608.

182 Diese Aussagen entstammen der bereits erwähnten Freudschen Schrift „Die Zukunft einer Illusion" von 1927.

183 Vgl. die oben genannte 35. Vorlesung, zit. S. 606.
184 Vgl. ebenda, S. 607.
185 S. Freud: Warum Krieg? (1933). In: Sigmund Freud, Studienausgabe, Bd. IX, S. 275–286.
186 Bei der in Berlin auf dem Opernplatz von den SA- und SS-Horden inszenierten Bücherverbrennung am 10. 5. 1933 übergaben nach zeitgenössischen Berichterstattungen Vertreter der Studentenschaft „mit markanten Worten die Bücher des deutschen Ungeistes dem Feuer". Der Freuds Werken geltende „Feuerspruch" lautete: „Gegen seelenzerfasernde Überschätzung des Trieblebens, für den Adel der menschlichen Seele! Ich übergebe der Flamme die Schriften des Sigmund Freud." Vgl. Bergschicker, M.: Deutsche Chronik. Berlin, Verlag der Nation 1982, S. 100.
187 Die beiden zitierten Passagen stammen aus „Warum Krieg?" (Studienausgabe, Bd. IX).
188 Neuere Untersuchungen zum Schicksal der psychoanalytischen Bewegung in Deutschland weisen allerdings auch aus, daß die nicht unmittelbar der rassistischen Diskriminierung unterworfenen Psychoanalytiker zum großen Teil eine Anpassungshaltung gegenüber den Forderungen der Nazi-Diktatur einnahmen und daß nur sehr wenige Vertreter der psychoanalytischen Ideen den Weg zum antifaschistischen Widerstand fanden. Vgl. dazu Fritsche, Ch.: Wandlungen in Struktur und Funktion der Psychotherapie ab 1933. In: Medizin im Faschismus. Hrsg. von A. Thom und H. Spaar. Schriftenreihe der Akademie für Ärztliche Fortbildung. Berlin 1983, S. 211–220; E. Brainin u. I. J. Kaminer: Psychoanalyse und Nationalsozialismus. Psyche 36 (1982), 11, S. 989–1012; H. M. Lohmann u. L. Rosenkötter: Psychoanalyse in Hitlerdeutschland. Wie war es wirklich? Psyche 36 (1982), 11, S. 961–988.
189 Die relevanten Arbeiten und Standpunkte sind eingehend in der bereits in der Anmerkung 178 genannten Untersuchung von S. Kätzel besprochen. Besonders großen Einfluß hatte in jenen Jahren wohl vor allem H. d. Man's 1926 in Jena erschienenes Buch „Zur Psychologie des Sozialismus".
190 Eine ausführliche kritische Studie von W. Jurinetz „Psychoanalyse und Marxismus" wurde im 1. Heft des Jahrganges 1925 der kommunistischen Zeitschrift „Unter dem Banner des Marxismus" (S. 19–130) publiziert.
191 Wilhelm Reichs Arbeit „Dialektischer Materialismus und Psychoanalyse" erschien im Jahrgang 1925 der Zeitschrift „Unter dem Banner des Marxismus" (Heft 5, S. 736–771).
192 S. Freud: 35. Vorlesung (Über eine Weltanschauung) der „Neuen Folge der Vorlesungen zur Einführung in die Psycho-

analyse". In: Sigmund Freud, Studienausgabe, Bd. I, S. 568–608, zit. S. 606.

193 Vgl. I. Sapir: Freudismus, Soziologie, Psychologie. Unter dem Banner des Marxismus. Jahrgang 1929/30, Hefte 3 und 4, S. 937–952 und S. 123–147.

194 Vgl. dazu die speziellen Studien von S. Kätzel: Zur Psychoanalysediskussion in der Sowjetunion (Anfang der zwanziger Jahre). Wiss. Z. d. KMU Leipzig, Gesell.-wiss. R., 30 (1981), S. 192–197, und Zur Auseinandersetzung mit der Psychoanalyse in der UdSSR (1919–1933). In: A. Katzenstein u. a. (Hrsg.): Die historische Stellung und die gegenwärtige Funktion der von S. Freud begründeten Psychoanalyse ... Bernburg, 1981, S. 147–160.

195 Vgl. dazu die differenzierte Analyse solcher neuer Entwicklungen bei K.-H. Braun und dem 1979 in Köln im Pahl-Rugenstein-Verlag erschienenen Buch „Kritik des Freudo-Marxismus. Zur marxistischen Aufhebung der Psychoanalyse".

196 Vgl. dazu A. Katzenstein u. A. Thom: Die historische Leistung und die Grenzen des Werkes von Sigmund Freud (1856–1939). In: A. Katzenstein u. a. (Hrsg.): Die historische Stellung und die gegenwärtige Funktion der von Sigmund Freud begründeten Psychoanalyse. Bernburg, 1981, S. 15–40.

Personenregister

Es werden im Register nur die von Freud selbst erwähnten Personen erfaßt.

Verzeichnis häufig auftretender medizinischer Fachtermini

Bei weiteren Termini, die nicht im vorliegenden Verzeichnis enthalten sind, sei der Leser auf medizinische Wörterbücher verwiesen, insbesondere auf das „Wörterbuch der Medizin“ von Zetkin und Schaldach, VEB Verlag Volk und Gesundheit, Berlin 1980 u. a. (11. Auflage). Der Herausgeber dankt an dieser Stelle Prof. Dr. sc. med. K. Weise (Leipzig) für die Mitarbeit an diesem Verzeichnis.

Abulie: bei Psychosen (z. B. Schizophrenien) und anderen Erkrankungen auftretender fehlender Willensantrieb, in dessen Folge selbst gewünschte Handlungen von den Kranken nicht ausgeführt werden können.

Amnesie: Erinnerungsunfähigkeit, u. U. zeitlich umgrenzbare oder auf bestimmte Ereignisse bezogene Lücke im Erinnerungsvermögen, infolge vorübergehend gestörter Informationsaufnahme des ZNS, besonders nach hirnorganischen Schädigungen verschiedener Art.

Anorexie: Appetitlosigkeit, fehlendes Bedürfnis nach Nahrungsaufnahme; kann im Zusammenhang mit Magen-, Darmerkrankungen auftreten, aber auch funktionell bedingt sein, beispielsweise als psychogene Abwehrreaktion.

Anorexia nervosa: bei jungen Mädchen während der Pubertät auftretende Verweigerung von Nahrungsaufnahme, die auf neurotischer Konfliktverarbeitung beruht.

Aphasie: Sammelbegriff für eine Reihe von genau beschriebenen Sprachstörungen (Störungen der Sprechfähigkeit = motorische A.; Störungen des Verstehens von Sprache – sensorische A.), die auf Beeinträchtigungen der Funktion von speziellen Hirnzentren beruhen und demzufolge vorübergehend oder dauerhaft sein können.

Degeneration: „Entartung“; sinnvoll angewandter Begriff für genau umschriebene Leistungsminderungen von Zellen oder Organen; früher auch unangemessen verwendet für körperliche Verfassungen oder psychische Eigenschaften, die als unbeeinflußbar gelten und als Gefährdung der Gesellschaft bewertet wurden.

Dementia praecox: früher verwendeter Begriff für die Schizophrenie, mit dem auch ein angenommener fortschreitender Verfall des geistigen Leistungsvermögens und die „Uneinfühlbarkeit“ des schizophrenen Erlebens ausgedrückt werden sollte.

Demenz (Dementia): erworbene Geistesschwäche, die mit einem zunehmenden Abbau psychischer Leistungen (der Aufmerksamkeit, des Gedächtnisses, des Denkens) einhergeht und auf Schädigungen hirnorganischer Art (infolge von Traumen; Intoxikation; altersbedingten Abbauprozessen u. a.) verweist, früher auch bei Psychosen, insbesondere bei Schizophrenien, auf die Resultate unzureichender Aktivität bei lang andauernder Hospitalisierung („Anstaltssyndrom") angewandter Begriff.

Depression: Weit verbreitetes, unspezifisches psychopathologisches Syndrom, das vor allem durch eine generelle Minderung und Beeinträchtigung der psychischen Funktionen gekennzeichnet ist. Charakteristisch sind die Hemmung der psychischen Aktivität, der Verlust der Zukunftsbezogenheit, traurige, ängstliche, dysphorische oder anderweitig negativ gefärbte Stimmung mit entsprechenden Affektäußerungen. Im Bewußtsein dominieren negative, der Stimmung entsprechende Erlebnisinhalte (das Erleben der eigenen Insuffizienz, Schuldgefühle, Angst vor Krankheit, Verarmung etc.). Depressionen können durch die verschiedensten ursächlichen Faktoren bedingt sein. Sie treten auf im Rahmen psychosozial bedingter neurotischer Entwicklungen im Zusammenhang mit sozialer Isolierung und vor allem in Verlustsituationen, als endogene, d. h. genetisch mitbedingte Erkrankungen (Zyklothymie) und auch im Gefolge körperlicher Krankheiten, insbesondere des Zentralnervensystems (Schädel-Hirn-Trauma, Arteriosclerosis cerebri u. a.). In den meisten Fällen sind mehrere der genannten pathogenen Faktoren beteiligt.

Detumeszenz: Abschwellung

Enuresis nocturna: bei Kindern auftretendes nächtliches Einnässen, das selten durch organische Erkrankungen (z. B. der Nieren), überstarke Schlaftiefe oder fehlende Sauberkeitsgewöhnung bedingt ist, meistens jedoch auf neurotischen Reaktionen beruht und ärztlicher Behandlung bedarf.

Hereditat: Vererbung, Vererbbarkeit von körperlichen Eigenschaften und auch von Anlagen für verschiedene Erkrankungen.

Hysterie: Der Begriff Hysterie wird verwendet: a) zur Kennzeichnung einer Form neurotischer Erkrankungen, die durch körperliche Symptome (Lähmungen, Anfälle, Blindheit etc.) gekennzeichnet sind und b) als Bezeichnung für bestimmte egozentrische, geltungsstrebige Persönlichkeiten, für die vor allem die Tendenz charakteristisch ist, mangelnde innere Substanz und echte Erlebnisfähigkeit durch gezwungenes, schauspielerhaftes Rollenspiel vorzutäuschen. Hysterische Neurosen entwickeln sich oft, aber nicht notwendig, auf der Grundlage einer hysterischen Persönlichkeit.

Kachexie: Abmagerung; kann durch organische Erkrankungen, u. U.

auch durch psychogen bedingte unzureichende Nahrungsaufnahme bedingt sein.

Konversionshysterie: nach psychoanalytischer Deutung auf dem Wege der Umwandlung „verdrängter" psychischer Regungen in körperliche Symptome (Konversion) entstandene spezielle Form der hysterischen Neurose.

Neurasthenie: durch Übererregbarkeit, rasch eintretende Erschöpfung, Kopfschmerzen, häufige Schlaflosigkeit u. a. Merkmale gekennzeichnetes allgemeines Erschöpfungssyndrom; beruht auf Störungen der vegetativen Regulationsprozesse, die funktioneller Natur (d. h. erworben, psychisch bedingt) sein können, u. U. aber auch auf spezifischen Anlagen oder auf Abbauprozessen (Pseudo-Neurasthenie).

Obstipation: Verstopfung, beruhend auf Dysfunktion der Darmmuskulatur oder auf Erschlaffung der Darmwand.

Paranoia: Heute meist dem schizophrenen Formenkreis zugeordnete chronische Wahnkrankheit. Sie ist gekennzeichnet durch eine thematische Zentrierung und Systematisierung des Wahns, der, ausgehend von einem psychopathologischen Primärerlebnis, in sich logisch und verständlich aufgebaut ist. Es wird angenommen, daß es sich um relativ ich-starke, differenzierte, wenn auch verletzliche und empfindsame, Persönlichkeiten handelt, durch deren Einfluß die schweren psychischen Störungen der schizophrenen Erkrankungen längere Zeit beherrscht werden.

Psychoneurose: von S. Freud verwendeter Begriff für alle von ihm als psychisch bedingt angesehenen psychischen Erkrankungen, die ausdrücklich von den auf körperlichen Ursachen beruhenden Formen psychischer Störungen abgehoben werden sollten.

Psychose: Sammelbegriff für schwere psychische Erkrankungen, die in verschiedensten Formen bei organischen Hirnerkrankungen, infolge von Stoffwechselstörungen oder auch als Resultat komplizierter psychischer Entwicklungen bei vermutlich vorhandenen Anlagebereitschaften entstehen; bei nachweisbar körperlicher Verursachung wird von exogenen P., bei noch unbekannten Ursachen, oder angenommenen Anlagen wird von endogenen P. gesprochen.

Regression: Rückbildung; Verlust von Leistungspotenzen oder einem bereits erworbenen Entwicklungsniveau im Gefolge von Erkrankungen; in der psychoanalytischen Lehre auch Rückbildung psychischer Reaktionen auf ein kindliches Niveau mit mangelnder Eigenkontrolle und nur noch lockerem Realitätsbezug.

Schizophrenie: Spaltungsirresein (Störung des Strukturzusammenhangs der Persönlichkeit, insbesondere von Denken, Affekt und Erleben). Es handelt sich um eine Gruppe schwerer psychischer Störungen, die durch Sinnestäuschungen, Wahnerlebnisse, Ich-

Störungen, Veränderungen der affektiv-emotionalen Befindlichkeit und der sozialen Aktivität gekennzeichnet sind. Die Schizophrenien werden zu den endogenen, d. h. wesentlich genetisch mitbedingten Erkrankungen gerechnet. Heute wird angenommen, daß schizophrene Erkrankungen durch das Zusammenwirken genetischer (biochemischer), psychologischer und sozialer (insbesondere familiärer Einflüsse) entstehen.

Somnambulismus: Nachtwandeln; kann im Zusammenhang mit psychischen Erkrankungen, aber auch als passagere (vorübergehend auftretende) Reaktion auf psychische Konfliktsituationen auftreten, dem Erinnerungsvermögen nur schwer zugänglich.

Inhalt

Einundzwanzig Bogen aus der Schweiz

Herausgegeben von Georg Herwegh

Herausgegeben und mit einer Einleitung von I. Pepperle.
Band 1282 (Sonderreihe). Broschur 3,50 M

„Einundzwanzig Bogen aus der Schweiz" (1843) nannte Georg Herwegh seine Sammlung, um in den Ländern des Deutschen Bundes einer Vorzensur zu entgehen. Dieser Torso einer Zeitschrift enthält z. T. konträre Beiträge der Junghegelianer und Vormärzliteraten (F. Hecker, B. Bauer, M. Heß, F. Engels, J. Jacoby, L. und A. Seeger, R. Jachmann, K. Nauwerck, Ch. Nees von Esenbeck u. a.), mit schonungslosen Polemiken und ironischen Attacken besonders gegen preußische Zustände. Die Themen betreffen Recht, Religion, Geschichte, Philosophie, Politik, Literatur – die sensibelsten Bereiche der ideologischen Auseinandersetzung. Die Dokumentation bezeugt einen wichtigen Abschnitt der Ideologiegeschichte des deutschen Vormärz.

Universal Bibliothek KUNSTWISSENSCHAFTEN

THOMAS RIETZSCHEL
Theodor Däubler

Eine Collage seiner Biographie

Mit 104 Abbildungen
Band 1262 (Sonderreihe). Broschur 5,– M

Theodor Däubler (1876–1934), weltgereister Lyriker, Erzähler, Essayist und Kunstkritiker, zählt zu den Vorläufern des deutschen Expressionismus. Wo immer er auftrat, zog er die Blicke auf sich: ein Salonlöwe, ein Bohemien mit der Grandezza eines Fürsten, so wenigstens wollen ihn die Zeitgenossen erlebt haben. – Diese psychoanalytisch intendierte Darstellung ist die bisher umfassendste Arbeit über Däubler; in Textpassagen, Erinnerungen von Freunden und Zeitgenossen und Zitaten aus bislang unveröffentlichten Dokumenten entsteht ein Bild, das mit aller Legendenbildung um die Person bricht.

Universal Bibliothek

PHILOSOPHIE / GESCHICHTE / KULTURGESCHICHTE

CHRISTIAN FRIEDRICH DANIEL SCHUBART

Deutsche Chronik

Eine Auswahl aus den Jahren 1774 bis 1777 und 1787 bis 1791

Herausgegeben und mit einem Nachwort von E. Radczun
Band 1258. Broschur 3,– M

Schubart war Dichter, Musiker, Publizist, ein rebellischer, unbequemer Kopf. Die vom württembergischen Herzog Karl Eugen ohne Prozeß und Urteil verhängte 10jährige Haft auf dem Hohenasperg machte ihn zu einer Symbolfigur für die Auflehnung gegen fürstlichen Despotismus. – Im März 1774 erschien das erste „Stück" seiner „Deutschen Chronik". Von da an lieferte er wöchentlich zweimal temperamentvolle Kommentare zu den Zeitereignissen, außerdem veröffentlichte er hier viele seiner Gedichte. Für die Lebendigkeit der „Chronik" bürgen der Witz und die vielfältigen Begabungen des Verfassers, seine satirische Schärfe, aber auch sein Pathos und Sentiment.